U0086196

滄海叢刊
史地類

影響現代中國第一人

——曾國藩的思想與言行

石永貴 編著

東大圖書公司

國家圖書館出版品預行編目資料

影響現代中國第一人：曾國藩的思想與言行／石永貴編著.－－初版二刷.－－臺北市:東大，民90
面；　公分－－(滄海叢刊)
ISBN 957-19-2120-3　(精裝)
ISBN 957-19-2121-1　(平裝)
1.(清)曾國藩－學術思想 2.(清)曾國藩－傳記

127.73　　86007133

網路書店位址　http://www.sanmin.com.tw

 影響現代中國第一人
——曾國藩的思想與言行

編著者　石永貴
發行人　劉仲文
著作財產權人　東大圖書股份有限公司
臺北市復興北路三八六號
發行所　東大圖書股份有限公司
地址／臺北市復興北路三八六號
電話／二五〇〇六六〇〇
郵撥／〇一〇七一七五——〇號
印刷所　東大圖書股份有限公司
門市部　復北店／臺北市復興北路三八六號
重南店／臺北市重慶南路一段六十一號
初版一刷　中華民國八十六年八月
初版二刷　中華民國九十年四月
編　號　E 78095
基本定價　拾貳元
行政院新聞局登記證局版臺業字第〇一九七號

ISBN　957-19-2121-1　(平裝)

寫作動機與方法

我們知道有關曾國藩思想言行者，太少！太少！

我們知道有關曾國藩影響現代者，太少！太少！

這是我一字一字閱讀《曾國藩全集》的心得。

這也是我一字一字寫出《影響現代中國第一人——曾國藩的思想與言行》的初衷。

我們所知道的曾國藩，不外乎下列三部份：

第一、《曾胡治兵語錄》；

第二、《曾國藩家書》；

第三、曾國藩的文選如有關風俗厚薄與社會風氣等三、兩篇。

如此而已。

曾胡或曾胡左《治兵語錄》，這是蔣中正先生要求將校必讀的範本，尤其是身為指揮官者，幾乎人手一冊，超過半世紀蔣先生所主導的「國民革命軍」，此一讀本，實際作用如何，不得而知，但其影響還是可以理解的。美國維吉尼亞軍校出身的孫立人，於民國三十七年起至四十年止，達四年時間，孫將軍在鳳山第四軍官訓練班講的統馭學，據以引述最多的就是《曾胡治兵語錄》，其次才是《孫子兵法》。《孫立人將軍鳳山練軍實錄》，臺北：學生書局，民國八十一年，第一頁）可見影響之深。

曾國藩家書，是蔣先生另一秘笈。《曾胡治兵語錄》用以教將校；《曾文正公家書》用以教自己子弟。蔣經國先生自俄歸來，蔣先生延請專人，亦步亦趨，即以文正公家書，作為範本，記日記，寫家書，幾乎就成為蔣氏家訓。

至於第三類，如〈原才〉、〈聖賢畫像記〉等，散見高中教本中。只是蔣先生過世後，此類內容式微，幾乎不易發現。

我在臺灣完成教育。歷經初中（臺北建國中學）、高中（臺北師大附中）。在高中時代，常代表班或校，參加校內外的班際或校際各種論文競賽，得獎品最多者，就是當時流行的派克21型鋼筆或是《曾文正公家書》，可見當時主辦教育者，亦很重視曾文正式的家庭教育。

也可見當時在軍中所守所信的只是《曾胡治兵語錄》；在社會學校，也只是《曾文正公家書》而已。其實曾文正公的精神與內容，遠超過所選輯所節錄的千百倍。

我有幸學生時代得家父賜贈之《曾文正公全集》（臺灣世界書局印行），因年少無知，再加上受到類似《曾胡治兵語錄》或《曾文正公家書》所導引，以為看了這些，就代表全部，就足以吸收精華。其後，我服務社會，並以微薄才能，承擔新聞傳播事業經營之重擔，惶恐之餘，只有各方求師，以不負所期。乃興起讀《曾文正公全集》之念頭，以窺全豹。此一開始，一入寶山，幾乎成迷，就是遠赴國外，坐在飛機中，引人入勝，幾至廢寢忘食。閱讀起自民國七十八年十月二十五日，止於民國七十九年八月二十二日。

其後，受到三方面影響，促成我完成這本書的寫作：

第一、我是學新聞的。有關美國新聞史的寫作，有兩種方式，一種是美國米蘇里大學新聞學院莫特教授(Frank Mott)所寫的《美國新聞史》(*The American Journalism*)，這是直敘的「正史」，另一種是我的老師，美國明尼蘇達大學新聞暨傳播學院艾默瑞(Edwin Emery)教授所寫的《報業與美國》(*The Press and America*)，這是一種解釋的方法。

我深受艾默瑞教授手法所吸引，試圖以這種方法，來詮釋曾國藩的思想與作為。當然，以我的才疏學淺，有限的經驗，難免「坐井觀天」，仍請各方賢達之士，賜予教正與見諒。

第二、傳播研究方法領域中，先後受教三位大師：瓊斯(Robert Jones)、卡特(Roy E. Carter, Jr.)以及尼克森(Raymond B. Nixon)。此三位當代傳播學大師，各有所宗。瓊斯是心理學，卡特是社會學，而尼克森則是政治學，尼氏在國際傳播方面大放異彩。受教過程中，所重視者，為：傳播者、傳播內容以及傳播對象。此三者中，傳播內容為傳播本質。我於一九六七年自美學成返國，即受國立政治大學新聞研究所曾所長虛白師之厚愛，得在新研所開設內容分析兩年，略有心得。有關本書之撰成，即本內容分析之方法，亦即一個人之行為，實證還是察其言觀其行，而曾國藩確確是言行一致的人。

第三、大陸開放，兩岸關係改善，資訊之流通，是一九四九年以來未有之事。對於曾國藩之評價以及作品，更超乎想像。可以這樣說：

曾國藩、孫中山二位先生，一位全力維護清朝，一位功在推翻滿清，卻為兩岸朝野均共同接受與尊崇之人物。更令人難以置信的，主導當代中國命運另兩位人物——蔣中正與毛澤東，均師從曾國藩。蔣先生學到作聖賢部份，有大成亦有大敗；毛則徹頭徹底，學到作禽獸部份。(曾之「滌生」，即受鄉賢唐鑒之贈言：「不為聖賢，則為禽獸；只問耕耘，不問收穫」。其影響何其大也)，毛之「成功」，雖付出極大代價，但成敗論英雄，得佔據中國。

大陸開放後，有關曾國藩的著作，如泉湧般來自湖南。其中，歷史方面，有《曾國藩全集》，字數在一千五百萬左右，為原刻本的三倍；文學方面，有歷史小說《曾國藩》，全書一二〇萬字，分為〈血祭〉、〈野焚〉、〈黑雨〉各三卷。

無論《曾國藩全集》或是《曾國藩》小說，都是唐浩明編寫的。唐先生是現代罕見的歷史文學全才的湖南才子。他以《三國演義》的筆法，把曾國藩以及曾氏時代的大小人物，寫活了，傳神之至。唐氏自己說，是「大事不虛，小事不拘」。

小說《曾國藩》在臺北印行後，轟動士林，奔走相告。我偶然機會，得先睹為快，當時，幾乎全身都跟著小說情節起伏，讀後只能以「過癮」二字呼之。

《曾國藩》讀後非但未受其中少部份負面之影響，更佩服曾國藩之作為、言行，乃決心完成本書。通常，編寫書籍，慣用的手法，是剪或是貼，我為了貫注在曾國藩原文的每一字句上，都是一個字一個字寫成的。

全集十冊閱讀完成後，根據我自己的方法以及判斷，將整理之文字資料，分門別類，定為以下十五篇：一、敦品勵志篇，二、才學名實篇，三、政風世俗篇，四、治軍用兵篇，五、良將名臣篇，六、自知善任篇，七、人才人事篇，八、修身齊家篇，九、中西思潮篇，十、財經管理篇，十一、醫藥健康篇，十二、決斷決行篇，十三、人生哲理篇，十四、典章制度篇，十五、統御權術篇。

也許從沒有人這樣分類，我只做一個拋磚引玉的嘗試。事實上，當你閱讀他的全集，就會發現，曾國藩確確是一位歷史少有的開創人物，絕非「治兵語錄」、「家書日記」那樣框框所能概全；當然，以常人而言，有那樣大的成就，已經很了不起了。就以財經而言，他是那個時代中少有之重視財經且有研究的大臣。他曾言，天下有三大患：一曰人才，二曰財用，三曰兵力。因之，對於籌糧籌餉，他都有先謀與他籌，這實在是有別於一般帶兵，打到那裡，吃到那裡的觀念。如果希特勒看過曾國藩的書，考慮長征之補給與天候問題，也就不會犯侵俄之敗了，第二次世界大戰的歷史可能就會重寫。

那個時候無名無籍的湘勇，薪餉俱成問題，就是在那個艱難日子度過，因之，曾國藩就養成補給要想在前頭，供應在後的習慣。這一方面，蔣中正先生在臺灣建立軍中人事後勤制度與設計措施，最為成功，如早在大陸實行，勝敗的歷史，就要改寫了。

最後，這本書如果對於反映曾國藩精神有一點點貢獻，特別要感謝以下友好同仁的協助與鼓勵：

三民書局暨東大圖書公司創辦人劉振強先生，多年來是我非常敬佩的成功出版家，他除了願意冒險出這樣一本厚書外，並及時的提供有關曾國藩的書。

中央日報、中視及中視文化舊日同事助我甚多。特別是王碧雲小姐、賴明義先生、杜月華小姐等，在文稿整理及打字方面費心最多。中視美工組長邱則明以及中視文化同仁在原稿處理裝訂，用心良多。中央日報、正中書局二度同事的蔡文怡小姐，花了不少時間，為本書作訂正工作。中央日報資訊組上官美博小姐提供一份完整的有關曾國藩著作目錄。

內人張淑芬女士奉侍家父母與操勞家務，至為辛苦，內心感念不已，也是本書得以在繁忙工作之餘，得以完成最大的支持力量。

本書之完成與問世，全是作者一得之愚，如有不成熟或是錯誤地方，仍請海內外方家賜正與見諒是幸。

序篇　影響現代中國第一人

中外古今，影響中國，影響天下者，有幾人？

影響天下者，絕無僅有的一位：

就是孔子。

影響中國者，至深且巨者：

就是曾國藩。

曾國藩以一介書生，影響現代中國甚巨。

他們具有多方面的影響力量，但最重要者還是思想。

曾國藩，除了思想之外，作為影響亦大。

曾國藩（一八一一至一八七二年），距今之生二百八十五年，距今之逝一百二十四年。

曾國藩事功之高潮，為一八六四年滅亡太平天國。

他在中國歷史地位，清史早就蓋棺論定：「凡規劃天下事，久無不驗，世皆稱之」。（秦孝儀：〈先正曾國藩逝世雙甲子紀念演講會開幕致詞〉，臺北：國立故宮博物院）可見其貢獻遠超過消滅太平天國，也遠超過清朝一代。

對於現代思潮極有影響的梁啟超指出：「曾文正公豈惟近代蓋有史以來不一二睹之大人物也，豈惟中國抑全世界不一二睹之大人物也。」（李鴻球：《重印曾文正公全集緣起》，臺北：臺北世界書局，《曾文正公全集》）

過去一百三十年間，對於曾國藩之評價，褒貶不一，但近年來漸趨一致，特別是兩岸關鍵人物非但都能接受，且受影響最大的人物。

新儒學者錢穆（賓四）先生以來，對於曾國藩均給予極高的歷史評價，特別是在人才培養與提倡風氣方面：

「曾國藩雖在軍中，隱然以一身任天下之重。網羅人才，提倡風氣，注意學術文化，而幕府賓僚之盛，冠絕一時。」

「當時稱曾胡知人善任，荐賢滿天下。曾胡之得自由荐擢人才，實為湘軍成功又一因」。（錢穆：《國史大綱》（下），臺北：臺灣商務印書館，中華民國七十九年，第六七五—六頁）。

「曾國藩是一個有創造力和判斷力的人」。（余英時：《歷史人物與文化危機》，臺北：東大圖書公司，民國八十四年，第十八頁）

「從清末到民初他的「家書」、「家訓」流行甚廣，他的讀書觀因此影響了好幾代的青年讀者」。（余英時，〈曾國藩先生的士大夫之學〉，先正曾國藩逝世雙甲子紀念演講會，臺北：國立故宮博物院，第七頁）。

無疑的，曾國藩的求才、任事與治學的精神，影響很多人，錢穆亦深受影響。根據錢先生的門生，香港中文大學金耀基博士，在錢先生故去後，就指出二點：

「錢先生擔任新亞創校校長長達十五年之久，新亞創校初期，風雨如晦，雞鳴不已，當時無絲毫經濟憑藉，由於他與唐君毅、張丕介諸先生對中國文化理想之堅持，在『手空空，無一物』的情形下，以曾文正『紮硬寨、打死仗』的精神，克服種種難關，終於獲得雅禮協會、哈佛燕京社等之尊敬與支持，到一九六三年新亞與崇基聯合二書院結合成為香港中文大學」。

「有一次我問：『先秦諸子不計，如在國史中可請三位學者來與您歡聚，您說哪三位?』朱子、曾國藩，他略作思索後說，第三位是陶淵明。」（金耀基：〈在歷史中尋覓——懷憶賓四先生〉，香港：《潮流月刊》，一九九〇年十月十五日，第四四期，第七十一—二頁）

多少年來，曾國藩在知識分子心目中，就是出將入相至高無上的榜樣：

「身為國家大臣，應能為國家開展出大局面來，這種人才本就很少，像曾國藩這樣的大臣，多少年才出一個!」（王作榮，〈吃虧就在愛唱「反調」〉，臺北：《中央日報》，中華民國八十年四月二十五日，第十六版（副刊））

更重要的，正當邁入新世紀之時，曾國藩的影響力，還在持續擴展中。

即將結束的兩個世紀的現代中國，將向第三個世紀——二十一世紀邁進的時候，中國經過武昌革命，抗日勝利，一九四九年北京中共政府成立，四條小龍顯威以及鄧小平的開放政策，向新世紀超強中國邁進的時候，美國《時代雜誌》周刊在一九九三年中國特別報導：〈下一個超強〉序文中，就首先引述曾國藩所說的話：「我們必須要向蠻夷學習唯一的一件事，就是堅船利礮」。揭開中國現代化序幕。

當然，這位現代中國自強運動的先驅者與倡導者曾國藩所要學習的，絕不止於此。

約在六十九年之前，中國長沙雅禮大學歷史教授赫爾，形容曾國藩是「遠東的華盛頓」。

可見曾國藩瞭解中國之弱與西方之強的重要性。

曾國藩的作為與思想，至少影響三位現代中國人：

第一位是孫中山。

第二位是蔣中正。

第三位是毛澤東。

孫先生的國民革命產生動機與刺激，無論直接與間接，都受到曾國藩的影響。這個影響，先取決於三個「假定」之上：

——如果太平天國在南京「建國」成功，全力北上，清朝敗亡，就很難有孫先生的國民革命。

——如果曾國藩消滅太平天國成功後，挾半壁江山的實力，面對微弱的大清王朝，一不作二不休，作復明之壯舉（據唐浩明《曾國藩》小說中所提出的，至少有五次曾國藩左右親信或策士，鼓動或暗示效「陳橋兵變」，來一個黃袍加身，但不為忠君思想曾國藩所動，曾國藩可謂「有忠心而無野心」）。孫中山先生亦無國民革命的「反清復明」的必要性。

——如果從太平天國危難解除後，清朝大徹大悟，政治修明，除內憂解外患，孫中山先生就很難有國民革命的主張。

孫中山先生革命，可說受到太平天國的激勵，埋下革命的種子。

孫中山生於一八六六年，是在太平天國滅亡之後二年。《國父孫中山先生傳》有這樣一段話：「有一個太平天國的老年兵士，常告訴他們許多洪秀全的故事，因此，他深慕洪秀全的為人。」（按洪秀全是廣東人）

孫先生對於中國現代化有理想亦有熱忱，但最先認為並非革命不可，否則不會有一八九四年上李鴻章書，論中國富強之道。

李鴻章何許人也，曾國藩的門生、僚屬與愛將：曾、左、胡、李是也。

為什麼孫先生會找上李鴻章？這是香港中西學院的關係。李鴻章是香港西醫書院四個名譽贊助人之一，並對這個書院有很高的期許：「將使知識由黑暗轉為光明」。據孫先生孫女在《我的祖父孫中山》一書中透露：「這也是祖父後來上書李鴻章，寄希望於政治改革的一個原因」。（臺北：《人物》雜誌（*People* 中文版），一九九五年三月，第一四三頁）

曾、孫、蔣、毛，除了蔣先生具有軍人基礎，風雲際會，陳炯明兵變、黃興（克強）早去，成為孫先生革命所倚仗外，全是文人，正如唐浩明筆下《曾國藩》所指出的：「湘勇的底細我清楚。無非是書生加農夫而已。」而成就驚天動地之大事，或平亂成功（曾國藩），或開國成功（孫中山）或作亂成功（毛澤東），改寫了「秀才造反不成」的中國歷史。曾、孫、毛，那一個不是「書生」？

成者為王，「造反」成功了，就成了英雄。

曾、孫、蔣、毛，他們能成一代之事業，共同的特色與精神，就是珍惜、重視人才，用心發掘、培養與造就人才。

曾國藩所以別於大清王朝，就是人才輩出，而成中興之大業，除了我們所熟知的左宗棠、胡林翼、李鴻章等幾乎與曾國藩齊名將帥外，人才真是數不勝數，成為中興以人才為本的最佳寫照。

曾國藩始終認為，成一代事業也好，萬代事業也好，什麼都重要、什麼也都不重要，萬事沒有人才重要。凡事以人為本，有人才有事業。

對於現代中西教育影響遠大的，就是曾國藩相中了宏閎，形成了打開西洋之門，採西洋之秘，成為源源不絕的中國人才之泉源。

對於一位從未出洋的中國本土學究來說，曾國藩的作為是一創舉；就東西關係來說，幾乎居於「先知」地位。

宏閎，在未被曾國藩發掘的時候，他是游走太平天國間的一名茶商。曾國藩於一八六三年在他的安慶大本營，一見此人，聽其談吐，就感受到「湘軍中沒有這樣素質的將領」，並贊為「三百年來之奇才」。

當時，兩人可說一見如故，宏閎向曾老師指出七點「興國」建議：

一、組建良好軍隊。

二、辦武備學堂。

三、建海軍學校。

四、建人才政府。

五、創辦銀行。

六、以《聖經》為課本。

七、設立各種實業學校。

除了以《聖經》為課本外，否則曾氏就師出無名，何以聲討太平天國？其餘六條，曾國藩不只是照單全收，並全力推行，這不就是中國現代化的先河麼？

此後的宏閎，不只是中國第一位留美學生，留學生精神標竿，也是來自海外的人才泉源。

在無制度、無先例更無人願遠涉重洋之環境下，宏閎受命選派小留學生四批共一百二十人，赴美留學，成為現代中國早期的「智庫」，包括詹天佑在內，學成歸國後，在各方面都有開天闢地的貢獻。

今之旅美學者高宗魯教授在《中國幼童留美史》中，就指出：「西方技術的輸入，是與少數官吏有著密切的關係」。「其中曾國藩是最著名的」。

宏閎個人的貢獻直至民國。他曾被孫中山先生聘為軍火局長，當然，他的才幹，不止於此，在那個攻堅時刻，軍火當然重於一切。

孫中山先生一生奔走革命，亦如曾國藩隨時隨地都在讀書，都在找尋革命伙伴，找財源，他雲遊四海，訪友與讀書，只有一個目的：找尋仁人志士。

孫先生的人才觀念，在上李鴻章書中，開宗明義就指出：人盡其才。

孫先生早期的人才，一如曾國藩的中興名將，都是革命伙伴，但影響最大，還是在患難中發現了蔣中正先生。文人出身的孫先生有了生死與共的革命伙伴，成為孫先生的繼承人。蔣先生不負所托，完成孫先生未竟之志——北伐，在抵抗外侮的民族聖戰中，也實踐了孫先生的遺言：廢除不平等條約。

就輩份而言，蔣先生是革命後輩，在孫先生革命建國的路程中，卻後來居上，因此蔣先生繼承的志業，備感艱辛，早期幾乎不間斷地與胡漢民、汪精衛等交鋒，後期又與軍閥作戰，中共坐大，直至退居臺灣，雖地處一隅，但這個時候的蔣先生才享有絕對的權力。事實上，是時代與環境，創造了一個蔣中正，使他與孫先生的關係，越過其他革命伙伴，隨侍左右親近，而成為革命繼承人。此一關鍵，就在於一九二二年六月十六日之陳炯明兵變。孫先生在為蔣中正所撰的《孫大總統廣州蒙難記》的序中就指出：「陳逆之變，介石赴難來粵，入艦日侍余側，而籌劃多中，樂與余及海軍將士共死生」。

真是患難見真義。

曾國藩之成功，就在發掘人才與運用人才，各展其才，而避其所短。他有自知之明，自知不是帶兵衝鋒陷陣之敵前指揮之才，經過連戰連敗，差點自殺了斷，痛定思痛，再也不親率大軍，改以選將代替親征，造就了不少非常之才，包括他那不是讀書料子的老弟曾國荃，在圍攻太平天國金陵最後之役立首功。

曾國藩有自知與知人之明。

蔣中正師法曾國藩，可謂一步一趨，連蔣先生點名的方式與記號，都學「先師」的，而奉為指南的，就是中興以人才為本，這是在臺灣處處都能聽到與看到的，特別是曾國藩以非常人才建立非常之功，可謂明燈、可謂榜樣。

蔣中正有別於當時的其他軍人，就在於思想與教育。當時軍人中，較有政治頭腦與作為的，東北張作霖父子，九一八之前，辦學校、興實業；廣西的「李、白」，山西的閻錫山，雖閉關自守，還是用過心的。其中，為蔣先生較懼的，為有思想能用人才的吳佩孚，但均眼光不夠遠，用心不夠深，用力不夠久，更缺乏現時環境，國際背景以及中國傳統的種種因素。

蔣先生則不然，他不只是重視人才，並且有組織有計劃訓練培育人才，就在兵荒馬亂中亦不例外。

蔣先生一生的學術根底，除了尊孔孟，就是以王（陽明）、曾（國藩）之學為師。

最明顯的例子，長期的人才培養就是黃埔軍校的創立以及政治學校的建校。前者是軍事人才培養搖籃，後者為國廣培各種政治人才。這是一武一文兩大力量。並在不同階段成立訓練班，如在抗戰期間的中央訓練團、廬山訓練團；臺灣時期的石牌訓練班、革命實踐研究院、國防研究院等。

蔣先生所領導的北伐，能夠所向無敵，以少勝多，就是有黃埔軍校學生，愛民如子、視死如歸的精神，亦正如曾國藩的湘勇出擊，是親教親校親帶的子弟兵。患難相扶，生死與共，有難相救。

中國抗戰期間，能夠得到最後勝利，除了國際因素外，在大敵當前，抗戰第一，勝利第一之下，蔣先生的人才集中、力量集中的動員力量，乃能克敵致果。

以軍人背景，而能禮賢知識份子，蔚為國用。蔣先生最為真誠與徹底，也最為知識份子信服。

蔣廷黻與胡適就是例子。

民國二十六年夏天，抗日戰爭全面爆發前，北方情勢以及平津學界，最為蔣先生所關心。

廬山談話會後所匯集成的「地無分南北、人無分老幼」的號召，平津學界的動向，成為抗戰建國最具有代表與最精粹的知識力量。

不只是抗戰一開始是如此，今後數十年的人才，均從此一號召開始。一九四九年大陸淪陷前，蔣先生見大勢已去，緊急與優先搶救到臺灣的有三：大師級人才（如胡適……等）、故宮國寶以及央行黃金。蔣先生異於常人，有此「三寶」就可見一斑。

「清華」歷史教授蔣廷黻先生，曾任我國駐蘇大使，政府遷臺後為駐聯合國常任代表，多年來鏗鏘有聲，義正詞嚴，其學識與膽識，可謂足可為中國之代表。

蔣教授回憶從政生涯說：「自認所以能在政壇上自成一格，全靠蔣介石的知遇提攜」，他說：「如非蔣介公的知遇、厚愛，我的個性，並不適合於中國官場的……。」（曹志源：〈愛國學人蔣廷黻〉，《中外雜誌》，民國八十三年十二月，三三四期，第一二一頁）

胡適，是二十世紀中國一位具有代表性的名字，他在白話文學具有獨尊的地位。蔣中正先生對他自始至終給予極高的尊重，大陸時代，一度要把總統位置讓給他選，來臺後，蔣氏把在美投閒的胡適接返臺北作為上賓，讓他領導全國學術，主持中央研究院。

胡先生在美國朝野亦享有極高地位，第二次大戰初期，出使美國，由於羅斯福總統對胡氏之敬重，成為白宮的常客，奠定抗戰初中美合作與友誼的基石。

王東原長期為蔣中正先生所倚重，辦理中央訓練團事宜。王先生回憶說：「民國二十六年中央為統一全國意志，舉辦擴大廬山訓練團，受訓對象為全國中等學校校長及各大學部分教授，住在廬山傳習學舍，我以師長身份，任訓練團第一大隊長。同時蔣委員長約集全國名流舉行國是談話會。胡適之先生自為主角，特請對受訓人員演講，題目是程朱陸王學說的異同」。（王東原：〈我與胡適之先生的幾次接觸〉，臺北：《傳記文學》，第六十一卷第四期）

這樣一個緊急時刻，蔣先生安排這樣一位學者，講這樣一個艱深的題目，就可見蔣先生的遠見。

另有一個例子，是政府於民國三十年十月十六日，正是對日抗戰進入緊張激烈的時候，舉行南嶽第三次軍事會議。十月十九日上午的議程，就先後安排李濟琛講大學修身之道，白部長（崇禧）講軍費情形。

大學修身之道與軍費情形，相提並論，在面對強敵衝鋒陷陣之下，仍能重視將官之精神修養，可見當時的蔣委員長用心之苦、涵養之深。

人生有起伏，人生的事業亦有起伏。蔣中正先生一生的事業，與現代中國命運不可分。他的一生，約分四個階段：北伐、抗日、剿共、臺灣時期。其中，以一九四五年至一九四九年抗戰勝利後，大勝後之失敗，是蔣先生的大挫折，幾遭滅頂，歷經東北遼瀋會戰、華北平津、徐州會戰，於一九四九年全面撤退來臺。

蔣中正先生的浮沉歷史，最能發揮力量的，就是徹底實踐曾國藩精神，不分遠近親疏，特別是重用人才，成就最大的是對日抗戰以及臺灣時期；非但蔣先生本人如此，其公子經國先生亦是如此。經國先生的治績在抗戰期間的「新贛南」，政績則是臺灣時期。此點亦為今日大陸贛南師範學院在一九九二年成立的蔣經國研究所確認：「贛南是他宏願的試驗場，臺灣則是其發達輝煌的實踐地」。（漆高儒：〈王陽明、蔣經國在贛南〉，臺北：《傳記文學》，第六十九卷第一期，第七十一頁）

蔣中正先生來臺初期，要靠曾國藩「打脫牙，和血吞」的精神，臥薪嚐膽，以求莊敬自強。他在這一「臺灣經驗」時期，最成功的，一如曾國藩，還是敢用人、用對人，真是人才輩出。如政治方面：陳誠、嚴家淦、蔣經國、孫運璿等；財經方面：尹仲容、徐柏園、李國鼎等；軍事方面：孫立人、俞大維等；外交方面：葉公超、蔣廷黻等。

他們不只是人才，而且是非常之才，而且是有性格的人才。

葉與孫均是極有性格，恃才傲物的人才。葉的明快作風與官場人不同；孫的帶軍作為，與軍閥背景軍人固不同，與黃埔嫡系亦相異。

葉當外交部長，就為了中日和約簽呈，而當著蔣老總統面，將公文摔在地上，為當時秘書長王世杰拾起，得以和緩，其後在駐美大使任內，由於外蒙入聯合國問題，否決與否政策拿捏，說話分寸，觸怒當局，緊急奉召返回臺北，即不得再回任，而與蔣老總統決裂，在臺北以牢騷度日，積憤而終。

孫立人與葉有相同遭遇，遠在東北擔任新第一軍長時，即因救援不利，受杜聿明長官當眾責難，孫立即退席表示反抗。其後即以違抗命令，貽誤戎機，著即撤退，造成其後東北軍事不可收拾之始。（王禹廷：〈國共分合勝敗殊途〉，臺北：《傳記文學》，第六十二卷第一期，第二十頁）四十四年六月六日，在臺灣屏東發生所謂「孫立人兵變」事件，從此孫失去自由，直到七十七年三月二十日始恢復，達三十三年之久。作為孫案九人小組之一的俞大維將軍，聽到孫逝世之消息，感嘆地說：「孫立人能瞑目否？」（李元平：《俞大維傳》，第一七一頁，臺中：臺灣日報社，民八十一年），不管葉也好，孫也好，只是性格苦了他們自己。如果當時能在老總統面前認錯低首，指定念一、二本書，寫個心得報告，老總統氣消了，就會雨過天晴。舊式大家庭的家長就是這樣性格，對爭氣的子弟，打你罵你，是真心愛你。蔣與葉的問題，並非不可為，不可救，否則也不會葉回臺北，兩度晉見蔣中正。可惜老總統可忍受一時，不能長久忍受。尤其不是非用你不可，尤其不可倚洋恃驕，否則也不會有史迪威事件了。

在置之死地而後生的臺灣，「曾國藩精神」發揮了極大穩定與安定力量，成為中國歷史中難有豐衣足食的生活。

特別值得一提的，孫立人在臺灣練新軍，幾乎就是當年曾國藩湘軍的翻版，而在金門前線以及保衛台灣，產生與舊國軍完全不同的戰力，這一方面是置之死地而後生的絕境，一方面經過整編嚴訓之後產生新的力量。

俞大維，由於操守學識而又擅長走動戰地的國防部長，贏得美國軍事當局的尊敬與合作，俞大維就是發揮了他的外曾祖父曾國藩的「打脫牙和血吞」的精神，與能打硬戰死戰的北方將領胡璉、劉玉章、劉安祺等，而把中共攻打金門的企圖，從空中、海上、地下，徹底撲滅，使臺灣得以維持安定，發展經濟，乃有「臺灣經驗」輝煌成就。

有金馬才有臺澎，這是蔣中正先生當年保衛臺灣的軍事最後戰略。他用了能打死仗、能打活戰並和美國關係良好的俞大維作國防部長。金門砲戰期間，打的就是俞大維的死戰精神與美國關係。

民國四十七年八月二十三日的「八二三砲戰」，俞大維正在前線陣地。砲彈如雨打過來的時候，死的死、傷的傷，三位副司令官、參謀長傷亡，俞大維卻從容鎮定，當時，美軍首長顧問就好奇地問：「你這麼鎮定，是否由於高深的哲學修養？」

俞大維說：「我母親是曾國藩的嫡孫女，我是外曾孫。外曾祖父是一位『打斷牙，和血吞』、『大丈夫把命交天』的人物，我就是在這樣的環境，很自然的受了影響」。（李元平：《俞大維傳》，二四〇頁）

軍人出身，並遭受大陸軍事慘敗的蔣中正先生，能體察環境的改變，由政軍體制轉為財經體制，成為中國歷史中難見的文治局面。蔣中正先生慧眼獨具，起用理工背景、財經專長嚴家淦出任副總統，以彌補他的所短，形成引以為傲的財經內閣；戰鬥內閣成為歷史名詞。工廠代替碉堡，勤勞女工腳踏車隊代替實槍荷彈的士兵，兵愛民，民敬軍，代替強佔民房，進而有條件有資格形成兩岸關係。

這個時期，蔣中正先生的用人，真是無懈可擊，得心應手，青出於藍而勝於藍，把曾國藩的精神用活了。

曾國藩以一介書生，當太平天國席捲滿清版圖，並定都南京，直指北京之時，無兵無餉，以哀傷在心，在家守孝，當奉令協辦團練，所依所靠者，那有什麼「湘軍」，只是將原先的羅澤南訓練湘勇一千餘人調來長沙，效戚繼光的束伍成法操練，得接連光復六百多個城池，最後消滅橫行十餘省，長達十四年的太平天國。

所依所靠的，就是人，就是人的組織，就是精神戰力。

置之死地而後生的曾國藩，別無選擇，為了他自己，為了清朝，只有從血路中打出一條活路。他所服膺的，「不為聖賢，便為禽獸；莫問收穫，但問耕耘」。

據說，這是他的同鄉前輩唐鑑贈送他的，並祝他好自為之，仕途大展。因之，唐浩明小說家筆下，把唐鑒視為黃石老人，曾國藩為張良。

從他訓練湘勇開始，就注重選將與練兵，後來不管是總管多方大臣以及送縣令上任，念茲在茲的，還是得人，國以得人而強，中興在乎得人。

曾國藩之用人、得人與識人，全在左宗棠悼其老長官輓聯的二十八個字：「知人之明、謀國之忠，自愧不如元輔；同心若金，攻錯若石，相期無負平生」。

曾國藩（一八一一—一八七二）卒後中國，無論政治、社會、教育等各方面，均有前所未有的劇變。這個變動的核心，就是凡事求新求變，乃有新思想新潮流，這都和人有關，作人就要「作新民」。曾國藩去世後的二十年，不只是湖南，而是中國出了一個毛澤東（一八九三—一九七六）。很奇妙的，毛澤東出生地，就是影響中國命運三省——湖南、浙江、廣東之湖南。而且是曾國藩的大同鄉。

有人會問：為什麼湖南會出現曾、毛這號驚天動地人物？可能和不妥協的「烈」性格有關。

成者為王。毛澤東的一生，雖然標榜槍桿子出政權，但他本人是辛亥革命的逃兵（只作半年的軍人），並是中國共產黨、中國人民解放軍和中華人民共和國的主要締造者和領導人，卻鮮少穿軍裝，更無顯赫星星或勳章，這是他異於常人之處，同時，他真正在東方印證了拿破崙一句話：筆的力量勝過刀槍千百倍。

中共，最後雖以三大戰役席捲中國，但真正的力量，還不是槍桿，而是毛澤東的造反精神與鬥爭的力量。

中國歷史的造反有兩大力量，一是農民、一是鬼神，毛澤東深知箇中三昧。他的家庭就是農民家庭，他的革命就是農民革命，他的神壇就是馬克思共產（一如太平天國洪秀全假借之「上帝」）。

環境影響一個人很大。毛澤東深受環境影響：

第一個影響毛澤東的是他的家庭。

第二個影響毛澤東的是他的老師。

第三個影響毛澤東的是他閱讀中國古籍，尤其是有關權謀的書。

第四個影響毛澤東的是他的鄉長曾國藩。

毛澤東真是不折不扣的鬥爭起家，他的家庭就是他一生成為大事業鬥爭的實驗場。

毛澤東一如若干成才的偉人，只知有母而不知有父，因為慈母感天，孟母是如此，蔣母是如此，嚴父令人生畏亦令人招恨。

早期毛澤東的傳記，並不諱言，毛澤東與他母親是一黨，是他家的反對黨。

毛，成為人物，特別是成為名人後，就難免令人好奇，會引人發問：毛先生你能成為中國天字第一號人物，對你影響最大的人是誰？

毛的標準答案，永遠只有兩個字：母親。

毛的母親一如蔣中正先生的母親王太夫人（蔣九歲喪父），是家庭的「頂樑柱」。早起晚睡，受苦受難受氣的事，全落在母親身上。

中國的婦女，尤其是農村婦女，是沒有什麼地位的，真是苦難一肩挑，看在剛烈如火的毛澤東眼裡，心痛之餘，難免火大。毛澤東常引為自豪地：「當時，我家分成兩「黨」，一黨是我父親，是執政黨。我和母親、弟弟則組成反對黨，有時甚至連家裡長工也參加了我們反對黨。反對黨的領袖，則是我溫和的母親」。

這就是毛的仇恨教育起源。大家都知道「毛主席」有個可憐的母親，可恨的父親。毛澤東母親真可憐，正如大多數農村人口一樣，人命不值錢，五十二歲就去世。毛澤東以一副輓聯祭他可憐的母親：「春風南岸留暉遠，秋雨韶山灑淚多」。（見嚴農：〈毛澤東之最〉，《明報月刊》，香港：一九九三年十二月，第三十五頁）

毛澤東是念師範出身的，誰教的以及讀些什麼，影響他一生很大。有幾位老師對於毛澤東的命運，乃至中國命運，影響是很大的。

一位是私塾老師毛禹珠。

毛在私塾時，就喜歡看閒書《三國演義》之類，看得入神，這位毛老師睜一眼閉一眼，不處罰他，也不干涉他，有一天毛的父親接受毛老師的勸告：這個兒子天資很高，應當送兒子到外面深造，而改變經商主意，送他到長沙讀書。

這位毛禹珠是毛心中的恩師。一九五九年，毛離家三十二年「衣錦還鄉」，還特別差人找到這位老師，師徒把手同行，是當時全中國的大新聞。（同上，第三十六頁）

還有一位老師，對於毛澤東哲學思路有很大影響，打開他的思路的就是楊昌濟。

鼓勵，是最好的教育方法。楊昌濟就用這個方法，使毛澤東增強他對思想的信心。楊昌濟就在毛澤東寫過一篇〈心之力〉的文章打了一百分。（李銳：《毛澤東的功過是非》，臺北：新銳出版社，民國八十三年，第六十頁）

楊昌濟在一九一五年所寫的《達弘齋日記》，有這樣一句話：「余因以農家多出異材，引曾滌生、梁任公之例以勉之」。（李銳：〈毛澤東為什麼「獨服曾文正」〉，〈聯合副刊〉，八十一年九月五日）

毛澤東可說以書為生，他不只是坐擁書城，能夠看到的地方，都擺滿了書，他手不釋卷，在兵荒馬亂之中，什麼都可以丟，書要跟著跑，視書如命，尤其珍視線裝書。

除了民國前後的有關新思潮書報雜誌之外，就是中國古書。有關人的關係、技術奧妙，他不只是迷讀還能活用，如《三國演義》、《水滸傳》。《資治通鑑》讀了七遍之多。

有關現代思潮的，批評時政的，毛讀的第一本書，且對他有相當影響的是鄭觀應的《盛世危言》。這不是一般青年所能讀到的。

讀書不只是毛的興趣，更在活用——對敵應用。郭華倫在《中共史論》中就寫道：

「馬列主義『本本』不能拿去指導打仗，蘇聯紅軍經驗也不適用於中國，只有《三國演義》、《水滸傳》、《孫子兵法》和《曾國藩全集》，才是紅軍戰術戰略的經典」。

「在江西，毛手不釋卷的是《三國演義》、《水滸傳》等小說，他從這些小說裡去學習古人的『錦囊妙計』，以指導紅軍作戰。他遇見幹部尤其是軍事幹部時，就要他們研究《三國》、《水滸》，要他們鑽研這兩本書中每次戰役的戰法，作為紅軍作戰的指南，對於高級幹部則推介《孫子兵法》和《曾國藩全集》」。（郭華倫編著：《中共史論》，臺北：中華民國國際關係研究所編印，民國五十八年九月，第二冊，第三四一頁）

毛澤東不只是他本人，連他自己的幹部，要研讀《曾國藩全集》，還要能活用曾國藩的精神以及策略。毛的棋高一著，他自己還要讀通曾國藩所讀、所點、所編的書，例如，他認為曾國藩的《經史百家雜鈔》比姚鼐的《古文辭類纂》要好，因為後者只側重辭章，而前者增加了經世濟民的作法，對歷代治亂興衰的原委都能有所接觸。（李銳，《毛澤東的功過是非》，第二十八頁）

毛澤東對曾國藩這位鄉賢，真是萬分敬佩，敬佩他消滅太平天國乾淨俐落，立下大功；敬佩他的決心與決斷；敬佩他的識才；敬佩他所用的種種手段與方法。

毛澤東在一九一七年，還在湖南第一師範就學的時候，寫給黎錦熙信中就透露心聲：「愚於近人，獨服曾文正，觀其收拾洪楊一役，完滿無缺」。（李銳，〈毛澤東為什麼「獨服曾文正」〉）

曾國藩的功業，建立在三個層面：

第一是他的忠愛之心，

第二是他的為善一面，

第三才是他砍殺不留情的一面。

毛澤東這位鄉徒，卻捨棄一、二，而在「剃頭」功夫，明殺暗砍，卻以此為快，以此為常，從延安窯洞直至北京中南海，越殺越大，越殺越高，把打江山，「開國」功臣「元帥」，都殺了，手段之殘酷直逼太平天國的天王。

毛澤東不只是崇拜曾國藩，還嚮往他的愛將胡林翼、左宗棠等人的功力與功勳。

作為文人、作為東躲西藏的毛澤東，不同時期，用過不少名字，如毛澤東、潤之、李德勝、澤東、子任、揚子任、詠芝、毛石山、潤、二十八畫生等。也並不是隨便用用，而是有一定意義。如大家所熟知的李德勝，就是毛一九四七年撤離延安逃至陝北時的化名（代號）。這是毛的阿Q精神，以退為進，以毛澤東自己的說法，我們離得勝已不遠了。李德勝就是「離得勝」的諧音。（嚴農：〈毛澤東之最〉）

毛之潤之，據歷史小說家唐浩明稱：胡的後輩告訴他：毛對胡林翼是很崇敬的。至於胡的「潤芝」與毛的「潤之」是相通的。曾國藩致胡林翼函中有時亦稱「潤之」，芝以之代替，似更為親切。

毛澤東對於培養人才，亦很重視，並用具體方法，其與蔡和森通信中，就有二人共同的看法：一、遇，二、訪，三、造。所謂造，就是造就人才。（李銳：《毛澤東的功過是非》，第一〇一頁）

事實上，無論在抗戰的延安，或是在「建國」後北京，毛固然毀掉不少人才，但還是遇訪造出不少人才，像當時的延安，不管用什麼方法，也吸進不少熱血青年，投入「抗日大學」。

更令人驚奇的，槍桿子出政權，但真正立下驚天之功是若干非軍事人才，他們耐得住磨練，甚至死裡逃生，而成非常之才，一如曾國藩的胡、左等等。

他們走過戰場，但並不是靠槍桿，而是靠筆與口。赫赫有名的，除毛澤東外，就是周恩來、劉少奇、鄧小平。

劉少奇以工運，顛覆起家。

鄧小平以軍運立功。

周恩來的涉外功夫與成就，古今中外難與匹敵。從雙十二到光復後毛澤東訪重慶；從馬歇爾來華到尼克森建交公報，從莫斯科代打毛澤東到萬隆亞非會議，前者與蘇俄爭霸，後者為第三世界代表並為第三世界發言。真令曾國藩的李鴻章為之稱臣，他服服貼貼為毛澤東效忠，遠勝曾李的關係，他為共產中國效死，真正做到了諸葛武侯的「鞠躬盡瘁，死而後已」。作為共黨忠實信徒，他也確確實實做到了。周在死前，還為中共作最後的「奉獻」。一九七五年九月七日，在病床上接見羅馬尼亞黨政代表團，這是周最後一次會見外賓。並「視死如歸」，對客人說：「馬克思的請帖我已收到了，這沒有什麼」（權延赤：《走下聖壇的周恩來》，臺北：新銳出版社，中華民國八十三年，第四二三頁）。死後化成灰，沒有房地，除了老伴沒有兒女。

周恩來有自知之明，天下做一個「相」才，不只是不敢超越毛澤東，且戰戰兢兢奉侍毛澤東，周對毛來說：忠與懼而已，乃能苟全性命於亂世。此正如曾國藩之天大之功，亦不敢對大清皇室稍存非份之想。

周是崇拜與嚮往張良、韓信這樣角色。他曾以少有的動作，對左右說：「漢王劉邦得天下，主要依靠三個人：韓信、蕭何和張良」。

「張良打過什麼仗？」秘書好奇地問。

周說：「他不是帥才，但是他追隨漢王左右、出謀劃策，是最優秀的軍師。運籌帷幄，決勝千里」。（《走下聖壇的周恩來》，第二十二—三頁）當然，毛絕非劉備，周卻有張良之功，豈止「決勝千里」。

其實，周的性格有明的一面，亦有暗的一面，往往是明暗不分的。由於他在南開時代，曾是一位出色的學生，善演話劇，並男扮女裝，維妙維肖，再加上加入共黨初期，受過迫擠、失勢，所以他養成偽裝、作偽、做作，隱藏自已本性的天才本領。

深藏不露，就是周的畫像。

毛的性格與作為至死不變，但他知道環境變了，中國需要不同人才，不能夠靠延安爬出來的「革命功臣」。他在走訪全國各地中，發掘了非常之才，後來確實在毛澤東死之前後登上領導人寶座。其中為世人所熟知：

趙紫陽來自四川。

胡耀邦來自湖南毛的家鄉。

江澤民來自上海。

胡、趙已將或即將走入歷史，江之命運與前途，尚待觀察，要看鄧後的北平政權，能否跳出中共的宿命！暫且不論，毛之先期「革命伙伴」，各有優缺點，甚至有極端的個性，如周恩來就執輕如重，而鄧小平卻是執重若輕。但握在毛的手心中，均能發揮他們極大的力量，終至燒成灰，而能成大事而不壞大事，這不能不說是毛的本事。

毛與赫魯雪夫的會談，最能看出毛的自大性格，對赫魯雪夫諸般不耐，並以「交班」來測試赫的野心。

「有人接替嗎？」赫關心並好奇地問。

毛用手指頭舉出三位並作評語：

第一個是劉少奇。他的長處是政治上堅定，原則性很強，弱點是靈活性不夠。

第二個是鄧小平。這個人政治性強，思圓行方；既有原則性，又有高度的靈活性；柔中有剛，棉裡藏針。很有發展前途。

第三個是周恩來。這個同志在大的國際活動方面比我強，善於處理各種複雜矛盾。但是周恩來政治上弱點……但他是個好人。（《走下聖壇的周恩來》，第七—八頁）

毛「欽定」試探這三個人，劉被他鬥垮鬥死，周早他而歸，鄧不為毛看順眼，卻成為滾滾紅潮中的異數。

人終會成為歷史檔案。歷史是什麼？國學大師錢穆說：歷史以人物為中心。

我們能從影響現代中國歷史最重要的人物——曾國藩，看到什麼？學到什麼？用到什麼？

這就是本書編寫的動機。

影響現代中國第一人

——曾國藩的思想與言行

目次

二、才學名實篇

三、政風世俗篇

四、治軍用兵篇

五、良將名臣篇

六、自知善任篇

七、人才人事篇

八、修身齊家篇

九、中西思潮篇

十、財經管理篇

十一、醫藥健康篇

十二、決斷決行篇

十三、人生哲理篇

十四、典章制度篇

十五、統御權術篇

附錄　有關曾國藩書目（上官美博輯）

一、敦品勵志篇

「蓋士人讀書，第一要有志，第二要有識，第三要有恆。」

1 有志，有識，有恆

「又聞四妹起最晏，往往其姑反服事他，此反常之事，最足折福，天下未有不孝之婦，而可得好處者，諸弟必須時勸導之，曉以大義。」

「余自十月初一日立志自新以來，雖懶惰如故，而每日楷書寫日記，每日讀史十葉，每日記茶餘偶談一則，此三事，未嘗一日間斷。十月廿一日立誓永戒吃水煙。」

「京師為人文淵藪，不求則無之，愈求則愈出。近來聞好友甚多，予不欲先去拜別人，恐徒標榜虛聲，蓋求友以匡己之不逮，此大益也；標榜以盜虛名，是大損也。天下有益之事，即有足損者，寓乎其中，不可不辨。」

「蓋士人讀書，第一要有志，第二要有識，第三要有恆。有志則斷不敢為下流，有識則知學問無盡，不敢以一得自足，如河伯之觀海，如井蛙之窺天，皆無識也，有恆則斷無不成之事。」（道光二十二年十二月二十日，致諸弟，〈己巳戒煙欲作曾氏家訓勉勵自立課程〉）

一個人一生有基本信仰與行為，並能推己及人，而能成方成圓。這一短短的曾文正公的家書中，即可見曾文正公的精神。他對嫁出的四妹，非但不能早起，侍奉公婆，還「起最晏，往往其姑反服事他，此反常之事，最足折福」，其實，文正公沒有說出來，沒有罵出口，最丟曾家的臉！

至於有志，有識，有恆，就是曾文正公治學為人之基本修養與精神也。

在那個時候，曾文正公「立誓永戒吃水煙」，就知道是傷身之惡習，實在是先覺者，能不使人肅然起敬。

2 早起也，有恆也，重也

「大抵《十三經注疏》，以三禮為最善，詩疏次之。此外皆有純有駁，爾既已看動數經，即須立志全看一過，以期作事有恆，不可半途而廢。」（咸豐九年八月十二日，諭紀澤，〈看注疏及寫字法〉）

「字諭紀澤兒，接爾十九二十九日兩稟，知喜事完畢，新婦能得爾母之歡，是即家庭之福，我朝列聖相承，總是寅正即起，至今二百年不改。我家高曾祖考相傳早起；吾得見竟希公星岡公，皆未明即起，冬寒起坐約一個時辰，始見天亮；吾父竹亭公亦甫黎明即起，有事則不待黎明，每夜必起看一二次不等，此爾所及見者也。余近亦黎明即起，思有以紹先人之家風，爾既冠授室，當以早起為第一先務，自力行之，亦率新婦力行之。」

「余生平坐無恆之弊，萬事無成，德無成，業無成，已可深恥矣。」

「余嘗細觀星岡公儀表絕人，全在一重字。余行路容止，亦頗重厚蓋取法於星岡公，爾之容止甚輕，是以大弊病，以後宜時時留心，無論行坐，均須重厚。」

「早起也，有恆也，重也，三者皆爾最要之務。早起是先人之家法，無恆是吾身之大恥，不重是爾之短處，故特諄諄戒之。」（咸豐九年十月十四日，諭紀澤，〈宜早起及有恆〉）

一個人一生矢志努力不懈者，三二者而已，能夠澈底做到，已屬不易，此也孔子所說，吾道一以貫之。曾文正公的一生，所力行所倡導者，就是三、二簡易之事，早起、有恆、重也。所謂：重者，穩重也。中國君子之言行，就在一個「重」字。

早起，是曾文正公的「祖風」，而他最崇拜的星岡公：「未明即起，冬寒起坐約一個時辰，始見天亮。」較「黎明即起」，尤有過之。

3 自修之道，莫難於養心；養心莫善於寡欲

「一曰慎獨則心安。自修之道，莫難於養心，心既知有善知有惡，而不能實用其力以為善去惡，則謂之自欺。方寸之自欺與否，蓋他人所不及知，而己獨知之。故《大學》之〈誠意〉章，兩言慎獨，果能好善如好好色，惡惡如惡惡臭。力去人欲，以存天理。則《大學》之所謂自慊，《中庸》之所謂戒慎恐懼，皆能切實行之。即曾子所謂自反而縮，孟子之所謂仰不愧俯不怍。所謂養心莫善於寡欲，皆不外乎是。故能慎獨，則內省不疚，可以對天地，質鬼神，斷無行有不慊於心則餒之時，人無一內愧之事，則天君泰然。此心常快足寬平，是人生第一自強之道，第一尋樂之方，守身之先務也。」

「二曰主敬則身強。敬之一字，孔門持以教人，春秋士大夫，亦常言之。至程朱則千言萬語，不離此旨。內外專靜純一，外而整齊嚴肅，敬之工夫也。出門如見大賓，使民如承大祭，敬之氣象也。修己以安百姓，篤恭而天下平，敬之效驗也。

莊敬日強，安肆日偷，皆自然之徵應，雖有衰年病軀，一遇壇廟祭獻之時，戰陣危急之際，亦不覺神為之悚，氣為之振，斯足知敬能使人身強矣。若人無眾寡，事無大小，一一恭敬，不敢懈慢，則身體之強健，又何疑乎？」

「三曰，求仁則仁悅。凡人之生，皆得天地之理以成性，得天地之氣以成形。我與民物，其大本乃同出一源，若但知私己而不知仁民愛物，是於大本一源之道已悖而失之矣。至於尊官厚祿，高居人上，則有拯民溺救民飢之責；讀書學古，粗知大義，即有覺後知後覺之責，若但知自了而不知教養庶彙，是於天之所以厚我者辜負甚大矣。孔門教人，莫大於求仁，而其最切者，莫要於『欲立立人，欲達達人』數語。」

「四曰，習勞而神欽。凡人之情，莫不好逸而惡勞，無論貴賤智愚老少，皆貪於逸而憚於勞，古今之所同也。人一日所著之衣，所進之食，與一日所行之事，所用之力相稱，則旁人韙之，鬼神許之，以為彼自食其力也。若農夫織婦，終歲勤動，以成數石之粟，數尺之布，而富貴之家，終歲逸樂，不營一業，而食必珍饈，衣必錦繡，酣豢高眠，一呼百諾，此天下最不平之事，鬼神所不許也，其能久乎？」（〈日課四條〉，同治十年金陵節署中日記）

曾文正公的〈日課四條〉，也是曾文正公的基本修養與精神，充滿了自強與強人之道，自敬與敬人之道，自愛與愛人之道。這也是孔子以降，中國知識分子在主流與正道上所追求的，但能實踐又有幾人？人性使然，環境使然！

〈日課四條〉的基本修養，就在於敬、仁、勞也。

曾文正公雖為知識分子、雖為士大夫、雖為清朝大難的解除者，但他心中還是充滿打抱不平的救世情懷，對不勞而獲者，心中充滿憤怒之火：「此天下最不平之事，鬼神所不許也。」

此一〈日課四條〉，是同治十年寫的（而其年譜中謂同治九年）。其時，公，六十一歲，天津教案仍懸而未結，頂峰之事業，成為強弓之末，而衰年多病，為眼疾所困，萬難挽回，心境如枯井，書此四條，

「用自儆惕，以補昔歲之愆」，並令子姪共守。歲月無情，功名成空，內心無限孤寂，寄於子強家興，難免英雄氣短。

4 十三條課程表

道光二十二年十二月二十日，曾文正公「致諸弟」信中，作曾氏家訓勉勵自立課程。

這一「課程表」如下：

一、主敬。整齊嚴肅，無時不懼，無事時心在腔子裡，應事時專一不雜。

二、靜坐。每日不拘何時，靜坐一會，體驗靜極生陽來復之仁心，正位凝命，如鼎之鎮。

三、早起。黎明即起，醒後勿沾戀。

四、讀書不二。一書未點完，斷不看他書，東翻西閱，都是徇外為人。

五、讀史。二十三史每日讀十頁，雖有事，不間斷。

六、寫日記。須端楷，凡日間過惡，身過，心過，口過，皆記出，終身不間斷。

七、日知其所亡。每日記茶餘偶談一則，分德行門，學問門，經濟門，藝術門。

八、月無忘所能。每月作詩文數首，以驗積理之多寡，氣之盛否。

九、謹言。刻刻留心。

十、養氣。無不可對人言之事，氣藏丹田。

十一、保身。謹遵大人手諭：節慾，節勞，節飲食。

十二、作字。早飯後作字，凡筆墨應酬，當作自己功課。

十三、夜不出門。曠功疲神，切戒，切戒。

這十三則課程表，不僅曾家能用，家家都能用；不僅曾文正公時代能用，現代更能用。

因之，曾文正公不只是賢者，實在在「修身齊家治國」方面，就是聖者。

5　自創五箴

道光二十四年三月二十日，曾國藩在致諸弟家書中，附「五箴」，作為其個人為人處事之根本。這一「五箴」，經蔣中正先生之提倡而發揚光大。蔣先生所重視之教育訓練機構，如黨務軍事教育場所，多懸掛蔣先生手書之「五箴」。

「五箴」在序言中指出：僕以中材而履安順，將欲刻苦而自振拔，諒哉其難之，因作五箴以自創云：

立志箴。

居敬箴。

主靜箴。

謹言箴。

有恆箴。

這就是影響曾文正公一生功業的「五箴」。

五箴中，並無特別之處，要在有恆。特別值得一提的，是：

「主靜箴」：日對三軍，我慮則一，彼紛不紛，馳騖半生，曾不自主，今其老矣，始擾擾以終古。

這一「主靜」的修養，對於在軍政人事紛擾一生的蔣中正先生，是有影響的：「日對三軍，我慮則一，彼紛不紛。」而對政治紛亂與人事決策以及蔣先生的日常生活，這也就是蔣先生的寫照。

「謹言箴」：巧語悅人，自擾其身。實在的，企圖以「巧語」悅人，反而形成「自擾」。因為再漂亮的話，說出來就收不回來了。

6 日課十二條

一、主敬。整齊嚴肅，無時不懼。無事時，心在腔子裡；應事時，專一不雜。清明在躬，如日之升。

二、靜坐。每日不拘何時，靜坐四刻，體驗來復之仁心，正位凝命，如鼎之鎮。

三、早起。黎明即起，醒後勿霑戀。

四、讀書不二。一書未完，不看他書，東繙西閱，徒務外為人。

五、讀史。丙申年購念三史。大人曰：「再借錢買書，吾不惜極力為爾彌縫。爾能圈點一遍，則不負我矣。」嗣後每日圈點十葉，間斷不孝。

六、謹言。刻刻留意，第一工夫。

七、養氣。氣藏丹田，無不可對人言之事。

八、保身。十二月奉大人手諭曰：「節勞、節欲、節飲食」，時時當作養病。

九、日知所亡。每日讀書記錄心得語，有求深意是徇人。

十、月無忘所能。每月作詩文數首，以驗積理之多寡，養氣之盛否，不可一味眈著，最易溺心喪志。

十一、作字。飯後寫字半小時，凡筆墨應酬，當作自己課程，凡事不可待明日，愈積愈難清。

十二、夜不出門。曠功疲神。切戒，切戒。〈課程十二條〉

這是曾文正公於道光二十二年在京日記，是時，曾文正公三十二歲，正是潛學修身養性之時：「致力程朱之學」，「其為日記，力求改過」，是為日課，自訂課程十二條，終身奉行不渝，實踐修身、齊家、治國、平天下之道路。

這十二條也是後來蔣中正先生所力行、所推行的。

無論就中外偉人修身的道理以及宗教的修養，這十二條的課程，都是千錘百鍊，成賢成王成聖的仙丹。

「早起，黎明即起，醒後勿霑戀」，這是曾文正公自煉的勤與恆的試金石。「養氣，氣藏丹田，無不可對人言之事。」這樣的功夫到家了，養個人之氣，「藏之丹田」，靜動自如，乃有「無不可對人言之事」，由無私無我，而成養天地之正義也。這是一個人，自我出發的精神與力量。

保身：「節勞、節欲、節飲食」，這應是現代工商人士、公務人員的修身與健身符也。人之病，多從這三方面所引發：多飲傷肝、多食傷胃。現代都市生活所謂交際應酬，即是飲酒作樂也，酒，就是自殺殺人的毒藥。

「日知所亡」，就是宗教的精神，只有今天是最實在的，明天如何？誰也不能預知，誰也不能保證。天災人禍，都有可能隨時發生，如一九九五年日本關西神戶大地震，就是活生生的一例。

「日知」自顧炎武的《日知錄》，就成為知識分子以天下興亡為己任的標誌。

7 字太潦草，此關乎一生福分

「余之行事，每自以為至誠可質天地，何妨直情徑行。昨接四弟信，始知家人天親之地，亦有時須委曲以行之者，吾過矣！吾過矣！香海為人最好，吾雖未與久居，而相知頗深，爾以兄事之可也。」

「香海言時文須學《東萊博議》，甚是。」

「然吾意讀總集不如讀專集。」

「於五古則喜讀《文選》，於七古則喜讀《昌黎集》，於五律則喜讀《杜集》，七律亦最喜《杜詩》，而苦不能步趨，故兼讀《元遺山集》。」（道光二十三年六月初六日，致六弟，〈學詩習字之法〉）

「若果事事做得，即筆下說不出何妨；若事事不能做，並有虧於倫紀之大，即文章說得好，亦祇算個名教中之罪人。」

「科名之所以可貴者，謂其足以承堂上之歡也。謂祿仕可以養親也，今吾已之矣，即使諸弟不得，亦可以承歡，亦可以養親，何必兄弟盡得哉。賢弟若細思此理，但於孝弟上用功，不於詩文上用功，則詩文不期進而自進矣。」

「凡作字總須得勢。」

「地仙為人主葬，害人一家，喪良心不少，未有不家敗人亡者，不可不力阻凌雲也。」（道光二十三年六月初六日，致諸弟，〈論孝弟之道〉）

「凡事皆貴專，求師不專，則受益也不入；求友不專，則博愛而不親。心有所專宗，而博觀他塗以擴其識，亦無不可。無所專宗，而見異思遷，此眩彼奪，則大不可。」

「我去年十一月廿日到京，彼時無摺差回南，至十二月中旬始發信，乃兩弟之信，罵我糊塗，何不檢點至此。趙子舟與我同行，曾無一信，其糊塗更何如。即余自去年五月底至臘月初，未嘗接一家信，我在蜀，可寫信由京寄家，豈家中信不可由京寄蜀耶，又將罵何人糊塗耶，凡初筆不可不檢點。」

「九弟與鄭陳馮曹回信，寫作俱佳，可喜之至。六弟與我信，字太草率，此關乎一生福分，故不能不告汝也。四弟寫信，語太不圓，由於天分，吾不復責。」（道光二十四年正月二十六日，致諸弟，〈述求師友宜專〉）

作之兄作之師也。

曾文正公之思想體系中，有一了不起的地方，即不迷信，這裡提到「地仙為人主葬，害人一家。」曾國藩這位大哥，帶領他這幾位弟弟，也真不容易，在早期，他們何嘗又把大哥放在眼裡？因為寫信到家問題，竟罵大哥糊塗；當時的文正公脾氣也不太好，竟說出如我糊塗，還有比我更糊塗之鄉親？可見一個人的成就，不是天成的，而是一步一步學出來的，一點一點練達出來的。

8 人求全，我求缺

「臘月信有糊塗字樣，亦情之不能禁者。蓋望眼欲穿之時，疑信雜生，怨怒交至，惟骨肉之情愈摯，則望之愈殷；望之愈殷，則責之愈切。度日如年，居室如圜牆，望好音如萬金之獲，聞謠言如風聲鶴唳，又加以堂上之懸思，重以嚴寒之逼人，其不能不出怨言以相詈者，情之至也。然穌兄者觀此二字，則雖曲諒其情，亦不能不責之，非責其情，責其字句之不檢點耳，何芥蒂之有哉。」

「來書辨論詳明，兄今不復辨，蓋彼此之心，雖隔萬里，而赤城不啻目見，無纖毫之疑，何必因二字而多費唇舌，以後來信，萬萬不必提起可也。」

「凡盛衰在氣象，氣象盛則雖飢亦樂，氣象衰則雖飽亦憂。今我家方全盛之時，而賢弟以區區數百金為極少，不足比數，設以賢弟處楚善寬五之地，或處葛熊二家之地，賢弟能一日以安乎。」

「君子之處順境，兢兢焉常覺天之過厚於我，我當以所餘，補人之不足；君子之處嗇境，亦兢兢焉，常覺天之厚於我，非果厚也，以為較之尤嗇者，而我固已厚矣。古人所謂境地須看不如我者，此之謂也。來書有區區千金四字，其毋乃不知天之已厚於我兄弟乎。」

「兄嘗觀易之道，察盈虛消息之理，而知人不可無缺陷也。日中則昃，月盈則虧，天有孤虛，地闕東南，未有常全而不闕者，剝也者，復之機也。君子以為可喜也，夬也者，姤之漸也；君子以為可危也，是故既吉矣。則由吝以趨於凶，既凶矣，則由悔以趨於吉，君子但知有悔耳，所以守其缺，而不敢求全也。小人則時時求全，全者既得，而吝與凶隨之矣。眾人常缺，而一人常全，天道屈伸之故，豈若是不公乎。」

「今吾家椿萱重慶，兄弟無故，京師無比美者，亦可謂至萬全者矣。故兄但求缺陷，名所居曰求缺齋，蓋求缺於他事，而求全於堂上，此則區區之至願也。家中舊債，不能悉清；堂上衣服，不能多辦，諸弟所需，不能一給，亦求缺陷之義也。內人不明此義，而時時欲置辦衣物，兄亦時時教之，今幸未全備，待其全時，則吝與凶隨之矣，此最可畏者也。賢弟夫婦訴怨於房闥之間，此是缺陷，吾弟當思所以彌其缺，而不可盡給其求，蓋盡給則漸幾於全矣。吾弟聰明絕人，將來見道有得，必且韙余之言也。」

「凡仁心之發，必一鼓作氣，盡吾力所能為，稍有轉念，則疑心生，私心亦生。疑心生則計較多而出納吝矣，私心生則好惡偏而輕重乖矣。」（道光二十四年三月二十日，致諸弟，〈述濟戚族之故〉）

曾國藩這位大哥真不容易，亦可見齊家之難，難如治國。家國規模有大小，但機能則一，此政府有所謂「內閣」也。

為了「糊塗」二字，不懂事之弟弟，窮追不捨，責難大哥。文正公只有把在京之苦處，「度日如年」，作一發洩，並無兄弟間芥蒂之事，並希「以後來信，萬萬不必提起可也。」

在家中之弟弟，不知在京城的哥哥，為食祿奔走之難，對於哥哥寄來之錢，竟以「區區千金」應對，好大之口氣，因之最怕驕的老哥，狠狠的訓了一下：「來書有區區千金四字，其毋乃不知天之已厚於我兄弟乎？」

兄弟間失和不和，往往在妯娌間，曾府亦有此病。婦人往往在求貪求小，而導致夫婦失歡，兄弟失和，甚至逼丈夫鋌而走險。曾國藩以其夫人之例，以求缺陷之道，來開導其弟媳：「內人不明此義，而時時欲置辦衣物，兄亦時時教之。今幸未全備，待其全時，則吝與凶隨之矣，此最可畏者也。賢弟夫婦訴怨於房闥之間，此是缺陷，吾弟當思所以彌其缺，而不可盡給其求，蓋盡給則漸幾於全矣。」

曾國藩之齊家，真是苦口婆心，用心良苦。

9 求缺齋課程

「人求權貴，我求平凡，
人求萬全，我求缺陷。」

這就是曾國藩的精神。

曾國藩的精神，在庭訓與練軍方面，影響蔣中正先生很深很遠；但在求缺方面，對於知識界是有啟發與效法作用的。

曾國藩把他的所居，曰：「求缺齋」。

求缺齋的主人，凡人所思所念的，是權位是金錢，而他所思的，是進德是進修。

道光二十四年三月二十日，曾文正公在「致諸弟」家書中，附了「求缺齋課程」如下：

讀熟讀書十葉。《易經》《詩經》、《史記》《明史》、《屈子》《莊子》、《杜詩》《韓文》。

看應看書十葉。（不具載）、（習字一百。數息百八）。

記過隙（即日記）。

記茶餘偶談一則。（以上每日課）

逢三日寫回信。逢八日作詩古文一藝。（以上每月課）

這一課程，真是簡而明。日復一日，月復一月，週而復始，曾文正公以戒慎恐懼之心，以求缺之心，而漸成一完人。

10 情願人占我的便益，斷不肯我占人的便益

「我自從己亥年在外把戲，至今以為恨事。將來萬一作外官，或督撫，或學政，從前施情於我者，或數百，或數千，皆釣餌也。渠若到任上來，不應則失之刻薄，應之則施一報十，尚不足滿其欲。故自兄自庚子到京以來，於今八年，不肯輕受人惠，情願人占我的便益，斷不肯我占人的便益，將來若作外官，京城以內，無責報於我者。澄弟在京年餘，亦得略見其概矣。此次澄弟所受各家之情，成事不說，以後凡事不可占人半點便益，不可輕取人財。切記，切記。」

「賢弟從事多躁而少靜，以後尚期三思。兒女姻緣，前生注定，我不敢阻，亦不敢勸，但囑賢弟少安無躁而已。」（道光二十七年六月二十七日，致諸弟，〈勿占人便益，兒女姻事勿太急〉）

人生如舞臺，有謂「政治舞臺」，甚至「政治遊戲」，曾文正公以到京趕考為官，視為「在外把戲」，再恰當不過了。他的性格，是不適合做官的，更不適合做大官，因而「在外把戲，至今引以為恨事」，至於他的預言，「將來萬一作外官，或督撫，或學政」，均幸而言中，且後來他的地位與成就超過此等太多太多。

能一步一步做上去，或一步登天，不知欠了他人多少人情，亦即不知多少人幫助你，對於這些人情，「應之則施一報十，尚不足滿其欲」，這是人性也，也是人欲也。政治之人事安排，難免有分贓之說，就在此。因之，曾文正公「不肯輕受人惠，情願人占我的便益，斷不肯我占人的便益。」

「人情」是曾文正公極大的心理負擔也，惟恐欠人負人也。

11 勞謙君子

「吾輩現辦軍務，係處功利場中，宜刻刻勤勞，如農之力穡，如賈之趨利，如篙工之上灘，早作夜思，以求有濟；而治事之外，此中卻須有一段豁達沖融氣象。二者並進，則勤勞而以恬淡出之，最有意味，余所以令刻『勞謙君子』印章與弟者此也。」（同治二年三月二十四日，致九弟，〈論恬淡沖融之襟懷〉）

這一封短函中，雖在軍務緊迫中，曾文正公還是談及修養讀書，藉以養性也。除詩詞外，他自稱「吾好讀《莊子》，以其豁達足益人胸襟也。」

12 讀書怕無恆，怕隨筆點過一偏，並未明白

「近世文人如袁簡齋趙甌北吳穀人，皆有手鈔詞藻小本，此眾人所共知者。」

「昌黎之記事提要，纂言鈎元，亦係分類手鈔小冊也。」（咸豐九年五月初四日，諭紀澤，〈宜分類手鈔體面話頭〉）

「我朝儒者如閻百詩、姚姬傳諸公，皆辨別《尚書》之偽，孔安國之傳，亦偽作也。」

「爾讀書記性平常，此不足慮。所慮者：第一怕無恆，第二怕隨筆點過一偏，並未看得明白，此都是大病。若實看得明白了，久之必得些滋味，寸心若有怡悅之境，則自略記得矣。爾不必求記，卻宜求個明白。」（咸豐九年六月十四日，諭紀澤，〈尚書之真偽〉）

曾文正公這二封家書中，是給紀澤的。告訴念書的方法與精神。所謂方法：親手所鈔與辨真偽。

「親手所鈔」就是記筆記，把精彩之詞句抄下，一來印象深刻，二來可加以背誦。這是在印刷術不發達，更沒有影印機的時代，讀書求知唯一的方法。如今影印機氾濫，方便是方便，但使人更懶了。

古人讀書，要辨真偽，也就是假書很多；今人讀書，不是辨真偽，而是辨好壞，因為書為商品，書很多，但有價值的好書並不多。

聰明不聰明倒無所謂，因為曾文正公並不自認是聰明人，要緊的，是有恆，最怕的是無恆，同時，要用心讀書，不能點過一遍就算了，點了等於沒點。

13 知舍血氣無以見心理，則知舍文字，無以窺聖人之道矣

「古來如顏子立德，周郎立功，賈生立言，均在少壯，然千古會有幾人？其餘賢哲代興，樹立宏達，大抵皆在四十以後耳，以仲尼之聖而不惑，亦待四十。」〈加復黎刺史庶昌書〉

立德、立功、立言，三不朽，曾文正公分舉顏子、周郎、賈生，此三人少年時皆有顯赫之成就，功垂不朽，但一般人總在壯年之後。如今，由於健康及長壽，事業之頂峰，在六十以後，亦非退休也。

曾文正公並指出：「博覽而約守，資深而居安。」意義尤為深長。博覽群書，而能擷精取華；「資深」亦是今天各方面所具有的「年資」，而不以老賣老，安於位，乃能「灑然自得」。

總之，一個人看得開，是很重要的。

「文與文相生而為字，字與字相續而成句，句與句相續而成篇，口所不能達者，文字能曲傳之。故文字者，所以代口而傳之千百世者也。伏羲能深知經緯三才之道，而畫卦以著之。文王周公，恐人之不能明也，於是立文字以彰之。孔子又作十翼，定諸經以闡顯之，而道之散列於萬事萬物者，亦略盡於文字中矣。所貴乎貴人者，謂其立行與萬事萬物相交錯，而曲當乎道，其文字可以教後世也。吾儒所賴以

學聖賢者，亦藉此文字以考古聖之行，以究其用心之所在，然則此句與句續，字與字續者，古聖之精神語笑。」

「孔子之門有四科：子路知兵，冉求富國，問禮於柱史，論樂於魯伶。」

「論觀人者，當觀其心所載之理，不當觀其耳目言動血氣之末也，不亦誣乎？知舍血氣無以見心理；則知舍文字，無以窺聖人之道矣。」（〈致劉孟容書〉）

曾文正公與劉孟容多次書信往返，論書問之道，樂此不疲。

何謂文字？「文與文相生而為字，字與字相續而成句，句與句相續而成篇」。

文字之起，「口所不能達者，文字能曲傳之。」

孔子之門徒很多，但能才，能大才者並不多。子路可謂軍事家，冉求為經濟家，在今日內閣中，一可掌國防，一掌經濟也。

曾文正公善觀人，但觀其心，而非觀其面，由面之表情而知心也，此之所謂「論觀人者，當觀其心所載之理，不當觀其耳目言動血氣之末也。」曾文正公還是很相信文字的，此之所謂「文以載道」也。

14 視聽旁午，甚囂而已矣，尚何精詣之有哉

「於是先生手圖而告國藩曰：吾昔名吾居室而圖之也，將以讀吾書也。今五六年間，腐精於案牘，敝形神於車塵馬足，曩之不逮，竟不克補，則今之悔，又果可補於後日乎？子為我記之，志吾疚焉。國藩嘗覽古昔多聞之君子，其從事文學，多不在朝班而在仕宦遠州之時，雖蘇軾黃庭堅之於詩，論者謂其

汴京之作少遜，不敵其在外者之殊絕，蓋屏居外郡，罕與接對，則其志專，而其神能孤往橫絕於無人之域，若處京師浩穰之中，視聽旁午，甚囂而已矣，尚何精詣之有哉。」（〈槐陰書屋圖記〉）

這一書屋主人為曾國藩的「吾師江陰季先生。」

季先生因為官無法讀書，深以為痛，乃下定決心，「名其寓舍曰槐陰補讀之室」，而命曾文正公寫點東西，乃有〈槐陰書屋圖記〉。

權力使人腐化。當上官，當上大官，尤其朝中大官，「腐精於案牘，敝形神於車塵馬足」，車水馬龍，好不熱鬧，那有時間讀書？讀書還有什麼用？季先生有此苦，曾文正公亦有此苦，乃互道苦痛。此所謂「國藩忝竊高位，乃適蹈先生之所疚。」以曾文正公所舉，在朝中做大官往往無法讀書，在外面做官，還有些時間讀書，此所謂「其從事文學，多不在朝班而在仕宦遠州之時。」

若處京師浩穰之中，「視聽旁午，甚囂而已矣，尚何精詣之有哉。」真是傳神之至。如今之政治環境，其應酬之多，其交際之廣，協調來，協調去，樂此不疲，願與不願，「來來」矣！

二、才學名實篇

「吾生半短於才，愛者或謬以德器相許，實則雖曾任艱鉅，自問僅一愚人。」

1 才須學，學須識

學識，學識，是我們今日常見的「習慣語」。其實，此語是來自諸葛亮。曾文正公說：「臣愚以為欲使有用之才，出範圍之中，莫若使之從事於學術。漢臣諸葛亮曰：『才須學，學須識。』蓋至論也。然欲文才皆知好學。又必自我皇上以身作則，乃能轉移風化之本。」這就是曾文正公的渾厚，出自至愛之道，也不能不說大膽。但曾文正公也搬出清朝開國元勳以及其後有赫赫之功的「先帝」，皆不忘讀書。此所謂：「聖祖仁皇帝登極之後，勤學好問，儒臣逐日進講，寒暑不輟，三藩用兵，亦不停止。」因而乃希望上行下效，而能成讀書之風氣也。

至於人才培養方法，曾文正公舉出四種：教誨、甄別、保舉、超擢。並舉出：「教誨」之不可緩之一圖：一言嘉獎，則感而圖功；尺語責懲，則畏而改過，此教誨之不可緩也。

「榛棘不除，則蕙蘭減色；害馬不去，則騏驥短氣。」亦即不姑息也。

2 勤以補拙，慎以圖功

曾國荃、曾貞幹兄弟，屢屢立奇功，但其老哥在奏報獎勵冊中，卻因為「臣弟」關係遺而不報。

曾文正公這種成功不必在我的精神，固令人感佩，但皇上還是公道的。同治元年四月十六日內閣奉上諭：「曾國荃等宣力戎行，連克要隘，洵足以褫賊魄而快人心，頭品頂戴江蘇布政使曾國荃，著交部從優議敘；候選同知直隸州知州曾貞幹，著賞給迅勇巴圖魯名號，以示鼓勵。」

曾國藩因「臣弟不敢仰邀議敘」，而皇上卻「從優議敘」，可說給足了曾國藩面子。當然，皇上這樣做，自然希望他們曾氏兄弟，能再接再厲，最後拿下金陵。曾文正公，何人也，不是糊塗人，知道皇上的用心。同治元年五月二十七日為「謝弟國荃優敘貞幹加勇號恩摺」稱：「伏念臣同胞既翕，異數頻叨，曾籲金陵未克以前，不敢再邀渥澤，豈期玉陛酬庸之典，復蒙疊沛殊恩，錄毫末之微勞，命勳曹以優敘，勛膚公以迅奏，賜勇爵以嘉名。天語彌溫，臣心增懼。曾涓埃之莫報，實感悚以交并。臣惟有督飭臣弟等乘勝進攻，剋期會勦，勤以補拙，慎以圖功。集四七之將材，同收六代虎踞龍蟠之地，宣九重之恩德，一慰三吳水深火熱之民。」

「天語彌溫，臣心增懼。」此為曾文正公之心情，亦是為臣之道也。這也是至高的「官場文化」。「同收六代虎踞龍蟠之地」，乃是皇上最大之心願，也是對曾氏兄弟最大的期望。

3　儻來之虛名，遂自忘其醜陋

通商與洋務，並非一件事。但通商是洋務一部份，通商亦是洋務之始。近代洋務之根源，還是起於曾國藩。

除了人才培養外，曾國藩還是有洋務的頭腦，同時，華洋之間利害關係，他還是抓準分寸的。以當時的環境，以及曾國藩的背景，實在不易。

薛煥是曾國藩屬下一員大將，曾兼理通商大臣，但有一天，薛煥也許感到壓力太大，或分身乏術，請求將通商大臣撤銷而將業務併入地方。茲事體大，朝廷又要徵詢曾國藩的意見：

撤銷合併乎？

曾自兼乎？

另選高明乎？

話說：

「前因薛煥熟悉外國情形，諭令以頭品頂戴充辦理通商事務大臣並疊諭將洋人協剿諸事，會商新署巡撫李鴻章妥為經理。茲據薛煥奏：「南洋通商各口，事隸將軍督撫監督辦理，若專設大臣，統轄地方較多，鞭長莫及，事勢亦多格礙，該大臣稽察稅務，多屬具文，而一切辦公經費，以及書吏差役等項經費，均需添設。糈祿虛糜於事無益，請即裁撤，各歸本省督撫將軍經理。」」

薛煥還有一筆另陳的：「請於官文曾國藩特簡一員，兼領其事。」

皇上的意見併送曾國藩研辦：「所請裁撤之處，詢為因時制宜。欽差大臣，本係改為兩江總理兼攝，曾國藩威望遠著，為外國人所讋服，長江通商事務，由該大臣經畫，自然措置合宜，惟前因曾國藩辦理軍務，在江西布置，旰夕不遑，若再任以通商事務，非所以事體諒。現在江西肅清，應如何妥為兼籌之處，即著酌量情形，迅速具奏。薛煥所稱南省，宜以督撫兼領，其駐紮之地，須離洋人稍遠，辦理方可順手。保李鴻章駐鎮以後，能否兼顧無誤，曾國藩從前曾經議辦，並著一併詳籌奏聞。」

曾國藩對此一制度存廢改變以及人選，作以下之陳述：

「仰見皇上循名責實，因時變通之至意。臣才識凡庸，於西洋通商事宜，尤未諳究，第就各省海口論之，則外洋之通商，正與內地之鹽務相同。通商係以海外之土產行銷於中華，鹽務亦以海濱之場產，行銷於口岸。通商始於廣東，由閩浙而江蘇而山東，以達於天津。鹽務亦起於廣東，由閩浙而江蘇而山東，以達於天津。通商之有五口大臣，三口大臣，猶鹽務之有兩淮鹽政，長蘆鹽政也。通商之有監督關道，猶鹽務之有運司鹽道也。通商之綜匯總代理衙門，猶鹽務之綜匯於戶部也。通商惟長江交易最廣，以漢口為都會，亦猶鹽務惟兩淮引地最廣，以漢口為都會也。」

「今日求一二精於洋務者，尚難其選。而謂此後數十百年，沿江兩督四撫，一一求精於洋務者而為之，豈可得哉。臣愚謂此缺似不可裁，宜改為長江通商大臣，專辦滬江四省中外交涉事件。或駐鎮江金陵，或駐漢口九江，添設官屬書役若干，廉俸經費若干，應請敕下總理衙門，會同該部核議，其漢人洋人大小詞訟，在滬在鄂之正子各稅，何者由通商大臣專決，何者歸總理衙門核辦，亦應與駐京公使熟議。其北洋三口通商，事同一律，均宜討論職掌，永定章程。」

「至兩江總督一缺，統轄三省文武兼管漕河兩端鹽務，又其專責即在承平之際，幹濟之才已覺竭蹶不遑，況以微臣迂鈍之質，又值髮逆糜爛之餘，夙夜憂懼，顛躓實在意中，不敢因偶爾之戰勝，儻來之虛名，遂自忘其醜陋。軍務未竣之前，臣實不能兼辦通商事件。」

「署撫臣李鴻章資望尚欠，軍事方殷，亦於洋務不甚相宜。」

曾文正公這一覆摺，可說道理情理說得至為透澈，表明了三點：

一、通商大臣「此缺似不可缺。」

二、其本人不適兼任。尤其「儻來之虛名，遂自忘其醜陋」，至謙至卑之中，亦有自知之明。

三、李鴻章後來在洋務方面雖成氣候，成一世之才，但在那個時候，依曾文正公之評斷，「資望尚欠，軍事方殷，亦於洋務不甚相宜。」亦知人之明也。

4 誠一不欺之道，堅定不變之謀

自古中國即以天朝自居。對邊疆族類，如有風吹草動，尤其政治武力一旦成氣候，所用策略，不外二種：一是勦一是撫。此時之清朝亦不例外。對此，曾國藩亦有所建議。

有苗沛霖安撫歸順後仍有小動作，皇上對此頗為惱火。「著僧格林沁、曾國藩等，會同察度，妥議萬善」。皇上有如下之原則指示：

「苗沛霖如果能帶練勦賊，為國出力，朝廷屢經明諭，貰其既往予以自新，該大臣等何難待之坦白，盡釋前嫌，但必須其實心實力，悔罪歸誠，有殺賊攻城之實據，方可加之信任。若仍心跡闇昧，或陽為助勦，而仍與賊陰相結納，或第欲冒官練之名，以脅制民圩，希圖煽惑，漸成尾大不掉之勢，其居心行事，朝廷亦必洞見肺肝。諒該大臣等亦斷不以欲資其力，稍涉遷就，致為所惑，而忘後患。」

曾國藩於同治元年八月廿七日覆陳待苗與馭苗之策：

「臣愚以為欲苗之不猜疑，必在我者先有誠一不欺之道；欲苗之不反覆，必在我者先有堅定不變之謀。大抵馭苗之策有二：

「一曰勦、一曰撫。撫苗之策亦有二：一曰赦其罪而不資其力，一曰資其力而予以權。凡良圩之出財出力以從苗者，非心服也。彼挾朝命以臨之，不得已而為所脅耳。自夏間黨羽離散，苗勢漸衰，今調之會勦捻巢，則必聽其招集舊部，號令群圩。是予以威權矣。又必聽其廣收練稻，設立釐卡，是予以利權矣。今日養虎自衛，他日復欲縛虎歸柙，豈易言哉。臣愚以為赦其罪，而不資其力，猶不失為中策，於徵調之札，則吝之，使其號令不能遽振，於釐卡之事，則寬之，使其生計不至遽窮，情願假以利權，斷不予以威權，俾苗沛霖既服官軍之足以自立，又感疆臣之不與爭利，或可相安無事。若既欲資其力，又欲結其心，而又不予以威權利權，則斷無是理矣。此臣察度苗練，但用中策之微意也。」

曾文正公這一段話，實在就是民國以來，軍閥兵棍之演變，翻雲覆雨的寫照。這些飛揚跋扈不可一世之蝦將，大多成為中共戰犯改造所的階下囚。當年擁兵自重，養尊處優，如今乖乖地吃人間所不能吃的苦，做人間所不能做的事，忍人間所不能忍的氣。中共之逆流而為，確實是對這些自以為「天王老子」的除根之治。

5 節制四省，三次疏辭

曾國藩與清廷之間在精神上契合，實在是統御上極高之境界。而文正公之謙讓堅實精神，對於朝廷來說，實在是深獲我心。

你越不要權，我越要給你權；你越不要獎勵，我越要給你獎勵。這是當時文正公與清廷間之水乳關係。集天下之大權，幾交曾文正公之身上。而文正公，深知官場之道，有功則罪己，有獎則有退之心。如有功，則歸之於上，歸之於下，不貪功，不諉過，可作為現代功利主義，政經工商社會之標竿。這也是清朝能從覆亡中挽救過來，曾文正公能立天下之極功，道理所在。真是興天下者，一、二人而已，中外政治與軍事史中，屢見不鮮，曾國藩是一至佳之例證。

曾國藩又受獎了。還是和過去一樣，文正公誠惶誠恐：不能受不敢受。

同治三年正月二十三日內閣奉上諭：「協辦大學士兩江總督曾國藩，督軍勦賊，節制東南數省，盡心區畫，地方以次削平，舉賢任能，克資群力，著交部從優議敘。」

這是皇上的手諭，要獎勵曾國藩。

同治三年三月二十七日，曾國藩回摺謝恩：

「謬膺重寄，轄區太廣，柄任過隆，事變彌多，智識愈短。」

「其節制四省之命，臣亦於三次疏辭，仰蒙聖慈垂鑒，故臣於浙江兵事，並未與聞，幸託皇太后皇上鴻福，東南數省，將次削平，皆由聖主知人之哲，擢用封疆將帥，俾得各展所長，收茲成效，如臣碌碌，何敢貪天之功，掠人之美。」

「臣惟有勤以補拙，慎以圖功，勉持不矜不伐之忱，益收群策群力之助。」

這個時候，可以看出來，皇太后掌大權，曾國藩也深知此點，總是對皇太后感恩，也要祈「皇太后皇上聖鑒」一番，皇上之上，還有皇太后。

這一點，曾文正公深諳其中三昧。有性格歸有性格，體制歸體制，應知誰是宮中之主人，不能亂了體制。

6 不貪馳勦之虛名

為防守沙河賈魯河之事，曾文正公久無消息，更無好消息，皇上不免心急。心急之餘，也就難免有人說小話，傳小話。以曾文正公的精神與性格，有話要說，但還是說實話。

同治五年六月十四日，為「防守沙河賈魯河」上一片：

「沙河上下千餘里，地段太長，防此兩河本係極難之事，惟念臣處馬隊不敵賊騎，戰事既無把握，不能不兼籌守軍，且防河之舉，辦成則有大利，不成亦無大害。」

「不貪馳勦之虛名，或收制賊之實效，臣於軍事辦未就緒者，向不輕於具奏。因臣主聚兵防河之說，恐使李鶴年蒙頓兵不進之譏，不得不預先奏明。」

「不貪馳勦之虛名，或收制賊之實效」，實即曾文正公之精神與性格。

7 勤以補過，慎以圖功

皇上與曾國藩幾番下奏上呈之後，曾國藩聽命就兩江總督，雨過天晴。皇上有些不好意思，乃以「從優議敘」，以作為轉圜，此官場統御最高之藝術也。

同治六年四月十六日，曾國藩為此謝京察優敘恩摺。

這是同治六年正月二十六日內閣奉上諭：「協辦大學士兩江總督曾國藩，公忠素著，保障東南，著交部從優議敘。」

曾文正公這樣回謝恩摺：「上年疊奉溫綸，命回本任，自二月回省以來，竊見東南數省，雖就肅清，而田舍荒蕪，人民秒小，數千里間，被兵之困，實為數百年來未有之事。自淮徐以南，皖灤以東，去歲多被水災，今春又苦久旱，饑民載道，生意日凋，思欲漸培元氣，卹此遺黎，而中原之捻匪未平，西路之回氣尚熾，杼軸悉取諸東人，絲毫皆出自民力，臣忝膺疆寄，無術補苴，早夜以思，憂愧無地，乃蒙聖慈曲逮，上考濫膺，聞命之餘，更深感悚，臣惟有勤以補過，慎以圖功，敢言保障之勞，益矢愚誠之素。」

官場往來之妙，就妙在文字，這是中國政治獨有的藝術。

8 殊不知看書與考試，全不相礙

「諸弟考試後，聞肄業小羅菴巷，不知勤惰若何？此時惟季弟較小，三弟俱年過二十，總以看書為主，我邑惟彭薄野先生看書略多，自後無一人講究者，大抵為考試文章所誤，殊不知看書與考試，全不相礙。彼不看書者，亦仍不利考如故也。我家諸弟，此時無論考試之利不利，無論文章之工與不工，總以看書為急，不然，則年歲日長，科名無成，學問亦無一字可靠，將來求為塾師而不可得。」（道光二十四年九月十九日，稟父母，〈教弟注重看書〉）

中國人為書所害，往往化了半輩子時間用在讀書上。讀書為何？在求功名也。所謂書中自有顏如玉。功名、鈔票、美人，三者皆與讀書不可分也。

新科舉時代，為考試而讀書之災害更嚴重、更普遍、更深遠，甚至成為民族之大害。只知考試不知讀書，只知為己，不知為人。自幼稚園就開始讀書考試，還要讀到外國，讀洋書，考洋書試，一朝得「洋博士」，就身價百倍，勝過讀「土書」十數年。

自古至今，考試，讀書，為官，三者之關係因果不可分也。

曾國藩是例外。「殊不知看書與考試，全不相礙」，實在是真知灼見。

9 奈何以考卷誤終身

「今年應酬，較往年更增數倍。第一、為人寫對聯條幅，合四川湖南兩省，求書者幾日不暇給。第二、公車來借錢者甚多。無論有借無借，多借少借，皆須婉言款待。第三、則請酒拜客，及會館公事。第四、則接見門生，頗費精神，又加以散館殿試，則代人料理。考差則自己料理。諸事冗雜，遂無暇讀書矣。」

「溫甫以世家之子弟，負過人之資質，即使終不入泮，尚不至於飢寒，奈何亦以考卷誤終身也。」

「總之，吾所望於諸弟者，不在科名之有無。第一則孝弟為端，其次其文章不朽，諸弟若果能自立，當務其大者遠者，毋徒汲汲於進學也。」（道光二十四年五月十二日，致諸弟，〈告應酬太忙及勿為時文所誤〉）

曾文正公這一封家書中，談到幾種事，都是涉及價值標準問題，曾文正公異於常人，而能成非常之業，也就在此：

第一、一入官場，各式應酬就多，曾文正公除了一般吃喝應酬之外，還有文字之應酬。俗人則以應酬為樂，好像應酬越多，越重要，而曾文正公則以應酬為苦，因為「諸事冗雜，遂無暇讀書矣。」曾文正公之異於官場，也就在此。

第二、考試不知害了多少學子，古人八股應考是如此，今天的各式考場也是如此。考取與未考取，均會有不少悲劇，浪費不少人才，也浪費了人生。人生時光都用在考試上。「溫甫以世家之子弟……奈何亦以考卷誤終身也。」真是奈何，奈何！

曾文正公涉足官場，且官至總督大臣，更有平天下之功，可謂朝廷所依之重臣，但始終所懼者為官場，勸告其親人子弟者，遠離官場，做一平凡人，「不在科名之有無，而在孝弟為端，文章不朽。」

10 只有文醜而僥倖者，斷無文佳而埋沒者

「余平生科名，極為順遂，惟小考七次始售，每次不進，未嘗敢出一怨言，但深愧自己試場之詩文太醜而已。」

「蓋場屋之中，只有文醜而僥倖者，斷無文佳而埋沒者，此一定之理也。」（道光二十四年十月二十一日，致諸弟，〈戒勿恃才傲物〉）

的確，曾文正公有異於常人太多，太多，甚至與常人反其道而行，因而能成非常之業。

這裡又是一例。

曾文正公不是很聰明的人，他的一生全憑苦功夫，實幹苦幹練出的事業。雖然他自稱：「余平生科

名，極為順遂」，那應是後來在宦運上，甚至推都推不掉。科舉考試並不順利，乃有「惟小考七次始售」。但曾文正公異於常人者，不灰心不失望，更不抱怨，「未嘗敢出一怨言，但深愧自己試場之詩文太醜而已。」

曾文正公是有中國知識分子自省的功夫，這是一般人，就是知識分子也不例外，不易做到的。往往自己得勝或當選，就認為公平，自己沒有得到，就說不公平，否定結果，否定自己參加的比賽，只有自己得第一，才算公平，那有曾文正公之心：「只有文醜而僥倖者，斷無文佳而埋沒者。」

「學問之道無窮，而總以有恆為主。兄往年極無恆，近年略好，而猶未純熟。自七月初一起，至今則無一日間斷，每日臨帖百字，鈔書百字，看書少須滿二十頁，多則不論。」

「雖極忙，亦須了本日功課；不以昨日耽擱，而今日補做；不以明日有事，而今日預做。」

「謂在家不好用功，此巧於卸責者也。吾今在京，日日事務紛冗，而猶可以不間斷，況家中萬萬不及此間之紛冗乎。」

「切勿以家中有事，而間斷看書之事；又勿以考試將近，而間斷看書之課；雖走路之日，到店亦可看；考試之日，出場亦可看也。兄日夜懸望，獨此有恆二字告諸弟。」（道光二十四年十一月二十一日，致諸弟，〈看書須有恆〉）

曾文正公真是讀書人，時時事事以念書為念。而念書之精神與目的，與今日為考試而讀書不同。今日之學子，平常看書為考試，考試時猛K書，更是為考試。一旦沒有考試的需求，就不會讀書了，也不讀和考試無關的書，甚至與書本隔絕。讀書的樂趣與求知的需要盡失，這是考試的濫觴。倒是曾文正公所講的，「雖走路之日，到店亦可看」，實在就是如今日日本「讀書的社會」。

11 我在京師，惟恐名浮於實

「常家欲與我結婚，我所以不願者，因聞常世兄最好恃父勢，作威福，衣服鮮明，僕從烜赫，恐其家女子有宦家驕奢習氣，亂我家規，誘我子弟好奢耳。今渠再三要結婚，發甲五八字去，恐渠家是要與我為親家，非欲與弟為親家，此語不可不明告之。」

「賢弟婚事，我不敢作主，但親家為人何如，亦須向汪三處查明，若喫鴉片煙，則萬不可對；若無此事，則聽堂上各大人與弟自主之可也。」

「家中之事，弟不必管。天破了，自有女媧管；洪水大了，自有禹王管。家事有堂上大人管，外事有我管。弟輩則宜自管功課而已，何必問其他哉。至於家族姻黨，無論他與我有隙無隙，在弟輩只宜一概愛之敬之。」

「九弟之信，所以規勸我者甚切，余覽之，不覺毛骨悚然，然我用功，實腳踏實地，不敢一毫欺人，如此做去，不作外官，將來道德文章，必贏有成就。」

「我在京師，惟恐名浮於實，故不先拜一人，不自詡一言，深以過情之聞為恥耳。」

「季弟信亦謙虛可愛，然徒謙亦不好。總要努力前進，此全在為兄者倡率之，余他無所取，惟近來日日有恆，可為諸弟倡導。」（道光二十四年十二月八日，致諸弟，〈詩之命意，結親之注意點，勸勿管家中事〉）

曾國藩之治家，雖為後世稱為典範，但從這一短短家書中，可以知道，這一家也有不少複雜而難解的事：諸弟間有不少事，婚事，管鄉里閒事，甚至不把老哥放在眼裡，使老哥見信「不覺毛骨悚然。」內情不得而知，總不外責其老哥沽名釣譽，口是心非，引而老哥「然我用功，實腳踏實地，不敢一毫欺人，如此做去，不作外官，將來道德文章，必靄有成就。」

這一曾府的大哥，並不好當。

至於兒女親家以及「賢弟之婚事」，世俗總以門當戶對，總以家世顯赫為光宗耀祖。但曾文正公慧眼獨具，以方正樸實之家為寶，強力排斥豪門宦官之家，因怕「驕奢習氣，亂我家規，誘我子弟好奢耳。」

林則徐派為廣東，查辦海口禁煙事件，是在一八三八年（道光十八年），但鴉片之禁，早就開始，如一八一〇年（嘉慶十五年），嚴禁鴉片入北京；一八二二年（道光二年）海口各關嚴拿夾帶鴉片煙等，到了這個時候（道光二十四年，六年後，也就是道光三十年，林則徐卒，洪秀全起事。）曾國藩對於鴉片仍很深痛惡絕，查問其弟婚事親家為人何如，「若喫鴉片煙，則萬不可對。」

12 名聲既出，信義既著

「吾近於官場，頗厭其繁俗，而無補於國計民生。惟勢之所處，求退不能，但願得諸弟稍有進步，家中略有仰事之資，即思決志歸養，以行吾素。」

「《皇清經解》一書，不知取回否？若未取回，可專人去取，蓋此等書，諸弟略一涉獵，即擴見識，不宜輕以贈人也。」（道光二十九年十月初四日）

曾文正公是一樸實無華的讀書人，實幹苦幹型的人，不會逢迎，不會說假話的人，官場虛應那一套，很不適合他的性格，所以乃有「吾近於官場，頗厭其繁俗。」不是做作，真心話。人在做官，做大官，過官癮，求名利，而曾文正公在求「國計民生」，其痛苦亦在此。此時的曾文正公，只不過侍郎而已。

曾文正公愛書，愛讀書，有幾本書是他所喜愛的，也是受益很深的，其中一書，就是《皇清經解》。他將此書送給其弟，怕他們不讀，更怕輕易地就贈給他人。

「廟山上金叔，不知為何事而可取騰七之數，若非道義可得者，則不可輕易受此。要做好人，第一要在此處下手，能令鬼服神欽，則自然識日進，氣日剛，否則不覺墜入卑污一流，必有被人看不起之日，不可不慎。諸弟現處極好之時，家事有我一人擔當，正當做個光明磊落神欽鬼服之人。名聲既出，信義既著，隨便答言，無事不成，不必受此小便宜也。」（道光三十年正月初九日）

這就是一個人聲名的重要。現代社會，人與人間往返密切，更重視「信譽」。做生意，做大生意者，全靠信譽來做。反之，再大的生意，一旦失敗，即敗於信譽。臺北一些暴發戶的大商人，眼看他起高樓，眼看他樓塌了，全在於信譽。有信譽即有事業。

曾文正公勉其弟，做個光明磊落之人，「名聲既出，信義既著。」非但不能信口開河，凡事小心翼翼，凡涉及聲名者要小心翼翼。

13 才大器大，規模遠大與綜理密微

「古之成大事者，規模遠大，與綜理密微，二者闕一不可。弟之綜理密微，精力遠勝於我，軍中器械，其略精者，宜另立一簿，親自記注，擇人而授之。」

「頃胡潤之中丞來書贊弟，有曰才大器大四字，余甚愛之。才根於器，良為知言。」

「弟在營須保養身體，肝鬱最傷人，余生平受累以此，宜和易以調之也。」（咸豐七年十月初四日，致九弟，〈注意綜理密微〉）

此時之九弟帶兵作戰，可謂對了路。老哥獎勉有加。

並囑其弟「和易以調」肝，而他本人「生平受累以此」。可見曾文正公的脾氣並不太好。

「京師女流之輩，凡兒女定親，最講究嫡出庶出之分，內人聞賀家姻事，即託打聽，是否庶出，余以其無從細詢，亦遂置之。昨初十日接家中正月訂盟之音，十一日內人即親至徐家打聽，知賀女實係庶出，內人即甚不願。余比曉以大義，以為嫡出庶出，何必區別，且父親大人業已喜而應允，豈可復有他議。內人之意，以為夫者，先有嫌妻庶出之意，則為妻者，更有跼蹐難安之情，日後曲折情事，亦不可不早為慮及，求諸弟宛轉稟明父母，尚須斟酌，暫緩訂盟為要。」

「夏階平之女，內人見其容貌端莊，女工極精，甚思對之。又同鄉陳奉曾一女，相貌極為富厚福澤，內人亦思對之；若賀家果不成，則此二處必有一成，明春亦可訂盟，余注意尤在夏家也。」（咸豐元年十月十二日，致諸弟，〈暫緩紀澤親事〉）

「紀澤兒定婚之事，予於十二月連發三信，皆言十月十二所發之信，言嫌賀女庶出之說，係一時謬誤，自知悔過，求諸弟為我敬告父親大人，仍求作主，決意對成，以諧佳耦，不知此二書俱已到家否？細思賀家簪纓門第，恐聞有前一說。懼其女將來過門受氣，或因此不願對，亦未可知。果爾則澄弟設法往省城，堅託羅羅山劉霞仙二君，將內人性情，細告賀家，務祈成此親事，不敢陷我於不孝之咎。」（咸豐二年正月初九日，致諸弟，〈決對紀澤親事〉）

結」。曾文正公之子紀澤大了，有人提親。其中賀家有女初長成，曾府看了不錯，就準備定下這門親事。曾文正公為此大為緊張，曾夫人不知自那裡聽到消息，是出自側室之女，大表異議，後來是出自「一時謬誤」，乃急函家中弟弟，四出找人央求，「務祈成此親事，不敢陷我於不孝之咎。」

其實，曾文正公心目中的兒媳婦有二家，一為夏家，一為陳家。夏家之女，「容貌端莊，女工極精」；陳家之女，「相貌極為富厚福澤。」這二家曾夫人均思對之。未來的兒媳婦，不能出自官宦之家，出身不能不清不白；但容貌之富與厚，還是很重要；性情溫和，更不在話下。

曾文正公善於選將，選兒媳婦，亦如選將，非常非常慎重。

14 毋好大，毋欲速

「弟辭總理之任，極是極是。帶勇本係難事，但弟當約旨卑思，毋好大，毋欲速。管轄現有之二萬人，寧可減少，不可加多。口糧業得一半，此外有可設法更好，即涓滴難求，亦自不至於脫中潰散，但宜極力整頓，不必常以欠餉為慮也。」

「打仗之道，在圍城之外，節太短，勢太蹙，無變化，只有隊伍整齊，站得堅穩而已。欲靈機應變，出奇制勝，必須離城甚遠，乃可隨時制宜。凡平原曠野開仗，與深山窮谷開仗，其道迥別」。（咸豐七年十一月二十五日，致九弟，〈訓練注重講辨〉）

這裡是曾文正公的一貫的幾個治軍及打仗的觀念與作法。

九弟辭「總理」職。曾文正公稱道：「極是極是」。「總理」究是什麼職位，不得而知，但有統籌之權的，其後，民國以來的政治中，「總理」稱為政治最高衙門的權力象徵，當然，「孫總理」是例外的。

曾文正公的精神，在勇於任事，而怯於做官，因之其弟「辭總理」，兄頗為稱讚。兵在精不在多。這也是曾文正公帶兵與「眾」不同之處。因之，特別提醒其弟，「管轄現有之二萬人，寧可減少，不可加多」，這和好大之將領「爭兵」、「爭權」，其作風完全不同，結果自然不同。中華民國政府在大陸軍事之失敗，其源即在好大爭功的將領，爭兵爭地盤之結果。

曾國藩一生，在善於用將，而不在作戰。此處有他的戰法，「平原曠野開仗，與深山窮谷開仗，其道迴別。」

15 學問師承三公：顧炎武、王懷祖與陳文恭

曾文正公學問從那裡來？當然，經史子集，人情世故，都是學問，也都是歷練，而成就曾國藩。就當朝中，曾文正公自己指出「三師」：「國藩於本朝大儒，學問則宗顧亭林、王懷祖兩先生，經濟則宗陳文恭公，若奏請從祀，須自三公始。」（咸豐十一年六月廿九日，致九弟，〈暫緩奏祀望溪〉）

這也許是曾文正公不忘本，也許就是對曾文正公的學術思想形成之影響較近者。「反清復明」的顧炎武，反清未成，但對於清學術思想影響是很大的。顧炎武讀過寫過的書，曾文正公都讀過的，而曾文正公能夠成為「救世」之才，有異於一般科舉之學究，他涉獵經濟的，以「陳文恭」為師，其後處理錯綜複雜的經濟問題，曾文正公的思想清晰與條理分明，是有所據的，也是有所宗

的。

很顯然的，在思想方面與學術脈絡方面，顧炎武對於曾文正公是有很大影響的。

16 作字之道：點如珠、畫如玉、體如鷹、勢如龍

「寫字之道，如修腳匠之修腳，古人所謂撥燈法較空靈，余所謂修腳法較平穩。」(庚申十二月)

這一段實在妙極。寫字也好，寫文章也好，怎好與「修腳匠之修腳」相比，好像是不倫不類，其實，是蠻有道理的。因為「修腳」要能夠恰到好處，功力與細心與恰到好處，均是一種「火候」，成為「修腳藝術」。事實上，行行出狀元，臺北上海池之修腳者，乾淨俐落，亦有「名師」，身價不凡，因為身手不凡也。

「撥燈法」與「修腳法」二者之間，曾文正公較傾向「修腳法」，因為「較平穩」。事實上，不平穩也不行，會血流滿地也。

「作字之道，點如珠，畫如玉，體如鷹，勢如龍，四者缺一不可。體者，一字之結構也，勢者，數字數行之機勢也。」(辛酉七月)

曾文正公對「作字之道」：「點如珠、畫如玉、體如鷹、勢如龍」，那是至善至美之境，事實上，能得其一，就是一大家也。曾文正公可謂書法評論家也。

「作字之法，亦有所謂陽德之美，陰德之美。余所得之意象，為陽德之美者四端：曰直、曰觩、曰勒、曰努；為陰德之美者四端：曰䶵、曰偃、曰綿、曰遠，兼此八者，庶幾其為成體之書。在我者以八

德自勵，又於古今人中擇八家以為法。曰：歐、虞、李、黃、鄧、劉、鄭、王。」(壬戌十一月)

作字之法，陽德之美與陰德之美，均有「四端」。曾文正公謂：「兼此八者，庶幾其為成體之書。」曾文正公自我要求，也太高了，事實上，陽陰可作調和，也可作互補，但不可能兼備也。因為陽有剛之力，陰有柔之美。

「作字之道，二者並進。有著力而取險勁之勢，有不著力而得自然之味。著力如昌黎之文，不著力如淵明之詩。著力則右軍所稱如錐畫沙也，不著力則右軍所稱如印印泥也。二者闕一不可，猶文家所謂陽剛之美，陰柔之美矣。」(甲子五月)

曾文正公獨鍾韓昌黎文。「陽剛之美，陰柔之美」，同為美，但絕對是很大的不同。這是造物者，絕佳且無法改變者的「原質」。如今，有男不像男，女不像女，非男非女，非但不健不美，實在是對人類進步絕大的諷刺。

17 七尺之軀，一歲之靡無幾，不必名位而後能給也

「天下者，合億萬家以成天下者也。一家之中，男職外，女職內，其輕重略相等。而女子所處，往往有艱難迫隘，處之曲當，即日用飲食之恆，雖神聖當之，不能越乎其軌。」(〈曹潁生侍御之繼母七十壽序〉)

中國人有「萬家燈火」，那是沒有「日光燈」的時代，日落天黑，家家戶戶，各停其業，回到家裡，點起油燈，成為「萬家燈火」，人間萬象也。

以家為起點，萬家為一社會，為一國家，億萬家即成為天下也。此是中國之天下也，為家之至廣，無極也。

「夫人情多溺於所同，而蔽其所不見，與野人道巖廊纓紱，則茫然而駭，與世祿之子語米鹽艱苦之事，則倦聽而思臥，予與西垣皆貧士也。自先世忠厚之積，田家耕織之劬，閭里歲時問遺之狀，兩家大率相類，故常抵掌稱道，彌瑣細而彌津津焉。」（〈曹西垣同年之父母壽序〉）

物以類聚，聲氣相通，話不投機半句都嫌多。此之曾文正公所謂：「與世祿之子語米鹽艱苦之事，則倦聽而思臥」，聽不進去也。

曾文正公並非世家，而出好子弟。「予與西垣皆貧士也。自先世忠厚之積，田家耕織之劬，閭里歲時問遺之狀，兩家大率相類。」

「竊嘗慨夫世之馳逐於名位者，營營焉而未有已時，予壹不知其指歸謂何？方寸之口，一日之需無幾；七尺之軀，一歲之靡無幾，不必名位而後能給也。而人皆曰：為榮親計，夫親之所賴於子者，定省甘旨，疾痛苛癢，請席請衽，亦不必名位而後能給也。」

「國藩竊祿冒利，去家十年，即西垣羈留京輦，亦越七載於茲。此又吾兩人所每懷內疚，而未敢須臾忘者也。」（〈曹西垣同年之父母壽序〉）

曾文正公真是有感而發。對於官場現形，不敢苟同，一個人所需有限，何必千方百計求名求利？為了榮親，而追求大名大利，更是匪夷所思，巧立名目而已。

曾文正公為了功名，離家十年，不免自責內疚，西垣亦「同病相憐」，「亦越七載於茲。」視名利如浮雲，曾文正公是也。

18　古今聖哲三十二人

「國藩志學不早，早歲側身朝列，竊窺陳編，稍涉先聖昔賢魁儒長者之緒駑緩多病，百無一成。軍旅馳驅，益以蕪廢，喪亂未平，而吾年將五十矣。」〈聖哲畫像記〉

「每歲二月，侍從宣宗皇帝入閣，得觀《四庫全書》，其富過於前代所藏遠甚。而存目之書，數十萬卷，尚不在此列。嗚呼，何其多也。雖有生命之姿，累世不能竟其業，況其下焉者乎？故書籍之浩浩，箸述者之眾，若江海然，非一人之腹，所能盡飲也，要在慎擇焉而已。余既自度其不逮，乃擇古今聖哲三十餘人，命兒子紀澤，圖其遺像，都為一卷，藏之家塾，後嗣有志讀書，取足於此，不必廣心博騖，而斯文之傳，莫大乎是矣。」〈聖哲畫像記〉

曾文正公去世時為六十二歲，在回任兩江總督任上。當「年將五十矣」，面對浩如煙海之典籍，「非一人之腹，所能盡飲也。」「要在慎擇焉而已」。己之讀書經驗，傳之後世，就是〈聖哲畫像記〉之由來。三十二人之古今聖哲圖像，由兒子紀澤完成。

綜觀文正公之武功文治，全在曾家與湘鄉。武功其諸弟湘將湘勇也，文治則其子弟也。而其本人則武功文治集一身也。

曾文正公之三十二位聖哲，以時間為序：文周孔孟。班馬左莊。葛陸范馬。周程朱張。韓柳歐曾。李杜蘇黃。許鄭杜馬。顧秦姚王。而始自文王。

「堯舜禹湯，史臣記言而已。至文王拘幽，始立文字，演《周易》。周孔代興，六經炳箸，師道備矣。秦漢以來，孟子蓋與莊荀竝稱，至唐韓氏，獨尊異之。而宋之賢者，以為可躋之尼山之次，崇其書以配《論語》，後之論者，莫之能易也。」

「左氏傳經，多述二周典禮，而好稱引奇誕文辭，爛然浮於質矣。太史公稱莊子之書皆寓言，吾觀子長所為《史記》，寓言亦居十之六七。」

「諸葛公當擾攘之世，被服儒者，從容中道。」（〈聖哲畫像記〉）

中國之歷史文物，自文王始。

寓言故事，這是人類文化早期表達搜集之方式，中國是如此，希臘也是如此。惟《莊子》之寓言與《史記》之寓言，有極大之不同。前者富哲理，後者富史實，皆朝野生活思想之精華也。

諸葛公，在曾文正公心中，被評為「從容中道。」

「自朱子表章周子二程子張子，以為上接孔孟之傳，後世君相師儒，篤守其說，莫之或易」。

「西漢文章，如子雲相如之雄偉，此天地遒勁之氣，得於陽與剛之美者也，此天地之義氣也。劉向匡衡之淵懿；此天地溫厚之氣，得於陰與柔之美者也，此天地之仁氣也。東漢以還，淹雅無慚於古，而風骨少隤矣。韓柳有作，盡取揚馬之雄奇萬變，而內之於薄物小篇之中，豈不詭哉。歐陽氏、曾氏，皆法韓公，而體質於匡劉為近，文章之變，莫可窮詰。要之，不出此二途，雖百世可知也。」（〈聖哲畫像記〉）

此處，曾文正公提到「天地之義氣」與「天地之仁氣」。而值得注意的，西漢與東漢，文風亦即國運也。

「余鈔古今詩，自魏晉至國朝，得十九家，蓋詩之為道廣矣。嗜好趨向，各視其性之所近，猶庶羞百味，羅列鼎俎，但取適吾口者，嚌之得飽而已，必窮盡天下之佳肴，辨嘗而後供一饌，是大惑也。必強天下之舌，盡效吾之所嗜，是大愚也。莊子有言：大惑者終身不解，大愚者終身不靈，余於十九家中，又篤守夫四人者焉。唐之李杜，宋之蘇黃，好之者，十有七八，非之者亦且二三，余懼蹈莊子不解不靈之譏，則取足於是終身焉已耳。」（〈聖哲畫像記〉）

若說曾文正公對詩詞有所好，不如說他對詩詞有所依也，此所謂「蓋詩之為道廣矣。」

「司馬子長網羅舊聞，貫串三古，而八書頗病其略，班氏志較詳矣。而斷代為書，無以覯其會通，欲周覽經世之大法，必自杜氏《通典》始矣。馬端臨《通考》，杜氏伯仲之間，鄭志所其倫也。」

「我朝學者，以顧亭林為宗，國史儒林傳，褎然冠首，吾讀其書，言及禮俗教化，則毅然有守先待後，舍我其誰之志，何其壯也。」（〈聖哲畫像記〉）

顧亭林可謂大儒也。

「相城姚鼐姬傳，高郵王念孫懷祖，其學皆不純於禮，然姚先生持論閎通，國藩之粗解文章，由姚先生啟之也。」（〈聖哲畫像記〉）

「國藩之粗解文章，由姚先生啟之也。」國藩師從姚鼐也。

19 知之惟恐不盡，傳播之惟恐不博且久

「公諱續賓，字迪庵，湘鄉李氏，湘軍之興，威重海內，創之者羅忠節公澤南，大之者公也。咸豐三年，賊圍江西省城，國藩募湘勇三千往援，公隨忠節公以行，初至失利，右營主者戰沒，公代領其眾，

自是忠節公將中營，公將右營，所向有功。」

「乃以十一月杪，師次武昌，巡撫胡子忠公林翼，大喜，事無巨細，惟忠節公與公言是聽。忠節絜持大綱，其戰守機宜，胥公主之。公含宏淵默，大讓無形，稠人廣坐，終日不發一言。」（〈李忠武公神道碑銘〉）

曾文正公以文弱書生，組湘勇滅太平天國，先選將再挑兵的。曾文正公的成功，幹部精選之成功也。曾文正公光復武昌，是真正勝利的開始，論功行賞者，有：羅澤南、彭玉麟、塔齊布、郭嵩燾、胡林翼、王鑫、李續賓、李元慶、李孟群、劉蓉、陳士傑、鮑超、周鳳山、劉松山、彭毓橘等。李續賓是名勇將，轉戰大江南北，真是無役不與，「所向有功」。這是李續賓的戰功，也幾乎是湘軍的戰史。

續賓、續宜為李氏兄弟五人之大將也，真是光耀湘軍史冊。

「公諱續宜，字克讓，號希菴，兄弟五人。忠武公諱續賓，次居四，公其季也。」

「公與忠武公皆負重名，淡於榮利，昆弟同之，忠武好蓋覆人過，公則嫉惡稍嚴，忠武戰必身先，驍果縝密；公則規畫大計，而不甚校一戰之利，至其臨陣，百審一發，發無不捷，成功一也。」（〈李勇毅公神道碑銘〉）

續賓、續宜兄弟，皆有赫赫之戰功，而二人之性格不同，戰場之表現亦相異，立功則一。可見用人用其長之重要。

「先生則闡揚先達，獎寵後進，知之惟恐不盡，傳播之惟恐不博且久。」

「蓋千秋者，人與人相續而成焉者也。惟眾人甘與草木者伍，腐而腐耳。自稍有智識，即不能無冀

於不朽之名，智尤大者，所冀尤遠焉。」（〈鄧湘皋先生墓表〉）

現代社會很流行也很重要的「傳播」，在這裡出現：「傳播之惟恐不博且久」，與現在的傳播觀念，也很能契合。

20 天下有三大患，人才、財用、兵力

「今春以來，粵盜益復猖獗，西盡泗鎮，東極平梧，二千里中，幾無一尺淨土，推尋本原，何嘗不以有司虐用其民，魚肉日久，激而不復反顧。蓋大吏之泄泄於上，而一切廢置不問者，非一朝夕之故矣。國藩嘗私慮，以為天下有三大患：一曰人才、二曰財用、三曰兵力。」（〈覆胡蓮舫〉，咸豐辛亥）

曾文正公真是苦心積慮。人民何以會造反？何以會民不聊生？為政不良、為官之惡也。套一句時髦語：官逼民反，痛心疾首。此時曾文正公的心情，真是「痛心疾首」。但此時之文正公身心狀況並不好：

「疾病相尋，心血虧損，夜不善寐，稍一構思，輒心動手顫。」

曾文正公之病，以現代醫學來看，西醫有西醫的診斷，中醫有中醫的處方。失眠神經衰弱，是也。

曾文正公一介書生，為國興利為民除害，指陳三點：人才、財用與兵力，實即後來帶兵統帥之道也。此亦即蔣中正先生在抗戰時期苦心積慮之運籌也。

「願如足下所稱，今日不可救藥之端，惟在人心陷溺，絕無廉恥云云，則國藩之私見，實與賢者相吻合。竊嘗以為無兵不足深憂，無餉不足痛哭，獨舉目斯世，求一攘利不先，赴義恐後，忠憤耿耿者，不可亟得，或僅得之，而又屈居卑下，往往抑鬱不伸，以挫以去以死，而貪饕退縮者，果驤首而上騰、

而富貴、而名譽、而老健不死，此其可為浩歎者也。」

「刻下所志，惟在練兵除暴二事。練兵則猶七年之病，求三年之艾，除暴則借一方之良，鋤一方之莠。故急急訪求各州縣公正紳者，佐我不逮。」〈復彭麗生〉，咸豐壬子）

曾文正公之心情與感受，實在痛苦已極。基本的問題，還是利與義而已。人心之趨義或是趨利，這就是時代的環境。因此，「無兵不足深憂，無餉不足痛哭」，而練兵除暴，只是治標而無法治本，此為曾文正公心為之所痛也，心為之所憂也。

果不幸而言中。曾文正公之兵也練了，太平天國之暴也除了，但還是不能保住清朝，因為根壞了，貪者得意忘形，無所顧忌，「果驤首而上騰、而富貴、而名譽、而老健不死，此其可為浩歎者也。」

21 清夜自思，尚覺名浮於實十倍百倍也

「令兄迪庵軍事，僕前環繞巢湖，擊剿傍湖各屬，不必兼及淮北，頃又囑其不必北及定遠。又於舍弟書中，言不宜遠離水師，以固根本，不宜徇人情面，而分兵力。二語是迪軍要訣，不知閣下以為何如？迪公近日聲望鼎隆，閣下名譽亦日增赫奕。舍九弟亦薄有聲望，鄙人在外，毀譽互見，然究係毀者少而譽者多，清夜自思，尚覺名浮於實十倍百倍也。吾輩互相砥礪，要當以聲聞過情為切戒，意城此次在敝幕，深資其力，公牘私緘，一一代辦。識見論議，多與相合，雖精力耗竭，而目下尚廢閣之事，足慰廑注。」（〈與李希庵〉）

這一封信，是私函，但卻是公事。是曾文正公極高的統御術，不能用公函命令，亦不能直函，而以

旁敲側引，產生間接影響力。

信中的主客是兩對兄弟：曾氏兄弟：曾國藩與曾國荃；李氏兄弟：李迪庵、李希庵。

李迪庵，亦即李續賓也。湘軍創辦人之一羅澤南弟子，亦為湘軍重要將領。能征善戰者，往往有個性。李迪庵亦是典型，老帥曾國藩不得已透過其弟希庵勸之。「迪公聲望鼎隆，閣下名譽亦日增赫奕」。為李氏兄弟戴高帽子也。一句「迪公」更為難得。「舍九弟比亦薄有聲望，鄙人在外，毀譽互見」。這是表明他們曾家兄弟亦不差。

曾文正公此函最重要的目的，還在「吾輩互相砥礪，要當以聲聞過情為切戒」。亦即聞過則喜，不要意氣用事，不要固執己見。迪庵為一猛將，就難免衝動，不幸後與曾國華（溫甫）戰死三河。勸勸令兄不要一意孤行，而分散兵力，多多與其弟國荃配合。

22　明為第一要義：高明、精明

「大抵莅事以明字為第一要義。明有二：曰高明、曰精明。同一境，而登山者獨見其遠，乘城者獨覺其曠，此高明之說也。同一物，而臆度者不如權衡之審，目巧者不如尺度之確，此精明之說也。凡高明者欲降心抑志，以遽趨於平實，頗不易易，若能事事求精，輕重長短，一絲不差，則漸實矣。能實則漸平矣。」（〈與吳翔岡〉）

這是高明平實之論。

高明，高明，好難。

平實，平實，似易亦難。

曾文正公對上任者，送一「明」字。明者：日月明也。天不能蔽、日不能蔽、月不能蔽，均是明之極致也。

政治極位左右者，常謂：一手蔽天。

一手豈能蔽天，此非天也，天下那有那樣的巨手？

明有二：高明、精明。二者均難也。

一件事做得高明，極難；一件事看得精明，極難。

中學老師常批作文，無新奇之處，亦無瑕疵，以「平實」批之；主管面對部屬之年終考績，無功亦無過，常以「平實」作為考績評語。

「平實」，誠如曾文正公云：頗不易易。

一個人經過大風大浪，無論一時或一生，再回過頭來，期盼有一「平實」之作為與一生。此「平實」之不易與難也。

「竊以為吏治有常者也。可先立法而後求人，兵事無常者也。當先求人而後立法，求人以統領為最難，營官亦頗不易得。厚菴自三河大變後，愴懷同志，度其情態，且如中鉤之魚，失配之鳥，勢難強其另闢門面，重立規模。雪琴亦久疲思息，非復有朝氣可用，縱強之使為統領，亦必不討好。若於楊彭二公外，別求統領之才，不知陳金鼇、劉國斌、李成謀三人，可統此席否？」（覆胡宮保）

此函中，道盡「兵事無常」，將才難求也。厚庵，楊岳斌也，湘軍水師統帥；雪琴，彭玉麟也，亦是湘軍水師統領。兵不能敗，兵敗如山倒，將更不能倒，將敗如「中鉤之魚」，「失配之鳥」，難有作為。

印證政府在大陸軍事之失敗，即犯此忌，一再重用敗將所致；相反的，臺灣能守得住，金門大捷即在於常勝之師，初生之犢也。

不要說，楊岳斌、彭玉麟談戰怕了，就是曾文正公也不寒而慄。「三河大變」湘軍之氣大傷，李續賓以及曾國華殉難，「七千湘勇葬身三河鎮」，真是愁雲慘霧一片，久久不能從曾帥以及有關將領心中抹去。

23 本根之書，猶山之幹龍也

「大約勤字、誠字、公字、厚字，皆吾輩之根本，刻不可忘。而目前規畫大局，禦賊匪秋間兩路大舉之狡謀，則尚有非此四字所能救急者。」（覆李希菴）

代表曾文正公精神，三、五字而已，其一以貫之，而能成非常之功，「勤誠公厚」是也，足可代表曾文正公一生也。

「鄙人嘗謂古今書籍，浩如煙海，而本根之書，不過數十種。經則十三經是已，史則二十四史暨《通鑑》是已，子則十家而已，集則《文選》，百三名家，唐宋以來，專集數十家是已。自斯以外，皆剿襲前人之說以為言，編集眾家之精以為書，本根之書，猶山之幹龍也。編集者，猶枝龍護砂也。軍事匆匆，不暇細開書目，閣下如購書，望多買經史，少買後人編集之書為要。」（覆李希菴）

曾文正公可謂謙謙君子，但讀書治學，並不客氣，充滿自信，他始終認為，真正值得讀的書，所謂本根之書——經史子集，「不過數十種」而已，「經則十三經，史則廿四史暨《通鑑》是已。」這些屬於本根書，亦即知識之源流，至於「勦襲前人之說以為言，編集眾家之精以為書」，不在曾文正公的眼中。言下之意，不值一讀。因之，他的建議，「閣下如購書，望多買經史，少買後人編集之書」。這一精神，這一原則，是曾文正公很堅持的，這也是讀書人的真精神，東抄一點，西抄一點，成篇成書，價值不高，均屬「非書」也。亦即求學問，要在源流上下功夫，才能取法乎上。

24 自安於拙笨，勤慎補之，不可弄巧賣智

「大抵宮保德性之堅定，遠勝於往年；而主意不勝堅定，猶不免往年移游之見。左季翁謂其多謀少斷，良為不誣。閣下當力持初議，以堅定二字，輔宮保之不逮，國藩亦當從容諷勸，勿為人言所動。」（〈覆李希菴〉）

為了「進援六安州」，老帥曾國藩覆李希菴，談及湘軍開創人物：胡宮保（林翼）、左季高（宗棠）。老帥居於靈魂人物，多所啟發與鼓勵，要之則在「堅定」。「堅定」將領，即堅定軍心也。

「關鍵人物」則是胡林翼。

「宮保德性遠勝往年，主意不勝堅定」。因之，左宗棠評為「多謀少斷」。曾國藩勉李希菴，「以堅定二字，輔宮保之不逮，國藩亦當從容諷勸，勿為人言所動。」

「勿為人言所動」，亦即曾文正公穩定軍心，全力支持胡宮保林翼也。他對胡林翼有支持到底的信心與行動，不為流言所動。他自己對胡宮保有信心，也希望他人「勿為人言所動」。

「弟昔作有得勝歌云：『起手要陰後要陽，出隊要弱收隊強。初交手時如老鼠，越打越狠如老虎。』

雖粗淺之言，而精意不外乎是：凱章辦事，皆從淺處實處著手，於勇情體貼入微。閣下與之共事，望亦從淺處實處下手。賊匪最譎詐，吾輩讀書人，大約失之笨拙，即當自安於拙，而以勤補之，以慎出之。不可弄巧賣智，而所誤更甚。鄙人閱歷之語，謹貢一得，以備芻詢。」（覆宋滋久）

這一短短與部屬函中，就可以知道曾文正公的為人處事與統御的精神與原則。有一貫的原則，也有可變的技巧。

就以打仗而言，穩紮穩打是他的一貫精神，而虛虛實實，則是可變的手法。這在〈得勝歌〉中陰陽、弱強中充分顯示出來。交手如老鼠，越打如老虎，就是讓對手輕敵也，待發現時，已來不及了。

凱章，即張凱章也。曾文正公推許是一務實之人，此所謂：「凱章辦事，皆從淺處實處著手」，希宋滋久有所領悟，並希「閣下與之共事，望亦從淺處實處下手。」只是支持凱章還不足，還要多多學習。這樣的領導精神，小話偏話，就不易傳進來，聽進去，更不會發生離間打小報告的效果。

曾文正公自謙是笨拙之人。笨人除了務實勤快外，別無他法，「弄巧賣智」徒暴其短，這是曾文正公一生戒慎恐懼的精神，也是成功之所在。

25 生手而自居於熟手，無學而自詡為有學

「現在湘勇駐紮該縣，無事之時，仍可認真操練，務須講求分合之法。千變萬變，行伍不亂，乃可以少勝多，以靜勝動。該丞紀律嚴明，頗近程不識之刁斗，而士卒樂為盡力，亦有古人遺意。惟以久履行間，不得養靜為慮，則尚有所未達，須知千軍萬馬金鼓喧聒之中，未始非凝靜致遠，精思通神之地，

諸葛武侯王文成之氣象，至今宛然在人心目，彼何嘗以勞乏自汩其神哉。」

這是曾文正公按公牘而加以批示。是候補縣丞王鑫稟奉札調湘勇回省聽候差遣。

曾文正公的一生，就在一個「勤」字，練兵也是如此：「現在湘勇駐紮該縣，無事之時，仍可認真操練。」勤與嚴是練軍不二法門。抗日名將孫立人將軍即是如此，甚至兵荒馬亂之際，也要操練。中日戰爭爆發前，孫的部隊駐守西安，政治與軍事萬分緊張之際，仍如平時操練，被駐軍首長嘲笑與斥責。

一個人的靜，不是處在靜的環境中，而是自處千軍萬馬之中：「須知千軍萬馬金鼓喧聒之中，未始非凝靜致遠，精思通神之地。」「寧靜致遠」亦是蔣中正先生之基本修養也。平時每晨必靜坐，遇有重大人事、重大決策思考，即移至深山海邊，作寧靜的思考。

諸葛武侯之「借東風」，即在以靜迎動也。

曾文正公對「該丞」有所肯定與獎勉的：紀律嚴明。但仍有期許的：「惟以久履行間，不得養靜為慮。」

「本部堂常以平實二字誡之。意此次必以虛心求益，謀定後戰，不謂其仍草草也。官秩有尊卑，閱歷有深淺，該主簿概置不問，生手而居於熟手，無學而自詡為有學，志亢而行不能踐，氣浮而幾不能審，施之他事尚不可，況兵凶戰危乎？既據稟請徹遣，准即銷差回籍，該營一併遣散。」

「其該營弁勇，有願立功報效者，即派淩委員排選，另立營頭，收集後帶至建昌老營，本部堂親加教練兩三月，再行出征。」

這封批牘是曾文正公於咸豐八年江西行轅之事，管帶義字營吳主簿國佐稟兩次接仗敗挫。勝敗兵家之常，但該主簿掉以輕心而連連戰敗。曾文正公一怒之下解散還鄉，但仍有可用之兵，加以排選整編，

「本部堂親加教練兩三月，再行出征。」

26 讀書之與用兵，判然兩途

「讀書之與用兵，判然兩途。古來名將，如前漢之韓信曹參，後漢之皇甫嵩朱儁，未聞其著書。近世戚繼光能著書，而戰功又甚平平。孫武之不能自踐其言，則老蘇已譏矣。末條論王安石堅僻自是，不知辨別賢才而用之，自是久定之論。本部堂私心所切戒者，懼蔽賢之罪，亦未始不懼拔取浮士，貽誤方來，人不易知，知人不易。」（〈受業吳希顏稟陳時務由〉）

「讀書與用兵」，是二回事。兵法寫得好，背得熟，兵書讀得好，並不一定會打勝仗。此亦即曾文正公所云：「讀書之與用兵，判然兩途。」曾文正公個人也是如此，他深諳兵法，深知致勝之道，但深知其短，不敢親赴前線督戰也，用將而不能為將。

現代兵學大師蔣百里也是如此。他可以成為「老粗」的參謀長，老粗靠他的謀略打勝仗，如易地而居，他就沒有把握打勝仗，甚至一敗塗地。

財經戰場也是如此。權威經濟學家不一定是成功事業家。此正如，經濟學家可以分析股票市場，令人心折，甚至使人發大財，但他本人如進場操作，說不定血本無歸。

曾文正公用人唯賢、用人唯才，以此自傲，以此自許。但還是「本部堂私心所切戒者。」因為你眼中的賢才，可能是一不肖，此所謂「懼蔽賢之罪」。

「人不易知，知人不易」，此為曾文正公深深以為戒也。蔣中正先生，因用人得宜而成非常之功，如北伐、抗日及臺灣復興建設時期；但「知人不易」，而門生愛將中，緊要關頭，有原形畢露者，而遭致將敗如山倒之慘痛，均源於「人不易知，知人不易」。

27 勤可以得名，廉則不宜有名

「該令辦理保甲，興舉義學，與諸生講論文藝，於勤字已能切實用功，嘉平之月，詞訟減少，亦收勤字之效。至於廉之一字，其效先見於宅門內之四項人，次見於頭門內之二等人，卻無明效大驗，見於百姓之身，挂於百姓之口。如必欲百姓頌官之廉，則不免於矜炫矯飾，反非出於自然，可以持久之道。故勤可以得名，廉則不宜有名，此中最貴體貼。四川循吏，現有幾人？宜擇一二深交而觀摩之。近人張文端之教子弟，汪龍莊之論良吏，皆以取友為要，不可不師其意也。」（〈受業陳枝蓮賀年稟一件并陳辦理保甲興舉義學由〉）

勤與廉，是人一生成敗得失之試金，也是曾文正公一生修養之結晶。

勤難，廉更難。

曾文正公對他的「受業」，自然不客氣，單刀直入，說明為勤為廉之道，也真是一針見血，切中官場之惡形惡狀。

為官者廉與不廉，要看他用什麼人？他交什麼朋友？他的親信附近人又如何？因之，曾文正公直指：「至於廉之一字，其效先見於宅門內之四項人，次見於頭門內之二等人。」

「如必欲百姓頌官之廉，則不免於矜炫矯飾，反非出於自然，可以持久之道。」這是官場之病，為官者之做作，也是「牧人」心態。

「勤可以得名，廉則不宜有名」，也就是勤難廉則更難，瓜田李下，同時，貪又是人性也。

擇良友，交好官，形成志同道合之道，曾文正公念慈在茲：四川循吏，現有幾人：「宜擇一二深交而觀摩之。」

「張文端之教子弟，汪龍莊之論良吏，皆以取友為要，不可不師其意也。」「教子弟」，在得以勤字，「論良吏」，在得以廉字。

28 凡為文用意，宜斂多而侈少，行氣宜縮多而伸少

「《通鑑・宋紀》曰：內人皆化弘微之讓，一無所爭。弘微曰：「內人尚能無言，豈可導之使爭乎？」此承上之以妻妹及伯母兩姑為內人也。凡此皆臨文立義，非有一定之主名也。今世俗以內人專指妻妾，蓋失其義。」（《筆記二十七則》，「疇人、等人、內人、何人」）

這一段是以「疇人，等人，內人，何人」為標題，如同今日報紙副刊的雜文。為「疇人，等人，內人，何人」為考證，如果內人真是如曾文正公所言，「今世俗以內人專指妻妾」，固一直錯到今天，但曾文正公的解釋，未免寬了一些，內人專指「妻」而言，「妾」視為「內人」，則有家庭糾紛矣。

「造句約有二端：一曰雄奇，一曰愜適。」

「雄奇者得之天事，非人力所可強企。愜適者詩書醞釀，歲月磨練，皆可日起而有功；愜適未必能兼雄奇之長，雄奇則未有不愜適者。學者之識，當仰窺於瓌瑋俊邁，詼詭恣肆之域，以期日進於高明，

若施手之處，則端從平實愜適始。」

「友人錢塘戴醕士熙嘗為余言李伯時畫七十二賢像，其妙全在鼻端一筆，面目精神，四肢百體，衣褶韡紋，皆與其鼻端相準相肖，或端拱而凝思，或欹斜以取勢，或若列仙古佛之殊形，或若麟身蛇軀之詭趣，皆自其鼻端一筆，以生變化。」

「物不能兩大，人不能兩首；文之主意，亦不能兩重。專重一處，而四體停勻，乃始成章矣。」

（〈筆記二十七則〉，「文」）

人如文，文如人也。曾國藩帶兵打仗有不得已的苦衷，基本上，他不只是一位文人，且是性格較弱的文人，從他的為文造句的傾向，就可以看得出來：雄奇與愜適，他還是中意後者的。因而他建議：「若施手之處，則端從平實愜適始。」

人、人像，其特徵在「鼻」。「皆自其鼻端一筆，以生變化。」千變萬化，皆在鼻，大象之特徵在鼻，小丑之特徵亦在鼻，人的性格，亦可在鼻中觀察出來。

人、人物、文物，亦是相通的。此即曾文正公所指的，「物不能兩大，人不能兩首。」豈止文章如此，必須有重心，天地亦是如此：天心與他心也。

「凡為人用意，宜斂多而侈少，行氣宜縮多而伸少，推之孟子不如孔子處，亦不過辭昌語快，用意稍侈耳。後人為文，但求其氣之伸，古人為文，但求其氣之縮。」（〈筆記二十七則〉，「斂、侈、伸、縮」）

「孔孟」相提並論，但還是有差別，有很大差別矣。「孟子不如孔子處，亦不過辭昌語快，用意稍侈耳。」此之孔子能可大可久也。孟子屬於快人快語，能言善辯，而孔子則是君子之言，平淡平凡，字字句句無鋒利，但字字皆真言，句句見真章。

29 才德：聖人、愚人、君子、小人

「司馬溫公曰：才德全盡，謂之聖人；才德兼亡，謂之愚人。德勝才，謂之君子；才勝德，謂之小人。」余謂：「德與才，不可偏重，譬之於水，德在潤下，才即其載物溉田之用；譬之於木，德在曲直，才即其舟楫棟樑之用。德若水之源，才即其波瀾，德若木之根，才即其枝葉，德而無才以輔之，則近於愚人；才而無德以主之，則近於小人。世人多不甘以愚人自居，故自命每願為有才者；世人多不欲與小人為緣，故觀人每好取有德者，大較然也。二者既不可兼，與其無德而近於小人，毋寧無才而近於愚人。自修之方，觀人之術，皆以此為衡可矣。吾生平短於才，愛者或謬以德器相許，實則雖曾任艱鉅，自問僅一愚人。幸不以私智詭譎鑿其愚，尚可告後昆耳。」〈筆記四則〉，「才德」

「才德」，這是古今中外論人之大事。基本上，比較而言，東方較重德，西方較重才。德為本、德為根。德為根本。

曾文正公以聖人、愚人、君子、小人，用以區分才德間關係：才德全盡，謂之聖人；才德兼亡，謂之愚人；德勝才，謂之君子；才勝德，謂之小人。

聖人千古難求，才德兼亡者，愚人，不可用也。用人之道，就在君子與小人之間，作一調和、作一選擇。

曾文正公提及「自修之方，觀人之術」，這是他一生治事為學的結晶：二者既不可兼，「與其無德而近於小人，毋寧無才而近於愚人。」

亦即德勝於才也。

曾文正公不是一個聰明才智之士，他有自知自智之明：「吾生平短於才，愛者或謬以德器相許，實則雖曾任艱鉅，自問僅一愚人」。亦即自謙「才德兼亡」，這是曾文正公自謙之辭，也是自知之明。曾文正公是德勝於才的，因之，他用了不少非常之才，如左宗棠、胡林翼、彭玉麟、鮑超、曾國荃、李續賓，而成非常之業，以他的德作為槓桿主軸，也算是「才德」平衡。

三、政風世俗篇

「不居大位享大名，或可免於大禍大謗。」

1 敢言與忍言

自古之政府，即建立在君臣關係上，明君忠臣亦即在此也。所謂忠言逆耳，一言之不如君意，一舉一動，甚至服裝，都會影響一個大臣在皇帝中的行情。因此，君臣之禮，乃在於君之威也。因之，為臣者，無不戰戰兢兢。而所言、善言、敢言，就在君王一念之間。臣子之為福為禍，一國之為安為危，也就在這一念之間。

曾文正公在道光三十年，時年四十歲，正是盛年。他在上奏中有這樣幾句話：「今日所不敢言者，亦萬世臣子所不敢言者也；亦萬世臣子所不忍言者也。」

這幾句話，不只是反映曾文正公的性格，也是反映帝王的胸襟。

這本奏摺中，文正公也真是小心翼翼，惟恐有失，乃引「君行意，臣行制」的道理：在大行皇帝自懷謙讓之盛意，在大小臣工，宜守國家之舊制。

2 退縮與瑣屑，敷衍與顢頇

一位樸實而有壯志的鄉下人，到冠蓋雲集的京城，最失望的也最看不慣的，還是朝中人官兒的推拖拉的那一套官場「油條」。

曾文正公上奏皇帝，力陳其弊：「京官之辦事通病有二：曰退縮。曰瑣屑。」

至於外官呢也有二病：「外官之辦事通病有二：曰敷衍。曰顢頇。」

「退縮者同官之推，不肯任怨，動輒請旨，不肯任咎是也。」

「瑣屑者，利析錙銖，不顧大體，察及秋毫，不見輿薪是也。」

「敷衍者，裝頭蓋面，但計目前，剜肉補瘡，不問明日是也。」

「顢頇者，外面完全，而中已潰爛，章奏粉飾，而語無歸宿也。」

曾文正公嘆曰：「有此四者，習俗相沿，但求苟安無過，不求振作有為，將來一有艱鉅，國家必有乏才之患。」

時至今日，此四病，恐仍未除，「請示為負責之本」，更有甚者。

3 用刑稍過嚴峻，地方得保安靜

咸豐三年六月十二日，曾文正公奉命回湖南剿匪，此時，「將及半年，辦理各案，粗有頭緒」。「雖用刑稍過於嚴峻，而地方頗藉以安靜。」

所用的方法，快刀斬亂麻。

奏文中云：「自上年粵匪竄逼長沙，各處搶劫之案，層見疊出，臣設局以來，控告紛紛，或簽派兵役緝拿，或札飭紳士踹捕，或著落戶族勒令限交，或令事主自行擒縛，一經到案訊明，立予正法，計斬決之犯一百四名，立斃杖下者二名，監斃獄中者三十一名。此外札飭各州縣擒拏匪黨賫呈供摺批令無庸解省就地正法者，不在此數。」

曾文正公真是銳厲風行，也許人殺多了一些，但不這樣，惡匪不只是不能趕盡，還要越來越多，只有這樣，才能保住更多人的命，真是大快人心。

歷史是一面鏡子，看看我們的社會如何?!惡人橫著走，視警察、法院如無物。因之，「除暴安良」應是政府之責任，向惡人挑戰，蒼生得以解救，否則槍枝毒品源源進來，惡人橫行，這裡的人，如何住，如何活。

4 破除人情，痛斥同鄉同年同官

人有人情，但小者誤事，大者誤國。

破除情面，就能成大事。

曾國藩的功業，也就建立在鐵面無私上。

咸豐五年曾國藩上一奏摺，痛斥江西巡撫陳啟邁的罪狀。

陳不是別人，正是曾的「同鄉、同年、同官翰林」，這一「三同」，正也傷透了曾的心，且是他發掘的。曾說：他與陳某「向無嫌隙，在京師時見其供職勤慎，且共事數月，觀其顛倒錯謬，迥改平日之常度，以致軍務紛亂，物論沸騰，實非微臣意料之所及。目下東南賊勇，江西湖南最為喫重，封疆大吏，關係非輕，臣既確有所見，深恐貽誤全局，不敢不瑣敘諸事，瀆陳於聖主之前。」

曾國藩真有悔不當初，走了眼，看錯了人。

奏摺中曾國藩雖不厭其詳地「瑣敘諸事」，所奏陳啟邁者，都是誤國之大事，且是文正公所痛恨者。

開門見山，曾國藩就直陳：「陳啟邁劣跡較多，恐誤大局。」並指出「東南數省，賊勢蔓延，全賴督撫得人，庶幾維持補救，轉危為安。」

陳啟邁所犯之錯誤，令曾國藩不可忍受者：

一、軍情不實：「自軍興以來，各路奏報，飾勝諱敗，多有不實不盡之處，久為聖明所洞察，然未有如陳啟邁奏報之軍情，幾無一字之不虛者，茲風不改，則九重之上，竟不得知外間之虛實安危，此尤可慮之大者。」

二、不肯給餉：「臣等一軍，自入江西以來，於大局則慚愧無補，於江西則不為無功……羅澤南克復一府三縣，保全東路，此軍何召負於江西，而陳啟邁多方掣肘，動以不肯給餉為詞……。凡餉項絲毫皆回家之餉也，又豈陳啟邁所得而私手？乃陳啟邁藉此挾制，三次咨文，疊次信函，皆云不肯給餉，以此掣人之肘，而市己之恩，臣既恐無餉而兵潰，又恐不和而誤事，不得不委曲順從。」

三、反覆無常：「臣與陳啟邁面商江西亦須重辦水師，造船數十號，招勇千餘人，以固本省鄱湖之門戶，以作楚軍後路之聲援，庶與該撫正月之奏案相符。陳啟邁深以為然，與臣會銜札委河南候補知府劉于潯董理其事，業已興工造辦，忽接陳啟邁咨稱：『江西本省毋庸設立水師，停止造船。』」

陳某種種乖張行為，真把曾國藩氣炸了，顧不得「同鄉同年同官」之誼，恨恨地奏上一本。

這是曾國藩的明斷。二人過去如此之密，何以會變成如此之恨？這也就是再好的朋友，不一定能共事，不一定能共財，更不能有上下僚屬關係。這是一個很好的教訓。陳某的心裡，也可能沒有把曾國藩放在眼裡，甚至責他不夠朋友。

5 全孝必思全忠，有忍乃能有濟

曾國藩的功業，就建立在忠孝上。亦即為國盡忠，為家盡孝。忠孝雙全最好，否則，忠必大於孝也。

曾國藩可謂一門忠孝。他的弟弟們，都活躍戰場，效死戰場，身先士卒，因而史家有「曾國藩兄弟打垮了長毛」，任何獎賞功績，曾國藩從來不提及他弟弟的，真是做到了，苦與死，他們兄弟在前頭，功績是人家的。

因而能服眾，因而能打響了湘軍精神的招牌。

皇天不負苦心人，皇上常常想到他的兄弟，尤其在提升獎賞的時候。

咸豐六年八月二十七日內閣奉上諭：「同知銜曾國華著以同知儘先選用。」曾國藩身受，乃於十一月十七日上奏，以謝其弟以同知選用恩。內稱：「竊曾國華係微臣之胞弟，出繼叔父為嗣，世守清門家承儒術，惟縹緗之鱻涉，實軍旅之未嫻。」

客氣之餘，最重要的，要說些忠孝之道理：「臣惟有督飭臣弟，共攄丹悃念累世踐土食毛之義，欲全孝必思全忠，法古人臥薪嘗膽之誠，必有忍乃能有濟，明恥教戰，補拙習勤。」

這才奏出皇上的心意，同時，更可以體會出來的，自「法古人臥薪嘗膽之誠，……明恥教戰，補拙習勤」，似可看出蔣中正先生自抗戰至臺灣期間的精神教育之脈絡。

6 以巧猾譎詐為才，專工揣摩

清朝何以無法對抗太平天國的攻勢？何以非借重一個漢族的儒者不可？

這是政治風氣與社會風氣腐化而造成的無法挽回的頹勢。

曾國藩在呈奏中，曾將官場現形向上面有所參奏。這裡只是片斷。

咸豐十一年十一月二十五日，曾文正公為「查覆江浙撫臣及金安清參款」作以下的描述：

「近年蘇浙官場陋習，以夤緣贊刺為能，以巧猾譎詐為才。王有齡起自佐雜微員，歷居兩省權勢之地，往年曾帶浙員赴蘇，去歲又帶蘇員赴浙，袒庇私黨，多據要津，上下朋比，風氣日敝。」

「丁憂候補鹽運使金安清，聰明過人，如覽書籍，惟矜衒智術，專工揣摩，其辦事廣設方略，終鮮成效。」

「金安清才略頗優，而物議最劣，應請旨即行革職，撤去籌餉差事，不准仍留蘇境，以靖民心，而息浮言；王有齡辦理杭城防務，尚費苦心，惟用人或尚巧滑，取財間有怨言；薛煥偷安一隅，物論繁滋，蘇浙財賦之區，賊氛正熾，該二員似均不能勝此重任，應否降革之處，出自聖主鴻裁。」

這就是清朝的「政風」。曾文正公以實對浮，以公對私，而能形成一中興之力量。

7 不因門第鼎盛，瞻顧遷就

曾文正公是大義凜然，嫉惡如仇之人。尤其對不忠不孝，善於作假作偽之人，更視為不赦之大敵。翁同書就是一例。

翁是何許人？安徽巡撫也。

此「公」駐守定遠一載，城陷，文武官紳，殉難甚眾，該撫獨棄城遠遁，逃往壽州。「勢窮力絀，復倚苗沛霖為聲援，屢疏保荐，紳民忿憾，遂有孫家泰與苗練仇殺之事。逮苗圍壽，則殺徐立壯孫家泰蒙時中以媚苗而並未解圍。壽城既破，則合博崇武慶瑞尹善延以通苗，而藉此脫身，苗沛霖攻陷城池，殺戮甚慘。」

此一翁某，則先後曾大言不慚上奏：「身為封疆大吏，當為朝廷存體制，兼為萬古留綱常。今日不為忠言，畢生所學何事。」又「誓為國家守此疆域，保此殘黎。」

但壽城破，「若翁同書自謂已卸撫篆，不應守城，則當早自引去，不當處嫌疑之地，為一城之主，又不當多殺團練，以張叛苗之威。」

曾文正公責稱：「若翁同書既奉諭旨，責守守城，則當與效死，不當濡忍不決，又不當受挾制而草奏，獨宛轉而偷生。」

更令曾文正公難以忍受者，事定之後，翁某還大言不慚，不知悔意，「寄臣三函，全無引咎之辭，廉恥喪盡，恬不為怪。」

因此，曾文正公請求予以嚴處：「軍興以來，督撫失守，逃遁者皆獲重譴，翁同書於定遠壽州，兩次失守，又釀成苗逆之禍，豈宜逍遙法外，應請旨即將翁同書革職拿問。敕下王大臣九卿，會同刑部議罪，以肅軍紀，而昭炯戒。臣職分所在，例應糾參，不敢因翁同書之門第鼎盛，瞻顧遷就。」

曾文正公此一剛正精神，一如包青天。尤其不畏巨室：「不敢因翁同書之門第鼎盛，瞻顧遷就」，尤為扭轉乾坤之壯舉也。

此一所謂「門第鼎盛」，是否指翁同龢（一八三〇—一九〇四年）不得而知。（翁文恭後來亦因戊戌政變時贊助德宗，而被罷官。）

8 法有難寬，情亦難恕，註銷革職

無論那一個行業，一個人能發揮至微至巨的力量，幾乎要靠精神。精神才能產生無限大的力量。

曾文正公的力量，能扭轉時勢，能挽救一個朝代，能改變環境，全是精神的力量所致。

曾文正公的精神，就是公與正，而能形成至大至剛的力量。

他對於有能力有操守，實幹苦幹之士，不遺餘力地提拔與愛護，也不避嫌，這是常人較少能做到的；同樣的，他對投機取巧，弄假盜名者，深痛惡絕，不假辭色，這也是非常人所能做到的。

對於李元度案，就是一例。

李元度是新授的浙江按察使，不過，咸豐十年八月，曾有徽州失守案內，他老兄因為擔任徽寧池太廣道，擅自回籍，遭革職，其後峰迴路轉，又有「著賞還按察使原銜，其失守一案，仍著曾國藩訊明分別辦理。」

這是皇上的細心，以及對於曾文正公的懼「正」和信任。

曾文正公為李元度案，特於同治元年二月二十二日奏片，陳明來龍去脈以及真實狀況：

「查義寧奉新瑞州皆臣所統轄之地，均係賊匪先自退出，李元度並無打仗克城之事，臣所派鮑超一軍，與李元度同抵瑞州，亦未報曾見一賊，曾接一仗，李元度屢報克服，冒稟邀功，實出情理之外。來年正月十四日，皇上棄瑕錄用，補授該員鹽運使，茲又擢授浙江按察使，諭旨令臣等轉飭該員，奮勇立功，以贖前愆。」

這一轉變，無論皇上或是曾文正公，用詞如何委婉，但曾文正公的不滿，真是怒從心中來：

「臣查該員李元度自徽州獲咎以後，不候訊結，而擅自回籍，不候批稟，而徑自赴浙，於共見共聞之地，並未見仗，而冒稟克復，種種悖謬，莫解其故。臣所以遲回隱忍，不遽劾奏者，因其軍以安越為名，冀其顧名思義，積愧生憤，或能拼命救浙，有裨時局也。乃李元度六月至江西，八月抵廣信，九月抵衢州，節節逗遛，任王有齡羽檄飛催，書函哀懇，不一赴杭救援。是該員前既負臣，後又負王有齡，法有難寬，情亦難恕。所有該員補授浙江鹽運使，按察使及開復原銜，均請飭部註銷，仍行革職。姑念其從軍多年，積勞已久，免其治罪，交左宗棠差遣。該員治軍，一味寬縱，多用親族子孫，文理尚優，帶勇非其所長，其所部安越軍八千人，臣當與左宗棠熟商，或全行遣撤，另派臣交部議處。」

此一李元度真是神通廣大，大概朝裡有人，乃能翻雲覆雨，一手蔽天；偏偏天外有天，遇上不留情面的曾文正公，不只不留情面奏上一本，明白要求「該員補授浙江鹽運使、按察使及開復原銜，均請飭部註銷。」實在就是「最後通牒」，看你皇上怎樣辦？好在文正公還是忠厚有餘，「念其文理尚優，帶勇非其所長」，作為下臺階。

忠臣難，忠臣更難求。就是這樣一個案子，如果不是碰到六親不認的曾文正公，還不是睜一眼閉一眼，或是和稀泥一番。

如果這樣，一個機構，一個社會，一個國家，一個時代，就這樣沉下去了。

9 好諛惡直，專講私情的大奸

閩浙總督慶端「吏治官常」不能振作傳至朝中，特命以忠直見長的曾國藩查明具報。曾文正公於同治元年四月初四日，「查覆閩浙總督慶端事蹟」奏上一摺，原原本本把慶端的惡跡，一一列舉：

開頭曾文正公就表明：「臣與閩浙督臣慶端，素非相識，公事亦罕交涉，夙聞其聲名平常，莫由得其實際。近日悉心博訪，大抵好諛惡直，專講私情，信任幕友屬吏數員，使據要津，即至奸狀畢露，猶復多方袒庇，其幕友之結為心腹者：

一曰山東即補道章琮。前辦糧臺各營領餉，皆有折扣現費，現為翼長，亦好收用私人，扶同作弊。

一曰浙江運司莊煥文，巧伺意旨，求優缺者，必出其門。

一曰候補道司徒緒，其父以差遣死，聞訃開奠，即免喪以翎頂謁客。慶端專摺留閩，奉旨駁斥。繼復留辦夷務，亦奉旨駁斥，始行回籍補制，去未幾時，又列明保。

一曰福州陳謙恩。係前任吏部尚書陳孚恩之族弟，通省牙釐，歸其管權，贓累巨萬。

一曰候補道秦金鑑。官局停止時，該道以局票抽換餉票，又以餉票抽換現錢，為同事者所訐。」

「此數員者，或幕或官，所處不同，而表裡為奸，朘削斂怨，慶端或愛之而不察，或明知而故縱。」

曾文正公有感而發，並「嘗聞胡林翼語及，天下吏治，以閩省為最劣。」最後，曾文正公作具體之處理措施：

「慶端似不勝封疆之任，可否簡畀賢員，赴閩履任後，將臣摺中所指各員，分別甄劾之處，出自聖主鴻裁。」

曾文正公怕惹是非上身，更怕皇上另有所疑，乃表明態度：「臣見聞淺陋，素相知者，實無堪勝該省總督之員，不敢冒昧荐達。」

這是曾文正公聰明處，也是「無欲則剛」，能避人與錢之嫌，即能避大禍。

10 知縣疑案，查個明白

清朝亦是有吏治的。

二知縣，一誤戎機，一民不堪命，提示檢舉，要曾國藩遴委公正大員查明嚴辦。

這二個知縣，都發生在江西。具體的檢舉內容：「豐城縣知縣哈爾噶尚阿不肯搭造浮橋，以致官軍不能徑渡，賊遂將附省鄉村市鎮，恣意焚殺，玩誤殃民，實堪痛恨。又南昌縣知縣周成民，當賊氛正熾，秋稼未登之際，該縣並不稍存體恤，即於七月二十二日開徵漕折，並創為逐日加增之例。逾五日增錢若干，逾十日又增若干，逾半月一月，遞增幾至一倍，暮夜追呼，民不堪命。」

這二位「縣太爺」，一為清一為漢，一誤軍戎，一傷民命，傳至朝廷，引為大恨，乃「著曾國藩按照所參該二員劣蹟，確切查明，據實參辦。」

曾國藩接旨後，即命江西布政司，飭令會同臬司糧道查議詳核。同治元年七月初二日，曾文正公將查明結果，被害州縣蠲免錢漕分數摺奏。二知縣具體錯失及建議處理意見如下：

「前任本城知縣哈爾噶尚阿，平日居官，不協輿論，此次於大軍追賊緊之時，搭造浮橋，為風浪所飄毀，遲久始成，致鄉村被害彌深，雖非有心玩誤，實屬不知緩急，應請旨即行革職。」

「前任南昌縣知縣周成民開徵漕折，解濟餉需，勒限嚴催，均係循照舊章，亦無逐日遞增之事，業經另案革職，應毋庸議。」

這二個檢舉案，經曾國藩秉公查明，並未如原檢舉內容之嚴重，但還是有些不良影響，曾文正公建議作些處理，了斷此案，二個知縣丟了烏紗帽。

各級主管，處理檢舉案，不能不慎。

11　有議降者、有議戰者、有議閉城再守者

寧國府收復了，金陵在望。

戰爭是殘酷的，寧國府收復之戰，是相當殘酷，而又澈底的。這是曾國藩用兵嚴格的又一面。

同治元年七月初二日，為六月十四日大戰全勝，十五日克復，曾國藩「為官軍攻勦寧國，疊挫賊鋒，乘勝合圍，遂將府城克復上奏」。

第一功是「戰將浙江提督鮑超。冒暑苦戰，屢復各城，厥功甚偉。」

寧國府城之戰事經過死傷情形，曾國藩作以下之戰報：

「十五日楊輔清復出大東門，收合餘燼，為背城借一之舉。鮑超率各軍驟進，勢如風雨，該逆一戰即北，北狂奔六十里，已近洪林橋矣。楊逆忽率馬賊二千餘，回陣返撲，馬勝奎緊躡賊後，中槍而殞，將士亦多損折。鮑超令諸營徐列圖陣，將該逆人馬，並以大圍包之，環加剿洗，楊逆單騎脫去，從馬千餘匹，盡為我有。城賊見楊逆一敗不返，倉皇失措，有議降者、有議戰者、有議閉城再守者，紛紜未定。我軍已自洪林橋收隊歸來，大呼直入東門，除跪降及老弱婦女外，一律斬薙無遺，立將府城克復。前後斃賊，幾及二萬。生擒酋目三百餘名，得大小礮位六十五尊。此六月十四日大戰全勝，十五日光復寧國府城之情形也。」

對於未來戰局之展望，曾國藩作以下的結論：「臣查寧郡一拔，則江浙之門戶已開，金陵之機勢漸緊，由是略取東壩，會剿下游，可無兵單之慮。」

這一仗，打得相當慘。「斃賊幾及二萬。」

而守城太平軍之敗，非敗在兵力槍礮，而在：一見守將「楊逆單騎脫去」，再見「楊逆一敗不返，倉皇失措，有議降者、有議戰者、有議閉城再守者」，而「紛紜未定」，我軍已自洪林橋收隊歸來。

中國大陸之淪亡是如此，越南之亡國，亦是如此。能不借鏡，引以為戒。

一城鎮之失，一國之亡，幾出於一轍：守將先逃，中心無主，「紛紜未定」，而為敵所乘。

12 暗銷其予智自雄，非我莫屬之驕志

皇上很關心曾國藩所統帥前線各軍佈置及戰局進展情形，同治元年八月十二日曾國藩「奉旨垂詢各

路軍情分條覆」奏摺，其中有「多隆阿一軍」，「裏下河一帶」，「李世忠一軍」，「鎮江一軍」。「其中有臣職分應籌之事，亦有非臣力能兼顧之端」，話中不免有牢騷也。

其中李世忠問題最大，因李為降將也，他的作為，上面曾得密告。

> 曾國藩作如下之覆旨：「臣查李世忠投誠之初，勝保奏明淮帶一萬八千人，實數蓋近三萬，以降人而仍據其地、仍統其眾，當時辦法，本未妥善。近聞陸續招收，且增至五六萬之多，據有城池，自為風氣。於長淮五河等設釐卡數處，於長江新河口設釐卡一處，各縣亦有卡局，所獲頗厚。又廣運鹽斤，自捆自賣，上侵公家之利，下為商民之害，殊堪隱憂。然相沿已久，安之若素，今欲大振紀綱，繩以法律，勢必有所不能。且去冬今春，克復天長六合浦口江浦，擊退陳坤書股匪，於大局不為無功，未可沒其勞而遽議其後。臣擬姑循其舊，不設機心，釐鹽之利，不加禁遏。偶有請求，亦不拒絕。前曾解濟軍火三批，米糧二批，近又來請餉銀，即當量力分潤，仰副朝廷寬厚之意。但不甚資其力，亦不輕調其兵，暗銷其予智自雄，非我莫屬之驕志。若欲收回國家利權，則須另籌巨款，按月供支，足以養役之眾，乃能行吾之法。」

這一無能為力之牢騷伏筆，還是廣東釐金：「若廣東釐金不能大有起色，則不特皖浙欠餉無出，即李世忠一軍，亦終其決裂。」此之謂「亦有非臣力能兼顧之端」。

以曾國藩之堅忍，亦有無奈哀怨之聲。人總是人也。若給皇上點面子，保留一點尊嚴，則在「暗銷其予智自雄，非我莫屬之驕志」，如此而已。

13 位偪則相忌，勢均則相疑

中國人似乎有一種「天生」的性格，那就是相猜、相疑、相忌、相鬥，尤其是擅長暗鬥，匿名信就是在這樣「人的文化」下的特產。尤其在人事有所變異、升遷之時，匿名信就是暗箭的利器。大小機關升遷是如此，選舉也是如此。當一個機構有所「升」的機會時，往往條件最好的，所受的暗箭也最多，以產生惡性淘汰。

有湖北撫臣嚴樹森，就被人告到皇上那裡去。上面處理還是謹慎小心，就把「原摺著鈔給閱看」，並希曾國藩「據實詳悉覆陳，毋稍徇隱。」

所告的內容，模稜兩可，尤其涉及主觀判斷。這是議政王軍機大臣字寄奉上諭：「前因有人奏嚴樹森到豫撫任後，尚知講求吏治，惟督辦勦匪事宜，未臻盡善，復有人奏參嚴樹森，有膽怯見偏、量狹性愎等情」。

「上年捻撲河南省城，該撫一籌莫展，豫中人人切齒，今移節湖北，安能望其出境滅賊。宜文休休有容，故胡林翼得以宣勞盡力，嚴樹森性情剛愎，若官文待之如胡林翼，該撫必果於自用。萬一不和，楚事必致決裂，嚴樹森前在江夏隨州各任，聞警潛逃，一旦膺鄂撫重任，所統寮屬兵勇，必將輕其品行，不遵調遣。上游無事，曾國藩始無後顧之憂。該撫無胡林翼之善謀，又無李續宜之敢戰，設布置稍疎，賊蹤闌入，曾國藩分兵不暇，安望有成。」

「嚴樹森操守尚好，留意吏治，自涖豫撫任後，尚無大過，而人言嘖嘖，諒非無因。特以辦事尚能認真，且化鄂有年，曾為胡林翼保奏，是以簡調鄂撫，冀收駕輕就熟之功。若如所奏各節，是該撫非特不諳軍務，抑且不協輿情，任以封圻，殊於楚事未有裨益。現在曾國藩籌畫東征，必須後路策應有人，鄂皖連為一氣，分能悉銳前行，不至瞻前顧後，關係大局，至為緊要。該大臣於鄂中人材兵勢，見聞已稔，嚴樹森果否能勝鄂撫之任，抑僅長於吏治，他務非其所習，均著據實詳悉覆陳，毋稍徇隱，原摺著鈔給閱看。」

當然，原摺是經過一番消化的，其間也有些巧妙運用，如一再提到曾國藩之愛將胡林翼、李續宜。而「人言嘖嘖，諒非無因」，是官場習用語，這樣的轉換，能害一個人，也能救一個人；能成一件事，也能敗一件事。這是中國官場文字藝術之妙用也。

曾國藩何人也？有膽有識，更有擔當。為此，他於同治元年八月二十九日，為「查覆嚴樹森被參」，上一奏摺，裡面有下面幾段話：

「湖北巡撫嚴樹森春間由豫還鄂，臣前此所聞，毀譽參半，近來細加詢訪，情形較確，大抵人非聖賢，難於求備，短長互見，乃士之常。在朝廷之用才，貴節取其所長，而糾察其所短。在臣子之自飭，貴勉其所已知，而增加所不能，嚴樹森之所短，在負氣自矜，計較過熟，負氣則自命過高，責人過重，稍有齟齬，便事吹求，處人鮮留餘地，而人亦攻之甚力，計較既熟，則利害太明，趨避亦所難免」。

「惟軍旅之事，必有毫無瞻顧之心，而後有一往直前之氣。嚴樹森於禍福成敗，多設計較，則危急之時，難期堅定，功名之地，難泯矜爭。諭旨其不嫻軍務，原摺慮其不明將略，參之物論，亦均於此事未敢深信，茲其所短也。至嚴樹森所長，亦多非時流所可汲。才思警敏，精神定足，胡林翼綜理釐務，能改漕章，嚴裁各衙門陋規，臺局浮費，但持大綱，其節目週詳，經營初稿，多嚴樹森贊襄之力。逮胡林翼出省征勦，凡鄂民之疾苦，刑案之出入，州縣之積弊，皆由嚴樹森悉心察核，往往晝接寮佐，夜治文書，侵曉從公，達旦未寢。咸豐十年升任豫撫，沿途夫役到省，供應概不索之州縣，一洗從前惡習，其裁汰冗兵，參劾劣員，亦頗力求整頓。」

「胡林翼晚年多病，專以荐賢報國為務，嚴樹森被其荐達，感名卿知己之恩，沐文宗不次之擢，袪除舊習，力爭上流，亦孜孜焉以崇上正人，扶持善類為己任，茲其所長也。」

「凡位偪則相忌，勢均則相疑。督撫同城，自昔鮮能和協而善終。為撫者，當任勞而不炫己之能；為督者，亦當讓善而曲盡人之長，庶幾相與有成。如嚴樹森之才，臣愚以為可勝鄂撫之任，若得皇上訓誨，常如官文推誠相與，當可飭吏阜財，蒸蒸日上，東南用兵，鄂皖本屬一氣，呼吸相通，利害共之。如該撫別有劣蹟，鄂事或就隳壞，臣當隨時據實密陳不敢稍涉徇隱，貽誤大局。」

嚴樹森何其幸也，有曾文正公這樣大公無私，敢負責的好長官，真是痛快之至。

曾文正公這一覆摺，澄清了幾點：

第一、胡林翼倚嚴甚重，實在就是胡之執行長也。

第二、督撫同城，自昔鮮能和協而善終。為撫者應如何如何，為督者應如何如何，也道出了此一檢舉案的「內幕」。

第三、曾文正公不只是對「嚴案」作些澄清，其人還「可勝鄂撫之任。」

這位嚴樹森之病，可能在太直，做人更缺乏彈性，而為人所算。所幸，有曾文正公為其保駕也，如果官有所謂官運，官運也就在此。

14　卻其拯急之情，阻其圖功之念

曾國藩是有原則的，是愛護僚屬的。

有清一代，與洋務不可分的李鴻章，擬借洋將漢兵攻金陵。此一想法與做法，與曾國藩之性格不合，或傳至朝廷。為澄清此事，曾國藩於同治元年九月二十七日在彙報近日軍情摺中奏上一筆，以表心跡：「李鴻章擬調洋將漢兵白齊文一軍，來援金陵，此事雖非臣所甚願，然亦未便卻其拯急之情，阻其圖功之念。」

這時萬事莫如攻下金陵急，而主將是其老弟曾國荃，此時，李鴻章不只漸露頭角，且成了氣候，難免想盡辦法立大功，此亦是人之常情，曾文正公對借「洋將」難免有反感，但「未便卻其拯急之情，阻其圖功之念」，言下之意，怎還會與李鴻章爭功，怕李鴻章立功之理，都是世俗之念。

15　老幼相攜，草根掘盡，則食其所親之肉

諸葛一生在謹慎，而曾文正公亦有諸葛之性格，同治二年二月二十七日為長江二岸察看軍情，特將「沿途看軍情賊勢」，呈奏片，內有「臣從軍數年，從未敢以賊勢稍衰入奏」。大概有人打小報告，說是曾文正公報喜不報憂的話。

因之，他將二岸視察軍情情形「有可懼者數端，而可喜者亦有數端」，據實報告。

此一兵連禍結，難民之可憐，就是一個「慘」字：「臣巡視諸軍，詳觀賊勢，攬南北之形勢，察天人之徵應，竊以為有可懼者數端，而可喜者亦有數端。自池州以下，兩岸難民，皆避居江心洲渚之上，編葦葺茅，棚高三尺，壯者被擄，老幼相攜，草根掘盡，則食其所親之肉，風雨悲啼死亡枕藉，臣舟過西梁山等處，難民數萬，環跪求食，臣亦無以應之。」

這一景象，大陸戡亂時期，兵連禍結，難民處處，真是「草根掘盡，則食其所親之肉。」真是慘極。

16 舟過蕪湖即聞境內之民，頌聲四起

為政在人，在高者是如此，居下者，亦是如此。

今天為民服務的時代，更是如此。

同治二年三月二十七日曾國藩為「揀調各員留皖委用」，上一奏摺。這是為皖省地方行政官吏之補充：

「竊惟行政之要，首在得人。吏治之興廢，全繫乎州縣之賢否。安徽用兵十載，蹂躪不堪，人人視為畏途。通省實缺人員，僅有知府二人，州縣二人，即候補者亦屬寥寥，每出一缺，遴委乏員。小民久困水火之中，偶得一良有司拊循而煦嫗之。無不感深挾纊，事半功倍。如署蕪湖縣知縣劉世墀經臣於上年六月奏明委署斯缺，臣此次巡視各軍，舟過蕪湖即聞境內之民，頌聲四起，比以母憂去任，臥轍攀留者，相屬於道，可見民心之易感，而吏治之尤宜亟講也。」

「然使拘泥舊章，繩以格例，不稍示變通之法，則目前幾無可委之員，不廣開登進之途，則將來難收得人之效。臣上年所奏委署之二十人，旋准部咨分別准駁，合格者祇有五人。其餘如劉世墀等，均在不合例之列。」

人民求治求良吏，勝於渴。而劉世墀之事，文正公之「舟過蕪湖即聞境內之民，頌聲四起，比以母憂去任，臥轍攀留者，相屬於道！」

真是感人肺腑，令人心儀不已。百姓是可敬與可愛的。

良吏難求，但上層可能基於資歷，審查甚嚴，最妙的，政聲遠播的「劉世墀等，均在不合例之列。」真是極大之諷刺。這也是曾文正公心有所感，心有所哀，上奏之原因。

高高在上的官府，總不知民間之疾苦，負責者壓得千斤重，但操可與不可大權者，卻輕輕地一揮筆，就封殺了，豈止心痛而已。

17 人恆苦不自知而有挾權市德

沈葆楨，是清史重要人物。特別是與臺灣史有關，而成為我們所熟知的近代史人物。

為了稅收分配事，曾國藩發火了，大興文字戰，鬧到朝廷去。曾文正公的騾子脾氣，得理是不饒人的，重重地把沈葆楨修理一番，並要皇上主持公道。

同治三年三月十二日，為「江西牙釐請照舊經收」上一奏摺：

「奏為江西牙釐，仍應歸臣處經收，以竟金陵將蔵之功。」

「竊臣接准江西撫臣沈葆楨咨稱，以江西軍務方殷，請將茶稅牙釐，歸本省經收。」

「此次截留牙釐，不能不縷陳而力爭者，實因微臣統軍太多，月需額餉五十餘萬元。前此江西釐金稍旺，合各處入款，約可發餉六成，今年則僅發四成，而江西撫臣所統各軍之餉，竟發至八成以上，臣軍欠餉十六七個月不等，而江西各軍欠餉不及五月。即以民困而論，皖南及江寧各屬，市人肉以相食，或數十里野無耕種，村無炊煙。江西亦尚不至此。請我皇上欽派大員，察看東南數省，果江西之軍民較苦乎？抑行軍經皖南金陵之軍民較苦乎？假令沈葆楨奉使巡視皖吳一次，果行軍於江西較難乎？抑行軍於皖南金陵較難乎？知必有不辨而自明者。臣於三省皆係轄境，非敢厚於皖吳而薄於江西也。無論何人，處臣之地勢，不得不出於此也。」

至於如何解決，曾文正公提出「分」與「情」：

「臣又聞同僚交際之道，不外二端：曰分、曰情。」

「分也，軍事危急之際，同寅之患相卹；有無相濟，情也。沈葆楨於臣處軍餉，論分論情，皆應和衷熟商。」

這個時候，曾文正公又翻舊帳：

「元年八九月間，臣軍疾疫大作，死亡無算。而忠逆大舉援救金陵，危險萬狀，沈葆楨乃於是時截留漕折銀四萬，既不函商，又不咨商，實屬不近人情。」

真是舊仇新恨。

「人恆苦不自知，或臣明於責沈葆楨，而闇於自責。臣例可節制江西或因此而生挾權之咎。臣曾保奏沈葆楨數次，或因此而生市德之咎，幾微不慎，動成仇隙。然臣閱世已深，素以挾權市德為可羞，頗能虛心檢點。」

「臣之公牘私函，在江西者極多，其中如有挾權市德，措詞失當者，請旨飭下沈葆楨多鈔數件進呈。倘蒙皇上摘出指示，或有顯過，臣固甘受譴罰，即有隱匿，臣亦必痛自懲艾。若臣返躬內省，則自覺對沈葆楨而無愧，即訊諸大廷，質諸鬼神而無慚，而沈葆楨專向客氣，不顧情理，實有令人難堪者，臣亦不復能隱忍不言矣。」

人終究是人，以曾文正公之地位與德業，尚有不能忍者，且撕破臉，告御狀，所爭者，都是千古今世所常常發生的：我的地盤，就是我的；我不能交給你統籌分配，我所要的，你要給我。這也是今日臺灣若干地方政府與中央政府之關係與心態。

曾文正公與沈葆楨心結久矣，而在這一糧餉有關上，爆發出來。當然，江西理屬曾文正公管轄，而文正公亦曾有德於沈葆楨（曾保奏沈數次），此所謂「挾權市德」，以怨報德，更使文正公難以嚥下這口氣。

18 我家既為鄉紳，萬萬不可入署說公事

「嚴麗生取九弟置前列，理應寫信謝他，因其平日官聲不甚好，故不願謝，不審大人意見何如？我家既為鄉紳，萬萬不可入署說公事，致為長官所鄙薄，即本家有事，情願吃虧，萬不可與人搆訟，令長官疑為倚勢凌人。」（道光二十五年五月二十九日，稟父母，（不可入署說公事或與人搆訟））

曾國藩之性格，甚至曾國藩一生之功業，全在這幾行家書中。

「九弟置前列」，老父來函報喜，並請國藩寫信謝謝人家的「提拔」，但曾文正公「因其平日官聲不甚好，故不願謝」，連敷衍幾句都不願意，好像有悖常理人情，但這就是曾文正公的精神，道不同不相為謀，連敷衍也懶得敷衍。

至於「情願吃虧」，「萬萬不可入署說公事」，這更是千古難見。狗還仗人勢，家中有勢，豈有不使之理？甚至以勢欺人，比比皆是。

「倚勢凌人」，曾文正公深以為戒，這就是他了不起的地方，來自民間，深知民間之積害大苦。蔣故總統經國先生有此精神也，一生最痛恨特權，最怕左右人利用特權。

19 望勸父親總不到縣，總不管事

「蓋在外與居鄉不同，居鄉者緊守銀錢，自可致富；在外者有緊有鬆，有發有收，所謂大門無出，耳門亦無入，余仗名聲好，乃扯得活；若名聲不好，專靠自己好藏之銀，則不過一年，即用盡矣。」

這就是現代商業社會所重視的「信用」。

「以後無論何事，望勸父親總不到縣，總不管事，雖納稅正供，使人至縣，伏求堂上大人鑒此苦心。姪時時罣念獨此耳。」（道光二十五年十月初一日，稟叔父母，〈報告升翰林院侍讀學士〉）

文正公的老太爺，在鄉下因為兒子在外面做大官掌兵符，大概喜歡管管官場中之事，文正公深以為念，也深以為苦，迂迴至叔父，「望勸父親總不到縣，總不管事」，一片苦心在心頭也。

「姪以庸鄙無知，託祖宗之福蔭，幸竊祿位，時時撫衷滋愧。茲於本月大考，復荷皇上天恩，越四級而超升。姪何德何能，堪此殊榮，常恐祖宗積累之福，自我一人享盡，大可懼也，望叔父作書教姪幸甚。」（道光二十七年六月十七日，稟叔父母，〈寄銀五十兩回家並述其用途〉）

20 扶乩之事，全不足信

「但願兄弟五人，各各明白這道理，彼此互相原諒，兄以弟得壞名為憂，弟以兄得好名為快。兄不能盡道，使弟得令名，是兄之罪，弟不能盡道，使兄得令名，是弟之罪，若各各如此存心，則億萬年無纖芥之嫌矣。」

「所謂塞翁失馬，安知非福，科名遲早，實有前定，雖惜陰念切，正不必以虛名縈懷耳。」

「來信言看《禮記疏》一本半，浩浩茫茫，苦無所得，今已盡棄，不敢復閱。現讀《朱子綱目》，日十餘葉云云。說到此處，兄不勝悔恨，早歲不曾用功，如今雖欲教弟，譬盲者而欲導人之大途也，求其不誤難矣。然兄最好苦思，又得諸益友相質證，於讀書之處，有必不可易者數端，窮經必專一經，不可泛騖，讀經以研尋義理為本，考據名物為末。讀書有一耐字訣，一句不通，不看下句，今日不通，明日再讀，今年不通，明年再讀，此所謂耐也。讀史之法，莫妙於設身處地，每看一處，如我與當時之人，酬酢笑語於其間，不必一一皆能記也，但記一人，則恍如接其人，不必事事皆能記也。但記一事，則恍如視其事，經以窮理，史以考事，舍此二者，更別無學矣。」

「蓋自西漢以至於今，識字之儒，約有三途：曰義理之學，曰考據之學，曰詞章之學，各執一途，互相詆毀。兄之私意，以為義理之學最大，義理明則躬行有要，而經濟有本，詞章之學，亦所以發揮義理者也。」

「是故經則專守一經，史則專熟一代，讀經史則專注義理，此皆守約之道，確乎不可易者也。」

「讀經讀史讀專集，講義理之學，此有志者，萬不可易者也。聖人復起，必從吾言矣。」

「兄少時天分不甚低，厥後日與庸鄙者處，全無所聞，竅被茅塞久矣，及乙未到京後，始有志學詩古文，並作字之法，亦苦無良友。近年得一二良友，知有所謂經學者，經濟者，有所謂躬行實踐者。」

「吾人第一以保身為要，我所以無大志願者，恐用心太過，足以疲神也。諸弟亦須時時以保身為念，無忽無忽，來信又駁我前書，謂必須博雅有才，而後可明理有用，所見極是。」

「扶乩之事，全不足信，九弟總須立志讀書，不必想及此等事。」（道光二十三年正月十七日，致諸弟，〈講讀經史之法及求師友之注意點〉）

曾國藩這位大哥，字字都是信義，行行都是為人做事之精神與方法。大哥實即是良師也。嫉妒為人之天性，兄弟間亦不例外。因之文正公乃有：「兄以弟得壞名為憂，弟以兄得好名為快。」實在，有感而發也。迷信，真不知害多少人。迷信看似與宗教有關，但凡有正確之宗教信仰者，不會迷信；迷信本應與知識有關，但如今迷信流行，似乎又與知識高低無關，此或許一個人沈醉於非份之想或患得患失中，不得不寄託於迷信。

很難得的，也很了不起的，以曾國藩那個年代，破除迷信：「扶乩之事，全不足信」，真知識也，也真信仰也。

21 勿謂家有人作官，而遂敢於侮人

「省城如陳堯農、羅羅山，皆可謂名師，而六弟九弟，又不善求益，且住省二年，詩文與字，皆無大長進，如今我雖欲再言，堂上大人亦必不肯聽，不如安分耐煩，寂處里閈，無師無友，挺然特立，作第一等人物，此則我之所期於諸弟者也。昔婺源汪雙池先生，一貧如洗，三十以前，在窑上為人傭工畫碗，三十以後，讀書訓蒙，到老終身不應科舉，卒著書百餘卷，為本朝有數名儒，彼何嘗有師友哉？又何嘗出里閭哉？余所望於諸弟者，如是而已，然總不出乎立志有恆四字之外也。」（道光二十五年二月初一日，致諸弟，〈無師無友亦可成第一等人物〉）

曾府這幾位老弟真難侍候，看他們的老哥在京城讀書為官，心生羨慕與嫉妒之心，不願屈於「家塾讀書」，老想進京進省，但既無志與無恆，還想央其老哥求情「堂上大人」，再放他們出來。曾文正公不耐亦不願，乃規勸他們好好在家鄉讀書，只要發憤讀書，沒有科舉，也照常有非凡治學之成就，並舉汪雙池為例，就看你們能不能下定決心與恆心。

老哥無奈之餘，對於不求上進讀書又不懂事的弟弟，有些火了。

「皇上御門辦事，余蒙天恩，得升詹事府右春坊右庶子。次日具摺謝恩，蒙召見勤政殿天語垂問，共四十餘句。余蒙祖父餘澤，頻叨非分之榮。此次升官，尤出意外，日夜恐懼修省，實無德足以當之。諸弟遠隔數千里，必須匡我之不逮，時時寄書規我之過，務使累世積德，不自我一人而墮，則庶幾持盈保泰，得免速致顛危。」

「勿謂家中有人做官，而遂敢於侮人；勿謂己有文學，而遂敢於恃才傲人，常存此心，則載福之道也。」（道光二十五年五月初五日，致諸弟，〈喜述升詹事府右春坊右庶子〉）

曾文正公意外「得升詹事府右春坊右庶子」，喜不自勝，雖「具摺謝恩」，並「蒙召見勤政殿」，但這一官兒地位如何不得而知，但不會太顯。這時他年三十五歲，事實上，曾文正公的功業，起自咸豐三年，四十三歲時，太平軍陷金陵，入直隸，起鄉勇時。

22 凡大員之家，無半字涉公庭

「澄弟在廣東一切，甚有道理，易念園莊生各處程儀，尤為可取，其辦朱家事，亦為謀甚忠，雖無濟於事，而朱家必可無怨。《論語》曰：『言忠信，行篤敬，雖蠻貊之邦行矣。』吾弟出外，一切如此，吾何慮哉。」

「我縣新官加賦，我家不必答言，任他加多少，我家依而行之；如有告官者，我家不必入場，凡大員之家，無半字涉公庭，乃為得體。為民除害之說，為所轄之屬言之，非謂去本地方官也。」

「紀梁讀書，每日百餘字，與澤兒正是一樣，只要有恆，不必貪多，澄弟亦須常看《五種遺規》及《呻吟語》，洗盡浮華，樸實諳練。」（道光二十八年五月初十日，致諸弟，〈指導考試，勸勿告官〉）

這一封家書中，又充分顯示出曾文正公的精神與胸襟，影響所及，非僅曾家，也影響辦外交的精神及為官處世之道。

《論語》——儒家之聖經也。但宗教之「聖經」，多出自天意、天降或天授，而《論語》則是孔子思想言行之精粹也，由其弟子記錄、編纂而成，可用之做人、治國，不因時空而異，無忌鬼神，亦不談鬼神。

《論語》實用之價值，因人因時代而異。趙普有「半部《論語》治天下」，而日本、中華民國、大韓民國、香港及新加坡，儒家之經濟體系，而成為亞洲儒家經濟地帶，是教育之外，孔子思想另一皇皇之成果。

有信仰《論語》精義，有專愛《論語》之某節某句，甚至奉為終身之圭臬。曾國藩獨愛「言忠信，行篤敬，雖蠻貊之邦行矣」，此處用以勉其弟；而其子紀澤成大器，出使英國時，嚴父兼國之大老，曾國藩亦以此語相勉。對紀澤而言可能更為妥切，因為當時歐洲，除了槍礮火藥之外，在某些人看起來，亦屬化外之「蠻貊之邦」。

兄在外做大官，弟在鄉里，就難免為地方士紳所鼓動，所激將，做些帶頭之事。新縣官加賦，自不合老百姓的胃口，其弟以「為民除害」大帽子，準備要他好看。曾文正公函告，期期以為不可，並告誡：「為民除害之說，為所轄之屬言之，非謂去本地方官也」。並告誡：「凡大員之家，無半字涉及公庭」，這一「絕緣」的作法，實在了不起，免惹了一個仗勢欺人非議。

「澄弟亦經常看《五種遺規》及《呻吟語》。」

《五種遺規》為清代鴻儒陳弘謀傳世之作，內容包含：養正、訓俗、從政、教女及在官法戒錄，共五大類。曾國藩亦崇尚該書，其本人汲取精華，而成為曾文正公轉風易俗之功業。

《呻吟語》我們這個時代的讀者，應不會陌生，因為蔣經國先生在主持行政院期間，多次引用該書並廣為推介，分發有關黨政軍幹部研讀，目的不外在去私念走大路立大功也。

23 我平日最不信風水

「今年大京察，侍郎中休致者二人。德遠村、馮吾園兩先生也，余即補吾園先生之缺。向來三載考績，外官謂之大計，京官為之京察。京察分三項：一二品大員及三品之副都御史。皇上皆能記憶其人，不必引見。御筆自下硃諭，以為彰癉，此一項也。自宗人府丞以下，凡三四五品京官，皆引見，有黜而無陟。」（道光二十九年二月初六日，致諸弟，〈喜述補侍郎缺〉）

曾文正公升官了。他也趁此機會，把京官之「品位」，介紹一番，他喜升侍郎。

「我平日最不信風水，而於朱子所云：『山環水抱藏風聚氣』二語，則篤信之。木兜沖之地，予平日不以為然，而葬後乃吉祥如此，可見福人自葬福地，絕非可以人力參預其間。家中買地，若出重價，則斷斷可以不必，若數十千，則買一二處無礙。」（道光二十九年三月二十一日）

中國人往往不知道自己的長處與短處，外國人卻看得很清楚。一般言，外國人看中國人之短處，有二：貪財怕死，是佔有慾很強的民族。生老病死，本是人生極自然的現象。中國儒家及世界有歷史與地位之宗教，把生死看得極淡，就中國人而言，生死由天。但中國民間，鬼神作祟，把死弄得很恐怖，更使生者畏死。

風水也者，所探所期者，不外升官發財長壽也。這一點，曾國藩硬是了不起，真正的儒者，「我平日最不信風水」。至於生者住，死者葬，則信朱子言：「山環水抱藏風聚氣」，就是好地方。這一觀念，也為現代建築師所接受。

所謂地理師，不過安心而已。大概在人七上八下，重大進退舉止，拿不定主意之時，總有人拿個主意，地理師等人，就是這等角色。

曾國藩接其弟來信，大概掮客並有地理師之輩，鼓起如簧之舌，也有吉地福地，鼓動其地趕快買，越多曾家越發。不信命不信邪的曾文正公不理會這一套，「若出重價，則斷斷可以不必」，並謂：「福人自葬福地，絕非可以人力參預其間」。

這就是曾國藩，不信邪，不迷信。他挺科學的。

24 交際之道，與其失之濫，不若失之隘

「廟山上金叔，不知為何事而可取騰七之數？若非道義可得者，則不可輕易受此。要做好人，第一要在此處下手，能令鬼服神欽，則自然識日進，氣日剛，否則不覺墜入卑污一流，必有被人看不起之日，不可不慎。諸弟現處極好之時，家事有我一人擔當，正當做個光明磊落、神欽鬼服之人，名聲既出，信義既著，隨便答言，無事不成，不必受此小便宜也。」（道光三十年正月初九日，致諸弟，〈迎養父母叔父〉）

「然交際之道，與其失之濫，不若失之隘，吾弟能如此，乃吾之所欣慰者也。」（咸豐元年五月十四日，致諸弟，〈摺奏直諫〉）

這二封家書，跨了二個年代，一在道光三十年，一在咸豐元年，而曾文正公為官治家之道，樸實無華，則一也。曾文正公最怕他的弟弟們在鄉里仗長兄在京城做官之勢，在地方上惹事生非，在家中無所事事，專在轉彎抹角處動腦筋，所以曾文正公告誡他們，「正當做個光明磊落、神欽鬼服之人」，「家事有

我一人擔當」。

曾文正公念茲在茲的，是聲譽，乃有「名聲既出，信義既著，隨便答言，無事不成。」實在，信義是無價之寶也。

交際應酬，曾文正公很不喜歡這一套，乃有「交際之道，與其失之濫，不若失之隘。」這些，不只是為人為家之道有關，亦是社會風氣所繫也。

25 長傲與多言

「古來言凶德致敗者，約有二端：曰長傲曰多言。丹朱之不肖曰傲，曰嚚訟，即多言觀也。歷代名公鉅卿，多以此二端敗家喪身。余生平頗病執拗，德之傲世，不甚多言，而筆下亦略近乎嚚訟，靜中默省我之愆尤，處處獲戾。其源不外此二者，溫弟略與我相似。而發言尤為尖刻凡傲之淩物，不必定以言語加人，有以精神氣淩之者矣，有以面色淩之者矣。溫弟之神氣，稍有英發之姿，面色門有蠻狠之象，最易淩人，凡中心不可有所恃，心有所恃，則達乎面貌。以門第言，我之物望大減，方且恐為子弟之累；以才識言，近今軍中鍊出人才頗多，弟等亦無過人之處，皆不可恃，只宜抑然自下。一味『言忠信，行篤敬』，庶幾可以遮護舊失，整頓新氣，否則人皆厭薄之矣。」

「沅弟持躬涉世，差為妥洽；溫弟則談笑譏諷，要強充老手，猶不免有舊習，不可不猛省，不可不痛改。余在軍多年，豈無一節可取，只因傲之一字，百無一成，故諄諄教諸弟以為戒也。」（咸豐八年三月初六日，致九弟，〈論長傲多言為凶德致敗者〉）

「長傲」與「多言」為人生大業致敗之因，因為傲者必為人所拒所斥，輕者與其保持距離，重者遇事群起而攻之，而「言多必失」，必為人厭。

曾文正公是有個性的，在功成名就之前，有一段很長時間的失意，歸咎於「傲」字，因而「諄諄教諸弟以為戒也」。

實在是曾文正公的個性，不適宜為官也。因為官場之道，還在於「圓」。他能成大業，立大功，全在時勢也。

26 還是切忌長傲多言

「兄之鬱鬱不自得者，以生平行事，有初鮮終。此次又草草去職，致失物望，不無內疚。」「長傲多言二弊，歷觀前世卿大夫興衰，及近日官場所以致禍福之由，未嘗不視此二者為樞機。故願與諸弟共相鑒誡，弟能懲此二者，而不能勤奮以圖自立，則仍無以興家而立業，故又在乎振刷精神，力求有恆，以改我之舊轍，而振家之丕基。弟在外數月，聲望頗隆，總須始終如一，毋怠毋荒，庶幾於弟為初旭之升，而於兄亦代為桑榆之補，至囑至囑。」（咸豐八年十一月二十四日，致九弟，〈願共鑒誡長傲多言二弊〉）

一個人之成功，即在於他的優點與長處。而往往一個人有多少優點與長處，即同時相對的亦有多少缺點與短處。

曾文正公有其所長，同時，亦有其所短，其固執的性格，即使在後來成大功立大業的歲月中，與朝廷聖上往來奏摺中，亦有所顯露，只是當時，朝廷能用其所長，容其所短，或者在那個時候，必須用其所長，而百忍其所短，甚至短處亦是長處了。

此時，曾文正公因個性而丟官「草草去職」，乃弟來函致慰，老兄在「自怡」之餘，心中難免有戚戚焉。還是要與老弟們「共相鑒誡」，痛除「長傲多言二弊」。

官場雖無常，但突然去職，久處熱中，突然冷下來，心中的滋味，還是不好受的，只能把經驗傳給老弟，希望寄託於「初旭之升」。

27 有操守而無官氣，多條理而少大言

「文輔卿辦釐金甚好，現在江西釐務，經手者皆不免官氣太重，此外則不知誰何之人，如輔卿者，能多得幾人，則釐務必有起色。吾批二李詳文云：『須冗員少，而能事者多；入款多而坐支者少』，又批云：『力除官氣，嚴裁浮費』，弟須囑輔卿二語，無官氣有條理，守此行之，雖至封不可改也。」（咸豐十年六月廿八日，致沅弟季弟，〈囑文輔卿二語〉）

「須冗員少而能事者多，入款多而坐支者少」，「力除官氣，嚴裁浮費」，這二句話實在是現代行政管理之箴言也。人事、財務、作風，均在其中。

「余告筱輔觀人之法，以有操守而無官氣，多條理而少大言為主。」

「尤以習勞苦為辦事之本，引用一班能耐勞苦之正人，日久自有大效。」

「名位大小，萬般由命不由人，特父兄之教家，將士之訓士，不能如此立言耳。季弟天分絕高，見

道甚早，可喜可愛，然辦理營中小事，教訓弁勇，仍宜以勤字作主，不宜以命字諭眾。」

「位高非福，恐徒為物議之張本耳。余好出汗，沅弟亦好出汗，似不宜過勞」。（咸豐十年七月初八日，致沅弟季弟，〈隨時推荐正人〉）

曾文正公的用人精神與標準，均在其中，而他的一生功業，也就在這一基礎。

用人，「用一班能耐勞苦之正人」。

「能耐勞苦」是負重致遠的條件。

「位高非福」，實即位極必危也。

有操守、無官氣；多條理、少大言。這樣一位行政官員，是何等的瀟灑與令人欽敬。如果說一位有為有守的政府官員畫像，應該就是這樣一幅。

28　勤字報吾君，愛民報吾親

「默觀近日之吏治人心，及各省之督撫將帥，天下似無戡定之理。吾惟以一勤字報吾君，以愛民二字報吾親。才識平庸，斷難立功，但守一勤字，終日勞苦，以少分宵旰之憂，行軍本擾民之事，但刻刻存愛民之心，不使先人之積累，自我一人耗盡。此兄之所自矢者，不知兩弟以為然否？願我兩弟亦常常存此念也。」（咸豐十年七月十二日，致九弟季弟，〈以勤字報君以愛民二字報親〉）

中國人安身立命範圍之釐定，不外小者家，大者國家，亦即孝忠而已。兩者能二全否？曾文正公以「勤字報吾君，以愛民二字報吾親」，實在就是勤政愛民也。

曾文正公之精神，一以貫之，就是勤苦而已。

「吾於道光十九年十一月初二日，進京散館，十月二十八日早侍祖父星岡公於階前，請曰：『此次進京，求公教訓。』星岡公曰：『爾之官是做不盡的，爾之才是好的，但不可傲（滿招損，謙受益）。爾若不傲，更好全了。』遺訓不遠，至今尚如耳提面命，今吾謹述此語，詰誡兩弟，總以除傲字為第一義。唐虞之惡人，曰：丹朱傲。曰象傲。桀紂之無道，曰強足以拒諫，辯足以飾非，曰謂已有天命，謂敬不足行，皆傲也。」（咸豐十年九月二十四日，致九弟季弟，〈戒傲惰二字〉）

曾文正公之家教，受其祖父星岡公影響很大，在其家書中，常引「星岡公」之教誨，其人生之基本修養，為官之道，就家教根源而言，多來自「星岡公」。

「吾自八年六月再出，即力戒傲字，以儆無恆之弊，近來又力戒惰字。昨日徽州未敗之前，次青心中不免有自是之見，既敗之後，余益加猛省。大約軍事之敗，非傲即惰，二者必居其一。巨室之敗，非傲即惰，二者必居其一。」（咸豐十年九月二十四日，致九弟季弟，〈戒傲惰二字〉）

真是失敗為成功之母。曾文正公東山再起，即深自反省，何以遭致挫敗？深下自省功夫，日日省，而養成終身有恆，戒除傲與惰。大陸時期勦共戰場之敗，即敗在將領之「傲」也。

29 大功大名，多少災難，多少風波

「觀民心之思治，賊情之渙散，金陵似有可克之機。然古來成大功就大名者，除千載一郭汾陽外，恆有多少風波，多少災難，談何容易？願與吾弟兢兢業業，各懷臨深履薄之懼，以冀免於大戾。」（同治

元年七月二十八日，致九弟季弟，（金陵似可克復）

以曾國荃作為主攻的金陵，太平天國之偽都，即將攻陷，太平天國之解體在望，曾國荃功莫大焉。其兄長，也是元帥的文正公，卻以「臨深履薄之懼」勉其弟，戒驕免禍也。因為大功之後可能就是巨禍，因為極功招人忌也。這是文正公異於常人處，也是了不起的地方，因而能積功業於不朽，而有善終。

至於郭汾陽，郭子儀也。歷任玄宗、肅宗、代宗、德宗四朝。因討安史之亂有功，封汾陽王。

歷史真是一面鏡子，一個國家的興衰是如此，一個人的成敗，也是如此。

30 保人有多少為難之處

保人與作保，都是官場與商場之大忌也。

保人，在保舉人才也。

作保，一是錢財之保，一是人之保，風險都很大。因為行為不能操之在我也。據說，鋼鐵大王卡內基，一生不為人作保，大概吃過作保之虧。

曾國藩敢於用人，也為當局保人，造成一代人才鼎盛之局，真是中興以人才為本。當然，也有看走眼的，也有不知感恩圖報的。九弟為此憤憤不平，見多識廣的曾文正公，倒心平氣和，不圖回報，亦「非昔厚而今薄也」。言外之意，人性本來就是如此。

可見人心不古，非今天始。

曾文正公致九弟函中，述保舉人之難：

「近世保人亦有多少為難之處，有保之而旁人不以為然，反累斯人者；有保之而本人不以為德，反成仇隙者。余閱世已深即薦賢亦多顧忌，非昔厚而今薄也。」（同治元年八月初二日，致九弟，〈述保舉人為難〉）

曾文正公的精神，盡其在我也。費力不討好或反目成仇，均視為平常也。

31 大位大權大名

縱橫官場的曾文正公總以官場為懼，甚至為官者，能得圓滿下場鮮矣，功成名就更少，因此，常在信函中勉諸弟，尤其正在領軍督戰的曾國荃（沅弟）。就這一方面，文正公是長兄是長官，不只是見微知著，乃能吐真言，講真話，甚至無所顧忌，因為是自己兄弟也：

「然處大位大權而兼享大名，自古曾有幾人？能善其末路者，總須設法將權位二字推讓少許，減少幾成。則晚節漸漸可以收場耳。……，但能於兩席中辭退一席，亦是一妙。」

「弟軍士氣甚旺可喜，然軍中消息甚微，見以為旺，即遇驕機，老子云：『兩軍相對，哀者勝矣。』其義最宜體驗。」（同治二年正月十七日，致九弟，〈申請辭退一席〉）

這就是曾文正公的精神，忌滿多讓，就現代術語而言，避免風頭過盛，免為人忌，為人打擊。謙讓，就是曾國藩的精神。

32 積勞、成名、享福

人的人生，所追求的，所貪圖的，就是名與利。功成名就之後，總希望享點清福。人的天性，可說是好逸惡勞的。最好是有名有福，而不必勞動，更不必勞苦了。

天下那有不勞而獲之事？

蔣故總統經國先生辛苦一生，他對人心與人性瞭解最透澈，乃有「犧牲享受，享受犧牲」，亦即先苦後甜哲學。

胡適先生有言：「要怎樣收穫，就要怎樣栽。」

曾國藩可說是苦命之人，也深知其弟心理，乃常把心底的話，告訴他的弟弟們：

「古來大戰爭，大事業，人謀僅占十分之三，天意恆居十分之七。往往積勞之人，非即成名之人；成名之人，非即享福之人。此次軍務如克復武漢九江安慶，積勞者即是成名之人。在天意已算十分公道，然不可恃也。吾兄弟但在積勞二字上著力，成名二字，則不必問及；享福二字，則更不必問矣。」（同治二年十一月十二日，致九弟，〈在積勞二字上著力〉）

這也不是安慰與牢騷的話。事實也確實如此。為民國而慷慨赴義，視死如歸豈止「七十二烈士」？但民國成立之後，有要做皇帝者，有非總統不做者，最低限度也是「視財如命」；中國對日之抗戰，數千萬軍民為了民族的尊嚴與續存，而家破人亡，勝利後卻亡在「接收者」之手，能不令人心痛。曾文正公是懂得政治的，乃有「盡其在我」之心。

這是何等感人之事。曾文正公的想法與做法，與世俗求名求功求權者，可謂背道而馳，乃能建非常之功業。就這一方面，清朝雖亡於腐敗，亡於民國，但朝廷用人仍有其過人之處，否則何以會有曾國藩打死仗立大功的機會？

曾文正公這幾句話是感人的：「吾兄弟但在積勞二字上著力，成名二字，則不必問及。享福二字，則更不必問矣。」

所謂長官以教士兵，父兄以教子弟，這是最典型，也是不朽的曾國藩，可傳頌千古。

33 論文於三千里外，亦不減對床風雨之樂

曾國藩，這位老哥，真是作之兄也作之師。教其弟為學與做人，文正公無時稍懈，平時如此，生死交戰中亦如此：

「《鴻原堂論文集鈔》《東坡萬言書》，弟閱之，如尚有不能解者，宜寫信來問。弟每次問幾條，余每次批幾條。兄弟論文於三千里外，亦不減對床風雨之樂。弟以不能文為此身缺憾，宜趁此家居時苦學二、三年，不可拋荒片刻也。」（同治三年十二月十六日，致四弟九弟，〈述浚秦淮河及書信往來論文事〉）

很顯然的，曾文正公天資並不很聰明，但用功甚勤，乃能有大成；其弟天資也許聰慧，但不是讀書的料子，致「以不能文為此身缺憾」。所幸能勇善戰，助其兄收復萬里江河，為其兄建立不朽功業。其兄念念不忘者，為其弟進修之業，乃有「論文於三千里外，亦不減對床風雨之樂」。兄弟之情，讀書之樂，盡在其中。

他們的兄弟，官做大了，就感到學然後知不足，不能為文，也就無法「奏議」，因此，文正公鼓其向學：學、學、學：

「弟此時講求奏議，尚不為遲，不必過懊惱。天下督撫二十餘人，其奏疏有過弟者，有魯衛者，有不及者。弟此時用功，不求太猛，但求有恆，以吾弟攻金陵之苦力，用之他事，又何事不可為乎？」（同治四年正月二十四日，致九弟，〈講求奏議不遲〉）

曾文正公真是用盡苦心，以激勵與信心，勉其九弟，努力學「奏議」，並以「攻金陵之苦力」，何事不能為，何事不可為？且同輩督撫二十餘人，並不是個個都是善奏者，草包不及其弟也有，只要用功，還是來得及。

34　權位太重，恐開斯世爭權競勢之風

「余所選十八家詩，凡十厚冊，在家中，此次可交來丁帶至營中。爾要讀古詩，漢魏六朝，取余所選曹陶謝鮑謝六家，專心讀之，必與爾性質相近。致於開拓心胸，擴充氣魄，窮極變態，則非唐之李杜韓白，宋金之蘇黃陸元八家，不足以盡天下古今之奇觀。爾之性質，雖與八家者不相近，而要不可不將此八人之集，悉心研究一番，實六經外之鉅製，文字中之尤物也。」

「京報在家，不知係報何喜？若節制四省，則余已兩次疏辭矣，此等空空體面，豈亦有喜報耶？」

（同治元年正月十四日，諭紀澤，〈述讀詩及小學〉）

這一段「家書」，最能顯示曾文正公的精神與性格，報紙所登的文正公「高升」的新聞，傳至家鄉，

自然是一件大事與喜事，但文正公並不作如是想：「此等空空體面，豈亦有喜報耶？」原來是同治元年正月初一日，新紀元之始，文正公就喜事連連：「正月，公在安慶，初一日，內閣奉上諭：曾國藩著以兩江總督協辦大學士。又奉上諭，曾國藩節制四省，昨又簡授協辦大學士。」

新朝伊始，「朕實有厚望焉。」

此時的曾文正公，年五十二歲，但求去之心甚急，乃「再三瀆陳，不願節四省者，非因浙事既已決裂，有諉過之意，實因權位太重，恐開斯世爭權競勢之風，兼防他日外重內輕之漸，機括甚微，關係甚大」，乃「懇求於金陵未克以前，不再加恩於臣家，庶可以保全功名。」

皇上還是看準人的，也知道曾國藩的心理，更深諳統御之道：「該大臣圖濟時艱，不當稍有避之見，方合古大臣知無不言之義，嗣後如有所知，不妨密封呈進，以備採擇。」「曾國藩曉暢戎機，公忠體國，中外咸知，當此江浙軍務吃緊，生民塗炭，若非曾國藩之悃忱真摯，豈能輕假事權，所有江南安徽江西浙江四省巡撫提鎮以下，仍歸曾國藩節制。」

皇上知道曾國藩的性格，皇上也深諳曾國藩的心思，乃有「嗣後如有所知，不妨密封呈進。」這一統御的高招，實在高明，古今中外的領導者所常用。蔣中正先生師承曾文正公，深知人之性格，亦深知非常人才之難，並非唯唯諾諾阿諛之輩，而有所禮遇與非常之管道，所謂「上通天庭」也。唯水能載舟，亦能覆舟，遇到不知自己者，失去分寸，以上通「最高當局」自持，就各行其道，誰也不聽誰的，大陸之失陷，東北、華北以及徐州戰場，一敗敗得不可收拾，非士兵之敗，敗在恃寵而驕之「天將」，而成為降將，導致一發不可收拾的中國大陸之悲劇。

35 不可驚動官長，煩人應酬也

「爾託樧山為我買好茶葉若干斤，去年寄來之茶，不甚好也。」（同治二年三月十四日，諭紀澤，〈告軍情〉）

文正公真是一個清官，連茶葉這等事，還需要自家鄉寄來，而「去年寄來之茶，不甚好也」，也要記上一筆，言下之意，這次再寄，要注意一下，他是不輕易責人的，此是一例。

「姪身體粗適，牙齒脫落一個，餘亦動搖不固，此外視聽眠食，未改五十以前舊態。自以菲材，久竊高位，兢兢慄慄，惟是不貪安適，不圖豐豫，以是報聖主之厚恩，即以是稍惜祖宗之餘澤。」（同治二年七月十二日，致十叔，〈盡力軍事〉）

此函是在報軍情的，「大局極有轉機」之餘，不料「苗逆復叛，占踞數城，一波未平，一波復起」，不免心灰意冷，牙齒動搖不固，老矣。但仍伸其一貫精神：「不貪安適，不圖豐豫」，乃能保一貫不貪不變精神。

「大女理應在袁家侍姑盡孝，本不應同來安慶，因榆生在此，故我未嘗寫信阻大女之行，若三女與羅壻，則尤應在家事姑事母，尤可不必同來。余每見嫁女貪戀母家富貴，而忘其翁姑者，其後必無好處。余家諸女，當教之孝順翁姑，敬事丈夫，慎無重母家而輕夫家，效澆俗小家之陋習也。」（同治二年八月初四日，諭紀鴻，〈嫁女不應戀母家〉）

曾文正公駐節安慶。此時「金陵未復，皖省南北兩岸，群盜如毛」，文正公夫人往視，其他嫁出去的女兒，亦爭著要隨行探視，看看熱鬧，見見世面，風光也。文正公期期以為不可，重申嫁出去的女兒，應以「事姑事母」為念，不應貪戀娘家，應以「孝順翁姑，敬事丈夫」為義也。這是文正公治家以嚴的一貫精神。

「爾於十九日自家起行，想九月初可自長沙，挂帆東行矣。船上有大帥字旗，余未在船，不可誤挂，經過府縣各城，可避者，略為避開，不可驚動官長，煩人應酬也。」（同治二年八月十二日，諭紀澤，〈路上不可驚動官長〉）

紀澤，文正公得意的兒子，自家鄉乘坐文正公的「旗艦」東來安慶，以敘父子之情，好不風光。文正公怕造謠，驚動他人，特別交代，「船上有大帥字旗，余未在船，不可誤挂」。這樣處處為他人著想的長官，實在難得難能，也深知世俗人心。因怕兒子造勢，也怕沿途地方官奉承討好，文正公雖不是古今第一人，至少今古少見也。

36 不居大位享大名，或可免於大禍大謗

「爾以後讀古文古詩，惟當先認其貌，後觀其神，久之自能分別蹊徑。今人動指某人學某家，大抵多道聽塗說，扣槃捫燭之類，不足信也。君子貴於自知，不必隨眾口附和也」。

「余病已大愈，尚難用心，日內當奏請開缺。」（同治五年十月十一日，諭紀澤，〈讀古文古詩當認貌觀神〉）

這是訓紀澤的。讀了幾天某人之文與詩，即說某人是屬於某家的。「惟當先認其貌，後觀其神」。

此時之曾文正公，心理上已成強弩之末，有自知之明，尚難再用心，展大志。此時清朝，當務之急，是培養第二個曾國藩。迷信「元帥」，苦了元帥，又誤了大局。

「余近無他苦，惟腰疼畏寒，夜不成眠。群疑眾謗之際，此心無不介介，然回思邇年行事，無甚差謬，自反而縮，不似丁冬戊春之，多悔多愁也。」（同治五年十月二十六日，諭紀澤，〈將進京陛見〉）

此時之曾文正公，「三十五日接奉批旨，再賞假一月，調理就痊，進京陛見一次。」此時之心情，「不似丁冬戊春之多悔多愁也」，當與「進京陛見一次」有關。

大功必有大謗，同樣的，大難必有大責。「群疑眾謗之際」，難免心灰意冷，除靠自診自療，以求「心安理得」外，外來的激勵，亦很重要。「進京陛見」就是天高的激勵期待。

「余決計此後不復作官，亦不作回籍安逸之想。但在營中照料雜事，維繫軍心，不居大位享大名，或可免於大禍大謗，若小小凶咎，則立聽之而已。」

「家中興衰，全係乎內政之整散，爾母率二婦諸女，於酒食紡績二事，斷不可不常常勤習，目下官雖無恙，須時時作罷官衰替之想。至囑。至囑。」（同治五年十一月初三日，諭紀澤，〈不復作官〉）

人是有感情的。像曾文正公歷經大風大浪，無視名利，飽覽群書，還是免不了受世俗「大禍大謗」之陰影，乃有不居大位，不作返鄉隱居之念，還是留在營中，「照料雜事，維繫軍心」。用心雖良苦，但這樣做，無論對軍中，對自己卻無好處，真是百般無奈。軍中有制度，不在其位，何能謀其政？「照料雜事」，說說容易，做起來談何容易？也苦了他自己。在位都感到百般無奈，不在位，如何看得下去，又如何下得了手。曾文正公心情之複雜，可想而知，充滿了矛盾，也充滿了無奈。

人終究是人，曾文正公在這個時候，不免仍充滿了凡夫俗子之念。斷人事易，斷己事難。充滿著雜念中私念，私念中雜念。

37 作官不過偶然之事，居家乃是長久之計

「余亦不願久居此官，不欲再接家眷東來，夫人率兒婦輩在家，事事須立個一定章程。作官不過偶然之事，居家乃是長久之計。能從勤儉耕讀上做出好規模，雖一旦罷官，尚不失為興旺氣象。若貪圖衙門之熱鬧，不立家鄉之基業，則罷官之後便覺氣象蕭索。凡有盛必有衰，不可不預為計，望夫人教訓子孫婦女，常常作家中無官之想，時時有謙恭省儉之意，則福澤悠久，余心大慰矣。」（同治五年五月初五日，致歐陽夫人）（從勤儉耕讀上做出好規模）

「鐵打衙門流水官」，官場如舞臺，上上下下應該是很正常的。這就是常與變。曾文正公以作官為懼，視官場為逆旅：作官為偶然之事，居家乃長久之計。

但一般人並不作如是想。不但把作官當成一輩子的事，且一直想往上爬，一朝為官，終身為官，養成一身官氣，成為令人作嘔之官僚，亦為終身之負擔，成為「皇朝」之廢人。

38 每日游思，多半是要人說好

「小珊前與予有隙，細思皆我之不是。苟我素以忠信待人，何至人不見信；苟我素能禮人以敬，何至人有慢言。即令人有不是，何至肆口慢罵，忿戾不顧，幾於忘身及親若此。此事余有三大過：平日不

信不敬，相恃太深，一也；忿恨無禮，二也；齟齬之後，人反平易，我反悍然，不近人情，三也。」（壬寅正月）

這真是「三省吾身」，與人有不快之爭執，總是先要檢討自己：錯在那裡？而不是一味指責或懷恨對方，真是：夫子之道，忠恕而已。曾文正公自我反省，而不近人情有三也。有三，已經夠多的，這是曾文正公之可愛可敬處。

「客來示以詩藝，讚歎語不由中，余此病甚深。孔子之所謂巧令，孟子之所謂餂，其我之謂乎？以為人情好譽，非是不足以悅其心，試思此求悅於人之念，君子乎？女子小人乎？且我誠能言必忠信，不欺人，不妄語，積久人自知之。不讚人亦不怪，苟有試而譽人，人且引以為重，若日日譽人，人必不重我言矣。欺人自欺，滅忠信，喪廉恥，皆在於此。切戒，切戒。」（壬寅正月）

曾文正公信奉孔子之「言忠信」，無論講話做事，都求實實在在。最討厭的就是「巧言令色」。雖然主張「與人為善」，多說好話，但還是要說真話，說實話，而不是老油條，和稀泥。好就是好，不好就是不好，這樣如能建立口碑，自然一言九鼎，「不讚人亦不怪，苟有試而譽人，人且引以為重。」一天到晚，竟說別人的小話，固是小人；但一天到晚，瞎說人家的好話，吹牛拍馬，也不是什麼好人。這就是做人的道理。

「日內不敬不靜，常致勞乏，以後須從『心正氣順』四字上體驗。」（壬寅正月）

「心正氣順」，良藥也。心正自然順。

「每日游思，多半是要人說好。為人好名，可恥，而好名之意，又自謂比他人高一層，此名心之連結於隱微者深也。」（壬寅正月）

真的，人不是好名，就是好利。用盡心思，想盡辦法，一舉一動，一顰一笑，就是要人說他好。曾文正公真是看透了人間嘴臉，尤其是「而好名之意，又自謂比他人高一層。」

39 居高位者，何人不敗於自是，何人不敗於惡聞正言哉？

「九弟信。言：「古稱君有爭臣，臣有爭君，今兄有爭弟」。余近以居位太高，虛名太大，不得聞規諫之言為慮，若九弟果能隨事規諫，又得一二嚴憚之友，時以正言相勸勗，內有直弟，外有畏友，庶幾其免於大戾乎？居高位者，何人不敗於自是，何人不敗於惡聞正言哉？」（庚申十一月）

人居高位者，往往不知道自己，所處環境尤為險惡，看得見的，是吹牛拍馬，看不見的，是冷言冷語。這個時候，「在位者」不能保持冷靜，就會昏昏沉沉，不知道自己，再加上坐井觀天，不知不覺地以為自己最偉大。那就是驗證了一句話：政治使人腐化。

曾文正公久歷官場，深知官場之習，官場之病，官人之惡，乃有「內有直弟，外有畏友」，可以講真話，尤其是「居高位者，何人不敗於自是，何人不敗於惡聞正言哉？」真有自知之明。

「少荃論余之短處，總是懦緩，與往年周弢甫所論略同」。（辛酉六月）

曾文正公常喜談自己的短處，以求自知之明，自我戒惕。此處前後二人談「余之短處，總是懦緩」。「懦緩」難免有書生之病，瞻前顧後，不敢作決定，也不敢有所作為。因之，難免思考雖週慮，但缺乏果決，這一性格，也影響他的用兵。文正公雖武功蓋世，但能用將不能用兵，能坐鎮而不能前敵，受其性格之影響。實在的，他是參謀府內人才。這一點，他把持很好，雖前方緊急，皇上三令五申，他還是不親上前線，怕壞了大事，而信任前敵指揮官，尤其金陵之圍，最為堅持，果然不錯。此點與蔣中正先生性格就不盡相同。

「陸放翁謂：『得壽如得富貴，初不知其所以然，便躋高年。』余近浪得虛名，亦不知其所以然，便獲美譽。古之得虛名而值時艱者，往往不克保其終，思此不勝大懼，將具奏摺辭謝大權，不敢節制四省，恐蹈覆餗負乘之咎也。」（辛酉十一月）

人要知道「自己」，也就是自知之明，否則就會昏昏沉沉，不知自己，一旦得高位，有大位，自以為「偉大」，最後，走上不歸路，毀了自己。曾文正公以古人為鑑，「古之得虛名而值時艱者，往往不克保其終」，乃以此為懼，「具奏摺辭謝大權，不敢節制四省。」

曾文正公可說反其道而行。人之欲，在好大權在握，錢財越多越好，權勢越大越好，文正公則視為負擔，視為恐懼，乃能深得皇朝信賴，百推不就，越推越熱。這樣關係，無論人與人間關係，君臣關係，是相當微妙的。

40 高官巨職，足以損人之智，長人之傲

「五更醒，輾轉不能成寐，蓋寸心為金陵寧國之賊，憂悖者十分之八，而因僚屬不和順，恩怨憤懣者，亦十之二三。實則處大亂之時，余所遇之僚屬，尚不十分傲慢無禮，而鄙忿恚若此，甚矣。余之隘也，余天性褊急，痛自刻責懲治者有年，而有觸即發，仍不可遏，殆將終身不改矣，愧悚何已。」（壬戌九月）

不順！不順！曾文正公以金陵久圍不下，僚屬又不和順，難免心情煩躁，不能自已，在言詞方面，或有傷及僚屬，心不能安，乃自責，歸之「天性褊急」，這一修養，出自宗教與儒家，實在難能。凡潔身自愛，求好心切，有個性者，多有此性格。

「近日心緒之惡，襟懷之隘，可鄙可恥，甚矣。變化氣質之難也。」（壬戌十月）

曾文正公還是把他想不開、解不開的性格，歸之於「襟懷之隘」。

「近日常見得人多不是，鬱鬱不平，毋乃明於責人，而暗於責己乎。」（辛亥正月）

事不順，情緒不好，就會看什麼人不順眼，看什麼事不順心，更重者，懷憂喪志，好強又好勝的曾文正公，可謂典型，他則謂：「明於責人，而暗於責己」，這也是人之常情。

「比來每以說話微多，遂覺神氣疲倦不支，甚矣吾衰。身膺重任，大懼隕越，實深惴惴。」（癸亥正月）

天地萬物的道理，都是一樣。再好的事情，不能多。人的器官，是如此，機器也是如此。話講多了，就難免會傷神，進而傷身，這是自然之理。曾文正公「每以說話微多，遂覺神氣疲倦不支」，就是這個道理。

「日內應酬繁多，神氣昏乏，若不克支持者，然後知高官巨職，足以損人之智，而長人之傲也。」（癸亥二月）

「應酬」，這幾乎是中國官場的產物。如今由官場至商場，「應酬」到了極點。不只是傷神傷氣，也傷了社會或政治。一個社會或政治風氣之敗壞，往往就在於交際應酬。應酬真是傷神及壞事，蔣經國先生深知此點，曾下令公教人員嚴禁應酬，可謂追求清明政治之理則同。至於「高官巨職，足以損人之智，而長人之傲」，也是易解的，因為把時間與精力，耗在應酬上，同時，在應酬場合，酒肉再加上奉承拍馬之語，不知不覺，就足長傲氣，失去自知之明。

41 引退而長終山林，不復出而與聞政事

「觀人有鈔冊，鈔余文頗多，自以為無實而享盛名，忸怩不寧。」（癸亥五月）

「是日應辦奏稿，方不誤次日發報之期。一念之情，遂廢本日之常課，又愆奏事之定期。乃知天下百病，生於嬾也。」（癸亥六月）

曾文正公有自知之明，有人鈔他的文，「以為無實而享盛名，忸怩不寧。」這是他的謙遜，不傲不驕，乃能成大名，禁得起時空之考驗也。無名乃能成大名，無求乃能百應。

公文之收發處理，古今中外大致相同。有收文之時限，自有發文的時限。曾文正公奏文未出，自不能趕上「奏事之日期」。曾文正公不免自責，「乃知天下百病，生於嬾也。」通常，奏文多出自自稿。就是核稿，也要用盡心思，不免費事。

「近日省察自己短處，每日怠玩時多，治事時少，看書作字，治私事時多，察人看稿，治公事時少。職分所在，雖日讀古書，其曠官廢弛，與廢於酒色游戲者，一也。莊子所謂臧穀所業不同，其於亡羊均也。本無知人察吏之才，而又度外置之，對京察褒嘉之語，殊有愧矣。」（甲子三月）

曾文正公深具士人之精神，真讀書人也。有「日三省吾身」之修養，常有自責自省之心。「治事時少」，都感不安，而以公職之身，「看書作字」都覺不安，點滴為公精神，真令人敬佩，因之，以其平庸

之才，乃能成非常之業。

「日內鬱鬱不自得，愁腸九迴者，一則餉項太絀，恐金陵兵譁，功敗垂成。徽州賊多，恐三城全失，貽患江西。一則以用事太久，恐中外疑我擅權專利。江西爭釐之事，不勝則餉缺而兵潰，固屬可慮；勝則專利之名尤著，亦為可慮。反復籌思，惟告病引退，少息二三年，庶幾害取其輕之義。若能從此事機日順，四海銷兵，不用吾，引退而長終山林，不復出而與聞政事，則公私之幸也。」（甲子三月）

這就是矛盾。人生之患得患失，患成患敗，曾文正公是人，自以不例外。

曾文正公之異於常人，而能成為偉人，乃在成功不必在我，「四海銷兵，不用吾，引退而長終山林，不復出而與聞政事，則公私之幸也。」

此處之「引退」與「復出」，這是大家所經歷過的，也是熟悉的新聞名詞。因為中國大陸連串軍事失利，求和之心如潮之湧，蔣中正先生於民國三十八年一月二十三日宣佈「引退」；大陸變色，政府撤退至台灣，蔣先生乃於民國三十九年三月一日「復出」。

更巧的，當時的蔣總統引退之後，偕三、五幕僚親信，飛往浙江奉化家鄉，雖未能「長終山林」，但妙高臺成為中國政治的轉圜思考重地。

這一境界的指引，是否受到曾文正公之影響，不得而知，但對於蔣先生當有所啟發與感傷。歷史真是不可思議。

42 起屋買田為仕宦之惡習

「戶部奏摺似有意與此間為難，寸心抑鬱不自得，用事太久，恐人疑我兵權太重，利權太大，意欲解去兵權，引退數年，以息疑謗，故本日具摺請病，以明不敢久握重柄之義。」(甲子三月)

「自古高位重權，蓋無日不在憂患之中，其成敗禍福，則天也。」(甲子三月)

「高位重權，無日不在憂患之中」，真是高處不勝寒。

中國官場很妙，託詞更是傑作，總會讓求者受者，均能維持尊嚴或面子。「倦勤」就是很妙的發明。曾文正公埋頭認真做事，難免有「不求聞達諸侯」之心，自然就會有人給他小鞋穿穿，以殺殺他的威風，頓頓他的銳氣，此處就是。「恐人疑我兵權太重，利權太大」，乃有「引退數年，以息疑謗」。所使用的妙方，就是「具摺請病」。

這就是現代官場的「倦勤」的源流。自然，曾文正公是「無欲則剛」的典型。

「因集古人成語，作一聯以自箴曰：『彊勉行道，莊敬日強』。上句箴余近有鬱抑不平之氣，不能彊勉以安命。下句箴余近有懶散不振之氣，不能莊敬以自奮，借強字相同，不得因發音變讀，而易用耳。」(甲子四月)

「彊勉行道，莊敬日強」。「莊敬日強」與「莊敬自強」雖有「日」與「自」之差，但曾文正公自解其心境，而解其意：「不能莊敬以自奮」，自奮亦即自強，發奮圖強也。這就是蔣中正先生與曾文正公一脈相承的精神。

「聞家中修整『富厚堂』屋宇，用錢共七千串之多，不知何以浩費如此，深為駭歎。余生平以起屋買田為仕宦之惡習，誓不為之。不料奢靡若此，何顏見人？平日所說之話，全不踐言，可羞孰甚。李翥漢言：『照李希帥之樣，打銀壺一把，為炖人參燕窩之用，費銀八兩有奇，深為愧悔。』今小民皆食草

根，官員亦多窮困，而吾居高位，驕奢若此，且盜廉儉之虛名，慚愧何地，以後當於此等處，痛下鍼砭。」（丁卯四月）

曾文正公在外做大官，以廉儉自持，而其家中兄弟子侄，以七千串大修「富厚堂」，既違他的戒律「起屋買田為仕宦之惡習」，亦違他的「廉儉之虛名」，及有「慚愧何地，以後當於此等處，痛下鍼砭。」

43 居官四敗，居家四敗

「心緒憧憧，如有所失，念人生苦不知足。方望溪謂：『漢文帝之終身常若自覺不勝天子之任者』，最為善形容古人之心曲。大抵人常懷愧對之意，便是載福之器，入德之門。如覺天之待我甚厚，我愧對天；君之待我過優，我愧對君；父母待我過慈，我愧對父母；兄弟之待我過愛，我愧對兄弟；朋友之待我過重，我愧對朋友，便覺處處皆有善氣相逢。如自覺我已無愧無怍，但覺他人待我太薄，天待我太嗇，則處處皆有戾氣相逢，德以滿而損，福以驕而減矣。此念願刻刻凜之」。（戊辰四月）

「昔年曾以居官四敗，居家四敗，書於日記，以自儆惕。茲恐久而遺忘，再書於此，與前次微有不同。居官四敗，曰：昏惰任下者敗，傲狠妄為者敗，貪鄙無忌者敗，反覆多詐者敗。居家四敗，曰：婦女奢淫者敗，子弟驕怠者敗，兄弟不合者敗，侮師慢客者敗。仕宦之家，不犯此八敗，庶有悠久氣象。」（戊辰四月）

曾文正公的為人處事治家的精神，在這二段「日記」中表達無遺。其志業其精神盡在其中，這就是「省克」的功夫。

人之大患在不知足，不知己。總認為自己所得的還不夠多，官越大越好，財越多越妙。再大的官，再多的財，還是不夠。

這就是人性：貪。

如能日有自省：我愧對天，我愧對君，我愧對父母，我愧對兄弟，我愧對朋友。

「居官四敗，居家四敗」，合之為「八敗」，「不犯此八敗，庶有悠久氣象。」

治家也好，任官也好。其敗還是在於自腐。自腐為自敗之源也。

44 禁大言以務實，擴才識以待用

「料理官事，摘由備查，一也。圈點京報，二也。注解搢紳，三也。此三者，夜間之功課，亦留心庶事之一法也。」（庚申八月）

做官，做大官，特別像做曾文正公的大官，蠻辛苦的，夜間還要至少做三件功課。同樣的，做好的皇帝也是很辛苦的，忙於看書，忙於看奏摺。

曾文正公的三件事，值得一提的，是「圈點京報」。京報就具有政令、人事變革的重大功能在內。據說蔣經國先生在事業與身體狀況極好之時，就很留心新聞媒體、電視股票行情以及報紙分類廣告，均不放過，因為國計民生，均在其中。

「留心庶事」，亦即不為人注意之小事。官府之小事，也許是民間大事。一個機構之「庶事」，有三者：總務、人事與會計也。在一個機構中，往往接近首長，就難免有弄權，甚至張牙舞爪之事。

「李次青赴徽州，余與之約法五章。曰：戒浮，謂不用文人之好大言者。曰戒謙，謂次青好為逾恆之謙，啟寵納侮也。曰：戒濫，謂銀錢保舉，宜有限制也。曰：戒反覆，謂次青好朝令暮改也。曰戒私，謂用人當為官擇人，不為人擇官也。」（庚申八月）

有「約法三章」，而今曾文正公卻有「約法五章」：戒浮、戒謙、戒濫、戒反覆、戒私。這一五戒送李次青赴徽州任官。李次青可能是屬於官場中的濫好人，柔決寡斷，有求必應。曾文正公很不放心，乃以「約法五章」相戒。這樣子不適合做官的料子，為什麼非要他做官不可，這就是有不得已的苦衷也。

「委員之道以四者為最要：一曰習勞苦以盡職，一曰崇儉約以養廉，一曰勤學問以廣才，一曰戒傲情以正俗。紳士之道，以四者為要：一曰保愚懦以庇鄉，一曰崇廉讓以奉公，一曰禁大言以務實，一曰擴才識以待用。」（辛酉九月）

此之謂「委員」當指受上官委任或委派處理事務之官員，是一任官者之通稱。但曾文正公所提出的「四要」，即是為官者之首「要」；紳士者，尤應為地方百姓之楷模，始能建立樸實之風氣。

45 讀〈出師表〉而不動心者，其人必不忠

「用兵之難，莫大於見人危急而不能救。」（己未）

這是曾文正公仁義之心。「見人危急而不能救」，無法救，無力救，甚至不能救，都是一生之痛事。見一人之死，無法救，就夠心痛了，何況更多的人。

曾文正公的湘軍精神，自然表現多方面的，其中之一，就是「相救」精神，軍隊之間，一如手足，

有難有急應相救，這種精神發揮起來，不只是在戰場相救，有更深遠的影響性。二軍之間，雖不能發揮相乘之力量，至少可以發揮相加的力量，至少不會相減。中華民國政府在大陸軍事失敗，就是因為各保實力，你消我長，二軍在戰場，不只不相救，甚至最好眼見被消滅而後快，造成大陸軍事失敗的悲劇。可以說：敗在將領的「德」，而不在士兵與武器。

「所貴乎世家者不在多置良田美宅，亦不在多蓄書籍字畫，在乎能自樹立。子孫多讀書，無驕矜習氣。」（戊午十月）

曾文正公這一「世家」標準，與時下的「世家」，剛好背道而馳，社會風氣那能不壞？

「沅弟專二人送信，勸我速移東流建德，情詞懇惻，令人不忍卒讀。余復信云：『讀〈出師表〉而不動心者，其人必不忠；讀〈陳情表〉而不動心者，其人必不孝；讀沅季此信而不動心者，其人必不友。』遂定於二十四日，移營東流，以慰兩弟之心。」（辛酉四月）

忠、孝、友，就是曾文正公的精神也。對國家盡忠，對民族盡孝，對兄弟盡友，就可以立足天地間。兄友弟恭，對曾文正公言，此處就是極佳之實踐。

46　道不同，不相為謀，或富貴以飽其欲，或聲譽以厭其情，其於志盈一也

「天地之氣，陽至矣，則退而生陰；陰至矣，則退而生陽。一損一益者，自然之理也。」（〈求闕齋記〉）

「求闕」乃是曾文正公之精神，亦即其為人處事，在「求闕」。天地之萬事萬物之道理，在互補互

動，而能求得一個圓，否則社會就有衝突，陰陽互補，乃得調和。小至一對夫妻，大至民族，日月山河，亦莫不如此，此真是天地萬物大自然之奧秘也。

「位不期驕，祿不期侈，彼為象箸，必為玉杯，漸積之勢然也。而好奇之士，巧取曲營，不逐眾之所爭，獨汲汲於所謂名者。道不同，不相為謀，或富貴以飽其欲，或聲譽以厭其情，其於志盈一也。夫名者，先王所以驅一世於軌物也，中人以下，蹈道不實，於是爵祿以顯馭之，名以陰驅之，使之踐其跡，不必明其意。」（〈求闕齋記〉）

人為動物，說起來很簡單，亦很複雜，在富貴功名也。看輕名位錢財，即看透人生，即能為人上人，否則即為名位所役。

「〈洪範〉曰：凡厥庶民，有猷有為有守，不協於極，不罹於咎，女則錫之福。若國藩者，無為無猷而多罹於咎，而或錫之福。所謂不稱其服者歟，於是名其所居。曰：求闕齋。凡外至之榮，耳目百體之耆，皆使留其缺陷，禮主減而樂主盈，樂不可極，以禮節之。庶以制吾性焉，防吾淫焉。」（〈求闕齋記〉）

47 模稜氣象，養成不黑不白不痛不癢之世界

「僕素敬足下馭士有方，三次立功，近日忠勇奮發，尤見慷慨擊檝之風，心中愛重。恨不即游揚其善，宣暴於眾，冀為國家收澄清之用。見足下所行未善，不得不詳明規勸。又察足下志氣滿溢，語言誇大，恐持之不固，發之不慎，將來或至僨事，天下反以激烈男子為戒，尤不敢不忠告痛陳，伏冀足下細

察詳玩，以改適於慎重深穩之途，斯則愛足下者所禱祀求之者也。」

「是以金多則奮勇蟻附，利盡則冷落獸散。」（〈與王樸山〉）

這是曾文正公的規勸訓誡之道，先稱道其善，但真正目的，在責其不善：「志氣滿溢，語言誇大」，「尤不敢不忠告痛陳」。此與曾文正公的堅毅篤實不相容也，難怪曾文正公火了。

「是以金多則奮勇蟻附，利盡則冷落獸散」，真是忠言。此為民國以來，一時之成，最後之敗，基本原因。軍閥因名利之誘惑，而投入政府陣容，最後見勢不妙，或祈求更大的金錢，更高之名，則投降叛逆易如反掌，大陸淪陷前之軍事連連失利，自北至南，比比皆是，皆源於此。兵未敗，而將先倒也，「利盡則冷落獸散」，甚至見大勢已去或考其個人安危得失，「金多」亦喚不醒其獸散之心。

「吾不願聞弟譚宿腐之義理，不願聽弟論膚泛之軍政，但願朝挹容暉，暮親臭味，吾心自適，吾魂自安。筠志雖深藏洞中，亦當強之一行。天下紛紛，鳥亂於上，魚亂於下，而容筠獨得晏然乎？閱吾弟與岷樵書稿，抑所謂膚泛者也。岷在江西，與鄧厚甫大不協，張中函常以此等議論勸岷老。尊書之旨，蓋相去不遠，獨文詞深美，遂躋古人。國藩入世已深，厭閱一種寬厚論說，模稜氣象，養成不黑不白不痛不癢之世界。誤人家國，已非一日，偶有所觸，則輪囷肝膽，又與掀振一番，非吾弟亦無以發吾之狂言。」（〈與劉孟蓉〉）

劉孟蓉是可以與曾國藩論學問，談心裡的話。這封信，曾國藩對於政風世俗之不耐與不平，完全發洩出來。並指責那些食古不化，不能起而行的腐朽之士。曾文正公以一介書生，而能選將練兵，全在苦其心志，把身段放下來，以身家生命投入戰場，而不是坐以論道，一籌莫展。

曾文正公對於時下的「寬厚論說，模稜氣象，養成不黑不白、不痛不癢之世界，誤人家國」，到了無法忍耐的地步，聽多了，看多了，厭惡已極。

世風如此，曾文正公只有痛下決心，從自己做起，從自己家人做起。犧牲自己，以拯救天下人。曾國藩以一介書生，改寫了「秀才造反」的歷史。

48 不白不黑不痛不癢之風

「論及陳告民瘼一節，實有萬不得已。具徵仁人君子之用心，二三十年來，士大夫習於優容苟安，揄修袂而養姁步，倡為一種不白不黑不痛不癢之風，見有慷慨感激以鳴不平者，則相與議其後，以為是不更事輕淺而好自見。國藩昔廁六曹，目擊此等風味，蓋已痛恨次骨。今年承乏團務，見一二當軸者，自藩彌善，深閉固拒，若惟恐人之攘臂而與其間也者。欲固執謙德，則於是無濟，而於心亦多不可耐。於是攘臂越俎，誅斬匪徒，處分重案，不復以相關白。方今主憂國弱，僕以近臣而與聞四方之事，苟利民人，即先部治而後上聞，豈為一己自專威福，所以尊朝廷也。來示之指，殆與鄙衷若合符契。近日大局，益不可問」。〈覆龍翰臣〉

這一函覆，最能代表當時之政風與曾國藩之性格。

曾文正公在大局不可為之下，先從自己做起，開了幾刀，引起反彈，好事者閒言閒語，曾文正公直告：實有萬不得已之苦衷。

這一現象是大家都作老油條，都作鄉愿的惡性循環，環境不可收拾，直至俱毀為止：「二三十年來，士大夫習於優容苟安，揄修袂而養姁步，倡為一種不白不黑不痛不癢之風，見有慷慨感激以鳴不平者，則相與議其後，以為是不更事輕淺而好自見。」

這不就是我們今天社會現象的寫照麼？

「三君子者，皆與鄙人金石至交。許與不妄，用知閣下之風格，不似世間桔槔故態，隨人俯仰者也。國藩從宦有年，飽閱京洛風塵，達官貴人，優容養望，與在下者軟熟和同之象，蓋已稔知之而慣嘗之。積不能平，乃變而為慷慨激烈軒爽骯髒之一途，思欲稍易三四十年來，不白不黑不痛不癢，牢不可破之習。而矯枉過正，或不免流於意氣之偏，以是屢蹈愆尤，叢譏取戾，而仁人君子，固不當責以中庸之道，且當憐其有所激而矯之之苦衷也。頃間奉到京諭，命國藩赴皖援剿。自維才智短淺，無能為役，而興辦船隻，選練義勇，擬以水陸萬數千人，夾江而下，規模亦已粗備，但求宏才偉識，共濟時艱。閣下若不棄鄙人為不足與謀，尚祈岸幘棹舟，翩然過我，其有不逮，面為指陳。至幸，至幸。」

「國藩智小謀大，不無見晒方家，然大局糜爛至此，志士仁人，又豈宜晏然袖視，坐聽狂賊之屠戮生靈，而不一省顧耶」。〈覆黃子春〉

曾文正公這一封信，與〈覆龍翰臣〉有異曲同工之痛，都是指「三四十年來，不白不黑不痛不癢，牢不可破之習。而矯枉過正，或不免流於意氣之偏，以是屢蹈愆尤，叢譏取戾，且當憐其有所激而矯之之苦衷也。」

何以會有如此之感慨？這是基於曾文正公看透京城高官巨吏之搖頭擺尾，而無視國家之安危：「國藩從宦有年，飽閱京洛風塵，達官貴人，優容養望。」

一國政治之濫，最怕濫在二頭，一在上，一在下，而清朝就是如此。因而太平天國雖然消滅了，但仍然無法保住大清之江山，因為內在的危亡，不只是在，而且更為加深、加劇。致太平天國之後，動亂不已，最後一九一一年孫中山先生的國民革命，結束了內腐的清朝。

49 朝局敗壞將盡，而猶偏競意氣，為可恥笑

「行軍必有智勇兼全者為先鋒。」

「一長沙丁氏兄弟，皆一時賢俊，比之新化之鄒、湘陰之郭，殆將過之。聞丁秩臣之弟號巽卿者，艱苦忠信，智勇深沈，足下若能求此人帶勇，則可師可友，望設法求之。足下忠銳絕倫，惜尚未能多求勝己者耳。」（〈覆王樸山〉）

王樸山求戰求勝甚切，有些不瞭解曾文正公之苦心。文正公苦口婆心勸阻，並予以畫策，人員如何求來，軍隊如何編組，才能成軍，才能打勝仗。否則無把握的仗，只有白白犧牲。

這一封〈覆王樸山〉的信，與其他的信一樣，曾文正公都是極盡忍耐之能事，開導勸解。尤其最後一句：「足下忠銳絕倫，惜尚未能多求勝己者耳。」勝人先勝己，必須克服自己在性格上的缺點，才有資格與條件勝人，否則只是匹夫之勇。

「方今世亂需才，如樸山者，弟即不能用，自有他人能用之者，勉強求合，乃所以愈離也。」（〈覆朱石樵〉）

曾文正公對於王樸山可說到了絕望，不得不忍痛放棄他。想法不同，也正是「道不同」，「勉強求合，乃所以愈離也」，這是文正公的痛苦處。

的確，人各有志，天下事勉強不得。

王樸山，即王鑫也，樸山為字。原屬湘軍創建人之一的羅澤南弟子，亦屬湘軍前期重要將領。

「閣下治軍鄂渚，為甄師喜，為兩湖喜。而同時又接廬州失陷岷樵殉難之信，為天下憂，為吾黨憂。」

「而甄師又被群言謗劾，孤立無助，對此茫茫，止堪痛哭。」（〈與胡詠芝〉）

這一封信，值得注意的，是「為天下憂，為吾黨憂。」可見他們的組合，是屬於志同道合也，不單純是上戰場殺敵滅太平軍也。

「今日大局糜爛，恃豈復挾長恃勢，苛人小節以自尊又豈復妒才忌功，不挾健者以自衛，惟一將不受節制，則他將相效，又成離心離德之象，故遂決計不帶也。昨閣下欲札飭樸山先赴黃州，不知比已下札否？札中所言，係令其歸甄師節制否？若歸甄師節制，則尊處宜速行咨明；若不歸甄師節制，聽樸山自成一軍，則尊處宜先行奏明，此亦一定之理。今世雖大亂，而此等處尚不可紊也。國藩性本褊隘，因有鑑於晚明君子，朝局敗壞將盡，而猶偏競意氣，為可恥笑。是以時自省警。閣下若取侍與省中諸僚友往返書函，一一俯覽，而察我心緒，亦足以知區區之非盡無說矣。」（〈覆駱中丞〉）

又是為了王樸山，傷透了腦筋，也傷盡了神。

曾文正公還是有所堅持的：不能為所欲為，不受節制也。

此處令人引為警惕的，就是明末的怪現象「朝局敗壞將盡，而猶偏競意氣，為可恥笑。」

50 有權術而不屑用，有才智而不自用

「知秀帥出奏時，附陳閣下一身關係安危甚重，不知出自何人手筆，想尚得體。年來新造江漢，皆

閣下心手厝注，知人之明，用人之專所致。恐中朝未盡周知，若從大處一為抒寫，使眾人知時流中，有如此襟懷氣局，不與倉卒成功名，權宜就事會者相等，庶與閣下力求淳樸平實之指相合。此次奏稿，侍亟思一見也。」（〈致胡潤芝中丞〉）

胡潤芝，即胡林翼也。曾國藩、左宗棠、胡林翼，可謂湘軍三傑也。

從這一函中，可知曾文正公對胡林翼傾慕之深：「年來新造江漢，皆閣下心手厝注，知人之明，用人之專所致。」

「不與倉卒成功名」，「力求淳樸平實」，乃曾文正公之精神，乃胡林翼之精神，乃湘軍之精神也。

無論平時或戰時，非一舉成名，非一戰成名，而是不求名而得名，經時間之考驗也。

「接周壽珊信，得讀諭旨，及官帥綿將軍前日奏章，以朝野官紳軍民倚望之殷，潤帥實以不遽去位，所全較大。然潤帥近日扶持善類，力挽頹風，於人之邪正，事之是非，剖判入微，不少假借。有權術而不屑用，有才智而不自用，皆大過人之處。兩奏皆未能道著一二，潤公之識，不肯輕言奪情，吾輩愛之深者，亦何能輕以相強也。吾鄉數人，均有薄名，尚在中年，正可聖可狂之際，惟當兢兢業業，互相箴規，不特不宜自是，並不宜過於獎許，長友朋自是之心，彼此恆以過相貶，以善相養。千里用心，庶不終為小人之歸。足下用心甚深，進德甚猛，亮以鄙言為不謬也。」（〈覆李希庵〉）

這封信，可知曾文正公之用心良苦，初同於常人，終異於常人，而能成俊傑之士。

曾文正公很讚許胡林翼的，特別是他為善的精神，而能移風轉俗：「扶持善類，力挽頹風，於人之邪正，事之是非，剖判入微」。這也就是今天政治以及社會所需要的精神。

胡林翼很了不起的精神，就是「有權術而不屑用，有才智而不自用」。亦即「權術」與「才智」皆胡林翼所有也。

「吾鄉數人，均有薄名，尚在中年，正可聖可狂之際，惟當兢兢業業，互相箴規，不特不宜自是，並不宜過於獎許。」

一個人擁有同樣的性格，可成狂徒亦可成聖人，就看有無自圓之功，自破之理。能自圓就會成「聖」，自破就會成「狂」。周圍之環境，相互影響，亦很重要，互相箴規，不可互捧，亦不可互貶。「以善相養，千里同心」也。

曾文正公無論自勵與勵人，皆有過人之處，此可知湘軍不只是會打仗，能打仗，有哲理也，此正如北伐時期，蔣中正先生所領導之國民革命軍，異於軍閥亦在此。蔣先生異於兵棍、軍閥與政客，亦在此。

51 自古大亂之世，必先變亂是非，而後政治顛倒

「新任建昌王太守，正派而英明，似是有為之才，尊兄德卜有鄰矣。竊觀自古大亂之世，必先變亂是非，而後政治顛倒，災害從之。屈平之所以憤激沈身而不悔者，亦以當日是非淆亂為至痛。故曰蘭芷變而不芬，荃蕙化而為茅。又曰：固時俗之從流，又孰能無變化。傷是非之日移日淆，而幾不能自主也。後世如漢晉唐宋之末造，亦由朝廷之是非先紊，而後小人得志，君子有皇皇無依之象，推而至於一省之中，一軍之內，亦必其是非不詭於正，而後其政績少有可觀，賞罰之任，視乎權位，有得行，有不得行。至於維持是非之公，則吾輩皆有不可辭之任，顧亭林先生所稱匹夫與有責焉者也。」（〈與沈幼丹〉）

曾文正公的思想、作為與用人，有其脈絡可循，也有一以貫之精神，這一短短〈與沈幼丹〉信中，

透露無遺。

曾文正公的用人標準：「正派而英明，似是有為之才。」憂時還在是非不明，君子慼傷，小人當道：「自古大亂之世，必先變亂是非，而後政治顛倒，災害從之。」「後世如漢晉唐宋之末造，亦由朝廷之是非先紊，而後小人得志，君子有皇皇無依之象。」曾文正公雖有「慼時花濺淚」之嘆，但他還是以天下為己任：「維持是非之公，則吾輩皆有不可辭之任，顧亭林先生所稱匹夫與有責焉者也。」

亦即「天下興亡，匹夫有責」。這就是民主政治，人人都是國家的主人也。

顧炎武亭林先生，雖然沒有救了明朝，但對於有清以來的學術思潮影響是很大的，尤其是到了末世亂世之危的時候，很容易想到「國家興亡，匹夫有責」。

52 然大易之道，重時與位

「吾輩讀書，惟敬字恆字二端，是徹始徹終工夫。去歲揖別時，曾以敬字相勖，今年致芝生書，亦以有恆為告。蓋鄙人生平，欠此二字工夫，至今老而無成，深自悔憾。故凡友人有下問者，輒以己之所悔為言，勸人及時自勉。」(覆葛睪山)

「吾輩讀書，惟敬字恆字二端，是徹始徹終工夫。」

豈止讀書而已。持之以敬，用以為人做事上；持之以恆，用在讀書與治事上。

今之賢人，為蔣中正先生所敬者，吳公稚暉先生，即敬恆也。其一生之事蹟，頗富傳奇性，但不為官、不求名，持之以恆，亦為人所敬也。無為亦有為，假糊塗、真聰明，可謂另一典型。

「閣下此行，其著意在察看楚軍各營氣象，其得處安在？其失處安在？將領中果有任重致遠者否，規模法制有尚須更改者否？一一悉心體察。在閣下既可量而後入，在敝處可度得而處。閣下閎才遠志，自是匡濟令器，然大易之道，重時與位。二者皆有大力者冥冥主持，毫不得以人力與於其間。昨揖別時以此相箴，蓋亦近歲閱歷之餘，見得一二，非謂能夙以自持也。」（覆李少荃）

李少荃，大名鼎鼎李鴻章是也。李鴻章不只是曾氏弟子，亦參與曾氏幕府，可謂亦生亦屬也。但，可以看得出來，李鴻章並非池中物，曾文正公雖稱之為「閎才遠志」，但不免有些驕狂之氣。在短短這一師生間，長官屬僚間之覆函，用了二次「閣下」，亦可知李鴻章之狂，曾文正公的話，聽不進去，難免會自大，這個要改，那個要變，曾文正公只好以「然大易之道，重時與位，二者皆有大力者冥冥主持，毫不得以人力與於其間」。非迷信也，人的力量畢竟是有限的。

53　若官氣增一分，則血性必減一分

「四月之季，胡潤帥左季高俱來宿松，與國藩及次青筱荃諸人暢談累日，咸以為大局日壞，吾輩不可不竭力支持，做一分算一分，在一日撐一日，庶冀挽回於萬一。因屈指海內賢者，朋輩志士，惟閣下高臥泉林，置身事外。因定計堅請台從出山。一奏再奏，以至三五奏，數十緘請，總以出而握手之日為止。」（致沈幼丹）

說起來，這封信是很傷感的。

一方面曾國藩、胡潤帥（林翼）、左季高（宗棠）等相聚，談及國事，不免悲觀失望。但還是要打起精神，苦撐下去，所謂「做一分算一分，在一日撐一日」，也就是曾文正公「挺」的精神。失望、哀嘆、灰心，又有何益？對大局又有何補？

另一方面，希賢者能者出，力挽江山。沈幼丹是置身於事外的，於是曾文正公出面，「堅請台從出山，一奏再奏，以至三五奏，數十緘請」，可謂至誠矣。

「連日來與希菴暢談楚軍水陸之好處，全在無官氣而有血性，若官氣增一分，則血性必滅一分。八九兩年，余過湖口時，彼此皆不免有官氣，此次余與厚菴及閣下皆當力戒以挽風氣。」（覆彭雪琴）

彭雪琴，即彭玉麟也。湘軍水師首領，可謂近代中國海軍之先驅者。玉麟也是性情中人也，視名利如浮雲。

「老帥」曾國藩帶幕客及親丁數人，輕車簡從，欲訪彭玉麟，作二、三日抵膝談，但禁作任何官式排場迎接筵宴等等。曾國藩很煩這些，一再叮嚀交代，「斷不可做八九年湖口之樣，多費錢文。」

曾文正公很討厭官場那套排場，希能減少官氣，增加血性。

官氣為官僚所刻意營造的氣氛也。

剛好，彭雪琴是性情中人，聽得進去，也會做到。

湘軍中，彭玉麟是獨立特行的，一身忠義，是打死仗、打硬仗的典型。

54 收之欲其廣，用之欲其慎

「收之欲其廣，用之欲其慎，大約有操守而無官氣，多條理而少大言。本此四者以衡人，則於抽釐之道，思過半矣。」（〈致李黼堂〉）

這也是曾文正公用人、為官、帶兵之基本精神。屬於四者：廣收、慎用、有操守而無官氣、多條理而少大言。

曾文正公是務實務本的，他極為討厭的有二種人：一是油腔滑調，一是官腔官調。求實務本，平易近人，是他的真精神。

「大抵觀人之道，以樸實廉介為質，有其質而更傳以他長，斯為可貴。無其質，則長處亦不足恃。甘受和，白受采，古人所謂無本不立，義或在此。」（〈覆方子白〉）

曾文正公是善於用人的，致名將如雲。用人先從觀人起，更重要的，是用人的條件。觀人看似表面，其實，是「觀心」。

觀人之道，亦即用人之道：「樸實廉介」。用現在的語言，就是「樸實廉潔」。「潔」，潔身自愛也。

「大抵地方事閣下主之，軍務事季高主之。升遷舉劾，則兩公商辦，而僕與胡宮保亦可參酌，務須從吏治上痛下工夫，斯民庶得少蘇。」（〈覆李次青〉）

這一封信，「中興」關鍵三位人物：曾國藩、胡林翼、左宗棠，均在其中。曾文正公很注重，也很講究分工合作與職掌的，如「地方事閣下主之，軍務事季高主之。升遷舉劾，則兩公商辦」，一方面誰該負的責，誰就負責，另外一方面，商量進行，就是分工合作。「兩公商辦」，曾文正公何其謙卑，何其親切，又何其重視協調，這是曾文正公的苦心。

最怕，也最通常的現象，是有權你爭我奪，有責你推我拉，爭權奪利，天下無可成之事。中國抗日戰爭勝利後，就是這樣的局面。除了升官發財外，誰也不認誰，誰也不肯向誰低頭。

55 愈合愈近，或可兩全；愈離愈遠，則必兩傷

「貴體雖弱，而醫家所稱心肺脈模糊者，不可盡信。公生平最好用心，尤好用心於無可如何之地。莊子有言：達命之情者，不務知之所無可奈何？假如目下武漢江西，倏有大變，是誰知之而無可奈何者也。假如吾輩，三日不汗，溘先朝露，是誰知之而無可奈何者也。願公於人力所能為者，則略加思慮；於天命之無可奈何者，則冥然不顧，尊恙其漸有瘳乎？鮑軍若不動，侍移駐江濱當走謁也。」（〈覆胡宮保〉）

這一封覆胡林翼函中，顯示曾文正公的一貫精神：

第一不迷信。

第二對胡林翼一貫的敬重精神。

胡林翼身體較弱，難免胡思亂想一番。因之，曾文正公指「公生平最好用心，尤好用心於無可如何之地。」亦即用心是好事，但「無可如何」則再用心亦無益於事實。非人力所能改變，甚至屬於天命。如人有生必有死，如用苦心在為何「必有死」，則枉費心機也。因之，曾文正公勸他，「願公於人力所能為者，則略加思慮。」曾文正公之一番苦心，無非勸他勿對自己身體與健康，作過慮之「用心」。

曾文正公對胡林翼至尊矣，而對己至卑矣。如公生平最好用心，如「願公於人力所能為者」，至為恭敬；而「鮑軍若不動，侍移駐江濱當走謁也」，至卑也，同時，曾文正公對鮑軍之聽命而動，是有把

握的。

「閣下欲弟赴潯，李少荃欲弟赴省，以固根本，似俱不可。至貴軍不可舍我而去，公義私情，尤其次也。惟弟與兄二人，愈合愈近，或可兩全；愈離愈遠，則必兩傷，鄙見敝處仍攻徽州。」〈覆左季高〉

這一封信，曾文正公一方面夾在左宗棠（季高）與李鴻章（少荃）之間，一方面又夾在公義私情與利害之間。曾文正公非常為難，究竟「閣下欲弟赴潯」或「李少荃欲弟赴省」，如何選擇？曾文正公還是「敝處仍攻徽州」。

左宗棠的信，可能火氣很大，後果講得也很嚴重。曾文正公乃訴諸於利害：「惟弟與兄二人，愈合愈近，或可兩全；愈離愈遠，則必兩傷」，此在中美斷交之前，所常用之「合則二利，分則二害」，同理也。

56 君子愈讓，小人愈妄

「李金暘本非國藩所願調，因左帥之緘咨，而照轉行之。未敗之先，已批糧臺不准發餉，不准在江西境內，並參革不准留營；既敗之後，函復中丞則謂：李金暘降賊之說，難保其無，但不可憑張光照一人之供，恐未戰先逃者，架誣其上云云。今李金暘果自賊中逃出，赴省自首，則侍之所言，不為無驗。大抵亂世之所以彌亂者，第一在黑白混淆，第二在君子愈讓，小人愈妄，侍不如往年風力之勁，正坐好讓，公之稍遜昔年，亦坐此耳。」〈覆胡宮保〉

這一封短短的曾文正公致胡林翼的私函中，官場的是是非非、恩恩怨怨、風風雨雨均在其中。而官場文化亦在其中。

曾文正公異於一般官僚，最了不起的地方，他很正，可謂公正嚴明典型，他相信事實，不聽信謠言，這是在官場中，最不易，也是最了不起的地方。

胡林翼、左宗棠、曾國藩三者關係真是奇妙，但曾文正公尊敬胡、左則是始終如一的。這是由於李金暘案所引起，李降賊疑案，不免歸罪曾國藩的調用，而有此下場。曾嚴正指出四點：

第一、「李金暘本非國藩所願調，因左帥之緘咨，而照轉行之。」這是官場常用的文字技術，「緘咨」非正式公文也，「照轉行之」，亦即同意「緘咨」之意旨也，講默契也好，講支持也好，盡在不言中。

第二、「未敗之先，已批糧臺不准發餉，不准在江西境內，並參革不准留營。」亦即曾文正公有洞燭機先，採取了一些必要措施。

第三、「既敗之後，函復中丞則謂：李金暘降賊之說，難保其無，但不可憑張光照一人之供，恐未戰先逃者，架誣其上云云。」這是曾文正公最了不起的地方，也是深具道德勇氣與深諳人性的。

第四、「今李金暘果自賊中逃出，赴省自首，則侍之所言，不為無驗。」果然是曾文正公厲害，他看出其中的蹊蹺。

為官，尤其為大官者不糊塗，真令人值得赴湯蹈火。

曾文正公感於世局迷亂，是非不明，而其人也力不從心，乃有「侍不如往年風力之勁，正坐好讓，公之稍遜昔年，亦坐此耳。」

大有時不我在之歎！

57 專從危難之際，默察樸拙之人

「將各事細說一遍，使我一一如目睹，極好，極好，以後望常常如此。勇夫極勤至有菜出賣，則平日安本分可知。總之吾輩帶兵勇，如父兄帶弟子一般，無銀錢、無保舉，尚是小事。切不可使他因擾民而壞品行，因嫖賭洋煙而壞身體，個個學好，人人成材，則兵勇感恩，兵勇之父母妻子亦感恩矣。」（〈與朱雲崖〉）

朱雲崖寫了一封信給曾文正公，寫得很詳細，很仔細，很對曾帥的胃口，連說：「極好，極好，以後望常常如此。」

帶兵如帶子弟，好士兵如好子弟也。這是曾文正公諄諄善導，也是放心不下的。他最怕養成「嫖賭洋煙」之惡習，希望「個個學好，人人成材」。這才是真正子弟兵之意義。誰不希望自己子弟學好成材？

「待勇不可太寬，平日規矩，宜更整嚴，庶臨陣時勇心知畏，不敢違令。」（〈與唐桂生〉）

「嚴」是軍事真精神也。練軍、軍紀更是如此。軍令如山也。

「自古聖王，以禮讓為國。法制寬簡，用能息兵安民，至秦用商鞅，以耕戰二字為國，法令如毛，國祚不永。今之西洋，以商戰二字為國，法令更密於牛毛，斷無能久之理。」（〈覆毛寄雲中丞〉）

曾國藩以儒家為本，而有別於法家，亦即「禮讓為國」；無禮無讓，乃爭訟如毛。

「今之西洋，以商戰二字為國，法令更密於牛毛，斷無能久之理」，真是灼見也。西洋社會，特別是公司企業，為律師操縱，遇事不訟不行，不能息事寧人，勞民而傷財也，往往原告被告，二敗俱傷，律師永遠是贏家。

「當代鄙人憂危之不暇，而暇附會詖詞，增長客氣，揚湯而助沸耶。羅承勳一員，國藩思之已熟，將領之浮滑者，一遇危險之際，其神情之飛動，足以搖惑軍心；其言詞之圓滑，足以淆亂是非，故楚軍歷不喜用善說話之將，非僅弟一人然也。羅承勳於庚申六月，不肯竭力送糧入寧國，貽誤全局，厥罪甚重，其開復處分，非我所願。江軍門又假之事權，用為諸將之領袖，風氣一壞，萬難挽回。故決意屏斥，請閣下與江軍門熟商，專從危難之際，默察樸拙之人，則幾矣。」（覆姚秋浦）

這一函從羅承勳談起。曾文正公恨透了像羅承勳這樣的人，花言巧語，口是心非，陰奉陽違，「不肯竭力送糧入寧國，貽誤全局」，受到「開復處分」。中華民國政府中，不少這類將領政客，自北伐至大陸淪陷止，張治中就是其中之一。蔣中正先生受其愚最深，受其害亦最大。

曾文正公的個人，一家乃至一時代，其真精神皆在此：「專從危難之際，默察樸拙之人。」曾文正公的時代是如此，今天也是如此。

今天玩政治的人，玩得太靈活了，「神情之飛動」，全是個人的權勢錢財，那有什麼道理可言？

58 風骨者，內足自立，外無所求之謂

「愛民乃行軍第一義。須日日三令五申，視如性命根本之事，毋視為要結粉飾之文。」

「詞氣宜和婉，意思宜肫誠，切不可露傲惰之象。閣下向與敵以下交接，頗近傲慢。一居高位，則宜時時檢點，與外國人相交際，尤宜和順，不可誤認簡傲為風骨。風骨者，內足自立，外無所求之謂，

非傲慢之謂也。薛公各營，挑二三千人，隨同夷兵操練駐紮一說，亦斷斷不可。明知薛營為洋人所鄙棄，而以此愚弄之可乎？閣下只認定會防不會剿五字，自非賊匪偪撲滬城，我與英法可毫無交涉也。」

（〈覆李少荃〉）

曾文正公有統御方法的，言談書信中都很和緩，唯有對李鴻章例外。

一方面，曾文正公對他作為有些失望，甚至失望到底；另一方面，不如此，無法使李鴻章清醒。

這一封信就是明證。對李的教訓，不假詞色：

「詞氣宜和婉，意思宜肫誠，切不可露傲骨之象。」

「閣下向與敵以下交接，頗近傲慢。一居高位，則宜時時檢點，與外國人相交際，尤宜和順。」

這位「業師」痛斥這位漸露鋒芒「受業」的作為也。一個人的作為，可從小見大也。李鴻章可作如是觀。他登高位的舉措，這個時候就顯示出來，只是一般人也許不注意也許還能忍受。用心觀察，甚至一路觀察下來的曾文正公看得清楚，急在心裡。

這位急切的「學生」，要發了。要一步登天了。

清朝洋夷之交往，思想方面就從曾文正公開始，行動則是李鴻章始。

與洋人交往也好，合作也好，借洋力也好，曾文正公的精神還是注重中國人的尊敬，還是注重知己知彼的原則。

這是一例：「薛公各營，挑二三千人，隨同夷兵操練駐紮一說，亦斷斷不可。明知薛營為洋人所鄙棄，而以此愚弄之可乎？」

這不是「出洋相」麼？

怕李鴻章執迷不悟，借洋力之事，給他五個字原則：「會防不會剿。」也就是可借洋兵守防，但不能夷華合力進剿也。這就是一個中國讀書人的精神與立場。

曾文正公真是「用心良苦」。

59 讀書人之通病，尚文而不尚實，責人而不責己

「讀書人之通病，約有二端：一曰尚文而不尚實，一曰責人而不責己。尚文之弊，連篇累牘，言之成理，及躬任其事，則忙亂廢弛，毫無條理。責人之弊，則無論何等人，概以高深難幾之道相苛，韓公所謂以眾人待其身，而以聖人望於人者，往往而是。該員在副後營，若能存一片與人為善之心，諄諄勸誘，縱不能使之薰德善良，亦可期水乳交融。乃本營劉營官，既不與之相洽，又訐其同僚，俾傷和氣，若自居於監軍使之職者，安冀人之相容哉。」（受業吳希顏稟就便回籍由）

對於讀書人這一指責，真是一針見血，如今看政治風氣，更是變本加厲，有過之而無不及。何以會如此？讀書不只是不會變化氣質，且更自私自利，只知有己，心中無人。

曾文正公這一短短的批示，有嚴格的邏輯結構，先是原理原則，後落點到「本營劉營官，既不與之相洽，又訐其同僚。」

真是讀書何用？害己害人也。因為自私不足以利己，反足以害己；因為自私自利者，無人願與之相處，無法取得人信，這不自絕活路麼？一生一世，不是只做一件事，一個生意人，也不是只做一票生意，而是長遠之往來也，亦即日久見人心，不能利人何以能利己？因之利己必先利人。因之，做人之道理，

必先看得透，才能行得通，則天下通行無阻矣。何以誠信之重要，何以誠信之可大可久矣。

60 若有本領辦事好，雖仇人做上司也不能壓下去

「辦事者莫恃上司之恩典，宜仗自己之本領。若有本領，辦事好，雖仇人做上司也不能壓下去；若無本領，辦事不好，雖父親做上司，也不能抬起來。爾年紀尚輕，若立定志向，何事不可為。目下第一須認真修牆挖濠，修成之後，與本部堂老營牆子相同，雖有數萬賊來圍，也不怕他，則腳跟立定，人人皆另眼相看矣；若全無本領，縱然做到提鎮，也是抱愧的。望爾日日學一勤字，勤到十分，自然做到一個好漢。本部堂現已年老，尚從勤苦二字用功，故亦以勤字教訓爾等勉之。」（〈管帶禮前禮後營楊遊擊鎮魁稟拔營抵盧村偵探賊情由〉）

這真是官場積習為之一百八十度大轉彎。曾文正公之謂曾文正公就是如此：不信邪也：「若有本領，辦事好，雖仇人做上司也不能壓下去；若無本領，辦事不好，雖父親做上司，也不能抬起來。」讀之真令人痛快，也真是六親不認也。

「則腳跟立定，人人皆另眼相看矣。」這就是根本。

「本部堂現已年老，尚從勤苦二字用功」，真是活到老，苦到老。曾文正公苦了一生，也當之無愧。

61 危急之際，言而無信，便一錢不值矣

「行軍之要，屯宿之守兵宜少，游擊之活兵宜多。此次大股援逆，圍撲官軍營盤苦守兩月，幸獲擊退，轉危為安。亦自人事居半，天幸居半，此等至險之著，豈可恃以為常哉！」（〈統領馬步官軍曾藩司國荃稟請增募十營圍剿金陵由〉）

曾國藩老弟國荃圍攻金陵，「稟請增募十營圍剿」，老師又是老哥告之攻守之道，行軍之要。在於「屯宿之守兵宜少，游擊之活兵宜多」，同時，更告誡其弟者，不可玩險，因為「人事居半，天幸居半，此等至險之著，豈可恃以為常哉！」這是曾文正公一貫的謹慎務實循規的精神與作法，也就是笨人的精神。「人事居半」操之在我。

「無論中國外國，無論古人今人，無論大官小官，有才無才，危急之際，言而無信，便一錢不值矣。」（〈督帶常勝軍吳道煦稟進剿九洑洲請預定派何營會攻先賜咨行等情由〉）

曾文正公真是火冒三丈，訓得很重，相當的重。對於無信無義，他沈痛已極，真是沈痛惡絕，乃寫出這樣重話，還是白話文：「言而無信，便一錢不值矣。」現代白話文宗師胡適之讀了不知作何感？

「新募之勇，全在立營時，認真訓練。訓有二：訓打仗之法，訓作人之道。訓打仗則專尚嚴明，須令臨陣之際，兵勇畏主將之法，甚於畏賊之礮子；訓作人則全要肫誠，如父母教子，有殷殷望其成立之意，庶人人易於感動。練有二：練隊伍、練技藝。練技藝則欲一人足禦數人；練隊伍則欲數百人如一人。該將自立之道，則須以勤字廉字為本，庶幾磨練動忍，漸成名將。」（〈統領韓字營全軍韓參將進春稟奉委招勇抵省立營嚴帶由〉）

曾國藩之練軍，均在這一封短箋中，所要求之，不只是「打仗之法」，亦「作人之道」。「訓打仗則專尚嚴明」，「訓作人則全要肫誠」。其精神，「如父母教子，有殷殷望其成立之意。」此所以湘軍成為子弟兵也，視士兵如子弟也。

「該將自立之道，則須以勤字廉字為本」，勤廉為曾文正公基本精神也。

62 「不說」與「便說」都是「藉口」

「本部堂深以休寧一城為慮，貴鎮派王副將入休協守，甚慰甚慰。但守則靜守，不放一鎗，不出一人；打則猛打，出隊不可太零，收隊不可太快。出隊見賊，未開仗而輕收者，尤長賊氣。貴鎮與雪巖一軍，每好出零隊，打油仗，以致為賊所輕。以後出隊之時，點足實數，若不滿一千，不必輕出也。」

（《批唐總鎮二月十七日稟》）

還是守攻之道，散聚要領。這方面，曾文正公不厭其煩，一一叮嚀告誡也。守如處女，動如猛虎：「守則靜守，打則猛打。」這一原則，抗戰以來之部隊，以排連為主體，得到要領，心察體會，平日勤練習，戰場紀律嚴，均能發揮克敵致勝之果。游擊隊戰術，更是如此。一個在戰爭中的國家，有游擊戰略，如對日抗戰之中國，越戰期間，但游擊本身，只是戰術也。

「好出零隊，打油仗」，曾文正公期期以為不可，易「為賊所輕」。曾文正公還規定一個數目：「若不滿一千，不必輕出也。」

「我軍平日宜戒浪戰，若看定地勢，酌定時候，本有可打之機，卻又不可太斯文了；一經得手，即須痛勦窮追；上午得手，下午又勦又追；先日得手，次日又勦又追，乃足以振軍威而寒賊膽，不過猛打數次，三千餘人，即足抵萬人之聲威矣。若一味穩慎，全不孟猛，交鋒之際，見賊小挫退，我亦得罷且罷，得收且收；不說天色將晚，便說風雨將至；不說士卒飢疲，便說出隊太遠；不說怕有埋伏，便說另股包抄，如此則永無痛勦之時，賊亦永無喫虧之日。」（〈朱鎮品隆稟賊攻城壘我軍出擊獲勝由〉）

曾文正公這一短短的「覆批」，實在就是中央國軍自抗戰前勦共至大陸大敗亡的寫照也，真有先見之明。一巨冊之鄧榕《我的爸爸鄧小平》，字字處處都是最好的註腳。

「兵在追，幾百頂幾萬；兵在逃，幾萬頂幾百。」這是宋希濂率大兵團西南大逃亡之慘象也。

「堅實」、「澈底」就是曾文正公用兵的精神，一如他的做人一樣的結實。因此，他討厭打油仗，「戒浪戰」。

這裡曾文正公一口氣舉出一些不進不前「藉口」，作為偷懶抽身之「藉口」，非但在戰場上的用兵，平時虎頭蛇尾，亦莫不如此：「不說天色將晚，便說風雨將至；不說士卒飢疲，便說出隊太遠；不說怕有埋伏，便說另股包抄。」

真的，「如此則永無痛勦之時，賊亦永無喫虧之日」，這就是為什麼中共能得政權，政府撤到台灣的「永痛」。

打仗是如此，為人做事亦莫不如此：不能輕易找藉口，不做應做之事；亦不能輕易找藉口，做不該做之事。

63 亂世之臣，自恃其打仗立功，而不知敬畏

「本部堂統兵十年，深知愛民之道，必先顧惜州縣。就一家比之，皇上譬如父母，帶兵大員，譬如

管事之子；百姓譬如幼孩；州縣譬如乳抱幼孩之僕媼，若日日鞭撻僕媼，何以保幼孩，何以慰父母乎？聞該鎮亦無仇視斯民之心，但素好苛派州縣，州縣轉而派民，又好淩虐弁兵，弁兵轉而虐民，焉得不怨聲載道。自今之後，當痛戒之。昔楊素百戰百勝，官至宰相；朱溫百戰百勝，位至天子，然二人皆慘殺軍士，殘害百姓，千古罵之，如豬如犬。關帝岳王，爭城奪地之功甚少，然二人皆忠主愛民，千古敬之如天如神，願該鎮以此為法，以彼為戒，念念不忘百姓，必有鬼神祐助，此不擾民之說也。至於私相鬪爭，乃匹夫之小忿，豈有大將而屑為之。

「亦由該鎮平日好鬬之名，有以召之耳。聞該鎮好讀《孟子》養氣之章，須知孟子之養氣，行有不慊則餒，曾子之大勇，自反不縮則惴。縮者直也，慊者足也。惴則不壯，餒則不強，蓋必理直而後氣壯，必理足而後自強。長溝起畔之時，其初則該鎮理曲，其後則銘營太甚，該鎮若再圖私鬬，以洩此忿，則禍在一身，而患在大局；若圖立大功，成大名，以雪此恥，則弱在一時，而強在千秋。昔韓信受胯下之辱，厥後功成身貴，召辱己者而官之，是豪傑之舉動也。郭汾陽之祖墳，被人發掘，引咎自責，而不追究，是名臣之度量也。該鎮受軟禁之辱，遠不如胯下及掘墓之甚，宜效韓公郭公之所為，坦然置之，不特不報復銘營，並且約束部下，以後永遠不與他營鬬爭，能忍小忿，乃成大勳，此戒私鬬之說也。國家定制，以兵權付之封疆將帥，而提督概歸其節制，相沿二百餘年矣。封疆將帥，雖未必皆賢，然文武咸敬而尊之，所以尊朝命也。該鎮好攻人短，譏評各路將帥，亦有傷於大體。當此寇亂未平，全仗統兵大員，心存敬畏。上則畏君，下則畏民，中則畏尊長，畏清議，庶幾世亂而紀綱不亂。今該鎮虐使其下，氣淩其上，一似此心毫無畏憚者，殆非載福之道。凡貧家之子，自恃其竭力養親，而不知敬畏，則孔子比之於犬馬。亂世之臣，自恃其打仗立功，而不知敬畏，則臨於大戾而不知。嗣後該鎮奉檄徵調，務須恪恭聽命，凡添募勇丁，支應糧餉，均須稟命而行，不可擅自專主，漸漸養成名將之氣量，挽回舊日之惡名，此不梗令之說也。以上三者，該鎮如能細心領會，則俟軍務稍鬆，前來稟見。本部堂於覿面時，更當諄切言之，務令有益於該鎮，有益於時局。玉成一名將，亦本部堂之一功也。若該鎮不能細心領會，亦有數事當勒令遵從者：第一條八千勇數，必須大為裁減。……第二條該軍與淮勇及英康等軍，一年之內，不准同紮一處。第三條該鎮官銜，宜去欽差字樣。……仰該鎮逐條稟復，以憑詳晰具奏。至於所述毀譽之言，孰真孰偽，亦仰該鎮逐條稟復。其毀言之偽者，儘可剖辨；真者亦可承認。大丈夫光明磊落，何所容其遮掩，其譽言之真者，守之而加勉，偽者，辭之而不居，保天生謀勇兼優之本質，改後來傲虐自是之惡習，於該鎮有厚望焉。」（浙江處州鎮陳國瑞稟駐歸德并餉項軍火如何籌措由）

曾文正公恩威並施的統御術，都在這一封信中。他有訓、有戒、也有措施，更有非常的手段。曾國藩異於一般讀書人：軟弱無能；異於一般政客：陰險狠毒，有仁慈的心腸，也有大殺的準備，不會也不能因循苟且。

曾文正公舉出歷史名將得失成敗關鍵，就在於一個忍字：「能忍小忿，乃成大勳」。「心存敬畏」；上則畏君，下則畏民，中則畏尊長，畏清議。這是曾文正公的一副藥，因為陳國瑞此人「虐使其下，氣淩其上」。

「亂世之臣，自恃其打仗立功，而不知敬畏，則陷於大戾而不知。」這就是違法亂紀陳國瑞之寫照，豈此陳國瑞，現代史的軍閥以及對日戰後的「名將」，多為「陳國瑞」之化身。蔣公，蔣公，不知您讀到這段沒有？如果您讀到而不用，則受恩威或德威所害，實在可惜。

「若該鎮不能細心領會，亦有數事當勒令遵從者」，這三條是殺手鐧，裁兵、移防，並拿掉「欽差」，看你還有什麼作怪的本領與特權？

曾國藩真是好厲害！

64 非勤且廉，至誠惻怛，則不能使之親

「皖南各軍鬧餉情形，本部堂業已洞悉。該道既赴徽休，則已既往赴難，則當懷必死之心，抱不屈之氣。韓昌黎之說王庭湊，幸而得生；顏魯公之說李希烈，不幸而死。二公者禍福不同，而其初去之時，懷必死之心，抱不屈之氣則一也。」（前皖南道弦鳳翥稟二件）

未上正規的「軍隊」，靠餉來維持，最怕「鬧餉」。鬧餉之極致，就是拉出去叛變。「皖南各軍鬧餉」，就到了這個關頭時刻。曾文正公以「懷必死之心，抱不屈之氣」，勉赴難之皖南道。「必死」與「不屈」皆代表決心也。

「至所稱救病之源，莫如使之親信，然非勤而且廉，至誠惻怛，則不能使之親；非勸善懲惡，一秉至公，則不能使之信。此其專責在委員矣。本部堂於稽查圩寨一事，派有專員，以印官自有地方公事，不能日日在鄉稽查，昨已頒發令箭，生殺予奪，委員俱得自由。本部堂但患該員等之姑息，不患該員等之專擅也。如有掣附之事，專擅之謗，本部堂必能維持申理，該委員等亦須盡心竭力，而以巽慎出之，處處與印官和衷商酌，無論一年半載，總以辦到無餘孽為止，無庸預為推諉也。」（委查蒙城圩務朱令名璪稟查明蒙城各圩情形繪圖呈候訓示由）

曾文正公處事斷事之真精神亦在此。

對於「親信」之解釋，尤令人感到「大公無私」：「非勤而且廉，至誠惻怛，則不能使之親」；「非勸善懲惡一秉至公，則不能使之信」。此為曾文正公「嚴明」之一面，另一面，則是嚴格澈底之一面，二而一也：「本部堂但患該員等之姑息，不患該員等之專擅也。」「姑息」足以養奸也，此為政之大害。

65 禮所謂知事人，然後能使人也

「該牧等稽查圩寨於西鄉各圩中，畫出段落，互相團練，尚屬有條不紊，惟西鄉十四團五百八十七圩，據所稟之數核之：留者二百八十圩，去者乃三百零七圩。一鄉之中，圩寨平毀大半，推之四鄉，去者幾千餘寨，與本部堂四條告示，殊不相符。本部堂告示中第一條，堅壁清野。第二條，分別良莠。初無平毀之說，厥後因林士班之稟，始批令將零屋不能自存之圩，酌量歸併，然亦須因地制宜，不強人以所難，非謂將良莠不齊之圩，一律去之也。大凡一圩之中，或房屋堅實，而不易遷，或田地就近，而不肯遷，皆人之常情。該牧等須試為設身處地，期於一令之出，眾即遵行。禮所謂知事人，然後能使人也。且良莠不齊，處處皆然，不獨此三百零七圩，其准留之圩，果皆良乎？一圩之中著名匪人，不過數人，嚴拏正法可也，若全圩從捻，派兵洗之亦可也，斷無以平毀為查辦之理。仰尹牧即將經手事件，交與程令作，速來徐，本部堂面詢一切，再行核示。」（〈委辦阜陽圩務尹牧沛清阜陽縣程令兆和稟查明圩寨分別去留緣由〉）

古今中外的道理，就在曾文正公這一短箋中；世事之是是非非，也盡在其中。

中日戰爭初期，蔣委員長採取之「堅壁清野，焦土抗戰」，這也許就是「堅壁清野」之根源。所謂只知其一，不知其二。如「堅壁清野」，卻不知「分別良莠」，以致「非謂將良莠不齊之圩，一律去之也。」「一圩之中著名匪人，不過數人，嚴拏正法可也；若全圩從捻，派兵洗之亦可也，斷無以平毀為查辦之理。」

中日抗戰之「長沙大火」以及「寧殺一萬，不放一個」，都是嚴酷之作為；美軍在越戰之敗，亦敗在以火力毀摧全村，亦即以全民為敵也，自無勝利之理。

曾文正公有嚴峻一面，更有人性之一面：

「大凡一圩之中，或房屋堅實，而不易遷，或田地就近，而不肯遷，皆人之常情，該牧等須試為設身處地。」

「且良莠不齊，處處皆然，不獨此三百零七圩。」

這就是人性與人情，乃能基於人性，顧及人情，也是中國政治之「不忍人之心，行不忍人之政」也。

66 無論何等風波，何等浮議，本部堂當一力承擔

「防守沙河之策，從前無以此議相告者，貴軍門創建之，本部堂主持之。凡發一謀，舉一事，必有風波磨折，必有浮議搖撼，從前水師之設，創議於江忠烈公；安慶之圍，創義於胡文忠公，其後本部堂辦水師，一敗於靖江，再敗於湖口，將弁皆願去水而就陸。堅持維持而後再振，安慶未合圍之際，祁門危急，黃德糜爛，群議撤安慶之圍，援彼二處，堅忍力爭，而後有濟。至金陵百里之城，孤軍合圍群議

皆恐蹈和張之覆轍，即本部堂亦不以為然。厥後堅忍支撐，竟以地道成功。可見天下事果能堅忍不懈，總可有志竟成。辦捻之法，馬隊即不得力，防河亦屬善策，但須以堅忍持之。」

「無論何等風波，何等浮議，本部堂當一力承擔，不與建議者相干，即有咎豫兵不應株守一隅者，亦當一力承擔，不與豫撫部院相干，此本部堂之貴乎堅忍也。」

「貴軍門當勤勤懇懇，譬如自家私事一般，求人相助，央人竭力，久之人人皆將鑒其誠，而服其智。迨至防務辦成，則又讓他軍接防，而自帶銘軍游擊，人必更欽其量矣，此貴軍門之貴乎堅忍也。若甫受磨折，或聞浮言，即意沮而思變計，則掘井不及泉而止者，改掘數井，亦不見泉矣。」（〈銘字營劉軍門銘傳稟防河事宜俟抵周口與潘張二軍通力合作由〉）

這一皇皇之論，起之於「辦捻之法，馬隊即不得力，防河亦屬善策，但須以堅忍持之。」

曾文正公舉出以鄉勇團練湘鄉以來至金陵之圍，能成其大者，能擔其艱者，其要在於：

失敗為成功之母。

堅忍以圖成。

堅持才能成功。

承擔才能負重任。

因之，曾文正公發下豪語：「無論何等風波，何等浮議，本部堂當一力承擔，不與建議者相干。」

「此本部堂之貴乎堅忍也。」

「此貴軍門之貴乎堅忍也。」

堅忍、堅定、堅持，成大業者之基本性格也。

67 豈姑息以邀譽乎？抑才不足以勝任乎？

「於查匪一事，似尚未得要領，豈姑息以邀譽乎？抑才不足以勝任乎？即如稟中所稱拏獲窩匪之魏廣春、魏三科等，何以不殺？魏慶洪、李昌林等，何以不革？革之而該圩長猶從中作梗，拏而殺之可也。蓋殺數壞人，而保全一圩，則其事易，因圩中有數壞人，而遂欲平圩，犯眾人之所不欲，則其事難也。現在既無可撥之營頭，亦無餉項可以再募勇丁，所請添募三百營之處，礙難允行。」（〈委辦宿州查圩事務張牧雲吉稟詣查各圩沿途阻水延滯緣由〉）

這位「查圩事務」該殺不殺，該罰不罰，還要邀功，還要更多的兵馬。挨了曾大人一頓責難：「豈姑息以邀譽乎？抑才不足以勝任乎？」

至於獅子大開口，「添募三百營之處」，曾文正公一口回絕：「現在既無可撥之營頭，亦無餉項可以再募勇丁。」

對於「窩匪魏廣春、魏三科等，何以不殺？魏慶洪、李昌林等，何以不革？」曾文正公深為不解。

「總之，查圩之意，祇分良莠，不問苗捻。甘心為莠者，雖概未從苗，亦在所必誅；洗心向善者，雖曾經從苗從捻，亦在所必釋。該員節次嚴飭之後，甫經振作，遽欲預為宿人請命，以邀慈惠之名，而為節勞之地，殊屬誤會題旨。本部堂并非好殺人者，辦理之認真與否，自有輿論可訪，非計殺人之數，以較優劣也。」（〈委辦宿州查圩事務張牧雲吉稟拏獲捻目高繼周等訊明正法由〉）

曾文正公的嚴明，由這一短短簡函中可以知道：

「查圩之意，祇分良莠，不問苗捻。」
「甘心為莠者，雖概未從苗，亦在所必誅；洗心向善者，雖曾經從苗從捻，亦在所必釋。」
此之所謂良莠，所謂既往不究，均是曾文正公所闡釋精神也。
「本部堂并非好殺人者」，該殺非殺不可，則要殺也。
「辦理之認真與否，自有輿論可訪，非計殺人之數，以較優劣也。」曾文正公時代，即有輿論觀念，非常難得。「非計殺人之數，以較優劣也。」這是仁者為懷書生之見，非殺人為業的軍閥也。

68 臨危則居人之先，有利則居人之後

「勦捻自以馬隊為最利，口外買馬到營，尚需時日。該鎮現統四營，能融洽一氣否？近時將領官階，多相等夷，難以分位相統屬，惟持一片忠勇之心，臨危則居人之先，虛公之度；有利則居人之後，或者以德望為同輩所推服，則所統屬可成一大支精騎。本部堂於馬隊一事，未能辦成，至今以為憾事。該鎮熟習騎射，能於馬隊勦賊之法，實力講求，庶可為本部堂彌縫闕憾，實有厚望。」（馬鎮德順稟由周口拔營行抵臺莊三里之黃林等情）

湘軍本不是清之正規軍，又加上一些雜牌軍編入統領，就難免有「將領官階，多相等夷，難以分位相統屬」，就正如中華民國政府在大陸時期一樣，中央軍之外，又有不少軍閥來歸者，地方團隊者，統御就有很大困難。因此，曾文正公勉以「臨危則居人之先，有利則居人之後」，才能服眾。

「勦捻自以馬隊為最利」，求快求遠也。曾文正公曾以水師擊敗太平天國，如今面對馬隊，「未能辦

成，至今以為憾事。」並寄予該鎮厚望。

「十四日一戰，足以略寒賊膽。目下賊蹤游弋於宿桃境內，貴軍與之追逐，諒必又有戰事，如各軍能更番互戰，使賊不得休息，則軍事當有起色。昨李爵大臣鈔來貴軍門信稿，能於軍事棘手之際，神暇氣旺，具徵識力過人；惟秋後賊無所掠，不打自散等語，猶未免視事太易，所望以銳氣辦賊，以小心慮事。古來才人有成與不成，所爭每有疏密二字，幸細參之。」（〈銘字營劉軍門銘傳稟追剿捻逆獲勝情形〉）

人生最忌講大話，在戰場上就是輕敵，因之，曾文正公特別告誡，「惟秋後賊無所掠，不打自散等語，猶未免視事太易」，證之中華民國政府在大陸剿共種種，就犯了曾文正公所指的大忌。

曾文正公特別指出成敗關鍵，在於「疏密」而已，亦即成之在「密」，敗之在「疏」。

大意不得，輕敵不得。

69 名望愈重，則鬼神之所以伺察者愈嚴

《論語》兩稱「敏則有功」。敏有得之天事者，才藝贍給，裁決如流，此不數數覯也。有得之人事者，人十己千，習勤不輟，中材以下，皆可勉焉而幾。余性魯鈍，他人目下二三行，余或疾讀不能終一行；他人頃刻立辦者，余或沈吟數時不能了。友人陽湖周弢甫騰虎嘗謂余儒緩不及事，余亦深以舒緩自愧。」

《通鑑》涼驃騎大將軍宋混曰：「臣弟澄政事愈於臣，但恐儒緩，機事不稱耳。」胡三省注曰：「凡儒者多務為舒緩，而不能應機以趨事赴功。」大氐儒術非病，儒而失之疏緩，則從政多積滯之事，治軍

少可趍之功。（〈筆記二十七則〉，「儒緩」）

這一「儒緩」，就是曾文正公寫照也。他非聰敏之士，「余性魯鈍」；他亦屬儒緩之輩，乃以「余亦深以舒緩自愧。」

百無一用是書生。一歸因紙上談兵，一歸因柔決寡斷，一歸因私心太重。以致「凡儒者多務為舒緩，而不能應機以趨事赴功。」亦即曾文正公之總結與總評：「大氐儒術非病，儒而失之疏緩，則從政多積滯之事，治軍少可趍之功。」

古今之成大功平大亂者，除三二人如諸葛亮、曾國藩、孫中山先生等外，均是知識層面不高之流，未食古，自不會發生「不化」之事，乃能勇為。

「知識愈高，則天之所以責之者愈厚；名望愈重，則鬼神之所以伺察者愈嚴。故君子之自處，不肯與眾人絜量長短，以為己之素所自期者大，不肯自欺其知識以欺天也；己之名望素尊，不肯更以鄙小之見，貽譏於神明也。」（〈筆記二十七則〉，「名望」）

知識如何？名望如何？知識愈高，責任愈重；名望愈重，要求愈嚴。此亦即是曾文正公所指出的，「不肯自欺其知識以欺天也；不肯更以鄙小之見，貽譏於神明也。」此亦即社會國家天下的興衰責任在知識分子、在名望之士身上，「天下為己任」也。這是「天下為公」精神，而非「天下為私」也。

70 近忠正、遠佞諛，勿使左右竊弄威福

「古者英雄立事，必有基業。如高祖之關中，光武之河內，魏之袞州，唐之晉陽，皆先據此為基，

然後進可以戰，退可以守。君子之學道也，亦必有所謂基業者，大氐以規模宏大，言詞誠信為本。」

「大程子曰：道之浩浩，何處下手，惟立誠纔有可居之處。誠便是忠信，修省言辭，便是要立得這忠信；若口不擇言，逢事便說，則忠信不篤，焉能為有，焉能為亡。」（〈筆記二十七則〉，「居業」）

凡樹必有根，凡事必有基。曾文正公以為「古者英雄立事，必有基業。」基業做好，再求向外求開拓求發展，乃能成其大。同樣的道理，曾文正公指出：「君子之學道也，亦必有所謂基業者。」德之基業，事業之基業，在誠信也。「言詞誠信為本，修辭立其誠，所以居業，謂誠信也。」

「誠信」，就是曾文正公的基本信仰也。

「古之英雄，意量恢拓，規模宏遠，而其訓誡子弟，恆有恭謹斂退之象。劉先主臨終敕太子曰：『勉之，勉之，勿以惡小而為之，勿以善小而不為。惟賢惟德，可以服人。汝父德薄，不足效也；汝與丞相從事，事之如父。』西涼李暠手令戒諸子，以為從政者，當審慎賞罰，勿任愛憎，近忠正、遠佞諛，勿使左右竊弄威福。毀譽之來，當研覈真偽，聽訟折獄，必和顏任理，慎勿逆詐億必，輕加聲色，務廣咨詢，勿自專任。」（〈筆記二十七則〉，「英雄誡子弟」）

這就是「托孤」，不只是說給「太子」聽的，也是說給丞相聽的：「汝父德薄，不足效也；汝與丞相從事，事之如父。」「事之如父」，足以感動天地，乃能成為千古美事。

至於西涼李暠手令戒諸子，字字都是真言，也足為從政者之座右銘也。

71 所謂小人者，識見小耳，度量小耳

程子曰：「修養之所以引年，國祚之所以祈天永命，常人之至於聖賢，皆工夫到這裡，則自有此應。」此言有真積力久之功，而後有高厚悠遠之效也。孟子曰：「宋人有閔其苗之不長而揠之者，謂其人曰：予助苗長矣，其子趨而後視之，苗則槁矣。」此言不俟功候之至而遽期速效，反以害之也。蘇軾曰：「南方多沒人，日與水居也，七歲而能涉，十歲而能浮，十五而能沒矣。北方之勇者，生不識水，問於沒人而求所以沒，以其言試之河，未有不溺者也。」此言不知致功之方，而但求速效，亦反以害之也。

這些典故與故事，都是耳熟能詳的。曾文正公予以評價，一言以蔽之，功到自然成。取巧不得，偷懶不得，成大功立大業者，如此而已。

（〈筆記二十七則〉，「功效」）

陳容有言曰：「仁義豈有常，蹈之則為君子，違之則為小人。」大哉言乎！仁者，物我無間之謂也。一有自私之心，則小人矣。義者，無所為而為之謂也；一有自私之心，則小人矣。同一日也，朝而公正，則為君子；夕而私利，則為小人；同一事也，初念公正，則為君子，轉念私利，則為小人。惟聖罔念作狂，惟狂克念作聖，所爭祇有幾微，君子無終食之間違仁。造次必如是，顛沛必如是。一不如是，則流入小人而不自覺矣。所謂小人者，識見小耳，度量小耳，井底之蛙，所窺幾何？（〈筆記二十七則〉，「君子小人」）

君子與小人，非不只是天生的，而是其間並非界限，或為君子或為小人，全以一個人行為為準繩。一日為君子為小人，一事為君子為小人，全看一個人如何作為。

「造次必如是，顛沛必如是」，一個人為君子為小人，不能歸之於環境，相反的，越艱困的環境，越能考驗一個人作為。

曾文正公打心底看不起小人的，對於小人也下了個註解：「所謂小人者，識見小耳，度量小耳。」然小人之無品無德無形，尚不止於此。

72 亂世多尚巧偽，末俗多偷惰

「《淮南子》曰：『功可彊成，名可彊立』，《中庸》曰：『或勉強而行之，乃其成功一也。』近世論人者，或曰某也，向之所為不如是，今強作如是，是不可信，沮自新之途，而長偷惰之風，莫大乎此。吾之觀人，亦嘗因此而失賢才者，追書以志吾過。」（《筆記十二篇》，「勉強」）

人才不是天生者，也不是天然形成的，此之所謂「功可彊成，名可彊立」，也就是「聖賢豪傑，多由彊作而臻絕詣」，曾國藩自己就是很好的例子。他文弱書生，而能成平天下之業，是環境逼出來的，不能不幹，不得不幹，而彊幹下去。古今英雄豪傑，也多如此，或鋌而走險，或清澈獻身，成非常之業，或成聖成賢，劉邦是如此，孫中山先生也是如此。如果李鴻章識時務，放下身段，接受孫先生之「建言」，民國歷史可能改寫。

一個人物或一個事業之形成，或出自偶然，或出自時勢所迫，而有一番作為，有一番事業，乃能「勉強而行之」。人能之，己也能之，此乃「立志」之重要。

觀察一個人，不能一眼看到底，不能把一個人看扁了。曾文正公善觀相，李鴻章就給他看過，但或處於個人之刺激或風雲際會，成為非常之業，此之曾文正公所謂：「亦嘗因此而失賢才者。」「開國之際，若漢唐之初，異才畸士，豐功偉烈，飈舉雲興，蓋全係乎天運，而人事不得與其間。

至中葉以後，君子欲有所建樹，以濟世而康屯，則天事居其半，人事居其半。以人事與天事爭衡，莫大乎忠勤二字。亂世多尚巧偽，惟忠者可以革其習；末俗多偷惰，惟勤者可以遏其流。忠不可有過人之才智，盡吾心而已矣；勤不必有過人之精神，竭吾力而已矣。能剖心肝以奉至尊，忠至而智亦生焉。能苦筋骸以捍大患，勤至而勇亦出焉。余觀近世賢哲，得力於此二字者，頗不乏人。余亦忝附諸賢之後，謬竊虛聲，而於忠勤二字，自愧十不逮一。吾家子姪，儻將來有出任艱巨者，當勵忠勤以補吾之闕憾。忠之積於平日者，則自不妄語；始勤之積於平日者，則自不晏起始。」（〈筆記十二篇〉，「忠勤」）

這一篇「忠勤」是曾文正公一生精神的結晶，也是他個人的寫照，更是治今日國家社會亂世之良方：以人事與天事爭衡，莫大乎忠勤二字，亂世多尚巧偽，惟忠者可以革其習；末俗多偷惰，惟勤者可以遏其流。

「余觀近世賢哲，得力於此二字者，頗不乏人。」這就是曾文正公之功業精神也。

73 最喜朝氣，最忌暮氣

「一曰禁騷擾以安民。帶兵之道，以禁止騷擾為第一義，百姓最怕者，惟強擄民夫、強佔民房二事。

二曰戒煙賭以儆情。軍事最喜朝氣，最忌暮氣。惰則皆暮氣也。

三曰勤訓練以禦寇。訓有二端，一曰訓營規，二曰訓家規；練有二端，一曰練技藝，二曰練陣法。

四曰尚廉儉以服眾。欲服軍心，必先尚廉介；欲求廉介，必先崇儉樸。不妄花一錢，則一身廉；不私用一人，則一營廉，不獨兵勇畏服，亦且鬼神欽伏矣。」（〈勸誡營官四條〉，「上而統領下而哨弁以此類推」）

這就是曾文正公的練兵帶兵治兵的理念。它的精神，至少有二方面：

第一、深知民心與兵心。民心與兵心，是不分的，是一體的。曾文正公來自民間，深知老百姓的心理與好惡：「兵勇心目之中，專從銀錢上著意，如營官於銀錢不苟，則兵勇畏而且服；若銀錢苟且，則兵勇心中不服，口中譏議，不特扣減口糧，缺額截曠，而後議之也。」曾文正公的湘軍，皆是鄉民之化身也。

第二、自上而下。以期產生上行下效的結果，亦即「上而統領，下而哨弁以此類推」，而非只要求部屬如何如何？這是源自曾文正公的儒家精神：己正而正人，大異於兵棍，政客也。

帶兵帶心也。

曾文正公的帶兵作為，影響後世是很大的。因為現代中國操典之類，其根源，一是《孫子兵法》，一是西方的典範。中國較富哲理，西方較務實。而曾文正公的營規營誡，有精神的一面，也有務實的一面。日積月累，形成風氣與力量。

自民國以來，有帶兵作為的，如蔣中正先生的國民革命軍，馮玉祥的西北軍，甚至中共的八路軍，其法其章，根源即是曾文正公的湘軍。其要則在大軍所到之處秋毫不犯，乃能形成一時的力量，但久而變形變質而走樣，與百姓痛恨軍隊並無太大區別，則離山河變色不遠矣。

中國大陸失敗，重整軍武的中華民國軍隊，在現代化制度化要求下，不只做到秋毫不犯，甚至還協助農家插秧，小至清理陰溝，大至颱風成災，為民重建家園，都不成為新聞，這是軍中政治制度所顯示的精神。至於往昔老百姓距離軍營越遠越安全，逃避唯恐不及，而早期臺灣的軍房民宅，都是油水多多，金馬前線老百姓，更要佔軍人的好處，靠軍人才有生意做。軍民一家，軍民不分，這應是曾文正公嚮往的軍民境界。

74 多做實事，少說大話，有勞不避，有功不矜

「一曰習勤勞以盡職。觀於田夫農夫，終歲勤勞，而少疾病，則知勞者，所以養身也。觀於舜禹周公，終身憂勞，而享壽考，則知勞者所以養心也。大抵勤則難巧，逸則易壞，凡物皆然。勤之道有五：一曰身勤。險遠之路，身往驗之；艱苦之境，身親嘗之。二曰眼勤。遇一人，必詳細察看；接一文，必反覆審閱。三曰手勤。易棄之物，隨手收拾；易忘之物，隨筆記載。四曰口勤。待同僚，則互相規勸，待下屬；則再三訓導。五曰心勤。精誠所至，金石亦開；苦思所積，鬼神亦通。五者皆到。無不盡之職矣。

二曰崇儉約以養廉。昔年州縣佐雜，在省當差，并無薪水銀兩，今則月支數十金，而猶嫌其少。昔年貢生員，在外坐館，不過每月數金，今則增至一兩倍，而猶嫌其少，此所謂不知足也。欲學廉介，必先知足。觀於各地難民，遍地餓莩，則吾輩之安居衣食，已屬至幸，尚何奢望哉，尚取暴殄哉。不特當廉於取利，并當廉於取名，毋貪保舉，毋好虛譽。事事知足，人人守約，則運氣可挽回矣。

三曰勤學問以廣才。今世萬事紛紜，要之不外四端：曰軍事、曰吏事、曰餉事、曰文事而已。凡來此者，於此四端之中，各宜精習一事。習軍事，則講究戰攻、防守、地勢、賊情等件。習吏事，則講究撫家、催科、聽訟、勸農等件。習餉事，則講究丁漕、釐捐、開源、節流等件。習文事，則講究奏疏、

條教、公牘、書函等件。講究之法，不外學問二字。學於古，則多看書籍；學社會，則多見榜樣。問於當局，則知其甘苦；問於旁觀，則知其效驗。勤習不已，才自廣而不覺矣。

四曰戒傲惰以正俗。余在軍日久，不識術數占驗，而頗能預知敗徵，大約將士有驕傲氣者必敗，有惰怠氣者必敗。不獨將士然也，凡委員有傲氣者，亦必僨事；有惰氣者，亦必獲咎。傲惰之所起者微，而積久遂成風俗。一人自是，將舉國予聖自雄矣；一人晏起，將舉國俾晝作夜矣。今與諸君約，多做實事，少說大話；有勞不避，有功不矜。人人如此存心，則勛業自此出，風俗自此正，人材亦自此盛矣。」

（〈勸誡委員四則〉，「向無額缺現有職事之員皆歸此類」）

曾文正公一向重視政治風習與社會風氣的，這堂堂四條可概一切矣。

勸誡委員。亦勸亦誡，有其嚴肅與嚴重之兩面。「委員」可大可小，如今政治也好，國會也好，委員看其一定之地位與力量。此處之委員，似屬一機構中之閒置人員，乃有「無額缺現有職事之員皆歸此類。」

曾文正公怕這些人在機關中閒來無事、惹事生非、說大話、講小話，乃有此四條：「一曰習勤勞以盡職，二曰崇儉約以養廉，三曰勤學問以廣才，四曰戒傲惰以正俗。」可謂可小可大，由小而大，己正而普及影響社會也。正是「一人自是，將舉國予聖自雄矣，一人晏起，將舉國俾晝作夜矣。」

曾文正公固然開誠佈公，事實上，是約法三章，最後乃有「今與諸君約，多做實事，少說大話；有勞不避，有功不矜。人人如此存心，則勛業自此出，風俗自此正，人材亦自此盛矣。」

這也就是曾文正公培育、考驗、拔擢人才之道也。

75 請自禁大言始

「一曰保愚懦以庇鄉。欲選紳士，以能保本鄉愚懦者為上等。能保愚懦，雖偽職亦尚可恕；凌虐愚懦，雖巨紳亦屬可誅。

二曰崇廉讓以奉公。今特申戒各屬紳士，以敬畏官長為第一義，財利之權，歸之於官；賞罰之柄，操之自上，即同列眾紳，亦互相推讓，不爭權勢，紳士能潔己而奉公，則庶民皆尊君而親上矣。

三曰禁大言以務實。以諸葛之智勇，不能克魏之一城；以范韓之經綸，不能制夏之一隅，是知兵事之成敗利鈍，皆天也，非人之所能為也。近年書生侈口談兵，動輒曰克城若干，拓地若干，此大言也。孔子曰：『攻其惡，無攻人之惡。』近年書生，多好攻人之短，輕詆古賢，苛責時彥，此亦大言也。好談兵事者，其閱歷必淺；好攻人短者，其自修必疏。今與諸君子約，為務實之學，請自禁大言始。欲禁大言，請自不輕論兵始，自不道人短始。

四曰擴大識以待用。天下無現成之人才，亦無生知之卓識，大抵皆由勉強磨練而出耳。《淮南子》曰：『功可強成，名可強立。』董子曰：『強勉學問，則聞見博；強勉行道，則德日起。』《中庸》所謂：『人一己百，人十己千』，即勉強工夫也。今士人皆思見用於世，而乏用世之具。誠能考信於載籍，問途於已經，苦思以求其通，躬行以試其效，勉之又勉，則識可漸進，才亦漸充，才識足以濟世，何患世莫己知哉。」（〈勸戒紳士四條〉，「本省鄉紳外省客游之士皆歸此類」）

這是咸豐十一年，曾文正公五十一歲時寫的。公的功業順手，左宗棠有大獲，但胡林翼猝逝，公如失一臂，是年公克服安慶。公有感於政風敗壞，乃感於「聖賢之格言甚多，朝廷之律例甚密」，以自己親身親驗，以十六條，分別對四等人各四條，相勸相戒。這四類人：州縣、營官、委員以及紳士，曾文正公是沒有什麼好感的，也是放心不下的，乃諄諄勸戒。其中，尤以紳士為最，在地方上興風作浪，作威作福，最令他反感，乃以「愚懦」相告，用以庇鄉。紳士地方上有頭有臉之人，雖不是選出來的，但還是有一定「格局」，曾文正公對「欲選紳士」，訂下最低標準：「以能保本鄉愚懦者為上等。能保愚懦，雖偽職亦尚可恕；凌虐愚懦，雖巨紳亦屬可誅。」

這不就是今日社會的寫照麼？

哀哉，紳士！多少惡行，假紳士之名而行。

76 不許凌辱州縣、不許收受銀禮、不許荐引私人

「凡為將帥者，以不騷擾百姓為第一義；凡為督撫者，以不需索屬員為第一義。督撫與屬員交涉，以巡捕門印簽押之處為最。明日起早，經過地方，即是與州縣交涉之始。茲特嚴定條約，願巡捕門印簽押，敬聽而牢記之：

第一，不許凌辱州縣。人無貴賤賢愚，皆宜以禮貌相待。凡簡慢傲惰，人施於己者而不能堪者；己施於人，亦不能堪也。

第二，不許收受銀禮。凡自愛者絲毫不肯苟取於人。凡收人禮物，其初不過收茶葉小菜之類，漸而收及鞍馬衣料，漸而收及金銀古玩。其初不過投贈之情，漸而笑索授意，漸而誅求逼勒，賄賂公行，皆

始於此。嗣後我巡捕門印簽押，務各自愛，不准收受絲毫禮物，即茶葉小菜，至親密友，贈送微物，若非稟明本部堂，再三斟酌者，概不准收。倘有隱瞞收受者，重則枷員棍責，輕則遞解回籍。

第三，不許荐引私人。凡巡捕門印簽押，勢之所在，人或不敢不縱，或其親族、或其舊識，或荐至各將營盤，或荐入州縣衙門，縱有過失，互相隱蔽，勾通袒護，為患甚大。自此次告誡之後，概不准荐人入將領之營，入州縣之署，亦不准各營各署收受。

以上三條，巡捕門印簽押三處，各寫一份，貼於座右。如其自度不能，即趁早告退；若其在此當差，即小心凜遵。本部堂既告誡爾等，亦加倍自行儆惕。凡接見文武屬員，無論大小，雖至佐雜外委，亦必以禮貌相待，斷勿以厲色惡聲加入。至送禮物者，一概謝絕不收。無論茶葉、小菜，以及裁料衣服、書籍字畫、古玩、器皿、金銀、食物，均皆不收。亦不荐人入武員之營、文員之署。」（〈諭巡捕門印簽押〉）

這是咸豐十年五月曾文正公諭巡捕門印簽押三處的約法三章。清清楚楚、明明白白：

第一、不許凌辱州縣。

第二、不許收受銀禮。

第三、不許荐引私人。

這三「不許」，一是對民之態度，一是對財物之態度，一是對用人之態度。真是大公無私，澄清吏治、凌厲風行。約法三章，「如其自度不能，即趁早告退。」曾文正公的精神，就是澈底，就是以身作則，絕不官樣文章更不拖泥帶水：「此三者，本部堂若犯其一，准各隨員指摘諫爭，立即更改，」以示決心。這是曾文正公的可敬可愛處。民主精神表露無遺。

「茲特嚴定條約」。此一條約，具有告示意義。如今之條約成為國際法名詞，為規律二國或多國彼此間法律權利義務關係，而簽訂之正式文書。其實條約之意義，言簡意明。「人施於己而不能堪者，己施於人，亦不能堪也。」儒家之「己所不欲勿施於人」的精神。

四、治軍用兵篇

「三則不輕奏：謠傳之言，未定之事，預計之說。」

「窮天下力，復此金湯，非秘非奇，忠義是寶。」

1 我湘鄉實始興義旅，號曰湘勇

「自古開國之主，以武功龕定禍亂，而繼體蒙業之君，恆以文德致太平，如漢如魏如宋如陳如跖拔魏如高齊如唐如明，其第二世嗣為帝者，皆謚曰文。我朝龍興遼瀋，太祖以神武肇基，其製造國書，右文布化，郊廟齋戒諸大典，多成於太宗文皇帝之世。蓋武以開之，文以守之，干戈方興，未遑雅教，非其志有未逮，亦其時會有不得兼者也。咸豐二年，粵賊洪楊之徒，既已踰嶺而北，由湖湘而犯江漢，長驅東下，入金陵而據之。遂北寇河朔，東躪瀛碣，西擾汾晉，中原糜沸，我湘鄉實始興義旅，轉戰於兩湖、江西、廣西、廣東、河南、安徽諸行省，所在破敵克城，聲威烜然，號曰：湘勇。湘勇之名聞天下，一時宿將，如羅忠節公、王壯武公、李君續賓兄弟、蕭君啟江、劉君騰鴻、趙君煥聯、蔣君益澧及余弟國荃，皆以仁勇為士卒所親附，歷久而不渝。蓋武功之懋，非他州所可望而及。」（〈湘鄉縣賓興堂記〉）

習稱「文治武功」。事實上，應該「武功文治」，先以武力打天下，再以文教治之。打天下如此，得部份之局，亦是如此。清朝如此，張作霖父子，雄踞東北，振興教育，亦是如此。這是歷史「武功文治」之通例。有清一代，承平甚久，以外來之民族，治史修文，都是皇帝領著幹的，曾文正公為文淵閣直閣校理，其成效，至為可觀，《四庫全書》就是代表，可謂：光耀史冊也。

曾文正公以文弱書生，而興兵，組成湘勇。湘勇所向無敵，名將如雲，曾文正公一一舉名，內舉不避親，「余弟國荃」，居功甚偉，但名列最後，這是文正公之可愛處。

湘勇之組成，由保鄉而衛民而「救國」，全在如兄如弟之「仁勇」，乃能「克敵破城」。這一情形，如同蔣中正先生所領導的北伐軍一樣。

「咸豐癸丑，唐侯臨莅茲邑，倡捐助餉，練勇防堵，越三年，中詳大憲，奏請增廣文武學額，聖恩加增，永為定額，人爭頌唐侯之功不衰。是年，天下士會試於禮部，湘鄉獨無人赴部應試。唐侯喟然曰：『湘鄉之武，非無文也。今或無一士與於春官之試，豈余之不德，不足以興文教歟？抑軍興久而生事絀，公車之欲北者，不足於資歟？』於是捐金若干，買七都田六十三畝，為賓興公費，又勸諭士民，捐買田宅若干，以子午卯酉年租，入為會試旅費。」

「方今大難削平，弓矢載櫜，湘中子弟，忠義之氣，雄毅不可遏抑之風，鬱而發之於文，道德之宏，文章之富，將必有震耀寰區，稱乎今日之武功，而又將倍蓰焉者。余雖衰鈍，尚庶幾操左券於此，請以右券責之。」（〈湘鄉縣賓興堂記〉）

這一唐侯，實在了不起，為了鼓勵鄉民參試，廣籌會試旅費。真是，正如曾文正公之言，湘中子弟，有平太平軍之亂，武功蓋世，無湘不成軍，而文治尤勝武功，此真所謂「道德之宏，文章之富，將必有震耀寰區」。就以曾文正公而言，足可文武雙全，文尤勝武，此之所謂「余雖衰鈍，尚庶幾操左券於此，請以右券責之。」

很有意思，「穩操左券」，是多少年來口頭與新聞寫作之流行語。「左券」見於《史記》與陸游詩。《史記》：「常執左券以責於秦、韓。」陸游：「得飽正如持左券。」）

左券有把握也，應指「武功」；「右券」則指文治有待努力也。

2 國用不足，兵伍不精

這是咸豐元年，曾文正公四十一歲的時候上奏指陳時弊。他說：「天下之大患，蓋有二端，一曰國用不足，一曰兵伍不精。」

兵伍與國力有什麼關係？曾文正公指出：「自古開國之初，恆兵少而國強，其後兵愈多，則力愈弱，餉愈多，則國愈貧。」

一言以蔽之，主張裁軍也。因為兵在精不在多。

曾文正公強調：「兵貴精而不貴多。」此一精兵主義，對於後代都有影響，此亦是時代潮流所趨，所以中共以人海起家，而席捲中國大陸，卻受挫於韓戰，元氣大傷，迷於人海，而為人海所害。

曾文正公又強調：「凡兵以勞而強，以逸而弱。」

曾文正公並以「明臣戚繼光練金華兵三千人，遂以蕩平倭寇」為例，以為今日論兵正宜法此。

至於「國用不足」，曾文正公一方面希望「簡練軍實，以裕國用事」，另一方面亦希望皇室能節流，「一分一毫，天子無所私利其間。」

3 勝不相讓，敗不相救

此為我大陸軍事失利最重要因素，各保實利，壯大自己，同時，各有後臺老闆，誰都不肯讓誰，誰都不怕誰，導致中國大陸全面淪亡之悲劇。

警察不能爭相破案，而破了案爭功爭獎，「勝不相讓，敗不相救」，這都是基本病態。

湘軍所以能成大事，作風剛好相反，但也不是天生的，而是曾文正公訓練、威嚴建立的。咸豐三年，曾文正公會奏皇上：「竊惟軍興以來，官兵之退怯遷延，望風先潰，勝不相讓，敗不相救，種種惡習，久在聖明洞鑒之中。推原其故，總由平日毫無訓練，技藝生疏，心虛膽怯所致。湖南經去年賊匪圍城，堅守八十餘日之久。臣等懲前毖後，今年以來，諄飭各營將弁，認真操練，三八則臣等親往校閱，餘日則將弁自行操閱，惟長沙協副將清德性耽安逸，不遵訓飭，操演之期，該將從不一至，在署偷閒養習花木。今春由岳州回省，旋至常澧一帶，查辦土匪所過地方，雖經賊蹂躪之區，尚復需索彼應，責令所屬備弁，購買花盆，裝載船頭，一切營務武備，茫然不知，形同木偶。現值粵賊竄逼江西，楚省防堵喫緊之際，該疲玩如此，何以導率士卒？相應請旨將長沙協副將清德革職，以勵將士，而振軍威。」

好一個「花花公子」，清德當官作威，所靠祖宗有德——大清後代，豈不知大清江山不保了，所幸有個不怕死，不怕難，更不怕得罪人的曾國藩。

曾文正公軍令如山，治軍其秘笈就在一個嚴字：這一刀開得好。

4 軍事以練將為最要

曾國藩以選將任才為最成功，所謂「中興以人才為本」，古往今來，再恰當不過。

湘軍以陸軍見長，海事則弱，海軍將才尤少。因此為水師小勝之機會，上陳皇上儲將甄才之要。

將與兵不同之處，將在謀，而兵在勇。

現代軍事，甚至政治，缺乏將帥之才，就在有勇而無謀，甚至匹夫之勇而逞能，會壞了軍國之大事。

咸豐四年十一月十一日，曾國藩為「水師小勝陳近日勦辦情形」：「臣等陸軍單薄，在南則不能顧北岸，渡北則不能顧南岸，即欲渡江，亦須繞至上游。迂迴百餘里，三四日乃能渡畢，而該逆愈勦愈多，愈擊愈悍，我師皆長征之卒，無生力之軍，轉戰千里，筋骨勞苦，若更往來頻渡，即令全不挫衄，亦恐疲於奔命，銷磨銳氣，其可慮者一也。軍事也以練將為最要。臣等一軍，皆招選鄉勇，本乏將弁，苟有翹出之材，臣著不惜破招超保，儲為將領，乃甄選已久，求其獨當一面者，殊難其選，求其雖遇敗挫，乃能措拄者，尤難其選。會水師營中楊載福以積勞致疾；何越珽以受傷出營，陸路諸將，亦皆勇多謀少，設一遇敗挫，無曉事之領將以措拄之，則恐潰散而無以自立，此又臣等隱以為慮之一端也。」

這一奏摺，就在一個「苦」字，這也是湘軍所以為湘軍也，絕不容花拳繡腿，尤其談到「我師皆長征之卒，無生力之軍，轉戰千里，筋骨勞苦……。」實在就是我抗日期間，遠征軍之化身也。

當然，這奏摺之主要用意，並不在訴苦，而是為培養與破格超保將領，報備與埋下伏筆，以為未來任用作鋪路，同時，亦阻擋了小人或惡人告狀。滿人主政，漢人為僕，更為將難，尤其南征北討的曾國藩，滿人是不會舒服的，但文正公忍人所不能忍之氣，吃人所不能吃之苦，打人所不能打之仗，清人也自嘆不如。

5 偶有小挫，大局無損

曾國藩，所處的時代環境，難，難，難上加難。

大敵當前，將士戰力，卻到了冰點。

政權是清人的，漢將有天大的本領，只能為人所用，不能搶人家的鋒頭，否則稍不慎，就會淪為「漢賊」的罪名，敵未敗，自己先敗陣下來。

這樣的局面，可謂二面作戰，曾國藩又不是唯唯諾諾的人，是一個典型不為己謀，重氣節的讀書人。無私無我，退讓，也許就是曾國藩能立下不朽功業的基本精神。

成亦讓，挫亦退，常存罪己之身，乃外能縱橫千里，出生入死，內為朝廷以「曾是膽」。

曾國藩亦有敗的時候，而且敗的次數很多、很慘，尤其他親自領軍之時，甚至有痛不欲生之念，每次挫敗，均自請處分，嚴予議處。

咸豐四年十二月十二日，因水師乘勝攻入內河，輕舟百餘衝入內湖，泝流迎剿，欲淨洗鄱湖以內之船，不料被隘卡加築，以致內外隔絕，老營被燒襲，成了河裡翻船。此時正當曾國藩治軍年餘，聲威大振，忽有此敗，乃有「殺賊有心，治兵無術」上奏「自請嚴議」。

曾國藩之自省與至忠，贏得皇上一副安慰帖：「曾國藩自出岳州以後，均能與塔齊布等協力同心，掃防群醜，此時偶有小挫，尚於大局無損，曾國藩自請嚴議之處，著加恩寬免。」

此真是爭千秋，不爭一時也。

6 兵合則力厚，分則力薄

咸豐五年二月十二日及三月十七日，曾國藩分別接奉軍大臣奉上諭，下達緊急令，要曾國藩一面攻勦九江，並分陸軍以救武昌東路……。

曾國藩要攻又要援，真不知如何是好。好在皇上急是急，但也知曾國藩忠膽赤心精神，和他的個性，也急不得。因此，不管軍機大臣如何轉達聖旨，還是要曾國藩，「務當統籌全局，斟酌辦理」，當然，「迅速奏聞」亦不在話下，否則軍機大臣如何負得起責任？

少作抱怨的曾國藩，除了陳明「兵合則力厚，分則力薄」外，並以三難說明缺乏調度「良策」：

「兵合則力厚，分則力薄。目下臣等一軍分為四枝，陸路二枝，臣塔齊布駐紮九江，羅澤南分勦廣饒，相去已在六百里；水路兩枝，臣國藩整理陷於內河之水師，駐紮鄱湖、李孟郡等回援武漢，屯紮金口，相去更在八百里外。

一、軍士進氣勝，退則氣歉。論天下之大勢，則武昌據金陵上游，為上來必爭之地。論行兵之常道，則上下皆賊，而臣等坐困中段，是亦決非萬全之策。是以臣等一聞武昌淪陷之信，即再四籌商，思所以為回勦之計，顧回勦之策有難言。

二、今該逆不攻陷武隆，而且窺伺襄樊，自金口以下，上下江面，皆為賊踞。內河水師，若徒株守鄱湖，不出江面，則保護一隅，無濟大局；若乘此春漲由湖出江，則不難於衝出江口，而難於出江之後，一軍孤懸，四面無依，上不能遽合金口之水軍，下不能速安慶之賊艇。

三、大抵兵勇之積習，久住不戰，口糧尚可展緩；若有行役之苦，有戰陣之危，則不可一日而無餉，狡者藉詞鼓譟，樸者亦無鬥心，患有不可勝言者。」

7　援湘乎？救鄂乎？

曾國藩於咸豐五年七月初一日接奉上諭：「駱秉章奏湖南鄰省賊氣四逼，兵力不敷，請飭調回湘勇，以資防勦一摺。前因羅澤南一軍，為賊牽制，未能即歸九江，諭令曾國藩等俟義寧勦辦得手後，即將該道調回，與該侍郎併力會勦。」

論私論情，曾國藩自然以援湘為最好，何況奉諭辦事，但曾國藩畢竟是曾國藩，公而忘私，以救難救急以全局為先：「湘南為臣桑梓之邦，豈不思所以保全，特不力挽大局，則一鄉一邑，亦終無獨全之理。合無仰懇皇上天恩，飭下兩湘督撫諸臣，羅澤南一軍，不得調回湘省，其麾下五千人，亦不得分支調撥，致兵力單薄，難以圖功，一俟湘省北路肅清，武漢勦辦得手，臣仍飛調羅澤南前來會師，以圖進取。」

曾國藩對「羅軍」還作以下之分析：「羅澤南一軍，將領多諳練老成，士卒亦久征慣戰，回武漢以勦粵匪則可，回湘南以勦土匪則不可。」

曾國藩就有保衛大武漢戰略，他說：「而論目前形格勢禁之道，則必力爭武漢而後可以保全鄰省，能保全完善之省，而後可復破陷之區。」

曾國藩非屬唯唯諾諾，唯命是從之輩，而從戰略緩急，調兵遣將；至於皇上之命，轉奏也好，來諭也好，火急也罷，只能作參考。戰場之運籌，戰爭之命運，還掌握在他手裡，這就是負責高度之表現。

此一歷程，必很痛苦，也要費一番掙扎功夫，但以天下為己任的曾文正公，扛了。羅澤南必是一支久征慣戰的長勝軍。

帥用將，將用兵，也有習慣性，用久了，用慣了，知將之性，也知兵之性，一次一次硬仗苦仗打下來，往往就會受「盛名」之累，攻堅也好、解困也好、護駕也好，十之八九就輪到他身上，羅澤南不一定是「王牌」，但屬於這一種。久戰之師，驕、疲、險，往往是致命傷。我國在對日抗戰及勦共時期，都有這樣慘痛經驗，盛名所累，為名所苦，最後為名所害，名師名將，就這樣斷送部隊，就這樣斷送江山，就這樣斷送了自己。

8 得一將則全軍興，失一將則士氣阻

曾國藩之成功，在能發掘人才，培養人才，風雲際會，後來都成為軍事政治外交各方面之「將帥」之才，甚至功名器宇超過曾國藩，名將名臣如雲，不勝枚舉。這批人物，留心曾國藩奏摺中，均一一顯現，甚至一再出現，因而展露頭角。

咸豐六年正月初九日，曾國藩因為疊奉諭旨「縷陳各路軍情摺」。

奏摺中指出：至於行軍之道，擇將為先，得一將則全軍振興，失一將則士氣消阻。

真是愛將如命。

曾國藩又指陳：「甲寅年秋冬之間，臣軍所以長驅千里，勢如破竹者，以陸路有塔齊布、羅澤南；水路有楊載福、彭玉麟諸人。軍中士卒，皆以塔、羅、楊、彭為法。沿江村市，亦知有塔、羅、楊、彭之稱，故能旂旗生色，席卷無前。」

「旍旗生色，席卷無前」，好不威風也。曾國藩以此為傲。請注意彭玉麟這一「戰將」。

9 勦撫並用，先勦後撫

二軍或三國作戰，不外勝和敗。

雙方之對峙情況，也不外三種：甲較乙強，乙較甲強，棋逢敵手，不分高低。在不分高低情況下，和最易，否則不是勝就是敗，就是「和」，亦非真「和」，和就更難。大陸淪陷前，李宗仁代總統時期，求和已定，蔣中正先生在求和逼和聲中下野，但當時的策略：能戰才能和。這是欲保持以長江為界的半壁江山，唯一戰法與生路。不幸的，失去戰的意志與力量，自然就無和的機會，一拖再拖，最後一敗塗地。

同樣的，曾國藩也碰到類似的情形。

石達開因為內部不睦，當時情報顯示，石達開有意投降。（太平天國的歷史中，石達開是很突出的一位，就地位，除洪秀全自封「天王」外，有東西南北四王，似同四大元帥。四大元帥，石達開為翼王，似乎有如虎添翼之意，石達開並未降，後來死於四川。）

咸豐六年十一月十七日曾國藩在上奏江西軍情奏摺中有這麼一段「軍情諭示」：「又聞石達開係湖南拔貢，因與韋逆不睦（應是北王韋昌輝），頗有投誠之意，雖未必即係確信，而窮蹙思降，亦或事之所有。此輩狼子野心，原難輕議招撫，儻係向曾國藩處乞降，應如何處置之法，或使先自立功贖罪，再邀重賞，亦當豫為籌畫，經權互用，以收實效，現在仍將失陷各城，先圖攻克，使該逆無所憑藉，不敢退至江西，是為至要。」

這個時候的曾國藩有喜不自勝之感，得意軍中。皇上又加上硃批：「爾等主見甚屬允妥，剿撫固應並用，尤重先剿後撫，可隨時審其宜，好為之。」

「剿撫固應並用，尤重先剿後撫」，實在是高明之決策也。一九九〇年中東波斯灣風雲，和戰未明之際，只用聯合演習，是無法逼和的，武力真要動一下，知道厲害才行。

10 城門之道：開城迎擊或閉門堅守

古之戰場，城堡即為守攻之象徵也。而萬里長城尤為集古之大成，成為世界史地之奇景。萬里長城之修建，無論是起始於那個朝代，聯成於那個朝代，但乃是漢民族之防守傑作，亦可以說是「中國各族人民智慧和辛勤勞動共同創造的歷史豐碑。」（《大英百科全書》語）

萬里長城固然雄偉，但其防敵之代表作，還是在那些關口，如山海關、居庸關、嘉裕關、紫荊關、倒馬關、平型關、雁門關、娘子關以及喜峰口、古北口、張家口、殺虎口等。塞北若干「口」，對日抗戰初期時，我國大刀隊展露過鋒口的。

這如說是中國之偉大，不如說中國武功之用心防守也。

戰爭之激烈與慘烈，莫過於守城與攻城。一個戰場之勝敗，一個戰爭之勝敗，也就在此。太平天國之盛，就在南京之得，其結束，亦在南京被攻下。有關南京攻守之慘烈，或在下面還有陸續的敘述，這裡暫且不談。

城守之道，攻城之道如何？

曾國藩有以下的原則：

「凡城守之道，攻者為客，守者為主。如果主強而客弱，則當開城迎擊；若其主弱而客強，則當閉門堅守。」（「查覆鄧仁堃被參各款摺」，咸豐六年十二月二十日）

這才是原則，中外兵法必更有闡釋。

問題是：守城取決於對攻城者正確估算，以及續援的兵力和頻數；攻城者之變數，在於解圍之援軍。

孤城幾乎在絕望中苦守，因為無援也，往往處於絕對不利之地位。其圍解，基於意志力以及城內守軍賴以作戰之彈藥，賴以維持生命之補給食糧，這個時候，無論古今中外之戰場，一城之解，真是驚天地而泣鬼神也。（還記得中國對日抗戰時期楚溪春因苦守「大同」，而成一代名將。）

11 報國心長，治軍才短

官場有官場那一套，越往上層，「禮數」也就越細越嚴，或稱之為「官場文化」。

官場文化有特殊的行為，更要有特殊表達方式，才能達到充分溝通的目的。

官場更講求關係。

我國的「官場文化」見之於宮廷，以及宮廷與藩外的關係。

宮廷有嚴格的宮廷教育。

宮廷與外藩的關係，駐外大員所重視的，一是駐京辦事處的「報告」與公共關係；一就是書函奏摺，做官的功力與奧妙，可謂盡在其中。

曾國藩雖然「素性拘謹」，也不例外。

曾之「丁憂返籍」，來往之上奏下旨，不下十次之多。

咸豐七年五月二十二日，曾國藩希能延長假，而乃有瀝陳下情懇請終制摺。

此摺真是百感交集，一方面感於受知遇之恩，奮興莫名；另方面，也百般無奈，返樸為安。

「仰見我皇上深仁渥澤，既俯鑒臣子之隱，曲示矜憐，復不棄駑下之材，曲加器使。凡屬旁觀，猶為感泣，矧在身受，能無奮興。惟微臣下情，有不敢不瀝陳於聖主之前者，臣通籍時祖父母父母皆無恙，在京十四年，在軍五年，堂上四人，先後見背，生前未伸一日之養，沒後又不克守三年之制，寸心愧負，實為難安。前代及我朝奪情之案，被人彈劾者，屢見疊出，而兩次奪情，則從古所無。臣到籍以來，輾轉思維，欲終制則無以報吾君高生成德，欲奪情則無以報吾親思勤鞠育之懷，欲再出從軍，則無以謝後世之清議，欲不出則無以謝患難相從之軍士。進退狼狽，不知所載。」

「伏查近日軍務，我皇上不動聲色芟夷大難，潛移默運，實已挽回十之七八，以大局言之，河北洪楊內亂，武漢肅清水師精勁迴，非咸豐二三年氣象可比，……添臣一人，未必有益；少臣一人，不見其損。」

「臣恭閱邸鈔，上年大學士賈楨丁憂，皇上賞假六個月，令其回籍治喪，施因賈楨奏請終制又蒙諭旨所請，並指明御史鄒焌杰傳聞之誤。臣假期將滿，葬事未畢，合無籲懇天恩，援照賈楨之例，准臣在籍終制，感激鴻慈。」

「微臣報國心長，治軍才短，守制之日有限，事君之日無窮。」

曾國藩對軍事，實在是心灰意懶，弦外有音，百感交集，乃能拖一天，算一天，好不容易找出「賈楨」之例，而「報國心長，治軍才短」，尤見其心境。

12 士無常親，撫馭是親

曾文正公在京城、在戰場奔波十九載，先人二代四人而去，此時心中難免有戚戚焉。歸鄉之念，始終未除。

咸豐七年六月初六日，由驛五百里馳奏，除恭謝天恩外，並籲請開缺摺。

皇上對曾國藩的請求，除一一照辦外，不斷慰勉的耐力，也是令人敬佩的。

這一門忠義，皇上是心存感念的：「曾國藩本以母憂守制在籍，奉諭幫辦團練，當賊氣勢擾皖鄂，即能統帶湖南船勇，墨絰從戎。數載以來，戰功懋著，忠誠耿耿，朝野皆知。伊父曾麟書，因聞水師偶挫，又令伊子曾國華帶勇遠來援應，尤屬一門忠義，朕心實深嘉尚。」

曾文正公真是心灰意冷，求去而後快，甚至說些不是很得體的不吉利話：「臣兩遭親喪，自度不祥之身，決非宏濟時艱，挽回大局之象，合無籲請天恩，俯准開除兵部侍郎缺。」

曾國藩深受皇上信寵，所帶的又是湘軍，是皇上的知己，因此，曾國藩在分析遣兵調將，有得有失，至勇不一定至親，乃以「士無常親，惟撫馭者是親，不必楚人而後能用楚眾也。」似乎在說，湘軍不一定非他這個湘人帶不可。

13 取信如金石，迅速如風霆

曾文正公這頭湖南騾子脾氣發了。一而再，再而三，去，去，去，非去不可；皇上愛才如命，留，留，留，非留不可。

咸豐七年六月初六日，再奏一摺，「仍籲懇天恩，在籍終制，多守數月，盡數月之心；多守一年，盡一年之心。」

此次更露骨者，表達一些軍中辦事之艱難。就現代術語來說，經營理念有所不容與不合也。

「臣幫辦團練之始，仿照通例，鐫刻木質關防，其文曰：『欽命幫辦團練查匪事務，前任禮部右侍之關防。』

「咸豐四年八月，臣勦賊出境，湖南撫臣咨送木印一顆。其文曰：『欽命辦理軍務前任禮部侍郎關防。』

「九江敗後，五年正月，臣換刻『欽差兵部侍郎銜前禮部侍郎關防。』

「是年秋間補缺，又換刻『欽差兵部右侍郎之關防。』

「臣前後所捧援鄂援皖籌備船砲肅清江面諸諭，皆係接奉廷寄，未經明降諭旨，外間時有譏議，或謂臣係自請出征，不應支領官餉；或謂臣未奉明詔，不應稱欽差字樣；或謂臣曾經革職，不應專摺奏事，臣低首茹歎，但求集事，雖被侮辱而不辭。」

曾文正公所以守制不歸，露出「馬腳」，真是事出有因，也真是天下不如意之事十之八九，其涉及名實者，事權者，還有最重要的，是上方寶劍之取得，得到最高當局之授權，因為「軍中之事，貴取信如金石，迅速如風霆，而臣則勢有所不能。」

因而發了一頓牢騷話，就看你皇上聖奪，用句通俗話，你就看著辦吧。因為：

「茲三者其端甚微，關係甚鉅。臣細察今日局勢，非位任巡撫有察吏之權，決不能以治軍；縱能治軍，決不能兼及籌餉。臣處客寄虛懸之位，又無圓通濟變之才，恐終不免於貽誤大局。凡有領軍之責者，軍覆則死之；有守城之責者，城歿則死之。此天地之常經，古今之通義。」

一言以蔽之，講來講去，要大權在握也。可見，曾國藩也是人，一般人之通病，他也有，這也就是人性，人性管理是也，這是主政者或大企業家用人重要之一章。

14 用兵以和為貴，用勇以嚴為貴

「一將成名萬骨灰」。對於曾國藩而言，湘軍之成功，不知折損了多少名將！

而在戰場上視死如歸之精神，真是軍人之典型，難怪後人有謂：無湘不成軍了！兵應不在量多，而在精神也。

其中，李續賓之死，最讓曾文正公心痛，有些像蔣委員長在對日抗戰中，為為國捐軀的張自忠將軍，心痛不已。

因之，曾文正公曾云：「李續賓死事甚烈，功績最多。」

先說他的死，係以數千之寡，受制於十萬之眾，時在咸豐八年十月初十日，地在皖北三河鎮。

李在死前曰：「某在軍前後數百戰，每出隊即不望生還，今日固必死此，有不願從死者請各為計。」真是視死如歸。

各員弁皆跪泣曰：「某等願從公以死報國，不願去。」

湘軍員弁兵役，隨李續賓死者，近六千人。與李續賓為兒女親家的曾國藩弟弟國華，亦同時殉難。

李續賓之戰績：「自咸豐三年赴援江西克復太和、安福、永興，有江西湖南奏報；四五兩年，攻克岳州武漢廣信等處；六七八等年，攻克武漢九江皖北各處。」

李續賓帶兵之精神，亦有其特殊之一面：馭下極寬，終年不見慍色，而弁勇有罪，往往揮涕而手刃之。

至於其打仗之精神，可謂湘軍之典型。曾文正公讚賞不絕：「有名將之風，故刑人無多而歲久無放弛慢。至於臨陣之際，專以救敗為務，以顧全大局為先。遇賊則讓人禦其弱者，而自當其悍者，分兵則以強者予人。而攜弱者以自隨，或攜數次弱者漸強矣，則又另帶新營以自隨。」

這和當時之風氣截然不同：「患其界限太分，勝不相讓，敗不相救，兵則規矩較肅，而患其無陷陣剛猛之風，勇則銳氣較新，而患無上下等威之辨」，故文正公強調「用兵以和為貴，用勇以嚴為貴。」

至於為人之精神，清廉自持。文正公回憶：嘗謂臣曰：「立法者但求大段妥善，行法者當於小處彌縫」，可能就是今天社會之大病；「立法從嚴，執法卻從寬」。「臣初定湘營，餉項稍示優裕，原冀月有贏餘，以養將領之廉，而作軍士之氣。李續賓統營既多，歷年已久，節省贏餘，及廉俸至數萬金，不寄家以自肥，概留備軍中非常之需。」

此可能就是時下之「特支費」之由來。

曾文正公痛失良將，不免感歎：「臣昔觀李續賓厚重少文，百戰無挫，私心慰幸，以為可躋中興福將之列，不意大難未夷，長城遽隕。」

真是「出師未捷身先死」。

「厚重少文」，實即是實幹苦幹之典型。

15 敗挫不知歸伍，久征常思還家

小規模戰事也好，大規模戰爭也好，所打的，不外是人員裝備補給以及更重要的是精神。此四者，或稱之為戰力。

每遇戰爭中或爆發前，所爭的就是：增兵增補，也就是送人來及送糧來。

民國三十八年，大陸撤守前，遼西會戰、徐蚌會戰，基本上都是增兵之戰。

一九九〇年波斯灣危機，常見全世界報紙頭條新聞：美國增兵十萬，美國增兵二十萬……。

曾國藩所處的時代也是如此。

曾也身負天下之安危，有統籌全局之責，就難免大權隨大謗而來。

咸豐九年五月二十一日，奉上諭：「官文奏。探佑湖南賊眾，勢將入蜀，請飭曾國藩帶兵迅赴夔州一摺。」

「據官文奏請，飭李定太守饒州，饒廷選守撫州，彭玉麟守九江，著曾國藩斟酌情形，咨商耆齡妥為布置，俾得迅掃賊氛，不至顧此失彼，是為至要。」

「由六百里諭令知之。」發出緊急軍令。

曾國藩除詳細據報調動情形下，並云：

「昨派弟曾國荃五千八百人赴鎮協勦，臣身邊並未留一兵一卒。」

「未留一兵一卒」，可能是氣話，也可能是形容詞，否則曾國藩不是在唱「空城計」！

在這一緊急奏摺中，還道出一則湖勇轉戰大軍南北，如今在距湘鄉不過百里，思鄉心切，「一旦拔隊征蜀，道經楚境，必且紛紛請假，勢難禁止」。正是：

「凡勇之弊，敗挫則不知歸伍，久征則常思還家，不獨湘勇為然，各省均坐此弊。」

這也是古今中外軍人的大問題。

兵敗，流落各方，靠手上的「傢伙」過活，發點小財，製造社會問題。

中國大陸軍事連連失利，有三大特產：散兵、傷兵與難民，破落景象，吃、鬧、打，就把一個政權拖垮了。

近鄉情怯，豈有過家門不入之理！否則也不會有大禹治水之千秋美事。

16 除臣弟曾國荃外，有功則獎

除非萬不得已，官場也好，商場也好，內舉還是要避親的。深知其中道理的，除了曾國藩外，就是蔣經國先生了。二人做起來，都很澈底。

政治、軍事與企業的道理，都是一樣的，「六親不認」，緊要關頭才能成大業。

政治也好，事業也好，往往就是敗在近親手裡。

臺灣股票市場，風雲起伏，正如古往今來的賭場一樣，很少有真正的贏家，因為贏了還想再贏，直到撈本無望為止，悔之晚矣！

令人羨慕的「茶王」天仁茶莊，臺北街頭到處可見，美國也有市場與蔘場，並向中國大陸開拓茶源，很遺憾的，也難奈誘惑，在股票市場中栽了大跟斗，血本無歸。

天仁證券之股海翻船，據店東自述，一是不在行，二是太相信自己的親戚。恐怕後者還是主因，因為自己外行，有本錢還可以找內行人來經營。

曾國藩的一生，弟弟們以老大哥馬首是瞻，身先士卒，但老哥總不為老弟好處謀，且處處「避親」，這一點，是曾文正公異於常人，也是他的偉大處。

湘軍在江西景德鎮及浮梁縣城奏捷，率軍的正是曾國荃，帶領五千餘人。

但，咸豐九年六月二十二日，曾國藩奏摺為「官軍攻克景德鎮及浮梁縣」請獎，但曾國荃除外：

「臣查景德鎮為江西皖浙三省要衝，去臘派張運蘭帶領楚軍與劉于潯之江軍會勦，前後數十戰，互有勝負，楚軍陣亡至七百餘人之多。今幸濟師助勦，力戰成功，仰仗皇上天威，江西全省，一律肅清。除曾國荃係臣親弟，不敢仰邀議敘，及江軍出力人員，應由撫臣奏獎外，按察使銜即選道張運蘭治軍堅忍，艱險不渝，可否賞加布政使銜；候選前王文瑞，勇敢明練；候補游擊任星元，忠實勤能，可否均賞加勇號；其餘楚軍出力員弁，可否由臣擇尤保獎，以勵戎行，出自天恩。」

17 戰兵與守兵，正兵與援兵

戰場之陣勢，亦如籃球場上的位置，有前鋒有後衛；有上場之正選，有場外之候補。當年無論在臺北北投球場、憲兵球場或三軍球場，七虎隊出賽裁判，哨音一響，五位正選上陣，這一序幕的拉開，球迷就知誰勝誰負之七、八了。

戰場之兵力部署，也是如此。

為援皖事，咸豐九年九月二十日，為「會商大略」奏摺：「仰見皇上權衡大局，熟計兼籌，尤以援皖為急務，令臣等相機酌辦，虛衷委任，感悚曷勝。臣於八月二十三日，行抵武昌，晤商督臣官文。」「官文胡林翼擬將援湘馬步各軍調回，分路進發，皖鄂撫壤，途經紛歧。上年李續賓銳意深入，連克四城，因兵數太少，有戰兵無守兵，有正兵無援兵，是以中道挫衄。今懲前此之失，須合全力圖之，多添一兵，得一兵之力；早辦一日，救一日之難，中原腹地，莫要於皖；生民苦厄，莫甚於皖，就大局緩急而論，臣自應回軍援皖，先其所急，以期速蘇民困。」

就像一臺戲，曾文正公因「相機酌辦」，勁就來了，這也就是統御之道，比你直接發號施令，耳提面命，要有用有效多了。

一個命令，一個動作，究竟不能戰勝千里之外。

同時，這一個奏摺中可以看出，大將漸漸開始出場了：胡林翼。

18 太湖水師，杭州造船

中國戰史中，雖有孔明草船借箭之傳奇，鄭和下南洋，但，基本上，這不是海戰之勝利，只是用兵之奇招而已。

因為中國雖外有大洋，但還是內陸國家，海軍水師向未重視，亦未有堅實的基礎，因之，在其後與外國作戰中，只要是海戰，幾乎沒有佔到便宜，甚至全軍覆滅。

大約自曾國藩開始，就知道水師之厲害了。

咸豐十年五月十七日，曾國藩上奏預籌三支水師，以應內河作戰之需要，有水師還要有戰船，因此也要造船，這個時候，曾國藩的軍事部署，目標已朝向金陵了。

「蕪湖孤懸水中，賊匪守之則易，官軍攻之則難，是以五年血戰，不能得手，而黃池灣沚屢次失利，皆以全無水師之咎。臣愚以為欲克金陵，必須先取蕪湖；欲取蕪湖，必於寧國另立一支水師，編布固城南漪等湖之中。寧國水師及其內，大江水師攻其外，如七年攻破湖口之例，庶幾蕪湖可克，而東西梁山，可期以次恢復，此寧國水師急宜籌辦之情形也。逆匪堅忍善守，各路奏報，皆有同辭。」

「今蘇州既失，面面皆水，賊若阻河為守，陸軍幾無進兵之路，城外幾無紮營之所，臣愚以為欲攻蘇州，須於太湖另立一支水師，浙江無事，宜於杭州造船。」

19 廣布局勢，穩立腳根

咸豐十年五、六月間，曾國藩位至兩江總督，軍務地方，大權在握。

這個時候，皇上與曾國藩函電交馳，為的是攻下安慶或是蘇州可復常鎮可圖。

皇上的意見：「蘇常為東南財賦之區，且係數省咽喉，自應以急籌攻復為上策，現在賊勢直趨湖杭，勢將糜爛兩省，尤為刻不可緩；如果安慶一城，指日可復，正不妨先復安慶，沿江而下，乘金陵賊眾空虛之時，直搗巢穴，一面調派援兵，併力夾克蘇州，使賊首尾不能相顧。曾國藩既膺重任，責無旁貸，其安慶是否可以即復，金陵是否可以進攻，不致牽制兵力，久頓堅城，抑或調派，先解蘇常之危，均著酌量緩急，妥籌辦理。」

皇上這一「如意」算盤，曾國藩作以下的回應：「仰見聖主明燭萬里，虛懷委任，欽悚莫名，疊次奏權，以安慶之圖，不可撤動，蓋取以上游制下游之勢，為進攻蕪湖克服金陵張本。」

曾國藩自己的戰法：「注重安慶皖南，不敢先圖蘇常一隅之微意也。」

曾國藩特別指出：不患賊之逼我前，而患賊之抄我後，故須廣布局勢，穩立腳根。

「穩立腳根」是曾文正公的真精神與真功夫也。

20 惟思勤懇以收得尺得寸之功

咸豐十年六月二十四日，時曾文正公五十歲，「已明降諭旨，將曾國藩補授兩江總督，並授為欽差大臣，督辦江南軍務矣。」

對文正公言，真是大權在握；對大局言，希其能統籌全局也。

就在咸豐十年七月十二日，曾國藩覆奏一「統籌全局摺」，除自謙外，並將湘鄂兩江情勢差異作一分析以及因應突破之道：

「臣素性愚拙，本無長駕遠馭之才，力所能勉者，惟思勤懇以收得尺得寸之功，力所不逮者，何敢欺飾以失顧言顧行之義。」

「蓋自湘省至揚州，繞道五千里，上游一水可通，人多而氣聚；下游百物昂貴，人少而勢孤，同一應募之勇，同一額度之糧，其願就鄂就皖，而不願赴揚州者，情也勢也。以臣愚見，淮徐等處，風氣剛勁，不患無可招之，但患無訓練之人，擬即函商官文都興阿等，酌帶楚師千人，先行馳往。仰慰聖懷，到江北後，用楚軍之營制，練淮徐之勇丁，嚴其禁約，寬其期限。李鴻章往辦水師，亦照此法行之。臣明年馳赴淮揚，亦照此法行之。餉絀而不改其常，戰敗而不變其度，期於有成而後止。若仗聖主洪福，得一二名將出乎其間，兩淮之勁旅，不減三楚之聲威，此江北先行籌畫之微意也。」

江南江北，一江之隔，民情全不相同，蘇北民性尤為特殊也，此可能與生存環境艱苦有關。曾文正公深知此點，「不患無可招之勇，但患無訓練之人」，亦即以訓湘之將，用以訓淮徐。而其要，乃在於「一二名將出乎其間，則兩淮之勁旅，不減三楚之聲威。」

果然不凡，其後淮軍幾可與湘軍，各顯其長，並駕齊驅也。

21 勝則貪財，敗則先奔

曾國藩之湘軍，起自鄉練，乃以家鄉人保衛自己家鄉之安全也。這個以自力方式，保鄉衛民，在現代中國政治史上影響是很大的，甚至抗戰之勝，戡亂之敗，和這個都有關係。

中華民國有保安團隊之制度，基本上是以縣為單位，或源於湘軍。但實施起來，就不堪問了，那真是保安不足，擾民有餘了。

保人之事，皇上對曾國藩是深具信心的，主持方面之重要人事，固以曾國藩馬首是瞻，就是地方團練也要曾國藩推荐人。

咸豐十年七月二十三日，曾國藩為派宋夢蘭辦皖南團練上一條呈，這是因為奉上諭：「現在各省舉行團練，皖南地方緊要，自應一律辦理。著曾國藩察看情形，擇其諳練軍務，素繫人望者，酌保一員。」

曾國藩除保舉宋夢蘭外，並將團練制度實施以來之奇形惡狀，上奏一番：

「留心訪察，聞有丁憂在籍之翰林院編修宋夢蘭，徽州歙縣人，本年春間，賊由太平縣圖竄箬嶺，該員督帶練丁，協力嚴守，品行膽識，眾論翕然，相應請旨，飭派宋夢蘭辦理皖南團練事宜。」

「皖南團練」，有似抗戰前後之「專員」制度也。

「查團練本是良法，然奉行不善，縣官徒借以斂費，局紳亦從而分肥，賊至則先行潰逃，賊退則重加苛派，轉為地方之弊政。」

「臣自咸豐三年，奉旨辦團，初次摺內，即奏明自行練勇一千，是臣所辦者，乃官勇非團丁也。嗣後經過各省，從未有團練能專攻一股，專守一城者，不過隨官兵之後，勝則貪財，敗則先奔，常藉口於工食之太少，而辦理歧異者，往往多給錢文，團丁所領之餉，與臣之官勇例價相同，且或有過之者，其取之民間，無非功捐抽釐之類，是該團練已失其本義，於軍餉又大有妨礙。本年五月，臣奉命署理江督，即曉諭官民，團練之事，當擇地而辦之，擇人而辦之，蓋欲得其利不得不去其弊也。」

這就是一事，反映一時代問題之所在也。

22 殺敵致果，潔己奉公

皇上與方面大吏之函電，實在是極高的藝術，尤其是像面對曾國藩這樣有性格的人。

曾國藩於咸豐十年八月初五日，從兵部轉來皇上硃批：「知道了。卿數載軍營，歷練已深，惟不可師心自用，務期虛己用人，和衷共濟，但不可無定見。」

皇上既怕曾國藩太性格，得罪不少人，誤了大事，又怕沒有性格，因此，常常以「但不可無定見」作叮嚀一番。

曾國藩接到聖旨，除了依例「謝恩」外，也難免藉機發發牢騷：「臣賦質迂拘，近年閱歷漸多，竊見兵興十載，而軍政吏治二者，積習未改，甚或日趨日下，何以挽回劫運？是以痛心疾首，深自刻責。與將士約，先求勿騷擾百姓，然後能殺敵致果；與官吏約，先求勿沾染壞習，然後能潔己奉公。臣以困勉自勵，亦以勸誡所屬，而才智短絀，措施失當，誠恐有師心自用之處。茲奉聖諭，惟有敬謹省察，而敢師心，而務要虛心，以收集思廣益之效；勿存成見，而須有定見，貴審輕重緩急之宜。」

這一段顯然有牢騷，也有辯解，尤其對於「軍政吏治」更有相當的失望，甚至連「痛心疾首」也用上了。只有靠「與將士約」和「與官吏約」了。

23 馭夷之道，貴識夷情

近代中國，與洋人打交道而有經驗者不多，曾國藩李鴻章可謂重要之始，也具現代之觀念。

咸豐十年十一月初八日，曾國藩為洋人助勦及採米運津上一奏摺，分析得失利害，可謂頭頭是道：

「抑臣竊有請者，馭夷之道，貴識夷情，以大西洋諸夷論之，暎咭唎（英國）狡黠最甚，咈郎西（法國）次之，俄羅斯勢力大於暎咈，嘗與暎夷爭鬥為所憚，咪唎㗂（美國）人性質醇厚，其於中國素稱恭順。」

曾國藩對於英法俄及美國之分析，可謂觀察入微，百年列強在中國土地上行走之軌跡，頗符合。惟令人不解者，外國譯名怪裡怪氣之外，為左邊多加口字，如「暎咭唎」「咪唎㗂」等。

至於借外力之利弊得失，曾國藩有以下的得述：

「中國勦賊運漕，斷無專借資外國之理，惟思江浙地方糜爛，兵力不敷勦辦，如借俄兵之力，幫同辦理逆賊，若能早平，我之元氣，亦可漸復，但恐該國所貪在利，藉口協同勦賊或格外再有要求，不可不思患預防。」「自古外夷之助中國，成功之後，每多意外要求，彼時操縱失宜，或致別開嫌隙，似不如先與約定兵船若干隻，雇價若干，每船夷兵若干，需月餉若干，軍火一切經費若干，一一說明，將來助勦時，均由定海糧臺支應，庶可免爭競而杜衅端。」

「咪商粵商，情願領價採辦臺米洋米，由海道運至津沽，實亦濟變之要著；俄酋既以此為請，似即可因而許之。除粵商採辦之米，應由該商自行經理，毋庸插用俄咪酋幟外，所有咪商採辦運津之米，亦請飭薛煥在上海就近與該商訂明，粵商領價，須取保戶咪商，則聽咪酋經理，當可無誤要需，為時局計，似亦舍此別無良策。」

當時，曾國藩對商船，甚至代理商都有些概念，以那個時候的「中國」，實在不易。

24　晝而躍馬入陣，暮而治事達旦

曾國藩之可敬可愛，就在愛才如命，乃有清一代，非但成中興之局，而人才鼎盛，名將名相，幾均出自曾國藩之心中。

為了左宗棠軍克德興婺源，咸豐十年十一月二十八日，曾國藩上書聖上，以「晝而躍馬入陣，暮而治事達旦」，形容左宗棠之勇與勞：

「臣查左宗棠一軍自移師景鎮駐紮未久，一聞貴溪警報，分路調撥或迎頭截擊或跟蹤追剿，計十日之內轉戰三百餘里，連克二城，使狼奔豕突之眾，喘息不得少定，實屬調度神速，將士用命。自此股勦敗後，即有池州小股撲陷建德直犯浮梁景德鎮，亦惟左宗棠一軍，獨當其衝，左宗棠初立新軍，驟當大敵，晝而躍馬入陣，暮而治事達旦，實屬勤勞異常，惟係襄辦京堂大員，應如何優擢獎敘之處，出自聖裁。」

曾國藩視部下如神，功歸部屬之精神，實在是聖人之心，乃能成非常之事業，挽狂瀾於既倒。任何功業之建立，還是在於精神，有至誠感人之精神，始有感人之事業。

事業難有不朽，但惟有精神有不朽也，可大可久。惟有不朽的精神，始有不朽的事業。

25 皆住營壘，不住民房

湘軍能成為清朝中興的「勁旅」，挽救了清朝垂亡之命運，而擊潰了太平天國，有其特殊的制度，措施與精神，乃能立非常之功，建非常之業。

蔣中正先生一生治軍治家，皆以曾文正公為師，在三個時代中亦見其成敗；此一成敗，也就是湘軍精神實踐之消長。

對日抗戰時期、戡亂時期以及臺灣復興時期，為三個時代，其成敗得失，亦反映在三個時代的作為中。

對日戰爭，就是全民之戰，軍民不分的，敵前敵後是一體的，非但做到了軍不擾民，而民助軍，民即是軍，成為全民戰爭之精神與特色。

戡亂時期，紅潮滾滾，軍駐民房，成為普遍現象，如軍紀嚴明，亦可做到軍民一家，軍保民，民助軍，自可發揮相加，甚至相乘的效果，但由於戰亂頻仍，軍紀不嚴，再加政治與經濟之失敗，敵人從中挑撥，則軍隊成為民眾極大之負擔。

至於臺灣復興時期，軍人自建營房，軍助民割稻修橋補路，參加緊急天災救助工作，那更是當仁不讓的，平時，除在金馬前線外，在本島幾乎很難見到軍人，退伍軍人由於政府的輔導以及個人的奮發有為，成為國家建設與社會人才重要的人力資源。可以說，其成就超過湘軍多多。

曾文正公在咸豐十一年三月二十四日，在「進攻徽州未能得手」奏摺中，特別指出：「湘營舊規，皆住營壘，不住民房。」

這一「皆住營壘，不住民房」，實在就是現代軍人所要求的「不擾民」之始也。

中華民國現代軍隊，已從不擾民，進而做到親民的境地以及軍人皆來自民間再回到民間，都是中外歷史中難得而了不起的成就。

26 二千五百病疫之卒，當二萬餘慓悍之賊

左宗棠為一員猛將，左之部隊為一勁旅，不只是為曾國藩衝鋒陷陣，其戰守亦為聖上所關注，曾國藩自然知道，且有調左援浙未果。究竟曾國藩所奏報的，是真是假，真實狀況或是保存實力，曾國藩自應有所覺，乃將左宗棠五六兩月戰守情形奏報，並請求對有功官兵，「分別優獎」。

咸豐十一年七月十八日，曾國藩為「左宗棠五六兩月戰守情形」奏摺：

「臣查劉官方一股，由建德乘虛深入，圖竄洒西腹地，幸左宗棠回援神速，力保景鎮要道，並追賊出嶺，收復建邑；至賴裕新一股，由江浙邊界內竄，欲陷婺源，以圖徽郡，計甚狡毒，不虞官軍據險以待，一敗不支，且新建之戰，以二千五百病疫之卒，當二萬餘慓悍之賊，猶能所向克捷，俾婺城危而復安，於全局亦有裨益，其出力弁勇，仰懇天恩，准其擇尤併入樂平大捷案內，分別優獎，以示激勵。」

曾國藩以「二千五百病疫之卒，當二萬餘慓悍之賊」，形容左軍之「神」；另外一方面，「二萬餘慓悍之賊」不敵「二千五百病疫之卒」，可知此「慓悍之賊」病疫尤深也。僅此段，不禁使我們想起當年

對日抗戰期間，中國遠征軍的苦難與威風也。忠骨流落異域，或戰死戰場，或為病疫致死，真亂世忠魂也。

27 用兵之要，貴得人和，不尚權勢

有一天，曾國藩接奉聖旨，要他統領「江蘇安徽江西三省並浙江全省軍務」，真是半壁江山在握也，但渾厚的曾文正公謝絕了。他在力辭節制浙省各官摺奏中這樣寫道：「大抵用兵之要，貴得人和，而不尚權勢；貴求實際，而勿爭虛名。臣惟當與各僚屬同心圖治，共濟艱難。」

曾國藩之心，真是善哉，善哉！

咸豐十一年十月十八日，內閣奉上諭是這樣的：「欽差大臣兩江總督曾國藩，著統轄江蘇安徽江西三省並浙江全省軍務，所有四省巡撫提鎮以下各官，悉歸節制；浙江軍務，著杭州將軍瑞昌幫辦，並著曾國藩速飭太常寺卿左宗棠，馳赴浙江，勦辦賊匪，浙省提鎮以下各官，均歸左宗棠調遣。」

曾國藩接到此一大權在握的「上諭」，乃於咸豐十一年十一月二十六日覆旨，力陳期期以為不可：

「伏念臣自受任兩江以來，徽州失守，祁門被困，竭蹶之狀，屢見奏報，倖託聖主威福，僅得自全。至於安慶之克，悉賴鄂軍之功，胡林翼籌劃於前，多隆阿苦戰於後，並非臣所能為力；江蘇各郡，群盜如毛，乃臣職分應辦之事。受命年餘，尚無一兵一卒達於蘇境。是臣於皖則無功可敘，於蘇則負疚良深，乃蒙皇上天恩，不責臣以無效，反令兼統浙江軍務，並四省巡撫提鎮以下，悉歸節制，此非常之寵遇，臣自顧非材，實難勝任。」

「不若以左宗棠專辦浙事，可取決於呼吸之間。左宗棠前在湖南撫臣駱秉章幕中，贊助軍謀，兼顧數省，其才實可獨當一面，應請皇上明降諭旨，令左宗棠督辦浙江全省軍務，所有該省主客各軍，均歸節制，即無庸臣兼統浙省，籲懇天恩，收回成命。在朝廷不必輕假非常之權，在微臣亦得少安愚拙之分，其浙省軍事，凡臣愚慮所能到，才能所能及，必與左宗棠竭誠合謀，不敢稍存畛域。」

曾國藩面對大權，直說慚愧、慚愧。慚愧之餘，則把功績推到胡林翼，把希望寄託到左宗棠。

28 知兵而能用將

曾國藩的精神，用在戰場，在打死仗；用在為人上，則講真話，而與當時的政治人物觀事斷事不同，乃能形成曾國藩的時代，亦即清朝中興的時代。

「事在人為」，曾文正公的精神及其志業，可謂典型。

皇上問苗沛霖的情形以及彭玉麟的調職，曾文正公則直說其利弊得失。

咸豐十一年十二月十七日，曾文正公為苗沛霖及彭玉麟事，覆摺：

「臣查苗沛霖藉受撫之名，行謀叛之實，已數年矣。朝廷假爵賞為羈縻，而後即竊威權以脅眾師，臣以恩義相勸誘，而彼即挾詐術以要求，梟獍之性，非可感化，徒以長其兇燄，養成尾大不掉之勢。」

「彭玉麟素統水師，並未帶有陸兵，亦未在陸路打仗，一旦舍舟登陸，似覺用違其長。穎壽原有兵勇，驕疲日久，殊難得力；若另行召募，戰守皆不可靠；若調撥別部，恩信又不相孚。且現在得力之軍，皆分防最要之地，即抽援亦不能多，彭玉麟隻身前往，於事何濟？況水師轉戰數年，肅清上游千餘里，實賴楊載福、彭玉麟二人，互相維持。」

曾文正公，可謂知人善用，知而能用將矣。

29 事權既無專屬，剛柔寬覺兩難

各省有團練之設，並派大學士負辦理之責。一日，曾文正公接上旨，謂：「各省設立團練大臣，諸多弊竇，擾害閭閻，請仍責成地方官辦理，以一事權」，徵詢曾文正公的意見。曾文正公乃以「事權既無專屬，剛柔寬覺兩難」為由，主張撤離，讓那些團練大臣回京吃朝廷飯。

咸豐十一年十二月十八日，曾文正公覆片：

「惟目下賊數太多，逆氛正熾，斷非團練所能奏功，應俟賊氣漸衰，大功將緩，兵勇凱撤之際，然後辦團，以善其後，庶幾有益無損。晏端書、龐鍾璐，清操雅望，內任最宜，應請皇上天恩，撤去團練差使，仍飭回京供職。所有江南北應行團練之處，即責成地方大吏，督率官紳，妥為經理，所有遵旨體察情形，覆奏緣由。」

這也就是事權專一，還是由各地自訓自用較宜。

30 常思奮身而赴義，不願就易而避難

咸豐十一年十二月二十五日，曾國藩奉上諭：「彭玉麟奏瀝陳下情，請開缺專意勦賊一摺。安徽巡

撫現在簡用乏人，著曾國藩於所屬司道大道內，擇其長於吏治，熟悉軍情者，不必拘定資格，秉公保奏一二員，候旨簡放。」

這時已到了同治年。

同治元年正月初十日，曾國藩上奏摺，保有二人以供聖奪。一是張亮基，一是李續宜。

「前任雲貴總督張亮基，久任封疆，艱險備嘗，威望素著。咸豐二三年間，在湖南巡撫署湖廣總督任內，籌辦防勦，布置得宜，輿論翕服，湘勇之初招赴省城訓練，實自張亮基發其端，故楚軍將弁，樂為之用。該員籍隸徐州，於潁亳宿蒙等處，地勢民情，亦甚熟悉，又與袁甲三兒女姻親，足資連絡。」

「至湖北撫臣李續宜，上年九月，曾自行奏請回皖撫本任，該員忠勇沈摯，一則感文宗顯皇帝超擢之恩，一則抱伊兄李續賓三河之痛，常思奮身而赴義，不願就易而避難，其所部成大吉、蕭慶衍、蔣凝學各軍，皆在皖境，可否仰懇聖恩，於張亮基、李續宜二員中，特簡一人，為安徽巡撫。」

曾文正公於一奏摺，在人才保舉中，顯示其一貫的不避艱險苦難的精神。而「不願就易與避難」，亦是左宗棠的精神也。

31 上海：論籌餉為要區，論用兵則為絕地

同治啟始，對於曾國藩的倚重尤深，盼文正公能統籌全局，「力挽東南大局」。

此時，曾國藩真是一肩承天下安危，而其前後左右名將也成氣候，除老弟國荃外，左宗棠、李鴻章等，也都為「當局」所倚重。

同治元年二月初二日，曾文正公條陳國事六條，以突破江南之圍。

這是因為皇上對曾文正公，到了天下之平，惟君是賴矣。

同治正月十三日曾文正公奉上諭：「曾國藩、左宗棠、李續宜等，均負時望，卓著戰功，疊經先後簡任督撫，畀以重任。曾國藩節制四省、左宗棠雖簡任浙撫，並諭以不必為地方職守牽制，復因皖事孔亟，不得已以李續宜移調皖撫，原冀合力通籌，力挽東南大局。現在江浙賊氣恣肆，亟應設法進兵，早圖恢復，拯生民於水火。」

皇上更懇切地說：「朕以沖齡嗣值，荷蒙兩宮皇太后孜孜求治，舉賢任能，焦勞宵旰。日與議政五軍機大臣籌商軍務，每於該大臣等奏報到時，詳加披覽，一切規畫，輒深嘉評，言聽計從，想該大臣等勝算老謀，於大局必早有置，惟該大臣等章奏寥寥，南服睠懷，殊深廑念。現在曾國荃募勇是否到營？李鴻章帶兵是否到鎮？鮑超進規寧國，能否得手？多隆阿、蔣凝學等軍，曾否分攻廬壽？楊載福何時可以銷假回營？與彭玉麟並圖東下。兵貴神速，東南之民，待救孔亟，而軍情變幻靡常，總宜趕緊辦理，其如何通籌全局，緩亟兼權，均著將一切機宜，隨時馳奏以紓懸系。」

曾國藩看到這樣皇上「關切」之諭令，一方面受寵若驚，一方面也感到事態嚴重。原來文正公是有原則問題，當然，壓力是相當大的。

曾文正公乃回報，何以奏報如此之稀：

「臣等章奏寥寥，幾於月僅一至，疎遲之罪，夫復何辭？臣忝列戎行，歷年以來，奏報甚稀，其所以硜硜自守者，蓋亦有故：一則不輕奏謠傳之言……一則不輕奏未定之事……；一則不輕奏預計之說。

「因此三者，每存敬慎之懷，轉蹈遲延之咎。前此文宗顯宗皇帝御宇，分任其職於封疆將帥，臣猶得以碌碌隨諸帥之後，循愚拙之常。茲值聖皇踐阼之初，微臣尤忝非常之遇，倚任彌重。延訪更殷，欽奉諄諭，自當變更前轍，隨時飛章入告。嗣後擬十日奏事一次，有急則加班具奏。」

曾文正公與皇上約定通報頻率：「十日奏事一次，有急則加班具奏。」皇上當安心矣。至於皇上諭中關心各點，曾文正公則分六點陳述：

「一。曾國荃新募之勇，據報正月二十日前可以招齊。

「一。李鴻章一軍，於臘底正初，招募淮勇五營，另撥湘勇數營，趕緊訓練，三月可以成事。

「一。去年攻克無為運糟東關等處，本可乘勝直搗巢縣梁山，進圖金陵。近日袁甲三一軍攻克天長六合江浦浦口，尤有直薄金陵之機。方今東關糜爛，臣等孰不思直攻老巢，搗渠掃穴。惟與用兵之道，可進而不可退，算成必兼算敗，與其急進金陵，師老無功而復退，何如先清後路，腳根已穩而後進。

「一。潁州圍城之賊，聞係捻匪與苗黨勾結，志在必得潁郡，與壽州霍邱為犄角之勢，李續宜業經奏派成大吉、蕭萬衍兩軍赴潁救援。

「一。謀浙之道，保廣信之糧路，以守衢州；保徽州之後路，以攻嚴州，舍此二者，別無良策。

「一。江蘇軍務，自寶山奉賢南匯川沙失守後，上海已岌岌可危。至今月餘，巋然幸存，蓋髮逆畏忌西洋，不致驟樹大敵，而目下情勢，舍借助洋兵，亦實無良策。臣於二十二日，曾於附片具奏，上海僻處東隅，論籌餉為要區，論用兵則為絕地。假使無洋人相助，髮匪以長圍裹我，官兵若少而孤，則轉瞬又成坐困之勢，若多而強，則不宜置此無用之地。再四思維，不得所以保全之法，擬仍借洋人之力，開誠布公，與敦和好，共保人財。」

這一奏摺，完完整整，清清楚楚。曾文正公，對東南大局，不只是有戰法，有佈局，亦成竹在胸。

而其中論及上海之攻守：「論籌餉為要區，論用兵則為絕地。」可謂一語見真章。此亦是後來國民革命軍成敗之關鍵也。據說，蔣中正先生當年也以上海錢莊大戶為募集軍費之發跡地，其後，民國三十八年保衛大上海，則犯曾文正公「用兵則為絕地」之大忌，不幸而言中。蔣中正先生熟知曾文正公言行，並身體實踐，讀此段陳述一定百感交集，更篤信曾文正公的神奇了。

32 利器不宜浪拋，勁旅不宜裁撤

浙江省會安慶陷落，本是陳年舊事，那是咸豐三年的事。但當時好事者，或者需要一個新的省會，乃由周天爵等提議，索興將省會改為廬州。此事舊話重提，於咸豐十一年十二月初四日，議政王軍機大臣函請曾文正公意見。

曾文正公乃於同治元年二月十二日覆摺，安徽省城仍建在安慶為宜：

「臣愚以為宜如原奏所請，安徽省城仍應建於安慶。巡撫藩臬，如前駐紮，庶足以資控制，而一事權。至所稱設立提督，統轄水陸官兵，江西九江鎮就近歸安徽提督節制一條，查水師陸兵，判然兩途，猶耕織皆所以資生，而不能使一人而治兩業。安徽壽春鎮所轄，向係群捻出沒之地；皖南鎮所轄，又係萬山叢雜之區，皆與江防毫不相涉，應請仍歸安徽巡撫節制。江西九江鎮所轄，如撫州建昌等處，距大江六七百里，亦係陸路專政，應請仍歸江西巡撫節制。該兩省巡撫，向兼提督銜，均應遵守舊章，無庸更改。至江防局面宏遠，事理重大，臣愚以為應專設長江水師提督一員。目下大江水師，歸彭玉麟楊載福等統率者，船隻至千餘號之多，礮位至二三千之富，實賴逐年積累，成此鉅觀。將來事定之後，利器不宜浪拋，勁旅不宜裁撤，必須添設缺額若干，安插此項水師，而即以壯我江防，永絕中外之窺伺。其提督衙門，或立安慶，或立蕪湖等處，自提督而下，總兵應設幾缺，副參以至千把各設幾缺暨分汛修艦各事，宜統俟諭，旨允准之日，再由吏兵等部，詳覈議奏，臣等如有所見，亦必續行奏咨。」

曾文正公具有現代治學之方法，用以治事，如分工就是一例：「猶耕織皆所以資生，而不能使一人而治兩業。」此即現代之分工合作觀念。至於「利器不宜浪拋，勁旅不宜裁撤，」亦是中國管理之精神與原則，用以企業管理，用以治國，均是良策也。我國對日戰爭勝利後，若干屬於敵人之「勁旅」，裁撤解散，解甲但無力耕田，而成為中共之武力籌碼，實在可惜。寫到這裡，曾文正公不只是良師，其器識更是可用之原則。

33 非生長海隅，勢難遽於重洋

中國以陸立國，雖然有江有湖，但面對海洋，還是有所懼也。因之，遠涉重洋，是一個人的大事，也是一個國家的大事。

同治元年正月二十一日，曾國藩接奉上諭：「逆匪於寧波河口，擄掠釣艇，沿海地方，均形喫緊，所有購買各國船礮，覈需銀八十萬兩，尚屬力所能辦，未可再事因循。現已由總理各國事務衙門，札飭赫德赴滬商辦，並鈔錄單開船礮價值，飛咨上海等口，即著薛煥督飭該稅務司，將應購船礮軍械等，速為購買。其船隻務須購覓兵船，不可以貨船信船充數；其駕駛輪船，應否雇用呂宋等國之人，以免除臨時挾制，著薛煥商令赫德相機辦理。」

皇上心中已有兵艦之數，特別提醒「不可以貨船信船充數」，實在很實際又很露骨的叮嚀。水手，皇上指出可「雇用呂宋等國之人」，亦即今日菲律賓等南洋地帶諳水之人充之。至於本國軍隊，有無可能充之，曾文正公在覆命中，認為「非生長海隅，勢難遽於重洋用武，不敢不據實覆陳」：

「楚軍水勇，多係兩湖土著，距江近而距海遠，所用師船，不過長龍舢板快蟹之類，但能泛江，不能出洋。上年七月，臣覆奏摺內所稱，俟輪船駛至安慶漢口時，即令學習駕駛，司放礮位，亦言用之於江面，非言用之於海也。江與海雖同一水面，而風濤迥別，氣候各殊，自崇明出口，繞至上海，非熟習洋面之人，即有寸步難行之勢。」

34 馭強將而撫飢軍

俗稱：巧婦難為無米之炊。

一家無米尚如此之難，統帥大軍者，無米無餉之嚴重，可以想像。軍隊不逃亡、不叛變，已經不易了，還想打仗，還想打勝仗？

曾國藩有此困境，乃把籌餉之念頭，轉到廣東身上，因為廣東臨海，對外又通商，富裕之省也。取得尚方寶劍後，曾國藩於同治元年三月初八日，上皇帝奏摺，覆請派員「辦廣東釐金」：

先說「乾隆年間，新疆用兵，曾派大學士黃廷桂駐紮肅州，綜理兵餉。此次江浙軍務，較新疆尤為重大，即派六部卿貳，銜命使粤，專督釐餉，亦不為過；如蒙俞允，臣當奏派賢員，熟悉釐務者，隨同星使，前赴粤東設卡抽辦。韶關距江西甚近，臣當與該使臣往返函商，務使籌兵籌餉，一氣呵成，或絀或嬴，隨時斟酌。廣東官紳有設立私卡者，臣會同臣處奏參，州縣有暗中阻撓者，亦即奏咨參撤。凡釐務所得之餉，先解浙江軍營。左宗棠新任徽撫，無尺寸之完土，無涓滴之餉源。蔣益澧等到後，尤覺無米之炊。若以廣東釐金濟之，則前此奏淮之協浙月餉十萬兩，即在此中抵除，其次則解安徽軍營。臣處如鮑超一軍，欠餉八個半月；曾國荃一軍，欠餉近九個月；徽州各軍，欠餉七個月有奇，急思早得粵餉，一清積欠；李續宜添募新營，亦當另籌接濟；袁甲三處窮困，亦應量為津貼，方足以馭強將而撫飢軍。」

這樣的軍隊，還能打勝仗，還能打別人無法打的仗，如果要找理由，只能歸之「哀兵必勝」的道理。

35 鎮江為進兵形勝之區，上海為籌餉膏腴之地

用輪船運兵，在那個時代是一件大事。皇上又怕輪船不安全，陸路又費時，乃左叮嚀右囑託：小心，小心！

曾國藩乃在同治元年三月初八日，上書皇上：李鴻章改由輪船赴滬摺。

這個時候「李鴻章所部，湘勇淮勇，募練成軍」，勁旅也。

這個時候的上海，有些「國際化」的複雜情勢，除洋船之外，還有英法的「撥兵」。其中來龍去脈，曾國藩作這樣的報告：

「前因洋船不肯雇載兵勇，李鴻章一軍，擬由陸路續派鎮江，實出萬不得已之計，臣以道路阻長，節節有賊，既憂輜重之難帶，又恐行程之太遲。」

關於上海之情勢，曾國藩作如下之分析：

「上海一路，雖得英法各國撥兵協助，有高橋蕭塘之捷，而賊氛四逼，商旅不通，岌岌可危，已由

滬局籌款十八萬兩，雇備輪船，陸續入江，來迎我軍，以期力保要地等情。臣查鎮江為進兵形勝之區，上海為籌餉膏腴之地，兩者並重，不可稍有疎失。」

打仗，就在打人打錢，更在打地也。在什麼時候打，固然很重要；在什麼地方打，也很重要。曾國藩看中「鎮江」，為「進兵形勝之區」，「上海為籌餉膏腴之地」。這一點，曾國藩可謂戰略家。證之北伐期間，中日戰爭以及政府之戡亂時期，不能不佩服曾文正公之遠略也。

36 信字仁字嚴字三營

自古軍營之番號，往往即是旗號，代表精神與力量也。除了數字番號不具意義外，另有一定之意義，尤顯示其傳統與威武。

曾國藩之湘軍，即是曾國藩之化身也，其編號異於一般。政府來臺，整軍迎戰，對有赫赫之功的部隊，亦授以特別之榮譽，如陸軍「虎部隊」，空軍「高志航大隊」，顯示其精神與傳統也。

同治元年四月初四日，為其弟所率之軍「克復巢含和三城並銅城閘等隘」奏一摺，內稱：

「二十三日曾國荃統全勝之師，循江而上，將與各水營共設攻取之謀，乃師次木橋鎮，忽遇零匪七八百眾，排列洲上，呼舟爭渡，即派信字仁字嚴字三營及馬隊一營，繞出洲前，圍而殺之，無一得脫。」

信、仁、嚴，實在就是曾文正公的精神也，可稱之為義師。有此三者之軍隊，除能打勝仗外，必能為民所愛。此為湘軍致勝之道也。

37 公字敏字義字長勝等營

湘軍之精神，營之代號，即是湘軍之精神。前曾言及，有信字仁字嚴字三營。同治元年五月十七日，曾國藩為「官軍水陸並進疊克要隘駐軍雨花臺」奏摺中，曾談及軍營運作之情形：「公字敏字義字長勝等營，踰橋追襲，戮賊數百，遂奪大勝關三汊河兩壘平之。」公字、敏字、義字、長勝等營，就代表湘軍之精神也。

38 以軍營為傳舍之地，以投效為逋逃之藪

曾國藩無論政風與軍紀，能挽狂瀾於既倒，在於「嚴」，以嚴治貪，而能形成一時之風氣也。有陳由立等另招兵馬，心存二心，惹火了曾文正公，特奏請旨革職，以肅軍紀。這是同治元年五月十七日的事：

「竊提督銜記名總兵福建延平協副將陳由立，前奉諭旨，飭赴河南軍營，當以圍攻青陽正緊，經臣奏留鮑超原營，隨同進勦，欽奉諭旨允准，轉飭欽遵在案。茲據鮑超呈稱：該員留營以來，不知感奮，輒因上年有降，補守備鄭陽藉故告假，私往湖南投效，統帶多營之事，相形見絀，遂生解望，竟與記名總兵余大勝先後託病請假，始在大通養病，旋赴湘北就醫。且甫離營次，即遣人潛誘哨弁，搖惑軍心，相率颺去。現聞尚在湖南一帶，呈請將由立余大勝鄭陽和奏參，並將本年隨同陳由立颺去之李殿華等十

六員，隨同余大勝颺去之吳太等九員，上年隨鄭陽和颺去之游擊龍德亮等三十八員，一併參革等情前來。「伏查該員陳由立起自勇丁，曾未數年，保至總兵，加提督銜，補授副將實缺，職位不為不崇；余大勝、鄭陽和亦均保至總鎮，受恩不為不渥，與鮑超相從，日以同甘共苦，乃並不具稟候批。因假離營，任意遠颺，實屬大干軍令，若不嚴行懲辦，則此風一開，以軍營為傳舍之地，以投效為逋逃之藪，流弊甚長，關繫極大。相應請旨將提督銜記名總兵福建延平協副將陳由立，記名總兵儘先補用副將余大勝，記名總兵降補守備鄭陽和一併革職。」

一團體紀律與倫理不可不缺也。只有紀律不講倫理，太悖人情；只講倫理不重紀律，則濫用人情。這一方面，是曾國藩「鐵的紀律」的實踐。

「以軍營為傳舍之地，以投效為逋逃之藪」，此為戡亂時期，政府在大陸軍事不可收拾之普遍現象。小至一師一團，大至戰區，都是這樣明目張膽而易幟，此所以中共之「戰犯改造所」將星如過江之鯽原因也。造成這樣「叛離」之原因固多，但紀律失明，而成為「陣前起義」無所顧及。

39 降將之反目反側

戰爭進行中，「將」之移轉，影響敵我戰力很大，亦即戰事扭轉之關鍵也。自北伐至抗戰勝利後，國民革命軍之先成後敗，亦即在此。投機巧取之軍販子，擁兵自重，今日投靠，明日反目，易於反掌；中共之取得政權，非靠一兵一卒之戰勝，而是所謂「陣前起義」也。以致所謂將軍、政客等，其數不勝數，多如垃圾。而昔日反目成仇，互不相讓，各別苗頭，均成為「改造所」的乖寶寶，時勢移轉，無兵無卒，就任令主子管訓，原形醜態暴露無遺，什麼名將，什麼民主人士，都是草包飯桶。

曾國藩處理「降將」，有他的一套。既不讓他升官，也不讓他保存實力。有洪容海者，就是一例。

同治元年七月初二日，曾國藩為「洪容海投誠」，作以下的分析及處理奏片：

「偽保王洪容海，驍勇善戰，本係石達開死黨，上年由汀州入浙轉隸李秀成隊下。此次來援寧郡，屯眾數萬於孫家埠，與官軍未開一仗，旋遣人具禀乞降。稱與群賊有隙，願取郡城，縛輔逆以獻。鮑超與之期約，許以自新，乃撫事未成，寧郡已克。洪容海徑走廣德，於二十日襲取州城，又禀明鮑超，申言率眾六萬就撫，速求回文。並聲明廣德州為偽侍王分地，恐與浙賊有戰爭之事等語。由鮑超專差請示前來，臣檢查本年正月間，上海搜獲偽文洪容海擅殺各酋十餘人，賊中猜忌已深。是其自拔來歸，情尚可信，或不致再有反側，惟人數太多，後患孔長，已令鮑超酌留三千人，餘則全行遣散，未知該酋洪容海果否就我範圍。如其撫事有成，則賊黨去一大支，皖南即可肅清，於大局不無裨益。」

由於內鬨而生二心，叛來反叛去，似乎是降將之性格也。洪容海可謂「典型」。曾國藩也只能用「不致再有反側」來因應。

曾國藩處理此案，比中華民國政府明快；比中共較具人情味：「人數太多，後患孔長，已令鮑超酌留三千人，餘則全行遣散。」

降將圖保存實力，以作為翻來翻去之賭本，門都沒有，這是曾國藩之澈底處。蔣中正先生，奉文正公為師，處理此等事無數，只是仁義心負擔太重，大家長心理又重，自信心又強，狠不下心來，最後降將怎樣來又怎樣去，大局終不可收拾，加速政局之瓦解。

讀到這裡，如看一部新《三國演義》，令人感傷又感嘆不已。

40 曾國荃金陵營中，病者逾萬數

洪容海投降事，成為事實。降兵留多留少，皇上也費盡心思。留少可惜，留多怕有後患。同治元年七月二十八日上諭：「以洪容海降眾六萬，不防酌量多留。」

曾國藩為此事於八月二十九日上奏，並道及辦軍中各路軍，患疾疫者眾，「中夜縈思，不勝焦灼」：「然招降之事，古無良策，必降將之才，足以統馭其黨，而後無反覆爭鬬之虞，又必官兵之氣，足以懾服降人，而後無幹弱枝強之患。今洪容海歸順之眾，雖較前數大減，然後患亦較少，臣尚不深以為慮。臣之所慮者，現在楊輔清、黃文金、賴文鴻、左隆賢等諸偽王麇集於廣德建平一帶，又有已降復叛之張德勝、朱大椒等，凶燄彌增。又據左宗棠咨偽侍王將由浙境赴援金陵，自寧國廣德決戰而往，群賊將萃於皖南，而鮑超營中，疾疫大作，勇夫病者萬餘人，死者日數十人，張運蘭、李品隆、唐義訓各軍，亦十人而病其六七，張運蘭之胞弟張運桂亦病故，即去臘堅守徽州，苦戰得全者也。曾國荃金陵營中，病者逾萬數，皆由臣以菲材，妄竊高位，上干鬼神之譴，莫救厄運之災。左宗棠軍中病者，亦復過半，每次出隊，不滿五成，若秋間有大股惡戰，深恐羸卒不足禦強寇，中夜縈思，不勝焦灼。」

這個時候的曾國藩，面對強敵，任務艱辛，而兵病的病，倒的倒，死的死，真是一籌莫展，其心境可想而知。英雄也好，好漢也好，真是叫天天不應，叫地地不靈，除了咬緊牙關，只有乘機向皇上表達而已。

曾國藩總是讓他的弟弟們，置於最危險之地，苦勞與危險，屬於曾家的；而戰功則屬於他人的。這是曾國藩公而忘私的精神。

41 作我士風雲之氣，全收六代江山

這樣的精神，感動了「聖主」，皇上對於曾家兄弟則連連獎勉，作為老哥也是統帥的，自然有榮焉。同治元年十一月初八日內閣奉上諭：「江蘇布政司曾國荃著賞江綢黃馬褂料一件，小卷江綢袍料一件，白玉喜家字翎管一枝，白玉柄小刀一把。曾貞幹著加恩以知府用。」

曾國荃所領賜的獎賞，真是琳瑯滿目，現在看起來，也許不值一文，甚至好笑，這些東西，在故宮博物院中也會看到，似小孩的玩具，但所代表的意義與價值則非凡。至於曾貞幹則升官了：「以知府用」。

曾國藩奉「聖旨」，除依禮叩拜外，並於同治元年十二月二十四日「恭謝天恩摺」：「臣惟有督飭臣弟等，勉矢忠勤，力圖克復，作我士風雲之氣，全收六代江山，出斯民水火之中，共沐九天雨露。」

這是曾國藩的聰明處。為什麼皇上這樣用心獎賞曾家？希望效命，「勉矢忠勤，力圖克復」。這是皇上知將帥心，將帥深知皇上心。這是獎賞的妙用，也是統御至高的境界與效果。

42 江山易改，本性難易，降將困擾

「降將」由於性格的關係，總是一個問題。對付「降將」，除了中共政權一律送交「戰犯改造所」感化外，自古了無良方。寬也不好，嚴也不好；近也不好，遠也不好；加恩也不好，施威也不行。中華民國北伐與對日抗戰成功，則得「降將」歸順之功；大陸之敗，則又深受其害。

對於「降將」李世忠的態度與觀點，曾國藩與朝廷有所不同。曾國藩失望之餘，到了無法忍受的地步。

首先是「苗練」問題，朝廷很關心，曾國藩曾「恭奉（同治元年）十一月初八日、二十一日兩次諭旨，飭令壽州防兵，未可輕動，並垂詢苗練不致另生枝節，是否有把握。」

關於「苗練」之事，十二月二十七日曾文正公覆摺，是有把握的：

「該練尚無據城以叛之跡，且觀其上撫臣唐訓方之稟，與鳳臺知縣蔡謌之函，均屬恭順近理。或者感僧軍撫馭恩，無湘勇逼處之嫌，不致更生他變。此際若另行籌兵駐紮，陽撫陰防，反側者無以自安，似不如推誠相待，無庸戍守，轉可省兵力，而免後患；如果反覆無常，逆跡萌著，且與李續宜之兵，自度勦髮匪則不足，制苗練則有餘，不足深慮。」

至於李世忠之事，就不是那樣簡單了。上面的意思以及交代：

「以李世忠負其沈鷙之氣，既能束身解命，總宜因材器使，化其桀驁，俾為我用。」

「以李世忠之軍漫無稽察，恐其勢日形扞格，因而生心。嗣後相待李世忠，可仍照袁甲三之法，酌中辦理，以安其心。」

曾國藩的想法與做法：「朝廷撫馭降將，仁至義盡，臣自當仰體聖主不得已之苦衷，委曲求全。惟該軍投誠雖久，舊習未改，李世忠頗驕亢任性，其部下尤恣橫無狀，捆鹽自售，場壩避其凶燄，設卡抽釐，商民視為畏途。與之相處最近者，下而都興阿一軍，上而楊岳斌、曾國荃兩軍，均以與滁軍交接為苦，往往口角爭鬧釀成命案。即如本年九月間，臣將二起馬隊遣回黑龍江，十月初六日，委營總那勤豐阿等，行過江浦縣，滁軍卡員不准放行，毆斃及推水淹斃官一員，兵二名，盤費行李，全行失去。」

曾國藩之正與直，由此可見，就「降將」李世忠之事，他對皇上之關切與安撫，一點也不敷衍，其根本還在「該軍投誠雖久，舊習未改」。這對於曾文正公的性格與作風，是難以忍受的，而直言無隱。

就李世忠之例，真是江山易改，本性難易。

43 恆匹馬以當先，持孤注以爭勝

曾國藩很少談到他自己，更很少談及他們兄弟之戰功，反之，則在字裡行間，常常提及左宗棠、胡林翼之神勇。李鴻章後來在洋務上雖有顯赫之一代，但在曾國藩奏摺中，戰功亦屬非凡之輩。

同治二年十二月二十七日，曾國藩陳近日軍情摺，就有以下的描述：

「自李鴻章抵滬以後，臣即未續撥一將，續助一兵，今夏派李朝斌太湖水師東來，滬中之局已大定，威已大振矣。蘇州功績之成，乃由李鴻章秉承聖謨，獨攄忠悃，每當艱險之際，恆匹馬以當先，或遇絕續之交，持孤注以爭勝，用能轉危而為安，遠攻而近守，臣自愧謀略之不如，亦並為始願所不及，更復功可言，何勞可錄。」

曾文正公筆下之李鴻章，真是文武兼備，而曾文正公「自愧謀略之不如」，此可見文正公之謙與讓矣，因而乃能名將名相倍出，文正公功莫大焉。事實上，文正公屬苦幹型人物，非屬謀略型一類。

44 圍師不滿五萬，困數十萬賊

曾國藩把最艱鉅的任務——收復金陵，交給老弟曾國荃來執行。國荃不負其兄所託，屯兵金陵城外，苦守苦戰，滴水不洩，其任務不只是收復金陵，且避免「大股逸出，貽患他方。」

同治三年正月十二日，為時二載，攻克金陵城外鍾山大壘。曾國藩特上奏摺報捷訊：「援賊不得入，城賊不得出，而金陵城北之圍，自此合矣。臣查曾國荃屯兵金陵，苦守苦戰，將及兩年，始將城外數十石壘全數攻克。」

「如果克此堅城，尚不致有大股逸出，貽患他方，惟是圍師不滿五萬，分撥七十餘里，偪困數十萬賊，深慮窮寇衝突，抵隙蹈瑕，譬之堵塞河決，合龍固屬可喜，走埽亦復可虞。每念臣弟國荃，才力淺薄，荷此重任，臣尤惴惴如履春冰，除飭各營加倍穩慎外，所有官軍攻克鍾山偽城，金陵合圍緣由，謹繕摺由驛五百里具奏。」

金陵之圍，圍得好苦，而以不滿五萬之師，圍城九十餘里，困數十萬賊眾，守眾攻寡，而能做到「援賊不得入，城賊不得出」，實在是古今戰場難見之「圍城」。曾國荃以萬難克萬艱，真是神勇之典型。老哥一如往昔，還是對老弟國荃一筆帶過。

太平天國王朝，命運就決定在此一攻守矣，自然，清朝之暫得延續亦在此。

45 驍將降將之隔絕，愈遠愈妙

曾文正公素有「知人之明」，知其長，亦知其短；用其長而掩其短，這是用人之道。用人識人與容人，幾不可分的。

惟性格可容，但基本缺失是不能容的，尤其是文正公具有強烈的道德感與公而忘私的性格，犯了重大過失也許可以原諒，但有重大人格上的缺失，往往令文正公深痛惡絕，也不假辭色，有關「才俊」陳國瑞以及降將李世忠就是一例。

有陳國瑞者，上面預備要他「接統揚軍」，曾文正公上書，期期以為不可。這是同治三年二月十二日曾國藩「覆陳接統揚防大員片」：

「以陳國瑞驍勇善戰，罕有倫比，惟年僅二十餘歲，桀驁之氣未化，近日養病高寶境內，縣署頗受其侮辱，民間亦畏其騷擾；又與李世忠積不相能，斷能獨當一面。以臣愚見，宜令僧格林沁、吳棠等挾以征戰，收其猛鷙之用，不宜使之接統揚軍，並不可使之幫辦揚防，恐長降將驕奢之風，亦杜揚滁互鬪之漸。李世忠近稟復臣處，除遵示酌留千餘人外，餘限二三月一概散遣，城卡一律交出，雖可信該提督決無變志，而其部下素無紀律，難保不另生枝節，宜令陳國瑞與之隔絕，愈遠愈妙。詹啟綸亦係降將，往年販鹽擾民，聲名平常，近歲漸就範圍，都興阿北征之後，恐非他人所能駕馭。」

曾文正公知將深，知降將更深。乃有「陳國瑞驍勇善戰，罕有倫比」，其後之評語與實例，不忍其讀，所顯示之性格與作風，不只是匹夫之勇，且橫行霸道，氣盛已極；至於李世忠之流，以文正公之剛毅與貞節，根本看不起「降將」，只是怕惹事生非，甚至反覆無常，敷衍敷衍而已，以求其歸順，人馬解散，兵器收回，如此而已。

一個是年少無知，一個是老道無恥，豈能合在一起？因之，文正公建議：「與之隔絕，愈遠愈妙」，不能再露骨，也不能再忠心了。

黑白分明之曾文正公，益令人肅然起敬。

46 「鬧餉」不可過繩以法，只宜多方撫慰

金陵之圍，圍得很苦，圍得太久，軍心有些不穩，甚至發生「鬧餉」之事，發生在以「嚴」著稱之湘軍，實在非同小可。同時，金陵久圍不下，皇上急待報喜，心急如焚，盼曾國藩能親往走一走，以探究竟。

曾文正公在同治三年三月二十五日，「近日軍情片」中，有以下的報告：

「欽奉迭次諭旨，垂詢微臣能否親往金陵，督辦勦賊，目下徽境賊勢如此浩大，上游無所秉承，臣自不宜前赴金陵，顧彼失此。所有金陵圍師仍責成曾國荃一手經理，圍師諸將中有蕭慶衍部下之亨中營，於昨十六七八等日鬧餉，曾國荃憂惶無計，臣覆函囑其欠餉太久，不可過繩以法，只宜多方撫慰」。

曾國藩對其老弟國荃有無比信心（他亦久不做督軍之舉，非其所長也），同時，處理「鬧餉」之大事，重理情而不動軍法，亦見其冷靜與高明也。久在水火中，而積欠軍餉，是大事是因，鬧餉則為小事是果。這是文正公高明處。

「降將」李世忠，還是不能令皇上安枕的。

同治三年二月初六日，曾國藩接奉密寄諭旨：「所有李世忠部眾，如何妥協遣散，所留二千人，是否分隸各營，如何管帶調遣，及交出各城，如何派營接防，均著責成曾國藩悉心籌畫，妥速辦理，不可稍涉大意，致留後患。」

此等大事，曾國藩豈能掉以輕心。文正公除了將處理情形，有根有據地據實呈報外，並作了以下的結語：「臣查李世忠平日攬權專利，詭詐多端，此次憚懾王威，畏罪輸誠。陳自明籍隸雲南，曾為向榮舊部，以之管帶酌留之千餘人，尚屬相宜。此外滁縈各文武親屬，能否悉臻妥協，尚不可知，除俟三月底五城交畢，李世忠離滁，專案奏結外，合再附片覆陳近狀。」

自古降將最難纏，中共「戰犯改造所」原形畢露的「名將」，除了「黃埔」外，幾都是職業降將，只是中共整得澈底，再也沒有本錢翻了。清廷面對李世忠自不例外，有降將而無降兵，同時兵隨將轉，清廷給曾國藩的訓令，是「分隸各營」，兵散了，將就不成將了。這是唯一的辦法，最怕做得不澈底，做得不明白。

48 降將李世忠，潔身引退

令皇上三番五次叮嚀，放心不下的李世忠，在曾國藩苦心之下，終於解甲回籍了。

同治三年四月十二日，曾國藩為「李世忠開缺回籍」，上奏一摺。

這是自同治元年九月以來，曾國藩奉「命統轄滁州李世忠一軍」二年以來，得到一個收場。「李世忠所設之卡，所守之城，均已交出歸官，克踐前言。」曾國藩在奏摺中並說了不少李世忠的好話：

「至李世忠自投誠以來，於今七年，屢著戰功，捍衛江北，前此髮逆苗逆，甘言煽誘，該提督自矢忠貞，堅凝金石。」

「該提督李世忠，於江淮軍務大定以後，潔身引退，廣散資財，不敢私為己有，尚屬深明大義，合無籲懇皇上天恩，准予開缺回籍，保全令名。」

至「所遺江南提督一缺，並懇迅賜簡放，以重職守」。這是曾國藩所守之分寸，不會搶著急著保人，更不會保自己人。

49 更正陳奏不實軍情

朝中府中何其複雜？軍情何其重大？

軍情報錯了，曾國藩趕忙急奏更正，以免惹出是非，甚至惹出欺上之名。這是曾國藩務實與謹慎處。

同治三年四月十二日，為「近日軍情」，特別更正了錯誤的「捷報」：

「再臣前次奏報湖州丹陽均已克復，常州亦有得手之說。常州係根據委員探稟，臣亦知其不確；至丹陽一城，係據溧水守將王可陞之稟，稱於二月十一日克復；湖州一城，係據左宗棠之咨，稱於三月初九日克復，不知皆係訛傳。湖州未克，則黃文金、楊輔金是否由徽入江，尚未可知。常州未克，則蘇軍能否分兵接防東壩，尚未可知。臣倉卒陳奏不實，惶悚曷極。」

50 論功已成強弩之末，論餉為無米之炊

軍情與軍餉均軍中大事也。前曾有軍中鬧餉事件，軍餉作緊急之調度與籌措。有關支應曾國藩所屬之軍，調餉之事，有以下二奏摺：

同治三年戶部於三月十六日覆奏摺內稱：「曾國藩軍營，現在月餉，每月湖北協濟銀五萬兩，湖南協濟銀二萬五千兩，四川協濟銀五萬兩，江西協濟銀三萬兩外，尚有廣東釐金及江蘇釐金等款，為數甚鉅，均可源源接濟，縱各省報解稍有未齊，通盤籌畫，亦總可補苴支住。」三月二十三日片內奏稱：「曾國藩軍營，湖南湖北廣東四川江西等省，每月協餉，約計數十萬兩。」

這是中央主管部，向皇上的允諾與簽報。結果又如何呢？同治三年四月十二日曾國藩為「匯陳餉絀情形」上奏，顯然皇上有所不知也：

「查四川一省，除戊午之冬，己未之春，兩次解過臣營銀二萬五千兩外，近五年來，並無絲毫協解之款，不知戶部以何處奏咨為據？言四川每月協臣五萬，請旨敕下該部鈔出原案，知照臣處，以憑查核。湖南除東征局另抽半釐外，間有協濟臣處之款，然亦無月額二萬五千之多。臣處亦未奏定有案，本年尚未協解一次。江西所謂三萬者，當係指去夏奏撥洋稅言之，此款僅据關道蔡錦青解過一批銀萬五千兩，旋即退還矣。廣東釐金，係臣所不應得之餉，亦臣所最抱疚之端。然本年百餘日，尚僅解過銀九萬兩，

徒有專利之名，究無救窮之實。江蘇釐金，係臣分應籌之餉，然淮揚各屬，向歸漕臣及鎮揚兩防抽收。蘇松各屬，向歸撫臣抽收。蘇軍人數最多，臣亦未便遽起相爭，僅去秋議定由滬上月解臣臺銀四萬兩，亦未能如期按解。本年僅解過一批三萬耳，戶部所指六省供臣之餉，為數甚鉅，實則所得極少，臣向不肯以缺餉危苦之詞，籲告朝廷，故戶部不得知其詳也。」

這樣毫無保留的供述，一方面基於曾文正公剛正的性格，另一方面，也是被餉所迫，種種府中之瞞上欺下之惡形，再加上文正公之「無欲」而發也。

文正公除了據實抖出一本賬外，還作以下的感歎：

「臣才識愚庸，謬當重任，局勢過大，頭緒太多。論功則已成強弩之末，論餉則久未無米之炊，而戶部奏稱收支六省巨款，疑臣廣攬利權，如臣雖至愚，豈不知古來竊利權者，每遘奇禍，外畏清議，內顧身家，終夜悚惶，且憂且懼。臣所居職位，昔年凡六人任之，欽差駐金陵者一人，總督駐常州者一人，皖北以南徽防統帥一人，寧防統帥一人，皖江以北，下而滁和天六全來歸臨淮控馭者，為東路統帥一人。上而英霍潛太桐舒六廬，多隆阿等經營其間者五年，為西路統帥一人。微臣謬以庸材，兼此六事，曾經兩次奏請簡派大臣來南會辦，未蒙俞允，今兵弱餉絀，顛覆將及，而髮捻巨股，大舉東犯。」

文正公這一段話，真是沈痛。若不是得皇上之極度信任，很容易扣上危言聳聽之罪。至於六人之大權，集於文正公一身；玩權者，真是集大權於一身；畏權者，則視為無上之壓力。這是文正公異於常人，而能成非常之事業。

就容與忍而言，皇上亦可謂修養到家，亦不是一般帝王所能忍受者。這一方面，皇上不只是高明，實在「英明」。清朝靠曾國藩創中興之局，而無法忍受曾國藩個性之君主，如何能有曾國藩？這是主政者、主持事業者，應有之體認。

51 金陵早破一日，天下之人心早安一日

「中興」之後，直至清末，這一時期，清朝名將名臣，甚至名外交家，幾都出自曾國藩之栽培，其間，有積勞早逝，也有青出於藍，而勝於藍，名氣彷彿比曾國藩都大。李鴻章就是一例。

李鴻章雖無國際經驗亦無外交專才，也是帶兵起家的，但後來卻成為清朝天字第一號外交重臣。

李鴻章之「現實」與曾國藩之「務實」，漸漸就看得出來，有時，李鴻章還不一定把「曾老」放在眼裡。

同治三年五月二十二日，曾國藩「遵旨會師籌勦金陵」摺中，就談到李鴻章之事，隱約可以看出來，李鴻章的舉止，有些「走樣」。

軍機大臣字寄奉上諭，在五月初八日給曾國藩有一緊急催促令，內有「曾國藩身為統帥，全局在胸，尤當督同李鴻章、曾國荃、彭玉麟和衷共濟，速竟全功，掃穴擒渠，同膺懋賞，總以大局為重，不可稍存畛域之見」。

「總以大局為重」，很顯然地，李鴻章、曾國荃、彭玉麟，這曾帥下之三員猛將，有些距離，其間曾國荃，是曾國藩的老弟，任勞任怨任死，李與彭，還是有些心理上的顧慮，這是人之常情，精明如李鴻章者，自然更深通此道。

曾國藩也深知此點，因此在奏摺中也表明二點，其中都與曾國荃與李鴻章有關：

「曾國荃焦勞致疾，飲食漸減，身發溼毒，不便起坐，餉項奇窘，尤為可慮。」

「不知者以為臣弟貪獨得之美名，忌同列之分功，尤非臣兄弟平日報國區區之意。合無籲懇天恩，飭催李鴻章速赴金陵，不必待七月暑退以後，亦不必待攻克湖州之時。金陵早破一日，天下之人心早安一日，俾髮捻東竄，不致掣動大局。」

難矣，難矣。碰到為世俗眼光所惑，以為國荃貪獨功，國藩掩護，乃有「忌同列之分功，尤非臣兄弟平日報國區區之意」；而愛將李鴻章，亦有羽毛漸豐，未見得把國藩放在眼裡，而有「合無籲懇天恩，飭催李鴻章速赴金陵。」

可見以曾國藩之明，介於老弟國荃與一手提拔之李鴻章之間，文正公亦有難全之處，還要勞動皇上催駕鴻章，並要外界明白他們兄弟心知肚明。

這也就是人性與人心。

52 金陵光復，蔚成中興之業有三

金陵光復了。

捷報當然由曾國荃傳來。

攻守之戰，只能以「慘烈」來形容。

簽報皇上的奏摺，曾國藩做得漂亮，由數人聯名的。

同治三年六月二十五日，曾國藩為「金陵克復全股悍賊盡數殲滅」摺，係「會同陝甘總督臣揚岳斌兵部侍郎臣彭玉麟、江蘇巡撫臣李鴻章、浙江巡撫臣曾國荃，恭摺由驛六百里加緊馳奏，伏乞皇太后皇上聖鑒訓示。」

這一奏摺，洋洋數千言，大清皇朝江山得以確保，曾氏兄弟苦盡甘來，以一家之精神，而成為湘軍，對一朝代發生扭轉乾坤之力量；惟金陵之淒慘，曾國藩那來得意之色。這就是儒者之風範：悲天憫人。

捷報奏摺中，引述曾國荃之軍情特報：

「茲據曾國荃十九日咨稱：『此次攻城剿洗老巢之難，與悍賊等，拼死鏖戰之苦，實為久歷戎行者所未見』。」

「肉搏相逼，損傷精銳，不可勝數。總兵陳萬勝、王紹義、郭鵬程等，皆素稱驍將，數日之內，次第陣亡，尤堪憫惻。十五夜四更，地道裝藥之時，曾國荃與李臣典正在洞口籌商一切，忠酋李秀成突出死黨約數百人，由太平門傍城根直犯地道大壘，別從朝陽門東角出數百人，裝官軍號衣，持火彈延燒各礮壘，及附近溼蘆蒿草，官軍於久勞之後，夜深幾為所乘。」

「知是洪逆竄至民房，逆率隊腰截擊之，殺賊七百餘人，奪偽玉璽二方，金印一方，寬約七寸，即洪酋僭用之印也。至其偽宮殿侍女，縊於前苑內者，不下數百人，死於城河者，不下二千餘人。」

「又據城內各賊供稱：『首逆洪秀全實係本年五月間，官軍猛攻時服毒而死。瘞於偽宮院內，立幼主洪福瑱重襲偽號，城破後，偽幼王積薪宮殿，舉火自焚。』」

「三日之間，斃賊共十餘萬人，秦淮長河，屍首如麻，凡偽王偽主將天將及大小酋目，約有三千餘名，死於亂軍之中者居其半，死於城河溝渠及自焚者居其半，三日夜光不息。」

「竊念金陵一軍，圍攻二載有奇，前後死於疾疫者萬餘人，死於戰陣者八九千人，令人悲涕，不堪回首。」

「臣等伏查洪逆倡亂粵西，於今十有五年，竊據金陵亦十二年。」

「此次金陵城破，十餘萬賊，無一降者，至聚眾自焚而不悔，實為古今罕見之劇寇。」

「蓋由我文宗顯皇帝盛德宏謨，早裕戡亂之本，宮禁雖極儉嗇，而不惜鉅餉，以募戰士；各器雖極慎重，而不借破格以獎有功；廟算雖極精密，而不惜屈己以從將帥之謀。皇太后皇上守此三者，悉循舊章，而加之去邪彌果，求賢彌廣，用能誅除潛偽，蔚成中興之業。」

這一天大的捷報，就以今日報紙處理新聞而言，恐非「號外」所能表達朝中府中之歡忻與期盼。太平天國作亂十五年，就金陵死守之慘烈，無一降者，還是有基本信仰的，可謂盜亦有道，若非湘軍之堅忍，要除太平天國之害，恐亦非易事。

十五年天下之大亂得平。成者為王，敗者為寇，偽王偽主，不斷出現奏文中，此亦為「滿洲國」成立十四年，隨著日寇之戰敗而亡，在抗戰勝利前後的文字談話中，亦出現不少「偽」，以辨忠奸，其歷史之版本，可能即源於此。只是有偽國偽王偽官，難有偽兵偽民，此為我失民為中共所乘，失之文字語意之禍。

回首前塵，文正公不勝感慨，也難免為自己要個性而有悔意。此所謂「皇太后、皇上守此三者，蔚成中興之業」，即由追憶往事，今大功告成，表露出至卑之德意，全是文正公自己的經驗，亦是皇上信任容忍支持文正公到底，而成非常之業。此即出自儒者之自省功夫，儘管曾文正公武功彪炳，但基本之性格與修養，仍非武將，而是儒者。這和我國對日抗戰勝利，蔣中正先生之至德至謙，如出一轍，此為中國文化之精神亦為東方之人文精神。

兵力、武器與軍餉，為作戰部隊三大命脈。三者相連，缺一不可。如果還需要，則加上：指揮官性格與士氣也。

53 不敢謂籌餉之尚少，深悔募勇之太多

可憐的曾國藩，總是以軍餉百般求乞，甚至受官僚所擺佈，火冒三丈，常有「老子」不幹之念，在重重壓力下，也有不如歸去之想，以「曾老」之個性，不是做作，還是聖上高明，再大的脾氣，都能忍受；再大牢騷，皇上也都照聽。

因為知曾國藩莫如皇上；更重要的，靠曾國藩平大亂，定家邦。

又是索餉。皇上沒有拆開曾國藩的奏摺，心就會作如此想。

同治三年五月二十七日，曾國藩「奉旨覆奏並陳近日軍情」摺，內有要餉之事：

「據代理江海關道應寶時先後批解規平銀二十三萬八千兩有奇，合庫平銀近二十二萬兩，內以五萬兩分濟鮑超一軍，以四萬兩提解安慶糧臺，餘十三萬撥歸金陵大營。飢困之際，獲此巨款，正如久旱得雨，莫不含哺而頌皇仁；惟此項銀兩，轉瞬已罄。臣不敢謂籌餉之尚少，而深悔募勇之太多，惴惴焉恐生他變，或誤大局，既願李鴻章統兵以來助，尤望其攜餉以相遺也。」

可憐的統帥，得不到足夠的軍餉，而自責「深悔募勇之太多」；李鴻章已成氣候，還要煩勞聖上。催促「統兵以來助，尤望其攜餉以相遺也。」

此時之曾文正公，承天下之至艱，得天下之至名，亦承天下之至忍。

54 李秀成、洪仁達、洪秀全伏法餘波

金陵攻下後，自是曾國藩為清朝從死亡中救回的大功；但大功之後，還會有議論紛紛，甚至大難之「降臨」。這不只是政治，這也許就是人生。

金陵城破後，朝中府中所念的與所恨的，是城中價值連城的珠寶，和國之巨奸大寇如何處置？金銀珠寶，自是造謠惹禍、人人眼紅的目標，曾國藩何嘗不知人之弱點。事實上，金陵城破，哀鴻一片，城破樓空，除了哀淒外，什麼都沒有！

至於巨奸大寇，曾國藩先斬後奏，以杜後患與流言。該斬能斬的，都做明快的處理。但這一措施，引起朝中極大的震撼。

麻煩夠大的。

同治三年六月二十九日上諭：「逆首李秀成、洪仁達等，均以內地亂民，不必獻俘，第該逆等罪惡貫盈，自應檻送京師，審明後盡法懲治，以洩神人之憤，著曾國藩遴派妥員，將李秀成、洪仁達押解來京，並咨明沿途督撫，督飭地方文武，多派兵役，小心護送，毋稍大意。」

糟了。曾國藩已把巨犯就地正法了。

同治三年七月二十日，曾國藩覆陳逆酋已法片，陳明處理經過以及「李逆」之號召力及後遺症，不能不慎，也不能不作快斷之處理，以防夜長夢多，而絕後患：

「臣於六月二十六日報捷摺內，聲明李秀成、洪仁達應否解京，俟到金陵後，察酌具奏，旋於二十

五日馳抵金陵，詢及李秀成權術要結，頗得民心。城破後，竄逸鄉閭，鄉民憐而匿之，蕭孚泗生擒李逆之後，鄉民竟將親兵王三清捉去，殺而投諸水中。若代李逆報私忿者，李秀成既入囚籠，次日又擒偽松王陳德風到營，一見李逆，即長跪請安。臣聞此三端，惡其民心之未去，黨羽之尚堅，即決計就地正法。厥後鞫訊累日，觀者極眾，營中文武各員，始則紛紛請解京師，繼則因李秀成言能收降江西湖州各股，又紛紛請貸其一死，留為雉媒，以招餘黨。臣則力主速殺，免致疏虞，以貽後患。遂於初六日正法。初七日錄供具奏。其洪仁達一犯，雖據李秀成供，在賊中暴虐專權，而如醉如癡，口稱天父不絕，無供可錄，因其抱病甚重，已於初四日先行處死矣。初十日始奉將二酋解京之旨。扣算日期，臣處應於初六日接到批旨，乃驛站由安慶轉遞江寧，致遲四日之久。臣查軍機處封面及兵部火票，皆註明遞至江寧字樣，不知驛站何處錯誤，應即行文，挨站查辦。」

至於「又欽奉六月二十九日諭旨：『洪秀全屍身覓獲後，判屍梟示，仍傳首被害地方，以雪眾恨。』而曾國藩於六月二十八日驗明洪逆正身，即行戮屍焚化，未將首級留傳各省，是臣識見不到之咎。」洪秀全、李秀成、洪仁達，均一一正法，但因為諭旨受路途影響，未能及時抵達，而有違聖令，同時，李秀成盜亦有道，為「貽後患」，乃速斬速決。

此一專斷處置，自會引起皇上之不快；而功高震主，也難免會有：眼中還會有皇上嗎？

55 統軍太多，次第遣散

金陵克服了，曾國藩將「全軍五萬人，裁撤一半」。

江寧省城已告克。同治三年七月二十九日上奏摺：「臣統軍太多，擬即次第遣散。」

有關之欠餉行糧等措施，曾國藩作以下之建議：

「籌裁勇之欠餉，發征兵之行糧，需款甚鉅，各處釐卡，仍應照舊征收；惟廣東釐金一款，臣為極貧之策，幾蹈專利之名，私衷耿耿，如負重疚。應請旨飭下廣東督撫，所有廣東釐金，截至本年八月三十日止，全充本省兵餉，無庸再解臣營，以踐前言，而紓鄰困。」

這也是曾文正公之可愛與可敬之處，非常重視承諾。

56 不料老巢既破，而餉絀若此

金陵之圍，天下還有比這個更難的；金陵既破，天下還有比這更令人興奮的。

豈不知，煩惱亦隨之金陵收復而來。

這是想不到的事情。

其實，天下之事就是如此：喜隨憂來，憂隨喜降。

金陵之破，固是天下之喜事，但亦是天下之憂事。

且看曾國藩所遭遇的困境以及他的無奈。

同治三年七月二十九日，曾國藩在致皇上「近日軍情」片中，有以下的幾句話：

「欽奉諭旨，飭臣酌派金陵陸師，赴江協勦，目下江西軍威大振，無須派援江之兵矣。臣所慮者，在皖北英霍一路，皖南廣德一路；而金陵之師，急切不能起程，應遣撤者，無由籌給欠餉；應出勦者，無由籌發行糧。不料老巢既破，而餉絀若此，皆臣經理不善之咎。」

「不料老巢既破，而餉絀若此」，這是曾國藩的感慨，能怪誰？只能罪己……「皆臣經理不善之咎。」

59 尺土在所必爭，一民在所必救

大亂後雖無大險，但小亂仍不斷。

滇黔兩省，亦有麻煩。

又非勞動曾國藩不可。

同治四年二月二十六日，議政王軍機大臣奉上諭：「滇黔慘遭蹂躪，十有餘年，誰非朝廷赤子，豈忍坐視其顛危，而不一拯救。惟以東南未盡盪平，西北尤關緊要，是以徵兵籌餉，不得不先清腹地，再顧邊陲。茲幸江浙肅清，東南底定。」

又奉三月初四日上諭：「官文曾國藩等素顧大局，務當與吳昌壽、李瀚章等，各就本省情形，於撥解西征餉銀外，每月可以協解滇餉若干，酌定數月，迅速奏明辦理。」

對於通籌滇黔大局，曾國藩於同治四年三月十五日奏摺表達一些看法與作法，其中包括以下二點：

一、「臣查滇省於天下為最遠，黔省於天下為最貧，當此時局糜爛之餘，實有鞭長莫及之勢。然聖主紹承大統，雖在新疆萬里之外，猶且尺土在所必爭，一民在所必救。況滇黔尚屬內地，豈得不力圖遠略，規復舊基。自古行軍之道不一，而進兵必有根本之地，籌餉必有責成之人。故言謀江南者，必以上游為根本；謀西域者，必以關內為根本。理有固然，古今不易。臣愚竊謂謀滇當以蜀為根本，即以籌餉責之四川總督；謀黔當以湘為根本。」

二、「新任（湘）撫臣李瀚章，本在臣營六年之久，又係李鴻章之胞兄，金陵回湘之將。蘇軍得力之員，多與瀚章相知相信，若今選將練兵，專圖黔事，必可次第奏功。但東征既裁之後，只能酌添本省之釐，以濟平黔之餉，不能多供甘肅，更不能分濟雲南，謀一情專，餉分則力薄。」

「謀滇當以蜀為根本，謀黔當以湘為根本」，證之對日抗戰期間之政略與戰略，實不虛也。當時雲南之一切，即以四川為根本；待大陸撤退前，四川風雨飄搖，雲南之龍雲、盧漢等，即搖身一變，脫中央之控制，蔣中正先生及張群，危難脫險，終至大局不可收拾，此為本固之道也。

至於李瀚章係李鴻章之胞兄。這個時候的李鴻章已成大氣候，弟以兄為貴也。

此處有「尺土在所必爭，一民在所必救」，與對日抗戰期間，蔣委員長「一寸山河一寸血」有異曲同工之妙。委員長之號召，或出此為根源也，靈感來自這裡，也未可知。

58 一省有急，三省往援

曾國藩百辭不得，欲退不能，大清滿朝文武唯文正公是賴。此對文正公得天下之至權，亦承受天下之至苦。

不管局面如何大，也不管權勢如何重，曾國藩所想所念的，還是一樣：兵、糧、餉。省與省間，如何相援、相救、相濟，這是文正公的基本「軍事理念」，始終如一，因而乃能成天下之至功。此時，曾國藩攻守策略：是一省有急，三省往援。亦即中國抗戰以來的綏靖制度。

同治四年五月二十一日，曾國藩為「賊眾全萃皖境先赴臨淮」，奏摺指出：

「將來安徽即以臨淮為老營，江蘇即以徐州為老營，山東以濟寧為老營，河南以周家口為老營。四路各駐大兵，多儲糧草子藥，為四省之重鎮。一省有急，三省往援，其援軍之糧藥，即取給於受援之地，庶幾往來神速，呼吸相通」。

曾國藩並指陳，糧運為用兵第一要義。而在這四省中以及四省間，多取道水路承運，並設立轉運局，統籌運作，並派淮揚道吳世熊專司其事：

「周家口臨淮兩軍，以淮河潁河為運道；濟寧徐州兩軍，以運河為運道。擬趁有水之時，先將米糧子藥，悉數分運四處，存儲備用」。

這一中心之建立，運兵送糧儲兵器之方式，名稱或有不同，但機能則一，是中國抗戰以及剿共所慣用。此為蔣中正先生軍事思想與作為，師承曾文正公也。

59　不能畏激變而一味姑息

自古至今，中外皆然，為政者，最怕的，有幾種「突變」的力量，那就是：兵譁、民變、鬧獄、工潮、學潮，晚近尤以工潮與學潮為最。

曾國藩之湘軍，也發生兵譁，軍中呈現不安現象，引以為憂。先前，曾發生過鬧餉多起，如今軍中之不安，還是和「索餉」有關。

同治四年七月初八日，曾國藩「為徽休防軍索餉譁譟」，擬出查辦摺。

面對軍餉，曾國藩帶兵如帶子弟，總以慈愛的一面看問題，但對因餉而鬧事，則所持的態度，是嚴正的，甚至嚴厲的：

「竊思湘軍紀律，素稱嚴明，矗立功績，臣待各軍，平日則發給六成，足資食用，臨撤則清欠餉，從不減折，不應更有鬧餉之事。」

「此次徽休兩軍，無端鼓譟，臣詳切訪察，其中情節較輕者，金國琛所部尚有三營，唐義訓所部尚有二營，偶爾諠譁，旋即安帖，皆由營官平日廉正，故能臨變不搖。」

「現在金國琛業已回營，唐義訓據報閏五月二十八日自籍起程，日內計亦可到防。臣已嚴札該鎮道，勒令交出剋扣之營官，倡亂之勇丁，押送臣營，審明嚴辦；如果查辦首惡之後，各勇丁畏法安靜，擬將所欠之餉，悉數找清，陸續遣撤。即湖北應發之欠餉，亦由臣營糧臺墊給，不少絲毫，業經出示曉諭，以安勇丁之心。能否辦理順手，尚未確有把握，萬一因此激變，重覩金口叛卒之事，臣當身任其咎，亦不能畏激變而一味姑息，全不查辦，縱貪刻之將領，長各路之刁風。」

至於其本人以及有關將領該負應負之責任，曾國藩作以下簽議：

「候選同知唐義訓，有代統之責任，聽各營譁譟，甚至毆辱大員，束手無策，庸懦不職，應請旨即作革職，提解臣營審訊定擬。」

「唐義訓假歸之時，臣知唐義訓斷非統領之才，深恐久而生事，批令該鎮迅速回營，乃遲至半年之久，始報起程，實屬遲延。」

「金國琛假歸省墓，臣以金陵至常州，尚不甚遠，姑准一行，並未派人代統，乃該道遷延太久，殊屬不知緩急，請旨將前任皖南總兵唐義訓，甘肅鞏秦階道金國琛，先行交部議處。」

「皖南道張鳳翥，於兩軍鬧餉之時，親赴徽休撫慰，尚無不合，惟並未具稟請示，率行書寫期票，以長凶焰，事定之後，經赴婺源籌餉，迹有似於畏避，應即先行撤任，另行遴員接署」。

「此次徽休兩軍索餉譁譟，臣有督辦之責，未能事先預籌，尤深愧歉，應請旨將臣交部議處。」

這一「徽休兩軍索餉譁譟」，雖未造成大禍，但相當嚴重，「甚至毆辱大員」，非單純之「鬧餉」。

以曾國藩治軍之嚴，尚發生奇形怪狀之現象，如遲不歸營達半年之久，如「率行書寫期票」等，可見治軍之難，亦可知清朝之危，並不全在太平天國，而在其本身。

真是久病無孝子，同樣的道理，久戰無良兵。帶兵就帶一個「心」與「氣」而已。心者，將士一心也；氣者，士氣也。

60　三事不輕奏：謠傳之言，未定之事，預計之說

曾國藩與皇上之間，實是很絕妙的君臣關係，只有曾國藩鬧情緒，拒絕接受官位，辭職等事，而未見皇上有不快之色，但，這次把皇上弄火了，為了軍情「迄無奏報」，「亦未答覆」，下了個「實屬疲玩因循」令。

嚴重，實在太嚴重了。

一本湖南騾子脾氣的曾國藩，也有話要說。他未奏報，是有原因的，特別強調，三事不輕奏：「謠傳之言，未定之事，預計之說。」

這三個原則，都和文正公實實在在做事有關。

同治七年七月初三日及七月初九日，皇上有二項諭令，對文正公有所責難。

七月初三日：「晉省完善之區，并無得力勁旅，設被竄擾，關係匪輕，著曾國藩速派劉銘傳等軍循河西上，酌量水陸兩路，孰為便捷，馳赴洛陽以西一帶，扼要駐紮，與秦晉防兵聯絡聲勢，相機防勦，俾賊不得分竄擾及完善。」

七月初九日：「曾國藩自任統帥，責無旁貸，前經疊諭該大臣籌撥一軍，兼顧晉省，並令劉銘傳等軍，馳赴豫省北路，繞出賊前，防賊竄擾秦晉之路，又令派撥馬隊馳赴豫省助勦，復以賊去徐郡甚遠，令該大臣酌量前進駐紮，乃該大臣日久迄無奏報，於近來皖豫情形，及各路如何布置情形，均未陳奏，歷次所奉諭旨，亦未答覆，實屬疲玩因循，若欲藉此獲咎，冀卸節制三省仔肩，何以仰副朝廷倚任之重，諒該大臣公忠體國之心，何忍出此。」

真是言重了，也嚴重了。尤其是「若欲藉此獲咎，冀卸節制三省仔肩」，擺明了皇上要他節制直隸山東河南三省，他就是不幹，皇上硬套在他頭上，他來個相應不理或出些狀況，以換取擺脫。

就這件事來看，皇上與曾國藩間有了心結。

曾國藩見皇上誤會大了，不能再拖了，乃於七月二十四日的「遵旨覆陳并請中外臣工會議勦捻事宜」摺，陳說皇上所關心的軍事佈局，以及為什麼不陳報的原因以及秉承之原則。

這一個奏摺相當長，多談的是軍事部署以及兵力分佈，也能顯示曾文正公一貫的負責精神與率真剛直的個性：

「臣竊觀刻下局勢，周家口最為扼要之區。該處距豫之開歸陳許及汝寧光州六郡，均在三百里內外，即皖之潁州及蒙亳老巢，相去亦不過三百里，八面受敵，不可無重兵鎮駐。臣所部各軍，惟劉銘傳將略較優，人數較多，故以周家口之重任付之。今若移駐洛陽以西，反置勁旅於無用之地。」

值得我們注意的，一是後來與臺灣有密切關係的劉銘傳，此時亦顯露頭角；「反置勁旅於無用之地」，亦是值得思考的。勁旅應用之於攻重於守，才能發揮摧毀之功能。此為一九九一年多國駐軍在波斯灣用兵之最高原則，而能作最高之發揮。就此一原則而言，我國抗戰期間以及勦共期間，用於守多於攻之胡宗南勁旅，就有些可惜。等到無法攻而想攻時，連突圍都無法做到。其他的戰場之敗，如長春、瀋陽、徐州，基本上亦是屬於此一原則，長期與短期之運用，如今思之，實在可惜，可惜。

「自洛陽至潼關五百餘里，必須晉豫兩省，多設礮船，乃足禦之，亦非陸路一軍所能編防，劉銘傳西去，竊恐無益於晉，而有損於豫。臣既知周家口之防，更切於洛陽，不敢不剴切上陳，冀迴聖聽。且不獨劉銘傳一軍，萬難遠調也，李鴻章部下淮南之勇，不慣麵食，與楚軍同，而其軍火礮械之笨重，則更甚於楚軍。自古行軍，皆以糧運為先務。乾隆年間新疆用兵，以大學士黃廷桂總理肅州糧臺，米麥雜糧，無一不備，車駝轉運之瑣瑣，純皇帝親自計劃，遙為指揮。今河南等省用兵，全不講求轉運，糧械多有闕之，將士不肯盡力。臣與李鴻章所部，歷年行兵於江湖水鄉，糧運最便，士卒習而安之，今改運於濟寧周家口等處，尚有運河淮河一水之便，而泝流太遠，已覺十分艱難，若再令遠征秦晉之交，不特不能多運大米，並不能多運洋礮，恐淮勇遷地弗良，或生他變。……此又臣所輾轉籌思而未敢輕調秦晉防兵措施。」

讀這一段，使我們想到對日抗戰前以及勝利後之種種軍事舉措，益顯以古人為師之道理。即以「自洛陽至潼關五百餘里」，想到當年雙十二事變前之軍事形勢。而「淮南之勇，不慣麵食」，「軍火礮械之笨重」，不幸又成為國軍以現代化部隊，分赴各戰區接收，特別是東北接收之寫照也。雲南廣東之兵，既無法適應天寒地凍北國之氣候，亦無法吞下高粱玉米之粗食，至於行軍之難，在輜重重兵器之移動也。

「至於節制三省之命，臣三次具疏固辭，未蒙俞允。以臣賦性顓愚，即一省已難專任，然臣受恩深重，雖數省亦當通籌。竊計捻匪可到之處，仍有八省，分兵三路，江蘇安徽兩省及豫之歸陳，齊之兗沂曹濟，臣初次疏中所指之十六府州皆東路也。」

「今皇上飭臣兼顧晉省，已在節制三省之外。而外間望治之心，責臣之詞，尚不止於晉省，一似三路之前截後追，為防為勦者，皆臣軍應辦之事，臣何以堪此重任，又何能當此重咎？以僧格林沁之賢，忠可以泣鬼神，勇可以迴山岳，辦捻五年，尚未蕆功，念捻匪之馬匹愈多，而時論之視賊愈輕，一似數月期年，可望肅清，臣又安能奏此速效。」

「無論賊竄何處，而辦賊之方，萬變而不離其宗，庶幾謀，不紛歧，事有歸宿，微臣幸甚，大局幸甚。至臣處奏報之稀，曾於同治元年二月初六日覆奏一次：一則不輕奏謠傳之言，一則不輕奏未定之事，一則不輕奏預計之說，仰蒙聖訓稱許。數年以來，不改此度，茲奉嚴旨詰責，惶愧無地，若欲藉此獲咎，以卸仔肩，則臣生平所志所學，斷不肯如此取巧。」

曾國藩除了說個明白外，言詞與態度皆很硬，真是無慾則剛，不是皇朝三二句話，就能被嚇倒的。

61 僧格林沁陣亡，陳國瑞飾辭巧脫，法立而後知恩

僧格林沁被曾國藩形容「忠可以泣鬼神，勇可以迴山岳」，不幸同治四年四月曹南之戰，「追賊陣亡。」

這樣一位元帥級的戰將，因為追賊而身亡，清朝心痛之餘，就會想到責任問題。追究責任，就會辦在他身邊或附近的人。

該辦都辦，唯一總兵陳國瑞，未能救援僧格林沁，卻因「身騎俱受重傷」，皇上「姑免置議」。大義凜然的曾文正公，不以為然，特別上奏，「請旨將總兵陳國瑞撤去幫辦軍務。」

這也是文正公可愛可敬的性格。

同治四年七月二十四日，曾國藩「補參陳國瑞」摺：

「竊查總兵陳國瑞隨同親王僧格林沁帶兵勦捻，與郭寶昌分統左右兩翼。本年四月曹南之戰，僧格林沁追賊陣亡，郭寶昌不顧主將，奉旨革職拏問；其餘翼長成保以下各官，未能救護者，發遣降革有差；即山東撫臣閻敬銘、布政使丁寶楨等，亦均交部議處，予以應得之咎，紀綱所在，不稍優容。獨陳國瑞飾辭巧脫，逍遙法外，無論所稟受傷各情，不足深信，即使均屬實情，亦祇可略從未減，未便概置不問。伏請五月初二日上諭：『陳國瑞未能救援僧格林沁，本屬咎有應得，姑念其從來打仗奮勇，屢著戰功，且此次身騎受重傷，困苦情形，不無可憫，姑免置議。』等因欽此，仰見朝廷愛惜將才，格外寬宥，惟臣接納此軍，博詢眾論，僉謂以馬步各翼長同罪異罰，不應過於懸殊。古稱法立而後知恩，在帥臣當申明法律之嚴，庶裨將益感聖恩之厚，相應補行糾參。請旨將總兵陳國瑞撤去幫辦軍務，革去黃馬褂，暫留處州鎮實缺，責令戴罪立功，以示薄懲，而觀後效。」

「獨陳國瑞飾辭巧脫」，這是文正公很痛恨的一種人，皇上也以文字之「巧」，為陳國瑞圓，並下諭旨，但曾文正公義無反顧，還是要陳國瑞負該負之責。這就是紀律，也就是風氣。

62 水師禁約之事：不許沿岸居住，不許吸食洋煙，不許賭博

我國可謂陸路國家，並無海軍基礎。而海軍人才，一在閩粵，一在江浙。而中國之患，一在北方之邊陲，以快騎取勝；一在南方之海防，以兵艦取勝。中國之患，來此二方也。

海軍非湘軍之所長，但曾國藩很重視海上力量，也培養海軍人才，重視海軍之發展。

同治四年十二月二十八日，為「長江水師營制事宜」上奏摺，此摺係由曾國藩與彭玉麟主稿。長江水師事宜共三十條，另附有營制，此一長江水師計劃，雖非屬全國性的，但可視為我國海軍建制之初芻也。

其中第七條都司以下不立衙署指出：「水師官兵，皆宜以船為家，不准登岸居住，如違例住岸上者，官即革職，兵即革糧。」

第十一條設立書吏：「長江水師提督，用稿書四名，書識八名，總兵用稿書二名，書識六名，副參游皆用稿書二名，書識四名，都司用稿書一名，書識二名，備用書識二名，千把各用書識一名。」

軍種之海陸空，自以空軍危險性高，所需條件亦高；海軍不著陸，遠涉重洋，過非正常之生活，因此亦較陸軍為苦。因此，曾文正公在設計的時候，考慮此點，口糧亦較陸軍為優，否則誰願意當水兵？

在第十二條「兵丁糧額」中有以下的設計：「厥後因銀價日賤，米價日貴，槳手加為三兩九錢，今將水勇改為額兵，而各處陸營，紛紛招勇，若遽將水兵口糧汰減，則人皆去為陸勇，誰復肯當水兵，自應斟酌暫從其優。」

三處設藥彈局，以資補充；三處設立船廠，以便輪船修補。

第十七條三處設藥彈局：「長江水師礮位，大者千餘斤，次者亦數百斤，所需子藥最多，須常設子藥局，以資操演，而備不虞；查湖北省城安徽省城造漿均有牛碾，極為穩便，該二省應各設火藥局，常川製造；江蘇江西應辦硝片，協濟安徽藥局；湖南應辦硝片，協濟湖北藥局。至生鐵產於湖南，應在長沙設立子彈局，常川製造封門大子，熟鐵群子，分解湖北安徽兩省，所有楚境各營均赴武昌請領子藥；江境各營，均赴武昌請領子藥；江境各營，均赴安徽請領子藥，至三局造辦子藥之費，由武昌江西鹽道庫於釐金項下撥給。」

第十八條三處設立船廠：「長江戰船大礮震驚，最易朽壞，定每屆三年修理一次，十二年即行更換，應於湖北之漢陽、江西之吳城、江南之草鞋夾三處，各設船廠。」

海軍風氣之養成與建立，見於第二十一條禁約三事：「長江水師舊日營規甚嚴，近日來日就鬆懈，今立為經制，水師應申明定規三條，決不可犯者：一曰不許沿岸居住，二曰不許吸食洋煙，三曰不許賭博。如有登岸居住者吸食洋煙者，官則革職，兵則革糧；有犯賭者，由該管將領察核情節，稟明嚴辦。」

「不許賭博」，可以體會；「不許吸食洋煙」，也可以視為先見之明。

「官則革職，兵則革糧」，處分官較處分兵嚴，其意下奬上罰也。

第二十四條「不准私備戰船」，公私分明，否則易流為遊艇或商船；公私不分事小，流於走私，則為害甚大：「長江水師，各有汛地，不得私離，且長龍舢板，均係官物，非同私物可以借用，凡各省文武出差人員，雖有緊急公務，非奉有長江提督及五省督撫專札，不得私借戰船乘坐，以圖便易，違者照不應馳驛，妄行馳驛例議處；各營哨官，非奉有專札，而以戰船私借客官及朋友乘坐者，照私離汛地例議處。」

這些舉措，具見曾文正公無論巨細，均以公私分明，尤以嚴明為精神，有些法家之作風以補儒者之不足。實在，治亂世，應以儒家為心，法家為用。

63 捻匪所長在馬，官軍所長在步

作戰司令官所爭者不外兵與餉，一般之指揮官也不外兵餉越多越好，貪者更無所忌。但曾國藩是善於算的，如何以己之所長，制敵人所短；以己之所短，避敵人之所長。

太平軍之後，捻匪萬騎縱橫，不同於太平軍，而速更猛，應對之道迥異。

此時之曾國藩，運兵之廣，已不止於大江南北矣。

同治五年正月二十三日奉上諭：「現在東南雖已肅清，而捻匪竄擾北路，楚豫等省，到處戒嚴，防勦到處吃緊。鮑超一軍，前本令其馳赴北路助勦，此時粵賊業已辦結，即著左宗棠飭令統帶所部，迅速赴楚豫之交，聽候曾國藩調遣。其江閩各路，得力將弁兵勇，有可調赴楚豫江皖助勦者，並著曾國藩迅速函商左宗棠等，酌量調往，以期厚集兵力，早殄逆氛。」

「到處戒嚴」，我們所熟悉的軍事管制「戒嚴」一詞，在此得到較近的根源。

而在其後皇上的諭令中，籌餉籌兵所提到的將領，除了我們所熟知的左宗棠、李鴻章之外，還有「劉坤一馬新貽李瀚章」等。

同治五年三月初五日，曾國藩為鮑超軍北來勦捻籌立餉項奏摺，而有以下的陳述：「臣查捻匪萬騎縱橫，行蹤剽疾，而步賊則裹脅居多，火器極少，臣所部湘淮各軍，戰守俱優，而騎兵則馬匹太少，技藝尤生，是捻匪所長者在馬，而不在步；官軍所短者，亦在馬而不在步。署督臣李鴻章近寄臣函，謂宜裁減步兵，酌添馬隊，實屬因時制宜之策。鮑超所統步隊，需餉至九萬七千有奇，為數過多，應令裁撤三千餘人，酌留一萬二千人。」

馬隊該加，以補己之短，制敵人之長；而步兵該減，以增馬隊。

尤憶第二次大戰前奏之戰場，無論歐洲之德國，亞洲之日本，均以機械化之速度與火力見長，而我抗戰初期騎兵與游擊隊，則發揮了「行蹤剽疾」與神出鬼沒之草木皆兵，無論在實質上及心理上對敵產生了全面的與長久的作戰影響。

64 群賊西竄，或剿或防，徵調紛紛

曾國藩過於勞心，而難於支持，必須請假閉門謝客靜養。這在軍情吃緊之際，更增加皇上的憂心。

同治五年九月十三日，曾國藩以「續假調理」上一片：

「一月以來，服藥調治，外症全愈，惟用心稍久，輒復煩燥出汗，夜間尚有溢汗，耳聾亦時作時止。昨初五六七等日，李鶴年、張之萬先後過訪臣營會商軍務，臣尚能勉強酬應。初九日酉刻，忽然昏暈倒地，雖旋即扶坐無恙，而衰頹之態，實難支持。據醫者云：『心氣過虧，必須謝絕人客，加意靜攝，或可不再添病。』合無仰懇天恩俯准續假一月，在營調理，至目下群賊西竄，淮軍湖軍豫軍鄂軍，或剿或防，徵調紛紛，臣當與各督撫妥商調度，雖在病中，不敢稍涉大意。」

這真是力疾從公的典型。

65 結硬寨，打呆戰，從未用以奇謀

人到病時，就會想得很多。過去種種，身後如何，尤其重病在身，更會想得太多。曾國藩戎馬一生，歷盡艱險，更是如此。

同治五年十月十三日，曾國藩為「病難速痊請開各缺仍留軍中效力」上一奏摺：

「竊臣因病請假，仰蒙恩准，兩次均賞假一月，在營調理。兩月以來，加意調治，而心氣過虧，不時出汗，不能多閱文牘，說話逾十餘句外，舌端即蹇澀異常，耳亦重聽，不說話時，耳鳴而尚不甚聾，因是終日不願見客。標病則屢有變換，近日右腰疼痛，陝西撫臣喬松年過此，目睹臣狼狽之狀，似此病軀，久膺重任，斷無不僨事之理，再四籌思，不得不仰懇聖慈，請開各缺，安心調理。惟臣受恩深重，有不敢遽請離營者，人臣事君之義，苟有所長所短，皆可直陳聖主之前。臣不善騎馬，未能身臨前敵，親自督陣；又行軍過於遲鈍，十餘年來，但知結硬寨，打呆戰，從未用一奇謀，施一方略，制敵於意計之外，此臣之所短也。臣昔於諸將來謁，無不立時接見，諄諄訓誨。上勸忠勤以報國，下戒騷擾以保民，別後則寄書告誡，頗有師弟督課之責。其於銀米子藥，搬運遠近，亦必計算時日，妥為代謀，從不誑以虛語。各將士諒臣苦衷，頗有家人父子之情，此臣昔日之微長也。今臣病勢日重，憚於見客，即見亦不能多言，豈復能殷勤教誨，不以親筆函答諸將者已年餘矣。近則代擬之信稿，亦難核改，稍長之公牘，皆難細閱，是臣昔之長者，今已盡失其長。而用兵拙鈍，剿粵匪或尚可倖勝，剿捻匪實不相宜。昔之短

者，今則愈形其短。明知必誤大局，而猶貪戀權位，諱飾而不肯直陳，是欺君也；明知湘淮各軍，相信頗深，而必遽求離營，不顧軍心之渙散，是負恩也。臣不敢欺飾於大廷，亦不忍負疚於隱微，惟有籲懇天恩，准開協辦大學士兩江總督實缺，並另簡欽差大臣接辦軍務。」

此時之曾國藩，確有體衰之現象，而心理之衰退尤重。回憶前塵，昨日種種，皆成非，而顧全大局，「准開協辦大學士兩江總督實缺」，皆為常人所不能為也。

名位、金錢與女人，是常人至死都不肯放的。

至於曾國藩之「遲鈍」，但知「結硬寨，打呆戰」，正是曾國藩之神功所在。是另一用兵典型，因為中外名將，用兵多以神速奇襲取勝，如德國「沙漠之狐」隆美爾所慣用的就是「閃擊戰法」。隆美爾用兵，總像尖刀般的迅速，穿透敵人，直達敵後。

曾國藩的戰法與為人一樣，在一個實字，而無奇無虛。《孫子兵法》中：「凡戰者，以正合，以奇勝。」曾國藩的功力，就在正合，更符合孫子兵法的「善用兵者，修道而保法，故能為勝敗之政。」

66 鮑超、僧格林沁大軍米糧為憂

打仗即在打後勤補給也。所謂後勤補給，包括軍火糧食薪餉等，涉及甚廣。短缺因無法打仗，有而無法及時供應，也會嚴重影響戰力與戰局。

曾國藩在同一奏摺中，同時提及鮑超與僧格林沁二員戰將，均談到米糧問題，以及主管米糧之官，亦即今日聯勤補給之事。

同治五年十一月初二日，「調鮑超、劉松山兩軍分路援勦」摺，談及鮑超及僧格林沁軍中米糧情形：

「鮑超軍中向少明幹之員，料理米糧等事，前在皖南由臣派員辦糧，源源接濟。在江西時，各官紳亦竭力助糧，全無缺乏，故能專心打仗，所向有功。一離江皖，至福建者，即有上杭缺糧之譁。赴甘肅者，又有金口棄舟之變，若入秦以後，糧米不繼，深恐滋生事端。」

「以僧格林沁之忠勇，辦捻四年有餘，凡捻匪所到之處，該親王無不躬自追勦。惟同治二年，捻股入秦，該親王未嘗派兵西追，想亦因米糧難購之故。臣此次辦調鮑超文內有云：「如實無米可辦，到萬分之難之際，亦可中途折回。」並許以兵行至西安省城為止，不再西征。」

曾文正公所顧及者，為補給也。戰線拉得越長，補給也越困難。這也就是第二次大戰德國希特勒征俄之敗原由，非敗在戰場，而敗在補給。「天時地利人和」三者，至少有二者有勝算把握，當時希特勒所有者，可能只是「人和」。

67 行軍太呆，精力太衰

曾國藩與李鴻章，統兵與理財，在一奏摺中見其端倪與關係。

同治五年十月二十日，曾國藩奉諭：「該大臣勳望夙著，積勞致疾，自係實情，著再賞假一個月，在營安心調理。欽差大臣關防，著李鴻章暫行署理。曾國藩俟調理就痊，即行來京陛見一次，以慰廑係。」

李鴻章代理了曾國藩的職務。

同治五年十一月初二日，曾國藩奉旨覆陳：

「查統兵大員，非身任督撫，有理財之權者，軍餉必不應手，士卒即難用命。臣前以侍郎辦賊五年，卒無寸功；後以江督辦賊四年，乃有成效，深知其中之甘苦。」

「臣自問行軍太呆，不能平此流寇；精力太衰，不能當此大任。一俟霆軍西行就緒，病體調理稍痊，約計臘尾春初入京陛見。一以謝累歲高厚之恩，一以請辦捻不善之罪，再當面懇鴻恩，准開各缺，並懇於李鴻章外，另簡大臣來豫接辦。臣但求開缺以減事權，斷不求回籍以圖安逸，仍留軍營，幫同照料一切，維繫湘淮各軍之心，聯絡蘇鄂兩路之氣。既無置身局外之想，亦免病軀戀棧之譏，庶臣之寸心稍安，而於大局毫無所損。除將關防擇日派員送交李鴻章，另疏恭報起程日期外，所有奉到諭旨，理合先行覆陳。」

曾文正公求去心切，但不想圖安逸，實在擔子太重，責任太大，而支援條件不夠，特別是糧餉軍火為憂。

「自問行軍太呆，不能平此流寇；精力太衰，不能當此大任。」「行軍太呆」，這是曾文正公常常指出的作戰精神，因而打不出奇仗，更不會創造奇蹟；精力太衰，實即曾文正公之精神影響心情也。

68 遠征軍之米糧難辦，餉銀難解

曾國藩可謂一條漢子，帶兵打仗，從來不叫苦喊冤的，惟有關米糧餉等，常常在奏摺中「拉警報」，甚至有些牢騷，可見其緊急，也可見其重要。

同治五年十一月十七日，為「酌籌西路軍務派員辦霆營軍米」上一奏摺：

「旋接鮑超來文，瀝陳入秦之難，反覆辯論，所最慮者有三：一在米糧之難辦，一在餉銀之難解，一在回匪之牽制，兼以口馬尚未到口。擬在南陽陸續操練，一俟馬隊練成，陝省米糧轉運等事布置周妥，再行入關。」

此可謂遠征軍遭遇困難與阻力之情形。鮑超，曾文正公下一員超級猛將，戰功赫赫，專能打硬仗。曾文正公在奏摺中還提到：

「霆軍入秦以後，離臣一千餘里，離李鴻章二千餘里，似應由提臣鮑超自行奏報軍情，庶朝廷之見聞較速，調度較靈，並懇寄諭中許以專剿捻匪，不剿回匪，俾鮑超得以安慰軍士之心，免生意外之變。」

這一奏摺，為鮑超報軍情，請求緊急供應米糧，作戰對象確定，以免分散。尤其難得者，為「朝廷見聞較速，調度較靈」，請求准鮑超直接向廷上報軍情戰報，以免輾轉費時誤事，這也可以看出曾文正公的大度。

69　一水師所重者，以船為家，不得依戀陸居

對於制度之建立，人才之培養，許多方面，曾國藩都是前無古人的。曾國藩同治四年十二月廿八日提出「長江水師營制」，可能是中國海軍制度構想之始。同治七年三月初五日，又具體提出十條：

第一條　頒發關防條記。

第二條　酌釐釐卡充餉。

第三條　裁撤水勇日期。

第四條　派船巡查私鹽。

第五條　酌定砲械旗幟。

第六條　更換額缺官階。

第七條　議裁舊日額缺。

第八條　各省督撫節制。

第九條　核定疎防處分。

第十條　各營輪流更調。

這可說是海軍建軍大綱也。由「第十條各營輪流更調」，可見其細也：

「一水師所重者，以船為家，不准登岸居住。若永遠駐紮一處，則經年累月，戰船全不移動，必致廢弛朽壞，相率私造屋宇，棄舟楫而住室廬，不可不防其漸。茲定江楚各營每逢半年更調一次，副將與副將之營互調，參將與參將之營互調，游擊與游擊之營互調，每營調居客汛二次，駐紮一年，又准調回本任一次，駐紮半年。其互調之或遠或近，聽提督隨時斟酌，總不令其廢弛安逸，依戀陸居而已。惟哨官之有疏防處分者，不准調動，以杜規避。」

「一水師所重者，以船為家」，現在聽起來，看似平常，但在那個時代，實在不容易。在這方面，曾文正公是抓住關鍵與特色的。

70 補缺者得不償失，獎功者賞不酬勞

曾國藩為借補長江水師「千把之缺，未免駭人聽聞」，捱了一頓官腔，吃了一個悶棍：「以同一軍營出力官職，大者補缺之途太廣；官職小者，補缺反致無期，不足以服軍心，而作士氣，仍應照章議駁。」上面考慮不無道理，也就是大官升得太多了，而基層反無升遷機會，對士氣有影響。

曾國藩於同治七年三月初五日，為「陸營借補小缺請飭部核議」奏摺：

「然勇丁出身，入營之資格極久，例保之次數較多，而家中貧寒如故，情願補一小缺，為終身衣食之資，此亦人之常情。臣等既不忍拂其意，而又取其入伍多年，可收駕輕就熟之效。伏乞皇上敕下該部議准，以從眾願，仍遵照兵部原議，將來此項人員用竣，不准再行借補，以示限制。」

「至於名實不符，有礙體制之說。查崇階而退居小缺，在補缺者已覺得不償失，在獎功者尚恐賞不酬勞，上下雖不滿意，究無損於政體。若崇階而永無補期，則功績最淺者轉得各占實缺，勞苦最久者反致長抱虛榮。是觖望更深，所損更大矣。」

「若大銜借補小缺，則毫無靡費，雖不能安置多員，而要可略安望缺者之心。」

這一現象與爭執，至今仍在。亦可見無論文官或「武官」，制度建立之必要也。

71 其有違部例者在此，其不欺朝廷者亦在此

行政效率與報銷，幾乎是雙子兄弟，相伴而生。

同治七年，還有同治三年湘軍報銷之事，真令人為之氣結。原來是舊案未了，特准「分年分起」報銷結案。

為此，同治七年十一月初三日，曾國藩為「湘軍第五案報銷」事上奏摺，真是洋洋數千言。太平天國亡了，戰爭勝了，死亡無數，戰後餘生者多已告老還鄉，解甲歸田，還有報銷疑案，能不令忠臣痛哉：

「李鴻章所部諸軍，同治元年，初至上海，孤軍特起，地處極危，不得不稍加優異，以鼓士氣。」

「向來花名清冊，為送臺領餉之據，即為送部備查之案。然兵冊則的名居多，勇冊則假名居多，相沿已久。蓋勇丁去來無定，原籍本無伍符可稽，而又有汰革者，告假者，隨時更換，又或疫疾連喪數十人，大敗連喪數百人，倉卒難以募補，則其空缺之時，應有截曠銀兩。在營官之賢者，或將此項截曠銀兩，多養死士，修補軍械；不肖者則以此自肥私囊。臣每於各營遣撤之時，飭令繳出，截曠銀若干，平日則未及深究。若令按月造送名冊，彼不能將曠缺一一呈明，必造假名冊以應之，積習牢不可破。臣洞悉此弊，故刊章內，但以勤於點名為重，而不以造花冊為重。各營無冊送臣處，臣遂無冊送部。咸豐九、十年間，戶部屢次催造花名冊，迄未造送，其有違部例者在此，其不欺朝廷者亦在此。此心可質鬼神，初無絲毫意見，敢與部臣相抗也。今此案造冊報銷，亦但造銀數冊，仍未造花名冊，實不欲以臨時編造偽名，稍涉欺飾。伏乞皇上垂察，敕下該部曲為鑒亮幸甚。將來勦捻軍需，淮湘各軍，同支江南之餉，臣與李鴻章會同造報，亦擬不造花名冊，以歸簡易，理合預行陳明。所有湘軍第五案造冊報銷緣由，專摺具陳。」

這一奏摺，就是中國現代史歷程的縮影：

第一、報空缺，吃空缺，由來已久，直至民國三十八年政府遷臺，國軍加以整編，薪餉補給才正常化。

第二、造假冊，做假報銷，則為正常。曾文正公就是不做這種見不得人之事，有什麼就報什麼，該怎樣就怎樣，乃有「其有違部例者在此，其不欺朝廷者亦在此。」真硬漢鐵漢也。

第三、為了報銷事，還要直達「天庭」，可見曾文正公被那些兵部官爺搞得太煩了，你不做假，你就不能報銷，逼得你非做假不可。

曾文正公何人也，豈有做假之理！

實在的，報銷事小，做假事大。如今，大小不分，報銷事大，隨便弄個單據來就可報銷。真報銷，反而不能報銷，真令人痛心。

72 中國兵勇，以舟楫為室家，以海岸為坦道

湘軍雖善於陸地作戰著名，但曾國藩是有現代海軍觀念的，並提出具體制度建立海軍與商船的第一人。

同治七年十一月初三日，他在酌議江蘇水師事宜奏摺中指出，「無船則兵無用武之地」，就是很了不起的現代海軍觀念：

「前督臣璧昌奏稱江南舊例。營船二百七十隻，業已破廢不堪，另造舢板船一百三十五號，大舢船十二號等語，約而言之，其船不過載二千數百人，額定之兵尚有萬餘人，無船可載，有水師之名，無舟楫之實，不能不大為變通，講求實際。竊謂水師之多少，宜以船隻之多少為斷，無船則兵無用武之地。」

「溯查乾隆四十七年，增兵六萬有奇，其時，大學士阿桂上疏陳論以國家經費驟加，不覺其多，度支則難為繼。臣國藩於咸豐元年，在侍郎任內，奏請裁兵，即引申其言，歎為遠慮，今日整理水師，豈

肯盡背前言。」

「海疆似以水營為重，其他省之但有陸兵並無水師者，縱不遽議裁撤，趁此中原大定之際，亦可將出缺之弁兵，緩至二十年後再議募補，將來重募之日，儘可仿浙江之例，大減額兵，酌加口糧，此又因節省經費。」

「兩江督臣馬新貽，在浙江辦理減兵事件，講求已熟；江蘇撫臣丁日昌，素有捍禦外洋之志，並請敕下李鴻章、馬新貽、丁日昌各抒所見，將江蘇船政妥為核議，務使外防與內盜并謀，舊制與新章兼顧。臣雖離兩江，倘有所見，仍當續行陳議，期於利多弊少，不特江蘇為然，即長江水師亦乞敕下沿江五省督撫，隨時察看，如有不妥之處，三年之內，儘可奏明，斟酌損益，臣斷不因係初議之人，稍存迴護之見。臣之微意，不過欲使中國兵勇，以舟楫為室家，以海洋為坦道，庶幾事以屢試而漸精，人以狎水而漸壯。至於船式如何而後善，營制如何而後強，自當博採群言，不敢略執成見也。」

於是乃有「江蘇水師事宜十四條」：

第一條　分別內洋外海及裡河三支。

第二條　內洋外海水師分立數營。

第三條　裡河水師分立數營。

第四條　狼山鎮新設立通州海門二營仍須酌改規制。

第五條　各營船制數目。

第六條　添用火輪協巡。

第七條　設廠修造戰船。

第八條　新營與舊制酌量更改。
第九條　弁兵薪糧。
第十條　前議淮揚水師應行緩辦。
第十一條　緩撤太湖水勇。
第十二條　裁出之缺分標另補。
第十三條　三鎮酌留陸兵。
第十四條　計算出入經費。
這一計劃實在是洋洋大觀。大戰之後，軍力之運用與佈置，應裁應加，「斟酌損益」，高明之見也。其出發點與重要性，在於外洋之防外侮，內河之防盜，實在裡外兼籌並顧。

73　軍氣之盛衰，全視主將之強弱

一日為湘軍，終身為湘軍。對於曾國藩來說，就是一生為湘軍。所承擔的，不只是榮譽，還有精神上的負荷。

太平天國之亂平定後，湘軍歸隱鄉里居多，所剩無幾，不再承擔軍事之責任。還有一些，雖為數不多，但還是湘軍。

軍中出「事」，竟出自湘軍，自然皇上在驚聞之餘，要問問「老帥」究竟如何？如何處理？是尊重也是責任。

忠誠的曾文正公，不刻意揣測上意，把湘軍現況，所知的實情，一一向皇上提出報告。原因出自陝省營勇鬧變，而劉松山部也在其中。

劉松山就是曾國藩的湘軍。

這件事情，經過御史、軍機大臣的承轉，鬧到皇上那裡：「營勇因鬧餉滋事，已屬亂萌，而此番劉松山所部留防綏德州之四營，據城以叛，高連陞所部，竟至戕其主將，實為各營所未聞。」

同治八年五月初四日，曾國藩在覆有關劉松山湘軍情形摺指陳：

「查克復金陵以後，楚勇從征過久，官秩日高，暮氣將乘，難資得力，迭經臣於同治三年秋冬及四年夏間，先後奏明在案。及臣奉命勦捻，所用專係淮軍，其時湘勇十餘萬人，裁撤略盡。隨臣北征者，僅劉松山一軍及張詩日等數營，至次年，張詩日因病遣撤，則臣之舊部，僅留劉松山老湘一軍矣。當時楚軍將士驕矜自足，真氣日衰，獨劉松山矯厲奮興，尚有旭日初升之象。」

「凡軍氣之盛衰，全視主將之強弱。劉松山精神未懈，近雖經此波折，銳氣亦未少減。頃接該提督三月杪來函，仍擬再接再厲，整軍深入，由北路進兵，規取金積堡老巢，扼賊北竄草地之路。」

「臣視其艱難措置，規劃精詳，竊以為有古名將之風，當期從容奏績。」

這就是曾國藩的精神：有什麼就說什麼，是什麼就說什麼。

論及湘軍之近況，而有「僅留劉松山老湘一軍矣。」

雖然劉松山部闖下滔天大禍，但對於劉松山過去、現在以及未來，還是肯定與樂觀的。

「士為知己者死」，有肯為部屬挺身而出的長官，才會有知己之士。

74 統海三貴：善於使船、明於海道沙線、嫻於戰陣

就在曾國藩完成同治九年九月初六日報交卸同日，他另奏一片，和臺灣有關，和人才保舉有關，請調吳大廷操縱輪船片：

「再福建前任臺灣道吳大廷，於同治七年在臺灣任內，因病呈請開缺回籍調理。八年三月，經沈葆楨奏請起用奉旨諭知湖南巡撫劉崑，飭令迅速回閩襄理船政。該道病痊，遵旨復出，以八年七月到閩，旋經督解萬年清輪船赴津請驗，本年又經奏派運米赴津驗收。臣查該道學問淵邃，才識閎遠，前因李續宜奏調赴皖，常在臣營，即擬儲為國家異日之用，後入閩浙。睽隔數年，此次來津，適臣查辦津案，屢與接晤，見其學益精，才益練，議事尤有通識，誠堪勝艱鉅之任。目下沿海防務，亟宜籌備，閩滬兩處鐵廠，成船漸多，而未嘗議及海上操兵事宜。臣於七月十九日，曾經具奏一次，操兵之法，其要全在船主得人，既為一船之主，第一貴善於使船，熟悉掌舵看火等事，而後合船之水手兵役，皆可俯首聽命。第二貴明於海道沙線，兼善閱看地圖。第三貴嫻於戰陣。能悉進退分合機宜，三者兼全，即洋人亦不可多得，中國武員中尤難其選。臣愚以為須求之文員中，得一素諳戎機，講究地圖，兼明洋務，而又不憚風濤者，綜理其事。始則博求將才，採訪可為船主之員，繼則出洋督同操練，稽其勤惰，終則徧詢外國水戰事宜，暗師其法，而取其長，乃可日起有功。該道吳大廷熟悉船政，於兵事洋務，講求有素，近年南北往返，屢涉重洋，不畏艱險，又久在閩浙，頗留心可為船主之才。現在上海船廠道員馮俊光等，專講造船，及鎗礮等事，無暇兼顧操兵，擬請將吳大廷調至江南，綜理輪船操練事宜，儆臣藉資臂助。該

道久駐閩廠，閩滬亦可聯絡一氣，於整頓海防，實有裨益。」

曾國藩培養與重視人才，由此可見。而曾文正公眼中之人才，是有一定之條件，尤須經過歷練，歷經艱苦，才能成大才。而其著眼，不在成一己之才，而成「天下」之人才，吳大廷就是一例。在曾文正公心中，吳大廷是一難得之才，更是當今朝廷急需而又難得治海軍之大才。

75 萬人一氣，諸將一心，而後指揮如意，所向無前

「男前所以招勇往江南殺賊者，以江岷樵麾下人少，必須萬人一氣，諸將一心，而後渠可以指揮如意，所向無前。」（咸豐三年十月初四日，稟父，〈述辦水戰之法〉）

就這一條件與前提而言，中華民國在大陸三大戰場之失利，乃屬必然。失在將帥而不在士兵。

「二十二日接到十九日慈諭，訓戒軍中要務數條，謹一一稟覆：

一、營中喫飯宜早。此一定不易之理。……自接慈諭後，男每日於放明礮時起來，黎明看各營操演，而喫飯仍晏，實難驟改，當徐徐改作未明喫飯，未知能做得到否？

一、紮營一事。季弟於此等事，尤不肯認真，男亦太寬，故各營不甚聽話。岳州之潰敗，即係因未能紮營之故，嗣後當嚴戒各營也。

一、破賊陣法。苦兵勇無膽無藝，任憑好陣法，他也不管，臨陣總是奔回，實可痛恨。

一、拿獲形跡可疑之人，以後必拿辦之，斷不姑息。」（咸豐四年二月二十五日，稟覆父，〈軍中要務數條〉）

曾文正公的家書中，很少甚至避免談及官中軍中之事，因為怕炫耀，而壞了家風。這二封信所以談及水戰之法以及軍中紮營破賊之事，係覆命性質。因為其父或受鄉人所托，如「以江岷樵麾下人少」，或受在軍中家人信函之抱怨，道老哥的不是，如「季弟於此等事，尤不肯認真」，而有所稟覆。

總之，從這二封信中亦可看出，治軍亦如治家也。

76 辨賊，人人畏我之威，而不恨我之太惡

「家中改屋，有與我意見相同之處，我於前次信內，曾將全屋畫圖寄歸，想已收到。家中既已改妥，則不必依我之圖矣。但三角邱之路，必須改於檀山嘴下面，於三角邱密種竹木，此我畫圖之要囑，望諸弟稟告堂上，急急行之。家中改房，亦有不與我合意者，已成則不必再改。但六弟房改在爐子內，此係內外往來之屋，欲其通氣，不欲其閟塞，余意以為不可。不若以長橫屋上半節間，斷作房為妥。內茅房在石柱屋後，亦嫌太遠，不如於季洪房外高墈打進七八尺，既可起茅房澡堂，而後邊地面寬宏，家有喜事，碗盞菜貨，亦有地安置，不至局促，不知可否？」

「澄弟辦賊，甚快人心，然必使其親房人等，知我家是圖地方安靜，不是為一家逞勢張威，庶人人畏我之威，而不恨我之太惡。賊既辦後，不特面上不可露得意之聲色，即心中亦必存一番哀矜的意思，諸弟人人當留心也。」（道光二十八年十二月初十日，致諸弟，〈述改屋之意見，留心辦賊之態度〉）

曾文正公處事斷事之態度，在這一家書有關家屋改建就可以看得出來。「有與我意見相同之處」，「亦有不與我合意」，有的雖然不合他意，「已成則不必再改」，但有的涉及「通氣」環境衛生乃至使用方便

者，則明白表示「余意以為不可」。

從這一改屋的舉措中，可以看得出來的，曾文正公是很細心的，也很有現代化的房屋使用觀念。諸如空間考慮，平時以及「家有喜事」的使用，都有充分規劃，實在不容易。

那個時候的鄉下，就有「茅房澡堂」的設施，亦不可多見。茅房因陋就簡，這是以農立國的中國人，向來習慣了，不視為人生活中之「大事」，更不要說衛生講究了。

不要說那個時代，就是現在的中國大陸的民房，有「澡堂」人家亦不可多見。尤其在北方，也許受天寒的影響，不太洗澡，洗澡是一生或一年的大事，平時少有進「澡堂」洗澡的。一和生活習慣有關，一和水的節約也有關。

曾文正公功業之起點，是啟自咸豐三年，返鄉訓練湘勇，保鄉保國。事實上，在這個時候，他的老弟在家鄉就已開始「辦賊」了。曾文正公除嘉其勇外，並告訴要採低姿態，不要鋒芒太露，無論面上或心中，均不可有得意之色，而「存一番哀矜的意思」。

這都是曾文正公一貫的精神。

77 仁愛、威猛、精明

「長夫俱留在此，喫上頭飯，每日給錢百文，實無一事可勞其筋力，故不能不略減也。沅弟言我仁愛有餘，威猛不足，澄弟在此時亦常說及。近日友人愛我者，人人說及，無奈性已生定，竟不能威猛；所以不能威猛，由於不能精明，事事被人欺侮，故人得而玩易之也。」（咸豐四年五月初一日，致諸弟，

〈不能威猛由於不精明〉

「諸弟在家教子姪，總須有勤敬二字。無論治世亂世，凡一家之中，能勤能敬，未有不興者；不勤不敬，未有不敗者。至切，至切。余深悔往日未能實行此二字也。千萬叮嚀。澄弟向來本勤，但敬不足耳。閱歷之後，應知此二字不可須臾離也。」（咸豐四年六月十八日，致諸弟，〈湖北業已失守〉）

修身、齊家、治軍，曾文正公一生一世中，有其基本精神，勤與敬，是其精神。因此，乃有：「凡一家之中，能勤能敬，未有不興者；不勤不敬，未有不敗者。至切，至切。」

這一功夫，本非天生的，乃是經過人生歷練後而有所悟，曾文正公乃有「余深悔往日未能實行此二字也」。

78　居官帶兵「耐煩」為第一要義

「治軍總須腳踏實地，克勤小物，乃可日起而有功。凡與人晉接周旋，若無真意，則不足以感人；然徒有真意，而無文飾以將之，則真意亦無所托之以出，禮所稱「無文不行」也。余生平不講文飾，到處行不動，近來大悟前非，弟在外辦事，宜隨時斟酌也。」（咸豐八年正月十四日，致九弟，〈待人注意真意與文飾，順便周濟百姓〉）

曾文正公是一腳踏實地、真心誠意、不會以文詞表達銷售自己的人，難免會吃虧，而有「到處行不動」之苦。乃將此一痛苦經驗，告訴在外帶兵的九弟，為人處事能靈活一些。

「昔耿簡公謂居官以耐煩為第一要義，帶勇亦然，兄之短處在此。」

「李雨蒼於十七日起行赴鄂，渠長處在精力堅強，聰明過人；短處即在舉止輕佻，言語易傷。」（咸豐八年二月十七日，致九弟，〈勉其帶勇須耐煩〉）

曾文正公教其弟，不只是授己之所有，亦告其所短，盼能取長避短也。明知「耐煩」為第一要義，文正公自謙做不到，而盼其弟能做到。

曾文正公所欣賞的人，還是在誠實、質樸，而能耐勞與耐久，無論舉止或言語「輕佻」者，最為其所惡。

79 能戰為第一義

「余前言弟之職，以能戰為第一義，愛民第二，聯絡各營將士，各省官紳為第三。今此天暑，因弟體素弱，如不能兼顧，則將聯絡一層稍為放鬆，即第二層亦可不必認真，惟能戰一層，則刻不可懈。目下濠溝究有幾道？其不甚可靠者，尚有幾段？下次詳細見告。」（咸豐八年五月初六日，致九弟，〈喜保同知花翎〉）

這位老哥對於仁弟實在體貼與關懷備至。

凡事不能週到週全之事，必須量力而為，其要在擇其要者。能戰，愛民，聯絡將士與官紳三者，自以練軍能戰為第一等要事。

實在，因為事有輕重緩急本末，練軍致勝為軍事之首要任務也。捨此，化費再多功夫，難免捨本求末也。

對於戰壕的情形，曾文正公也十分關心，並問究竟：究有幾道？不甚可靠者又有幾道？均是經驗之談，亦為戰地指揮官者著力之處。此一著眼點，影響蔣中正先生甚大，這也是後來形成之金門防禦精神，亦是若干名將，在抗日勦共金門戰役中致勝之道。相信曾文正公的「戰法」，多多少少影響後來的軍事將領用兵以及經營戰場的思想與作為。

80 滿意之選不可得，姑節取其次

曾國藩用人的精神與原則，都適合現代企業管理的。他是很現代化的儒者。

九弟在前線督戰，水陸並用，攻城陷地，銳不可當，統帥了一萬八千人。身為老哥亦是統帥的曾文正公，建議其弟「總須另有二人堪為統帶者，每人統五六千，弟自統七八千，然後可分可合。」

當然，是極合指揮之原則，也想當然，求才難也。

曾文正公作了以下原則指示：「辦大事者多選替手為第一義，滿意之選不可得，姑節取其次，以待徐徐可也。」（同治元年四月十二日，致九弟，〈宜多選好替〉）

求全求好方面，「九弟」之性格，尤強過老哥。

81 行兵最貴機局生活

曾國藩真正在遙控金陵之戰。

曾國荃以二三萬勁旅駐紮雨花臺，相機進攻金陵。老帥又是老哥的曾國藩，焦慮不已，解圍之援軍不來，則「終歲清閒，全無一事；援賊再來，則歸路全斷，一蟻潰堤，此等最險之著。」

因此，曾國藩就天時地利作如下更露骨之剖析：

「行兵最貴機局生活。弟在吉安安慶，機局已不甚活，至金陵則更呆矣。久晴之後，必若陰雨；下弦之後，夜不晦暗，不知弟處仍能堅守否？縮濠恐長賊氣，即可定計不縮，營中米糧子藥，定竟尚可支若干日，我自能打算也。」（同治元年九月二十一日，致九弟，〈兵貴機局靈活〉）

曾文正公是不善指揮的，因此，在這一極具關頭信函中，只分析危機性，言外之意，不能困敵不成，反而為敵所困，內外相夾，後退無路，突圍無門。也因此，久屯非長久之計，要攻要退，速作決斷，作靈活之運用，因為「行兵最貴機局生活」。

82　活兵重兵輕兵

任何以人為組合的組織，正如人的社會一樣，不是一致的，也不是一樣的，而是各類齊全，成為形形色色的社會。這是人性，也是人類社會的特色與精神。

不只是千萬人不會聰明才智一樣，就是二人也不會一樣，再像的雙胞胎兄弟姐妹，也不會一樣，甚至在他們眼中，有很大的不一樣。

軍隊的組合也是如此。

或以兵器為準，或以位置為準，或以編制為準，無論一班人或是更大的兵團，不會是一樣的兵，這要看為官的如何帶了。

曾國荃率重兵圍困金陵，守者與圍者，均苦不堪言，就看忍性與耐性。就曾國藩的語言來講，就看能不能「挺得住」。

軍隊也好，兵也好，其要在活用，發揮動的力量，守是如此，攻更是如此。曾文正公就提醒他老弟國荃，不要把數萬圍城之旅，守成一團，全成為呆兵，為兵家之大忌：

「至於數萬人全作呆兵，圖合長圍，則余斷斷不從。余之拙見，總宜有呆兵，有活兵，有重兵，有輕兵，缺一不可。以萬人為呆兵重兵，屯宿金陵，以萬人為活兵輕兵進攻東壩句容二溧等處，以八九千人保後路蕪湖金柱，隨時策應，望弟熟審，以此次回信定局」。（同治元年十月廿七日，致九弟，〈切忌全作呆兵〉）

用兵如棋盤，棋，無論中外之棋，皆在下，在動，甚至在跳，始能有功，否則豈不成為「死棋」，也就是曾文正公所指出的「呆兵」，東南西北分辨不清楚，只能原地不動，如何有功？

政府在大陸的幾場戰局，如長春之圍，北平之圍，徐州之圍，都犯了兵家之大忌，等到突圍的時候，已經回天乏術，只能作烏合之眾。兵不外守與攻，既不能守又不能攻，又不能突破攻的防線，只有困守一途了。等到逃的時候，只有逃活路了，對敵人而言，放你生路。

將之貪與忌，罪有應得，只是兵太可憐。兵用到這個地步，除了「可憐」之外，夫又何言？

83 兵貴奇而余太平，兵貴詐而余太直

「勞字，謙字，常常記得否？」（咸豐十一年二月十四日，諭紀澤、紀鴻，〈述須以勞字謙字為重〉）

「余自從軍以來，即懷見危授命之志。丙戌年在家抱病，常恐溘逝牖下，渝我初志，失信於世，起復再出，意尤堅定。此次若遂不測，毫無牽戀。自念貧窶無知，官至一品，壽逾五十，薄有浮名，兼秉兵權，忝竊萬分，夫復何憾？惟古文與詩二者，用力頗深，探索頗苦，而未能公然用之。獨闢康莊，古文尤確有依據，若遽先朝露，則寸心所得，遂成廣陵之散，作字用功最淺，而近年略入處。三者一無所成，不無耿耿。」

「至行軍本非余所長，兵貴奇而余太平；兵貴詐而余太直，豈能辦此滔天之賊？即前此屢有克捷，已為僥倖，出於非望矣。爾等長大之後，切不可涉歷兵間，此事難於見功，易於造孽，尤易於貽萬世口實。余久處行間，日日如坐鍼氈，所差不負吾心，不負所學者，未嘗須臾忘愛民之意耳。」

「近來閱歷愈多，深諳督師之苦，爾曹惟當一意讀書，不可從軍，亦不必作官。吾教子弟，不離八本，三致祥。八者曰：讀古書，以訓詁為本；作詩文，以聲調為本；養親，以得歡心為本；養生，以少惱怒為本；立身，以不妄語為本；治家，以不晏起為本；居官，以不要錢為本；行軍，以不擾民為本。三者，曰：孝致祥，勤致祥，恕致祥。吾父竹亭公之教人，則專重孝字，其少壯敬親，暮年愛親，出於至誠。故吾纂墓誌，僅敘一事。吾祖星岡公之教人，則有八字，三不信。八者，曰：考、寶、早、掃、書、蔬、魚、豬。三者，曰：僧巫，曰：地仙，曰：醫藥，皆不信也。處茲亂世，銀錢愈少，則愈可免

禍；用度愈省，則愈可養福。爾兄弟奉母，除勞字儉字之外，別無安身之法。吾當軍事極危，輒將此二字叮嚀一遍，此外亦別無遺訓之語，爾可稟告諸叔及爾母無忘。」（咸豐十二年三月十三日，諭紀澤、紀鴻，〈述軍情及自己志願與家教〉）

這一封信，幾乎就是曾文正公的一生。他的所念、所信，均在其中。一個人面對生死的時候，總會想到「最後」的事情。曾國藩也是人，他在面臨重病或危難的時候，把他一生的想法，或是放心不下的，寫在信中，希望後世子孫，能遵能行。曾文正公就在「吾當軍事極危，輒將此二字叮嚀一遍，此外亦別無遺訓」。所謂「二字」：「除勞字儉字之外，別無安身之法。」

「遺訓」難免有些淒涼，但曾文正公是看透人生的，把死當成一種自然，這在傳統的中國人來講，是很不容易的，也就是把死生置於度外。

此時，曾文正公「自念貧窶無知，官至一品，壽逾五十，薄有浮名，兼秉兵權，忝竊萬分，夫復何憾？」

曾文正公以極拙之人，行最險之事，乃有感而發：「至行軍本非余所長，兵貴奇而余太平；兵貴詐而余太直。」「爾等長大之後，切不可涉歷兵間，此事難於見功，易於造孽，尤易於貽萬世口實。」

一個人之至親，莫視如自己父母子女，曾文正公把他的基本信念：八本及三致祥，傳給他自己子弟，而非金錢與富貴也。這是曾文正公不平凡與異於常人處。

84 將軍有死之心，士卒無生之氣

「凡用兵，主客奇正，夫人而能言之，未必果能知之也。」(己未)

曾文正公以一書生，而能成非常之業，戰場打殺之功業也。用兵之道，千變萬化，雖有主客奇正之分，但能言未必能知，能知未必能言，且其間關係，亦非固定不變。主客亦會易其位，奇正亦會易位。

「兵者，陰事也」，更明白地說：殺人之事也。戰場之勝敗，即你死我活也。

「仁者將有所不忍，況以人命為浪博輕擲之物，無論敗喪也，即使倖勝，而死傷相望，斷頭洞胸，折臂失足，血肉狼籍，日陳吾前，哀矜之不遑，喜於何有。故軍中不宜有歡欣之象，有歡欣之象者，無論或為和悅，或為驕盈，終歸於敗而已矣。」

「名將楊遇春屢立戰功，嘗語人曰：『吾每臨陣，行間覺有熱風吹拂面上者，是日必敗；行間老有冷風，身體似不禁寒者，是日必勝。』斯亦肅殺之義也。」(己未)

戰爭，人殺人之事業也。無論誰勝，誰敗，被殺者，人也。因之，「兵者，陰事也。」

「田單攻狄，魯仲連策其不能下，已而果三月不下。田單問之，仲連曰：『將軍在即墨，坐則織蕢，立則仗鍤，為士卒倡。將軍有死之心，士卒無生之氣。聞君言，莫不揮涕奮臂而欲戰，此所以破燕也。當今將軍，東有夜邑之奉，西有淄上之娛，黃金橫帶，而騁乎淄澠之間，有生之樂，無死之心，所以不勝也。』余嘗深信仲連此語，以為不刊之論。同治三年，江寧克復後，余見湘軍將士，驕盈娛樂，慮其不可復用，全行遣散歸農。至四年五月，余奉命至山東河南勦捻，湘軍從者極少，專用安徽之淮勇。余見淮軍將士，雖有振奮之氣，亦乏憂危之懷，竊用為慮，恐其不能平賊。莊子云：『兩軍相對，哀者勝矣。』仲連所言以憂勤而勝，以娛樂而不勝，亦即孟子『生於憂患，死於安樂』之旨也。其後余因疾病疏請退休，遂解兵柄，而合肥李相國卒用淮軍，削平捻匪。蓋淮軍之氣尚銳，憂危以慼士卒之情，振奮以作三軍之氣，二者皆可以致勝，在主帥相時而善用之已矣。余專主憂勤之說，殆知其一而不知其二也。聊志於此，以識吾見理之偏，亦見古人格言至論，不可舉一概百言，各有所當也。」（辛未）

軍隊之作戰，何以彼時戰必勝，此時戰必敗，無他，軍隊之風氣變了。田單是如此，湘軍是如此。中華民國政府之國軍也是如此。

田單在即墨，所以能破燕，乃是「將軍有死之心，士卒無生之氣」；所以不勝狄，乃「有生之樂，無死之心，所以不勝也。」

湘軍攻克江寧，太平天國亡，何其難也，又何其勇也。但曾文正公有先見之明，「湘軍將士，驕盈娛樂，慮其不可復用，全行遣散歸農。」

同樣的，我國抗日部隊，在危難存亡環境中，身經百戰，成為勁旅，成為名將；抗戰勝利後，以優勢之裝備，無法戰勝劣勢之中共部隊，乃在於將驕侈奢自狂也，黃金藏身，美人在伴，自無鬥志，自然貪生怕死。一句「為誰而戰」？陣前喊話，士氣就瓦解了。

這個戰爭自然律，曾文正公歸之於「憂勤之說」，亦即莊子：「兩軍相對，哀者勝矣」；孟子：「生於憂患，死於安樂」也。

歷史真是一面鏡子。宇宙天地萬物間，道理只有一個。

85 統領營官，須得好真心實腸

「治軍之道，以『勤』字為先。身勤則強，佚則病；家勤則興，懶則衰；國勤則治，怠則亂；軍勤則勝，惰則敗。惰者，暮氣也，常常提其朝氣為要。」

「凡打仗，一鼓再鼓，而人不動者，則氣必衰減。凡攻壘，一撲再撲，而人不動者，則氣必衰減。」

「軍中須得好統領營官。統領營官，須得好真心實腸，是第一義。算路程之遠近，算糧仗之闕乏，算彼己之強弱，是第二義。二者微有把握，此外良法雖多，調度雖善，有效有不效，盡人事以聽天而已。」

「兵者不得已而用之，常存一不敢為先之心。須人打第一下，我打第二下。」（己未二月）

曾文正公能治軍能打仗，並無特別的「法寶」，而是一般的道理，用在練軍帶兵而已。他所強調的，還在一個「勤」字。家勤、國勤、軍勤，全在一個「勤」字。勤與朝氣有關，不勤則氣沈沈，了無生氣。

兵臨戰場，就是勇往直前，義無反顧。一鼓再鼓，一撲再撲也。打仗，打勝仗變數太多。而曾文正公能掌握的，有二義。一是「好統領營官」，二是算補給，算敵我之強弱，如是而已。

曾文正公以選將而成功。他的「統領營官」條件，「須得好真心實腸」，才能帶好兵，打好仗。這是異於常人之處，也就是從做人看治兵之條件，這是根本處。

「兵者不得已而用之，常存一不敢為先之心」。前者是符合《孫子兵法》的，後者則不符主攻先攻之原則，那是儒者不忍人之心也。

這是儒家與法家之不同。平時要用「儒」，亂世要用「法」，其理至明。

「軍事有驕氣、惰氣，皆敗氣也。孔子之臨事而懼，則絕驕之源；好謀而成，則絕惰之源；無時不謀，無事不謀，自無惰時矣。」

「戰陣之事，須半動半靜。動如水，靜如山。」（己未二月）

「驕」與「惰」皆敗氣也。如何防驕？如何防惰？「臨事而懼，則絕驕之源；好謀而成，則絕惰之源。」

要有把握的，是時時謀，事事謀，則「無時不謀，無事不謀，自無惰時矣。」

兩軍在戰場對陣，有動有靜。動中有靜，靜中有動；有明在動、暗在靜；有明在靜、暗在動。動如水，靜如山。山水，萬物之奇觀也。天下之至高至深之哲理，均在其中。

86 窮天下力，復此金湯，非祕非奇，忠義是寶

「道光三十年，廣西賊首洪秀全等作亂。咸豐三年二月十日，陷我金陵，據為偽都。官軍圍攻，八年不克，十年閏三月，師潰。賊勢益張，有眾三百萬，擾亂十有六省。同治元年五月，浙江巡撫臣曾國荃，率師進攻金陵，三年六月十六日於鍾山之麓，用地道克之。是歲十月，修治缺口，工竣，鑱石以識其處。銘曰：『窮天下力，復此金湯，苦哉將士，來者勿忘。』」（〈修治金陵城垣缺口碑記〉）

「窮天下力，復此金湯」，實在壯烈悽慘無比，可驚天地泣鬼神也。

「同治三年六月既望，大軍克服金陵，國藩自至安慶，犒勞士卒。見吾弟國荃，面顏焦萃，諸將枯瘠，神色非人。蓋盛暑攻戰，晝夜暴露城下，半月而未息，余既驚痛而撫慰之，乃徧行營壘，周視所開地道，覽戰爭之遺蹟。彭君毓橘、劉君連捷、蕭君孚泗、朱君南桂，相與前導而指示曰：某所某將盡命處也，某所賊困我之地也。諸所君不備述，吾弟又太息而縷述之。弟之言曰：自吾圍此城，壯士多以攻

堅而死。」

「我軍薄雨花臺，未幾疾疫大行，兄病而弟染，朝笑而夕僵，十幕而五不常爨，一夫暴斃，數人送葬。」

「凡苦守四十五日，至冬初而圍解。軍士物故，殆五千人，會有天幸，九帥獨免於病。目不交睫者月餘，而勤劬如故，雖鎗傷輔頰，血漬重襟，猶能裹創巡營，用是轉危而為安。靖毅公則病後過勞，竟以不起。九帥者，軍中舊呼國荃之稱；靖毅者，吾季弟貞幹也。」

「凡七閱月而事稍定，百里內外，白骨相望，時聞私祭夜泣之聲，天下之至慘也。於是國荃與諸將並進稱曰：此軍經營安慶，翦伐沿江諸城，凋喪尚少，獨至金陵，而死於攻，死於守，死於疾疫，死於北援巢和、南援蕪湖、太平，乃籌計而不能終。今存者，幸荷國恩，封賞進秩，而沒者抱憾無窮，雞鳴山下，有賊造府第一區，若奏建昭忠祠，春秋致祭，庶以慰忠魂而塞吾悲耳。國藩具疏上聞，制曰：可。黃君潤昌，爰董其事，取有冊可稽者，造神主一萬一千六百三十有奇，無冊者姑闕焉。」

「嗟我湘人，銳師東討，非祕非奇，忠義是寶。」（〈金陵湘軍陸師昭忠祠記〉）

金陵之攻下，真是慘哉，奇慘無比。

老帥巡視，悲痛萬分。九帥國荃獨免於死，但不成人形矣；貞幹弟亦即靖毅，死在戰地。「九帥者，軍中舊呼國荃之稱」，好親切，又好驕傲。

「奏建昭忠祠，春秋致祭」，亦即今天國軍之忠烈祠，春秋祭國殤也。一在武昌雙十，一在三、二九黃花崗。

金陵之戰，只是一個死字代表一切：「死於攻，死於守，死於疾疫，死於北援巢和、南援蕪湖、太平。」這個仗，怎能打，怎能打勝，怎能解清朝之亡，全在一個「敢死」。

「嗟我湘人，銳師東討，非祕非奇，忠義是寶」。勝者死而無歸，敗者死而無歸，良可信也。

87 以人情為田，以培養士類為種

「若文章不求雄駿而但求平澹，德業不求施於世，而但求善於一身一家，此殆非知者愉快事也。」

（《海寧州訓導錢君墓表》）

這真是義理之學也。

「城南有義塾，器物缺乏，常於君家取給焉，人或謂君歲入幾何？施諸人者什七，而自謀不及什三，後將難繼，何不頗買田宅，為子孫稍立基業？君笑謂：家有薄田，自足供疏食，焉用多為，吾以人情為田，以培養士類為種。耕不計年，穫不計世，庸詎知留貽子孫者，不更大乎？」（《新寧劉君墓碑銘》）

人間世，重視有形的「價值」，而輕視無形的價值；重視對於自己人的價值，而輕視對於無數人的價值，此之一般人無論財產再多，名氣再大，與草木同朽也。此之所謂「舉世奔利，獨行抱義；庸言庸德，感格天地；外救飢溺，內撫諸孤；仁心難慊，百憂一愉；孰云不顯，在幽彌馨；孰云無報，如影隨形；神覿在室，奇福在庭。」

「國藩得拔其不肖之軀，復有生還之一日，溫甫力也。溫甫既出嗣叔父，以咸豐八年二月，降服期滿，復出抵李君續賓迪菴軍中，李君與溫甫為婚姻，益相與講求戎政，晨夕諮議。」

「今以皖北百勝之軍，萃良將勁卒，四海所仰望者而壹覆之。而吾弟適丁其厄，豈所謂命耶？常勝之不足深恃，吾弟之智，既及之矣；而不肯退師以圖全，營壘以十三夜被陷；而吾弟與李君，以初十之夕，併命同殉，又不肯少待以圖脫免，豈所謂知命者耶？」（〈母弟溫甫哀詞〉）

湘軍真是親如兄弟兵，曾國藩與國華是也；又是姻親，曾國華與李續賓是也。

對付太平天國之戰，曾家個個上戰場，且奮勇殺敵。前有曾國華，後有曾國荃，均是戰功彪炳也。國華戰死三河鎮，國荃以不死之身，立最後之功——金陵光復，太平天國亡。

88　部卒不願北渡者，殺數人而事定

「先生生三歲而孤，恪遵母訓，跬步必謹，母或戒之，無觸忤人，即終身不以言色加人或戒以慎無耽酒，即沒齒不近杯勺。」

「人謂先生少貶其節，可致饒裕。先生獨謂取舍有義，神明難欺，吾心所不許者，天道亦不與也。」（〈歐陽府君墓志銘〉）

這位歐陽凝祉先生，以治家嚴肅之衡陽大家也。曾文正公曾作歐陽氏姑婦節孝家傳，真是至孝之典型。自孝出發，為人處事中規中矩，不逾分寸。金錢名位，都是最好的試金石。為所當為，取所當取，如是而已。所謂道德法律者，即良心也，良心良知良能而已。亦即「吾心所不許者，天道亦不與也。」

「同治四年，國藩奉命攻討捻賊。捻賊者，始於安徽河南，而蔓延於秦楚燕齊者也。其叛亂稍後於粵匪，而梟悍略同；其步隊少於粵匪，而饒騎逾萬，剽疾過之。湘中士卒，慣戰江濱，未習車騎馱運之勞，不樂北征，獎之而不勸，痛之而不服。君獨慼奮請前，部卒不願北渡者，殺數人而事定。師至臨淮，

易紫橋病歸。」（〈劉忠壯公墓志銘〉）

曾文正公之事業，約略可分為討太平軍、討捻匪、兩江總督以及直隸總督。討太平軍以及兩江總督，均有非常之業；討捻匪，則成曾文正公戰強弩之末；直隸之任，心有餘而力不足也。此亦所謂一個人有其生命之顛峰，一個人的事業，亦有其高潮；非常之事業，亦有時代與環境之背景。曾文正公是如此，蔣中正先生是如此，邱吉爾是如此。難逃歷史之宿命。

同治四年，曾文正公鼓其餘勇，再剿捻匪，今非昔比也。一戰用盡，再戰而衰。南人尤難適應北地之作戰，此即所謂「湘中士卒，慣戰江濱，未習車騎馱運之勞，不樂北征。」好說歹勸，均無效果。湘軍老將劉松山，「慼奮請前」，「部卒不願北渡者，殺數人而事定。」

用兵用到這樣地步，是極悲痛之事，但非如此，無法完成非常之事業。兵者，凶業也。

89 綜核名實與篤實踐履

「竊以為天地之所以不息，國之所以立，賢人之德業，所以可大可久，皆誠為之也。故曰：誠者物之終始，不誠無物。今之為學者，言考據則持為騁辯之柄，講經濟則據為獵名之津，言之者不怍，信之者聵耳，轉相欺謾，不以為恥。至如仕途積習，益尚虛文，奸弊所在，蹈之而不怪，知之者而不言。彼此塗飾，聊以自保。泄泄成風，阿同駭異，故每私發狂議。今日而言治術，則莫若綜核名實；今日而言學術，則莫若取篤實踐履之士；物窮則變，救浮華者莫如質。」（〈覆賀耦庚中函〉，道光庚子）

這就是古往今來的根本問題。人之善惡爭論不休，莫衷一是，但是有二點可以肯定的：

一是人生下來是純淨的，也是善的。

一是人越進化，就越離善越遠。

前者是人性進化，後者是人類進化。

這二者都和環境有關。

基本上，人的各種環境，是容易去善就惡的。

曾文正公所言，都是歷代之通病，亦是今日之重病：「轉相欺謾，不以為恥。」因之，「今日而言治術，則莫若綜核名實；今日而言學術，則莫若取篤實踐履之士。」

「凡人材高下，視其志趣，卑者安流俗庸陋之規，而日趨污下；高者慕往哲盛隆之軌，而日高明，賢否智愚所由區矣。」（〈答歐陽功甫〉，道光己酉）

「賢否智愚所由區矣。」「日趨污下」或「日高明」，全靠自己的選擇、自己的努力。往下墜或往上爬「視其志趣」。走不同的路，而有不同的結果。人的知識，雖不全靠智慧所決定，但「日趨污下」或「日即高明」，亦是智慧也。

一個人之始，不能不慎，因為一個人的開始，往往就會決定一個人的結果，乃至終生。

90　兵勇不如賊匪之安靜，國藩痛恨斯言

「弟自今歲以來，所辦之事，強半皆冒侵官越俎之嫌。只以時事孔艱，苟利於國，或益於民，即不惜攘臂為之，冀以補瘡痍於萬一，而扶正氣於將歇。練勇之舉，亦非有他，只以近日官兵在鄉，不無騷

擾，而去歲潮勇有姦淫擄掠之事，民間倡為謠言，反謂兵勇不如賊匪之安靜，國藩痛恨斯言，恐民心一去，不可挽回。誓欲練成一旅，秋毫無犯，以挽民心而塞民口。每逢三八操演，集諸勇而教之，反復開說至千百語，但令其無擾百姓。自四月以後，間令塔將傳喚營官，一同操演，亦不過令弁委前來，聽我教語，每次與諸弁兵講說至一時數刻之久，雖不敢云說法點頑石之頭，亦誠欲以苦口滴杜鵑之血。練者其名，訓者其實，聽者甚逸，講者甚勞。今各弁固在，具有天良，可覆按而一一詢也。國藩之為此，蓋欲感動一二，冀其不擾百姓，以雪兵勇不如賊匪之恥，而稍變武弁漫無紀律之態。」（〈與張石卿制軍〉）

曾文正公明知其艱而赴難，冒天下之大不韙也，因「自謂寸心無私，可見諒於人人。」為什麼太平天國一掃千里？為什麼清軍兵眾利堅而無法打仗？無法得民心也。

自古為政者，首要之道，在得民心。

非常厲害也非常可怕的，那個時候就有謠言散布：「兵勇不如賊匪之安靜。」

曾文正公是有心人，「國藩痛恨斯言」。

曾文正公不只是消極「痛恨」，「恐民心一去，不可挽回，誓欲練成一旅，秋毫無犯，以挽民心而塞民口」。

而「塞民口」，看看是不是「兵勇不如賊匪之安靜」。

曾文正公之練軍之念在此，練軍之初期目標亦在此：不擾民。

所用之方法，就是操練。操練之外，精神訓話：「每逢三八操演，集諸勇而教之，反復開說至千百語，但令其無擾百姓。」

此一訓練方式，即是蔣中正先生黃埔建軍，以及孫立人將軍在鳳山練新軍之方法。

一部《孫立人將軍鳳山練新兵實錄》，就是現代軍事興衰存亡之血淚也。北伐、抗日、剿共、臺灣練軍，環境不同，變化多端，其成敗之道理因果關係則一。心戰尤為無形之摧堅力量。中共之得江山，這一力量尤大。

91 帶勇須智深勇沈之士

「近時各營之兵，東調一百，西撥五十，將與將不和，卒與卒不習，勝則相忌，敗不相救。即有十萬眾在我麾下，亦且各懷攜貳，離心離德。居今之世，用今之兵，雖諸葛復起，未必能滅此賊也。鄙意必須萬眾一心，諸將一氣，而後改弦更張，或有成功之日。」

「不難於勇，而難於帶勇之人。帶勇之人：第一要才堪治民，第二要不怕死，第三要不急急名利，第四要耐受辛苦。治民之才，不外公明勤三字，不公不明，則諸勇必不悅服。不勤則營務細鉅皆廢弛不治，故第一要務在此。不怕死，則臨陣當先，士卒乃可效命，故次之。為名利而出者，保舉稍遲則怨，稍不如意則怨，與同輩爭薪水，與士卒爭毫釐，故又次之。身體羸弱者，過勞則病。精神乏短者，久用則散，故又次之。四者似過於求備，而苟闕其一，則萬不可以帶勇，故弟嘗謂帶勇須智深勇沈之士，文經武緯之才。數月以來，夢想以求之，焚香以禱之。蓋無須臾或忘諸懷，大抵有忠義血性，則四者相從以俱至；無忠義血性，則貌似四者，終不可恃。兩兄平生物色，果有此等人否？如其有之，萬望道達鄙意，禮請以出，非弟之私好也，為天下出也。弟之汲汲，尤在於此。」（〈與彭筱房曾香海〉）

人心人性，皆在此也。

帶兵者，為官者，都要有異於常人之條件，且表裡如一，質猶勝於面也。

「文經武緯之才」，曾文正公曾是「夢想以求之」，「非弟之私好也，為天下出也。」曾文正公談人性，伐時弊，真是針針見血，都是今日官場現形也：「為名利而出者，保舉稍遲則怨，稍不如意則怨，與同輩爭薪水，與士卒爭毫釐。」

92 湘勇之佳處與不佳處

「接到手書，改過光於日星，真氣塞於戶牖，忻慰無極。前者足下過衡，意氣盈溢，視天下事若無足為，僕竊憂其乏惕厲戰兢之象，以其握別匆匆，將待再來衡城時，乃相與密語規箴，以求砥於古人敬慎自克之道。自足下去後，而毀言日至，或責賢而求全，或積疑而成謗，僕亦未甚深慮。」

「比聞閣下率勇三千，赴援鄂渚。僕既幸吾黨男子，有擊楫聞雞之風，又思旁無夾輔之人，譬如孤竹干霄，不畏嚴霜之摧，而畏烈風之搖，終慮足下無以荷此重任。」

「若中丞能從僕言，停止援鄂之行，則望足下與朱石兄同來衡城，就僕熟計，講求水戰之道，精析練勇之法。僕雖不才，亦當隨諸君子杖劍東下，討此凶逆；如足下鄂中之行，勢不能止，猶望示我一書。苦雨多愁，所懷千端，諸惟心照不盡。」（〈與王璞山〉）

又是王璞山。曾文正公為王璞山的「志氣滿溢，語言誇大」，大發雷霆，訓誡他一番。這一封信就截然不同，一方面王璞山「改過光於日星」，曾文正公喜甚；另一方面王璞山有率軍援鄂之計，曾文正公期期以為不可行，乃以此情理並茂之信，圖以感動，打動王璞山，勸止赴鄂行。曾文正公真是用盡心思，文情並茂，如「僕雖不才，亦當隨諸君子杖劍東下，討此凶逆」。「苦雨多愁，所懷千端，諸惟心照不盡。」

曾文正公想用感情，把王璞山拉住，怕他軍事方面輕舉妄動，誤了大事。

「璞山募勇之事，國藩蓋時時繫念，前此為赴鄂救援之行，不妨倉卒成軍；近日為東下討賊之計，必須簡練慎出，若不教之卒，窳敗之械，則何地無之，而必遠求之湖南。等於遼東自詡之豕，仍同霸上兒戲之軍哉？故此行不可不精選，不可不久練，無愚智皆知之，豈以足下與璞山之賢，而反不知乎？選貴精，則璞山新招之卒，其可汰者必多；練貴久，則未出之前，與成行之後，其口糧必須早為計畫。」

「湘勇佳處有二：一則性質尚馴，可以理喻情感；一則齊心相顧，不肯輕棄伴侶。其不佳處亦有二：一則鄉思極切，無長征久戰之志；一則體質薄脆，不耐勞苦，動多疾病。以此四者參觀，大抵征本省之土匪則利，禦江南之粵寇則怯。」（〈覆劉霞仙〉）

這是曾文正公為什麼焦灼王璞山帶兵匆匆移防上陣之苦心：「練貴久」與「口糧必須早為計畫」。且曾文正公深知湘勇之優劣：「無長征久戰之志。」因之，在這封信中，對於劉霞仙、王璞山鋌而走險，一來壞了軍事大計，二來怕湘勇招來極大犧牲，為之心痛與心急。

知子莫如父，知湘勇莫如曾文正公。

那個時候，也許湖南太窮，也許出征成風，都想回到湖南自己家鄉，拉些人馬組成「湘勇」，出湘參加作戰。曾國藩兄弟，就有幾個回合回鄉招募，乃成為子弟兵。

93 體弱者、藝低者、油滑者，陸續嚴汰

「近日在敝處攻足下之短者甚多；其來尊處言僕之輕信讒謗，棄君如遺著，亦必不少。要之兩心炯炯，各有深信之處，為非毀所不能入，金石所不能穿者，則自有在。今欲多言，則反以晦真至之情，古人所謂窗櫺愈多則愈蔽明者也。特書與足下約：

計必從鄙意而不可改者五條。

不必從僕聽足下自為屈伸主張者三條。

僕自密辦而不遽以書告足下者二條。並具於左：

『各勇宜操練兩個月，體弱者、藝低者、油滑者，陸續嚴汰，明春始行遠出。』」

曾文正公真是拿王璞山這位老兄沒有辦法，只有與他約法三章，建立默契。其要還是在訓練、淘汰。沒有組織的軍隊，烏合之眾也。

「璞山以汰勇之故，頗致怨於國藩，尚須徐徐開譬。叔績學術浩博，天下共知；其宏識遠略，可謀大事，則獨國藩與閣下知之。」（覆江岷樵中丞）

曾文正公與王璞山，由於經訓練淘汰成軍，再開赴前線，而生歧見，不能為王璞山接受，而有怨結。曾文正公雖再三溝通，用盡苦心，不能為王璞山所接受，這就是曾國藩所以成為曾國藩的原因，對練兵治兵的影響，也是很大的。蔣中正先生奉　孫中山先生之命，創辦黃埔陸軍軍官學校以及孫立人在台灣鳳山練新軍，均是曾國藩操兵練兵汰兵精神之發揚光大。因之，蔣先生異於軍閥，孫立人之異於黃埔，均受曾國藩的軍事思想影響很大。

這一理念是：如何把普通的老百姓變成威武的軍人？不只是穿軍裝、拿槍就是軍人，就有殺敵本事的軍人。

「嚴」是其中秘訣之一，乃能「百煉成鋼」。

「選將之道，誠為至要。惟僕所用之人，如塔智亭帶邵陽勇、林秀山帶平江勇、周鳳山帶道州勇、揚名聲帶新化勇，即舍弟輩之帶湘勇，皆有各樹一幟之風。」（〈覆夏憩亭〉）

真是帶勇成風。勇成形之前，先選將，將選好了，才能成軍。將是煉出來的，勇是練出來的。

曾文正公所指出的，將並不是唯唯諾諾，而是各有性格，乃能發揮所長。此處乃是曾文正公有感而發，王璞山太不上路，執迷不悟，「久不樂為弟用，且觀其過自矜許。」

曾文正公以一介書生，深知「兵兇戰危，以萬眾而託命於鄙人，苟非慨然相許，即亦不敢相強」，非要性格也。

94　一面自救，一面破敵，轉敗為功

「近日友朋致書規我，多疑我近於妒功嫉能忮薄險狠者之所為，遂使我憤恨無已。虹貫荊卿之心，而見者以為淫氛而薄之；碧化萇宏之血，而覽者以為頑石而棄之。古今同慨，我豈伊殊？屈纍之所以一沈而萬世不復返顧者，良有以也。僕之不能推誠與人，蓋有歲年。今欲矯揉而姁姁向人，是再偽耳。相見匪遙，行與痛宣。」（〈與劉霞仙〉）

這就是古往今來苦心積慮之苦痛：己心不為人知。而文正公是有性格的人，非但有所堅持，不為外界蜚聲流語所動：「僕之不能推誠與人，蓋有歲年，今欲矯揉而姁姁向人，是再偽耳。」

「外江事勢如此，雪琴恐不能遽來章門，如決不能來者，則請於鮑超、張榮貴二人之中飛調一人來

南康，以振積疲之氣。天下滔滔，何處英傑，翩然來止，以輔不逮而張孱窳乎？雪琴厚庵處，不別作書，鮑張二君，亦不具公牘，求閣下為我力致之，必分一人前來而後有濟也。」（〈與羅羅山、劉霞仙〉）

曾文正公到處求援，求自己的將領，求自己的兵，搬不動，乃有「天下滔滔，何處英傑」之感嘆。不得已，乃央求湘軍前輩輾轉而又婉轉「求閣下為我力致之，必分一人前來而後有濟也。」

「國藩為江省計之，深望閣下之來援；為大局計之，又甚不願閣下之回援。何也？凡善奕者，每於棋危劫急之時，一面自救，一面破敵，往往因病成妍，轉敗為功，善用兵者亦然。」（〈致羅羅山〉）

還是求援。曾文正公以奕棋之理，談破敵之道：一面自救，一面破敵。

「願足下以精心察之，冷眼窺之，無乘以躁氣，無淆以眾論，自能覷出可破之隙。若急於求效，雜以浮情客氣，則或泰山當前而不克見，以瓦注者巧，以鉤注者憚，以黃金注者昏。外重而內輕，其為蔽也久矣。」（〈與李次青〉）

「若急於求效，雜以浮情客氣，則或泰山當前而不克見。」

這是極高的哲理，也是心靈的修養，由內而外，見微知著，推己及人，而能成聖成王矣。蔣中正先生異於一般軍人而成為政治家，即有此境界之追求。

95 僕於用兵，深以主客二字為重

「夫戰勇氣也。再而衰，三而竭。國藩於此數語，常常體驗。大約用兵無他謬巧，常存有餘不盡之氣而已。」

「足下忠勇內蘊，邁往無前，惟猛進有餘，好謀不足。吾願足下學陸抗，氣未用而預籌之，不願學知罃，氣已竭而復振之。願算畢而後戰，不宜且戰而徐算。至囑，至囑！」（〈與李次青〉）

這是談「氣」。談一人之氣，談眾人之氣，談無數人社會之風氣。其要在養氣、用氣、存氣，「常存有餘不盡之氣」，無氣則會氣數已盡。

曾文正公教人責人之道，是很高明的，既符合教育也符合邏輯。他讚李次青「忠勇內蘊，邁往無前」。美中不足的，是「猛進有餘，好謀不足，」不能作匹夫之勇。

凡事三思而後行，謀定而後行，一如第二次大戰盟軍之諾曼第登陸，美國一九九〇年對伊拉克戰爭之電子精算，知己知彼，而操勝券。不能盲幹、不能衝動，乃匹夫之勇也。

「初四大仗之後，初五初六崎衡連日出隊，不甚相宜。蓋瑞州一軍，所恃者在湘寶兩營，到瑞數大戰以來，受傷者亦頗不少。似此精銳百戰之卒，當加意愛惜之，宜使賊來尋我，我不去尋賊。僕於用兵，深以主客二字為重。撲營則以營盤為主，撲者為客。野戰則以先至戰地者為主，後至戰地者為客。臨陣則以先吶喊放鎗者為客，後吶喊放鎗者為主。前二十五日有信與崎衡，囑其移營，暢言主客之義。今兩次大戰以後，正可趁此時移營。久頓城下，賊常主而我常客，不過兩月，銳氣暗損，懈心暗生，強兵將變為疲兵。望與崎衡切商，即日移營。至要，至要。賊雖屢敗，而城中精銳老賊，並未多損，切不可稍存輕敵之見。千萬，千萬。」（〈與羅伯宜〉）

這一「至要，至要」，「千萬，千萬」，具見曾文正公的統御術，千托萬囑，轉請羅伯宜約束崎衡，不能衝動，用兵不是那樣簡單。虛實勝敗，不是一時，也不是一次戰事就可以取決的。

「僕於用兵，深以主客二字為重」，見這位儒者之深謀與靈活。主客是會移位的。

曾文正公要崎衡「即日移營」，因為「銳氣暗損，懈心暗生，強兵將變為疲兵。」這一「強兵變疲兵」，就是國共陣勢，從抗戰前「攘外必須安內」的清共到一致對外的抗戰，以及勝利後的全面戡亂剿共，最具意義之關鍵也。中共自始至終，就是頭目、實力與集散為其靈魂與主宰也。看似敗，其實未敗；看似撤，其實是集中。毛澤東、朱德、周恩來的存在，就是力量，遵義會議就是一例；中共軍落敗或撤退，就是另一次集結也。中共乃由「疲兵變強兵」，國府則由「強兵變疲兵」，皆導源於主客移位也。

96 先精而後大，先鬱而後暢

「峙衡招勇，僕囑其緩三個月再辦。僕於峙衡，欲其先精而後大，先鬱而後暢。往年余愛敬塔羅二公，逢人輒稱其智勇，雖聲名佈滿天下，而究惜大功未竟，至今頗用悔嗛。足下愛敬峙衡，當代為蘊之蓄之，不必逢人頌揚，使其實常浮於名，則所以愛之者更大也。」（〈與羅伯宜〉）

這就是培育人才之苦心。一個人才從發崛到成為一重要之人物，必經過若干階段、時間之考驗、臨事之考驗、處人之考驗等，真是錯綜複雜，因人而異，因時而異，因事而異，非一成不變，更不能求速求急功。就以烹調而言，溫火慢火勝於急火。人才之試煉亦是如此，欲速則不達。

曾文正公提到：欲其先精而後大，先鬱而後暢。實在用其苦心，也深具遠見也。

「先精而後大」，日本與德國，可謂代表也。

至於「塔羅二公」，係指塔齊布與羅澤南。塔齊布，字智亭，湘軍前期重要將領；羅澤南，字羅山，湘軍創建人之一。

「自僕行軍以來，每介疑勝疑敗之際，戰兢恐懼，上下怵惕者，其後常得大勝；或當志得意滿之候，各路雲集，狃於屢勝，將卒矜慢，其後常有意外之失。」（〈與羅伯宜〉）

用兵也好，做人也好，不能太大意，也不能太得意，謹慎小心為是，否則就會有意想不到的結果，此所謂「驕必敗」。曾文正公所謂「疑勝疑敗之際，戰兢恐懼」，也就是各種勝敗因素，敵我狀況，都能考慮週到，而不是猶決寡斷。

「狃於屢勝」，狂也，傲也。屢勝之後一大敗，即轉勝為敗也。「屢勝」狀態，持泰保盈之不易也。或遭人忌，或遭人算，或毀於自傲也。

這是一現象，這也是真理也。可用在一人的成敗，一部隊之成敗，一時代的興衰也。

中共之勝於敗，國府之敗於勝，皆受制於這一因素。大陸之亡，即亡於抗戰之遽勝；臺灣之成，即成於大陸之積敗也。

97　殲我湘人，殆逾六千，焉得不痛

「惠緘敬悉一切，迪庵之死何疑？即舍弟溫甫及篠石筸村龍臣懷軒諸人之死，亦又何疑？鄂中兩奏，皆作不了語，亦閱事不多之故。戰敗而主將尚存，不過半日即喧傳，兵眾螘附之矣。李續燾紮大營後面，歸路必經之地，不告而先退。趙克彰不救三河之難，楊得武敗回，不一詣希庵營次，此皆可惡。閣下謂我痛弟與迪為不達。此次殲我湘人，殆逾六千，焉得不痛，又焉得不惡彼背負者也。」

「捻匪氣燄日壯，論者以為禍烈於洪楊。山東河南兩省大府，不講吏治，從亂之民日多，來示欲弟講求馬隊，誠為要指。此事弟夙來究心，楚人柔脆不耐勞，恐終不濟；南馬亦弱小，遠不及河北口北。論人馬耐苦，終以內外蒙薩克為優，東三省則以吉林黑龍江為優。陪京人材，近稍浮滑好利，習俗易矣。吾楚水陸諸軍士卒，多不耐苦，大是短處，將帥亦皆煦煦愛人，少英斷肅殺之氣。來書謂羅李晚節，皆失之寬，正不獨羅李為然也。」（覆左季高）

曾、左、胡、李，清朝中興四名臣或名將也。四人各有性格、各有千秋，但均與曾有關係，亦可謂以曾為中心也。沒有曾國藩，就難有左宗棠、胡林翼、李鴻章也。

論功業與才氣，左宗棠在四人中，有其獨特的地位。

他們四位間關係，自以曾文正公馬首是瞻，且有一種非比尋常的友誼。彼此間無話不能談，也就是後來所謂「革命」的關係。這一封信可以看得出來。

曾文正公覆左宗棠，對左之質疑，有所辯白，亦有所分析得失。

太平天國雖然亡了，留下不少爭論與是非，又有一個敵人面對：捻匪。

三河之敗，敗得很慘，敗得很離奇，就是一例。這一役，「殲我湘人，殆逾六千」，亦有七千說。李續賓之死，其弟曾國華之死，留下不少疑點，此即「即舍弟溫甫之死，亦又何疑」。這就難怪今人歷史小說家唐浩明，在《曾國藩》小說中，寫得如此傳奇。把曾國華寫成「生性驕躁，好大喜功」，貪生又怕死之徒。寫成三河之夜，「他勾引鎮郊一個小飯舖的年輕寡婦，睡在寡婦的被窩裡」。

在這本小說中，最離奇的，一夜裡，曾國華又回來了。弄得大哥啼笑皆非，「大叫：溫甫，可惜你早在一個月前便死在三河了。」

因為三河之敗，自是湘勇出師以來，最為慘重的失敗。曾文正公以此役為訓，「好漢打掉牙和血吞」，重振旗鼓，誓復此仇，但無論軍營或是湘鄉，野哭路祭，哀號不已。無論是真是假，曾文正公都無法忍受溫甫之復生？

曾文正公最不能忍受的，「趙克彰不救三河之難，楊得武敗回」，以此為血的教訓，後來形成湘軍之精神與力量：相救相援。

「講求馬隊」，所論各點亦甚是。南人在船，北人在馬，確允精當。亦即「論人馬耐苦，終以內外紮薩克為優，東三省則以吉林黑龍江為優」。證之後來對日抗戰初期義勇軍之騎兵，以及戰後國軍部隊之馬騾，前者可產生擾敵功能，後者則難耐天寒之苦。「天時、地利、人和」三者皆缺之下，中華民國政府在絕對之優勢，輸掉東北遼西戰場，部份原因即在此。當然，最無用的，還是「陪京人材，近稍浮滑好利，習俗易矣。」最令曾文正公傷感與傷神。

98　理不宜深、令不宜煩、愈易愈簡愈妙

「前曾語閣下，以取人為善，與人為善。閣下默記近數日內，取諸人者若干事，與人者若干事。大抵取諸人者，當在小處實處；與人者，當在大處空處。號手悠揚可聽，親兵驅使愈喜，或亦取諸人者乎？抑有獨得於心者乎？以後望將取諸人者何事，與人者何事，隨時開一清單見示，每月彙總帳銷算一次，或即卜氏所云日知月無忘者乎？」（覆李申夫）

這一短短數語，即道出人生之至理，與人之取捨標準。人往往不見大而見其小，人往往只見眼前而

不見遠處，此即為一般人之人性也。這就是為什麼美國前總統布希，贏得波斯灣戰爭，瓦解了東歐及蘇俄的共產帝國，可謂重振美國雄風與世紀之功，卻失去選票與總統寶座？因為美國選民心中所念者，為如何自己多增加收入，而不見國威，此即見小而不見大者之一例，亦即老子所謂治國如小烹也，而不在「大處空處」。

「驕氣惰氣等語，卻不宜與人說及此等默察之而默救之可耳。凡與諸將語，理不宜深，令不宜煩，愈易愈簡愈妙也。不特與諸將語為然，即吾輩治心治身，理亦不可太多，知亦不可太雜，切身日日用得著的，不過一兩句，所謂守約也。」（覆李申夫）

這又是一篇短語，極富哲理與智慧。證之今天的兵學、哲學、企管等，均是極好的理論，極佳之教材。其妙在一約字，其要在一簡字，其理在一行字。

孫中山先生的革命哲學：知難行易是也。

蔣中正先生在臺灣推行的行政革新：「新速實簡」是也。尤其「實簡」更得到「愈易愈簡愈妙」中之三昧。

曾文正公可謂一實行家也。他能贏得解除清朝危難之局，全在能擺開書中艱深之文字，而不是書蟲與書呆子。

其實，天下之道理，即源自「易」與「一」也。這和曾文正公的「愈易愈簡愈妙」不謀而合。

99 南人北征，不慣麵食，不抵嚴冬，名將成冬烘

「河淮以北之民，賦性剛勁，耐寒習苦，囊裏乾餱，且行且食，以該處之兵，辦本地之賊，必可得力。若敝部皆衡湘之士，狃於南方風氣，不慣麵食，冬則皮帽皮衣炭盤手爐，刻不能離。羅李名將，亦不免於冬烘氣象。」（〈覆黃莘農中丞〉）

軍事與政治，所講究與重視的，就是：天時、地利、人和，三者均與「人」有關係。

中國，太大也太複雜了。受到天候、地形、交通等因素影響，同樣是中國人，甚至同樣生活在同一區域，思想觀念語言甚至習俗，並不相同。

中國之不同，通常以長江黃河與淮河為界，有所謂南北之異也。

這就是天也、命也、時也、運也。

孔明借箭，視為在中國之「戰神」，其實，孔明懂風向而已，甚至更深一點是氣象。

中國抗日戰爭，最蔚為壯觀，最為中國人爭氣的也最艱苦的戰爭，是遠征軍印緬之戰。

不要說敵人，就是自然環境，穿過野人山，不知多少忠魂，埋骨異域。而孫立人將軍能揚名國際，據他後來自已敘述，最艱苦之路開闢，還是靠滇黔召來的山地人，作開路先鋒。

第二次世界大戰，德國希特勒的征戰，如不是趕上冰天雪地的嚴冬，世界戰爭的歷史，可能由希特勒來寫。

中華民國政府與中共之戰，大敗之始為遼西會戰，亦即美式裝備開往東北，所犯的錯誤，即在於南方人不適北方氣候與飲食習慣。當時的國軍，有自廣東、湖南、四川、雲南南方而來，犯天地不利之大忌。人累、車累，很不幸的，動彈不得。當然，東北原亦無中共軍，但林彪部隊，一方面就地吸收東北滿軍裏脅民軍，還有不少來自相同氣候的山東大漢，自然較適應。

當然，東北戰場之崩潰，乃是犯了「天時、地利、人和」之大忌。而成了有多少力量，就產生多少自相殘殺的力量。

曾國藩的經驗，不一定全自書本得來，而是血的經驗換來的。曾國藩真是良師。這就難怪蔣中正先生兵退台灣，從頭開始，重新師法曾文正公了。而有了「臺灣經驗」的奇蹟。

人耶？天耶？天耶？人耶？

100 軍事如鎗法，門戶宜緊；如拳法，有伸有縮

「軍事如鎗法，門戶宜緊；如拳法，有伸有縮；若公入之太深，則有伸無縮矣。」（覆胡宮保）

「諸葛一生在謹慎」，曾文正公也應作如是觀。他用兵並無神奇之處，謹慎小心行事，此所謂「門戶宜緊」，伸縮進退自如。

兵到順處亦即危處，進處就要有退處，否則會「有伸無縮」。曾文正公每談及三河之役，就有「談虎色變」之嘆，就在於一步一步陷於敵網，無路可退。此段小說家唐浩明在《曾國藩》長篇巨著中，寫得很傳神，也很失真，歸咎於曾國華之無知、自大與狂傲。其本人粉身碎骨，良將李續賓與「七千湘勇葬身三河鎮」，均是老帥曾國藩永遠的陣痛。

鄧榕為名寫的《我的爸爸鄧小平》一書中，洋洋得意的鄧小平，其「殲敵」神來之筆，就是「口袋戰術」，亦即國軍「入之太深，則有伸無縮矣。」所謂「劉鄧大軍」是誇大的，但精銳中央大軍，就這樣

一個軍、一個兵團、一個戰區喪失。名將成為喪家之犬，風雲一世，瞬間成泡沫，為「土八路」所持。

自古至今，沒有一個戰俘收容所，如中共改造營，星星之多，數不勝數，一夕之間，這些不可一世的名將，都成為白癡。

蔣中正先生，作之帥作之師，所教的是捨生取義，所誓的是「不成功便成仁」，結果如何？多的是貪生怕死之徒。這口氣，蔣先生數十年在臺灣，是嚥不下去的。所以，在任何情況下，叛將、降將、俘將、敗將，不管是什麼理由，永不復在臺灣「再見」。

這是軍人出身的蔣先生，一生中的「最痛」。

如今回想起來，只能說：怎樣來，怎樣去。因為不少「名將」，卻是軍閥流寇地痞之化身。給他升官、給他發財，他來了；轉瞬間，一身賤骨頭，又有主子給他升官給他發財，他又搖身一變了。

只是中共那般人，因為「出身」不同是厲害的，中共除了保住「狗命」外，事先所應許的、所承諾的，只是「狗命一條」而已。

這是百分之百江湖上「黑吃黑」，連骨頭都不留，稱之為「江湖政治」可也，稱之為「流氓政治」可也。

這是中共得天下的厲害處。

101 固上游以為圖下游之根本

「接二十七夜兩次手教，并丁汪兩信。當此大局震駴之際，讀兩君信，為之氣壯。應即鈔一通於座右，氣餒時一為省覽。大緘未蒙詳示一切，茲將鄙見條上一二。

一、侍雖辦兩江之事，而前日咨商三省合防之局，仍不可變，固上游以為圖下游之根本，一定之理也。江北江南總求呼吸相關，侍駐南岸，求閣下移駐宿松，相距較近，以便隨時飛商一切。

一、南岸分兵三路。第一路在山外濱江，由池州以規蕪湖。第二路在山內，由祁門至徽州寧國，第三路專守廣信貴溪弋陽。

一、侍所帶之兵，擬帶霆字全軍、張凱章一軍、禮字二營，共萬二千人。

一、舍弟沅甫一軍，擬令再添二千人，足成萬數。於其中抽出朱唐二人，仍歸侍身邊護衛。

一、侍之餉項，擬派李筱荃與李輔堂，專辦江西牙釐。

一、多公不肯分兵，都公如何赴揚州去。」（覆胡宮保）

這一封信中，可以看出曾文正公的謙遜。

一開始，即稱胡林翼為「坐右」：應即鈔一通於座右。

多次稱「侍」，侍郎也。如「侍雖辦兩江之事」，「侍所帶之兵」，「仍歸侍身邊護衛」，不勝枚舉。

還有對胡林翼稱「公」者，如：「若有胞弟倚公在北岸，則侍之本固矣。」

這是曾文正公的不尋常處。

這封調兵遣將函，真是道盡了曾文正公多少委屈與忍耐。諸如「多公不肯分兵，都公如何赴揚州去」，都是「公來」「公去」，委屈以求全矣。

曾文正公斷事，均從大處與理處著手，如「雖辦兩江之事，而前日咨商三省合防之局，仍不可變，固上游以為圖下游之根本，一定之理也。」

102 以志帥氣與以靜制動

「接惠緘。得悉尊體尚未痊癒，至以為念。凡沈疴在身，而人力可以自為主持者，約有二端：一曰以志帥氣，一曰以靜制動。人之疲憊不振，由於氣弱，而志之強者，氣亦為之稍變。如貪早睡，則強起以興之；無聊賴，則端坐以凝之，此以志帥氣之說也。久病虛怯，則時時有一畏死之見，憧擾於胸中，即魂夢亦甚，不安恬，須將生前之名，身後之事，與一切妄念，剷除淨盡，自然有一種恬淡意味，而寂定之餘，真陽自生，此以靜制動之法也。願閣下於藥物調養之外，更將此兩法體驗一番，久之必有小效。僕精力日憊，權位日崇，隕越之虞，深為可慮。但以勤勞二字自勵，冀少補於鈍拙，寄雲同年，擬請其來此一行，不知渠尚須北上否？」（〈覆李雨亭〉）

曾文正公「權位日崇」，但「精力日憊」，事業日隆，但精神與體力有所不繼，難免有心勞力絀之嘆，但還是強打精神，對身體「尚未痊癒」的李雨亭，有所建議。除「藥物調養之外」，注意精神補強：「以志帥氣與以靜制動」，都是屬於精神修養層面。

「惠緘杜潤生實不勝民社，已用公牘咨復，請公另委賢員，不必顧忌許多。州縣略好一分，百姓略安一分，即吾輩清夜自思，可自慰一分。公之功在天下，以吏治大改面目並變風氣為第一，蕩平疆土二千里，猶為次著。侍師公之為，亦當以吏治人心為第一義。皖北州縣，一一皆請公以夾袋中人才換之，侍當附片奏之。翁公雖膠固於成例，束縛於屬吏，然畏公而有所不敢發，亦德公而有所不忍負，公以王者之心，行伯者之政，不久必為世所共亮。其夾袋私囊中尚有餘才，則請波及皖南，侍如物色得人，亦必保為湖北州縣，交易而退，以報大德。」〈覆胡宮保〉

這一短短的私函，看出曾文正公對於胡林翼的尊敬與支持，真是肝膽相照，心心相印也，也是士為知己者死也。值得指出的：

其一、有關人事之安排，曾文正公完全信任與支持胡林翼的決定，甚至提醒他把「夾袋私囊中尚有餘才」亦拿出，公函中，曾文正公「附片奏之」，用以毫無保留地支持。

其二、曾文正公很重視吏治，以今日標準衡量，亦是民主第一好官：「州縣略好一分，百姓略安一分」，「以吏治大改面目并變風氣為第一，蕩平疆土二千里，猶為次著。」這是因為政治為本，軍事為標；政治為根，軍事為枝。政治用以固本培源也。

103 主守則專守，主戰則專戰

「惠緘敬悉。天津之事，決裂至此，驚心動魄，可為痛哭。幸近日接奉硃批，皆七月初五以後所發，聖人似尚不改常度。侍昨寄希菴信云：方今天下大亂，人人懷苟且之心，出範圍之外，無過而問焉。吾輩當自立準繩，自為守之，並約同志者共守之，無使吾心之賊，破吾心之牆子云云。此後侍與老前輩，當謹守準繩，互相規勸，不可互相獎飾，互相包荒。即昨留駱帥等度外之舉，嗣後均不敢為矣。次青已到祁門，浙事危急，患不在賊多，而在兵勇太雜太亂，實察無藥可醫。」〈覆胡宮保〉

「患不在賊多，而在兵勇太雜太亂」。因之，曾文正公的湘勇訓練，就在去雜，去亂上下功夫，建立一個訓練有素的嚴格而有規律的部隊。

「大抵人才約有兩種：高明者如顧體面恥居人後，獎之以忠，則勉而為忠；許之以廉，則勉而為廉，若是當以吾前信之法行之。」（覆李筱泉）

「國藩生平之宗旨，治軍之微尚，有如桴鼓之相應，自以秉質愚柔，舍困勉二字，別無入處，而不意閣下尚論大賢，亦以艱苦二字發其微也。」（覆夏弢甫）

曾文正公實在是一位不折不扣的儒生。他手無寸鐵，亦無接受過軍事訓練，更非軍事專才，他能成一代非常之平亂之業，實在是被逼出來的。為了保鄉保命，進而保朝廷保宗廟也。他之練軍選將，得之他的性格，與一貫的為人處事之精神：「秉質愚柔，舍困勉二字，別無入處。」

「困勉」可為一切之代表，環境是被逼出來的。

「守城極不易易，城內雖有守垛之兵，城外亦須紮營，以護餉道汲道。閣下僅三千人恐不敷分布，次青即前車之鑑矣。鄙意仍以全紮城外為要，祈酌之。如業已修城，心有把握，則由閣下定計，僕亦不為遙制。總之，主守則專守，主戰則專戰。主城則專修城，主壘則專修壘，切不可腳踏兩邊橋，臨時張皇也。」（覆張凱章）

守將張凱章有所請示，曾文正公一開頭就潑冷水：守城極不易易。

如果要守，「則由閣下定計，僕亦不為遙制。」

如果要守，就做守的打算。

主守則專守，主戰則專戰。

不能三心二意也。

要守，除了堅守之外，就要「禁城外為要」，以「護餉道汲道。」這是活路，否則易流為死城也。

古今中外戰場，守城不易為，多屬悲壯。

抗戰後的反共戰場，成敗關鍵，就在曾文正公這一短短信函中。

東北長春死守突圍是如此，北平圍城亦是如此，亦即違背主守則專守，主戰則專戰之精神與原則。

104 所論營頭歸人，猶女子許嫁，精確之至

「國家養綠營兵五十餘萬，二百年來，所費何可勝計？今大難之起，無一兵足供一割之用，實以官氣太重，心竅太多，漓樸散醇，真意蕩然。湘勇之興，凡官氣重心竅多者，在所必斥，歷歲稍久，亦未免沾染習氣，望閣下以為首圖而切戒之。」（覆李次青）

這就是曾國藩的感嘆處。「國家養綠營兵五十餘萬」，而到用兵一時之刻，「大難之起，無一兵足供一割之用」。何以會如此？官氣太重，全為己計，貪生怕死，如何能打仗？如何會打仗？如何敢打仗？如何打勝仗？豈不是緣木求魚？

如果曾國藩是救世英雄，這就是時勢造英雄也。

湘勇之起，就是得自「土氣」，代替「官氣」，這就是勝過清綠營之精神戰力也。曾文正公所懼所怕者，「歷歲稍久，亦未免沾染習氣」，湘勇亦變成「官兵」也。

「鈔寄潤帥函，所論營頭歸人，猶女子許嫁，精確之至，凡事皆須識得此意。訟卦之作事謀始，進賢之如不得已，皆此義也。又精益求精，帶數百人亦甚不易一節，國藩於己仰年，曾將此義屢次致書於

次青。」(〈覆李希菴〉)

此一譬喻甚妙，甚切。作父母者，沒有比選女婿更慎重的，總希望女兒得一生之幸福。曾文正公對「潤帥函，所論營頭歸人，猶女子許嫁，精確之至，凡事皆須識得此意。」這就是曾文正公的慎重，尤其慎之始。「精益求精」，亦是中國人的「止於至善」的人文精神。帶兵，帶大兵團，固屬不易，「帶數百人亦甚不易」，因而曾文正公要求帶兵者，練兵者，「精益求精」者。

105 善用兵者，最喜為主，不喜作客

「聞左軍已至景鎮，糧路不至梗塞，應可安嶺內軍民之心。江軍門專事驚慌，全無主意，書函不可盡信，若非賊圍柏溪營盤，朱軍不可輕易出隊。凡出隊有宜速者，有宜遲者。宜速者，我去尋賊，先發制人者也；宜遲者，賊來尋我，以主待客者也。主氣常靜，客氣常動，客氣先盛而後衰，主氣先微而強壯。故善用兵者，最喜為主，不喜作客。休祁黟諸軍，但知先發制人一層，不知以主待客一層。加之探報不確，地勢不審，賊情不明，徒能先發，而不能制人，鄙人深以為慮。請閣下與諸公，講明此兩層，或我尋賊，先發制人；或賊尋我，以主待客。總須審定乃行，切不可於兩層一無所見，貿然一出也。」(〈覆劉馨室〉)

常謂書生論政，這一封短短的書箋，卻是曾文正公的書生論戰，實在就是《孫子兵法》的實戰與教戰也。

曾文正公的「論戰」，有主有客，有速有遲，有靜有動，都有原則可依，但更重要的，是要靈活機動

也。曾文正公以一介書生，苦其心志，就不是一般之書生了。

106 兵法最忌形見勢絀

「兵法最忌形見勢絀四字，常宜隱隱約約，虛虛實實，使賊不能盡窺我之底蘊。」「必須變動不測，時進時退，時虛時實，時示怯弱，時示強壯，有神龍矯變之狀，老湘營昔日之妙處，全在乎此。」（〈統領湘勇張道運蘭稟牛角嶺與賊苦戰失隘旋復由〉）

曾文正公一生為人做事，平實為本，但兵不厭詐，用起兵來，「虛虛實實，使賊不能盡窺我之底蘊」，所謂兵不厭詐也。「必須變動不測」，「有神龍矯變之狀，老湘營昔日之妙處，全在乎此。」老帥好不得意。

「分另紮一路，必須各能自立，其力量足以獨當大股之賊，乃可遠分，若恃彼此救應，則斷不可遠，勝負決於須臾八里以外，即救應不及矣。此一道之理，雖善戰者不能易也。」（〈統帶湘勇張道運蘭稟代吉左營懇請發給帳棚另單稟約會進剿由〉）

曾文正公這一批牘，亦是其用兵一貫之精神：相救相援相勝也。

「景鎮賊馬，聞僅能使大刀，若我軍陣腳不動，進退有法，鎗砲有準，不過打中數馬，則百馬反奔矣。」（〈統帶湘勇張道運蘭稟近日賊情軍情可否添設馬隊由〉）

這是破騎兵之道。不必以騎兵攻騎兵，亦不必所有騎兵盡消滅，而是「不過打中數馬，則百馬反奔矣。」

這一戰法，真是神奇。

何以說：「景鎮賊馬，聞僅能使大刀」，因為當時騎兵之武器有三：「鳥鎗者為上，能使者次之，若僅能使大刀，則技之下者，無能為也。」

107 湖南不患無兵，不患無將，所患齊集略緩

「湖南不患無兵，不患無將，所患齊集略緩，不能趁賊之初入而撲滅耳。然此時計已集矣，此賊不能害閩浙，必不能得志於湖南，傳諭各弁勇，安心勦辦，無庸懷內顧之憂也。」（統帶湘勇王道文瑞張道運蘭稟俟攻克景鎮可否回師援楚由）

湖南，湘軍發源地也。有關湖南之兵將，說法很多：無湘不成軍也，亦即湖南之兵將對於中國軍隊影響太大。這裡曾文正公所指的：「湖南不患無兵，不患無將，所患齊集略緩」。含義深切，影響深遠，亦頗具深謀也。

「湖南不患無兵」，有的是兵也。

「不患無將」，有的是將也。

「所患齊集略緩」，因為兵貴在神速，決策神速，集散神速也。

曾文正公這一警語，不幸在國共戰爭遼西會戰得到靈驗。遼西會戰所以慘敗，敗在決策遲緩，敗在集中遲緩，而敵人——中共軍隊，剛好相反，早了一步，乃能集全力發動攻擊之力量。

108 兩淮風氣剛勁，古來多出英傑

「昨淮撫部院緘稱：銘字營勇夫，鎗斃奉賢縣令一案，不勝駭異。該都司雖遠在金山，何以一任營哨如此肆鬧？本部堂募練淮勇，具有苦心，兩淮風氣剛勁，古來多出英傑。近日無人倡導，其甘心為髮逆為捻匪者，則竭力苦戰，抵死不悔；即幸而為弁勇，為團練者，亦久染惡習，騷擾百姓，本部堂與李撫部院之志，欲力挽淮上之惡習，變作國家之干城：第一教之忠君。忠君必先敬畏官長，義也。第二教之愛民。愛民必先保護閭閻，仁也。斯二者總須紀律嚴明，訓導有素。」（〈潘鼎新劉銘傳稟移營進紮金山衛連日攻勦情形由〉）

這真是荒唐，亂世也就是如此。一槍在身，就有生殺大權，一大兵竟敢槍斃縣長。丘九遇上丘八，比力不講理也。曾文正公不護短，深深不以為然：「銘字營勇夫，鎗斃奉賢縣令一案，不勝駭異。」真是膽大妄為，曾文正公對都司有所指責：「該都司雖遠在金山，何以一任營哨如此肆鬧？」

曾文正公練淮軍，有他的苦心，同時，淮軍雖來自淮鹽之區，但「兩淮風氣剛勁，古來多出英傑。」此輩饒勇忠心，「其甘心為髮逆為捻匪者，則竭力苦戰，抵死不悔。」

曾文正公對此輩兩淮之勇，教之二義，第一教之忠君，第二教之愛民。

老生常談，但卻是千古不變的道理。

中國各省中，各有特色各有精神，「兩淮」就是，由於「淮鹽」關係形成中國特殊地帶。至於曾文正公所稱「兩淮風氣剛勁，古來多出英傑」，有些道理，也有些場面話在裡面，以求安撫。惟古人劉邦以及今人周恩來應是兩淮所產的古今代表人物。劉也好、周也好，能成非常之功，在能「四海」，在能看風駛航。往來無白丁，但能與各階層人物，特別是下層人混在一起，懂得他們心理。

109 小敗不過誤於一時，學壞則誤及終身

「良營舊勇，騷擾地方，習氣最壞，既經挑選，改立新營，務當認真訓練，整飭營規，一洗從前積習，庶幾可用。營頭之優劣，全視乎管帶之人。該營官果勤以自勵，廉以率下，自可作士氣而服眾心。本部堂第一禁洋煙、第二禁騷擾、第三戒晏起、第四勤操練，營務必日有起色，勉之勉之，千萬千萬。本部堂既怕各營打敗仗，尤慮各營官學壞樣，小敗不過誤於一時，學壞則誤及終身矣。我教爾等，即如父兄之教子弟，字字皆我之心血，切莫忽略看過。」（〈王副將品高呈報開用管帶強中前營關防日期并回徽城訓練由〉）

曾文正公帶兵練軍打仗，求之改頭換面，洗面換心，以今天的術語，就是成為革命軍人。曾文正公之後，蔣中正先生、孫立人將軍，均循這一教法與戰法。非但「老子只知殺人」的舊軍人不齒一笑，就在世界各國的軍人，亦不可多見。

四禁：禁洋煙、禁騷擾、戒晏起、勤操練，就是保國衛民、愛國愛己也。「禁洋煙」，無論從林則徐的「禁煙」以及今天禁菸，都有先見性與普遍性。

勉之，勉之；千萬，千萬，真是耳提面命也，儒者之風範也。

「打敗仗」固為文正公所懼，但更怕的是「學壞樣」，仁者風範也。

「如父兄之教子弟，字字皆我之心血」，其心其誠，勝於父兄也。

「凡守城之道，賊始至猛撲一鼓銳氣，宜堅壁不出，少鈍其鋒，而銷磨其氣，即一日之中，賊初來之時，其氣甚銳，至未申以來，則意興減而氣衰矣。古人所謂避其銳氣，擊其惰歸者，此也。貴鎮好出零隊，好打油仗，最易為賊所輕。不出則堅壁靜守，出則須以大隊猛打，不可零進零退，徒長賊燄也。」（〈朱鎮品隆稟連日擊賊並出隊由〉）

這一短箋，就是守攻之真言也：守則「堅壁靜守」，「出則大隊猛打。」「不可零進零退」，易為敵人所消滅，「好出零隊，好打油仗」，輕易敵人所消滅，兵家大忌也。

110 凡軍威所以大振者，全是打出來的

「兩日之戰，總不切實痛快。譬如治病者，略施表散之方，而無猛攻之劑，則病終不能去。目下皖南之賊，人多而不悍，勢散而不整，實係衰弱無能，易於攻打。我軍但審機量敵，一有可乘之隙，即猛擊猛進，猛殺猛追，使逆膽悉寒，不敢窺伺，庶可一勞永逸。不然株守以待賊至，稍勝而即收隊。穩則穩矣，於賊毫無所損，而各股之環繞於前後左右者，或遠或近，若出若沒，且糾纏而無已時也。」（〈朱鎮品隆稟連日勦擊各路賊營獲勝由〉）

這就是曾文正公異於常人，異於虛應故事之作為也。凡事求澈底，除根而後安。而主張「猛擊猛進，猛殺猛追。」而不是趕跑了就算數，報報數，交差了事。真是「穩則穩矣，於賊毫無所損，而各股之環繞於前後左右者，或遠或近，若出若沒，且糾纏而無已時也。」真是一針見血。證之，我國抗日期間游

擊隊之神出鬼沒，敵來我走，晝伏夜出，均是掌握這一「弱點」。而中共能在抗日勝利後，以積弱之兵力，勝過兵器裝備人員極強之國軍，就是深知其中三昧，做得更澈底，做得更絕。戰場殺人之事業，不是你死就是我活，沒有澈底的戰果，就有後患。

曾文正公這一短箋，就是當年國軍垂敗之原由也。

凡事必須認真，必須澈底。曾文正公能消滅太平天國，而蔣中正先生之大陸失敗，皆源於此也。

「初一二三等日，連日苦戰獲勝，賊膽必日寒，士心必日壯。凡軍威所以大振者，全是打出來的。有四分是把穩打的，有六分是冒險打的。從前楚軍初立，塔軍門有八分冒險，後來多鮑有七分冒險，李忠武亦有六分冒險。近來各軍專圖十分把穩，不肯冒一二分險，雖窮餓之賊，殘敗之賊，亦從不猛打痛追，以致窮蹙者不肯降，裹脅者不肯散，浙賊所以棄浙而趨皖者，以浙打而皖不打也。望貴鎮挽此積習，變此風氣，東館西館陵陽之賊，於次第痛勦而驅除之。至囑。」（批唐鎮義訓稟連日擊賊獲勝由）

何謂「常勝軍」？不是天生的。而是「凡軍威所以大振者，全是打出來的。」否則就是浪得虛名，不堪一擊。百戰才得榮歸，實力才是軍威的後盾。

天下無十全十美之事，亦無萬無一失之事。因之，軍事行動，固在勝算，但冒險亦非冒不可，冒險代價亦要付出的。這是湘軍之苦戰經驗。

江山穩住後，就有安逸之心。「各軍專圖十分把穩，不肯冒一二分險，雖窮餓之賊，殘敗之賊，亦絕不猛打痛追，以致窮蹙者不肯降，裹脅者不肯散。」真是歷史不幸一而再重演。中共能有「長征」之歷史，關鍵就在此也；國軍在大陸整兵團整軍之敗亡，中共窮追猛打，而使政府在大陸無片甲翻身之境，關鍵也就在此。鄧榕所寫《我的父親鄧小平》一書，中共能脫困，國軍無復生，道理則一也。這是歷史險中求生，安中致死的法則。

111 本部堂所期者，不在勳烈，而在紀律

「惟淮勇威望日著，本部堂所期者，不在勳烈，而在紀律，必須如該統領去年，初過淮揚時之秋毫無犯，而後可保常勝，可免後患。仰即時時諄誡，處處維持，勿視為老生常談也。」（〈統帶江蘇撫標親軍總辦湘淮各營防勦事宜李令鶴章稟克復江陰縣城由〉）

「本部堂所期者，不在勳烈，而在紀律」，實在一語道明曾文正公真誠精神也。有紀律，才有勳烈，此為根本也。不能不擇手段，而求取勝利，這種勝利不會持久的。

「據稟已悉。本部堂嘗言團練，須擇人而辦，細閱所議練規，首先以慎舉練總為務，誠得擇人而辦之意。練總得一好人，則練長練丁，皆成好人矣。藉團練之名，苛派公費，抗玩官事，此天下鄉團之通弊也。藉團練之名，築圩恃險魚肉良民，此近日兩淮之風氣也。」（〈三河尖練總潘令塏稟呈所議練規懇示遵行由〉）

「擇人」為第一。曾文正公對團練種種弊端，知之甚詳，而他力除其弊，而能成勁旅。

「凡作一事，無論艱險平易，但須埋頭做去，掘井不已，終有及泉之日。該守於軍務閱歷已深，儘可鍊成將材，何不猛著一鞭，期於及泉而止；若觀望猶豫，半途而廢，不特於兵事無所成，即他事亦自畫矣。」（〈暫理依仁等營事務吳守廷華稟請將依仁營另行委員接帶併歸張道統轄由〉）

這就是曾文正公的決心與毅力：「凡作一事，無論艱險平易，但須埋頭做去。」發明家、革命家之

真精神也。這就是孫中山先生百折不撓之精神。

112 用其善戰之長，戒其擾民之短

「自古聖賢立德，豪傑立功，成不成，初不敢預必，只是日就月將，盡其在我。孔子所謂誰敢侮？孟子所謂強為善，皆此義也。游擊之師有二難，本部堂亦深為慮，無術補救。」（〈統帶精毅營席道寶田稟復卑營裨將各情另單稟請飭令吳中書紹烈前來勷辦營務由〉）

「聖賢立德，豪傑立功」，各有所為也。此為聖賢豪傑志趣不同也。

「游擊之師有二難」。那個時候就有「游擊之師」，可惜語焉不詳。游擊隊有異於正規作戰也，有異於正規部隊，來自民間武力，我國對日抗戰之義勇軍以及游擊隊，對敵均產生騷擾的力量。

「精捷營諸將弁之不服席臬司，亦本部堂所稔聞也。此時若遽求其合，必且參商日甚，痕迹日深，不如各打一路，精捷本多能戰之才。該鎮與陳鄧兩道，以好言獎慰之，以諍議激勵之，用其善戰之長，戒其擾民之短。不過一二月，勳績卓著，遠近皆無閒言，則精毅營之違言，亦不辯自熄矣。席道本無成心，將來仍有可合之道也。此時精捷諸將，在力求和睦，力禁騷擾，苟能自強，即聖人所謂誰敢侮之矣。」（〈統領精捷全軍江總兵忠朝稟收復弋陽擊賊情形並籌畫進止緣由〉）

這真是曾文正公的苦口婆心。用人必有所長，也必有其短，用其所長避其短也。戰爭中之部隊，重要甚至唯一的使命，即在打勝仗，如何遷就其他，而讓打勝仗得到發揮，即是統帥之責任也。不只是部隊如此，指揮官亦是如此。二次大戰歐洲戰場之艾森豪與巴頓將軍，成二絕對不同的風格，一弱一強。

艾森豪因為「文弱」，而所產生盟軍間的協調組合力量；巴頓因為強，而能產生攻堅之力量。中華民國政府在臺灣之存在，金門之固守，功莫大焉。所謂：有金馬，始有臺灣。而早期金門之守將如：胡璉、劉玉章、劉安琪，為威武之將軍也。如劉玉章將軍，作為統帥之蔣中正先生，能用其長，而不計其短，就是一例。

113 用兵以得人心為第一義

「所論北方形勢，主客機宜，悉中窾要。惟車戰一事，殊未易言，昔人如房琯，行之不善而敗，李忠定請以車制頒京東西製造教閱，而南渡諸戰，未聞以車制勝者。戚南塘練兵實紀，孫高陽車戰百八，言之詳矣。而二公守邊，亦不聞車戰之益，即近時胡文忠公，欲募三千人為三營，每營創造小車二十架，每架置礮一尊，謂沿江征剿，大有奇境，亦卒無成。本部堂到徐後，擬製造車輛，購養牛馬，以利糧運，若以之臨敵，終患推挽不靈，未敢嘗試也。至用兵以得人心為第一義，非獨今日勦捻為然，古來平寇亂者，莫不皆然也。」（〈潘道鼎新稟陳言北方用兵宜用車戰各情〉）

「車戰」，用車作戰。意義有二：牛馬載運重武器也，「車戰」本身即是重武器也。自古至今皆然，對日抗戰勝利後之現代化國軍部隊，車馬拖重礮，即為明證；裝甲車與坦克車，均為「車戰」之化身，亦即「車戰」，即「戰車」也。

勦太平天國之後又要勦捻。太平天國戰場在南方，勦捻戰場在北方，前者常常動水師腦筋，後者常思車戰念頭，運行速度加快也。潘道鼎有「北方用兵宜用車戰」，曾文正公不好撥冷水，而以古今車戰之無效點醒他，並以「若以之臨敵，終患推挽不靈，未敢嘗試也。」曾文正公之顧慮，不幸在國軍東北戰役中均一一兌現：車馬「推挽不靈」也。

歷史真是一面鏡子。可惜一生師法曾文正公的蔣中正先生，對日抗戰勝利後，氣勢萬千，雄心萬丈，疏於向他的志師「文正公」請益，乃「得天下而復失」。（陳立夫：《成敗之鑑》，第四五五頁）

114 設官所以養民，用兵所以衛民

「本部堂在安慶金陵時，但聞人言該鎮劣迹甚多，此次經過淮陽清江鳳陽，處處留心察訪，大約毀該鎮者十之七，譽該鎮者十之三。其毀者則謂該鎮忘恩負義，黃鎮開榜，於該鎮有收養之恩，袁帥欲挐該鎮正法，黃鎮夫婦極力營救，得保一命。該鎮不以為德，反以為仇，又謂該鎮性好私鬭。……又謂該鎮騷擾百姓，淩虐州縣。……又謂該鎮吸食鴉片，喜怒無常，左右拂意，動輒處死。其譽者則謂：該鎮驍勇絕倫，清江白蓮池蒙城之役，皆能以少勝眾，臨陣決謀，多中機宜；又謂該鎮至性過人，聞人談古來忠臣孝子，傾聽不倦，常喜親近名儒，講誦《孟子》；又謂該鎮素不好色，亦不甚貪財，常有出世修行，棄官為僧之志，凡此皆言該鎮之長處者也。譽該鎮者如漕督吳帥、河南蘇藩司、寶應王編修凱泰、山陽丁封君晏、靈璧張編修錫嶸，皆不妄言之君子。毀該鎮者，其人尤多，亦皆不妄言之君子，今不復悉舉其名。本部堂細察群言，憐該鎮本有可為名將之質，而為習俗所壞，若再不加猛省，將來身敗名裂而不自覺。今為該鎮痛下針砭，告誡三事：一曰不擾民，二曰不私鬭，三曰不梗令。凡該官所以養民、用兵所以衛民，官吏不愛民，是民蠹也；兵將不愛民，是民賊也。」（〈淅江處州鎮陳國瑞稟暫駐德并餉項

軍火如何籌措由〉）

這一陳國瑞，亦可謂軍人一典型。尤其在戰亂時之軍人，能打仗能打硬仗能打勝仗即為好將軍，就我們的經驗所及，北閥、抗戰、剿共甚至到臺灣初期，就有這樣的「將軍」。

曾國藩是愛才的，視才如命，但亦是重視紀律的，尤其事關民瘼者，更是有切身之痛。

他明察暗訪，毀陳國瑞者有十分之七，譽陳國瑞者有十分之三，毀多於譽，但曾文正公還是有所保留的，因為「憐該鎮本有可為名將之質，而為習俗所壞」，亦即他的本質並不壞，只是當了兵，當了官，受環境感染，而沾了壞習慣。

很妙的，講陳國瑞好話的，曾國藩一一列出大名，而「毀該鎮者，今不復悉舉其名」，免節外生枝，惹出不必要的麻煩。

至於曾文正公告誡之事：不擾民、不私鬥、不梗令，這都是官文書，與陳國瑞的「毀」，並無太大直接關聯。

115 寧可馬浮於人一倍，不可人浮於馬一匹

「諺曰：教子嬰孩，教婦初來，該提督務當督飭營官哨官什長，苦口訓導，一次不聽，則再教之、三教之。若語言不甚通曉，多說幾徧，務期明瞭而後已。本部堂之意，冀以湘軍之規模，開淮北之風氣，該兩營為之倡導，先在乎其心志，次在教以規矩，總以耐煩二字為要，久久自有效驗。」（〈統帶吉中和厚等營李提督祥和稟新招勇丁潛逃懇相飭靈璧縣令飭差緝拏解轅究辦由〉）

曾國藩能夠練出湘軍，全憑苦功夫，把他們當子弟來教，當媳婦來授：「先在孚其心志，次在教以規矩，總以耐煩二字為要」，這就是曾國藩的功夫。「孚其心志」，也就是蔣中正先生的變化氣質。一個人如何從滿腦子升官發財的幻想到犧牲奉獻，「置個人死生於度外」，這就是變化氣質。蔣先生早期廬山訓練團、重慶中央訓練團到陽明山革命實踐研究院，就是在變化氣質，把他自己的想法，變成大家的想法。

「誠以軍事變動無常，必須因機制變。」

「貴軍鬥志在滅賊，捻匪一日不平，即一日難釋此重任。古人有臥護諸將者，可仿而行之也。」

「一貴營添立馬隊，本部堂業經允許。茲已立張景春劉盛璠二營，以後只可添哨，不宜添營。馬隊以養馬為第一義，寧可馬浮於人一倍，不可人浮於馬一匹。」（〈統領銘字營劉軍門錄傳稟三件〉）

這是曾文正公以「本部堂」之尊，以便函方式表達若干備戰、作戰的精神與要旨，這樣方式極為有效。蔣中正先生亦慣用此法，且在緊急狀況下，除了親函外，並派最親密特使面送，如蔣經國先生經常擔任此一「欽差大臣」的角色。

曾文正公雖為一介書生，但他有現代思想、觀念與作法的。抓住目標，掌握要領是不放的，這是現代企業精神，例如，「馬隊以養馬為第一義，寧可馬浮於人一倍，不可人浮於馬一匹」，均是治本治標之道也。騎兵無馬可騎，就不成為騎兵。

116 打仗貴於自立，謀事貴於謙下

「捻逆大股，逼近湖團，該軍甫經出隊，即行颺去，殊可憤恨。刻下該鎮，既已全部拔動，作為游擊之師，應即尾追緊躡，期於力戰數次，獨當一路，不必依傍他軍以成功，度該鎮之才力足以辦此。會商進勦之說，不過使彼此聲勢聯絡，使該逆有所牽制，而我得專力一方。至於臨敵應變，則非他人之所能為力也。大抵打仗貴於自立，不可存借助將伯之心，使弁勇稍生怠忽。謀事貴於謙下，須常存廣詢求助之心，使他軍樂於親附，二者看似相反，實則相成，均不可少。至囑，至囑！」（統領老湘營劉鎮松山稟遵批前進追擊捻逆由）

湘軍之死敵為太平天國，太平天國亡後，又出現另股硬敵——捻匪。

湘軍以戰勝之師，難免逞驕；久戰之師，又難免疲態，再以驕又疲之師，迎接新銳「捻匪」，自然吃力萬分，於是有淮軍出現，又有李鴻章取代曾國藩，這都是時也，勢也。古今中外，很難有二代之英雄，太平天國後曾國藩是也，中日戰爭後蔣中正先生是也，第二次世界大戰後邱吉爾是也。

這一曾老帥之批示，就顯示出湘軍老矣。雖然曾文正公戰法依舊：要合作，但不能依賴；要廣徵意見，不能恃寵而驕，更不能沒有決斷，這就是曾文正公諄諄善導的：「打仗貴於自立」，「謀事貴於謙下」的道理。

曾文正公怕食古不化，又怕以大道理當擋箭牌，所以明白指明：「會商進勦之說，不過使彼此聲勢聯絡，使該逆有所牽制，而我得專力一方。」「至於臨敵應變，則非他人之所能為力也」，更不在話下。打仗，打勝仗，不能靠他人，不能靠外人，要靠自己，因為只有自己知道狀況。

「謀事貴於謙下」，戒驕，戒一意孤行也。尤其協同合作，此之曾文正公所指「使他軍樂於親附。」

117 穩而之以猛，不僅整於排立，並能整於追逐之時

「從前鮑軍門，近日劉軍門，皆不肯分兵，行則全部俱行，戰則全部俱戰，為賊所畏。總由大力盤旋，不僅出零隊翦尾股，小吹小打而已。該軍既作游擊之師，自後須奇正并用。正則排開大隊，苦戰竟日之類是也；奇則黑夜劫營，專截輜重之類是也，望好謀而善用之。」（盛字營周鎮盛波稟回亳就近發餉及全軍拔隊赴豫勦賊由）

老軍頭提出正奇之策，聚散之略，要這位帶兵官，「好謀而善用」。

的確，正規戰之力量在聚不在分；游擊戰之力量在分不在聚。甚至「奇正並用，正則排開大隊，苦戰竟日之類也；奇則黑夜劫營，專截輜重之類」。

這一分合奇正，毛澤東師法其鄉賢，用得最準。自二萬五千里長征流竄到正式遼西會戰前，中共都是用鬼沒的游擊戰法，等到有會聚力量後，就用大規模快速齊聚，而產生先馳包圍殲滅的力量，在中共的遼西、華北、徐蚌、華中以及華西的大戰役中，以遼西為開始，也最為典型。

無論攻守、多寡、逸勞，中共在以上大戰役中，均成為優勢，奇攻猛追窮打，發揮到極點，上師《孫子兵法》下師曾國藩，均發揮兵法活用的妙法。

「王家林之捷，昨於該鎮等初六日稟內批令補具備案，今此稟已到，即無庸再具矣。該鎮等軍，長處全在穩持穩擊，隊伍不亂，鎗礮不斷，故能制此悍賊，從此由穩而加之以猛。隊伍不僅整於排立之時，而并能整於追逐之時，當更可立偉績也。我軍長矛與賊矛對刺對撥時，究竟能勝賊矛否？便中再一稟

復。」（〈統領老湘全軍劉鎮松山統領星字吉中豫字營朱牧式雲稟軍抵王家後林遇賊接仗獲勝由〉）

王家林何以獲捷？老部堂急於知道原因？知道長處，發揮所長，進而發揮更大的長處，這就是曾文正公所批示的：「長處全在穩持穩擊，隊伍不亂，鎗礮不斷」，是標準之正規戰。曾文正公進而要求，穩之外，還要求猛：「從此由穩而加之以猛，隊伍不僅整於排立之時，而并能整於追逐之時。」亦即守得穩，攻得猛也。

武器對決的力量，亦是曾文正公所關心的：「我軍長矛與賊矛對刺對撥時，究竟能勝賊矛否？」「鮑軍門」，鮑超也，字春霆，湘軍「開國元帥」也，霆字營統領；「劉軍門」，應為劉銘傳也。

118　溺愛不可以治家，寬縱不可以治軍

「古之君子之所以盡其心養其性者，不可得而見，其修身齊家治國平天下，則一秉乎禮。自內焉者言之，舍禮無所謂道德；自外焉者言之，舍禮無所謂政事。」（〈筆記二十七則〉，「禮」）

這是中國的基本與中心的道理。

所謂基本道理，由內而外也：修身齊家治國平天下。

所謂中心道理，由修己而至治天下，依禮靠禮也，亦即「自內焉者言之，舍禮無所謂道德；自外焉者言之，舍禮無所謂政事。」

就禮而言，家事與政事則一也。

「牧馬者去其害馬者而已，牧羊者去其亂群者而已。牧民之道何獨不然？諸葛武侯治蜀，有言公惜

赦者。」答曰：「治世以大德，不以小惠。」「國藩嘗見家有不孝之子，其父曲宥其過，眾子相率而日流於不肖；又見軍士有失律者，主者鞭策不及數，又故輕貰之，厥後眾士傲慢，日常戲侮其管轄之官。故知人民者大仁之賊，多赦不可以治民，溺愛不可以治家，寬縱不可以治軍。」（〈筆記二十七則〉，「赦」）

也許不合乎民主時代，但中國早就有民主的精神與基礎，因之，牧馬、牧羊、牧家、牧民，其道理是相同的、相通的，此之所謂修身齊家治國平天下也。自由不是放縱，嚴寬好壞善惡，必有其分也。鄉愿，德之賊也；和稀泥，政之賊也。曾文正公的結論就是：「小仁者大仁之賊，多赦不可以治民，溺愛不可以治家，寬縱不可以治軍。」

119　先擣與越攻

「行軍之道，有依次而進者，有越敵人所守之寨，而先攻他處者。」

「唐貞觀十九年，太宗親征高麗，既拔遼東蓋牟諸城，至安市，將決戰，高麗靺鞨合兵為陣，長四十里，江夏王道宗曰：『高麗傾國以拒王師，平壤之守必弱，願假臣精兵五千，覆其本根，則數十萬之眾，可不戰而降。』上不應，後攻安市，竟不能拔，降將請先攻烏骨城，眾議不從，遂自安市班師。國藩按：道宗請越安市而進攻平壤，此雖險途，而實制勝之奇兵也。太宗不從，無功而返，此不能越攻而失者也。」

「安史之亂，李泌請命建寧王倓為范陽節度大使，並塞北出，與李光弼南北犄角，以取范陽，覆其巢穴。賊退則無所歸，留則不獲安，然後大軍四合而攻之，必成擒矣。上悅，已而不果行。國藩按：是時大軍在扶風，郭子儀在馮翊，李光弼在太原，宜先取兩京，李泌欲先搗范陽賊巢，此亦制勝之奇兵也。事不果行，致史思明再為關洛之患，此亦不能越攻而失者也。」（〈筆記二十七則〉，「越寨攻敵」）

曾文正公一生無論為人處事，在平庸無奇，不會有奇招，也不會有什麼花招的，用兵，亦在穩紮穩打的。

用兵，一在守，一在攻，守必須堅守，攻則必須猛攻，才能奏效。

攻堅不如攻隙，攻隙不如攻虛。曾文正公所提出的歷史二例：一為征韓、一為平安史之亂，可謂痛失良機也，不禁為之興嘆不已。

太宗征韓，由東北安東，亦即今日之鴨綠江越江攻入也。而敵以「長四十里」重兵以待，「傾國以拒王師」，反之，「平壤之守必弱」，因之，建議只要「精兵五千，覆其本根，則數十萬之眾，可不戰而降。」以寡擊眾之奇略也。

此一攻虛之戰，至一九五〇年的韓戰，聯軍統帥麥克阿瑟，以海空軍之優勢於九月十五日，在距三八線南約一〇〇英里的仁川進行兩棲登陸，將北韓軍補給線切斷，並使戰爭由南韓推至北韓。韓戰主戰場快速轉移，一度至鴨綠江中韓江畔，越江直搗中共軍事後方——東北，但未能實現，致韓戰雖然在原點結束，但東北亞的情勢，未能由於韓戰而改觀，且東南亞失去越戰。實在可痛。

安史之亂，未能「先搗范陽」，失去「制勝之奇兵」，曾文正公不禁為「不能越攻而失者」嘆。

不要說一部二十四史，就是一部《孫子兵法》，真正會用能用又有幾人？這要看在什麼時候用？用在什麼地方？如何來用？

一個人能從歷史學到經驗，就會超越時空，而有自我超越的機能。如人之添翼，不飛也難。

120 將軍有死之心，士卒無生之氣

「凡用兵，主客奇正，夫人而能言之，未必果能知之也。」

「兵者，陰事也，哀戚之意，如臨親喪；肅敬之心，如承大祭，庶為近之。今以牛羊犬豕而就屠烹，見其悲啼於割剝之頃，宛轉於刀俎之間，仁者將有所不忍，況以人命為浪博輕擲之物。無論敗喪也，即使倖勝，而死傷相望，斷頭洞胸，折臂失足，血肉狼籍，日陳吾前，哀矜之不遑，喜於何有？故軍中不宜有歡欣之象。有歡欣之象者，無論或為和悅或為驕盈，終歸於敗而已矣。田單之在即墨，將軍有死之心，士卒無生之氣，此所以破燕也。及其攻狄也，黃金橫帶，而騁乎淄澠之間，有生之樂，無死之心，魯仲連策其必不勝，兵事之宜慘戚不宜歡欣，亦明矣。嘉慶季年，名將楊遇春屢立戰功，嘗語人曰：『吾每臨陣，行間覺有熱風吹拂面上者，是日必敗；行間若有冷風，身體似不禁寒者，是日必勝。』斯亦肅殺之義也。」〈筆記二十七則〉，「兵」

用兵之「主客奇正」，這是曾文正公在書函中常常提及的狀況及位置。

「夫人而能言之，未必果能知之也。」豈止「知」而已，且能行才行，才會有效果。

作為一個知識分子，一個中國道德的維護者，一個文人，殺人放火，是不得已的行徑，非但不是好事，也不是什麼轟轟烈烈的大事。「兵者，陰事也，」實在是不得已之事。

「牛羊犬豕而就屠烹」，同為動物，就很可憐的，況且人被屠殺乎？「仁者將有所不忍，況以人命

為浪博輕擲之物。」

曾文正公所言，「軍中不宜有歡欣之象」，因為殺人放火，是傷天害理之事，那能「歡欣」？此之所謂「兵事之宜慘戚不宜歡欣」，且哀兵必勝也。此之所謂楊遇春屢立戰功，有徵候，「行間若有冷風，身體似不禁寒者，是日必勝」，這真是「兵者，陰事也」。這種說法，並不合現代之「士兵心理」，當然，上戰場不能嘻嘻哈哈，這也就是「將軍有死之心，士卒無生之氣」。就是視死如歸，才能百戰榮歸。抗戰勝利之後的國軍，一片歌舞昇平之中，為誰而戰？為何而戰？那有致勝之理？只有找個理由退了，以保全自己的富貴榮華，而有「轉進」之譏。愚人之術，最後受愚者竟是自己，中國大陸就這樣被自己愚丟的。

121 剛毅不宜過猛

「友人劉騰鴻峙衡治軍，刁斗森嚴，凜不可犯。臨陣則埋根行首，堅立如山，有名將之風，惟過於自矜。在武昌時，嘗獨立城下，呼賊以礮擊之，賊發十餘礮，不能中，堅坐良久，乃還。在瑞州時，亦如是，卒以殉難，殞我壯士，人百莫贖，此則剛毅太過，於好謀而成之道，少有違爾。」

「余初不解造群子之法，以生鐵令鑄工鑄之，渣滓未融，經藥輒散，且多蜂眼，鳴而不能及遠。」

「今湖南湖北江西三省，打造群子，均用此法。每礮用百餘顆，多者或三四百顆，噴薄而出，如珠如雨，殆無隙地，當之輒碎，不仁之器，蓋莫甚於此矣。然海疆尚未靜謐，此其亟宜講求者也。」

（〈筆記二十七則〉，「千盾攩牌」）

這一名將劉騰鴻，其愚較匹夫之勇尤有過之，實在是義和團之化身也。後者是刀槍不入，而這位「劉將軍」卻礮擊不入，真是「神人」。一次可以，也許幸運，二次卻被焚身碎骨，死得可憐。曾文正公念其勇，「殞我壯士，人百其贖」，一方面又歎其「剛毅太過」，死得可憐，也太不值得。

曾文正公以驚於連發礮彈之威力，並令「以生鐵令鑄工鑄之」，可見其用心，但未免缺乏常識，這樣東西，豈是「生鐵」所能鑄之？

曾文正公所指的「群子」，不似今日的子彈，又有別於今日的砲彈，應屬重機槍子彈之類，才能連發。基本上，還是砲彈，否則不會「噴薄而出，如珠如雨，殆無隙地。」惟至今尚無一種砲彈，「用百餘顆，多者或三四百顆。」

曾文正公以儒者作揮軍殺敵之事，還是有些不忍人之心，一面嘆其威力驚人，一面又感嘆「不仁之器，蓋莫甚於此矣。」

致命的武器，固能殺人，但亦能救人。基本上，軍人賦予保國衛民之責任，即是救人的事業。曾國藩起兵湘鄉，率領家鄉子弟兵——鄉勇，毅然負起保鄉「救朝」的責任，就當時所處環境言，亦是救人的事業。

122 憂危以感士卒之情，振奮以作三軍之氣

「大聖固由生知，而其生平造次，克念精誠，亦迥異庸眾。」

「昔人云：『善吾生者，乃所以善吾死也。』若非精誠積於畢生，神志寧於夙昔，豈能取辦於臨時

哉。」〈筆記十二則〉，「誠神」

聖人也是人，但聖人所以為人上人，就是歷經苦難甚至折磨，而能承受一般人不能承受的苦，承擔萬人的苦難於一肩於一身，而終能成聖，也就是曾文正公所言：「克念精誠，亦迥異庸眾。」孔子是如此，釋迦牟尼是如此，穆罕默德是如此，被釘在十字架的耶穌，更是如此。

以我們中國知識分子所熟知的孔子而言，他不生在春秋戰國，不面對亂臣賊子，亦無法顯示孔子之精神；他不周遊列國，現實環境澈底地失望與絕望，也不會從教育著手，而成千秋之「師道」。

儒家與東西方之宗教，最大不同之分野，即在生死的認知，此之所謂：「善吾生者，乃所以善吾死也。」人生下來，就是一種希望，一種神奇，珍惜生命，亦即珍惜生命之貢獻也，此即所謂：「善吾生者，乃所以善吾死也。」

生，生下來做什麼？不只是為生存而生，為生活而生，而求一己對體外的貢獻，這樣生才有意義，死才有價值。

「田單攻狄，魯仲連策其不能下，已而果三月不下。田單問之，仲連曰：「將軍在即墨，坐則織蕢，立則仗鍤，為士卒倡，將軍有死之心，士卒無生之氣，聞君言，莫不揮涕奮臂而欲戰，此所以破燕也。當今將軍東有夜邑之奉，西有淄上之娛，黃金橫帶，而騁乎淄澠之間，有生之樂，無死之心，所以不勝也。」余嘗深信仲連此語，以為不刊之論。同治三年，江寧克復後，余見湘軍將士驕盈娛樂，慮其不可復用，全行遣散歸農。至四年五月，余奉命至河南山東剿捻，湘軍從者甚少，專用安徽之淮勇，余見淮軍將士，雖有振奮之氣，亦乏憂危之懷，竊用為慮，恐其不能平賊，莊子云：「兩軍相對，哀者勝矣。」仲連所言以憂勤而勝，以娛樂而不勝，亦即孟子「生於憂患，死於安樂」之旨也。其後余因疾病，疏請退休，遂解兵柄，而合肥李相國卒用淮軍，削平捻匪。蓋淮軍之氣尚銳，憂危以感士卒之情，振奮以作三軍之氣。二者皆可以致勝，在主帥相時而善用之已矣。余專主憂勤之說，殆知其一而不知其二也。」—（《筆記十二則》，「兵氣」）

實在，兵，氣也，亦即所謂「士氣」。軍中講士氣，社會講民心。民心與士氣不可分也，民心影響士氣也。

曾文正公的這一段魯仲連論兵，真理之言也，此亦即蔣百里之言：生活條件與戰鬥條件之因果也。戰爭或戰場致勝之道，不能從表面上來看，不能從一時來看，也不能從數量來看，這就是魯仲連所言：「將軍有死之心，士卒無生之氣」，必勝也；「有生之樂，無死之心，所以不勝也。」

曾文正公以親身之體驗，「深信仲連此語」，並證以「同治三年，江寧克復後，余見湘軍將士驕盈娛樂，慮其不可復用，全行遣撤歸農。」

湘軍滅金陵之太平天國後，精神戰力即隨之而瓦解，無法迎之另一強敵——捻匪。於是「李相國卒用淮軍，以削平捻匪，蓋淮軍之氣尚銳。」此所以抗戰之所以大勝，剿共之所以大敗，其源即在此也。

123　緊關營門，看準再打

「打仗要打箇穩字，賊吶喊，我不吶喊；賊開鎗，我不開鎗。賊未衝撲時，撲一次，我也站立不動，撲兩次，我也站立不動，穩到兩箇時辰，自然是大勝仗。」

「刀矛對殺之時，要讓賊先動手，我後動手，頭一下已過，第二下未來之時，我撥他頭一下，正好殺他。」(〈初定營規二十二條〉，「開仗五條」)

這一曾文正公的「仗法」，影響現代軍事戰法很大，基本上，出自曾文正公的「穩、準、狠」也，這就是「穩」字：敵動我不動，敵不動，我始動；敵氣與力消盡時，我始動。

我國對日抗戰以來，正規軍如劉玉章、孫立人的練軍與用兵，均擅用此一戰法；非正規與游擊隊，如抗戰期的義勇軍、大刀隊、游擊隊乃至中共軍，無論對付日軍、對付國軍乃至援越對付美軍，均採取此一穩字戰法，敵動我不動，敵明我暗，而採取隱藏流動以及夜襲戰，先後打垮了日軍、拖垮了國軍、送走了美軍。

這一戰法很「土」，但是持久戰之中，可咬可拖可吃的操之在我的戰法。

「起更即關營門。無論客來，文書來，均不許開營門。賊來不許出隊，不許點燈，不許吶喊說話，悄悄靜靜，預備鎗礮火毬，看準再打。」(〈初定營規二十二條〉，「守夜三條」)

國軍在與中共軍作戰時，不知吃了多少夜襲虧；美軍在韓戰與越戰時，又不知吃了多少中共與越共暗虧。曾文正公的「守夜」，就是以暗制暗，不能讓敵人混進來、摸進來、打進來，讓敵人弄不清楚狀況，由敵暗我明變成敵明我暗。不開門、不出隊、不點燈、不吶喊，摸上的敵人，以為睡了得逞，豈不知中計，「看準再打」。

曾文正公以游擊戰法，代替正規的清軍。

小說家唐浩明筆下的「三河之役」，曾國華就是犯了驕貪，而遭夜襲，殺得湘軍片甲不留，「七千湘勇葬身三河鎮。」曾國華如能切記老哥的禁令，就不會遭致暗算，身敗軍亡，為曾老帥一生之至痛。

124 樸實而有農夫土氣者為上

「招募兵勇，須取保結，造具府縣。里居、父母、兄弟、妻子、名姓，箕斗、清冊、各結附冊，以便清查。」

「募格須擇技藝嫻熟、年輕力壯、樸實而有農夫土氣者為上。其油頭滑面、有市井氣者，有衙門氣者，概不收用。」（〈營規〉，「招募之規」，二條）

叫鄉勇也好，叫湘軍也好，它是怎樣組成的？它是怎樣練成的……

「嚴」而已。

其始也慎。

不是拉來的，不是捉來的，不是頂來的，不是買來的。

曾文正公的招募之規，只有簡簡單單二條，卻是清清楚楚、明明白白，嚴格無比。

「招募兵勇」，不只是有名有姓，身家要清白。

曾文正公理想中的「兵勇」，「樸實而有農夫土氣者為上」，相反的，「油頭滑面、有市井氣者，有衙門氣者，概不收用。」

這就是能征慣戰的湘軍精神，樸實為尚，消除浮華。這和當時的清軍與當時的社會環境，恰成強烈的對比。

曾國藩的清純湘軍，乃能代替腐化清軍，迎戰太平軍，進而消滅太平軍，這是關鍵。

這一征人之標準，不只是影響後代的軍心士氣，能吃苦的部隊，才能打勝仗。也影響士商社會的用人。如以鄉村商行起家而成為國際集團的統一事業，它的用人標準，就是喜歡用無經驗的土氣青年，適應力強，可塑性高，而捨棄城市冷房子弟。

「有衙門氣者」，與曾文正公的風格，更是格格不入。證之今日的社會風氣，官式形式充斥，打官腔、講官話，那有餘心餘力做事。曾文正公可謂用心良苦。

孫中山先生以公僕自居，服務人群，而推行「天下為公」精神，澈底看清「衙門氣者」之為惡與無用。

125 軍中「七禁」

「用兵之道，以保民為第一義。除莠去草，所以愛苗也。打蛇殺虎，所以愛人也。募兵勦賊，所以愛百姓也。若不禁止騷擾，便與賊匪無異，且或比賊匪更甚，要官兵何用哉？故兵法千言萬語，一言以蔽之，曰：『愛民。』特撰〈愛民歌〉，令兵勇讀之。」（〈禁擾民之規〉）

「除莠去草」，「打蛇殺虎」，「募兵勦賊」，這都是除惡的。為民除害，乃為此中之最。而「募兵勦賊，所以愛百姓也。」

曾文正公也好，國民革命軍也好，都是救民愛民起兵興兵，乃能勢如破竹，以寡擊眾，後來就會變質，此即曾文正公痛心之處：「若不禁止騷擾，便與賊匪無異，且或比賊匪更甚，要官兵何用哉？」確實如此，抗戰期間的雜牌部隊，紀律甚壞，就是如此。曾文正公有不忍人之心，而以「愛民」為尚。

「禁止洋煙　營中有吸食洋煙者，盡行責革；營外有煙館賣煙者，盡行驅除。

禁止賭博　凡打牌押寶等事，既耗錢財，又耗精神，一概禁革。

禁止喧嘩　平日不許喧嚷，臨陣不許高聲，夜間有夢魘亂喊亂叫者，本棚之人推醒，各棚不許接聲。

禁止姦淫　和姦者責革，強姦者斬決。

禁止謠言　造言謗上，離散軍心者嚴究，變亂是非，講長說短，使同伴不睦者嚴究。張皇賊勢，妖言邪說，搖惑人心者斬。

禁止結盟拜會　兵勇結盟拜會，鼓眾挾制者嚴究，結拜哥老會，傳習邪教者斬。

禁止異服　不許穿用紅衣綠衣，紅帶綠帶，不許織紅辮線，不許紮紅綠包巾，印花包巾，不許穿花鞋。」

這一「七禁」，就以現代軍隊標準看起來，還是值得稱道的，其軍紀之嚴明，足可與德、日治軍相比。

「禁止洋煙」，非屬今日之「香煙」，而是「大煙」。

「結拜哥老會」亦在禁止之例，非常現代化的，但孫中山先生結合群眾，奔走革命，還要借重哥老會之類的組織，一方面是階段性的，一方面所靠的是「義」字。

126　堅壁清野，詢訪英賢

「為曉諭事，照得本部堂恭奉簡命，勦辦江蘇安徽山東河南等省捻匪，擬於徐州臨淮濟寧周家口等處，設立重兵以為戰。又令鄉村，設立圩寨以為守，四路皆有重兵，則無此勦彼竄之處，各縣皆有圩寨，則無擄人擄糧之患所有應行事宜，合亟出示曉諭，俾遠近共見共聞。開列四條於左：

一、堅壁清野。

二、分別良莠。

三、發給執照。

四、詢訪英賢。」（〈勦捻告示四條〉）

這〈勦捻告示四條〉，對於蔣中正先生的軍事戰略戰術影響很大：抗日前之勦共、抗日之全民皆兵、焦土抗戰，皆是源頭也。曾文正公可謂導師也。

其中發給執照，就是今日保甲長制度。各處圩中管事者，稱曰圩主，或曰寨主，主字不可妄稱。今宜概改曰圩長。每圩一人，其幫辦者名曰副圩長。每圩或二三人，多至四人而止。凡充圩長者，無論原有之圩，新立之圩，由圩內大眾公舉一人，具稟州縣，州縣訪察確實，稟明本部堂，正圩長由本部堂發給執照。

「詢訪英賢」，亦是曾文正公一貫之作風。「淮徐一路，古時多英傑之士，山左中州，亦為偉人所萃。方今兵革不息，豈無奇材崛起，無人禮之，則棄於草澤飢寒賤隸之中。有人求之，則正為國家干城腹心之用。本部堂久歷行間，求賢若渴，如有救時之策，出眾之技，均准來營自行呈明，察酌錄用，即不收用者，亦必優給途費。」（〈勦捻告示四條〉）

曾文正公的「勦捻」，已成強弩之末，但仍鼓其餘勇，一方面佈下重兵，一方面堅壁清野，廣納英雄豪傑，四面八方，天羅地網，圍勦捻匪，再創奇功。「淮徐一路，古時多英傑之士」，劉邦為代表也。而曾文正公一生之心，救世之心，均在「本部堂久歷行間，求賢若渴，如有救時之策，出眾之技」之中，再發掘一個胡林翼，再創一個左宗棠，再打出一個彭玉麟，則有機會再造一個天地。

127 莫逃走、要齊心、操武藝

《保守平安歌》三首：

第一莫逃走。

第二要齊心。

第三操武藝。

這是曾文正公在咸豐二年在湖南湘鄉本籍作。這是保命保家保鄉保國的不二法門。

「第一莫逃走：眾人謠言雖滿口，我境切莫亂逃走，我境僻處萬山中，四方大路皆不通，我走天下一大半，惟有此處可避亂，走盡九州并四海，惟有此處最自在，別處紛紛多擾動，此處卻是桃源洞，若嫌此地不安靜，別處更難逃性命。

第二要齊心：我境本是安樂鄉，只要齊心不可當，一人不敵二人智，一家不及十家強，你家有事我助你，我家有事你來幫，若是人人來幫助，扶起籬笆便是牆，只怕私心各不同，你向西來我向東，富者但願自己好，貧者卻願大家窮，富者狠心不憐貧，不肯周濟半毫分，貧者居心更難說，但願世界遭搶劫，各懷私心說長短，彼此有事不相管，縱然親戚與本家，也去丟開不管他，這等風俗實不好，城隍土地都煩惱，萬一鄰境土匪來，不分好歹一筆掃，富者錢米被人搶，貧者飯碗也難保。」

「鄰境土匪不怕他，惡龍難鬬地頭蛇，個個齊心約夥伴，關帝廟前立誓願，若有一人心不誠，舉頭三尺有神明。」

「第三操武藝：讀書子弟莫驕奢，學習武藝也保家，耕田人家圖安靜，學習武藝也不差，匠人若能學武藝，出門也有防身計，商賈若能學武藝，店中大膽做生意，雇工若能武藝全，又有聲名又賺錢，白日無閒不能學，夜裡學習也快樂，臨到場上看大操，個個顯出手段高，各有義膽與忠肝，家家戶戶保平安。」（〈保守平安歌〉三首）

人性之弱點，就在自私自利。從個人到整個人類，其成敗得失禍福，就在於此。遇難，不能面對，一人不能對，一家對，一家不能對，一村對。不捨此圖，而彼此依賴、推卸、責難，乃至逃難。中國人有逃日本的經驗，有逃中共之經驗，南越有逃越共之經驗。「富者但願自己好，貧者卻願大家窮」，這就是中國人經歷過的，而付出慘痛代價的中共清算鬥爭的經驗。

「臨到場上看大操，個個顯出手段高，各有義膽與忠肝，家家戶戶保平安。」而武藝成風，形成湘軍，乃至無湘不成軍，影響後代是很大的。

128 我待將官如兄弟，我待兵勇如子姪

「我待將官如兄弟，我待兵勇如子姪，你們隨我也久長，人人曉得我心腸，願爾將官莫懈怠，願爾兵勇莫學壞，未曾先去先算回，未曾算勝先算敗，各人努力各謹慎，自然萬事都平順，仔細聽我得勝歌，

升官發財笑呵呵。」〈水師得勝歌〉并序）

這是咸豐五年江西南康水營作。中國軍事史，雖有孔明借箭靠東風火攻傳說，但並無水師建立，亦無水師之規模，現代海軍，應起源於曾國藩的「水師」。

曾國藩的水師，是摸索是實驗而成，始於咸豐三年，成軍於咸豐七年。是年，曾國藩自豪：以水師為一大端，提督楊載福，道縣彭玉麟，外江內湖所統戰船五百餘隻，礮位至二千餘尊之多。楊載福即楊岳斌，字厚庵，彭玉麟字雪琴，湘軍中二員水師統領也。

曾國藩的水師靈感，得自「龍舟競賽」。曾國藩自述：「咸豐三年十一月，余初造成船，辦水師，楚中不知戰船為何物，工匠亦無能為役。因思兩湖舊俗，五日龍舟競渡，最為迅捷，短橈長槳，如蛇之足，如鳥之飛，此人力可以為主者，不盡關乎風力水力也，遂決計仿競渡之舟，以為戰船。」

「余既於癸丑冬創造戰船，設立水師十營。甲寅三月廿八日，以五營擊湘潭之賊，連獲大捷，以五營擊靖港之賊，軍士敗潰。」

「八月克復武昌漢陽，於是水師之規制略定，將卒亦略諳水戰之法，遂製為水師得勝歌。」（〈水師得勝歌〉并序）

這一〈水師得勝歌〉，表達了曾文正公的一貫子弟兵的精神：「我待將官如兄弟，我待兵勇如子姪。」最後一句倒令人不可思議：「仔細聽我得勝歌，升官發財笑呵呵。」以曾國藩之嚴謹，又充滿使命感，還無法擺脫世俗之「升官發財」，因為這就是士兵之心理呀。

戰爭中，得勝為唯一也是至高的目標。升官發財，也許就是得勝的希望，得勝的代價。因之，湘軍贏得最後勝利，攻下太平天國的金陵，積壓已久的發財的慾念與行動，全部爆發出來，乃至軍紀無法維持。曾文正公看在眼裡，痛在心裡，只有解散，帶些戰利品回籍。對於那些遠離家鄉的父兄，圓了一場發財夢；但對於志清責重的「大鄉長」曾老帥來說，應是一場惡夢。

129 賊要聚來我要散，賊要脅來我要放

「第一不殺老和少，登時釋放給護照。第二不殺老長髮，一尺二尺皆遣發。第三不殺面刺字，勸他用藥洗幾次。第四不殺打過仗，丟了軍器便釋放。第五不殺做偽官，被脅受職也可寬。第六不殺舊官兵，殺賊圍捉也原情。第七不殺賊探子，也有愚民被驅使。第八不殺綑送人，也防鄉團綑難民。人人不殺都膽壯，各各逃生尋去向。賊要聚來我要散，賊要脅來我要放。每人給張免死牌，保你千妥又萬當。往年在家犯過罪，從今再不算前帳。不許縣官問陳案，不許仇人告舊狀，一家骨肉再團圓。」（〈解散歌〉，咸豐十一年安徽祁門大營作）

這一〈解散歌〉是曾文正公於咸豐十一年，在祁門營所作。是年公五十一歲，是針對賊匪與難民而作。如今日的心戰傳單，散發於陣前敵中，並擾亂難民陣。士民讀之，莫不感泣，自拔來歸者頗眾。

這一〈解散歌〉，其高明者，在「八不殺」，而不走殺無赦的路，這是仁與暴的區別。曾文正公的作為，有別於清兵更異於賊毛。乃有「賊要聚來我要散，賊要脅來我要放」。

當時曾文正公的軍事情勢，並不是在順境，而是在危機重重。在解除危困中，曾文正公施行心戰，瓦解賊軍，安撫難民，造成敵軍困擾，而發揮無形的戰力，即是紙彈勝於砲彈也。「每人給張免死牌」，有家歸家，無家各奔東西，加速敵陣之紛亂也。

現代國人國外旅行的「護照」，在這裡看得見：「登時釋放給護照」，安全證也。不究既往，不算舊賬，是了不起的仁者作為，這與中共在一九四九年取得政權，大搞清算鬥爭，製造仇恨，你打我奪，完全不同。這是曾文正公的基於中國文化的仁者胸懷。

這一號召與作為，以現代語而言，就是既往不究；更積極的心戰效果，就是帶罪立功。這都是源於《孫子兵法》：不戰而屈於敵人之兵。

130 打仗奮勇當先，臨陣退縮者斬殺

「為曉諭事，照得本部堂招你們來充當鄉勇，替國家出力，每日給你們的口糧，養活你們均是皇上的國帑，原是要你們學些武藝，學好去與賊人打仗拼命，你們平日如不早將武藝學得精熟，將來遇賊打仗，你不能殺他，他便殺你，你若退縮，又難逃國法。可見學的武藝，原是保護你們自己性命的，若是學得武藝精熟，大膽上前，未必即死，一經退後，斷不能生。此理甚明，況人之生死，有命存焉。你若不該死時，雖千萬人將你圍住，自有神明護佑，斷不得死；你若該死，就坐在家中，也是要死，可見與賊打仗，是怕不得的。」

「今將操練日期，開列於後：

……。

一、打仗奮勇當先，雖未得功，亦隨時酌給賞金，落後者不賞，如以己物詐功冒賞者，查出綑責四十棍，革除，臨陣退縮者，斬殺。

一、假冒功者，梟首示眾。

……。

一、臨陣回身，傷在背者不賞。

一、詐傷冒功者，查出綑責四十棍，革除。」（〈曉諭新募鄉勇〉）

這是曾文正公自家鄉招募「鄉勇」的約法三章，從操練到戰場的功罪，寫得清清楚楚，明明白白，共二十二條。

曾文正公亦談生死問題，亦即生死在天，貪生無法保生，怕死無法保全性命。但曾文正公對於平時操練、戰時殺敵，寫得一清二楚，不容打混，亦不容矇騙。「學的武藝，原是保護你們自己性命的」，「與賊打仗，是怕不得的。」這就是鄉勇，亦即曾文正公勉人人為殺敵奮不顧身的勇士。

自然，曾文正公也有「封建」的習慣語，把一切的恩賜來自「皇上的國帑」，亦即是今日的「公帑」代語。

曾文正公的練軍治軍，帶兵打仗，全在一個明字，一個嚴字。在這二十二條中，處處有「斬殺」「示眾」等。但處處亦有「賞銀」，賞罰言明也。

千言萬語，曾文正公只是「見一個殺一個，見十個殺十個，那怕他千軍萬馬，不難一戰成功，你們得官的得官，得賞的得賞。」

這是簡易的「升官發財」的良方，看似庸俗，沒有什麼大道理，這就是人性也。曾文正公的通情達理，代替食古不化。

131 金陵大變，賊勢大衰

「自洪秀全楊秀清倡亂以來，蔓延十省，擄船數萬，自以為橫行無敵，乃渡黃河者數十萬人，屠戮殆盡，片甲不返，匹馬不歸。而賊勢頓衰，本部堂辦理水師，分布湖北江西，燒燬逆舟，截其糧源，而賊勢更衰。洎今年七月，韋昌輝誅殺楊秀清，凡東嗣君西嗣君及楊氏宗族官屬，斬刈無遺，石達開自武昌歸去，幾不免於殺害，金陵內變，而賊勢於是乎大衰。想爾林啟容亦深知之而深恨之，痛哭而無可如何也。本部堂前年在九江時，統率水陸環攻潯城，林啟容兵單糧少，堅守不屈，本部堂嘉爾有強固之志。官兵拔營之後，爾未嘗屠殺百姓，本部堂嘉爾無殃民之罪。爾在賊黨中，可謂傑出矣。昔之統理賊黨，懾服眾心，楊秀清也；能知爾能用爾者，楊秀清也。今楊氏既誅，誰能統理而服眾乎？誰能知爾而用爾乎？爾與石達開皆楊氏之黨，韋昌輝必思所以除之。」

「楊氏若在，爾死猶有薄名；楊死既滅，爾死不值一錢；為禍為福，在爾一心決之。熟思吾言，無遺後悔，或願或否，速行稟復，此諭。」（〈諭賊目林啟容〉，丙辰十月十三日）

這是曾文正公的反正招降書，寫得漂亮，說得漂亮，目的只有一個：打動林啟容的心，棄暗投明。這在今天的「心戰」，都能耳熟目知，但在曾文正公那個時代，其理深其情茂，實在不易，也應是一項創舉。

曾文正公的這篇〈諭賊目林啟容〉，就是太平天國大起大落大滅的縮影也：

「蔓延十省，擄船數萬」。「乃渡黃河者數十萬人，屠戮殆盡，片甲不返，匹馬不歸。」

「本部堂辦理水師，分布湖北江西，燒燬逆舟，截其糧源。」

「韋昌輝誅殺楊秀清，凡東嗣君西嗣君及楊氏宗族官屬，斬刈無遺，石達開自武昌歸去，幾不免於殺害。」

這是太平天國自亡被亡三部曲也。

一敗於強弩之末。

二敗於湘軍之截殺。

三敗於金陵內變。

「本部堂辦理水師」，是曾老帥得意之舉，得以「燒燬逆舟，截其糧源。」

林啟容在太平軍陣容中，應是一員善戰之猛將，屬於楊秀清系統。但太平天國內鬥不已，主人楊秀清被殺，亡在旦夕，生無代價，死亦無代價，「楊氏若在，爾死猶有薄名」，識時務者為俊傑，歸順吧，自有前程，自有富貴。

說曾老帥用計也好，用心也好，確是有計謀的。

五、良將名臣篇

「潤帥整飭吏治，全在破除情面，著誠去偽。」

1 直臣與名臣

自從電視連續劇進入家庭，清朝宮廷劇時有播出，「滿朝文武」不只是見於教科書，而是出現在現家庭客廳中。

「滿朝文武」講實話，做真事，又有幾人？這可能是一個朝代興衰關鍵所在。

曾文正公可謂鄉下人進城，還不失稚子之心，有關用人，他感受最深。他上書皇上：「皇上偶舉一人，軍機大臣以為當，左右皆曰賢，未可也。臣等九卿以為當，諸大夫皆曰賢，未可也。必科道百僚以為當，然後為國人皆曰賢。」

這就是用人取才之道。臨事問左右並不一定靠得住，大家都說好，未必真好；大家都說壞，未必真壞。一個位子出缺，競爭者眾，往往受謠言密函攻擊者，可能是條件最好之人，活動力與條件往往成反比。有條件者，不屑也不值得活動。

這個時候，平常就要建檔資料；另外要多問問一些沒有直接利害的人。

實與名，曾文正公是重視「實」的。他上奏：「自古之重直臣，非特使彼成名而已。蓋將備其藥石以折人主驕侈之萌，培其風骨，養其威稜，以備有事折衝之用，所謂『疾風知勁草』也。若不配此等，則必專取一種諂媚軟熟之人，料其斷不敢出一言以逆耳而拂心。而稍有鋒鋩者，必盡挫其勁節而銷鑠其剛氣，一旦有事，則滿廷皆疲恭沓泄，相與袖手，一籌莫展而後已。」

思古念今，觀今日之政治，「秀」風所及，往往政治人物，求名重於求實，名過於實，求個人之名，重於國家之名。

讀曾文正公之言，實在就是一面鏡子，也是良藥也。看看那些求名之人，巴不得天下之名集於一身，也真是可憐。

2 帶兵九年，月餉無五萬

湘軍之家鄉——湖南，清勦太平天國之戰，真是出錢出力出人，樣樣都爭先恐後，不佔一點便宜，連稅都要多負擔些。為此，作為「軍頭」的曾國藩，「所最疚心者亦在此」。

同治四年五月二十四日，曾文正公上奏摺請「裁撤湖南東征局」：

「再湖南東征一局，係於本省釐金外，加抽半釐。每貨至卡，如本省抽一兩者，另抽東局五錢；本省抽百文者，抽東局五十支，為各省所未有，實與重征無異。自設局以至於今，已滿五年，商賈疲困，民怨沸騰。臣危困時，所重有賴者在此；臣數年來，所最疚心者亦在此。」

「欽奉寄諭，須俟甘肅之餉，籌定數目，確有把握，再撤該局。」

「臣自咸豐四年帶兵至九年止，從無月得現餉五萬者，即十年十一年，忝任江督，亦無月得現餉十萬者。今甘肅月入十萬有奇，確有把握，據臣觀之，實不為少。甘餉既已有著，而臣又將移師山東，斷不敢再留東征局名目，以重困於商民，而食言於桑梓。理合奏明，一面札飭局員李明墀等，將東征局卡概行停止，一面函商撫臣李瀚章，於向抽東征貨厘之中，酌擇奏物數種，仍留厘金數成，增寫本省厘票內，作為協濟甘肅之餉。」

鐵石硬漢，也有人性溫馨之一面，此即曾國藩也。特別是：「商賈疲困，民怨沸騰，臣危困時，所重有賴者在此；臣數年來，所最疚心者亦在此。」

至於帶兵九年，從無月得現餉五萬，亦正說明武官不愛財與不怕死，二者不可分矣。而最艱困時，作為帶兵者，不只是帶餉上陣，甚至毀家發餉，乃得軍心。

此與抗戰勝利後之將領：黃金洋房女人為念，何以能打仗，又何以能打勝仗，豈非緣木求魚？到後來，名將如雲，成為降將如雨，此為意料中事。

3 良將與名城

中國是很重視「關係」的民族。

二人相見之下，常常會問：府上？成為中國社交獨特的公關語，藉同鄉也可以接近彼此關係。在台灣一些年輕朋友，情急之下，也會「我府上……」，脫口而出，據說，有人因為「府上」而升官的：鄉情之誼，也有因為「府上」而丟官的：不懂禮貌。

中國地大人稠，各省有各省的優點與缺點。因為交通閉塞與風俗成習，就是相提並論的省份，也未盡相同。如我們所熟知的：閩粵、二廣、江浙、川康、冀魯、湘鄂等等。

大凡古代為官的，有些講究，也有些迷信，甚至偏見，還會藥理、命理、看相、觀風水，就不在話下了。

現在中外皆有。據傳：雷根作白宮主人，統治美國，每有不順，人事佈局更新，端賴「星球」術；

曾任立法院院長梁肅戎，民國七十九年「敷衍三句」惹禍上身，有越演越烈之勢，乃於「高人」指點，辦公室移動移動，換換氣，轉轉運。

湘軍起家，並為標誌的曾國藩，一次，把他惹火了，奏了一摺：「湖北兵勇不可復用」。（咸豐五年四月初一日）

說起來也實在使他傷心：「武漢兩城，三次淪陷，固由守禦不善，而兵勇積習之壞，亦實有萬不可用者。蓋鄂中兩府一鎮，繁華甲於天下，督撫兩標之兵，習於淫侈偷惰已久，不可用矣。自咸豐二年粵匪至鄂，迄今不滿三載，而全兵覆敗大潰者五次，其間小潰小敗，不可勝數。」

「覆敗大潰者五次，小潰小敗，不可勝數」，真是傷透了曾國藩的心，也難怪永不敢再用「湖北佬」了。

尤有進者，全部解散，另組新軍：「懇飭湖北督撫，另立新軍，將前此潰兵潰勇，一概革除，盪滌舊習，重整軍威。」

大概鄂湘環境不同，前者較優，後者較苦。

曾國藩趁機為環境與「人性」作一分析：「大抵山僻之民，多獷悍；水鄉之民，多浮滑；城市多游惰之習，鄉村多樸拙之夫。故善用兵者，嘗好用山鄉之卒，而不好用城市近水之人。」

尚不止於此。曾國藩進一步分析：「古之謀大事者，克一二名城，不以為喜；得一二良將，數千精卒，則為大喜。失一二名城，不以為意；失一二良將，損傷數十壯士，則以為憂。」

4 大臣出處，以國事為重

積壓在心中已久，曾國藩的騾子脾氣發了，不是三言二語「敷衍二句」慰勉有加，就能打發得了。咸豐七年九月初九日，欽奉兩次旨、「由驛三百里」，再覆奉摺，表明求去的心跡。本來，六月十九日就奉上諭：「朕素知該侍郎並非畏難苟且之人」，但他還是要求去。

「自問本非有為之才，所處又非得為之地，欲守制則無以報九重之鴻恩，欲奪情則無以謝萬世之清議。惟盼各路軍事日有起色，仰紓宵旰之憂，即微臣恪守禮廬，寸心亦得以稍安。所有奉到兩次諭旨，恭摺由驛三百里覆奏，伏乞皇上聖鑒，訓示施行。」

皇上也按捺不住了，官腔打下來：

「江西軍務漸有起色，即楚南亦就肅清，汝可暫守禮廬，仍應候旨。大臣出處，以國事為重，抒忠即為全孝，所云懼清議之訾，猶覺過於拘執也。」硃批。

這個官腔，打得不輕，你不在戰場，仍能打勝仗，你還是好好守你的孝吧。但是「抒忠即為全孝」，對於一些是是非非、恩恩怨怨的閒話，皇上也不是省油的燈，官腔打得好：「大臣出處，以國事為重。」

雖然如此，皇上還留一個轉圜的尾巴：「仍應候旨。」這就是仍有一絲希望，高明就在這裡。弄得再僵，不能也不要決裂，為彼此都留步，下臺階，這是談判重要的一招。「硃批」，自然是皇上看過了，知道了，親手下的批示。

5 曾國藩籌辦後路軍火，李鴻章平捻竟全功

捻匪擾亂十有餘年，也一律肅清。

首功當然是李鴻章，而平太平天國者，一手發掘與培養的曾國藩有榮焉，亦有功焉，功在後勤支援。

同治七年七月初十日內閣奉上諭：「兩江總督曾國藩籌辦淮軍後路軍火，俾李鴻章等克竟全功，著交部從優議敘。」

曾國藩接此諭令後，除按禮儀謝皇恩外，並於同治七年八月初六日上一奏摺：「謝交部優敘恩」摺：

「伏念捻逆擾亂十有餘年，上年冬間，削平任賴股匪，民困稍紓，而張逆縱橫河朔，震驚三輔。今幸殄除餘孽，一律肅清，上蒇先皇未竟之功，實託聖主如天之福。臣剿捻無效，抱疚實深，方補過之不遑，夫何功之可錄。乃荷溫綸下賁，甄敘優加，以轉饟之微勞，沐詔書之褒寵，撫衷循省，倍覺悚惶。臣惟有宣佈皇仁，拊循還役，士卒有歸耕之樂，東南無伏莽之虞。」

曾國藩所表現的，就是現代民主政治與社會所重視的：風度。

6 李鴻章馳赴天津，完成直隸總督交卸

同治九年八月二十五日，李鴻章抵天津，九月初六日，完成直隸總督之交卸。曾國藩為此，特別於九月初六日當天，上奏一摺，正式報交卸日期，以明責任：

「竊臣前奉諭旨調任兩江，並飭新任督臣李鴻章馳赴天津接篆。茲李鴻章於八月二十五日行抵天津，九月初六日臣飭派署天津府知府馬繩武、大沽協副將張秉鐸，賚送直隸總督關防，長蘆鹽政印信，交李鴻章接受任事，其王命旂牌等件，存於保定署內。天津滋事之案，第二批首從各犯，訊辦已有端倪，數日內即可奏結。此後應辦情形，均經詳細熟商新任督臣李鴻章，必能斟酌機宜，曲全大局，仰釋聖慮。」

這一交卸，沒有儀式，新舊任者，亦不見面，有些像駐外使節更迭，只是卸任者派高級主管接待與交出印信等，就算完成「接篆」。未辦未了之案，自然還有很多，朝廷放心不下，曾國藩必須交代的，那就是「天津滋事之案，第二批首從各犯，訊辦已有端倪，數日內即可奏結。」

7　本鞠躬盡瘁之義，回任兩江總督

朝廷採取了措施，力請曾國藩就任兩江總督重任，可謂用心良苦。

同治九年九月十六日，為文正公六十大壽，送了一份多種壽禮；八月初十日，接奉上諭，「所請另簡賢能之處，著毋庸議」，還是要他接下「兩江」重任。

當然，曾國藩雖然一百個不願意，但不能再推辭了：

「曾國藩奏瀝陳病目情形，懇請另簡賢能，畀以兩江重任，俟津事奏結，再請開大學士缺，專心調理一摺。兩江事務殷繁，職任綦重，曾國藩老成宿望，前在江南多年，情形熟悉，措置咸宜。現雖目疾未痊，但能該督坐鎮其間，諸事自可就理。該督所請另簡賢能之處，著毋庸議，仍著俟津事奏結，即行前赴兩江總督之任，毋再固辭。」

這是皇上堅請之盛意；感情難卻之下，就不好再堅辭了：

「臣前承乏江南，初無治狀，荷蒙褒勵，抱媿已深。今則衰疾相尋，尤難再膺劇職，聖主體恤備至，許以坐鎮，不令固辭，慚感交并。罔知所報，欲勉從後命，則病軀難供驅策，必致隕越貽譏，欲自遂初衷，則聖恩已極優容，何敢再三瀆請。謹當遵旨赴官，力疾視事，揆諸古人鞠躬盡瘁之義，一息尚存，不敢稍耽安逸，特目病萬難痊除，兩腳近復浮腫，貽誤實在意中。早夜慄慄，常懼辜負聖恩，目下津案首從各犯，業已奏結二批，和議不難既定，臣可毋庸久留，惟有仰懇天恩，准令入都陛見面聆訓示，再赴新任。」

「天津滋事」案，已令曾國藩心力交瘁，由於朝廷處理得宜，使心灰意冷之曾文正公，一息尚存，本「鞠躬盡瘁之義」回任兩江總督，作最後之奉獻。

8 惟潤帥能調和一氣，聯合一家

「潤帥病勢未愈，至為系念。江楚皖豫諸將帥，惟潤帥能調和一氣，聯合一家，鄙人雖有聯絡之志，苦於才短性懶，書問太疏，遂不能合眾志以勸王事，合群力以貫金石，至於察吏理財，拙才更遜百倍矣。萬一有它，四省大局，實虞其散。〈箴言書院記〉，昨已勉為纂就，文潤帥來丁帶去，本欲將胡氏父子育材肫肫之意寫出，奈久疏文字，機軸太生，不足以副潤帥之望。」（〈覆李希菴中丞〉）

這是一封血淚之函。曾文正公不只是愛才如命，愛將勝於己。

潤帥！潤帥！躍然紙上，發出內心之尊敬與依賴：「萬一有它，四省大局，實虞其散。」當時清朝天下賴曾國藩，而曾公實賴潤帥。

一個人難有自知之明，即知自己的長處與短處；一個人更難有知人之明，即知他人的長處與短處。曾文正公之能成非常偉業，二者俱備矣：「江楚皖豫諸將帥，惟潤帥能調和一氣，聯合一家，鄙人雖有聯絡之志，苦於才短性懶，書問太疏，遂不能合眾志以勤王事，合群力以貫金石，至於察吏理財，拙才更遜百倍矣。」

這一性格、這一情形，正如蔣中正先生在臺灣再起的奇蹟，他能知自己所短，而用他人之長，以補自己的短，以對外關係與財經最為顯著。起用重用看重嚴家淦先生就是一例。

當陳誠先生在副總統任內病逝後，嚴家淦被蔣先生提名為副總統，蔣先生在中國國民黨通過提名後，曾特別指出：「嚴家淦的長處，正是我的短處；我的長處，也正是嚴家淦的短處。」（《中央日報》，民國八十二年十二月廿五日，第二版，〈嚴前總統為臺灣經濟奠下基礎〉）

曾文正公很重視承諾，〈箴言書院記〉就是一例：「〈箴言書院記〉，昨已勉為纂就，交潤帥來丁帶去，本欲將胡氏父子育材肫肫之意寫出，奈久疏文字，機軸太生，不足以副潤帥之望。」

曾胡感情之深厚，曾氏之謙沖，實在出於天性之渾厚，乃能在諸將中廣容並包：「本欲將胡氏父子育材肫肫之意寫出」，豈止曾胡深厚關係，亦情及其子矣。

9 潤帥整飭吏治，全在破除情面、著誠去偽

「胡帥用一糜爛眾棄之鄂，締造支持，變為富強可宗之鄂，即謀皖之舉，亦自胡帥出謀發慮。今皖

事稍有基緒，而斯人云亡，藎臣苦心，或不盡白，撫今追昔，能不怛傷。現請文任吾、周壽山兩君，送回益陽，料理一切。仍求閣下飭屬沿途照料，其箴言書院未竟之事，弟當與希菴二人代為主持。潤帥之整飭吏治，全在破除情面、著誠去偽八字。側聞閣下新政，不動聲色，移宮換羽，力量不減潤帥，而關繫尤為重大。」（覆毛寄雲中丞）

胡林翼之武功在皖：「謀皖之舉，亦自胡帥出謀發慮，今皖事稍有基緒，而斯人云亡」；政績在鄂：「胡帥用一糜爛眾棄之鄂，締造支持，變為富強可宗之鄂。」神奇也。

曾文正公念念不忘的是：「箴言書院未竟之事，弟當與希菴二人代為主持。」以完成老戰友之志業也。

「弟於他軍尚不肯遙制，況閣下乎？擬即奏明，大纛開府於信州，凡江西之饒州廣信，皖南之徽州廣德各軍，皆歸閣下節制，即由尊處奏報，庶調度較捷，呼應較靈，自度力可援浙，即由閣下就近派將往援，利則愈打愈遠，不利則收回信州，亦可伸縮自如，特此奉商。閣下如以為可，覆信一到，敝處一面具奏，尊處一面調發，如昔年公居湖南之幕，剿江西之賊，公家之利，知無不為，免致與弟函商於千里以外，動失機宜也。貴軍餉項，鄙人刻刻不忘。」

「潤帥靈柩聞於二十六日旋湘。此公憂國之誠，進德之猛，好賢之篤，馭將之仁，察吏之嚴，用兵之奇，理財之精，令人愈思愈慟。昨寄一聯，不能道其萬一也。」（覆左季高太常）

這一封信，在澄清與左季高（宗棠）之遙領之誤會，曾文正公開宗明義即指出：「弟於他軍尚不肯遙制，況閣下乎？」請左宗棠放心，並全權處理指揮，「皆歸閣下節制，即由尊處奏報，庶調度較捷，呼應較靈」，這一「遙控」亦即中國大陸剿共軍事失敗之原因也。因為最高統帥遙控遙制，甚至由於子弟兵而越級指揮，犯兵家之大忌也。

這一封信，曾文正公對於胡林翼的評價，更為完整：「憂國之誠、進德之猛、好賢之篤、馭將之仁、察吏之嚴、用兵之奇、理財之精」，真是全才全能，完美無缺也。

10 左宗棠縱橫策應七百餘里

曾國藩並不善戰，但會用將，更能惜將。

當浙江危機，重要城鎮如龍游、湯溪以及金華府城，先後失守，聖上即命勇將左宗棠馳往解救，特別下達緊急援救令給曾國藩：

「左宗棠一軍，屢獲勝仗，聲勢頗壯，即著統帶所部，剋日起程，應援浙江，會同瑞昌等所派官兵，將失陷城池，次第收復，以靖逆氛，毋稍延緩。」

曾國藩接到聖旨，應該有榮焉才對，同時，他斷不會抗命，但他是知己知彼，也知道左宗棠的軍力，如何運用，才能作最大最緊急的發揮。

此時，曾國藩知道何處更急，他更知道兵宜集，不宜分，而「否決」了皇上的緊急令。

咸豐十一年六月初八日為左宗棠何以不能赴浙，曾國藩上覆摺：

「左宗棠兵僅七千，能分為兩支，斷不能分為三支，能顧景德鎮，即不能兼顧婺源漁亭。連日往來籌商，正苦不敷分撥，而閩汀大股頭二起，由德興婺源上竄，圖犯徽州。左宗棠已於六月初一二日自統各營，前赴婺源，一面與張運蘭等約會，夾擊閩江之賊，一面謀所以保守徽州，兼保婺源饒景之策。臣暫駐江濱，照料北岸，其徽嶺內外及饒州廣信各屬戰守事宜，均賴左宗棠就近維持。以目下形勢而論，左宗棠實不能分身赴浙，浙東賊勢浩大，與江皖唇齒相依，浙若不支，其患先及於皖，次及於江，臣雖至愚，亦知保浙，即所以自保。奈自鮑超北渡以後，南岸僅恃左宗棠一軍，縱橫策應七百餘里，若并無此支活兵，則張運蘭等孤懸嶺內，糧路仍有必斷之日，徽郡終無能守之理。欲求保徽之方，更無援浙之力，顧此則失彼，圖近則遺遠。再四籌思，且媿且悚，俟江西攻勦得手，或安慶克復，有兵可分，再與左宗棠力謀援浙。」

曾國藩這一覆摺，可說到了惟左宗棠是賴之地步，尤其談到「左宗棠兵僅七千，能分為兩支，斷不能分為三支」，「保浙之所以自保」，以及「顧此則失彼，圖近則遺遠」，更為真切。

曾國藩可說冷靜而客觀，不誇張亦不作保留。所幸皇上對曾國藩還信得過，否則亦會落得「抗命」之罪。

天下事，不要說應付天下，就是把一個道理說得清楚，且在得失重大關頭之際，且使人接受，難矣。這一溝通之建立，全在彼此信任上。君臣如此，人與人間，內外上下左右，幾全是如此。這樣，溝通才能達成，也才有效。

11 安慶光復，謀始胡林翼

曾國藩在根除太平天國序列中，所謂「傍江各城」所必爭者有三：曰金陵。曰安慶。曰蕪湖。

咸豐十一年八月初一日，為敵所陷九載的安慶城克服了，真是歡喜若狂。

報此喜訊者，為「老弟」曾國荃：

「再正在繕摺間，接到統領安慶全軍即用道曾國荃稟稱：八月初一日卯刻，官軍用地雷轟倒北門城垣，隊伍踰濠登城，該逆仍用鎗礮抵死拒敵，經我軍奮勇直前，立將安慶省城克復，殺斃長髮老賊二萬餘人。該逆情急，赴江內湖內鳧水遁竄，又經水師截殺，實無一人得脫。」

「臣伏查安慶省城，咸豐三年破賊陷踞，九載以來，根深蒂固。自去冬合圍至今，逆酋四眼狗迭次拼死援救，我軍苦守猛戰，卒得克此堅城，圍殺淨盡，軍興十載，惟五年之潯官屯，八年之九江，此次安慶之賊，實無一名漏網，足以伸天討而快人心。至楚軍圍攻安慶，已逾兩年，其謀始於胡林翼一人，畫圖決策，商之官文與臣，並徧告各統領，前後布置規模，謀勦援賊，皆胡林翼所定。除臣即日前往安慶部署一切，及詳細情形，另由官文胡林翼李續宜會銜具奏外，所有克復安慶省城大概緣由，謹附片馳陳。」

這是「號外」的喜訊，天大的捷報。值得我們注意的：

一、報捷者為統領安慶全軍即用道曾國荃，但曾國藩則把戰功歸之於胡林翼：「其謀始於胡林翼一人，」而未及曾國荃。這是曾國藩公而忘私處，這是一般人很難學到與做到的。

二、克服之方式，完全用圍攻，亦即圍城，且時間很長，其後克服金陵也是如此。「至楚軍圍攻安慶，已逾二年」，「自去冬合圍至今」，也有九、十個月。可見其苦。

三、守城之髮賊二萬餘人，「實無一人得脫」，如果真是這樣精確，這個戰事，實在相當慘烈，真是剪草去根，而無後患，這是湘軍的厲害處。

12 「勝臣十倍」的胡林翼

湖北巡撫胡林翼積勞成疾，先「老長官」走了。

曾國藩損失了一員戰將，哀痛惋惜之心情，道盡了一代中興諸將之忠勤，曾國藩用了一句「胡林翼之才勝臣十倍」，可見曾倚胡之重，與惜才之深。

咸豐十一年十月十四日，曾國藩為胡林翼之逝，上摺「歷陳胡林翼忠勤勳績」：

「竊前湖北撫臣胡林翼，由翰林起家，洊歷外任。咸豐五年三月，蒙先皇帝特達之知，由貴州道員，不及半載，擢署湖北巡撫，當是時武漢已三次失陷，湖北州縣，大半淪沒，各路兵勇，潰散殆盡，胡林翼坐困於金口洪山一帶，勞身焦思，不特無兵無餉，亦且無官無幕，自兩司以至州縣佐雜，皆遠隔北岸數百里外，一錢一粟，皆親作書函，向人求貸，情詞深痛，殘破之餘，十不一應，至發其益陽私家之穀，以濟軍食，士卒為之感動。會湘勇自江西援鄂，軍勢日振，六年十一月，攻克武漢，以次恢復黃州等郡縣。論者以為鄂省巡撫，可稍息肩矣，胡林翼不少為自固之計，悉師越境，圍攻九江，又分兵先救瑞州，督撫之以全力援鄰省，自湖北始也。」

這是說胡林翼之苦也，苦到「一錢一粟，皆親作書函，向人求貸，情詞深痛，殘破之餘，十不一應。」真是苦到極點，慘到極點，也深嚐求人難之苦。

「安慶之克，臣前義推胡林翼為首功，此非微臣私議，蓋在事文武所共知，亦大行皇帝所洞鑒也。大凡良將相聚，則意見紛歧，或道義自高，而不免氣矜之過；或功能自負，而不免器識之偏。一言不合，動成水火，近世將材，推湖北為最多，如塔齊布、羅澤南、李續賓、都興阿多隆阿、李續宜、楊載福、彭玉麟、鮑超等，胡林翼均以國士相待，傾身結納，人人皆有布衣昆弟之歡，或分私財，以惠其室家，寄珍藥以慰其父母，前敵諸軍，求餉求援，竭蹶經營，夜以繼日，書問餽遺，不絕於道。自七年以來，每遇捷報之摺，胡林翼皆不具奏，恆推官文與臣處主稿，偶一出奏，則盛稱諸將之功，而己不與焉。其心兢兢以推讓僚友，扶植忠良為務，外省盛傳楚師協和，親如骨肉，而於胡林翼之苦心調護，或不盡知，此臣所自媿昔時之不逮，而又憂後此之難繼者也。」

此說胡林翼之戰功：「城陷九載，安慶克復。」更談到人性之弱點，胡具有容乃大之精神，「凡良將胡均以國士相待」。胡之有功不居，捷報不具奏，如必須報，則「盛稱諸將之功，而己不與焉。」這一風範，幾是曾國藩之化身。

「日有訓，月有課，批答書函，娓娓千言，以為取民贍軍，使商賈皆知同仇而敵愾，是即所以教忠。多入少出，使局員皆知潔己而奉公，是即所以興廉。」

此說胡林翼「教忠」「興廉」之功德，非止於至勇之戰將，亦是至公經營之大才。

最後，曾國藩至情至理地指出：「臣與該故撫共事日久，相知頗深。咸豐四年曾奏稱胡林翼之才勝臣十倍，近年遇事諮詢，尤服其進德之猛，不敢阿好溢美，亦不敢沒其忠勳，謹將該故撫以死勤事大略情形，據實瀆陳。」

曾國藩真是真情流露。早在咸豐四年，就「奏稱胡林翼之才勝臣十倍」。感於其進德之猛，「不敢阿好溢美，亦不敢沒其忠勳」，可謂公私兼顧，情理並重，誠哉斯言，偉哉，曾、胡二公。

13 上謀以胡林翼為先，苦戰以多隆阿為最

陷敵九載，費二年時間圍困，終於克復的安慶，使守城之敵二萬餘人，「實無一人得脫」。這一場仗打得長、打得苦、打得慘，而結束得漂亮，實在是湘軍結束「太平天國」一場重要的戰役。

曾國藩接奉其弟國荃光復安慶捷報，立奏報聖上，「其謀始於胡林翼一人」。

皇上是明智的！

咸豐十一年八月二十五日內閣奉上諭：「曾國藩調度有方，著加恩賞，加太子少保銜。」曾國藩接此殊榮，除依例「恭設香案」「叩頭謝恩」外，仍把功勞歸之於部僚：「上謀以胡林翼為先，苦戰以多隆阿為最」。這是一漢一滿之搭檔，至於他自己，還是保持一貫的謙卑：「如臣碌碌，何功可言。」

14 國荃圍攻安慶，智勇兼施

安慶收復，報捷者為曾國荃，但曾國藩則把首功推崇胡林翼，對其弟之功勛，隻字未提，事實上，第一功應為曾國藩，第二功應為曾國荃。

皇上是明智的。曾國荃、曾貞幹兄弟，都受到獎勛，真是一門忠烈。

皇上根據官文等奏：「曾國荃等於圍攻安慶，智勇兼施」（曾國藩不曾也不會報他老弟戰功的），而

作以下的勛賞：

「道員曾國荃著賞加布政使銜以按察使記名。遇缺題奏，並加恩賞穿黃馬褂，以示優獎。候選訓導曾貞幹，著免選本班以同知直隸州知州儘先選用並賞戴花翎。」

就以清朝言，穿衣戴帽服色，都是官爵之代表也。

國荃、貞幹弟兄受勛，老哥國藩感念不已，照樣要表態一番：

「伏念臣弟國荃，從征江楚，累擢監司。茲值聖主當陽皖城告捷，溫綸渥被，寵兼師錫之三，吉協坤爻之五，臣弟貞幹，亦以微勞，遽膺懋賞，綰魚符而佐郡，戴翠羽以舒翹，同產三人均乏涓埃之報鴻師九陛，並霑雨露之恩。臣惟有督率臣弟等，益矢忠誠，共圖埽蕩，叶篪壎以奏凱，無忘汗馬之勤荷戈殿以偕佝征。」

講湘軍是子弟兵，其實，就是曾家弟兄一門忠義，其後陸續捐軀者有國華、貞幹，也真是一門忠烈也。

15 有弟有兄，一門忠義

念死者，嘉生者。曾氏一門，可謂忠烈之家。

咸豐十一年十月二十六日，皇上追念死者，嘉勉生者：「候選同知曾國華，前在三河殉難，追贈道員；今其兄曾國藩，其弟曾國荃、曾貞幹，出師剿賊，克服安慶，一門忠義，深堪嘉尚，曾國華著加恩予謚，以彰忠烈。」

曾國藩接旨後，有感而發：「伏念臣弟國華，夙抱愚誠，未嫻遠略，從戎兩載，乏虎頭食肉之容，殉難三河，遂馬革裹屍之志。荷蒙先皇帝予以蔭襲，贈以卿銜，褒親父以榮封，許孤兒以入覲，至三至再，疊沐高天厚地之恩，有弟有兄，愧無墜露輕塵之報。」

16 左宗棠：取勢甚遠，審機甚微

沒有曾國藩，就沒有清朝之中興，此語也許過於誇大；但沒有曾國藩，就沒有左宗棠、胡林翼之開疆平亂之將才，此誠可信矣。

曾國藩影響之深遠，在其思想，在其人才之培養，亦即在拼命提拔人才，予以機會，乃能將才輩出，左宗棠就是代表。這裡也是一例。

曾國藩力保左宗棠揮軍入浙，更難得的，左之軍情，更直接奏報，以昭迅速，而不必經他轉呈，這樣放心授權，真令那些抓權弄權，惟恐部屬通天者汗顏。中日戰爭後，剿共之戰，無論東北、華北、徐蚌之戰，你爭我奪，幾乎都是這樣失去戰場的。貪生怕死之「名將」，在中共戰犯改造所中，受盡折磨，也現了原形，什麼「名將」?!

咸豐十一年十一月十六日，曾國藩為「左宗棠一軍，定議進援浙江，請將廣信徽州饒州諸軍，統歸節制，以一事權」，特奏皇上：

「幫辦軍務太常寺卿臣左宗棠，久駐廣信，距賊較近，其平日用兵，取勢甚遠，審機甚微。近日屢與臣書函，毅然以援浙為己任，督臣慶端，撫臣王有齡，亦奏請左宗棠統軍入浙。臣等往返熟商，即請左宗棠督率所部，進援浙江，並將駐防徽州之臯司張運蘭，駐防廣信之道員屈蟠，駐防玉山之道員王德榜，參將顧雲彩，駐防廣豐之道員段起各軍，及副將孫昌國內河水師，均歸左宗棠就近節制調度，兵力稍厚，運調較靈，往援剿浙皖之時，仍步步顧定江西門戶，庶於三省全局有裨。左宗棠現駐廣信，距臣國藩安慶行營，相隔千餘里，若一入浙境，相去彌遠，聲息難通，遇有轉奏請旨之件，誠恐耽延貽誤，以後該處一切軍情，應由左宗棠自行奏報，以昭迅速。」

這一「以後該處一切軍情，應由左宗棠自行奏報，以昭迅速」，實在是湘軍之神也。這也就是湘軍之所以為湘軍也。

17 當與左宗棠悉心籌商

浙省省城失守，曾國藩焦急萬分，除陳回條，以應當前急務，「至如何進取機宜，臣當與左宗棠悉心籌商」。可見此時，曾文正公已無法離開左宗棠矣。

咸豐十一年十二月十八日，為浙省失守徽郡被圍，通籌全局，而上奏摺：

「臣疊奉援浙之命，赴救莫及，大局決裂，應請旨將臣交部嚴加議處。現在浙蘇兩省膏腴二地，盡為賊有，窟穴已成，根柢已固，賊數號稱五十萬，潰勇亂民，裹脅日多，既得逞志於浙，勢必上竄皖南，內犯江西，以擾我後路，而分我兵力，東南大局，收拾愈難」。

湘軍之敢死赴難之精神，自以曾氏兄弟為典型，精神感召所至，兄弟雙雙戰死疆場，積勞成疾者，還有李續賓、李續宜兄弟，其忠其義之精神，亦感動天地也。

18 李續賓兄弟廉俸薪資，悉供軍用

李續宜病故，所留遺言，念念不忘者，惟國仇未報，河山未復，軍中袍澤難捨，忠義之典型也。

曾國藩接湘鄉來函，前任安徽撫臣於同治二年十二月十八日在籍病故，特將所附之遺書，節錄數段寄上。其中有云：

「伏枕自揣，決無生機，續宜死何足惜，所最難安者，兩朝之恩未報，老父之養未終，髮逆蔓延，苗逆猖獗。敝部三萬人，分駐皖省，一切全賴主持，續宜臥病家山，奄奄待盡，心事未了，死不瞑目，前數日原擬將未了事宜，力疾為一遺表，乃構思未就，遽爾病革，一息尚存，遺憾何極，伏懇具疏代達鄙忱，上謝聖朝高厚之恩，略表圖報來生之意。」

李續宜何人也？曾文正公有以下之敘述：

「臣查該故撫李續宜，以書生從戎，咸豐三四五年，幫辦其師羅澤南營務，六七八年幫辦兄李續賓營務，戰勝攻敗，無役不從。臣與胡林翼皆知其才足以獨當一面，勸令召募新軍，別樹一幟，李續宜堅不允從，故數年功績，為其兄所掩，未予優獎。直至八年之冬，李續賓殉節三河，李續宜始涕泣誓師，代領其眾，九年夏間，逆酋石達開擁數十萬眾，圍攻寶慶九十餘日，李續宜自鄂馳援，一戰而解，威望由此大震。」

李續宜何其人也？不搶其兄之功，不讓其兄之難自受。

至於李續宜如何帶兵的？曾文正公敘說：

「自李續賓帶兵以來，兄弟皆以潔清自矢，廉俸薪資，悉供軍用。家無長物，環堵蕭然，李續宜每謂區區介節，不足以言報稱，古有沒而結草以酬恩遇。李續宜臨終遺書，殆出至誠，臣蓋於其平日信之也。」

這以私以濟公之精神，曾文正公麾下之大將，屢見不鮮，一時形成軍風，而能靠湘軍之力，力挽清朝於既倒也。

19 國荃任事最勇，有謀必成

大亂將平，天下為之太平。曾國藩居功最偉，真是戰功彪炳，但曾文正公不同於一般武將，而把目標放在文治上，思振興文教，而經過考試，為國吸才與儲才，乃是當務之急。

有關貢院試士鄉試一事，文正公再三陳情，皇上亦斟酌再三，基於種種準備因素，還是從長計議為宜。

曾國藩並不死心，仍力陳民間殷殷之望。同治三年九月十一日為「補行鄉試事宜」覆片。

這是因為九月初四日接奉上諭：「曾國藩奏貢院試士一節，恐本年為期過遲，辦理諸多窒礙，仍著遵前旨，酌度情形辦理。」

皇上語氣有些緩和，為文正公留下臺階。

值得一提的，曾國藩教諸弟除了為「國」效死外，很少提及功勛，有超人之功，亦略而不表，這是文正公異於人之「大公無私」處，而憑一文弱書生，立天下之平亂之功。

現天下亂平，有關文治之事，曾國藩就要誇獎他老弟國荃幾句：「竊自六月攻克江寧省城後，臣弟曾國荃查看貢院，大致完好，即創議於本年舉行鄉試，先將各偽王府木料查封備用，臣弟素性任事最勇，有謀必成。帶病督同委員，廣集工匠勇夫，每日常有二千餘人，晝夜趕辦，而遠近一聞鄉試之信，四民輻輳，奔走偕來。臣此次行抵省城，各街巷熙來攘往，煥然改觀，殊出意料之外。」

這一段話，最能表現文正公之可愛處：國荃之至誠、文士之欲試與民間之熙來攘往。大難後之勝利，文正公嚐到勝利之甜美：大唐盛世之再現。

人在思想上以及志業發展上，必有通路，藉讀書考試的途徑，求取功名，就是一通路。沒有這條人生的通路，往往就會形成政治上的問題。

控制人的、控制人生的，非名即利。

也許人的機會在此，人的希望也在此。

20 僧格林沁忠勇絕倫，婦孺皆知

曾國藩之戰功，建立在江浙、兩湖、皖贛一帶，所謂半壁江山，其後，清廷受情勢所逼，曾國藩的統帥範圍擴大至直隸、山東、河南等「北國」之省，這是文正公所極不願與不想的事情，雖然自謙「智小謀大」，但由於性格以及儒家之精神，並不願突出自己。但這個時候的清朝，滿朝文武，除了能打硬仗能打死仗的曾國藩還有幾人？這個時候的曾國藩，有些類似民國三十八年前大陸淪陷前之中華民國政府戰場狀況，手上所能打的牌不多了，唯有曾國藩南征北討。可惜的，當時政府手中，就缺乏一個曾國藩，而有革命事業從臺灣重新開始。

同治四年五月初九日，曾國藩遵旨赴山東剿賊並陳萬難迅速情形摺。實在是情勢所逼，對於曾國藩而言，也是一種無奈。

在這份軍事情勢奏摺中，特別提到「滿將」僧格林沁之忠勇。僧格林沁「滿籍」一員超級戰將也：「僧格林沁之忠勇絕倫，婦孺皆知，華夷傳誦，其統兵追賊，日行七八十里，或百餘里不等，然步隊不及馬隊，駑馬不及良馬，勢必參差不齊。聞僧格林沁於三月馳至汶上，步隊後七日始到兗州，馬隊亦有後三日始到者，行走太速，勢不能自帶米糧，埋鍋造飯。」「華夷傳誦」。此所謂「華」，自然是包括滿人，可見清朝雖統治中國，但不知不覺被統化了，也以「華」自居，不會自認為「夷」。

打仗，決定在人馬、火力與補給也。速度與士氣，尤為致勝之因素也。此皆為一九九一年以美軍為主導的波灣戰爭多國聯軍，以迅雷不及掩耳致勝之道也。

21 鮑超威名久著，為賊所憚

曾國藩麾下大將鮑超，與曾國荃並駕齊驅，立下不少戰功，是一員超級戰將，自有其優點也有其缺點。因為「游勇太多，漫無紀律」，而遭皇上大打官腔，但曾國藩憐才依舊，不為所動，對於鮑超仍然維護到底，這是曾文正公難能之處。

同治四年十月十五日，曾國藩接皇上諭令：「南陽捻逆，豫軍既不能勦除，恐其日久裹脅愈多，前諭鮑超由襄赴豫，曾國藩覆奏有與李鴻章商籌協餉數成。嗣因官文奏稱，該提督游勇太多，漫無紀律，上杭之勇，聞有赴豫之信，恐引群呼類而來，請飭仍赴江右。第念鮑超勦賊，向稱勇往，若令嚴汰游勇，妥加鈐束，使該提督有敬懼之心，未始不可資其攻勦。官文恐鄂餉難支，因有飭赴江右之奏，著曾國藩、李鴻章妥為商酌，於江蘇接濟數成餉需，並令該處督將游勇，嚴行裁汰，不許任意招留，即札令赴南陽勦賊，統歸曾國藩節制，以一事權，而資鈐攝，倘事屬可行，即著一面札調，一面奏聞，用期迅捷。」

皇上對鮑超雖有些微言，但對曾國藩還是很小心的，怕有所誤會，這是統御高明處。

曾國藩並不因皇上對鮑超有所責難，而有所驚惶，甚至附會一筆，對於鮑超的優點，還是要講的，這也只有性格的曾國藩，才能如此之直。

同治四年十月三十日，曾國藩為此，特覆奏一片：

「臣查鮑超之所短，在貪將多兵，濫收降卒，馭下專尚威嚴，條理不甚清晰；其所長之處，在威名久著，為賊所憚。平日本有敬懼之心，又慕古人忠藎之名。自金口軍叛以後，該提督鑑於前車，以後斷不敢輕收降卒。若令少統數營，赴豫勦捻，餉項則不甚缺乏，米糧則派員專管，獎其多年之勳勞，勖以後之忠愼，必於大局有裨。惟進兵之路，須以襄陽為老營，乃能北控南汝，西蔽勛陝，凡銀米軍械子藥等事，均應由湖北糧臺作主，江南雖可協餉數成，而不能隨時照料。臣前已函商官文，一俟接到覆信，如可由官文主持一切，俾該軍米糧有著，臣即當奏調鮑超會勦捻匪。」

軍人中，特別是武將，有一型勇敢而善戰，統率部下也以粗嚴而著名，這一類武將，自抗戰以來到台灣初期，仍見其「典型」，只是粗中缺細，有勇而無謀，更缺乏政治認識，終不能成大器，鮑超就屬此類典型。

22 僧格林沁戰死，株連多起

亂世告狀多。

僧格林沁之死，是清朝極為心痛之事，借此而告狀者比比皆是，多以見死不救為名，企圖株連。曾國藩奉到御旨，均查明據實以告，做到了毋枉毋縱。

同治四年六月初八日奉上諭：「有人奏僧格林沁在山東督師勦賊，經四十餘州縣，閻敬銘安坐省城，不為援應，並飭州縣不准支應口糧，該親王函致該撫，赴曹助勦，該撫借防河為名竟往東昌。迨該親王殉，疾馳回省，將家眷妝扮民婦，送往署齊河縣知府李均署中。李均與該撫係屬親戚，以候補知縣久署齊河美缺，在省開設錢店銀樓等鋪，每七八日赴省一次，寓居鋪內，招妓聚飲，便衣小帽，出入撫衙，該撫將其列入賢能，奏保升階。丁寶楨在曹州防堵，迄未與僧格林沁會合，亦從未獲一勝仗，所部勇丁，在濟南焚搶，肆無忌憚。兗沂曹濟道、盧朝安、隨國瑞駐箚清寧，於僧格林沁追勦吃緊之時，該道約同城官員，逢迎國瑞，開筵痛飲，演戲三日，該親王凶問之來，正在恆舞酣歌之際，候補道王經庭聞係閻敬銘私人，以官為幕，居住撫衙，本係坐辦文案，該撫列入勦賊案內，免補知府，保升道員，各等語。以上各情，是否屬實，有無其事，著曾國藩詳細訪查，據實具奏，毋稍徇隱。」

這一摺內，就有：閻敬銘安坐省城，丁寶楨從未獲一勝仗，盧朝安恆舞酣歌，王繼庭以官為幕……。

曾國藩於同治四年十二月二十八日查覆重點如下：

「該親王居心仁厚，深知各省大吏，多不能親臨行陣，故但見調將領隨勦之檄，從未見調巡撫會勦之文，不獨山東為然也。至東昌防河，係遵奉屢次寄諭，先期奏明而往，惟該親王殉難後，閻敬銘不應疾馳回省，彼時賢王新逝，遠近震動，該撫但宜進駐汶上東平，以定眾志，不宜遽回省城，以惑軍心，此軍事閱歷太少之失也。至將家眷妝扮民婦，送往齊河縣署，則臣歷詢往來各員，皆稱未聞此說，捻匪向不攻城，眾所共知。當曹南警信至時，鄉民紛紛避亂，挈眷進省，豈有舍省垣鞏固之區，趨旁邑彈丸之地，此不待辨而可明者。其各牧令請餉接濟大營，該撫駁斥一節，查山東協餉五萬兩，按月批解，絲毫無誤，戶部有案可稽，即該親王身後，糧臺尚餘銀二十萬，亦足為餉項無絀之證。聞各州縣或因養勇團練，稟請動用正項，閻敬銘疑其浮銷，多從駁斥。該撫自負清正，往往以不肖待人，僚屬怨其刻覈，要其於僧格林沁傾心敬服，固一無所吝也。」

「查僧格林沁於四月二十四夜殉節，其時敗兵四散，臣詢之翼長陳國瑞、常星阿等，二十五日午刻，尚不知該親王存亡確耗。國瑞近在濟寧距鄆城僅二百餘里，二十七日始得真信。飛章入奏，閻敬銘時在茌平，距鄆城四百餘里，聞此摺係二十五日所發，其為不知主帥已死，當無疑義。且賢王已逝，而偽奏以詡先見之明，此至愚之小人所不忍為，豈閻敬銘而為之乎。原摺又謂齊河縣知縣李均與閻敬銘係屬親戚，列入賢能奏保。查李均之弟內閣中書李應莘，與該撫為親戚。齊河一缺，係前任撫臣譚廷襄所委，閻敬銘因之久未調動，又將齊河本任之張聯奎，另案甄別。」

「藩司丁寶楨功多過少，眾望允孚，似應免其置議；兗沂曹濟道、盧朝安心術險鄙，聲名尤劣，雖經告病開缺，未便姑容，似應勒令休致；候補道王繼庭才尚可用，並無劣跡，似應開復原官，撤銷道員；候補知府署齊河縣知縣李均，貪鄙妄為，似應即行革職；郯城縣知縣周士溥似可無庸置議。巡撫閻敬銘應如何量予處分之處，恭候欽定。」

僧格林沁戰死之後遺症，曾國藩均一一查清楚，也交代清楚，服從與負責之道也。

23 劉秉璋志趣堅卓精實耐勞

曾國藩不斷拔擢人才，而不限於湘軍或湘籍。同治五年，曾文正公以「目力昏花心血愈耗，精神迥不如前」為由，保翰林院侍講學士劉秉璋襄辦軍務。

同治五年正月十四日，「請令劉秉璋襄辦軍務片」：

「再臣近來目力昏花，心血愈耗，精神迥不如前，久膺艱鉅，終慮僨事，必須得人相助為理，庶可彌縫其失，而佐其所不逮。查有翰林院侍講學士劉秉璋，隨同江蘇撫臣李鴻章轉戰蘇常，屢著功績。該員志趣堅卓精實耐勞，籍隸廬江，與淮軍均有桑梓親舊之誼。若令襄辦臣處軍務，應可聯絡諸將，獨當一面。現在淮軍文武各員，如劉銘傳潘鼎新孫樹聲等，並蒙聖主鴻恩，次第嚮用。」

「臣於咸豐十年六月，奏請將候補四品京堂左宗棠襄辦臣處軍務，荷蒙諭旨允准。今臣精力更遜，而捻匪所到之處，縱橫三千餘里，深恐照料難周，合無籲懇聖恩，飭令翰林院侍講學士劉秉璋襄辦軍務，實於大局有裨。如蒙俞允，或令駐紮徐州，或駐襄陽南陽，容臣察看情形，續行具奏。」

「捻匪所到之處，縱橫三千餘里」，真是兵連禍結，苦了曾文正公，更苦了老百姓。文正公把劉秉璋安排在徐州、襄陽、南陽，均兵家必爭之地也。而稱劉秉璋「志趣堅卓精實耐勞」，正是曾文正公欣賞之人才與性格。

24 國荃就鄂巡撫，召募舊部，出身勦賊

皇上還是不忘曾國荃。

這樣鍥而不捨的精神，真令人敬佩。

妙的是有關曾國荃之事，並不直接通知國荃，而要老哥國藩轉致，可見統御術之高。亦可見，皇上雖有至高無上的權威，但還是想盡辦法施恩，講求統御。

皇上曾於同治五年正月二十六日及二十七日，兩日之內，連發二函，命國荃出任湖北巡撫。

同治五年正月二十六日：「曾國荃調補湖北巡撫，著曾國藩知照該撫，迅速馳赴湖北就任，力圖報稱，不得稍存推諉之念，有負屬望。曾國荃舊部中，有得力將弁兵勇，并著酌量帶往湖北，以資差遣。」

正月二十七日：「湖北巡撫已令曾國荃調補，鄭敦謹著俟曾國荃到任後，再往交卸。」

真是做足了面子。並可帶舊部中，「有得力將弁兵勇，帶往湖北，以資差遣。」

皇上百般遷就，惟恐國荃耍性子，稱病避不見面，避不上任。

同治五年二月初八日，曾國藩為「曾國荃補湖北巡撫謝恩」奏摺：

「伏念臣弟國荃上年蒙恩賞假，在籍調理，臣屢函問訊，囑其靜心養攝。近聞病體漸痊，假期將滿，正擬催令入都陛見，勉圖報稱。遽承恩詔移撫鄂疆，荷寵命之疊頒，愧涓埃之未答，門庭太盛，惕厲彌

深。伏思湖北據江表之上流，為南北之樞紐，現值捻蹤麕集，擄掠極慘，聞難民流徙江千，至數十萬之眾，防勦方殷，未可稍事遷延，貽誤大局。臣已知照臣弟國荃屬其召募舊部，一面遵旨迅赴新任，一面出身勦賊，并奏明俟鄂氛稍遠，人心稍定，仍趨赴闕庭恭求訓誨。臣弟感荷殊恩，如體氣日強，必不至稍涉推諉，自外生成。鄂省現有劉銘傳之勁旅，及皖豫之援師，加以臣弟帶出之部，鮑超赴楚之軍，將士雲集，似已足敷勦辦。」

文正公何人也。體念皇上之用心，曾國荃之出，不只是酬庸與拉攏國藩性質，而「召募舊部，出身勦賊」也。而對於鄂中敵我之陣勢，國藩也分析得一清二楚，老弟一出，成功一半矣。國藩要報告皇上的：一、國荃康癒，二、迅赴新任，入都陛見。鄂省平定有望矣。很自然地，皇上接摺，不只是安心，也放心矣。這就是天下唯君是賴的曾國藩。

25 彭玉麟廉以率下，不名一錢

曾國藩一手發掘與栽培將領中，有通性、也有個性，彭玉麟可謂一「典型」，深受曾文正公所愛。同治五年九月十三日，曾文正公為「彭玉麟報捐歷任養廉」片。曾文正公對彭玉麟，真是讚賞備至。「臣查彭玉麟帶兵十餘年，治軍極嚴，士心畏愛，皆由於廉以率下，不名一錢。今因軍餉支絀，願將應得養廉銀兩，悉數報捐，由各該省提充軍餉，不敢迎邀議敘，實屬淡於榮利，公爾忘私，除由該侍郎咨明浙江廣東安徽巡撫作正造銷外，理合附片陳明。」

彭玉麟為官不就，廉潔自守，曾文正公之化身也。

26 一切軍情，李鴻章隨時咨商

曾國藩堅辭與皇上堅任兩江總督，諭令奏摺，來往數回合，可說有驚無險，終於曾文正公接受回任了。

這一奏摺，也許是這一辭任事件之收尾。

同治六年二月十四日，曾國藩恭報自徐州起程日期摺。

先前，承准軍機大臣字寄，同治六年正月二十四日奉上諭：「曾國藩既經接受兩江省篆，所有察吏籌餉，及地方應辦事宜，均關緊要，且金陵亦不可無勳望素著大員坐鎮，著即回住省城，以資鎮攝。該督公忠體國，自當仰體朝廷倚畀之隆，勉為國家宣力，一切軍情，並調度事宜，仍著李鴻章隨時咨商，以資裨益。」

這一諭令之妙，就妙在：「一切軍情，並調度事宜，仍著李鴻章隨時咨商，以資裨益。」如果有曾李心結，皇上試圖把它打開了，但二個人基本性格不同，還是很難。

曾國藩在奏摺中指出：「仰承慈訓，定於十六日由徐起行，回駐金陵，籌辦一切。臣用心輒汗之病，近已漸愈，披閱公牘，尚能盡職；舌端蹇澀之病，猶未痊愈，疆臣之職，每日至少須見客五六次，僚屬詢訪教戒，乃為稱職。臣到職之後，加意調理，如實不能多見賓客，自度不克舉其職，仍當據實陳情，不敢以病軀戀棧，如稍可支持，自度不致曠官，亦不致託疾飾辭，上負高厚生成之德，所有微臣自徐起程回省日期，恭摺由驛三百里馳奏，伏乞皇太后皇上聖鑒訓示。」

此時皇太后大權在握，曾國藩也不得不俯首稱臣，而有「仰承慈訓」之語。

27 張錫嶸習勞耐苦，不名一錢

民有民性，軍人也有軍人之生活習慣。大軍在行軍作戰，尤應注意軍人之飲食習慣。北人慣麵，南人食米，這是大家都知道的事實。一個人的味口，甚至一個民族的胃腸，就因飲食習慣而養成。

曾國藩在為「張錫嶸在陝西陣亡請加恩」奏片中，就透露這一飲食習慣。翰林院編修張錫嶸，於同治六年正月初六日，在陝西西安府雨花寨地方，剿賊陣亡，業經奉上諭：「追贈翰林院侍講學士銜，照侍講學士例議卹」。曾國藩念其忠勤，遺孤張志敦年僅十三歲，特奏請「量為加恩」。

在這一奏摺中，談及張錫嶸的功績及其為人：「同治四年六月，臣駐軍臨淮，檄令張錫嶸辦理營務，旋令招募靈璧勇，立為敬字三營，朝夕訓練，該編修戎衣短後，帕首鞾刀，能於烈日雨泥之中，奔走不輟。靈璧為淮北瘠苦之區，其勇丁極耐勞苦，慣食麥麵，臣舊部湘勇及李鴻章淮南之勇，均不慣食麵食，臣常慮其於北路，不甚相宜。既見張錫嶸，募成淮北一軍，則期望甚切，意欲儲為西北之用。曾於四年七月、五年正月兩次具奏，並於五年十一月十七日，將張錫嶸附片密保，謂其習勞耐苦，不名一錢，與劉銘傳潘鼎新劉松山三人並稱。蓋一則以張錫嶸堅苦有守，意欲稍加磨練，漸付艱鉅之任；一則以微臣衰病侵尋，意欲求賢自輔，冀收桑榆之效也。臣前撤湘軍十餘萬人，獨留劉松山一軍，因其紀律嚴明，戰守可靠，上年臘月，檄張錫嶸與劉松山會合援秦，令與湘軍同戰，以資觀摩。」

28 鮑超，第一著名驍將

曾國藩麾下第一勇將：鮑超傷重病危。文正公除「不勝憂灼」外，並請諭大員接替。

同治六年四月初七日，曾國藩以「鮑超傷疾甚劇，酌調大員統軍」，上一奏摺：

「頃接李鴻章函，鈔寄霆營名鎮將宋國永等公稟，瀝陳鮑超病狀，據稱：『本年正月間，楊家澤接仗獲勝後，鮑超督隊追賊，五晝夜迄未少息，虛火上炎，兩目盡赤，嗣以發表太過，引動舊傷，日益增劇。左手已麻木不仁，頂上傷疤肉跳，轉側呻吟……』實屬萬分危險，請迅派大員，前來接統，近日尚可親為交代，萬有不測，更無人親算交代。」

以上是生病原因，現狀以及急待接替之人選。下面是曾國藩念及「第一戰將」之功勛以及建議之人選：

「鮑超帶兵十餘年，肅清東南，無役不從，實為第一著名驍將，其受傷多而且重，眾所共知。今宋國永等縷稟如此，當無揑飾，臣現已派員前往襄陽，攜帶藥物，屬其酌量情形，如實難支持，即由李鴻章奏明，前來江寧安心調理，或可冀其漸次痊愈。惟霆營人數較多，立功最久，各營官類皆百戰餘生，資望相等，非有才智卓越，情誼相聯之大員，難勝接統之任。查鮑超部下諸將，以宋國永、婁雲慶二員為最著。」

此二人中，以婁雲慶「臨敵調度，條理秩然」，「從容鎮靜，危而復安，是其才堪應變，已有明證。」

不用說，曾國藩是力保婁雲慶的。宋國永無論紀錄以及「才欠剛斷，不足以資統率」，在人情上，不能不提，論資格，可能宋較優也。這是中國官場之常情。

29 鮑超苦戰功高，一時名將，無出其右

曾國藩麾下的第一戰將鮑超，真的是積勞成疾，無法再硬撐下去了，乃要求回籍養病。

同治六年六月初十日，曾文正公為「鮑超懇請回籍養病」奏一摺。

這是鮑超的病情：「超自三月十二日暈去時許之後，日益沉重，常常昏迷，動輒一二日不省人事。到鄂省親，連服清心養陰之劑，近始日漸清醒，無如左手及兩腿，麻木更甚於前，轉側非人不可，舌蹇雖愈，但不敢多言，話久則氣微痰喘，不能接續，傷痕仍然跳掣，驚悸則較前尤甚。每食惟稀粥半盞，聞油膩則作惡欲嘔，形銷骨立。輾轉在床，凶多吉少。無論未必能愈，即有萬一之望，亦非一年半載所能起床者。自神志稍清以來，心寒膽顫，萬事俱灰。十餘年到處奔馳，從不以家事縈懷，今左股已成偏廢，是此身已有一半非我所有。一子年甫六齡，家事全未料理，思想念切，恨不奮飛。伏望格外矜全，奏請回籍調治，生當隕首，死當結草。」

這個時候的鮑超，真是萬念俱灰，想到是死後之事，真令人為之心酸。曾文正公就說：

「查鮑超苦戰功高，一時名將，無出其右，此次傷病大將，垂危之際，曾集將士環列臥榻，勖以報國盡忠，感動部曲。仰蒙聖慈，賞假賞葠，該提督感激涕零，雖神志不清，而喃喃囈語，猶思殺賊立功。惟病勢過重，現雖有三分轉機，而臣詢之來員吳葆儀，據稱：面目黧黑，左足痺痿，頭頂傷痕，跳躑不

止，似此情形，斷非一年半載所能痊愈，若勉強留於軍中，既不足以示體恤，而他人代統其眾，恐號令不一，轉非慎重軍務之道。」

鮑超病了，病得很厲害，就是能有轉機，亦非短期能奏效，因而曾文正公代部屬請命，准其還鄉休養，並令派能者接替。

當然，關於人選方面，曾文正公與朝廷還有些意見，在上開奏摺中，亦有伏筆。

30　劉盛藻勤廉精細，能識大體

提督劉銘傳患病未痊，李鴻章奏請朝廷，「懇請開缺」，並已「明降諭旨」，並由「劉盛藻接統」，惟此事聖上考慮周詳，要知會曾國藩一下，因為「前經曾國藩奏明，作為畿輔護衛之師。」並命將「李鴻章原摺著鈔給閱看。」

可見朝廷處事之周到。

曾國藩亦不避嫌，請上面勿派人接替劉銘傳職位，支持以駕輕就熟的劉盛藻統領即可。曾文正公對兩劉之間合作無間與劉盛藻之才能，予以高度之肯定：

「臣查保升按察使劉盛藻，向在提臣劉銘傳大營，分統左軍，唐殿魁分統右軍，均稱得力。唐殿魁殉難以後，劉盛藻代統其眾，將士翕服。本年正月，臣奏明以銘軍護衛畿輔，旋經檄調分兵來省，該員派營務處趙宗道管帶八營，移駐保定。五月間，梟匪將起，又檄調勝學義管帶三營，移駐臨清，而劉盛藻老營，仍駐張秋，三處均歸該員統轄。迄今已閱數月，察看該員勤廉精細，能識大體，尚可勝任。」

「勤廉精細，能識大體」，就是曾文正公用人標準之一。

這一人事之運轉，皇太后、李鴻章以及曾國藩皆得其所得，這就是統御之術。

31 河道李朝儀，廉正耐勞，隨事認真

治理直隸三事：「吏治」、「練兵」與「治河」三大要務，有所不同，但需要人才，則是一樣的。無論遇到問題，或是解決問題，曾文正公總是把問題重心，放在「人才」上。有能幹、肯幹而務實的人才，才有辦法。吏治如此，練兵如此，治河亦是如此。

同治八年十一月十九日，曾文正公報永定河合龍奏摺中，首先就指出：「驗收壩工，暨中洪下口，均屬穩固深通。」提到新任河道李朝儀，已於十月二十六日抵任接印。該道廉正耐勞，隨事認真，講求河務，當有起色。

「廉正耐勞，隨事認真」，是曾文正公用人標準也。

32 九弟治軍嚴明，名望極振

「軍事變幻無常，每當危疑震撼之際，愈當澄心定慮，不可發之太驟。」（咸豐六年十一月初七日，

致九弟，（軍餉可望充裕）

「九弟治軍嚴明，名望極振，吾得二弟為幫手，大局或有轉機。」

「紀澤看《漢書》，須以勤敏行之，每日至少亦須看二十頁，不必惑於在『神不在多』之說。今日半頁，明日數頁，又明日耽擱間斷，或數年而不能畢一部，如煮飯然，歇火則冷，小火則不熟，須用大柴大火，乃易成也。」（咸豐六年十一月廿九日）

真是人各有志，不是讀書的料子，並不能證明在其他方面也不行。曾文正公曾為他的幾位弟弟讀書事，費了不少心事。但幾何時，在治軍方面，幾位老弟出生入死，都幫了老哥不少忙，立了不少功勞，乃有「九弟治軍嚴明，名望極振，吾得兩弟為幫手，大局或有轉機。」

也真是彼一時，此一時，曾幾何時，幾位弟弟令人刮目相看。這一極佳之轉機例證，可作為父母望子女成龍成鳳者之借鏡。

曾文正公與常人有許多不同之處。一般人教人讀書，總以細讀精讀為好，但曾文正公則要諸弟速讀快讀，「每日至少亦須看二十頁」，也許在爭取時間，須以「勤敏行之」，與精讀細讀並無衝突。

33 廉謹將事，艱苦備嘗

一國朝政，上上下下，爭爭吵吵，不外人員與經費，兵荒馬亂，所謂「報銷」之事，更難周到，於是黑函白狀，就會滿天飛。

為了手下六員報銷事件，咸豐七年十二月初七日，曾國藩受不了一些官腔官調，乃將「酌擬報銷大概規模」奏上一摺。其中：

「大約水陸數年之餉糈，砲船各廠之經費，通共用銀在三百萬兩內外，勾稽尚易完竣，惟是該六員並非綜理，本無專責，自始至終，皆係窮窘之境，勸捐挪墊委曲維持，或因敗挫迸散，奔走於危地；或因空令屢空，受侮於弁兵，廉謹將事，艱苦備嘗。」

「而九江一敗，又有燒劫餉船，遺失文卷之事，將來如有款目不符者，箸賠追繳之處，皆係臣一身承認，不與該六員相干。」

這就是在上者的擔當，士為知己者死，也就在這裡。

曾文正公的弟弟，雖在戰場上出生入死，但他很少談到他弟弟，尤其是有關「升官發財」之機會，曾家更是一邊站，這是這位老大哥的厲害處。

此處，涉及錢財操守事，他奏了一筆：

「又如臣弟曾國華、曾國荃或自武昌赴援吉安，在臣處領餉甚少，應歸江西等省報銷。」

這樣陳明，在表白當無重複冒領之嫌，惟在「臣處領餉甚少」，至於少到多少，則未見明載；應補多少，更未見陳明，如有朝中人找碴，還是可以追下去，這是小事，但也是關鍵處，司庫主計者，專在這細微末節處找問題，作文章，這不能不留神。

34 帶勇援應，一門忠義

曾國藩很少論及其弟弟們，尤其是論功行賞之時。不幸的，國華弟亦戰死疆場，更不幸的，與兒女親家李續賓同時戰死，音訊交通太差，事過多日始知，真是「山川間隔，日月寖淹，骸骨未收，遺恨難雪。」

咸豐九年正月十一日，國藩為國華殉難三河鎮，特上奏摺，以表其忠烈。上奏中，有這樣一段：「國華性好讀書，頗懷大志，於古人艱危之境，反覆推究其得失，平昔持論過高，臣恒誡之；近日議論軍事，漸歸於精細穩實，與李續賓兄弟意見多合。」國華老弟為國捐軀，國藩老哥云：「在門戶亦足增榮，子弟得附忠義之林，在臣心更復何恨！」豈止一門忠烈，這也就是湘軍精神。

國華之援救精神，曾得皇上之褒獎：「曾國華帶勇援應，一門忠義，實深嘉尚」。國藩不但以其弟為榮，也以其弟精神得安：「若無國華援救，臣無以至今日，臣軍無以圖倖全，即江西亦無以轉危為安」，還不算國荃在內，國華對其老哥亦有大助，這也就是史家所謂平定洪楊之亂，曾國藩兄弟之事功一佐證。

35 轉戰千里，連下六城

曾國華與兒女親家李續賓，雙雙戰死三河鎮，真是壯烈，這在中外戰史還不多見。國藩念其「叔父年齒日高，倚閭望切，孤姪曾紀壽幼稚無依」（按國華係國藩親兄弟，過繼其叔父），而其經過上奏皇上，「至於例得卹典，應由湖北督臣撫臣彙案具奏。」這是符合體制的，國藩老哥先以上呈便函打個招呼，讓上面知道，以便聖裁。

果不出所料，皇上接到湖廣督臣之呈，即頒發褒獎：「候選同知曾國華，著追贈道員，照道員例從優議卹。」真是生者同感哀榮。

咸豐九年二月初九日，曾國藩上奏恩摺，並感念國華之壯舉義行，手足情深，或有助於「從優議卹」：「伏念臣弟國華，一介書生，滿腔熱血，鴒原急難，虎穴孤行，為畫救趙之謀，曾作乞秦之舉，轉戰千里，連下六城，東道始通，西江無恙，乃長圍之甫合，適銜卹以遄歸，梓里言施，筠州亦克，嗣以降服期滿，重復皖營，與李續賓共濟艱危，誓同患難，三河之失利，竟一蹶而偕亡，田橫之客俱從，先軫之元未返，幸邀恩卹，得備哀榮。」

36 剛明耐苦，曉暢兵機

左宗棠的名字，在曾國藩的奏摺中開始出現了。

咸豐十年四月十三日，曾國藩在「覆陳未能舍安慶東下請簡用左宗棠摺」中引諭旨：「左宗棠熟悉湖南形勢，戰勝攻取，調度有方，目下賊氣甚熾，兩湖亦所必欲甘心，應否令左宗棠仍在湖南本地，襄辦團練事，抑或調赴該侍郎軍營，俾得盡其所長，以收得人之效，並著曾國藩酌量辦理。」

曾國藩這樣覆旨：「查左宗棠剛明耐苦，曉暢兵機，當此需才孔亟之際，或飭令辦理湖南團防，或飭赴各路軍營，襄辦事務，或破格簡用藩臬等官，予以地方，俾任籌兵餉之責，均候望聖裁，無論何項差使，惟求明降諭旨，俾得安心任事，必能感激圖權報，有神時局。」

幾個「或」字，就知道左宗棠具備「剛明耐苦，曉暢兵機」，做什麼都是第一等人才，至於「無論何項差使，惟求明降諭旨」，一方面說明曾文正公之守份，一方面也在提高左宗棠之地位，因為「聖裁」「諭旨」，自是身價不凡，就有一登龍門之勢。

左宗棠是清史傳奇人物，就撲滅太平天國功績，可能不及曾國藩，但在事功方面，更是多面與多彩多姿的，更能代表湖南，當然曾、左，各有優點，也各有缺點。君不見御史潘祖蔭一語不只解救左宗棠，也震動朝野：「天下不可無湖南，湖南不可無左宗棠」，當時聽來好大的口氣，其後證明，確確是好大的功績。

宗棠牛刀小試，是太平天國首領蕭朝貴圍攻長沙，每日開砲轟城，並藉以掩護工兵挖地道，左宗棠率部迎戰，激戰十餘日，蕭死城解，自此宗棠之名，轟動朝野。

宗棠之出身，極其困苦，但志在千里，此可見於他的書屋中之字聯：「身無半畝，心憂天下；讀破萬卷，神交古人。」

他的為人，極富正義感，這可從弔念他的老長官林則徐（左本是胡林翼引荐他到林則徐幕府的，可惜未就，失之交臂）一副輓聯中可見其志節：「附公者不皆君子，間公者必是小人，憂國如家，二百餘年遺直在；廟堂倚之為長城，草野望之若時雨，出師未捷，八千里路大星頹。」

37 不肯捨難而就易，避重而就輕

曾在報紙副刊一個專欄中，我讀到左宗棠的一句「中興」名言：「天下事總要人幹，豈可避難而就易？」

這句話，在「中興」舵手曾國藩奏文中得到印證：「左宗棠素知大局，勇敢任事，必不肯捨難而就易，避重而就輕」。

真是知「左」者，莫如「曾」也。

為什麼曾國藩冒出這樣一句話呢？因為皇上要左率軍下四川，而曾懇求仍把左留在身邊。情形是這樣的：

「前奉諭旨，命左宗棠襄辦軍務，該員感激圖報。聞詔之日，即在湖募練五千人，選擇甚嚴，鉅細必躬，專俟秋間成軍，率以東下。今若改東師以西行，則臣國藩頓少一枝勁旅，恐不足當皖南之逆氛，而左宗棠獨往川省，亦恐人地生疏，或致呼應不靈。且以吳蜀之事論之，蜀省土匪倡亂，占地少而撲滅差易；江皖狂寇投猖，占地多而掃蕩甚難。」

因此，曾國藩「合無籲懇聖恩，俯念臣國藩襄助需人，仍令左宗棠督勇來皖，實於江楚等省，大有裨益，將來蜀氛日熾，江南軍情稍鬆，再由臣國藩隨時酌量奏明，請旨定奪。」

曾國藩這一奏摺，也許高明者能識其真，究竟赴蜀難或是留皖難，未講個明白，字裏行間，未說個明白，有一點倒是真心話，曾國藩不肯放這位「鄉弟」走，才是真的。

有一說，所謂「募練五千」，是曾國藩要他回去招募及訓練的，而不是左本人，這就是曾一貫謙虛推讓的精神。

這一枝五千子弟們，果不負所望，在江西景德鎮、德興一帶，頻頻出擊。

曾國藩在奏呈中，雖留下一個伏筆，但後來是否到了四川，未得而知，恐怕不了了之。倒是左宗棠所到之處，無論閩省、西北，都是致遠略的，影響相當深遠的。

在福建馬尾建立造船廠，並請出「大老」沈葆楨，主持其事，後來被譽為「中國海軍之父」。如今，我國海軍中，就教育系統而言，仍有北青島，南馬尾之分，各將各有所屬，這一分法並沒有什麼不好，且作風也確有不同。

左老之經營西北，那更是前無古人，後無來者，新疆為中國之一省，也是出自左宗棠的三番五次的奏摺。

抗戰期間，美國副總統華萊士來訪陪都重慶，就是經過西北這一條路進來的，沿路聽到當年左宗棠的事蹟，不禁大加頌揚：「左宗棠是近百年史上的世界偉大人物之一。」

華萊士有相見恨晚，恨不得擁抱左宗棠一番，這是閒話。不過，中國人總有幾個人，為外國人敬佩的。

38　樸實廉正，忠愛之忱

官場的藝術，從多方面可以表現出來。人的思念，可能是最大的學問，也是很高的藝術。

「保人」，在高層政治中，是一件大事。

明哲保身，往往不輕易保人，以免人事是非糾紛，弄到自己頭上。

保舉人才，有自保、力保，也有奉命保人的。

錯綜複雜的上下左右關係，往往就在「人」中。

紹興師爺之管用與妙用，也就在此。

因為紹興師爺，深知官場的進退藝術。

曾國藩勇於發掘與培植人才，是他最大的成功，也是與官場人性格相異之處。

咸豐十年六月二十三日，曾國藩奉上諭：「江蘇省垣陷後，藩司一缺，尚未簡放有人，現在籌畫餉需，撫恤地方，俱關重要，必得賢能素著，克理繁劇之員，方能勝任。著曾國藩薛煥於所屬司道各員內，秉公簡擇，會同酌保二員迅速具奏，候朕簡放。」

七月二十三日，曾國藩以便箋方式，保舉毛鴻賓。內稱：「查蘇省官員，多往上海，臣尚未接見，不能周知；江西各員，現多派有軍務緊要事件，欽奉諭旨，飭於所屬司道，秉公簡擇。查有安徽按察使毛鴻賓，樸實廉正，練習吏事，忠愛之忱，鬱於中而溢於顏面，昨經官文等會奏，請飭該臬司赴皖北總理楚軍營務，兼辦皖南北地方事宜，業荷恩准在案。」

「將毛鴻賓升授蘇藩，即飭該司隨臣同駐一處，俾臣得專心軍務，而地方事件之應恪遵成法者，交毛鴻賓綜理。」

「再祁門距上海過遠，文報隔絕，未及與撫臣薛煥會商，臣保一人，仍商令薛煥另保一人，冀與會保二員諭旨相符。」

曾國藩之周全，盡在其中。

39 以聖主之心為心，以蘇人之患為患

曾國藩原答應聖上，救浙圖蘇，不料廣德再失，寧國又陷，不特不能救浙圖蘇，並皖南亦岌岌可慮。

為此，曾國藩於咸豐十年八月二十三日，上奏陳述待皖南之腳稍穩，即分軍先趨蘇境，並為此內心難安：「上無以紓聖主宵旰之憂，下無以慰吳人雲霓之望，寸心愧憤，無地自容。」

「臣身在皖南，心懸江浙，財賦菁華之地，蹂躪日甚一日，即餉源日絀一日，生靈困苦，所不待言。聖主軫念東南，臣何敢不以聖主之心為心；蘇人痛深水火，臣何忍不以蘇人之患為患，俟皖南立腳稍穩，即當分派一路，先趨蘇境。」

「立腳稍穩」，實在就是曾國藩戰場經營之精神，也是他做人一貫精神。

40 胡林翼調度堵遏，諒可無慮

各省軍情紛紛吃緊之際，曾國藩與皇上軍機戰報往來如梭。咸豐十年五月初三日，文正公以「通籌全局並辦理大概情形」上奏：

「湖南各軍，有官文胡林翼調度堵遏，諒可無慮；江西兵力單弱，實不足以折新勝之燄，禦百倍之賊，必須湖南勁旅，越境協防；湖南撫臣駱秉章素顧大局，為聖主所深知。此次賊若窺伺江西，所有兵勇餉械，仍當借資湖南。」

「胡林翼調度堵遏，諒可無慮」，「駱秉章素顧大局」，曾文正公用人之精神，點滴均成巨河。

駱秉章好像是在「曾左胡李」的風雲人物中，不算一個知名度很高的歷史人物，但能受曾國藩的稱譽：「駱秉章素顧大局」，可見不簡單，更不簡單的，是郭嵩燾講了一句話：「駱秉章之功，皆為左宗棠之功。」其中之道理，不言而明，他立下大功的，但功名不屬他名下，這是何等了不起的胸襟。

41 曾國藩、胡林翼、左宗棠

京城危在旦夕，聖上希曾國藩北上解圍：「坐視君國之急，惟有殷盼大兵雲集，迅埽逆氛，同膺懋賞，是為至要。」

危急的情形是這樣的：「逆夷犯順，奪我大沽礮臺，占據天津，撫議未成，現已帶兵至通州以西，距京咫尺，僧格林沁等兵屢失利，都城戒嚴情形，萬分危急。現在軍營川楚各勇，均甚得力，著曾國藩袁甲三各選川精勇二三千名，即令鮑超張德勝管帶，並著慶廉於新募彝勇，及各起川楚勇中，挑選得力者數千名。」

咸豐十年九月初六日，曾國藩奏明解救之策：「如蒙聖恩於臣與胡林翼二人中，飭派一人，督師北向，護衛京畿，則人數稍多，裨益較大；惟臣若蒙領派北上，則當與左宗棠同行，皖南暫不能進兵，祇能退守江西境內；胡林翼若蒙領派北上，則當與李續宜同行。」

這個時候，就可以看出曾國藩、胡林翼與左宗棠的相互關係，曾對胡、左倚重深且重矣。

42 沈葆楨，先馳入城

有清一代——名將名臣相如雲，多出自曾國藩的奏摺中。

為廣信被圍，浙兵援勦解圍，咸豐六年八月二十日，曾國藩奏摺，就提到後來更有赫赫之功的沈葆楨與林則徐。（沈葆楨與臺灣命運，至為密切，光緒十年七月，法軍大軍入犯閩江，海軍潰敗，法目標轉攻臺灣，此時，奏請閩撫冬春季駐臺灣，夏秋季駐福州，為臺建省奠基礎，此人——正是沈葆楨。）

廣信被圍「梗塞江省咽喉大路，大局幾不可問。幸知府沈葆楨先馳入城，得以豫請援師，與參將榮壽，知縣揚昇，千總胡再陞四人者，立志堅守，提調援師，保全要郡，實屬危而復安。沈葆楨係原任雲貴總督林則徐之甥，又係其女壻，講求有素。此次守城吏民散盡，衙署一空，其妻亦同在危城，無僕無婢，躬汲爨具壺漿以餉士卒。沈葆楨與楊昇等徒步登陴，晝夜辛勤。兩年以來，江西連陷數十郡縣，皆因守土者先懷去志；惟汪報閏守贛州，沈葆楨守廣信，獨能伸明大義，裨益全局。」

這一奏摺，除了「大局幾不可問」可危外，兵勝敗之關鍵，還是在人，在人的措施：形容沈葆楨必死之決心：「吏民散盡」，減少作戰之食糧之負擔，我抗戰之堅壁清野，而能勝；中華民國政府在大陸時期之難民潮，存糧吃光，投糧搶光，負擔慘重，自然被敵人困住，非投即死。（最近公開的張正隆所寫的一本中共禁書：《雪白血紅》，就揭發中共圍攻長春，餓死十五萬人的慘劇。是中共運用一貫的「兵不血刃」戰術的機密。長春被圍期間，中共就是不准老百姓出城，使五十萬市民的吃食，成為「國民黨的沈重負擔」，讓市民與守軍搶食，以困死守軍，軍隊把百姓疏散出城，城外共黨哨兵堵出來，或者殺「無赦」。）

「其妻亦同在危城，無僕無婢」，共存亡之決心也，無念無掛亦無負擔，自然更無排場，此是疏散之功也。當年長春也好，北平也好，上海也好，為什麼未想到曾國藩的疏散之計？這是因為作戰時太仁慈了，誤了大事。

「壺漿以餉士卒」，自然感動士兵。

「兩年以來，江西連陷數十郡縣，皆因守土者先懷去志」，致不戰而敗，未戰而退，中國大陸之淪陷，歷史之重演也，可悲可惜。

43 樸實耐勞，心思靜細

咸豐十一年正月二十四日，曾國藩為「逆匪」分犯大赤大洪二嶺，進撲祁門老營，官軍迎剿獲勝，追賊出嶺，除將退敵經過詳奏外，並保舉有功將領。這一方面，曾文正公是不遺餘力的，那真是愛才如命的典型。在他描述幹才性格之時，也反映出他自己的性格以及他所喜愛的性格：「副將唐義訓與記名總兵朱品隆二人，由李續賓部下，調至臣處，樸實耐勞，心思靜細，口不言功，去年克復建德及此次保全祁門均能以少勝眾，所有出力將士，籲請天恩併入建德案內開單請獎。」

「口不言功」就是曾文正公的精神。

44 欽差大臣關防遺失處理，明燭萬里

大臣與皇帝之間，不管是內外、上下之文字往來，那是相當高的「宮廷文書」，時下所謂默契也者，也應以此為最高境界。

很顯然的，皇帝與曾文正公間，具有相當高的默契，幾乎到了完全授權的境界，也套一句政治流行語：「你辦事，我放心。」

曾文正公嚴謹分寸，實在是中國儒者的典型。曾文正公無論以何種方式「上奏」，均有其極高的政治奧妙與極高的政治藝術。

曾文正公的處事精神，頗符合現代企業精神：「凡事必有回應」，尤其有奉旨或承諾之事，曾文正公必將辦理結果回報；如有所改變，亦有所陳明，正式的奏摺或非正式的「附片」均有異曲同工之妙。

曾文正公為了欽差大臣「關防」遺失處理方式有所改變而上「片」，並得皇上同意照辦。咸豐十一年正月二十四日曾文正公特為此事而謝「天恩」，看似瑣碎，其實，就是曾文正公的周到處。

事情是這樣的：咸豐十年八月，和春失事以後，所用欽差大臣關防，經許乃釗派員送至蘇州撫署，城陷之時，一併遺失。

當時，「囑臣自行具奏，請旨另頒關防。」

曾國藩之初意，「本擬皖南稍有頭緒，即當馳赴淮揚，俟軍入蘇境，再行奏請關防。」

咸豐十年十一月初五日奉到硃批：「明春汝帶兵親往淮揚尚須臨時斟酌。欽此。」

「尚須臨時斟酌」，就為曾文正公留下自主的權力。曾文正公據以「回應」，並據採取改變處理措施：「仰見聖主權衡緩急，明燭萬里，今祁門三面皆賊，正在苦戰相持之際，臣斷不能舍此而遠赴他處，合無籲懇天恩，飭部頒給欽差大臣關防，並敕頒發令箭旗牌等件，由江西遞至皖南交臣祗領，至臣能否親赴淮揚，應俟安慶克復後斟酌情形，再行具奏請旨。」

這一欽差大臣關防失而請頒，看似曲折緩慢，看似遵旨辦理，事實上，就是曾文正公的意思與下台階，曾文正公為人做事，其用心用力，由此可見。

45 不敢以一眚掩其忠節

曾文正公是一位獨立特行的人，他不會趨炎附勢，更不會落井下石。浙省再陷，王有齡遇難。王雖迭被參劾，但曾文正公還是請上優卹王有齡。

同治元年正月初十日，曾文正公上片：

「至此次浙省再陷，臣處探聞，瑞昌王有齡均已殉難。與薛煥咨報相同，瑞昌忠勳最著，自必仰蒙恩卹。惟王有齡迭被參劾，臣於上月二十五日，覆奏摺內，聲明該撫辦理杭城防務，尚費苦心。茲以糧盡援絕，見危授命，臣斷不敢以一眚掩其忠節，該撫平昔苛派捐餉，嚴劾紳士，杭州之人，感其死守；紹興之人，恨其暴斂，難保無身後之訾議。應請聖主憫念時艱，表揚忠烈，並將王有齡俯賜優卹，為封疆大臣，以死勤事者勸。」

46 從軍數載，功寡過多

一個到了極峰的政治人物，時時不能忘的，是自謙、自罪、自責。曾文正公天生忠純，再加上後天的歷練，就深知此點，而且做得恰到好處，一點也沒有做作。這是他一生最大的成功，也是全身而終的理由。

同治元年正月二十二日，為內閣接奉上諭：「曾國藩著以兩江總督協大學士。」而這一諭旨，卻是同治元年正月初一日發出的。也是同治登基之日。

曾文正公謝恩一番：「伏念臣材議凡庸，謬膺重寄，從軍數載，功寡過多。前歲擢任兩江，至今無一將一兵，達於蘇境，下不克慰萬姓雲霓之望，上不克分九重宵旰之憂，雖寬政之倖邀，實悚惶而無地。洒於聖皇御極之初，元歲履端之吉，特頒丹詔。」

47 不再加恩於臣家，保全微臣之功

同治元年，清朝新帝，把目標：

放在金陵的光復。

也把希望寄託在曾國藩身上。

這個時候，曾國藩所受信賴程度，真是唯「公」是賴。

曾國藩是謙和的也是聰明的。

他在同治元年正月二十二日，上一呈文，請求在金陵未克之前，不要再加恩在他身上。

這是曾國藩知己知朝廷的自知之明：

「乃自去秋以來，疊荷鴻恩，臣既蒙賞加太子少保銜，又蒙飭諭節制四省；茲又拜協辦之命，臣弟曾國荃，既蒙賞穿黃褂，又蒙賞頭品頂戴；茲又拜浙江按察使之命。一門之內，數月之間，異數殊恩，有加無已。感激之餘，繼以悚懼，誠恐軍事一旦疏失，即加倍譴責，猶有餘咎。臣本擬恭疏辭謝，以除授參政大典，料難收回成命。又以甫於兩次辭節制四省之權，不敢更疏瀆辭。近於矯情而釣譽，惴慄旁

皇，不知所措。理合據實陳明，懇求皇上念軍事之靡定，鑒愚臣之苦衷，金陵未克之前，不再加恩於臣家，是即所以保全微臣之功名，而永戴聖主之恩眷矣。又前次疊奉諭旨，飭臣保荐江蘇安徽巡撫，頃復蒙垂詢閩省督撫，飭臣保舉大員，開列清簡。封疆將帥，乃朝廷舉措之大權，如臣愚陋，豈敢干預。嗣後臣如有所知，堪膺疆寄者，隨時恭疏入告，仰副聖主旁求之意。但泛論人才，以備擇採則可，指明某缺，徑請遷除則不可。不特臣一人為然，凡為督撫者，皆不宜指缺保薦督撫。蓋四方多故，疆臣既有征伐之權，不當更分黜陟之柄。在聖主虛衷訪問，但求投艱而遺大，不惜舍己而從人；惟風氣一開，流弊甚長，辨之不可不早，宜預防外重內輕之漸，兼以杜植私樹黨之端。其督撫有任可履者，不准遷延不到，亦不准他處奏留，庶幾紀綱彌肅，朝廷愈尊。」

曾文正公所關心者，為政風，尤其防止外面大吏權重，形成「外重內輕」。他戒身恐懼，念茲在茲，尤懼「植私樹黨」，此皆中國歷史朝廷之患，以及現代政治禍患之源也。

48 除胞弟不敢仰邀議敘外

曾國藩以一介書生，而能挽救垂危的大清帝國，因素固多，主要的，還是公私分明，公而忘私，尤其做到賞不及私，克服人性的弱點，這是他的超能，做到一般人做不到的，而能成就一般人不能成就的事功。

曾文正公的賞不及親，真是不勝枚舉，這裡只是一例：

湘軍克服了淪陷八年的繁昌，曾國藩特於同治元年四月初四日，上奏摺為獎勵有功「克復繁昌縣城」

將領，但其弟曾貞幹例外：

「復查繁昌地處濱江，淪陷八載，上以屏障南陵，下以犄角蕪湖。此次屢挫逆鋒，攻克堅城，三山各營將弁，著有微勞，除曾貞幹係臣胞弟，不敢仰邀議敘外，所有尤為出力之兩江補用參將曾正明，請賞給勇號，並請賞加副將銜……。」

49　除曾國荃、曾貞幹不敢仰邀議敘外

前曾談及曾國藩為其弟貞幹，光復繁昌有功，但因「係臣胞弟，不敢仰邀議敘」，如今國荃、貞幹兄弟攜手連連克復太平蕪湖兩城，亦稟明「除曾國荃、曾貞幹不敢仰邀議敘外」，奏請獎勵有功人員，表現是一貫的文正公的大公無私精神。

同治元年五月初三日，為「光復太平蕪湖兩城」奏摺中，對激戰經過有詳細之描述：

「奏為水陸各軍，渡江夾勦，克復太平府城，蕪湖縣城，並克金柱關東梁山各要隘。」

「臣玉麟與曾國荃定計，必從金柱關入手。」

「三十日曾國荃率馬步十五營。」

「曾國荃立營既定。」

「又暸見曾國荃一軍，已繞出三汊河上泗渡，對河而陣。鏖戰方酣，遂相率還營，分水師為三隊，以一隊守定江路，以一隊衝入河內，直偪塔下，以一隊輓礮登陸，環城壘而轟，牆圮棟折，屋瓦皆飛，賊亦矢石如雨，蔽空而下。」

「時值曾國荃陸軍擊退內河西岸之賊，引軍來助，甫將偽城及三汊河上泗渡數十壘，一律毀平，獲大礮二百七十餘尊，旗幟刀矛萬餘件。」

「經選用同知曾貞幹秘令黃潤昌設法招撫，本有大兵臨境，舉眾內應之。」

「二十二日，曾貞幹自率所部將領，及周萬倬劉祥勝新後祥後等軍，循江而進。」

「維時曾國荃親督部隊，躡賊至戴橋地方，聞蕪湖已復，揣該縣逸出之賊。」

曾國荃、曾貞幹兄弟身先士卒，奮不顧身，無役不與；而曾國藩奏報論功行賞之時，卻「曾國荃曾貞幹不敢仰邀議敘」除外，真難能也。

50 功勞是人家的，苦勞是自己家人的

曾府一門忠烈，出生入死，以大哥曾國藩馬首是瞻。諸兄弟戰死的戰死，死守的死守，大哥從不邀功，更將自己兄弟絕於功賞冊，甚至絕口不提，真正做到了功勞是人家的，苦勞是自己的。偶有例外，就是在皇上一再催促之際，不得不勉強地應命一番。

同治元年十月十二日「陳明各軍應保之案」片中有言：「曾國荃有克復蕪湖太平東梁金柱等處一案，茲已遵旨核定開單請獎。」

戰事激烈，傷亡變化亦大。前案報獎戰功，隨即戰死戰場，比比皆是。因此，曾國藩奏稱：「惟鮑超等前開單內，隨後病故之員不少，近因戰守緊急，未將病歿人員，一一報明，臣處不及查核扣除，俾死者邀虛銜以飾終，生者亦觀感而圖報。」

51　除曾國荃、曾貞幹係臣胞弟外

清朝與太平天國攻守之激烈地，為金陵之戰，亦是太平天國生死之爭，守得很慘烈，攻得也很慘烈。

這個時候，以曾國藩湘軍為主力清軍，在進行包圍戰。

同治元年十月二十七日，曾國藩縷陳金陵各營苦守情形，奏摺中「為金陵各營，苦守四十六日，屢獲大捷，力解重圍」情形：

「九月十三日至十月初五等日，連破地道，乘勝解圍之情形也。臣查蘇浙諸賊首，大舉入寇，麕聚金陵，意圖吞噬我營，合犯上游，計甚毒狡。仰賴聖主威福，將士同心，以病餘之孱兵，當非常之兇燄，苦守力戰，時閱四十六日，以寡禦眾，出死入生，卒能挽回危機，保全大局。在事文武，實著微勞，除曾國荃曾貞幹係臣胞弟，不敢仰邀議敘外，所有尤為出力之按察使銜江西即補道劉連捷等七十三員。」

這真是哀兵必勝。「除曾國荃曾貞幹係臣胞弟，不敢仰邀議敘外」，這就是曾國藩捨己之真精神。

52　曾國藩之老弟又少一人

湘軍為光復金陵，打得極慘；就是圍城，也圍得極慘。官兵死於疫中無數，曾國藩的老弟曾貞幹也病死戰場。

這樣心痛的大事，曾國藩並不放在心上，只是皇上有所垂詢曾貞幹行蹤兵事近況，在軍事簡報中才列上一條而已。同治元年十一月二十七日的條摺：

「恭奉諭旨，垂詢曾貞幹赴雨花臺後，蕪湖防兵，是否尚厚一節，查臣弟曾貞幹自五月赴金陵大營，秋間遘病，閏月稍愈，本擬離營調養，適值援賊大至，力疾督戰四十六日，解圍後積勞病劇。遽於十一月十八日在營身故，皆由臣位高德薄咎，積災生疫氣，流於軍中，餘殃及於手足。所部十營併隸，曾國荃統轄尚慮，力難兼任，臣擬親赴金陵察看一次。」

曾國藩常存自責之心，這是儒者修養，老弟病死戰場，並無怨尤，而歸罪於他的「位高德薄」，致「積災生疫氣，流於軍中，餘殃及於手足。」同時放心不下的是「曾國荃統轄尚慮，力難兼任。」

曾文正公一心報國，全家效死戰場，誓死光復金陵的精神，真泣鬼神也。有此精神，金陵豈能不光復，河山豈能不保全之理。

這個時候一個「天大」的清朝，真是一人頂天，全家赴難。

難得的，曾國藩有效死之精神，曾家兄弟有赴難之決心。皇上「英明」，信任、愛護與支持不遺餘力，而能創造清朝「中興」之局。

53 戰兢以任艱鉅，忠信以涉波濤

曾國藩另一位親弟弟曾貞幹，積勞成疾而去，曾家又少了一人，湘軍少一戰將，老哥視死如歸，吭也不吭一聲，還是皇上問到「紮營何處」才透露出來。

同治元年十二月初六日奉上諭：「前因知府曾貞幹擊退援賊後，降旨詢問該知府紮營何處？茲據曾國藩覆奏：該知府自五月馳赴江陵大營，秋間遘病，適值援賊大至，力疾督戰，解圍後積勞身故等語。曾貞幹自赴江南軍營，屢著戰功，朝廷早欲擢用，因曾國藩再三懇辭，擬俟江寧克復後，從優獎勵。茲以力疾督戰，積勞病故，悼惜殊深；雖未經曾國藩奏請給卹，而曾貞幹係效力疆場，戰功卓著之員。著即追贈按察使，即照按察使，軍營立功後病故例議卹，以示優異。」

皇上這一招，真是沒有話說，這也是統御之極致。死者之哀，生者之榮。

曾國藩作以下之回應：「伏念臣弟貞幹，秉質愚蒙，持躬介特，為諸生時，不甚肄習舉業，頗究心搏力技擊之法。咸豐三年帶勇六百人隨臣勦賊，旋以臣父年老回籍侍親。八年十月，因胞兄國華殉難三河，蒙文宗皇帝，屢降諭旨，褒卹有加，痛哭發憤，誓出殺賊，以雪兄仇而報國恩。」

「上年秋間遘病，群勸出營調養，適以援賊大至，力疾大戰，精神遽振，日夜不倦，臣方幸其病後耐勞，志定勝氣，人定勝天。或者別立尺寸之功，一償平生之願。不料其中道損折，齎志長終，精炯炯而不冥，神依依而戀闕。」

「臣當督率臣弟國荃，益勵丹誠，誓除氛祲，戰兢以任艱鉅，忠信以涉波濤，庶慰季弟未竟之志，而答聖主非常之恩。」

54 疆吏苟賢，有益軍事吏治之興

金陵破後，接二連三的諭令，很令曾國藩為之氣結，好在曾文正公是有大能更有大忍之人，否則清朝真不知何以善其後？

先以「江皖暨各路軍事，殷殷下詢，如遣撤勇丁，及查洪福瑱下落」，「此外奉旨飭查之件尚多。」

同治三年八月十三日，曾國藩仍以堅此百忍之心，「奉旨分條覆陳摺」：

一、「恭奉諭旨，垂詢江寧城內情形若何？居人能否漸次復業，貢院有無損壞，應如何修葺之處，飭臣查明具奏一節……」

曾國藩的答覆：「查江寧省城，賊踞最久，居民流亡殆盡。此次官軍克城，群酋縱火焚燒，昔年巨室富家，改造偽府，微有存者。」

一、「恭奉諭旨，江寧克復，旗營駐防事宜，亦應早籌辦理，飭臣等妥籌款項，迅將江寧京口駐防房屋，早為建蓋，以資棲止。」

曾國藩有以下的陳覆：「昔歲賊陷江寧，旗營三萬餘人，幾同一爐，被害之慘，甚於京口；殉節之烈，甲於天下。十餘年來，陸續增添，現存不過八百餘人。」

一、「據御史陳廷經條陳善後事宜內，疆輿略為變通一條，飭臣等酌度形勢，妥籌具奏。」

這一點，曾國藩的答覆，最露火氣：「臣查蘇皖未分之時，跨江淮而為省，古人經畫疆里，具有深意。我朝聖君賢相，未嘗輕議更張，若必畫江而分南北兩省，則亦宜畫淮而分南北二界。」

「然唐自中興以後，聲教不行河北；宋自中興以後，號令並不行於江北。畫疆太明，未必果能久安，論形勢控扼之道，守江南者必須先固淮甸，棄淮則江南不可保。」

「臣愚以為疆吏苟賢，則雖跨江跨淮，而無損於軍事吏事之興；疆吏苟不賢，則雖畫江分治，而無補於軍事吏事之廢。此等大政，似不必輕改成憲。」

一、「前奉兩次諭旨，垂詢楊岳斌赴任後，鮑超謀勇素裕，能否勝督辦之任。」

曾國藩覆旨，「鮑超戰功最偉，屢次收降巨股，賊力服其威信，自足勝督辦之任。」

曾國藩是一儒者，亦如顧炎武，是通地理的，字裡行間，亦如〈天下郡國利病書〉之神脈。而曾文正公之疆吏苟賢與不賢，實在是為政在人之有力註腳。道固能弘人，而道更待人弘也，是一樣的道理。

55 念門庭之太盛，盛極而懼

曾國藩對清朝，真是鞠躬盡瘁，但皇上對曾國藩也是無微不至；除了國藩外，還念念不忘其老弟曾國荃，並發表為山西巡撫。尚不止如此，並囑國藩力勸老弟「作速赴任，勿以病辭」。這樣的皇帝，若無其他的因素，除了緣與誠之外，就是耐心與耐性了。皇上的修養，真是到家了。

同治四年七月初八日，曾國藩就「天恩」作一彙總呈覆：

「伏念臣弟國荃，於上年九月蒙恩開缺，回籍調理。本年二月間，仰荷特旨詢問，眷遇優隆，嗣經臣弟國荃專摺具奏，病未痊癒，懇請暫緩入都。」

「五月間，又疊奉寄諭，飭催即日北上，仰見朝廷嚮用之殷，期望之切。臣每寄家書，勖其壹意靜攝，冀圖速愈，以慰宸廑。玆乃欽承恩命，畀以專圻，值時事之多難，念門庭之太盛，感極而懼，若涉春冰。伏思山西為北路完善之區，目今值邊防喫緊之際，臣弟國荃，受恩深重，苟可勉力馳驅，斷不稍耽安逸，惟臣前接家信，知其舊患溼疾，本未痊癒。又於閏五月初六日，感染時症，不進穀食者九日，頗覺可危。至十五日，始有轉機。據醫家云：『此次大病之後，積年病根，俱已發洩，如果調理得宜，轉可漸漸復元。』」

「臣恭錄諭旨，馳函家中，囑其自揣精力，迅速赴闕，勉圖報效，一面寄書臣營，代為陳奏。」

這真是古今中外君臣間少有的佳話。往往在上者怕被在下者「纏」，一纏再纏，只有「投降」，如今皇上也下了纏功夫，非要把國荃請出來不可。難得的修養，皇上要國荃一而再，再而三，前來京城一見。國荃托病在鄉，連信都不回，苦了老哥國藩。

這好比戀愛中男女，越見不到，越想見他，國荃也真是吊足了皇上的胃口。

國荃要不是得了「傷心」大症，拒赴京城，懶見皇上，真的病了，「不進穀食者九日」，其關鍵還在「穀食」。就現代飲食健康而言，並無什麼，還有其他可維生的，食慾不振是真的。

文正公之異於常人者，就在於「念門庭之太盛，盛極而懼」，一般人盛極而「驕」而「狂」，終至因盛而衰而亡，因驕而敗。

一家是如此，一國也是如此。富不過三代，基本道理之一，也可作如是觀。

56 將略、品行、學術

「吾輩不幸生當亂世，又不幸而帶兵。日以殺人為事，可為寒心，惟時時存一愛民之念，庶幾留心田以飯子孫耳。」

「楊鎮南之哨官楊光宗，頭髮橫而盤，吾早慮其不馴。楊鎮南不善看人，又不善斷事，弟若看有不妥治之意，即飭令仍回兄處，兄另撥一營與弟換可耳。」（咸豐十年六月初十日，致九弟季弟，〈述〉楊光宗

不馴〉）

曾文正公為了保衛鄉民，不得已而帶兵打仗殺人，因之，「日以殺人為事，可為寒心，惟時時存一愛民之念，庶幾留心田以飯子孫耳。」

曾文正公是不迷信的，但他能看相，深諳觀人術，後來蔣中正先生亦深信此理，無論平時或重要人事之任命，以點名或召見為之，其用意即在此。曾文正公曾觀哨官楊光宗，「頭髮橫而盤」，非屬善類，「早慮其不馴」，果然靈驗，並謂「楊鎮南不善看人，又不善斷事。」

「惟弟此次出山，行事則不激不隨，處位則可高可卑，上下大小，無人不翕然悅服，因而凡事皆不拂意；而官階亦由而晉，或者前數年抑塞之氣，至是將暢然大舒乎。《易》曰：『天之所助者，順也；人之所助者，信也。』我弟若常常履順思信如此，名位豈可限量哉。」

「吾湖南近日風氣，蒸蒸日上。凡在行間，人人講求將略，講求品行，講求學術。弟與沅弟既在行間，望以講求將略為第一義，點名看操等粗淺之事，必躬親之。練膽料敵等精微之事，必苦思之。品學二者，亦宜以餘力自勵。目前能做到湖南出色之人，後世即推為天下罕見之人矣，大哥豈不欣然哉。」

「沅弟以陳米發民夫挑濠，極好，極好。此等事弟等儘可作主，兄不吝也。」（咸豐十年六月二十七日，致季弟，〈講求將略品行學術〉）

將略、品行、學術三者，在軍言軍，曾文正公認為，「將略為第一要義。」品行與學術，宜以餘力自勵。

曾文正公言，「目前能做到湖南出色之人，後世即推為天下罕見之人矣。」以此勉其弟，而曾文正公本人確實為歷史留名，並為「天下罕見之人。」

57 吾忝為將相而所有衣服不值三百金

「爾信極以袁壻為慮，余亦不料其遽爾學壞至此，余即日當作信教之。爾等在京，卻不宜過露痕跡，人所以稍露體面者，冀人之敬重也。若人之傲慢鄙棄，業已露出，則索性蕩然無恥，拚棄不顧，甘與正人為仇，而以後不可救藥矣。我家內外大小，於袁壻處禮貌，均不可疏忽。若久不悛改，將來或接至皖營，延師教之亦可。大約世家子弟，錢不可多，衣不可多，事雖至小，所關頗大。」（同治元年五月二十四日，諭紀澤，〈當作書教誡袁壻〉）

這一袁壻，屬至親至近，可令曾家傷透腦筋，但深通人性的曾文正公，告紀澤勿決裂，亦不要揭穿，維持其顏面，免走入極端。特囑「我家內外大小，於袁壻處禮貌，均不可疏忽。若久不悛改，將來或接至皖營，延師教之亦可」。真是仁盡義至也。

「昨接易芝生先生十三日信，知爾已到省，城市繁華之地，爾宜在寓中靜坐，不可出外遊戲徵逐。」

「凡世家子弟，衣食起居，無不與寒士相同，庶可以成大器，若沾染富貴習氣，則難望有成。吾忝為將相而所有衣服不值三百金，願爾等常守此儉樸之風，亦惜福之道也。其照例應用之錢，不可過嗇。」

（同治元年五月二十七日，諭紀澤，〈衣食起居勿沾富貴習氣〉）

曾文正公身居要津，卻以富貴為懼，也以奢侈為恥，並以「守此儉樸之風，亦惜福之道也。」但節儉不是吝嗇，乃有「其照例應用之錢，不可過嗇」，免招鄉里族人反感。而其「忝為將相而所有衣服不值三百金」，尤令人感動也。

「希庵丁憂，余即在安慶送禮，寫四兄弟之名，家中似不必另送禮，或鼎三姪另送禮物，亦無不可，然只可送祭席輓幛之類，銀錢則斷不必送。」（同治元年七月十四日，諭紀澤，〈宜時時哦詩作字〉）

這樣送禮的瑣事，他都這樣細心與週到，可見曾文正公對治家之用心，亦可見其處事之精神與原則：過與不及，均非適宜也。

58 將才傑出者，極少，但有志氣者，可予美名

「既知保養，卻宜勤勞，家之興衰，人之窮通，皆於勤惰卜之。」

「作文以思路宏開，為必發之品，意義層出不窮，宏開之謂也。」

「吾家婦女，須講究作小菜，如腐乳、醬油、醬菜、好醋、倒筍之類，常常做些，寄與我吃。內則言事父母舅姑，以此為重，若外間買者，則不寄可也。」（同治五年八月初三日，諭紀澤紀鴻，〈讀史須作史論詠史詩〉）

這一封信，是很奇妙的。一段是講「作文以思路宏開」，一段是講「讀通鑑論」，一段是講家中婦女需作家事，「須講究作小菜」，「常常做些，寄與我吃」，「若外間買者，則不寄可也」，尤有情趣。他很想吃家鄉小菜，但以自己做的為好，很有鼓勵作用。一個人在外做官做得再大，財發得再大，往往所思所念者，還是家鄉的小吃與山水人情，山珍海味，不如家鄉小吃。曾文正公是如此，蔣中正先生也是如此。大陸對外關係改善後，港臺巨商，如邵逸夫、包玉剛等在其家鄉捐巨款，興醫院、建學校，皆出自此一心理。

「淮勇不足恃，余亦久聞此言，然物論悠悠，何足深信？所貴好而知其惡，惡而知其美。省三琴軒，均屬有志之士，未可厚非。中夫好作譏微之論，而實不能平心細察。余所見將才傑出者極少，但有志氣，即可予以美名，可獎成之。」

「余病雖已愈，而難於用心。擬於十二日續假一月，十月奏請開缺，但須沅弟無非常之舉，吾乃可徐行吾志耳，否則別有波折，又須虛與委蛇」。（同治五年九月初九日，諭紀澤紀鴻，（但有志氣者可獎成之））

人之好與人之惡，均在口中。喜歡論他人是非，「禍從口出」；喜歡美食，實在的，「禍從口入」。曾文正公有感而發，乃有「余所見將才傑出者極少，但有志氣，即可予以美名，可獎成之。」打了這樣多的仗，立了這樣大的功，發掘這樣多人才，還深信將才之難，但曾文正公對於「有志氣」特別賞識，也特別要提拔，可見「志氣」之難與重要。

曾文正公心灰意冷，求去心切。但「別有波折，又須虛與委蛇。」以曾文正公之剛毅性格，還須「虛與委蛇」，可見官場之難，難於無奈。

59 通籍三十年，官至極品，學業德行為念

「余蓋屋三間，本為擺設地球之用，不料工料過於堅緻，簷過於深，費錢太多，而地球仍將黑暗，不能明朗。心為悔歉。余好以「儉」字教人，而自家實不能儉。傍夕與紀澤談，令其將內銀錢所賬目經理，講求儉約之法」。（戊辰四月）

曾文正公的功業積成，可由幾個字作為他的精神代表，其中之一，就是「儉」字。

這一段日記所表達的，不只是「儉」而已：

蓋屋三間，為了擺設「地球」之用。曾文正公並非一般為官讀書人，而有天下之念，乃有「地球」之設。

其二，主其事者，不知為何蓋此三間屋，工料過於堅緻，費錢過多，「地球仍將黑暗」，所為何事？弄巧成拙。這不只是曾文正公有此經驗，幾乎到處都可以看到這種經驗！曾文正公為此「心為悔歉」——太浪費也。

「初到直隸，頗有民望，今諸事皆難振作，恐虎頭蛇尾，為人所笑。尤為內疚於心，輾轉慚沮，刻不自安。」（己巳五月）

曾文正公的心情，垂垂老矣。自兩江總督到直隸總督，不只是無當年的威風，實在欲振乏力。人有高點，人的事業亦有高峰。曾文正公的事業，入主直隸之日起，就往下坡滑，天時地利人和，均不對，時代環境之移轉也。的確，那有萬世的英雄。

「夢在場中考試，枯澀不能下筆，不能完卷，焦急之至，驚醒。余以讀書科第，官躋極品，而於學術一無所成，亦不能完卷之象也，媿歎無已。」（庚午二月）

古人之「科第」，今人之「升學」，皆在考試中度過，美夢得圓。科舉得意，考試得志，均是人生之快事，但午夜夢迴，難免為考試提心吊膽。

因為考試太緊張，心情負擔太重。

曾文正公以為人與學術為念，乃有「余以讀書科第，官躋極品，而於學術一無所成」，難免心虛不已，「媿歎無已」。

「余此生學問文章，一無所成，愧悔無已。」（庚午二月）

宦至極品的曾文正公，平時就戒慎恐懼，一旦力不從心，逐漸離開權位，就會更有人生喚風使雨，最後還是一場空之嘆。

「余精神散漫已久，凡遇應了結之件，久不能完；應收拾之件，久不能檢。如敗葉滿山，全無歸宿。通籍三十餘年，宦至極品，而學業一無所成，德行一無可許。老大徒傷，不勝悚惶慚赧。」（壬申二月）

曾文正公以老之將至的心境，寫出他的一生心路歷程。這個時候，心灰意冷，什麼事情，也沒有興趣，「如敗葉滿山，全無歸宿」，是「悲秋」的心境。

60 忠臣謀國，百折不回，勇士赴敵，視死如歸

「惟夫忠臣謀國，百折不回；勇士赴敵，視死如歸。斯則常勝之理，萬古不變耳。其他器械財用，選卒校技，凡可得而變革者，正賴後賢，相時制宜，因應無方，彌縫前世之失，俾日新而月盛。」

（〈金陵楚軍水師昭忠祠記〉）

論作戰，曾國藩那個時代，陸軍為主，海軍為輔，現代軍事作戰初具也。金陵落於太平軍之手，而有太平天國之立，與北京之清朝，一國二府也。金陵官軍潰散，蘇浙淪陷，曾國藩受命艱危，出任兩江總督，先後成立淮揚水師一軍、太湖水師一軍。（先前，咸豐四年，曾文正公亦奉命籌備舟師，並募湖勇水陸萬人。）

「忠臣謀國，百折不回；勇士赴敵，視死如歸」，曾國藩之忠，湘軍之勇，實為千古之典型，其他

條件，都是消極的，非屬命脈。

「咸豐二年十月，粵賊圍攻湖南省城，既解嚴，巡撫張公亮基，檄調湘鄉團丁千人，至長沙備防守，羅忠節公澤南，王壯武公鑫等，以諸生率千人以往。維時國藩，方以母憂歸里，奉命治團練於長沙，因奏言團練保衛鄉里，法當由本團醵金養之，不食於官。緩急終不可恃，不若募團丁為官勇，糧餉取諸公家，請就現調之千人，略仿戚元敬成法，束伍練技，以備不時之衛，由是吾邑團卒，號曰湘勇。三年春，平土寇於衡山，破逆黨於桂東。其夏，粵賊圍江西省城，國藩募湘勇二千，楚勇千人，羅忠節公輩，率之東援，初戰失利。營官謝邦翰、易良幹等殉難，湘勇之越境剿賊，將領之力戰捐軀，實始於此。」

（〈湘鄉昭忠祠記〉）

這就是湘勇之始。無正式官職無官餉，一如抗戰初起義勇軍也。模仿對象，「戚元敬氏成法」，戚繼光抗倭寇之民族英雄第一人也。

湘勇出師未捷身先死。此即所謂「湘勇之越境剿賊，將領之力戰捐軀，實始於此。」

61　本部堂德薄能鮮，獨仗忠信二字

「為傳檄事，逆賊洪秀全楊秀清，稱亂以來，於今五年矣。荼毒生靈數百餘萬，蹂躪州縣五千餘里，所過之境，船隻無論大小，人民無論貧富，一概搶掠罄盡，寸草不留，其擄入賊中者，剝取衣服，搜括銀錢。銀滿五兩而不獻賊者，即行斬首。男子日給米一合，驅之臨陣向前，驅之築城濬濠。婦人日給一合，驅之登陴守夜，驅之運米挑煤。婦女而不肯解腳者，則立斬其足，以示眾婦。船戶而陰謀逃歸者，

則倒抬其屍，以示眾船。粵匪自處於安富尊榮，而視我兩湖三江被脅之人，曾犬豕牛馬之不若，此其殘忍慘酷，凡有血氣者，未有聞之而不痛憾者也。自唐虞三代以來，歷世聖人，扶持名教，敦敘人倫，君臣父子，上下尊卑，秩然如冠履之不可倒置。粵匪竊外夷之緒，崇天主之教，自其偽君偽相，下逮兵卒賤役，皆以兄弟稱之。謂惟天可稱父，此外凡民之父，皆兄弟也。凡民之母，皆姐妹也。農不能自耕以納賦，而謂田皆天王之田，商不能自賈以取息，而謂貨皆天王之貨，士不能誦孔子之經，而別有所謂耶穌之說，新約之書。舉中國數千年禮義人倫，詩書典則，一旦掃地蕩盡，此豈獨我大清之變，乃開闢以來，名教之奇變。我孔子孟子之所痛哭於九原，凡讀書識字者，又烏可袖手安坐，不思一為之所也。自古生有功德，沒則為神；王道治明，神道治幽，雖亂臣賊子，窮凶極醜，亦往往敬畏神祇。李自成至曲阜，不犯聖廟；張獻忠至梓潼，亦祭文昌。」

「本部堂奉天子命，統帥二萬，水陸並進，誓將臥薪嘗膽，殄此凶逆，救我被擄之船隻，拔出被脅之民人。」

「是用傳檄遠近，咸使聞知：

倘有血性男子，號召義旅，助我征勦者，本部堂引為心腹，酌給口糧；

倘有抱道君子，痛天主教之橫行中原，赫然奮怒，以衛吾道者，本部堂禮之幕府，待以賓師；

倘有仗義仁人，捐銀助餉者，千金以內，給予實收部照；千金以上，專摺奏請優敘；

倘有久陷賊中，自拔來歸，殺其頭目，以城來降者，本部堂收之帳下，奏授官爵；

倘有被脅經年，髮長數寸，臨陣棄械，徒手歸誠者，一概免死，資遣回籍。」

「今天子憂勤惕厲，敬天恤民，田不加賦，戶不抽丁。」

「若爾被脅之人，甘心從逆，抗拒天誅，大兵一壓，玉石俱焚，亦不能更為分別也。本部堂德薄能鮮，獨仗忠信二字，為行軍之本。」（〈討粵匪檄〉）

這是曾文正公的〈討粵匪檄〉。

是有根有據的文章，出自書生之筆，還是段落目的目標分明的。

洪秀全、楊秀清的太平天國，確確是打著西方的「天主」，若干名詞與作法，在今天宗教普及化之下，已不足為怪；只是打著西方宗教的招牌，作些違反中國固有信仰，不是為天啟，而是為己謀，而弄成天怒人怨。曾國藩以文弱書生，本孔孟之義，統帥二萬，水陸並進，出湘境，出生入死，而成為能征慣戰的湘軍，替天行道，保國安民也。

這一檄文，不外號召有錢出錢，有力出力，起義來歸，有功則賞，知迷不悟者誅。

這一檄文，還是給讀書人看的，一般大眾是看不懂的，這就是「文告」。

自從劉邦興起平民革命，即約法三章，義行天下，此類文告，歷久不衰，成為文書政治接招過招通電不二法寶。

民國以來，通電文告，是槍林彈雨前後，另一種戰場。兩國之間，軍閥與軍閥之間，以紙彈代替子彈，企圖以不戰而屈敵人之兵，昭告天下，正位自居，爭取支持，爭取同情。

中國文字變化無窮，但有時難免油盡燈枯之時，可憐為文執筆者，也會江郎才盡。

一部現代中國史，談談打打，戰爭與和平交織，文字產生奇妙的功能。為文者，往往居於心腹重要的地位，大事小事都能隨時隨地寫出來。千鈞一髮之際，也會成為傳世之作。

汪精衛與孫中山先生關係就是如此。

影響中國國民黨，決定中國之命運者，固在槍砲，亦有文字之微妙關係。中國國民黨三巨頭：胡漢民、汪精衛與蔣中正，就是與中山先生之遠近關係也。蔣先生所主宰之中國之命運，起自民國十一年六月十六日中山艦事件，「介石赴難來粵，入艦日侍余側，而籌劃多中，樂與余及海軍將士共死生。」自此，蔣先生後來居上，成為中山先生之繼承人。黃埔建軍，而有革命武力，有別於其他孫先生左右者，更有別於軍閥。蔣先生以膽識見重於孫先生；而汪精衛則以文字侍候孫先生，尤其「中山先生去世時隨侍在側，得為遺囑起草人，在心態上或不免以中山繼承人自居。」（請見蔣永敬：〈國民黨三巨頭胡汪蔣的分合〉，《傳記文學》，第六十二卷，第三期）

這就是我們所熟知的「余致力國民革命」的總理遺囑，汪先生自認知孫先生者莫如他，否則或以會把孫先生的一生奮鬥歷程、目標、未竟之志，以短短幾十字寫出來。

62 兄弟五人，四人者皆從事戎行

「同治元年十一月十八日丙寅，我季弟歿於金陵軍中。逾月，喪過安慶，國藩設次哭奠如禮，遣之反葬。弟名國葆，字季洪，後更名貞幹，字事恆。少則落落自將，脫去町畦，視人世毀譽，及書史褒譏孅惡，不甚厝意。不隨眾為疑信，時或詰難參伍，大破群惑，嘗應縣試又學政試，再冠其曹，已而厭薄舉業，不肯竟學。」

「八年十月，母弟國華戰歿三河，季則大慟，誓出殺賊，以報兄仇而雪前恥。鄂帥胡文忠公，方廣求將材，命季分領千人。自黃州建旆而東，十年正月，連克太湖潛山，三月始與叔弟國荃，會師以圍安慶。」

「兄弟五人，自仲氏國潢外，四人者皆從事戎行。」

「智足以定危亂，而名譽不竝於時賢；忠足以結主知，而褒寵不逮於生前；仁足以周部曲，而妻孥不獲食其德；識足以祛群疑，而文采不能伸其說。」（〈季弟事恆墓志銘〉）

「兄弟五人，自仲氏國潢外，四人者皆從事戎行」，這就是曾文正公一家，真是奔赴戰場，曾氏身先士卒。這樣犧牲自我的決心，而能成非常之業。

「智足以定危亂」，也就是蔣中正先生所言：「勇者不懼」的道理。

「為文章，務先義理，不事縟色繁聲，旁徵雜引以追時好。」（〈仁和邵君墓志銘〉）

文章，經國濟世之業也。的確，以曾文正公的功業，確實做到了這點。

「篤好浚儀王氏《困學紀聞》，顧氏《日知錄》二書。」

「然君性實剛介，嫉惡如讎，深恨昏墨之吏，曁士人居家，者財利與賈豎競錙銖者，以謂天下大亂，端由此輩。意不外則昌言誅責，唾而斥之；或以書抵友朋，其語絕痛。又嘗戒其子裕釗，汝才薄，慎無求仕，苟仕，慎無為身家謀。」（〈張君樹程墓志銘〉）

《困學紀聞》與《日知錄》，亦是曾文正公所推崇之兩書。

張君樹程為字，名為善準，號平泉，晚年更自號為「愚公」，可見其為人至忠至愚也。曾文正公讚其「能好能惡，是謂至仁」，亦即黑白分明。這樣的官，可謂天下眾醉我獨醒，其不得意其苦痛可想而知，因之，戒其子「慎無求仕，苟仕，慎無為身家謀」，可謂道盡其苦痛。

樹程先生著有《史學提要續編》六卷。

63 赤心以憂國家，小心以事友生，苦心以護諸將

「大喪典禮，軍中僅大員素服三日，尚須於營外設次，其弁勇則照常辦事，不素服，不藍印，不蓄髮。弟因現住省城，與學使府縣等官相處，故參用地方官儀制，公則以九卿治軍於外，宜全用軍營儀制也。」

「正封緘間，接湖北信，胡宮保於八月二十六日亥刻去世，痛心之至。赤心以憂國家，小心以事友生，苦心以護諸將，天下寧復有似斯人者哉。奉旨以李希菴暫署湖北巡撫，蓋因潤帥請開缺一摺薦之自代也。」—（覆左季高）

這是一封至悲至痛的信。曾、胡、左，少了一位胡，於公於私，豈僅止於「痛心之至。」

「赤心以憂國家，小心以事友生，苦心以護諸將」，這是曾文正公對胡林翼一生的論評也。

曾文正公的可敬可愛之處，在於能通情達理，而不會執禮過份，這在當時的帝王環境不易，今天亦屬不易。大行皇帝駕崩，大喪典禮，全國舉喪，但軍中則有例外，他簡單明瞭指示原則及細節：「軍中僅大員素服三日，尚須於營外設次，其弁勇則照常辦事，不素服，不藍印，不蓄髮」，是何等開明又是何等有決斷之事。道理很簡單，軍中非常之地也，不能以平常地平常人待之，此所謂因時因地因人而異也。

這樣的命令，除了曾文正公外，誰有這樣的膽量，這樣的開明，這是曾文正公的可敬可愛之處。不做作，更不會乘機大作文章大作舉動，以示效忠也，這才是真誠。

「日內聞國制與胡宮保之喪，意緒慘慄，或徹夜不能成寐；幕中又無一友相助，諸事停閣，寸心歉仄。」（覆李黼堂）

胡宮保之喪，曾文正公痛失良將良伴，「徹夜不能成寐」，淒涼不堪。

「幕中又無一友相助，諸事停閣」，此中之「閣」與現代民主國家內閣政府之「內閣」，有異曲同工之妙。

64 禍福置之度外，但以不知夷情為大慮

「夷務本難措置，然根本不外孔子忠信篤敬四字。篤者厚也，敬者慎也，信只不說假話耳，然卻極難，吾輩當從此一字下手。今日說定之語，明日勿因小利害而變；如必推敞處主持，亦不敢辭，禍福置之度外，但以不知夷情為大慮。滬上若有深悉洋情，而又不過軟媚者，請邀之來皖一行。」（覆李少荃）

李少荃，李鴻章也，曾國藩弟子，並入幕僚，領淮軍。其作風與文正公迥異，但二氏身影相隨。太平天國平後，曾氏力不從心，直隸總督無功而退，李鴻章繼之。李鴻章與其業師，最大不同之處，即鴻章成為近代史第一位洋務大臣，影響至深且鉅也。

曾國藩覆李鴻章的信，卻直接了當，不作轉彎抹角。這一封信，共有四點「提示」。第一點即談「夷務」。「言忠信，行篤敬」，是曾國藩基本精神，其個人修養是如此，與夷人交往亦是如此，他如此期待李少荃，也以此勉勵其子紀澤。少荃在清朝對外交涉中，毀多於譽，而紀澤卻有出人意表的成績，成為近代外交史難得令國人展顏的一段，是「言忠信，行篤敬」的實踐。

「今日說定之語，明日勿因小利害而變」，就是最重要亦是最淺顯的「言忠信。」

這一封信，曾文正公有自知之明，倒不怕禍福難易，而是不諳夷情，因之，「如必推敞處主持，亦不敢辭，禍福置之度外，但以不知夷情為大慮，滬上若有深悉洋情，而又不過軟媚者，請邀之來皖一行。」

此一「深悉洋情」，即後來之洋務買辦也。

「禍福置之度外」，對蔣中正先生的「置個人死生於度外」，應具有啟發性，更具決心也。

曾文正公沒有門戶之見，人才吸取，不限於故舊門生，而廣為發現網羅，乃有「滬上若有深悉洋情，而又不過軟媚者，請邀之來皖一行。」

「而又不過軟媚者」，就是若干現代對外交涉者之「洋奴」寫照，既缺乏立場又無尊嚴。此所以一代外交鬥士蔣廷黻受國人尊敬，外交才子葉公超受人懷念之原因也。

65 為將之道，廉明二字，則可學而幾也

「為將之道，謀勇不可以強幾；廉明二字，則可學而幾也。弁勇之於本管將領，他事尚不深求，惟銀錢之潔否？保舉之當否？則眾目眈眈，以此相伺；眾口嘖嘖，以此相譏。惟自處於廉，公私出入款項，使闔營共見共聞。清潔之行，已早有以服弁勇之心。而於小款小賞，又常常從寬，使在下者恆得沾潤膏澤，則惠足使人矣。明之一字，第一在臨陣之際，看明某弁係衝鋒陷陣，某弁係隨後助勢，某弁迴合力堵，某弁見危先避，一一看明，而又證之以平日辦事之勤惰虛實，逐細考核。久之雖一勇一夫之長短賢否，皆有以識其大略，則漸幾於明矣。得廉明二字為之基，則智信仁勇諸美德，可以積累而漸臻；若不

從此二字下手，則諸德亦茫無把握。」（〈吳廷華稟奉委管帶新立之湖北撫標新仁營勇由〉）

曾文正公不厭其煩的舉出廉明之重要，以身作則，以及如何考核。

廉就在銀錢與保舉二方面，是不是清清楚楚、公公道道。

軍人之明，就在明戰功，才能論功行賞。一在「平日辦事之勤惰虛實」，一在戰場之出生入死。前者在勤與實，不是一時也不作表面功夫；後者是「衝鋒陷陣」或是「見危先避」。真是不只是關係一兵一卒之升遷，亦關係一部隊之興衰。往往一場戰役之勝仗，因為賞罰不公，往往偷機取巧，拍馬鑽營者，反而成為首賞，不公不平，「眾口嘖嘖，以此相譏」，則埋下敗亡之種子。

66 事事不愧名將，利心太重，不足服眾

「該令統率各營，和輯眾志，已有成效。足見平日能以情意相感孚，並不在以位望服人也。此後當常以苦口教之，教之有效，則淮勇可多出忠臣義士，名將顯宦；教之而無效，則淮勇仍不免為驕將悍卒，害家凶國，一人肫誠，萬眾可感；一心堅定，天地可迴。該令前帶勇經過清江淮揚一帶，秋毫無犯，頌聲大作，望推此以教訓淮勇全軍，苦心磨鍊，副我厚望，勿遽作息肩計也。」（〈統帶江蘇撫標親軍總辦湘淮各營防勦事宜李令鶴章稟出隊援救北新涇獲勝解圍情形由〉）

「該令」指李鶴章也。

此一「批呈」，亦見曾文正公之精神也：湘勇是勇，淮勇亦是勇也。淮勇究為「忠臣義士」或是「驕將悍卒」，端賴如何「教之」。這就是曾文正公並無親疏之別，不會特別偏袒湘勇也。

「秋毫無犯，頌聲大作」，這是曾文正公嚮往的一個軍民境界：軍愛民，民敬軍，軍民一家也。

「貴軍一月全餉，合計不滿八萬。老前新前禮字三營，病死者已千餘人，合之各營病故者，約在三千以外；陣亡傷亡及散走者，亦在一千以外，比較前此勇額，減去三分之一，何以緘稱到餉二萬，止能散給七日，殊不可解。貴軍門事事不愧名將，惟利心太重，不足服眾。聞近日催提各營截曠之銀，彙送貴軍門處，有此舉否？為統帥者欲服將士之心，在不爭將士之利。」

「一則人心易服、二則照料易周、三則使麾下宿將，各顯手段，造成獨當一面之才，以為久遠不敗之地，其法至善，何以至今猶未決也。」（鮑提督超稟請籌發一二月滿餉由）

一個「軍」病故約三千，陣亡傷亡及散走者亦一千，少了三分之一，除非這是虛數，除非已有新員補充，何能照領全額薪餉不誤，這就是典型的軍中「老槍」吃空，驍勇善戰者老鮑也照吃，老帥有些失望。因之，曾文正公斥之為「殊不可解，貴軍門事事不愧名將，惟利心太重，不足服眾。」

曾文正公對鮑超所提「一則人心易服、二則照料易周、三則使麾下宿將，各顯手段，造成獨當一面之才，以為久遠不敗之地」，曾文正公讚為「其法至善，何以至今猶未決也」。言外之意，豈能紙上談兵？至於「各顯手段」，各顯神通，展開競爭也。

67 成大事者多在銖積寸累上用功

「本部堂分內之事，現在專重在剿辦捻匪，但使捻匪之凶燄，少減一分，即為朝廷釋一分之憂勞。該員分內之事，現在專重查辦民圩，但使兵民疑團稍釋一分，即為本部堂寬一分之責任。此外非分內而又萬難做到之事，不必多管，成大事者多在銖積寸累上用功，如殷浩呂頤浩輩，志非不大，其究何嘗有分寸之補？該員若專事高掌遠蹠，竊恐一無所成也。採訪記略摺存閱。」（〈侯選訓導計棠稟呈豫中採訪記略摺〉）

務實務本，守份守責，就是曾文正公一貫之精神，亦即本函的要旨所在。該員在稟呈函中，講了一些大話，也說了一些題外話，令這位守份守責的「本部堂」大為光火，極表不滿：「而忽發此題外之論，洋人之患，此天所為，實非一手一足所能補救。」

此時此地曾文正公的責任，是「專重在剿辦捻匪。」他上對朝廷，下對僚屬，都是責任：「使捻匪之凶燄，少減一分，即為朝廷釋一分之憂勞。」「現在專重查辦民圩，但使兵民疑團稍釋一分，即為本部堂寬一分之責任。」

「釋一分之憂勞」，「寬一分之責任」，曾文正公念茲在茲也。

「成大事者多在銖積寸累上用功」，這是務實者的功夫，日積月累，自然就有大效，立大功。

68 將領願做活事，不願做笨事

「此外，諸將則紛紛推諉，均願游擊，不願防河。蓋防河者興工之時，荷鍤負土，十分辛苦，不比游擊者之半行半住，稍覺安逸。防河者工竣之後，保守汛地，厥罪甚重，不似游擊者易於報功，難於見過。故勇丁願行路，不願挑土；將領願做活事，不願做笨事，人情大類然也。聞該鎮樸實耐勞，向不敢取巧，既知守至京水鎮，可保黃河大隄，永無北顧之憂，即應躬任其難，無令推諉者效尤可也。」

(〈統領毅字營宋鎮慶稟防守黃河賊蹤偷挖未遂緣由〉)

曾文正公把人性講得很清楚：好逸惡劣，取巧避難也。因之舉出：「均願游擊，不願防河。」「游擊者易於報功，難於見過。」

「將領願做活事，不願做笨事，」此之「人情大類然也，」然能大功，破萬難如曾文正公者，必屬肯做笨事，做傻事，才能異於常人，而有非常之功。

雖然人情如此，但深諳統御之道的曾文正公，還是對這位統領慰勉有加：「聞該鎮樸實耐勞，向不敢取巧」，亦即有厚望焉。

「仁愛士卒百姓，出於至誠，方冀仔肩大任，戡定中原。不意追勦過猛，遽隕將星，賊燄日長，尤深悲憤。該營官等，救援不力，雖由賊勢過重，亦屬咎無可辭。」(〈樹字前營劉克仁等稟統領張鎮捐軀救援未及會請參辦由〉)

有功則獎，有罪則罰。這一「參辦」最使曾文正公痛心的，是由於救援不力，而使統領張鎮捐軀，痛失忠愛，令老帥心碎，而違背湘軍原則：救援爭先，亦令老帥光火。不管什麼理由救援不力，「雖由賊勢過重，亦屬咎無可辭。」事情做錯了，沒有理由可講，也沒有可以原諒的，這就是曾老帥的脾氣。

六、自知善任篇

「李鴻章任事最勇，進兵最速，但……。」

1 樹人之道・知人善任，陶鎔造就

「凡用兵之道，本強而故示敵以弱者，多勝。本弱而故示敵以強者，多敗。敵加於我，審量而後應之者，多勝。漫無審量，輕以兵加於敵者，多敗。」（己未四月）

本不強而示強，逞強也，必敗。

本強而示弱，必勝。

勝算，因素固多，但還是有質的因素，量的計算，還是能算得出來。最怕的，就是打糊塗戰，甚至自不量力，就是「漫無審量」。輕於開戰，更會遭敗。

「近年馭將失之寬厚，又與諸軍相距過遠。危險之際，弊端百出，然後知古人所云：『作事威克厥愛，雖小必濟』，反是乃敗道也。」（己未六月）

儒者出身之曾文正公，常作自我檢討。帶將帶久了，年齡也大了，彼此間感情也深厚，就難免有感情，而「失之寬厚」。

「帶勇之法，用恩莫如用仁，用威莫如用禮。仁者，即所謂欲立立人，欲達達人也。待弁勇如待子弟之心，嘗望其成立，望其發達，則人知恩矣。」（己未八月三日）

真是帶兵帶心也。這樣的帶兵，軍隊就是家庭，就是學校，士兵如子弟，如學子。這樣才是真正的「子弟兵」。

「營務處之道，一在樹人，一則立法。有心人不以不能戰勝攻取為恥，而以不能樹人立法為恥。樹

人之道有二：一曰：知人善任，一曰：陶鎔造就。」（己未九月）

樹人與立法，營務二大法門。這一作為，影響以後的現代將領很大。當兵的，不只是教如何打仗，如何殺敵，如何做人，尤為重要。做兵先做人也。至於「立法」，則立下一些規矩，供大家進退之準據也。至於樹人之道：知人善任，陶鎔造就，境界更高，已不是「當兵」的範圍。

「帶兵之道，『勤恕廉明』四字，缺一不可也。但兵以力作主，巧作客。」

「軍務須從日用眠食上下手。」（庚申正月）

「勤恕廉明」，帶兵之道，缺一不可，這是真言。

「兵以力作主，巧作客」，這是實言。兵力，一人之兵，一班之兵，所積成之兵力，在實；「巧作客」，則是虛也。

「軍務須從日用眠食上下手」，這就是日常生活都要照顧得很週到，睡得好，吃得好，才能成為正常而健康的士兵。這是蔣中正先生，在臺灣整軍經武，都從這些小地方下功夫，成為現代化部隊。孫立人將軍在鳳山練軍，就為代表，苦練成兵，百練成軍也。

2 知之而不用，用之而不盡

不論一國之君，或一個單位之主管，斷事處事，應分輕重緩急；大事與小事，尤應分清楚。作為主官者最怕的，是把小事當成大事來辦，這個機關就無效率與效果可言了。曾文正公曾於咸豐元年，以「三端預防流弊」上奏。其中值得警惕的，有云：「知之而不用，與不知同；用之而不盡，與不用同。」

曾文正公之語，一言以蔽之：知與行而已。

這一奏摺，一開始就很有技巧，但也很露骨地指陳皇上的缺失：「皇上生安之美德，約有三端，而三者之近似，亦各有其流弊，不可不預防其漸，請為我皇上陳之。臣每於祭祀侍儀之頃，仰瞻皇上，對越肅雍，跬步必謹；而尋常蒞事，亦推求精刻，此敬慎之美德也；而辨之不早，其流弊為瑣碎，是不可不預防。」

很顯然地，這一繁文縟節，亦步亦趨的禮節，皇上很認真，亦很過癮，但看在務實的曾文正公眼裡，很不是味道。因之，曾文正公指出：「或謹於小而反忽於大，且有謹其所不必謹者。」

這一皇上修養夠好的。

緊跟著，引到國家大事之處理：「夫所謂國家之大計，果安在哉，即如廣西一事，其大者在位置人才，其次在審度地利，又其次在慎重軍需。今發往廣西人員，不為不多，而位置之際，未盡妥善。姚瑩年近七十，曾立勳名，宜稍加以威望，令其參贊幕府；若泛泛差遣委用，則不能收其全力，嚴正基辦理糧臺，而位卑則難資彈壓。」

曾文正公轉彎抹角，真正目的，在指用人未當也。廣西一方之大員，派一古稀老人前往，酬庸則可，不足承重任。像這樣曾立勳名之元老，以今天而言，為資政為國策顧問，則恰到好處，養望而借重經驗。

廣西之事，皇上很重視，「地利」、「軍需」，而真正重要者，還在選「將」，反而把不適當的人，擺在重要位置上。

這是曾文正公一生成功地方之一，他很重視人才，培養出來各方面一代出將入相之才。

3 不善用兵，屢失事機

「兄不善用兵，屢失事機，實無以對聖主。幸湘潭大勝，保全桑梓，此心猶覺稍安，現擬修整船隻，添招新勇，待廣西勇到，廣東兵到，再作出師之計。而餉項已空，無從設法，艱難之狀，不知所終。人心之壞，處處使人寒心，吾惟盡一分心，作一日事。至於成敗，則不能復計較矣。」

「吾家子姪，半耕半讀，以守先人之舊，愼無存半點官氣，不許坐轎，不許喚人取水添茶等事，其拾柴收糞等事，須一一為之；插田蒔禾等事，亦時時學之，庶漸漸務本，而不習於淫佚矣。至要，至要，千囑萬囑。」（咸豐四年四月十四日，〈付回奏摺底稿〉）

這一封信，曾文正公的心情，可說壞到極點，也失望到極點。至於「兄不善用兵，屢失事機」，這在前面亦曾提及。曾文正公不是用兵之將，甚至早期屢戰屢敗，至用了戰將之後，包括其弟國荃，始氣勢大轉。可見「用兵」與「用將」是不同的。

「人心之壞，處處使人寒心」，真是心情極壞。

勉子姪仍應過務農之樸實生活，「無存半點官氣，不許坐轎，不許喚人取水添茶等事」。

真是用盡苦心。

「余近來因肝氣太燥，動與人多所不合，所以辦事多不能成，澄沅肝氣尤旺，不能為我解事，但為我添許多唇舌爭端，軍中多一人，不見其益；家中少一人，則見其損。澄侯及諸弟以後儘可不來營，但在家中教訓後輩，半耕半讀，未明而起，同習勞苦，不習驕佚，則所以保家門而免劫數者，可以人力主

之，望諸弟慎之又慎也。』（咸豐四年四月十六日，致諸弟，〈儘可不必來營〉）

曾文正公的「諸弟」，後來在與太平天國交鋒諸役中，或戰死疆場，或圍功金陵，可謂一門忠烈，其中，以國荃建功最偉。但早期在軍中的諸弟，或年少氣盛，或仗兄之勢，為老哥惹了不少麻煩，「為我添許多唇舌爭端，軍中多一人，不見其益；家中少一人，則見其損」，要他們打道回府。

4 不可師心自用，務期虛己用人

曾國藩為兩江總督，欽差大臣，督辦江南軍務，是在咸豐十年六月二十四日發佈的，但經公文發收，七月初七日始正式收到，其間也是夠神速的，公文效率也不能算不高。曾國藩於咸豐十年七月十二日，正式奏摺謝恩：

「竊臣於七月初七日，准兵部火票遞到咸豐十年六月二十日內閣上諭：『兩江總督著曾國藩補授，為欽差大臣，督辦江南軍務，欽此。』當即恭設香案，望闕叩頭謝訖。」

「處大江南北水火日深之地，值各路軍民雲霓望切之時，臣自顧何人。」

「惟是戡亂無才，分憂有志，凡微臣思力所能及，職分所應為，益當殫竭血誠，勉圖補救。」

歷史真是會重演。

讀這一段一段話，使我們想起經歷過的抗戰勝利與自大陸撤臺的歲月，就在這一歷史環境中。時間約在民國三十四年八月十四日至民國七十七年兩岸關係解凍。

曾國藩之「水火日深」，我們常常用到的是「水深火熱」，這從抗日勝利，東北光復，當時的蔣委員長蒞臨東北，撫慰同胞，在歡迎會中，就用了日本統治十四年，我東北同胞在「水深火熱中」。

至於「戡亂」，自從抗戰勝利，中共起兵，直到民國七十六年五月間，中華民國政府取消了「動員戡亂時期」，一直處在「戡亂時期」。

這二個文詞，可能先出於蔣中正先生的文告，其後形成政策。因為曾文正公的文集，是蔣先生所熟讀的；曾文正公的中興精神，也是蔣先生心念不已，一步一趨的。

凡有才幹之人，必有個性，曾國藩也是典型。曾國藩能成為中興名臣，挽一朝於既倒，知其性格用其性格，莫過於「皇上」。因此，皇上接到文正公的謝摺，也乘機教育教育一番，這是極高明的統御。皇上這樣的硃批：

「知道了。卿數載軍營，歷練已深，惟不可師心自用，務期虛己用人，和衷共濟，但不可無定見耳。欽此。」

通常聖上總是惜墨如金的，但這句話批下去，也不能不說不重，但此時皇上不說，尚待何時；皇上不說，又待何人能說？尤其是：「惟不可師心自用，務期虛己用人。」

皇上不放心，最後，又加上一句：「但不可無定見耳。」皇上對文正公真是用盡苦心。

這裏可以看得出來，主管之難，難在自處，處人與用人；主管的定見與主見，尤是不可缺少的性格，但如何把握分際尤難。

有清一代，雖然是外來民族，武功沒有話說，但文治也是第一流的，皇帝也是治國能手，否則何以會出來一個曾國藩。這一批示，就知道皇上也有極高明之統御之術，不是只靠「聖威」。

5 事權漸屬，儲為大用

曾文正公對於人才之培養，真是不遺餘力，其成就實在是中外古今難見之例，而造就之人才，或與其並列或青出於藍而勝於藍者：如曾左胡等，出將入相，文治武功，影響所及，不只是清朝一代，更為深遠也。

令人敬佩的，也值得我們效法的，就是曾文正公真是視才如命，一有機會，就提拔人才，這只是千百個之一例。

咸豐十一年四月初二日，曾文正公由於左宗棠之戰功，而上奏「請將左宗棠改為幫辦軍務。」

這一奏片是這樣的：

「上年奉旨襄辦臣處軍務，募勇五千餘人，馳赴江皖之交，方慮其新軍難收速效，乃去冬堵剿黃文金大股，今春擊退李世賢大股，以數千新集之眾，破十倍凶悍之賊，因地利以審敵情，蓄機勢以作士氣，實屬深明將略，度越時賢。可否籲懇天恩，將左宗棠襄辦軍務，改為幫辦軍務，俾事權漸屬，儲為大用之處，出自聖主鴻裁。」

6 慎簡將才，廣求忠益

曾國藩又升官了。對於文正公而言，只有「悚惶」兩字形容其心情與負擔。

同治元年正月二十三日，內閣奉上諭：「協辦大學士兩江總督曾國藩督軍勦賊，勤勞罔懈，於江皖地方，疊復各城，戰功卓著，甄拔所部將士，賢能稱職，經簡授協辦大學士，仍著交部從優議敘。」同治有無「遺命」不得而知，但他「借重」曾文正公，有甚於前者，這是他的高明處。這一「從優議敘」，並非酬庸，亦非拉攏，而是有具體內容的：「甄拔所部將士，賢能稱職。」

曾文正公於同治元年三月初八日「恭謝天恩」一番：「竊臣材識凡庸，謬膺重寄，下不能慰兩江雲霓之望，上不能分九重宵旰之憂，無補涓埃，徒深慚懼。……臣惟有慎簡將才，廣求忠益，勉己百己千之學，收群策群力之功。」

「群策群力」，自對日抗戰以來，無論文告或是標語，隨處可見，為官者在宣導政令，也都能朗朗上口。曾文正公那個時候，有這樣觀念，實在不易，也是開風氣之先。

7 懷大名，不祥之懼

曾國藩的地位越來越重要，責任也越來越艱鉅，有御史上奏要他統籌東南大局之責。以地方首長而言，難有這樣的機會，可見受信任之程度。除江浙等四省外，現在，又要他總制「六七省兵事」。

同治元年二月初五日，曾有御史朱潮上奏：「湖北等省，全境肅清，四川廣東亦抵安靖。請飭湖北等省會勦，四川廣東等省協餉，兵事責之曾國藩，餉事則派督撫大員一人，督催各路征輸，專司饋運。」

「兵事責之曾國藩」。皇上批示的意見：

「覽其所奏，與現辦情形，均屬不相符合。曾國藩節制江浙等四省，已屬不遑兼顧，若再令總制湖北湖南福建兵事，則運籌決策，瞬息千里，亦恐緩急機宜，不能遙制。……該御史所籌補救之方，尚不離書生之見；惟軍務至重，不妨兼聽並觀，以廣進言之路。且現在東南大勢，賊合而我分，兵單餉絀，動亦牽制，亦屬實在情形。著：官文、曾國藩、嚴樹森、毛鴻賓、沈葆楨、慶端、徐宗幹酌量情形，於軍務積弊如何挽救，其言是否可採？」

當然，有此一奏，皇上有不同意見，還是交議，特別聽聽曾國藩的意見與反映。

曾國藩何許人也？不是爭權奪利之人。他接此一招，作如下之剖析：

「仰見皇上好問察言，於剖析精微之中，仍寓虛衷博訪之意。」

當然，皇上是高明的，己意御史之議以及曾國藩之反應，都要知道的。曾文正公這樣分析：

「茲因御史朱潮奏請六七省兵事責成一人，臣既懷大名，不祥之懼，彌觸隱微抱疚之端，竊計蘇杭安徽，糜爛如此。以一人而辦一省之賊，無論如何大才，如何竭力，但覺其不足，不見其有餘；況以臣之愚陋，承乏兩江，時虞隕越，安能兼顧浙江，安能更及兩湖福建，該御史朱潮所稱數省兵事，責成一人之處，固無庸議。倘蒙聖主鑒臣愚悃，並收回節制四省之命，俾臣專力本職，稍釋神魂之震懼，尤感聖慈之曲盡矣。」

「既懷大名，不祥之懼」，固屬文正公樸實之性格，同時，高處不勝寒，身居高位以及高位中人，應知「隱藏」之道。此為蔣經國先生諄諄告誡其學生、部屬者。事實上，經國先生在民國六十一年，未當行政院長前，在官場中的日子，儘管身分特殊，卻有潛龍之功，「隱藏」功夫到家。

也許無欲則剛，也許曾文正公深諳宮中府中之明潮暗流，不能不表明心跡，最好「收回節制四省之命。」

這是曾文正公的高明。

8 樸忠敦厚，知人善任

中國之社會與政治制度，賴以維持者，為忠孝而已，政治靠忠，社會靠孝。

事親以孝為大，事君以忠為大。

為官者，在外遇有父母病故，必須辭官返里守制。

有安徽巡撫李續宜，曾國藩之愛將也，其母在湖南湘鄉縣原籍病故。「該撫臣係屬親子，例應丁憂，飛咨請曾國藩『代奏開缺』，請旨另行簡放。」

此時正是「兩淮剿撫事宜，頭緒紛繁，苗沛霖及各巨捻深畏李續宜之威；而良民各圩，又感其撫綏之德；皖北及鄂省之兵，多係該撫部下勁旅，實非他人所能接辦」。因此，曾國藩乃於同治元年七月初十日，奏摺請「援照胡林翼丁憂之例，賞假數月，仍令回皖署理撫篆，抑或開缺守制，另行簡放安徽巡撫之處。」

曾國藩情理並重：「臣事繁才短，深恐照料難周，貽誤大局。」

同時，七月初八日內閣奉上諭：「安徽巡撫李續宜著授為欽差大臣，督辦安徽全省軍務。」

曾國藩於同治元年七月二十一日，代奏李續宜謝恩摺，稱讚「李續宜樸忠敦厚，威望素著，仰蒙聖主知人善任，畀以全皖軍事。」對其丁憂事，重申胡林翼前例：「胡林翼在湖北巡撫任內，勝保在欽差大臣任內，先後丁憂。均奉諭旨，賞假回籍治喪。此次李續宜事同一律，應仍籲懇天恩，賞假歸籍，俾得少伸哀慕之忱。其欽差大臣關防，是否照該撫所請，另簡知兵大臣，迅赴臨淮督辦軍務，抑或飭令袁甲三力疾督師，暫緩交卸之處，恭候聖裁。」

此可見曾文正公對上對下之週到。

9　有疑其部下，皆付之不聞不問

人事紛爭中，以閒言閒語中最為普遍，久而久之，也會影響與改變主管對一個人的既定看法。軍國中人，也不例外。甚至高處不勝寒，此類小話耳語，更容易傳，也容易生效。因此，朝廷中，別具用心者，常思安排一、二人在其左右，可以隨時瞭解動態，也可伺機講幾句有利「老闆」的小話親語。

這方面，曾國藩可謂是硬漢子，不管是來自聖上的聖旨，或是小道消息，都要查個清楚，不會懼於權勢好惡，而影響判斷，更不會怕事，而用其苦心敷衍一番。

皇上倚曾國藩甚重，也知道他附近的紅人，如胡林翼、左宗棠等，字裡行間，稱讚一番；也知道一些所謂圈外人，就百無禁忌了，李世忠就是一例。

有關金陵圍城之軍受創之事，皇上「垂詢李世忠是否出力一節」，同治元年十二月二十七日，曾國藩據實覆摺：「此次賊竄北峰，係忠酋偕帶至金陵新渡之賊，非僅九洑洲舊踞之賊，一面圍勦李世忠營壘，一面衝過該營繞越上犯。聞該提督部下，亦嘗接戰多次，屢有擒斬，外間因賊所經過數城數卡，皆係李世忠汛地，往來自如，無傷無礙，有疑其部下不肯出力者，並有更甚其詞者，臣皆付之不聞不問，大抵因分汛太廣，賊股太眾，以致未能堵截。該提督尚有數咨，具報力戰，屢次請獎請卹之案，臣即日當為彙案陳奏。」

曾國藩這一肯為部下負責的精神，真令人敬佩。尤其是「有疑其部下不肯出力者，並有更甚其詞者，臣皆付之不聞不問」。言下之意就是沒有說出：「無聊」。同時，還有「該提督尚有數咨，具報力戰，屢次請獎請卹之案，臣即日當為彙案陳奏。」不但不查明處分，還有戰功有待提報呢。曾國藩的性格，可說發揮極致，絕不敷衍，這樣的統帥，真令士為知己者死，遇到敢槓的長官，除了士為知己者死外，夫尚何言？

10 善學者，自須用其所長，去其所短

一九九一年波灣戰爭，美軍口袋中，除《聖經》外，就是《孫子兵法》了，尤其開戰前之階段，伊拉克胡辛之虛張聲勢與惡言狂語，雙方都想不戰而屈敵人之兵，正是《孫子兵法》之金律。

但中國近代史中，就是懼外崇外學外的歷史。軍事之操練武器之採購，也不例外。有師日本者，有師德國者，有師蘇聯者，最後師美國者。

特別是第二次大戰末期之中國遠征軍，全為美式裝備，成為勁旅之象徵，為中國接受外國裝備與訓練方法之極致，直至退到臺灣，孫立人練新軍，美軍顧問團之成立，成敗是非恩怨，均在其中。

曾國藩那個時代，朝廷就有「學習外國兵法」之事了。此事非同小可，自然要問問曾國藩的意見。同治元年十二月二十七日，曾文正公在併案覆陳奏摺中，對於「通飭諭旨，飭派都司以下武弁，學習外國兵法」一事，作以下的陳述：「學習外國兵法，臣雖未嘗親見洋人用兵，然聞其長處，約有二端：

一曰器械精堅，二曰步伍整齊。其短處亦有二端：不紮營壘，不住帳棚，人數稍多，勢難合併一也。口糧太重，製器太貴，用兵稍久，國必困窮二也。善學者自須用其所長，去其所短。」

如今之美軍，還是這個調調，此所以韓越戰之不靈，運動太困難，人員補給與武器笨重消耗太大所致。

曾國藩舉出洋人用兵之二長二短，如要學習或引用，則必發揮「善學者自須用其所長，去其所短」，實在是明理之人。

事實上，這個時候，李鴻章已經開始主導洋務，在這一方面，雖為撫臣，已駕凌曾國藩之上。已派張遇春之勇，隨英國兵頭，教習炸礮；劉銘傳之勇，隨法國兵頭，教習洋槍。所習的對象，是英法；所羨者，還是洋槍洋礮，所謂「堅甲」之略也，但堅甲不一定利兵。

洋兵，包括美國在內，還是有些少爺兵，遇到訓練嚴格的德國在第二次大戰，以及人海或叢林游擊戰如中共或越共，人還是決勝因素。

主宰人者，還是精神也。

軍事戰場是如此，人生之戰場，亦是如此。

事業之戰場，自以雄厚資本為主體，但無經營之人才，資本何用？資金又何所恃？

11 凡能任大權者，往往廣招物忌

同治二年正月二十七日，曾文正公從邸報中，輾轉得知，侍郎勝保被劾各款，他不勝焦灼，不避嫌忌，挺身上書，為國保住一戰帥：

「臣接據江南提督李世忠函稱，恭閱邸報，得悉侍郎勝保被劾各款，欽奉諭旨拏問交部治罪。查勝帥性好夸大，每於細行不知檢點，中外久有物議，今既據實揭陳，聖諭至可嚴切，朝廷議罰，豈能曲示姑容。為臣下者，均當以此為鑒，何敢於情真罪當之中，妄參末議，但勝帥受先皇知遇，奉命討賊，時閱十年，身經百戰，籌辦皖豫兩省軍務，雖無成功，而其中羈縻駕馭，當局者煞費苦心。咸豐十年秋，京畿震動，幾至全局撼搖，特命勝帥總統援軍，力保畿輔，而外國撫議始成，皇上御極之初，勝帥因政柄下移，無以服眾，請皇太后親理大政一摺，孤忠凜凜，大義昭彰。此雖國家大臣，職分所當為之事，而勝帥之受恩圖報，不避嫌怨亦於此可見矣。」

「今中外眾口一轍，交章彈劾大廷，論法自屬罪無可辭，第念其數載治軍，於無可寬宥之中，似尚有一線可原之處，且凡能任大權者，往往廣招物忌，此尤朝廷用人不可不察者也。」

「世忠係在勝帥任內投誠，例應避嫌，可否代為陳奏，儻蒙聖主法外施仁，准從寬議，請先將世忠暫行褫職，責世忠立功代贖不效，則併治世忠之罪。世忠自當竭盡心力，以期仰報國家，斷不致迄無成效。」

這一為勝帥請贖罪奏摺，顯示出曾文正公一貫的義氣與勇氣。

其中值得思考者：

一、「恭閱邸報」，今日報紙之功能，邸報有所彰顯也。「勝保被劾各款」，曾文正公還是從邸報得知的，這就是今日報紙之功能，只是邸報可能不是公開發售的，而是特定機關與人，才能得到閱覽。因為「邸報」是我國現代報紙之起源，始自漢代延至唐末元明，至清代則以京報代替邸報，並嚴禁邸報之發行。因之，曾文正公所得到的「邸報」，非一般之「邸報」也。

二、降將李世忠代為請命，亦可知「勝帥」有某方面帶人之性格，而使李世忠樂為效命，並感恩以報。

三、英雄不凡人物，總有特殊之性格。「勝帥」應屬此類人物，因而文正公有言：「凡能任大權者，往往廣招物忌」，就是為「勝帥」背署。

12 示以至誠，出以和藹

自古以來處理降將最難，因為降將多有反覆無常之性格，輕不得，重亦不得。李世忠是一降將，同樣也是麻煩人物，為朝廷所關注。曾國藩「示以至誠，出以和藹」而解其甲。

同治三年正月二十七日，有關「解決」李世忠之經過，曾國藩特覆「聖上」：

「查李世忠於正月初一來文，請將原守之五河滁州全椒天長六合等城交出，所部營勇，或進攻江南，或另行調撥，或酌量遣散歸農，悉聽臣斟酌辦理。又於正月初三日來文，已將大小礮船裁撤，水勇概行遣散，所辦礮位百餘尊，情願捐繳報效，請臣派弁驗收解回各等語。臣見該提督措詞馴謹，絕無把持兵柄，留戀利權之意。因於初七日，備文咨復，令其悉遣部眾，其中有萬難遣撤，或須量為留用者，官不得過二百員，勇不得過二千人；所繳礮位，即飭黃翼升就近在五河點收運回，並遵旨給予一函。囑李世忠自赴安慶一行，倘有經手未了事宜，即派親信大員，來營面商遣勇事宜，亦無不可。示以至誠，出以和藹，消其疑畏之心，使不致望而裹足。旋又於十一日接其來文，五河縣城業已交出，弁勇業已撤遣，並發給餉鹽，以為回籍川資，即由舊縣返至滁州，將滁全等城，次第交出，不致仍聚一隅，稍有滋擾等語，是李世忠之願將各城一律交官，已無疑義。」

曾國藩處理這一悍將李世忠之事，漂亮，而李世忠做得不拖泥帶水，也很漂亮。

13 李鴻章任事最勇，進兵最速，但……

各路兵馬齊聚金陵，久困未下，一日不克金陵，即一日清朝危難未解。遣兵調將之際，還是李鴻章，成為最難解之人。

同治三年六月十二日，曾國藩覆陳金陵皖北江西各路軍務籌辦情形摺，還是提到李鴻章：

「臣查李鴻章平日間任事最勇，進兵最速，此次令攻金陵，稍涉遲滯。蓋絕無世俗避嫌之意，殆有讓功之心，而不欲居其名；惟所稱全力助金陵，則除留防蘇境外，更難協勦湖州，則係屬實在情形，臣亦未便再三瀆催。」

曾國藩還是忠厚，此時，雖然看出一心栽培之李鴻章，在援攻金陵之圍，留了一手，表面看來是「世俗避嫌」，以免搶了國荃之功，還是不忍責，更不會告御狀。事實上，並不盡如此，真是這樣，李鴻章真憑世故而得寵，成為後來清朝外交天字第一號大臣。

曾稱李「平日間任事最勇，進兵最速」，加上「平日間」，亦即緊急時就另當別論，文正公又急又氣，李鴻章之性格與「元勳」曾國藩之性格，相去甚遠。李靠虛功，辦外交，而誤了清朝；曾國藩靠硬功，辦團練，而救了清朝。

14 皖鄂戰亂起，唯馬新貽是賴

受過曾國藩提拔與賞識的人，幾乎成為名將名臣，有的所享聲譽之隆，還超過「元勳」的，如文的李鴻章，武的左宗棠，功勳與名聲，幾相等，這可能受老師國藩所賜，惟有馬新貽例外。

馬新貽先為野史所害，後又為電影電視所損；幸與不幸，均為歷史人物之歸宿。

「刺馬」深入人心，把馬新貽的名節，判了死刑。

其實，馬新貽也是曾國藩一手拔擢出來的將臣。

曾國藩有用人的條件與標準，而且相當嚴格，尤其在忠誠為人與篤實做事，除非看走了眼，馬新貽應不至於淪為「刺馬」中的角色。

曾帥之重視馬新貽，在一短短四百餘字奏摺中，曾三度提其名，可見倚其重，望之深。

金陵克復，本望天下從此太平，不料皖與鄂又起戰端，皇上還是依賴曾國藩馳援勦平。

但此時駐紮金陵的曾國藩的子弟兵，陸續遣撤者已有三萬五千人，而有「臣弟國荃於十月初一日起程，親帶後批勇丁回籍，各項餉銀，俱先儘遣勇之資，又給與期票，札訂定數，月後補領。現在頭二批業已到籍，沿途均屬安帖。」

這是同治六年十月十二日，曾國藩以近日軍情彙報方式向皇上報榮返鄉里之平安。

皇上所念的，是安徽與湖北的戰亂。

曾國藩奏報：「臣以軍事千變，不特臣相距七百里外，不宜遙制，即官文喬松年相距五百里內外，亦難一一懸斷。因函致馬新貽，請就近酌度緩急，和衷調度。無論在鄂在皖，總以劉連捷等軍力當前敵，以王可陞等軍保固後路。各軍之銀米子藥，皆取給於安慶糧臺，與馬新貽息息相通。凡官文喬松年所有調度，亦請馬新貽與之往返函商，庶幾節節靈通，無彼此兩歧之患。」

曾國藩在戰場上選將後而充分授權，此正如一九九一年波灣戰爭，當時美國總統布希只管政策決策與目標，戰爭之達成目標，全是戰地指揮官之事，如出一轍。

這是曾國藩高明處，雖曾自謙，他不是指揮官之材料；親自指揮之戰事，也鮮有勝仗的。其實，就是權責問題，有多少責任，就有多少權力，這是政治軍事以及現代企業管理，所重視的充分授權之基本道理。

另外一點，值得注意的，在這個時候，馬新貽在作戰方面之地位如同曾國荃，深受曾國藩之倚重與信賴。

馬新貽的事功，就在這個時候開始；如果野史所傳也有幾分真實性，馬新貽的橫禍下場，也是這裡開始。

真是禍根源於福、而福源種下禍根。

一個人的一生，一時的富貴榮華功名，福多？禍多？很難下定論。

15 臨陣指揮，屢次敗挫，十年間不臨前敵

君命難違，曾國藩還是遵旨前往皖鄂交界督兵勦賊。

誰要曾文正公如此深受皇上所信賴？

坐鎮馳援，非「君」莫屬。

曾國藩一方面勉力從命，一方面在奏摺中還是表白為什麼不親赴前線督軍之理。

同治三年十月二十二日，曾國藩為「遵旨馳赴皖鄂交界督兵勦賊摺」中有以下的辛酸經歷：

「臣自咸豐四年，躬親矢石，屢次敗挫，厥後十載，久未親臨前敵，即元年秋間大疫，群賊紛乘，曾國荃破圍四十六日，鮑超絕糧三日，臣俱未親行援救。本年屢奉諭旨，飭臣督攻金陵，臣亦未親往圍攻，非漠視也。自揣臨陣指揮，非其所長，不得不自藏其短，俾諸將得展其才。此次臣若自赴楚界，未必有益，而與僧格林沁官文同駐蘄黃四百里之內。以欽差三人，萃於一隅，恐啟賊匪輕視將帥之心，擬仍駐紮安慶六安等處，派劉連捷等直入黃州各屬，聽候官文調遣。凡臣所能調者，官文皆能調之，臣部之名位勛勞，以鮑超為最者。諭旨詢派督辦軍務，臣尚奏請由沈葆楨和衷調度，豈有官文督楚十年，反不能調楚師之理。倘有不遵調度，惟臣是問，力戒將士畛域之見，以敦江楚一家之誼、務將此股髮捻悉數掃除，使皖鄂一律肅清。」

曾文正公因受屢戰屢敗之心痛，積十載未親臨前敵指揮，「自揣臨陣指揮，非其所長，不得不自藏其短，俾諸將得展其才」，真有自知之明。知己之短，避己短；知人之長，用人之長。

而文正公用兵之嚴，亦見於「豈有官文督楚十年，反不能調楚師之理，倘有不遵調度，惟臣是問。」這也是湘軍致勝之道也。這裡看到臺海二岸敵對關係緩和後，中共版本之大陸主要戰役之「實錄」，在臺灣出版廣告出現。事過境遷，想想大陸軍事之失敗，重要原因之一，驕將擁兵自重，「不遵調度」也。軍閥出身方面的將領，固抗不受命，以圖自保；即部分黃埔嫡系，相輕，寧死也不救，寧降也不理；

相仇，非「校長」不足動我，最後連「校長」也不靈了。

曾文正公所指的「不遵調度」，也就是中國大陸時代戰場，無役不失的關鍵所在。

至於撤守臺灣，軍隊制度化，將與兵都受整編改制，而有現代化制度的開始與貫徹。這是大陸血的經驗換下來。蔣中正先生、陳誠將軍以及訓練新軍的孫立人將軍等，功莫大焉。

16　素非畏事，統勇過多以為慮

曾國藩一手發掘與培養的大將，後來成為現代史響噹噹人物，而成為方面的代表人物代表事業。為我們熟知的，最為突出的有二位：

一是主宰與影響清朝外交的李鴻章。李與清外交交涉，可謂無役不參，毀譽，均是李鴻章。

一是左宗棠之經營西北。左與西北開拓關係真是史不絕書。連抗戰期間，當時美國副總統華萊士奉命來華訪問，從西北入重慶，對當年左宗棠經營西北之精神與成就，就有恨不未見之歎。

其實，在這二方面，曾國藩亦有資格成為「元勳」，事實上，後來文正公之子曾紀澤，在出使英國時，亦有大將之表現。

的確，「經營西北」曾國藩早就有策略，只是其著眼點還是在安內撫邊，這是曾文正公的遠見。

同治三年十二月二十八日，曾國藩遵奉欽諭旨，「陳近日軍情」摺；就開宗明義，「思所以助勦中原，經營西北之道」，而提出三點：

一、勦辦捻匪，宜用淮勇，宜用船運火器至周家口一帶也。

一、西路軍務，宜并力先清甘肅，再及關外；臣處餉項日絀，不能協濟鮑軍也。

這方面，曾國藩提出「安內攘外」：「內地之根本未穩，焉能揚威塞外，須將嘉峪關以內一律掃蕩，方能大舉出關。」

一、餉源日匱，必須多撤楚勇也。關於裁兵節餉之事，曾國藩作以下的分析：「現在金陵安謐，劉連捷患病甚深，應即先撤該軍，而朱南桂等二軍，亦在裁撤之列。除韋志俊、洪容海、古隆賢、陳炳文諸降將，另謀安插外，其餘總以多撤為貴。騰出有用之餉，不特足供留防之勇，亦可解濟西征之軍，且數萬之眾，早散早遣，尚恐不免於後患，豈可聽取安閑長聚，致貽無窮之累。臣素非畏事之徒，近年統勇過多，惴惴焉；若不克終日者，故薄立功績，不敢自喜，但求遣散各勇，不生他變，庶免於咎戾。」

值得注意的，這個時候的「清軍」，除了湘勇還有淮勇、楚勇……，各有所長與所短也。除了地理因素外，攻打救援多用所長，乃有曾國藩「勦辦捻匪，宜用淮勇」之建議。

至於曾國藩「近年統勇過多，惴惴焉，若不克終日者」，這和一些軍閥兵販子擁兵自重，完全不同，此為聖者之心腸。

17 挺身而出為黃冕謗辯

世事之是非恩怨，以政界為多，因為「名」當頭也。凡涉及權、利與色者，最易惹是非。

而一個人之功過是非很難有定論，往往因為角度與立場不同，而有不同之評價。有只見其小不見其大，只見其過不見其功，只見其為害不見其為利之一面。

是是非非，恩恩怨怨，爭個不休。

有黃冕者就是一典型。

所幸曾文正公是講大是大非之人，而不計小恩小惠，更不會受有心人之撥弄「是非」。

為黃冕受人告狀，曾國藩特於同治四年三月十五日「陳明請停湖南東征局」奏摺中，數次提到黃冕：

「再咸豐十年，長沙創立東征局，於本省釐金之外，重抽半釐，本屬商賈極不能平之事，當時曷不韙之名，而堅持定議者，黃冕一人之力為多。其局既設黃冕宅內，是以百口譏議，多方阻撓，且有揚言焚燒黃冕住宅，以恐喝之者，其所以幸而辦成，全賴撫臣駱秉章主持其事。」此其一。

「欽奉十月初二日寄諭，以黃冕不符眾論，飭臣隨時秉公查覈。臣查黃冕前官江南府縣，頗著劣蹟，後隨浙江軍營，獲咎甚重，然皆在二三十年以前。近年黃冕大招物議，則惟東征局一事，而其事實大有益於臣處，是以未及覆奏，蓋既不敢辨人言之無因，而又不欲東征局之遽罷也。」此其二。

「咸豐十一年，安慶垂克之際，糧餉罄盡，賴東征局解銀七萬，立慰軍心，厥後進兵雨花臺，孤軍深入，時虞飢潰。臣統軍過多，不能專顧金陵一軍，每當萬分危迫之際，臣弟曾國荃飛書乞餉於東征局，無不立時應付。外間不知者，但覺該局籌餉裕如，實則通省商民之心，心謂金陵早克一日，則此局早停一日，并心壹志以助其成功者，非有餘也。」此其三。

「今楊岳斌請改東征之局，專供西征之餉，而張亮基、林鴻年又奏分東征餉項，協濟滇黔，皆蒙皇上允准。臣伏念五年以來，湖南一省，獨加半釐，本已偏枯，臣奏停廣東江西之釐，而於桑梓，獨食其言，實用湖南各卡之釐，而令黃冕代被其謗，均有甚不安於心者。」此其四。

有關黃冕與東征局之關係以及東征局之貢獻，若不是曾國藩之直言敢言，黃冕在眾口鑠金之下，造成冤獄還是輕的，恐難免遭殺身之禍，背負貪吏之名。

曾國藩義正詞嚴，為黃冕辯，不但甘冒犯君之險，且有包庇貪污之嫌，但曾國藩本著：是就是是，非就是非的精神，為部屬辯。黃冕何其幸，有這樣敢挺身而出的長官！雖受謗受冤，值矣！

18 為袁甲三建祠撤銷請命

官場無常，獎罰或有因，有功則獎，有過則罰，而先決定於獎，復決定撤銷，非一人一家之大事，朝廷之大事也。有袁甲三者，被撤銷建祠之事，就是一例。

於是紳民為之請願，兒孫為之奔走。曾國藩特於同治四年四月十六日，為袁甲三請復建臨淮專祠上一奏摺，請恩准維持原議，這是很不尋常的事情。

這件事，起自鳳陽紳民，知府聯名為袁甲三請求維持原建而引起的。

先說人子之親情倫理。

袁甲三之子袁保恆呈稱：「伊父自咸豐九年，再督皖軍，克服鳳陽各城關後，連年兵餉兩窮，髮捻交訌，於事會萬難之際，堅忍辱負重之心，歷盡艱危，卒全大局。至今父老謳思舊德，積久不忘，情願納還本身官職，抵銷先人處分，仍准臨淮建祠，以愜民之望。」

建祠之根據：「同治三年三月二十九日諭：『前任漕運總督袁甲三，准在臨淮地方，建立專祠』。

撤銷之根據：同治三年七月初六日諭：「前次降旨准將該故漕督在臨淮建祠之處，著即撤銷。」

這一建一銷，自然事出有因。而「聖旨」何其神聖也，豈有朝令夕改之理，自然有天大的道理。

於是曾國藩順勢代為說項：

「仰見聖明一無私照，功過兩不相妨，惟是朝有典章，既明示勸懲之義，人懷威德，究難忘崇權之情。漢隆隆沔之祠，不為街亭而追輟；唐仆魏徵之碣，未逾貞觀而重興。竊思袁前漕督，以德意感人，以忠誠報國，清廉兩字，雖悍夫亦信其生平，勤苦十年，至臨危不辭夫艱鉅。」

文正公引經據典，為故人而「懇天恩，垂念下情，仍申前旨，免其撤銷。」

袁甲三之功過問題，可能出在「用人」上，因而紳民聯名呈文中就指出：「罰不辟賢，朝廷之大法；恩不忍釋，士庶之公心」。因而文正公在奏摺中指出：「即壽州紳練一案，辦理誠有不善，然而用人之過，何至遽敗其身名，雖在與難之家，亦可共明其心跡。」

19 被參被告官員，文正公據實查覆

自己屬下被人告狀告到皇帝那裡去了，皇帝還諭令要查明。告狀這種事在官場是司空見慣的事，甚至成為「政治惡風」，但告到皇上那裡，非同小可，皇上不只知道了，還要追問下來。

在別人看來，這是何等的嚴重的事，但嚴明的曾國藩，秉公處理。沒有的事，就是告到皇上那裡，照樣頂回去，照樣據實以報，這就是曾國藩的性格，也是曾國藩了不起的地方。

河南巡撫吳昌壽總兵張曜等被御史參案，曾國藩於同治四年十二月二十八日查明覆奏摺。

「御史劉毓楠等奏：『本年捻匪由皖竄豫，勢甚披猖，蹂躪最慘，巡撫吳昌壽始以防守省城為名，縱容馬兵，任意騷擾，蘇廷魁、陳國瑞勸令出城，屢改行期，不得已往紮許州，未接一仗，陳州紳民請

救，不遣一兵往援，總兵張曜任令兵勇搶殺。」」

「鄧州知州黃縉昌貪劣，該撫已飭王文常署理，旋因有人請託，立將委牌撤回，似此瞻徇情面，難望整頓吏治。」

「中州為天下樞紐，現值捻匪肆擾，尤在封疆大吏，實力圖維，迅速籌辦，乃能盪寇綏疆，該御史等所奏，如果屬實，於軍務吏治，大有關繫，著曾國藩將吳昌壽張曜被參各節，嚴密訪查，據實具奏，毋稍徇隱。劉毓楠原摺，著抄給閱看。」

以下是曾國藩據實回報：

「當捻黨游弋許州之時，吳昌壽即議赴許，因聞後賊踵至，未卜所向，遲疑不決，蘇廷魁、陳國瑞從容勸請，吳昌壽旋即赴許，而賊已先後颺去，無從接戰。陳州被圍，府縣疊次請救，均未得達，逮紳士袁保恆等專馬到汴，該汴撫隨即派兵往援，而賊去已三日矣。是赴許之稍緩，初非有意逗遛；救陳之稍遲，實因文報梗阻，惟所稱馬兵騷擾一節，係屬實情。省城鼓樓街南北上街，各飯館客店，大半關閉，輿論亦與原奏相符。河南兵勇，毫無紀律，不支棚帳，專住民房，閭閻苦之，由來已久，不獨馬隊為然，即各營步隊，亦皆與民為仇。該撫威信未孚，莫能禁止，此訪查吳昌壽辦理軍務之梗概也。」

「有王姓朱姓到寨，借銀二百兩，如數付給，嗣又有蔣姓到寨借銀一百兩，該寨民祇求息事，不敢究所從來，聞係無賴之徒，乘風訛詐，並非營中弁勇，亦非張曜所使，至擄去婦女八車，實無其事。是日有附近民人坐驢牛車六七輛，前來避難，聞兵勇一到，即棄之而匿於高粱叢中，兵勇經過，坐車而去。後於寨長稟明，帶兵官將車放回，徧詢本地居民，但云未見當日有姦淫情事，此即查訪張曜在底閣寨一案之情形也。」

此外，「黃縉昌尚係讀書本色，平日官聲毀譽參半，信任家丁，在所不免，而實無貪劣可指之迹；汝陽縣知縣藴琛，清廉正直，實心任事，署上蔡縣時，捕蝗緝匪，甚洽民心，汝陽被圍數月，募勇堵禦，頗著勤勞，調署南陽，聽斷詳明，去任之日，咸有去思。原奏所稱亦與臣處委查相符，乃以本管知府揭參，吳昌壽漫不加察，遽列彈章，物論大為不平，所謂是非顛倒者，即豫中僚屬亦已竊竊議之，此訪查文玉、黃縉昌、藴琛三員之梗概也。臣奉命查察，勉效虛公之義，其漫無依據者，不敢率爾附會；其確有見聞者，亦何敢稍涉徇隱。上負聖朝揚清激濁之意，就臣所查者酌加擬議：遂平縣知縣文玉，似應即行革職；汝陽縣知縣藴琛，似應開復原官；鄧州知州黃縉昌，似可無庸置議；巡撫吳昌壽、總兵張曜，如何分別懲處，恭候聖裁。」

20 量而後入，避位讓賢，堅辭兩江總督

皇上與曾國藩似在比賽耐力，一辭一留，再辭再留，蔚為古今中外之奇觀。為部屬固可學，為長官者更要學，才能留住有個性的非常之人才。

對於曾國藩堅辭兩江總督，皇上不准。

軍機大臣字寄同治五年十一月廿三日奉上諭：

「曾國藩請以散員仍在軍營自效之處，具徵奮勉圖功，不避艱難之意，惟兩江總督責任綦重，湘淮各軍尤須曾國藩籌辦接濟，與前敵督軍同為朝廷所倚賴。該督忠勤素著，且係朝廷特簡，正不必以避勞就逸為嫌，致多過慮。著遵奉前旨，仍回本任，以使李鴻章酌量移營前進，並免後顧之慮。」

同治五年十二月初三日，曾國藩再陳下悃摺：

「臣辦捻無效，仰荷天恩，不加嚴譴，特令回居優缺，又蒙聖慈垂訓，解釋避勞就逸之嫌，所以曲體下情者，無微不至，臣具有天良，豈不思黽勉圖報。惟兩江總督一缺，事繁任重，察吏筦鹽籌餉諸大端外，又有洋務交涉之件，臣舌端蹇澀，不能多見僚屬，於察吏二字，已不克舉其職。筦鹽籌餉兩者，亦須精神周到，乃能提挈綱領，釐剔弊端。臣用心輒汗，實難多閱文牘，至中外交涉之事，臣素未推究，若剛柔失宜，不特貽誤事機，兼恐有傷國體，細度此缺之繁難，頗非病軀所能勝任，與其勉強回任，幸恩溺職，不如量而後入，避位讓賢。臣上次摺內，請俟兩三月後，再行請開各缺。」

「另簡兩江總督，專辦後路籌餉等事，或勅下李鴻章自荐籌餉大員，悉心區畫，奏明某款某款，專供湘淮各軍，俾得出省調度。」

「臣才力竭蹷，不堪負荷艱鉅。曾於同治元年二年三次具奏，又於三年十月附片密陳衰狀，上年五月十三日，瀝陳精力衰頹，舌端蹇澀等情。臣未北征之前，業已五次陳奏，並非因辦捻無功，而始以引疾為卸責之地。倘必責臣以回任，則開缺之疏，將累上而不已，臣咎愈重，宸聽愈煩，輾轉耽延，徒稽時日，大局或因而有損，臣心愈無以自安。惟有籲懇天恩，俯如所請，准開兩江總督協辦大學士兩缺，從此安心調治。一二年後，幸獲痊愈，臣必趨赴闕廷，再求簡任，圖報高厚之恩於萬一。」

這個時候的曾文正公，是時不我予，或是心力交瘁，平太平天國之亂後，辦捻卻有心無力，曾國藩求去心切。用現代官場的名詞，就是：「倦勤」。

21 卸至重之肩，居極優之缺，無以謝清議

曾國藩由於健康、心情以及其他種種因素，堅持求去，與皇上多次上奏與諭令往來，皇上還是不准。這是聖上的高明處，不管你舉什麼理由也不管你鬧什麼情緒，就是不准曾文正公離營，這是聖上的「英明」。

同治五年十二月初九日奉上諭：「前因曾國藩患病未痊，軍營事繁，特令回兩江總督本任，以資調攝，並因其請以散員自效，復疊次諭令，迅速回任，俾李鴻章得以相機進剿。曾國藩為國家心膂之臣，誠信相孚已久，當此捻逆未平，後路糧餉軍火，無人籌辦，豈能無誤事機？曾國藩當仰體朝廷之意，為國家分憂，豈可稍涉疑慮，固執己見，著即懍遵前旨，剋期自任，俾李鴻章得專意剿賊，迅奏膚功。該督回任以後，遇有湘淮軍事，李鴻章仍當虛心咨商，以期聯絡一氣。」

天下事，講明了，就好了。皇上這一諭中：「遇有湘淮軍事，李鴻章仍當虛心咨商。」

皇上這一心藥，是治文正公的心病特效藥。

同治五年十二月二十一日，曾國藩回奏一摺：「臣受恩極重，剿捻無功，何敢固執己見，不為朝廷分憂。臣屢次陳請開缺，實以兩江總督任重事繁，非病軀所能勝任。累疏所陳，均係實情，毫無虛飾。乃蒙聖恩寬假，勉以弗涉疑慮，示以誠信相孚，委曲開導，無微不至。揆之古人，遇合之隆，無以逾此。臣再四躊躇，欲回任則自揣一日之精神，難了一日之公牘，終致貽誤地方，欲再辭則臣一日不回本任，李鴻章一日不出江境，必先貽誤軍事，二者兼權，仍以軍務為重。謹遵諭旨，即於正月初旬回駐徐州，

暫接兩江總督關防，俾李鴻章迅速交卸，馳赴前敵，仰副皇上殷殷訓誡之至意。惟微臣之下忱，有不能不再陳於聖主之前者：江督為疆吏最崇之位，又為目前完善之區，臣一回金陵，則軍事之成敗利鈍，不致叢責於一身，卸至重之肩，居極優之缺，於臣私計，豈不甚便；惟臣久任將帥，有功則受賞，無功則免罰，既覺無以謝清議，而臣平日教人常以畏難取巧為戒，今日告病而回任，迹涉取巧，尤覺無以對部曲，豈可便一時之私圖，盡隳平生之素守。」

「至中外交涉事件，臣素未講求，殊盧輕重失宜。查兩淮運司丁日昌，自廣東差旋，尚未回任，該員精思果力，熟悉洋務，合無仰懇天恩，明降諭旨，准令丁日昌暫行護理通商欽差大臣關防，必能有裨時局。臣精力衰頹，迹近推諉，曷勝戰慄惶悚之至，所有遵旨暫回本任，仍駐徐州。」

至此，皇上的心中之急，總算暫時化解。

皇上這一安排，仍屬高明之棋。曾國藩主政，李鴻章揮軍。一在安定後方，支援前線；一在奮其勇敢，消滅捻匪。因為此時之捻匪已成流寇，成為大害。曾國藩雖屬平太平天國之亂大功臣，但無論在體力、企圖心以及環境上，乃有「剿捻無功，何敢固執己見」，此一時，彼一時也，有一代之英雄，而難有二代之英雄，難再承其艱，乃要李鴻章承其艱，攻其銳，這是聖上的高明。但，文正公為平亂元勳，李又為其一手培植的部下，李鴻章之為人處事與曾老又諸多不符，可謂一圓滑一方正，難免在心理上，造成文正公不平衡，且要借重其經驗、地位與影響力，固屬百般遷就，但亦屬皇上真心與苦心，這一方面，皇上又有難為之苦。

22 宋國永過於慈柔，難勝重任

曾國藩為鮑超請命解甲返里一事，聖上有了回應。同治六年六月十八日寄諭：「曾國藩奏鮑超傷病深重，懇准回籍一摺，本日已明降諭旨允准，其所部各營，並令婁雲慶接統矣。該提督馬步各營，人數太雜，紀律未嚴，應如何嚴加裁汰，分別撤留之處，著曾國藩李鴻章悉心籌商，著責成婁雲慶嚴加整頓，毋貽他患。」

皇上的指示，非常明確，可說都應了曾國藩的請求行事。惟曾國藩主政，李鴻章領軍，因之，乃有「著曾國藩李鴻章悉心籌商。」

婁雲慶接替鮑超提督之職，是曾國藩力保的，當然，還有宋國永，也許在資格上更有資格，因此曾國藩為求週到，亦有所說明。

同治六年七月二十九日，曾國藩為「霆軍分別撤留婁雲慶另募新軍」一摺，就有所分析：「則宋國永久勞之身，苦求卸肩，亦慮其過於慈柔，難勝重任。」「至婁雲慶新招之營已據稟報於六月二十八日前赴安陸府開招，將來募練成軍飭駐何處防剿，宋國永既不能遠征，或將其部下各營，酌量撥歸婁部統轄。」

很顯然的，宋國永雖具接替鮑超之資格，但「過於慈柔」，難勝重任，而選擇了婁雲慶，這是曾文正公因事擇人的堅持。就為人方面，也許不為所諒，但成事則是對的。

23 定謀以李鴻章為主，論功以劉銘傳為先

曾國藩受賞了。

同治六年十二月二十二日奉上諭：「大學士兩江總督一等毅勇侯曾國藩，加恩著賞一等雲騎尉世職。」

曾國藩則以同治七年正月十七日，上「謝加恩賞世職」摺，內稱：

「定謀以李鴻章為主，論功以劉銘傳為先。微臣區區，何力之有？乃荷恩賚下頒，濫膺非分，在朝廷加恩無已，始終皆寬大之仁；在微臣省咎不遑，夙夜切冰淵之懼，撫衷循分，祇益悚惶；惟有慎以持躬，勤以補過，抒遠謀以禦外患，布實惠以蘇疲氓。」

當然，這是聖上的慰撫獎，因為大權漸漸移到李鴻章身上，曾國藩也不能受到冷落，這是皇上極高的統御術。

「定謀以李鴻章為主」，可見李鴻章在千軍萬馬或是眾說紛紜中，還是有主意的。

可見，身為極位的皇上，其統治並不全靠權位，也懂得與運用統御方法。

24 曾國藩出任直隸總督，馬新貽接替兩江總督

曾國藩調補「直隸總督」。

曾國藩的「半壁江山」，功業幾全在南方，如今由兩江總督調至直隸總督，非同小可，因為直隸是皇

宮所在，京畿之地。原因與意義，均非尋常。

同治七年八月初六日，曾國藩為此，特上奏摺，「謝調補直隸總督」，充分表達了他的心情：

「伏念臣自咸豐十年仰蒙文宗顯皇帝簡任兩江已越九年，中間軍書旁午身在戎行，於吏治未得盡心；即在江寧任所，前後二年，籌畫餉需顧此失彼，仍未能講求吏治，惠卹疲民，夙夜抱慚，惟以不獲稱職為懼。茲乃欽承恩旨，調任畿疆，聞命之餘，倍深悚惕。月前中原軍務，一律肅清，所有撤勇事宜，業與湖廣督臣李鴻章往返函商，粗有頭緒。新任督臣馬新貽，到任後可與李鴻章和衷妥辦，臣現將經手未了事件，趕緊清釐，籲懇天恩，俯准於交卸後入都陛見，俾得瞻仰天顏，跪聆聖訓，冀一切有所遵循。」

此時之曾文正公，真是意氣風發，到了一個頂峰政治地位，較之大功在身太平天國清除後情勢，另一番得意心情，這是朝廷用人之高明處。

這個時候，另一位也是曾文正公一手培養的武將馬新貽登場，代替老帥曾國藩，出任兩江總督。馬之聲名，後為野史所毀，「刺馬」之不可聞莫此為甚。以曾國藩之隆崇，馬新貽又為曾所賞識，品德應不會太差，其在臺後人馬錫珺先生，雖據史料辨正，惟難正先入為主之見。如果真是不幸，實在是歷史人物之劫數。生前雖威武不可侵犯，死後卻任人指點。

25 馬新貽就任兩江總督

有關兩江交卸行止事，皇上覆旨：「曾國藩著俟馬新貽抵任後，將散勇事宜，及地方一切公事，會同商辦妥協後，再行來京陛見。」

同治七年十月初五日，上一奏摺將交接情形作如下之報告：

「新任督臣馬新貽於九月二十日行抵江寧省城，二十六日臣飭派署中軍副將喻吉三，江寧府知府徐宗瀛賫送兩江總督關防，兩淮鹽政印信，通商欽差大臣關防，並王命旗牌等件，交馬新貽接受任事。臣本任內應辦各事，大致業已清楚，遣散勇丁經費，亦已籌出，只候李鴻章出京，行至徐州清江等處，臣與之函商一二次，即可就緒。長江水師分汛等事，前侍郎臣彭玉麟擬俟明年春間，再行回籍，必可始終料理。至一切地方公事，均與新任督臣馬新貽詳細面商，隨時妥辦。揚州教堂一案，疊准總理衙門來函，囑臣妥為辦竣，業經另派司道大員，會同英國領事，赴洋查辦，稍需時日。」

曾國藩交卸兩江總督重責，待命北上就任直隸總督。

26 馬新貽沉幾內斷，遇事敢為

中國之歷史，分正史與野史。

正史有官方主持之修史程序，其史實也未盡信；野史則添油加醋，更要符合民間的胃口。同樣的一件事，同樣一個歷史人物，正史與野史，寫法不同，史實更不必論了。

野史往往在突出忠奸，再透過非文字方式表達，是民間活教材。

近代史人物中，受損最大的，馬新貽要算其中之一。尤其電影與電視的「刺馬」，馬新貽幾乎與「負義」劃個等號了。

馬新貽死於非命，可說不明不白，而為好事者憑添好材料。其實，馬新貽未必因負義而死於非命。

馬新貽是曾國藩一手提拔過的戰將。

馬接曾國藩為兩江總督，曾國藩又接馬回任兩江總督，真是令人百感交集；曾國藩回任時，感觸更深。

馬為山東人，馬突逝，山東文武現官江蘇之員，候補知府劉毓敏、前任山西太原鎮總兵田在田等十五人，鑒於馬新貽「督臣有功桑梓，同鄉各員，稟懇天恩，准在本籍建立專祠」，這件事又麻煩老長官曾文正公身上。

同治十年二月二十四日曾文正公為馬新貽本籍建祠上奏摺。

這一奏摺中，可以看出馬新貽的家世、功業與為人，如果不是官式文章，或有助於毀馬野史之澄清：

「原任兩江總督馬新貽，籍隸山東曹州府菏澤縣，以進士即用知縣，分發安徽，仰蒙朝廷特達之知，洊歷封圻，忠勤篤棐，固已上邀宸眷，下愜輿評，而其家世謹厚，矜式鄉閭，生平踐履篤實，亦自卓然可傳；至於捍災禦患，遇事敢為，鄉人咸被其更生之澤者，則尤在咸豐十一年團練之舉。是年南捻北竄，山東土匪蠭起，曹州地當極衝，各鄉築圍自保，人無固志，岌岌不可終日。馬新貽於四月間丁憂回籍，力任其難，不避險阻，親歷各圩，曉以利害，互相聯絡，於是桀驁者帖服，良懦者奮興，眾志成城，力卻悍賊，菏澤一縣，竟得轉危為安。至十一月間，又經親王僧格林沁檄令督辦善後事宜，主持全局，籌畫經費，勾稽出內，百廢俱興。至今菏澤士民，言之無不稱頌，敢援歿祀於鄉之義，稍展里人愛敬之忱。擬請在於本籍菏澤縣建立專祀，春秋官為致祭等情，稟請具奏前來。臣查馬新貽起家縣令，所至有聲，嗣以軍營積功，洊擢至安徽布政使。維時臣駐軍安慶，始與共事一方，每與商榷政事，沉幾內斷，言必中理，臣已心儀而深敬之。厥後眷畀日隆，聲望愈起，每蒞一任，從不輕易更張，而遇事變通，則於無形之中，默寓補救之策。其在兩江總督任內，於用人行政，籌餉練兵數大端，反覆推究，晝夜孜孜，或至達旦不寐，蓋有過人之聰明，而自視欿然，惟日不足。臣蒞任後，徧訪官紳士民，毫無間言。竊歎其治事之獨精，而能消盡矜張之氣，殊不可及。」

曾國藩這一奏摺，可說層次分明。先說其人其事，再引同鄉各員具奏內容，三憶與馬共事之感念，四述兩江總督任內政績，以曾文正公任事之精神，不會是官樣應酬之文章。

馬之崛起，一如曾國藩。馬面對家鄉「南捻北竄」，曾面對家鄉太平天國之亂，從保家做起，而有軍營積功。

馬為起家縣令，家世謹厚，而其處事之精神，為曾文正公心儀而深敬之，為「沈幾內斷，言必中理」，而「治事之獨精，而能消盡矜張之氣，殊不可及。」

能讓曾國藩心儀與竊歎者，必有曾文正公之為人與做事之精神，而為人所嫉，甚至阻人利，為大奸宵小所害。

附帶一提的，馬新貽為山東曹州回教世家，依回教之信仰，不能為個人建祠，作個人之崇拜，惟一朝為大官，就顧不得這樣多了。

27 私人所願者，得一學差

「余自去歲以來，日日想歸省親，所以不能者，一則京帳將近一千，歸家途費，又須數百，甚難措辦。二則二品歸籍必須具摺，摺中難於措辭。私心所願者，得一學差，三年任滿，歸家省親，上也，若其不能，或明年得一外省主考，能辦途費，後年必歸，次也。若二者不能，只望六弟九弟，明年得中一人，後來得一京官，支持門面，余則告養歸家，他日再定行止。如三者皆不得，則直待六年以後，至母親七十之年，余誓具摺告養，雖負債累萬，歸無儲粟，亦斷斷不顧矣。然此實不得已之計，若能於前三者之中，得其一者，則後年可見堂上大人，乃如天之福也。」（道光二十八年正月二十一日，致諸弟，〈溫弟館事，述思歸省親之計〉）

做官難，做清官真難。曾文正公做到二品官，就沒有做官的自由，連回籍探親，也要皇上「御批」。這個時候的曾文正公，經濟狀況也不好，欠帳近一千，回一趟家也要破費數百，不易行也，行不得也。盤算再三，眼前回家之途徑有三。其中透露曾文正公「私人所願者，得一學差」，因為三年任滿，可歸家省親也。可見做大官帶大軍，非文正公所願也，情勢所逼，不得已也。

28 不願久居官場，自取煩惱

「人之好名，誰不如我？我有美名，則人必有受不美之名者，相形之際，蓋難為情。兄惟謹慎謙虛，時時省惕而已。若仗聖主之威福，能速將江西肅清，蕩平此賊，兄決意奏請回籍，事奉吾父，改葬吾母，久或三年，暫或一年，亦足稍慰區區之心，但未知聖意果能俯從否？諸弟在家，總宜教子姪守勤敬；吾在外，既有權勢，則家中子姪，最易流於驕，流於佚，二字，皆敗家之道也。」（咸豐四年九月十三日，致諸弟，〈自述不願受官、注意勿使子姪驕佚〉）

曾文正公正在江西「剿匪」，希望得勝告一段落，回籍三、二年，盡忠之餘，盡盡孝，但何其容易，正如文正公所言，「但未知聖意果能俯從否？」其後的文正公，局面越來越大，自己的願望也就越難實現了。就是有三、二天離開軍營之福氣，都是很難的。

曾文正公最怕其本人在外做官，做大官，使家中風氣敗壞，「流於驕，流於佚」，而成敗家之道也。文正公之根，還在於家，乃在戰功赫赫，官運青雲直上之中，以惕厲恐懼之身，最怕壞了家風。這是一般人在順勢中最不易做到的，他還是守住平庸務實的精神。

「我現在軍中聲名極好，所過之處，百姓爆竹焚香跪迎，送酒米豬羊來犒賞軍者，絡繹不絕，以祖宗累世之厚德，使我一人食此隆報，享此榮名，寸心兢兢，且愧且慎。現在但願官階不再進，虛名不再張，常葆此心無咎，即是持家守身之道。至軍事之成敗利鈍，此關乎國家之福，吾惟力盡人事，不敢存絲毫僥倖之心。」（咸豐四年十一月初七日，致諸弟，〈帶歸卒歲之資及告軍中聲名極好〉）

節節勝利之中，湘軍所到之處，受到「百姓爆竹焚香跪迎」，因之，曾文正公有得意之言：「我現在軍中聲名極好。」

雖然如此，曾文正公還是戰戰兢兢的，乃有「現在但願官階不再進，虛名不再張，常葆此心無咎，即是持家守身之道。」

「現雖屢獲大勝，而愈辦愈難，動輒招尤，倘賴聖主如天之福，殲滅此賊，吾實不願久居官場，自取煩惱。」（咸豐四年十一月二十七日，致諸弟，〈軍事愈辦愈難〉）

以曾文正公之性格，是不適合做官的，尤不適合做大官的。但當時的環境，非他不足以救亡，這也是「聖上英明」，乃有「現雖屢獲大勝，而愈辦愈難，動輒招尤」，而有「吾實不願久居官場，自取煩惱」之嘆。

在進中，常思退；在熱烘烘的官場中，常思靜，這是曾文正公的精神修養。有此修養，乃能把個人得失看得輕，把責任看得重。

29 帶軍之事，千難萬難，總以不帶為妙

「近日吾鄉人心慌亂否？去年遷避，終非善策，如賊竄上游岳陽等處，謠言四處，總以安居不遷為是。」

「紀鴻亦不必讀八股文，徒費時日，實無益也。修身齊家之道，無過陳文恭公《五種遺規》一書，諸弟與兒姪輩皆宜常常閱看。」（咸豐五年三月二十日，致諸弟，〈認真操練水師〉）

「逃難」，這是在臺灣生長的人少有的經驗，卻是世紀的經驗。就我們中國而言，兵荒馬亂，人民為了生命財產，就有「逃難」之舉，如抗日之「逃難」，剿共之「逃難」，如歷歷在目。

這裡的「遷避」，有些離開自己的家園，暫時躲避躲避，待匪賊退離之後再重返故居。曾文正公認為遷避，「終非善策」。由於這一想法，而有護鄉保清的湘軍，亦即是現代我們所熟知的保安團隊也。

「紀鴻亦不必讀八股文」。曾文正公有此想法，實在不易。主要是因為「八股」無關做人，只是做官的工具，而曾文正公並不熱中作官，他還是推崇《五種遺規》。

「紀澤兒讀書，記性平常，讀書不必求熟。」（咸豐五年三月二十六日，致諸弟，〈讀書不必求熟〉）

「凡共事和衷，最不易易，澄弟尚在外辦公事否？宜以余為戒，杜門一切。余食祿已久，不能不以國家之憂為憂，諸弟則盡可理亂不聞也。」（咸豐五年六月十六日，致諸弟，〈難以打出湖口〉）

「帶軍之事，千難萬難，澄弟帶勇至衡陽，溫弟帶勇至新橋，幸託平安，嗣後總以不帶勇為妙。吾閱歷二年，知此中搆怨之事，造孽之端，不一而足，恨不得與諸弟當面一一縷述之也。」（咸豐五年七月八日，致諸弟，〈調彭孟琴來江〉）

「帶軍之事，千難萬難」，並勸諸弟「嗣後總以不帶勇為妙」。曾文正公以書生之弱，而作殺人救人之事業，實在是逼於形勢，不得也不能不如此。而勸諸弟不要再帶兵，無論殺人或被殺，均是殘酷之事。事實上「諸弟」均帶勇，戰死疆場者多，國荃苦攻金陵，戰功最偉，而南京攻下後，即帶子弟兵解甲歸鄉。

30　用人太濫，用財太侈，是余所切戒

「耳提面命」，曾國藩對於他的弟弟們確實如此，尤其對深負軍國成敗責任者。而所教所導所念者，不外：人、事與錢方面。

可以看得出來的，鄉農出身的曾文正公，他在人財方面，還是謹慎的與勤儉的，這就是曾文正公的精神，也是他的成功處，也改變了當時的軍風，而延續清朝的壽命。但他的影響力還是有限，政治與社會積弊太深、太重，可以暫時救了一個破碎的大帝國，而無法挽救它的生命，乃有孫中山先生的「國民革命」。

曾國藩與服務湘軍之弟弟們，可謂亦兄長亦長官亦良師。三者兼備，教導之外，也有一份濃濃的親情：

「用人太濫，用財太侈，是余所切戒。阿弟之大端，李黃金本屬擬於不倫。黃君心地寬厚，好處甚多。而此二者，弟亦當愛而知其惡也。」「在安慶未虐使兵士，未得罪百姓」，此二語，兄可信之；「拼命報國，側身修行」，此二語，弟亦當記之。（同治元年正月十四日，致九弟，〈注意訓練新軍及戒用人太濫〉）

短短幾行家書，話中有話，老哥在上，老弟在下，一心為國，難免仍會有閒言閒語，因而老哥予以信心：「在安慶未虐使兵士，未得罪百姓」，予以勉之：「拼命報國，側身修行。」

31 用人、識人與帶兵

曾文正公的家書，可說公私兼宜，尤其跟隨他在外作戰的弟弟，字裡行間，不外用人、做人與帶兵而已。

曾文正公為有清一代發掘與培養了不少大才，但他與其弟信函中，還是感歎「辦事之手，實不可多得」。

人之性格，用於處事或做人，不外剛柔圓方，做人較宜柔與圓，處事則適剛與方。

一般而言，「方正之士」，不可求，也就是人才，把事情辦得妥妥切切，那更是人才，辦得漂漂亮亮，更是人上人超脫之大才。

人才，還是因時因地因事而異的，不能一概而論，這是曾文正公異於常人者。

曾文正公在致九弟函中有小泉與南波二人：

「小泉赴粵，取其不開罪於人，內端方而外圓融。」

「南坡才大之處，人皆樂為之用，惟年歲太大，且粵湘交涉事多，亦須留南翁在湘，通一切消息，擬派鶴汀前往。」（同治元年三月二十七日，致九弟，〈辦事好手不多〉）

這就是曾國藩。不只是重視人才，而且要識才：什麼時候，擺在什麼地方，做什麼事情。積極方面，才能做得好；消極方面，才能不出差錯。

32 閱歷一生而深知之，深悔之者

曾文正公這位曾家的老大哥，曾家以他光宗耀祖，但他的心情，卻平淡得很。由於個性志趣，再加上體弱，透支過多，年過五十歲，在心理上邁入老境：

「吾自五十以後，百無所求，惟望星岡公之後，丁口繁盛，此念刻刻不忘，吾德不及祖父遠甚，惟此心則與祖父無殊。弟與沅弟望後輩添丁之念，又與阿兄無殊，或者天從人願，鑒我三兄弟之誠心，從此丁口日盛。」

「吾精力日衰，斷不能久作此官，內人率兒婦輩久居鄉間，將一切規模立定，以耕讀二字為本，乃是長久之計。」（同治六年五月初五日，致四弟，〈念及丁口繁盛〉）

「吾見家中後輩，體皆虛弱，讀書不甚長進，曾以為學四書勗兒輩：一曰看生書宜求速，不多讀則太陋；一曰溫舊書宜求熟，不背誦則易忘；一曰習字宜有恆，不善寫則如身之無衣，山之無木；一曰作文宜苦思，不善作則如人之啞不能言，馬之跛不能行，四者缺一不可。蓋閱歷一生而深知之，深悔之者，今亦望家中諸姪力行之，兩弟如以為然，望常以此教誡子姪為要。」（同治六年十月二十三日，致四弟，〈述

為學四要〉）

曾文正公無論治家、為人、做事，影響他最大的，還是「星岡公」。如果說曾文正公偉大，此一偉大源流之一，即出自「星岡公」。星岡公即是文正公之化身，文正公亦即星岡公之執行者，由曾家至平天下也。

只是遺憾者，最後還是回到曾家。文正公可謂宦海數十年，晚年回憶前塵，不覺「閱歷一生而深知之，深悔之者，今亦望家中諸姪力行之。」

33 守邊選將，未必專以攻戰為事，要在精神折衝而已

「聖賢之學，惟危惕以惟微。蓋自乾坤奠定以來，立天之道，曰陰與陽，靜專動直之妙，皆性命所彌綸；立地之道，曰柔與剛。」（〈順性命之理論〉）

天地間之運轉，從極小到極大，都有一定之道理，相對相補尤為絕妙。陰與陽是，柔與剛是。

五箴：

立志箴、居敬箴、主靜箴、謹言箴、有恆箴，是謂五箴。這也是蔣中正先生所珍愛的，是革命精神修養之箴言。

「臣聞宋臣張舜民之言曰：『自古守邊選將，未必專以攻戰為事，要在精神折衝而已』。臣嘗深繹其言，若廉、藺在趙，強秦不敢加兵；魏尚守雲中，匈奴不敢南牧；及夫衛、霍三明之徒，亦威棱四際，所在立功，彼其名將之精神，足以震懾萬里之外，而人主之求將，亦以精神感而召之。」（〈武會試錄序〉）

「而以策試中者，亦皆記錄章句。瑣瑣無用之學，故論者謂人才之興，不盡由於科目，理固然也。」（〈武會試錄序〉）

這是道光二十七年秋，武會試外圍既畢事，兵部臣以內場考官，曾文正公與王慶雲司其事。文正公乃序一文，以誌其慶與其感。

的確，帶兵善戰者，不一定是攻打之戰將，籌謀協調，使能發揮總體力量尤大，中外戰史不乏其例。曾文正公在本文亦舉出不少例證。第二次世界大戰，負責歐洲戰場之艾森豪威爾元帥，以他的性格，在諸國群雄特別是英、美之間，產生調和鼎鼐之功，就是最好的例證。

「人才之興，不盡由於科目」，這一爭論，至今猶在，但原理原則之學，還是勝於零零碎碎之知識，千萬人所得到的經驗知識，勝過個人之超能也。

「古之君子，所以自拔於人人者，豈有他哉？亦其器識，有不可量度而已矣。試之以富貴貧賤，而漫焉不加喜戚；臨之以大憂大辱，而不易於常器之謂也。智足以析天下之微芒，明足以破一隅之固識之謂也，器與識及之矣，而施諸事業有不逮，君子不深譏焉。器識之不及，而求小成於事業末矣；事業之不及，而求有當於語言文字，抑又末矣。」（〈黃仙嶠前輩詩序〉）

中國知識份子之基本信仰，有若干分野，其中，君子與小人，是一絕然不同。二者之區隔，論者很多，但「器識」是一界線。君子見其大，小人見其小，截然不同。

「人之度量相越，為閎為隘，為謙為盈，不可一二計也。」（〈黃仙嶠前輩詩序〉）

的確，人之「度量」，很難相較，也很難相量，是修養，也是境界，是無止境的，真是「止於至善」。

34 得其人則事誠有益，非其人則弊亦叢生

「得其人則事誠有益，非其人則弊亦叢生」。

「舉紳董必專責成，凡地方公事，廉靜謹飭之紳士，多不願為；其樂於從事者，則往往侵蝕把持，從中牟利，欲各鄉所舉，盡屬佳士，勢必不能，一有不肖者參之，則弊端百出。本部堂有鑒乎此，故常訓飭所屬，不准藉事立局，濫引紳董，亦不准於應徵錢糧之外，加派分文。」

「惟文以載道，亦未有文理不通，而能通知道理者。」（〈批候補縣丞杭楚沅稟呈條陳〉）

曾文正公的京城以及地方經驗太令他傷心了。就地方言，土豪劣紳與地方官吏勾搭，魚肉百姓，道德之士，肯出來做事太少了。「凡地方公事，廉靜謹飭之紳士，多不願為」，「一有不肖者參之，則弊端百出。」曾文正公以不忍人之心行不忍人之政：一不准藉事立局，一不准於應徵錢糧之外，加派分文。基於痛苦經驗也。

「亦未有文理不通，而能通知道理者。」蔣中正先生基於此理，特別重視國文。一個人國文不通，道理就很難通。

「凡善後之事，約有三端：官紳賢、經費足、籌給牛種而招徠之，上也。無賊匪之驚，無吏胥之擾，聽民自生自息，以徐俟元氣之復，次也。將興利民之舉，而先多方以索民之財，創未醫而肉已剜，斯為下矣。」（〈潁州府李守文森稟擬淮北善後事宜十條〉）

「淮北善後事宜十條」，洋洋大觀，呈給曾文正公表功。瞭解地方民情民瘼的曾文正公，雖然一一批

示，首舉善後之事三端，最後指出「立法不如用人」，並特別指示：「所見牧令佐貳各官及地方紳士，如有賢者，可隨時密稟，以備錄用，則所裨尤大矣。」曾文正公不是潑冷水，見多識廣，找不到好人，可憐的百姓不只是不能受其惠，還要受其害。

「總之，立法不如任人，凡條目所不能詳者，全在臨時權衡，衷諸至當。仰即責成該管道府，督同州縣，隨時稟商妥辦，不必另派道府大員，以節經費。」（〈署安徽何藩司璟等會詳議覆荒產續還業主及安置難民由〉）

曾文正公這一覆示，與前函所示一脈相承：立法不如任人。他崇簡務實，該怎樣辦就怎樣辦，該誰辦就誰辦，「不必另派道府大員」。

七、人才人事篇

「求才必試以艱危，用人當責以實效。」

1 為政之道，得人治事二者並重

「九弟臨別贈言，馭下宜嚴，治事宜速，余亦深知馭軍馭吏，皆莫先於嚴。特恐明不旁燭，則嚴不中禮耳。」（辛酉十月）

曾文正公雖為清朝中興名臣，立下赫赫之功，但，基本的性格，還是屬於書生型，難免柔決寡斷。九弟看在眼裡，急在心裡，也難免為其兄著急，平常不便也不好意思當面勸，臨別時八字贈言：「馭下宜嚴，治事宜速」。

亦即對人不能婆婆媽媽，對事不能唯唯諾諾。該斷則斷，該決則決。

「為政之道，得人，治事，二者並重。得人不外四事：曰廣收、慎用、勤教、嚴繩。治事不外四端：曰經分、綸合、詳思、約守。操斯八術以往，其無所失矣。」（壬戌四月）

為政之道，雖經緯萬端，千頭萬緒，但曾文正公歸之於：得人與治事而已。

「我中國不宜忘其大者而怨其小者。欲求自強之道，總以修政事求賢才為急務。」（壬戌五月）

自從西洋之堅甲利礮打醒天朝中國後，就不斷有中興或自強之呼聲，此為曾、李、康、梁、孫中山先生以來，中國復興之道路也。

「欲求自強之道，總以修政事求賢才為急務」，真是自強良箴，自強真理也。

有中國之外交，就有李鴻章。無論成敗功過，李鴻章可謂近代外交之始也。但真正有外交思想者，還是曾國藩。他人則只見其小不見其大，只見其利不見其害，只見其手段，不見其目標，而曾國藩無論

「天津教案」事件或是上海助勦髮匪案，都有深一層冷靜的看法，道人所未道，因而有「欲求自強之道，總以修政事求賢才為急務」。

2　用人之道——轉移、培養、考察

「用人行政二者，自古皆相提並論，今日所當講求者，惟在用人一端耳」。是道光三十年，曾文正公應詔上奏，有關人才事。人才與制度不可分。但在急難之時，仍以人才為急，所謂「中興以人才為本」。曾文正公是如此，蔣中正先生是如此，蔣經國先生也是如此。

例如，經國先生在民國七十六年十一月，在臺北答覆《遠見雜誌》書面訪問時，對領導人才作以下的答覆：「變局中領導人才最重要的條件，就是有所為，有所不為；知所變，知所不變。我在遴選人才時，最重要的考慮是品德與才能。」

曾文正公指出：「今日所當講求者，惟在用人一端耳，方今人才不乏，欲作育而激揚之，端賴我皇上之妙用。大抵有轉移之道，有培養之方，有考察之法。三者不可廢一。」

請注意「方今人才不乏」，無論一個公司總經理或是一個政府領導者，常有人才嘆，往往抱怨，質與量，得力之人均缺，如何能作事，如何能成事？其實，人多的是，人才也多的是。只要用心「轉移」、「培養」與「考察」就行。

曾文正公所成中興之大業，就在此三者。

3 然國家之強，以得人為強

「夷務果有翻局，不悉聽其所要，是極好機會。然國家之強，以得人為強，所謂無競維人也。若不得人，則毛羽未滿，亦似難以高飛。昔在高宗皇帝，亦嘗切齒發憤，屢悔和議而主戰守，卒以無良將帥，不獲大雪國恥。今欲罷和主戰，亦必得三數引重致遠折衝禦侮之人以擬之。」

「鄂兵日增，而餉源日減，非潤帥強起，恐終不濟也。住署與否？接篆與否？均不甚關緊要，所爭在另簡新撫否耳！然以潤公之威望才氣，羽翼既成，亦非他人所能牽掣。」〈與左季高〉

「左季高」，左宗棠也。湘軍之天王星是也。

近代中國之興衰，皆與夷務有關。

左宗棠早期曾參贊湖南巡撫幕僚，曾文正公可與論政的。

這裡談「夷務」，和乎？戰乎？先主和再主戰，先主戰再主和。主戰者往往被封為愛國派，主和者往往被指為妥協派，真是喋喋不休，莫衷一是。曾文正公認為，還是在得人，「國家之強，以得人為強」，有強將才有強兵，才能抵外侮，才能成強國，否則空談誤國。

證之有清一代，英法之戰、八國聯軍、中日之戰，均證曾文正公所見不虛。

民國二十年「九一八」之後國情亦是如此。殺敵、抗日，如何抗？有足夠之軍力嗎？中共之內禍，軍閥各自為政，如何抗日？這是當時的蔣委員長之苦心，直至雙十二事變，七七蘆溝橋事變，人心沸騰，才有愛國一心，軍民一體之局。

這一「得人為強」，當時就大局而言，就是蔣委員長也。

「蒙難而脫險了以後的蔣委員長，是全中國的萬民擁戴的領袖。大家相信了他是唯一的能夠領導全民族一致對日抗戰的人。」

「半年多以後，蘆溝橋事件發生，全國全軍就團結在蔣公的指揮之下，對日本侵略者作不勝不止的搏鬥。」

「所以蘆溝橋事變的推演，是關係整個中國國家的問題。此事能否結束，就是最後關頭的境界。……萬一真到了無可避免的最後關頭，我們當然只有犧牲，只有抗戰！」（黎東方著：《蔣公介石序傳》，臺北：聯經，六十五年初版，第三五〇頁及三五三頁）

曾文正公往往見其大，一般人見其小；曾文正公往往見其遠，一般人見其近。因之，有關湖北「新撫」之事，不在「估署與否？」「接篆與否？」那都是小事，都是細微末節，重要的還是在人呀！這個時候，在這個地區，以胡林翼馬首是瞻，此之所謂「然以潤公之威望才氣，羽翼既成，亦非他人所能牽掣」，的確如此。當時是如此，歷史也是如此。

今天臺灣一些爭執糾紛，常歸咎於制度法令規章，事實上，還是人的問題。

4　慎之又慎者，只在「用人」二字上

「取利多而民怨，參劾多而官誹，有以此見告者，非不當自省，但不宜以鬱蓄心中耳。吾輩所慎之

又慎者，只在用人二字上，此外竟無可著力之處。古人云：若從流俗毀譽上討消息，必至站腳不牢。侍平日短處，亦只是在毀譽上討消息，近則思在用人當否上討消息耳。揆帥欲以義渠一軍，繞赴淮北，似尚妥叶，侍已允諾。鮑超思歸甚迫，已來此間，當面為慰勸也。」（覆胡宮保）

有人利害處，就有是是非非恩恩怨怨，一天到晚，怎可能到處打聽，他人講你好，說你壞？這就是曾文正公所言：「侍平日短處，亦只是在毀譽上討消息」，這是曾文正公成熟，亦是他發大難而能成大功之處：「只在用人二字上，此外竟無可著力之處。」

曾文正公用人之成功，即在此。作為主管者，用人方面，不能私心自用，也不能耳朵軟。曾文正公身處極危，心有極難，還要苦口婆心為同僚部屬打氣加油，此處就有二個「侍」字：「侍平日短處，亦只是在毀譽上討消息；「侍」已允諾。侍：侍郎也。胡宮保，應為胡林翼也。

曾文正公之所以「侍」來「侍」去，即在去疑立信：決定這樣做，就這樣做。豈能為閒言閒語所左右，所翻案？

「吾輩所慎之又慎者，只在用人二字上」，可作為決策者之座右銘。人事，大事也，不能不慎，一旦決定，就要貫徹，天下無萬全之策，亦無十全之人。

5　辦事總以得人為主

「貴軍初至西安，正值賊氛極熾之時。初六日馬部賊大股，猛撲七八次，我軍奮勇鏖戰，以遠道馳援之客軍，當凶燄方強之劇寇，再接再厲，已獲勝戰，而張編修竟以力戰殉節，聞之大慟。前年本部堂初招淮北勇丁，實欲逐漸擴充，於淮湘兩軍之外，另開生面。張編修能耐勞苦，文員中實無其匹，而性情之誠愨，志趣之超邁，學識之深遠，操守之廉潔，均能卓然自立。方冀養成大器，共濟時艱，不意千里赴援，一戰而死，浩然長往，齎志無窮。貴鎮少此幫手，軍勢愈孤，本部堂相離甚遠，尤不放心，務宜慎之又慎，切不可猛浪輕進。」(〈稟張編修受傷殞命并戰仗情形〉)

這一來稟，可分幾段來說。最重要的，在道出曾文正公經營軍事之苦心，「於淮湘兩軍之外，另開生面」。組軍先選將，乃看中文人張鎮。

果不出曾文正公之苦心與慧眼，「張編修能耐勞苦，文員中實無其匹。」「不意千里赴援，一戰而死。」

至於張編修所具備之條件，也正是曾文正公用人選將之標準：「性情之誠愨、志趣之超邁、學識之深遠、操守之廉潔」，均在其中，乃是人中人與人上人。

曾文正公對張鎮是放心的。少此幫手又相離甚遠，放心不下，乃勉之再三，「務宜慎之又慎，切不可猛浪輕進。」

「辦事總以得人為主。稟中所稱之府，各得有體有用之知府，而又不計名位之升降，本部堂閱歷十餘年，目中尚未見有此等人，得一已足戡亂，安得同時六人之多。」

「本部堂因多嘗難險，故於視事太易者，必為諄諄勸誡，示之以難，告之以誠。該守不必因斯言而遽自退沮，亦不可忽視斯批，而輕議更張也。」(〈易守佩紳稟湖南援勦貴東各情形擬籌變通辦理由〉)

得人即得天下也，亦即領導人之重要，此亦曾文正公所言：辦事總以得人為主。

曾文正公在這一函覆中，也是一般首長在面對決策指令時所常有的：

選才很難，受到考驗不計名利，才是人才。他指出：「本部堂閱歷十餘年，目中尚未見有此等人。得一已足戡亂，安得同時六人之多。」

曾文正公特別提出「名位之升降」，的確是大考驗。一個人升了他想要升的官位，喊萬歲容易，稍有不順，就反目成仇。人才太難，這是曾文正公的經驗，因之他說：「得一已足戡亂。」言下之意，得一人就很難了。

曾文正公臨事總是戰戰兢兢，因為事情不經過不知難。此之所謂：「本部堂因多嘗難險，故於視事太易者，必為諄諄勸誡，示之以難，告之以誠。」

曾文正公察覺這位易守，看到湖南情形，應興應革，「言之甚易，行之甚難」，乃提出幾項忠言，說明難處，共指出「三難」，但曾文正公還是留下一個尾巴：「不必因斯言而遽自退沮，亦不可忽視斯批，而輕議更張也。」也就是說，這都是我的經驗，我的看法，供你參考，如何做，如何做成功，還是看你決定，不要「輕議更張也。」

當然，如果不是一個硬幹盲幹的首長，看到這樣的分析，應有所悟，對他的措施、人事，應仔細地再考量一番。

6 人和政通，巧佈人事

中國文化，源遠流長，這是大家都能體會與瞭解的，無論廟堂之上或是一般文人策士，都能朗朗上口的。

固然，中國文化，博大精深，但並不複雜，還是有脈絡可尋，源流可追的。上通孔孟，近代則以宋明理學，如此而已。

承平時，則崇儒，以求長治久安；治亂世，則以行法家，必能劍及履及；臺上的人，或儒或法，或四平八穩，或雷厲風行，均能產生一定之效果。失意下臺者，心灰意冷，則崇尚老莊，否則只能批批「菜單」，沈醉昔日權威。

曾國藩與蔣中正先生，可謂代表。

他們的精神，往往表現在思想與佈局上。

蔣中正先生師法曾文正公，抗戰時期或臺灣復興期間，可謂亦步亦趨，無論戰略，嘉言力行，勉將士教子弟，幾乎都是曾文正公的化身。

人生如棋局，人事也如佈棋，棋雖一步一步走，但幾個重要而關鍵的棋子，佈得妙，佈得好，就能轉危為安，取長補短，而收天時地利人和之功，而有今天的臺灣。

曾國藩所面對的危局也是如此。

曾國藩以漢人之身份，而受重任，一肩挑起傾倒之大清危局救亡重任，有其非常之條件，也有非常之功力。

當時在朝廷運用之妙，更是高棋，這也是典型的伯樂千里馬也。

與曾國藩搭配的，是塔齊布。此人「轉戰二千里」，必是旗人，也必是一員猛將無異，且甚受倚重，此正如曾國藩所指的，「臣軍所以長驅千里，勢如破竹者，以陸路有塔齊布、羅澤南。」早期的皇上諭令中，他還在曾國藩的前面，當然，其後就以曾國藩馬首是瞻了。

塔齊布病故護靈者，曾國藩派出湖南提標率三百五十名官兵護送，浩浩蕩蕩，自湖南至長春，真是「哀榮」。

如何接替塔齊布這樣重要職位、這樣重要搭配呢？

就今天而言，就是大家所熟知的敏感「省籍分配問題」。

曾國藩不迷信，打破慣例，保薦周鳳山接統。

曾國藩惟恐惟謹地上奏皇上：「提臣塔齊布病故後，潯軍猝無統屬，臣札派廣東羅定協副將周鳳山統領全軍。」

緊跟著曾國藩列舉周鳳山防守連勝之功，但就聲望與攻堅，周不足與塔齊布相比。因此曾國藩奏明：

「惟塔齊布聲威炳耀，士卒親附，後來殊難為繼，周鳳山所領此軍，臣飭令止重防守，不圖進取。現在江西境內，惟九江彭澤兩城，湖口梅家兩壘，被賊占踞，而我軍西扼潯城，東扼湖口，水師扼駐青山，如果三路防守嚴密，賊不能內犯一步，江省土地，均可不被蹂躪，所有派委周鳳山統領九江陸軍緣由。」

曾國藩真是小心翼翼，也用盡巧思，保派周鳳山。這個時候，也正用著這位守將。

此時，聖上對曾國藩信任有加。硃批：「知道了，周鳳山能統屬，仍應相機進取。」

7 因人成事，名符其實

湘軍。不只是當時的「勁旅」，也是我國軍事史中驍勇善戰，刻苦耐勞的代名詞。

無曾國藩即無湘軍；無湘軍亦難見曾國藩的事功，因為湘軍係咸豐二年，曾國藩招募湖南人組合而成。

因之，無曾國藩固無湘軍，無曾國藩之精神，亦無湘軍。

曾國藩之湘軍精神，即上重視將才，下重視卒勇也，上下一心，而能成「湘軍」。

曾國藩時時不忘提拔人才，也時時不忘推崇部屬，且部屬比己強。

咸豐七年二月十六日，曾國藩正在江西督戰，因其尊人之憂而離營，乃推荐楊載福統理與彭玉麟協理內外水師之任務。

曾國藩對楊載福及彭玉麟二將，真是讚揚備至：「楊載福等數年之戰功，乃克成此一支水軍，臣不過因人成事，豈敢無其實而居其名。」

「楊載福戰功最偉，才識遠勝於臣。」

「彭玉麟備歷艱險，有烈士之風。」

「才識遠勝於臣」，「有烈士之風」。其義其情，真可感也。

烈士在民國開國史中處處可見，實在就是視死如歸的精神。

這裡有所謂子弟兵：「湘勇係同縣之人，寶勇係久從之卒，於臣略有關係。現在李續賓之湘勇，駐紮九江，精勁樸實，隱然巨鎮，久在聖明洞鑒之中；劉騰鴻之湘勇普承堯之寶勇，駐紮瑞州，嚴明勤謹，足當大敵，但使餉項稍敷，必能樹立功績。臣在軍中，亦無所益；即不在軍中，亦無所損。」

「臣在軍中，亦無所益；即不在軍中，亦無所損」，而安皇上之心，乃請求「丁憂開缺」，「在籍守制，稍盡人子之心，而廣教孝之典。」

如無法「開缺」，「抑或賞假數月，仍赴軍營效力之處，聽候諭旨遵行。」

忠臣孝子，盡在其中。

此時，曾國藩在皇上之心中，漸漸已形成不可一時無此臣的氣候。

8 凡臣子難言之隱，早在聖明體諒之中

曾國藩因父喪，適值在江西督戰，忠孝難兩全，乃請求「開缺」，或「賞假數月，仍赴軍營效力。」

咸豐七年二月二十七日內閣奉上諭，回覆曾國藩：「兵部侍郎曾國藩之父曾麟書在籍病故，該侍郎現在江西督師，軍務正當喫緊，古人墨經從戎，原可奪情，不令回籍。惟念該侍郎素性拘謹，前因母喪未終，授以官職，具摺力辭；今丁父憂，若不令其奔喪回籍，非所以遂其孝思，曾國藩著賞假三個月，回籍治喪，並賞銀四百兩，由湖南藩庫給發，俾經理喪事，俟假滿後，再赴江西督辦軍務，以示體卹。」

「賞假三個月，回籍治喪；賞銀四百兩，由湖南藩庫給發。」

皇上真是週到極了。

三月二十六日曾國藩呈請代奏謝恩摺，說出「凡臣子難言之隱，早在聖明體諒之中。」

曾國藩自責自愧一番：「竊國藩才識庸劣，軍旅未嫻，數載從戎，過多功寡，覩烽煙之未靖，媿調度無方。茲又遽遭大故，解職離營，方憂懼之交深，欲陳情而悚息。迺蒙皇上天恩……。」

皇上說他「素性拘謹」，他乃「才識庸劣」自謙。

對於「曾家」這樣大事之處理，宮中是否經過「會商」不得而知，但極其高明；至少，可見宮中府中已為一體，皇上統領、待人還是有極高之藝術。曾國藩喪父悲慟之餘，真是備感哀榮，除了「率領閣

家大小，望闕叩頭」之外，就是擦乾眼淚，應是謝恩以圖報了。

9 內方正而外圓通，辦事結實週詳

一公司之業主，一時代人物，能成大事者，必在人事上有一番功夫，用人上有其眼力與功力。影響中國現代政治甚巨與甚遠的二位蔣總統，就是如此。

晚清甚至延伸民國，曾國藩的影響力相當大，出將入相辦外交，大將之才，幾乎全出自曾國藩之心。

那麼，曾文正公如何用人呢？拔擢人才的標準，又在那裡？奏摺中處處見其功力與真章。

為湖南補用知府李瀚章，調來身邊辦軍務，曾國藩「請旨飭下安徽撫臣，即飭該員迅來湖口水營，設立總局，辦理報銷事件，俟事竣後，令李瀚章仍回安徽，即留於臣續賓營中幫辦軍務。」

何以曾文正公這樣重視李瀚章？他用了十三個字：「內方正而外圓通，辦事結實周詳，甚屬得力。」

這十三個字，實即是人事考核之根本也。

10 求才必試以艱危，用人當責以實效

曾國藩一生之成功，即在選將與用人上，這是他試才之標準：求才必試以艱危，用人當責以實效。

這句話，無論為政者與事業家都用得著。

兩位蔣總統在臺灣之功業，即在「求才必試以艱危」，如軍令系統必出自戰地之歷練；陸軍總司令，

多經金門司令官的階段，經國先生做得更為澈底。

只是臺灣太平盛世太久，就少有艱危之環境，也就難有非常之人才。

錢復任外交部長時，感傷於科威特與賴比瑞亞之劇變，我國外交官不同應變之方式，而下定決心：

今後外交官必先放至艱苦地區，見有成效，再論功行賞，再放至優越地區如美國。

如外交主持者，早借重曾文正公的經驗，也許外交早就開花結果，人才輩出。

歷史之經驗，其可貴亦就在此。

「用人當責以實效」，而一般行政機關的人員，每日所忙，不知為何？有什麼意義？有什麼效果？完全不知。

日日來，月月來，年年來，等著升官；升官無望，就等著退休。

專業或企業就不同了，講求的是效率與效果。

時間加上金錢，必須產生效果。最少的時間，最少的金錢，產生最大的效果，就是效率的極致也。

咸豐九年十月十七日，曾國藩為「特保賢才請旨記名簡放」奏一摺。

求才與用人，這一摺以「求才必試以艱危，用人當責以實效」為標準，而以胡大任為樣本，因為「胡大任獨能於萬難攜手之際，奮不顧身，經營籌劃，不獨穩固軍心，實足激發士氣；蓋其沈毅果決，力濟時艱，悉本忠藎之誠，乃能任艱危而不變，歷險阻而不渝，此後責以事功，必收大用。」

11 治軍籌餉，得人為要

奏摺不外人與事，而曾國藩之奏摺，每見在人才保舉方面，有獨到之眼光，著墨也最力。

咸豐十年五月十七日，曾國藩箋奏，保彭玉麟統寧國水師，李瀚章會辦牙釐：

「自治軍籌餉，均以得人為要。查布政使銜廣東惠潮嘉道彭玉麟，管帶水師，身經數百戰，艱險備嘗。咸豐五年冬，江西各郡縣俱陷於賊，湖南音無不通，該道帶礮船在鄂，由賊中間道來江，徒步七百里，遂令整理內湖水師，逐漸擴充，分攻各城，以次收復。至七年九月光復湖口，始與楊載福外江水師會合，現在協勦安慶，晝夜督戰，其任事勇敢，勵志清苦，實有烈士之風。臣至皖南後，察看寧國一帶，如須添辦水師，再行斟酌緩急，奏請簡派。又湖南儘先補用道李瀚章，廉正樸誠，吏事精核。咸豐三年，由湖南善化縣任使調赴臣營，襄辦糧臺，遇有戰陣，亦督隊指麾，七載以來，寵辱不驚，夷險一致，湖北撫臣胡林翼屢為臣言，欲奏留鄂省，以備任使。」

12 老成宿望，治兵非其所長

適才適所，平常是如此，戰時更是如此。

就以軍事而言，一個長於協調、獻策的參謀長，未必就是統帥之才。因為人各有所長，也各有所短，要用其所長，而不能用其短，這也是人事管理最基本的道理。戰場之道，往往如雷似雨，決勝在快速，一絲一毫猶疑不得，但也不能衝動。

曾國藩在徽寧軍務時，對於督辦皖南軍務的張芾這位「冬烘」，奏了一本，並作了評語：

「張芾自咸豐五年，籌辦徽池防務，屢挫賊鋒，使不致深入浙境，於大局不為無益；惟所部各軍，紀律太寬，近日多住民房，或帶婦女。張芾於各嶺設卡之處，並未親出查閱一次，即徽州城守之具，亦無預備，觀其軍心之懈，實已難期再振。」

一言以蔽之，張芾督兵，失之寬與疏矣，這是曾國藩所最重視的，也是湘軍成功處。

「臣與張芾在京素識，近來同歷戎行，書問常通，稔知該副都御史學養深沈，操行廉正，向為老成宿望，惟治兵非其所長，用人或受蒙蔽，應如何位置得宜之處，聖主自有權衡，非臣下所敢妄擬。」

「向為老成宿望，惟治兵非其所長，用人或受蒙蔽」，這話也就夠露骨了，這就是曾文正公的可愛與可敬處，說得明白一點，這也就是要皇上給張芾換換位子之意思。

曾國藩講這些話，並不是無的放矢，而是因為「上面」有意讓他統籌軍務運作，因此，他不能不說些心中話，難聽但是實話：

「特是徽寧兩防兵數尚眾，錮習已深，舊欠過多，新餉尤缺，不裁汰則口食無資，一裁汰則變態百出，辦理棘手，一言難罄，臣才力缺絀，深懼弗勝，如奉旨歸併臣處督辦，臣兼顧皖南，即斷不能更顧浙江。」

這是曾國藩為難處，將不像將，兵不像兵，又乏軍餉，如何打仗？這個仗怎能打？

13 凡興舉大事，必才與事相副，人與地相宜

曾國藩的功業與功力，俱在湘軍之督練以及人才之拔擢上，其愛才如命，就在其奏摺上。

咸豐十年七月初三日，曾國藩為興辦淮揚水師，大保特保李鴻章承此重任。其中有三段有關此人此

事的來龍去脈：

「查有按察使銜福建延建邵遺缺道李鴻章，自咸豐三年正月，在編修任內，奉旨派同前工部侍郎呂賢基，回皖辦理團防，在皖北軍營六年，歷著戰功，於淮揚情形，聞見較確。上年五月間，經臣奏赴江西軍中，會督兵勇，克復景鎮浮梁，因其力辭保舉，是以未經奏獎，嗣隨臣周歷鄂皖各處，十月間蒙簡授福建遺缺道，臣因襄贊需人，未令赴任。」

「該員勁氣內斂，才大心細，與臣前保之沈葆楨二人，並堪膺封疆之寄；而李鴻章研覈兵事，於水師窺要，尤所究心，擬請旨飭派該員前往淮揚，興辦水師，擇地開設船廠。」

「凡興舉大事，必才與事相副，人與地相宜，李鴻章籍隸盧州，洞悉皖北及兩淮艱苦，於袁甲三、王夢麟等，亦素相接洽，如奉旨允准，當飭該員束裝由臨淮繞道前進。」

實在的，李鴻章擔任斯職，天時地利人和皆俱也。李鴻章漸露頭角，真是允文允武，還辦洋務，曾國藩也真是鑑人如神也。

14　經濟以歷練而成，人才以獎借而出

保舉人才，是否在清朝形成一制度，不得而知，但皇上卻屢屢要曾文正公「保舉人才」。特別是「茲又欽奉寄諭，令保封疆將帥。」

「保封疆將帥」可見倚公深矣。

曾文正公於咸豐十一年十一月二十五日，為了這件事，奏一片，特別指出：「臣自愧無知人之明，

無儲才之素，不足以仰答聖主謙沖之懷，惟經濟以歷練而成，人才以獎借而出，苟有所聞，即當搜羅荐達造就，為他日所用。」

此為所謂「表態」也。

曾文正公也想到三個人：「周騰虎在浙江，劉翰清在山東，方駿謨在河南，其餘尚在本籍，應請飭下各省撫臣，訪求咨遣前來，俟到臣營數月之後，臣悉心察看，再行出具考語。」

至於他們三位，曾文正公具體的意見與評價：「候選主事周騰虎，疏通知遠，識趣閎深。候選同知劉翰清，監生趙烈文，博覽群書，留心時事。監生方駿謨，不知聞達，行誼卓然。藍翎六品銜監生華蘅芳，敘從九徐壽，研精器數，博涉多通。」

「此數人者，若令閱歷戎行，廓其聞見，必可有裨軍謀，蔚為時望。」

這是曾文正公為人處事之精神：謹慎而穩健，求進取也。

15 廉正明幹、才識閎遠、條理精詳的九人小組

為解濟江浙軍餉，曾國藩曾建議到廣東籌措，並簡派大員駐地「釐金」。皇上不但採納曾國藩的建議，而且「派晏端書督辦，並諭令由海道前往，以期迅速，即著曾國藩遴委賢員，隨同赴粵辦理」。

對於晏端書其人，曾國藩自不敢批評，因為有「遴委賢員」之使命，曾國藩趁機談了一些此行使節之重大與遴選之條件：「仰蒙皇上俯念餉需緊迫，指示周詳，曷勝欽感。晏端書何日起程赴粵，尚未接其來信。抽釐經始之際，諸事紛繁，必須廉正明幹，熟悉釐務之員，隨同辦理。擬派在籍布政使銜江西

即用道黃冕、江西贛南道李瀚章，按察使銜名道趙煥聯，補用道蔡應嵩，即日馳赴韶關，創議規條，部署一切。又派湖南補用知府顏培鼎，前署江西廬陵縣丁日昌，前署江西餘干縣陶慶，仍隨同前往，分赴各卡，妥立章程，其廣東官員中，擬派糧儲道蔣志章，會商妥辦，虎門同知吳贊成，隨同經理。此九人者，類皆才識閎遠，條理精詳，總期滴滴歸公，無病於廣東商民，有益於江浙軍務。」

曾國藩深知征糧要錢，茲事體大，弄不好勞民傷財，無補於江浙軍需之急，卻肥了大吏。乃組成九人小組全力配合，可謂迅雷不及掩耳。這九人小組均一時之選，所具備之條件：廉正明幹、才識閎遠、條理精詳。

這亦是曾文正公用人之精神。

16 得良將則日起有功，遇不肖則流弊不可勝言

皇上對於曾國藩接直隸總督有厚望，曾文正公亦盼有所作為。其要不外為認真練兵，整飭吏治以及「治河亦屬要圖」。前二者是聖上指定的要務，第三項則是曾文正公自己認為是「要圖」。

練軍事為整軍之基礎。以曾文正公的經驗及績效，乃是如何把湘軍的精神與制度，擴而大之，影響全國，是振武救清之苦心積慮。

事實上，「老帥」的治軍的理念與經驗，也不會超出湘軍的範圍。

同治八年五月二十一日，曾國藩提出覆議直隸練軍事宜摺；同治八年八月二十七日，再提出「再議練軍事宜摺」。

再議之奏摺，係奉上批示：「迅即籌定簡明章程奏報定議」。

文正公先談用兵與致勝之道：

「用兵之道，隨地形賊勢而變焉者也。初無一定之規，可泥之法，或古人著績之事，後人效法而無功，或今日致勝之力，異日狃之而反敗；惟知陳迹之不可狃，獨見之不可恃，隨處擇善而從，庶可常行無弊。即就紮營一事言之，湘勇初出，亦屢為粵匪所破，既而高而壘，深其濠，先圖自固之道，旋即用此以制敵。厥後淮勇諸軍繼起，亦皆以高壘深溝為自立之本，善紮營者，即稱勁旅。直至移師北來，改勦捻匪，每日計行路之遠近，分各營之優劣，曾無築壘挖濠之暇，而營壘之堅或否，於勝敗全不相涉。即詢及陝甘勦回，貴州平苗，亦不以築壘挖濠為先務。至天津捍禦外洋，雖堅壁亦不足恃，即此一端，已知陳迹之不可狃，兵勢之變化無常矣。然安營支帳，埋鍋造飯，一則不擾閭閻，一則自固壁壘，斯乃古來之常法，並非勇營之新章，終未可棄而不講也。臣愚以為直隸練軍，宜添學紮營之法，每月拔營一次，行二、三百里為率，令兵丁修壘浚濠，躬親畚築，以習勞動，不坐差車，以慣行走。至運米搬柴，則勇丁不過偶爾為之。如今年近事，老湘營之勇，由綏德州運米至花馬池；銘軍之勇，由濟寧州輸米至張秋是也。」

再談選將拔士之道：

「得良將則日起有功，遇不肖則流弊不可勝言，洵為允當之論，良將者可幸遇而不可強求也。嗣後直隸練軍統領，臣所議得良將，遇上選則破格優待，盡其所長；遇中材則隨時防維，無使越分，庶二全之道耳。部臣復議及兵將相習，可收一氣貫通之效。又言轉弱為強，雖不必借才於異地等語。臣竊意就兵言之，以土著為主，以保狀為憑，斷無令外省客勇充補之理，而客勇亦無願補遠省額兵之志。」

曾文正公雖強調世無一成不變一理，要在因時因地因敵我狀況而異；但曾文正公的精神，還是離不開湘軍的穩紮穩打精神與作法，乃有「善紮營者，即稱勁旅。」

17 遴選在得人，而不在換人

米與鹽為人所必需，民以食為天。

開門七件事：柴、米、油、鹽、醬、醋、茶。米與鹽就佔了二項，賴以維生的二大項。其他的五項，可有可無，可多可少，唯有米與鹽是不可少的。

鹽，控制了人民每天不可缺少的必需品，所以自古以來，由於食多，人眾，交通不發達，非商人莫辦，以及靠官管，所以靠鹽吃飯的鹽民無數，靠鹽發財的商人與靠鹽升官發不當之財的，成為中國歷史中政治的毒瘤，為害甚深，毒民甚重。

尤其是負責鹽商的綱總，積弊更甚。

曾國藩奉皇太后、皇上之命，整頓長蘆鹽務：「總之蘆綱積弊，在引岸虛懸，乏人認運，因而交款日絀浮費太重，商力難紓，正供遂至暗虧，請飭迅速整頓。」

所謂「整頓」，不外在辦人換人。對此，曾文正公有不同的意見。

同治八年十一月初一日，他經過派員「馳赴天津，按照原奏各條，明查暗訪，悉心考究」，參觀互證，擬出整頓長蘆鹽務辦法十條具體：

第一條　認辦懸岸宜定限期

第二條　保結商人宜專責成
第三條　督催總商宜先完課
第四條　捆運懸岸宜交全課
第五條　長蘆綱總宜令交代
第六條　代銷融銷宜分別
第七條　歷年積欠宜令交代
第八條　報災補運宜再詳查
第九條　加觔抽錢宜行禁止
第十條　墨筆科則宜加裁革

現代海關的若干觀念與一些措施，也在其中。

這一重大積弊之改革重點，當然在制度與人事。曾文正公以用人而專長，他特別重視人才的選拔，而不在不好就撤換。這在第五條長蘆綱總宜令交代寫得最具體。

「查山東綱總，雖係按年更換，第山東先課後引，長蘆先引後課。綱總責任，兩不相侔，換期太促，必以甲年應完之課款，責成丙年之綱總督催，恐此推彼諉之弊，必且層見迭出。且綱總為通綱領袖，要在遴選得人，非其人即一月一換，無裨實政；得其人即累年不換，亦愜輿情蘆商殷實者少，殷實而認真辦事者尤少，年年更換，恐中選之人無多，而廢弛之患滋甚」。

真是無商不奸，無商不傷，一般人對商人印象不好，「殷實而認真辦事者尤少。」換來換去，挑來挑去，還是換不出一個好材料，惡性循環，越換越壞，因此，曾文正公所重視的，所在意的是「遴選得人」，而不是頻頻換人。

18 取其誠樸而有忠義之氣

「蓋近世之兵孱怯極矣，而偏善妒功忌能，懦於禦賊，而勇於擾民。仁心以媚殺己之逆賊，而狠心以仇勝己之兵勇，其仇勇也，又更勝於仇兵。曩者己酉新寧李沅發之變，鄉勇一躍登城，將攻破矣，諸兵以烏鎗擊勇墜死，遂不能入。近者兵丁殺害壯勇之案，尤層見疊出，且無論其公相仇殺，即各勇與賊事殷之際，而各兵一不相救。此區區之勇，欲求成功，其可得邪。不特勇也，即兵與兵相遇，豈聞有此營已敗，而彼營冒險往救者乎？豈聞有此軍餓死而彼軍肯分一粒往哺者乎？僕之愚見，以為今日將欲滅賊，必先諸將一心，萬眾一氣，而後可以言戰。而以今日營伍之習氣，與今日調遣之成法，雖聖者不能使之一心一氣，自非別樹一幟，改絃更張，斷不能辦此賊也。鄙意欲練鄉勇萬人，概求吾黨質直而曉軍事之君子將之，以忠義之氣為主，而輔之以訓練之勤，相激相劘，以庶幾於所謂諸將一心萬眾一氣者，或可馳驅中原，漸望澄清。目今江西已有楚勇二千，湘勇一千，頗有和翕相衛之象」。（〈與王璞山〉）

真是句句血淚，字字真言，此為湘軍之異於清兵，而能戰勝太平天國也。

此時之天下，曾文正公「每念天下大局，極可傷痛」，真是傷心已極。人心太壞，軍心太壞。清軍因殺湘勇，清軍亦彼此殘殺，見死不救，更不在話下。

因之，曾文正公開出二副藥方：

「以為今日將欲滅賊，必先諸將一心，萬眾一氣，而後可以言戰。」

「欲練鄉勇萬人，概求吾黨質直而曉軍事之君子將之，以忠義之氣為主，而輔之以訓練之勤。」亦即取其精神，取其氣質，「誠樸而有忠義之氣。」這是為什麼湘軍之將，如：左宗棠、胡林翼，立赫赫之戰功，並非具備軍事之經驗與背景，即在此也。

這是曾文正公扭轉乾坤之所在。

19 穩也，正也，人事之力行於平日也

「惠書敬悉一切。權不可預設，變不可先圖，自是至當之論。大抵平日非至穩之兵，必不可輕用險著；平日非至正之道，必不可輕用奇謀。然則穩也，正也，人事之力行於平日者也；險也，奇也，天機之湊泊於臨時者也。敢以質之左右，有當萬一否？桐城之捷，此間得見探報，粗知大概，戰事尚無所聞。左帥來祁已四日，其部下自安仁大捷後，至今尚無續報，若再不紮屯溪，此路賊必生心，可慮之至。九舍弟仰承明教，尚知欽感。我公實能以善養人，不僅以善服人，故才氣之士，易於服化。敬謝，敬謝。」

（《覆胡宮保》）

曾文正公與胡林翼（宮保）這一回覆，真是尊敬客氣。

所談有穩險正奇。

曾文正公以穩正著稱，並不主張用險用奇。而用，與一般人鋌而走險，孤注一擲不同。而是「大抵平日非至穩之兵，必不可輕用險著；平日非至正之道，必不可輕用奇謀。」此如同孔明借箭，看似奇術，實在是萬事俱備，只待東風，還是穩之策略。

「穩也，正也，人事之力行於平日者也；險也，奇也，天機之湊泊於臨時者也。」

很顯然的，曾文正公是不主張用險用奇也，乃有「敢以質之左右」。

這一短箋中，還談到他的愛將：左宗棠以及他的親人曾國荃：

「左帥來祁已四日。」

「九舍弟仰承明教，尚知欽感。」

胡林翼是有個性的，曾文正公怕他出亂子，乃以「高帽子」安服他：「我公實能以善養人，不僅以善服人」，並以「敬謝，敬謝」恭維他，實在高明之至。這樣，胡宮保就不會輕舉妄動了。

20　中興在乎得人，不在乎得地

「接惠書，戰事稍順，驛遞亦速矣。胡宮保之病，連接數信，知其病源頗重，且語氣亦過於慈祥。此公年來進德之猛，用心之苦，建功之大，不特為塔羅所不及，亦遠出江、李之上。至其推賢揚善，惟恐失之，則古來名臣，殆不是過，數十年來所未見也。」（覆左季高）

胡林翼病重病危矣。曾文正公曾勸其休息休息，「請假兩三月，回武昌醫調」，但胡林翼責任心過重，不肯稍離，曾文正公苦甚急甚。

胡林翼是有個性的，難免為曾文正公所費神，如今則近於圓熟，卻有積勞成疾之痛，曾文正公對「此公年來進德之猛，用心之苦，建功之大」，稱讚備至，並為「古來名臣，數十年來所未見也。」可見曾文正公倚胡之重。

「接上年十月惠函，力主遷都長安之議。此事京中具奏者甚多，鄂省司道諸公，亦眾口同聲，以為目下第一良策，山陝河南各疆臣，亦皆先後陳奏。鄙意以為中興在乎得人，不在乎得地。漢遷許都而亡，晉遷金陵而存；拓跋遷雲中而興，遷洛陽而衰；唐明皇德宗再遷而皆振，僖宗昭宗再遷而遂滅；宋遷臨安而盛昌，金遷蔡州而淪胥。大抵有憂勤之君，賢勞之臣，遷亦可保，不遷亦可保。無其君，無其臣，遷亦可危，不遷亦可危。鄙人閱歷世變，但覺除得人以外，無一事可恃。」（覆方子白）

以曾文正公的個性與修養，這一封信可謂極有性格，亦無保留。因為國事不順，禍亂迭起，朝廷不保，乃有「遷都長安之議」，京中方面大臣，幾「眾口同聲，以為目下第一良策」，非遷都不足以徒存。曾文正公掌半壁江山，繫天下安危，只要曾文正公點頭，就非遷都不可了。

曾文正公異於常人，不迷信、不起哄，更不會隨波逐流。「以為中興在乎得人，不在乎得地」，並以史為證，有遷都興的，也有遷都亡的，並無定律，亦無因果關係，並以「有憂勤之君，賢勞之臣，遷亦可保，不遷亦可保；無其君，無其臣，遷亦可危，不遷亦可危」，真是言重矣，如果做起反面文章，就有殺頭之禍。但曾文正公忍不住了，不得不吐忠言：「鄙人閱歷世變，但覺除得人以外，無一事可恃。」真是忠言逆耳，忠臣可敬。就憑這一言，曾文正公的歷史地位，就足可與諸葛武侯相比美。

曾文正公的地位極高，亦極危，因為位極必危，能說重話，不易；能說真話，不易。遷都之說，簡直胡鬧。

21 推賢讓能，忍氣任怨，待人以誠，愛才如命

「凡治軍辦事，須忍苦耐煩，有堅定之力，現糧餉尚係按給，輒連篇呼索，役忍飢力戰者，又將何說以處之耶。」（〈湘後營營務處何令應祺副後營劉丞連捷左營李參將實賢稟呈收發餉項清冊及欠發薪糧銀數由〉）

「凡治軍辦事，須忍苦耐煩，有堅定之力。」這就是曾文正公的精神，一以貫之，豈止「治軍辦事」，想辦大事成大事者，都須如此，這就是非常之功力。

「進不必過驟，追不必過遠，一二次小勝後，然後變化從心，屈伸如意，此以少禦多之一法也。」（〈余參將際昌稟到防天堂佈置情形及探報賊蹤由〉）

「進不必過驟，追不必過遠。」這是見好就收，免為敵所誘，陷於敵陣，為敵反包圍，或無路可走，無地可容，狗急跳牆，全力反撲也。

「一二次小勝後，然後變化從心，屈伸如意。」此亦即蔣中正先生對日抗戰時期的積小勝為大勝之戰略也。

「該令返躬察己，長短自知，果不愛錢，又能推賢讓能，忍氣任怨，待人以誠，愛才如命，則良將良吏，一身可兼，何業之不成哉。但期勉踐斯言，持之以靜，貞之以恆，實所厚望。」

「果不愛錢，又能推賢讓能，忍氣任怨，待人以誠，愛才如命。」這就是曾文正公觀察培養發掘與重用人才的標準。「待人以誠，愛才如命」，就是曾文正公的化身也，乃能名將如雲也。

「良將良吏」，良將不怕死也，良吏不愛錢也，一身可兼，亦即不怕死不愛錢，則「一身可兼，何業之不成哉。」對日抗戰勝利，大至戰區小至縣市長，統由軍人兼行政官，由上將至上校，可惜又可痛者，怕死貪生愛財好色，勇於內鬥，畏於外敵，一片大好河山，不數年間，為之瓦解。其道理其原因，均可自「良將良吏」找到答案也。讀之、思之，良可痛也。而有蔣中正先生大陸撤守到臺灣，「革命事業從頭做起」之決心。

22　辦事之法，以五到為要

「皖南軍事吏事，均有乏才之患，該守如回籍時，物色賢能之士，即邀同來營，相助為理，多多益善。取人之式，以有操守而無官氣，多條理而少大言為要。辦事之法，以五到為要。五到者：身到、心到、眼到、手到、口到也。身到者，如作吏則親驗命盜案，親巡鄉里；治軍則親巡營壘，親探賊地是也；心到者，凡事苦心剖晰，大條理、小條理、始條理、終條理，理其緒而分之，又比其類而合之也；眼到者，著意看人，認真看公牘也；手到者，於人之長短，事之關鍵，隨筆寫記，以備遺忘也；口到者，使人之事，既有公文，又苦口叮嚀也。」（〈四川試用知府馮卓懷稟奉調大營差委自川啟程日期由〉）

曾文正公心中所念者為「人才」，時時以物色人才為念：「皖南軍事吏事，均有乏才之患，該守如回籍時，物色賢能之士……多多益善。」

「取人之式」與「辦事之法」，前者乃是為人性格，後者乃是辦事方法。誠樸與務實，是曾文正公的精神，也是所欣賞的性格，乃有：「有操守而無官氣，多條理而少大言。」不要說在那個時代，就是在現在民主時代，也很難也。

至於「五到為要」的「辦事之法」：身到心到眼到手到口到也。就是一個「勤」字，也就是現代管理的「走動管理」。這五到，普遍為用，林語堂的開明英語讀本，學習英語的秘訣，亦在此也。

23 凡才力得之天稟者不足喜，得之人事者乃可據

「凡才力得之天稟者不足喜，得之人事者乃可據。勵志以廣之，苦學以踐之，才力無不日長者。水之漸也，盈科而進；木之漸也，積時而高。才力之增亦在乎漸而已矣。」〈湖北撫標新仁營兼轄英字營吳倅廷華稟克復孝感縣城追至德安圍勦由〉

一個人之成就，不能靠天才，而是靠努力。天才不是人人可得，努力則是人人可為，這是最公平的，也就是「勵志」與「苦學」。尤在持志以恆，苦學實踐，始能有成。

任何成就，不是一蹴可幾，而是點點滴滴累積而成的。人之功業是如此，天地萬物也是如此，這是最公平不過的道理。

因之，曾國藩之道理，最平實，亦最可靠。

「貴軍門近日疊受渥恩，尤當竭誠圖報。第一戒箇驕字。心根之際，若有絲毫驕矜，則在下之營官必傲，士卒必惰，打仗必不得力矣。第二守箇廉字，名位日尊，豈有怕窮之理。常使在下之將官，多占些便益，士卒多沾些恩澤，則人人悅服，切不可處處打算，惹人談論。得了名就顧不得利，莫作名利雙收之想。但立名揚萬古之志，此是金石之言。」

這真是古今金石之言：「得了名就顧不得利，莫作名利雙收之想。」為官者，不管是大官或是小官，均應以此為戒為懼為志，則天下清澈如水矣，還那裡找得到貪污。

帶兵為官之道，要守得住，第一戒箇驕字，第二守箇廉字。

真是，古今道理則一也。

24 得一好人，便為天地消一浩劫也

「該令居心光明，措詞真切，此稟可以見其大概，閱之欣慰無已。所稱抱濟世之才，矢堅貞之志，不為利害所動，此豪傑之士也。心知順逆，隱懷忠義，而亦不免被其逼脅，此不失為良善之人也。豪傑之士，難以邂逅遇之；良善之人，尚可以人力求之。求之而實見其行，實信其心，方行舉辦，則斟酌而無冒濫矣。仰隨時留心訪察，以慰期望，得一好人，便為天地消一浩劫也。」（〈三河尖練總潘令塏稟遵札辦理團練并俟訪得才堪濟變者當密為舉報由〉）

這一短箋，最值得提出的，便是「得一好人，便為天地消一浩劫也。」可見好人難找，好人難出頭，好人更難有所作為也。因為救天下，固需有好人之心，更需要有能者為之。曾文正公為一書生，為一好人，而為情勢所逼，負安鄉保朝之責，實在是天下之大能，而不只是好人而已。

曾文正公亦指出「豪傑之士」與「良善之人」之區分：

「抱濟世之才，矢堅貞之志，不為利害所動，此豪傑之士也。」

「心知順逆，隱懷忠義，而亦不免被其逼脅，此不失為良善之人也。」

豪傑之士難求，善良之人可求，此亦文正公所指出的：「豪傑之士，難以邂逅遇之；良善之人，尚可以人力求之。」

曾文正公所網羅所禮遇的湘軍人物，如：彭玉麟、鮑超等，勇多於謀，屬於豪傑之士也。

「該將質地寬厚，易得勇心。惟行軍當以嚴為主，臨陣紀律不嚴，則無以作勇敢之氣；平日營規不嚴，則無以儆騷擾之風。周鎮能打猛仗，能耐勞苦，故該營屢立功績，該將接統其眾，無隳成規可也。」（〈傳參將家桂稟奉札代理湘新後等營統帶事務〉）

曾文正公這一短箋，就在軍人之生命：嚴與勇：「惟行軍當以嚴為主。臨陣紀律不嚴，則無以作勇敢之氣；平日營規不嚴，則無以儆騷擾之風。」這就是軍隊勝敗，軍事成敗之關鍵所在。

25　分別良莠，須廉明而兼細心之人

「惟分別良莠，須廉明而兼細心之人，方能無枉無縱，若一味任性輕率，必不濟事。魏都司已作兩處汛官，尚不甚沾染官場氣習否？告示稿甚好，淺顯通暢處，幾有王陽明、呂新吾之風，特肫懇真切處不及耳。直須設身處地，譬如自家住在蒙城，親族鄰右，一家為搶，百家受累，不能不苦勸親鄰以保身家，則立言自更真切矣。」（〈委辦蒙城圩務桂令中行蒙城縣林令用光稟紳士幫辦圩務并渦陽地界請發執照由〉）

現在的政治官場文書，很喜歡用「無枉無縱」，如何才能「無枉無縱」?!曾文正公有如此的要求：「惟分別良莠，須廉明而兼細心之人，方能無枉無縱，若一味任性輕率，必不濟事。」

只是「廉明」還不夠，還要「兼細心」。

就現在術語而言，曾文正公是懂宣傳的。宣傳之道，在打動人心，抓人心，而非官樣文字，「譬如自家住在蒙城，親族鄰右，一家為搶，百家受累，不能不苦勸親鄰以保身家，則立言自更真切矣。」這

就是宣傳之道：切身利害。因為利己是人性也，這也就是他辦團練的經驗，保鄉即是保自己身家性命也。

「亳州向為捻逆巢穴，稽查民圩，較他縣更須認真，亦較他鄉為難辦。該員等但當徐以圖功，不可操切從事。凡地方之頑梗者，開導之、紳董之，不妥者更換之。自守以廉，而濟之以勤，無論一年半載，總以辦到無餘孽為止。」（〈委辦亳州民圩事務李丞炳濤薛令元啟亳州知州李孟荃稟祇領令箭并開用關防日期由〉）

防惡務盡，是有方法的，是有步驟的。不能操之過急，也不能用力過猛。而必須：「自守以廉，而濟之以勤，無論一年半載，總以辦到無餘孽為止。」

26 以買馬為記，爭擅利權，互相訐告

「副將蕭以德，奉委帶同馬長清出口買馬，蕭為沿途彈壓照料之員，馬為口外熟識採辦之員，不思和衷共事，輒以爭擅利權，互相訐告。本部堂前以買馬為重，批令馬長清獨辦其事，該都司買馬回南，沿途自派前站，處處藐視蕭副將，雖據供收受雄縣折辦麵草銀兩，未曾逾額，而倚勢作威，情狀業已全露，所控蕭以德向索銀六百兩，訊無實據。蕭以德通共僅支銀六百七十餘兩，而部費會票費川資等項，均在其內，斷無侵蝕六百金之事，馬長清首先誣控，厥咎較重。蕭以德所領霆營糧臺銀四千零五十兩，查無短少，其寄家之銀，指為代自他人，或尚可信，惟於到口之日，挾制馬長清，幾誤公事，亦屬可惡。馬長清應參劾二級，以守備降補；蕭以德應參劾一級，以參將降補，用示懲警。惟念此次所買之馬，尚屬膘壯，較常略佳，營務處業經驗收之六百九十匹，准照例給價銀十三兩五錢，由臺先發足六千九百兩，

其餘每匹，應補三兩五錢，俟緩數日，再行全發。仍勒令蕭以德、馬長清，再行出口買馬一次，以試該二員之孰優孰劣。二員各執一票，各發銀三千兩，先後進京，赴北口採買，將來買就時回營孰遲孰速，馬匹孰肥孰瘦，在途孰為安靜，孰為騷擾，以定二員之優劣。如其馬肥回速，在途安靜，即將此次應參之案，加恩寬免；如其馬瘦回遲，在途騷擾，蕭以德除參降一級外，再行加參革職。馬長清除參降二級外，再將此次應找之馬價，罰扣一千兩，仰該司道等剴切傳知蕭副將馬都司遵辦。」（〈前浙江鹽運司李榕等會詳遵札審訊採買戰馬委員副將蕭以德都司馬長清互控一案議擬緣由〉）

蕭以德與馬長清，各有所長，各有所專，「蕭為沿途彈壓照料之員」，「馬為口外熟識採辦之員」，奉派出口買馬。事實上，此行也買了六百九十匹戰馬，但二人沿路不以買馬為重，「不思和衷共事，輒以爭擅利權，互相訐告。」

這是曾文正公最痛恨之事。

但是二人既已派出，且以買馬為重，於是曾文正公基於「老馬識途」，乃採取權宜措施：「批令馬長清獨辦其事。」

豈料馬非安份之輩，「該都司買馬回南，沿途自派前站，處處藐視蕭副將。」最令曾文正公難以忍受的，是馬都司「倚勢作威，情狀業已全露。」

二人非但不能相安無事，且相視如仇。在曾文正公眼中，均屬「可惡」之流，於是加以階段性處理：「馬長清應參劾二級，以守備降補；蕭以德應參劾一級，以參將降補。」

「用示懲警外，所買之六百九十匹，尚屬臕壯，較常略佳。」完成報銷手續。

馬還要買，二人若干爭論異點有待澄清，於是曾文正公還要再考驗一次：「仍勒令蕭以德、馬長清，再行出口買馬一次，以試該二員之孰優孰劣。二員各執一票，各發銀三千兩，先後進京，赴北口採買。」

「以其馬肥回速，在途安靜」，用以考驗二員之誰優誰劣，誰對誰錯。

曾文正公一如包公審案，一秉至公，明察秋毫，但還有精算師之能耐，一五一十算個清楚，還留下再考驗的機會，可謂用心良苦。

27 為事擇人，則心公而事舉

「嗣後按月造報，則眉目易清，應省之處，亦可隨時裁減。凡治大事以員少為妙，少則薪資較省，有專責而無推諉。少則必擇才足了事者，而劣員不得濫竽其間；少則各項頭緒，悉在二三人心中手中，不至叢雜遺忘，多則反是。總之，為事擇人，則心公而事舉；為人謀事，則心私而事廢。該局冗員稍多，以後大小事件須各有專責，一一吹竽，則漸有起色矣。」（〈江寧萬藩司啟琛等稟縷陳善後局前後報銷由〉）

曾文正公的精神，無論證之今日之企業管理或行政革新，非但均符節合，且可成為大師級的企管專家。

曾文正公的一貫精神，就在精簡：人要精，組織要簡。

「凡治大事以員少為妙」，打破人多好辦事之越多越好的陳腐衙門作風。至於人少好處多多，亦符合現代企業觀念：「少則薪資較省，有專責而無推諉。」

為事擇人，則優；為人擇事，則劣，這是一般官場少有的觀念：「為事擇人，則心公而事舉；為人謀事，則心私而事廢。」可作為人事管理者之座右銘也。

「故鎮將貪者，滿營皆有廢弛之氣，廉者滿營皆有振興之象。貪者部下常有仇恨之心，廉者部下常有佩服之意。銀錢只有此數，上愈寬則下愈窘；上不苟取分文，則下皆畏而愛之。本部堂平日教人，總以廉字為立身之本。」

「刻刻教督，是曰口勤；處處查察，是曰腳勤；事事體恤，是曰心勤。有此三端，自能與弁兵聯絡一氣。」

「待人接物，常存敬畏之心，行之既久，天下自有公論，斷不是是非倒置；若再自護前非，漸染積習，人言可畏，本部堂亦不能曲為寬貸也。」（漢陽許鎮稟抵署察看各汎情形）

曾文正公這一覆函，就是苦口婆心。一以貫之，就是廉與勤而已。

「本部堂平日教人，總以廉字為立身之本。」作為帶兵官，曾文正公舉出三勤：口勤：刻刻教督，腳勤：處處查察，心勤：事事體恤。作為行政主管作為軍事主管，真是勞心又勞力也，就是「勤」。

至於現代民主政治社會常常使用的，如「天下自有公論」，如「人言可畏」，是嚴重的警告，如不能自覺自悟，則「本部堂亦不能曲為寬貸也」。也就是曾文正公帶兵打仗，有其仁慈的一面，也有嚴厲的一面，才能發揮善揚惡止的功能。

28　世不患無才，患用才者，不能器使而適宜

「雖有良藥，苟不當於病，不逮下品；雖有賢才，苟不適於用，不逮庸流，梁麗可以衝城，而不可

以窒穴；犛牛不可以捕鼠，騏驥不可以守閭，千金之劍，以之析薪則不如斧；三代之鼎，以之墾田，則不如耜。當其時，當其事，則凡材亦奏神奇之效，否則鉏鋙而終無所成。故世不患無才，患用才者，不能器使而適宜也。魏無知論陳平曰：「今有尾生孝己之行，而無益勝負之數，陛下何暇用之乎？」當戰爭之世，苟無益勝負之數，雖盛德亦無所用之。余生平好用忠賢者流，今老矣，始知藥之多，不當於病也。」（〈筆記十二篇〉，「才用」）

這真是經驗之談也。一言以蔽之：適才適所，適時適事。

人才並不是一成不變，相反的，一時之才，一事之才，不是萬世之才，也不是萬用之才。政府用人很長一段時間，迷信博士，其實，博士只是某一學術細節方面，有專研功夫，並得到若干人肯定，並不是適用一切適用所有也。

一位艱苦鑽研的工程師，並不一定是行政人才，更不一定是行政大才。臺電工程師出身楊金欉先生就是一例，政府拔擢他出任高雄市長，進而臺北市長，最後重病而終，非但無法發揮其長才，而且浪費人才。

「當其時，當其事，則凡材亦奏神奇之效。」

「故世不患無才，患用才者，不能器使而適宜也。」

「當戰爭之世，苟無益勝負之數，雖盛德亦無所用之。」

這真是金玉良言。

什麼是人才？可用之才，就是人才。

什麼材料，有什麼用！同樣的，什麼人，有什麼用，這就是人盡其才。

戰爭以勝負為最高原則。此所以第二次世界大戰之時，邱吉爾能成一世之雄，就在此；金馬危機，建軍備戰，國防部長俞大維往來金馬臺北之間，調兵遣將，搶救物資，爭取武器，有赫赫戰功之部長，一旦歸隱書房，只能作「論戰」之書生。此為時也，事也。

曾文正公用人，向以賢才為主：賢為本，才為用，但晚來檢討，也有太不夠靈活之處，乃有「余生平好用忠賢者流，今老矣，始知藥之多，不當於病也」的感慨。什麼是藥？什麼是好藥？能治病，能治好病，就是好藥。否則沒有用的好人，有什麼用？

29 人之才智，上哲少而中下多

「人才隨士風為轉移，信乎？曰：是不盡然，然大較莫能外也。前史稱燕趙慷慨悲歌，敢於急人之難，蓋有豪俠之風。」

「可與入聖人之道者，約有數端：俠者薄視財利，棄萬金而不眄；而聖賢則富貴不處，貧賤不去，痛惡夫墦間之食，龍斷之登，雖精粗不同，而輕財好義之迹，則略近矣。俠者忘己濟物，不惜苦志脫人於厄，而聖賢以博濟為懷，鄒魯之汲汲皇皇，與夫禹之猶己溺，稷之猶己飢，伊尹之猶己推之溝中，曾無少異，彼其能力救窮交者，即其可以進援天下者也。俠者輕死重氣，聖賢罕言及此，然孔曰成仁，孟曰取義，堅確不移之操，亦未嘗不與之相類。」

「為學之術有四：曰義理、曰考據、曰辭章、曰經濟。義理者，在孔門為德行之科，今世目為宋學者也。考據者，在孔門為文學之科，今世目為漢學者也。辭章者，在孔門為言語之科，從古藝文，及今也，制義詩賦皆是也。經濟者，在孔門為政事之科，前代典禮政書，及當世掌故是也。人之才智，上哲少而中下多。有生不過數十寒暑，勢不能求此四術，偏觀而盡取之。是以君子貴慎其所擇而先其所急，擇甚切於吾身心，不可造次離者，則莫急於義理之學。」（〈勸學篇示直隸士子〉）

曾文正公依孔門之學以及今世之釋，將學術分為四大類：曰義理、曰考據、曰辭章、曰經濟。這是曾文正公常常提及的。而這四類之意義與範圍，孔門時代與今世有所不同。如經濟：「在孔門為政事之科，前代典禮政書，及當世掌故皆是也。」當今之經濟，與孔門與宋明清時代之意義與範圍，更有所不同，有經濟學理、有經濟現象，更有經濟生活。經濟視為財貨之生產，消費買賣等事實，更是經世濟民之大學問、大道理、大問題也。今日之經濟，可謂整體之經濟。

四門之中，曾文正公特別重視「義理」，倫常之維護也。

曾文正公不同於「官大人」，而期於濟濟多士，以身作則，扭轉社會風氣。今與直隸多士約，「以義理學為先，以立志為本，取鄉先達楊趙鹿孫數君子者為之表，彼能艱苦困餓，堅忍以成業，而吾何為不能；彼能置窮通榮辱禍福生死於度外，而吾何為不能；彼能以功績稱當時，教澤牖後世，而吾何為不能。」（〈勸學篇示直隸士子〉）

這就是曾文正公的氣節精神，也是中國一貫的精神。值得注意的，這裡出現「窮通榮辱禍福生死於度外」，與蔣中正先生的遺言：「死生於度外」，可謂不謀而合。

30 欲厚風俗，不得不培養人才

第一條　通省大小衙門公文宜速

「凡公事遲延，通弊有二：曰支、曰展。支者，推諉他人，如院仰司，司仰府，府仰縣之類。一經轉行，即算辦畢，但求出門，不求了事是也。展者，遲延時日，如上月展至下月，春季展至夏季，愈宕則愈鬆，擔遲不擔錯者是也。各省皆難免此習氣，而直隸則似更甚。」

「通省上下，皆以勤字為本，自有一種旭日初升氣象，雖不專為獄訟，而清訟之道，必自此始。」

第二條　保定府發審局宜首先整頓

「保定發審局，雖為首府之專司，而實總督衙門之分局，凡京控、省控，奏交咨交各案，總督獨挈其綱，而兩司與首府分任其責，若不能詳慎速結，則積案日多，弊端百出。」

「吾輩稍盡一分之心，訟者少受一分之苦。」

「上院議嶽，議畢，再行審訊，緊要工夫，全在議嶽一次，及初訊一二堂，而案之是非已明矣。未過堂之先，不妨詳慎訪察，既過堂，則須求速了。愈速則真情易露，愈久則幻態彌多，其業已淹滯者，尤須設法催辦。上司以嚴札催之，首府以婉言催之，局員以仁心自催之，另立限期，分記功過，訊結之後，取保者飭令速歸，管押者立予釋放。即監禁者，亦時加檢點，惟恐瘦斃，首府之滯獄一清，通省之風俗立變，造福造孽，只在吾人寸心一轉移間耳。」

第三條　州縣須躬親六事不得盡信幕友丁書

「牧令為自古要官，百姓之所託命，非才德俱優，難言稱職，然天下安得許多龔黃卓魯萃於一方。吾輩與人為善，懸格不可太高，但求中材可勉者，苟能以勤字為本，便可造到第一等循吏。直隸怠玩之習，相沿已久，每逢三八告期，或委典史收狀，或由承發房將呈詞送交門丁，門丁積壓數日，送交幕友，幕友擬批挂榜，而本官尚不知呈中所告何事，至判閱稿票時，任聽丁書主政，按照呈內姓名，全數差傳，不敢刪減一名，甚至經年累月，未嘗坐堂訊問，兩造破家蕩產，求息訟而不能，此小民所以困窮，案牘所以叢積也。今與諸君約，有六事宜躬親者：『放告之期，必須親自收狀，能斷者立予斷結，不能斷者，交幕擬批，必須親自細檢，分別准駁。准理者差票傳人，必須親自刪減。命案盜案，以初時供招為重，必須親自勘驗，愈速愈妙。承審限期，何日解勘，何日詳結，必須親自計算。監禁管押之犯，常往看視，每日牌示頭門，每月刪報上司，必須親自經理。』六者皆能躬親，則聽訟之道，失者寡矣。」

第四條　禁止濫傳濫押頭門懸牌示眾

「票上之傳人愈多，書差之索費愈甚。名曰叫點。所謂：『堂上一點硃，民間萬點血也』。嗣後自理詞訟，只准一原一被一干證，或證至二三人為止，不准多傳；傳到人證，非命盜大案，不准輕於管押，只許當堂取保候訊，萬不得已而羈押，則須隨時親到班館查訪。」

第五條　禁止書差索費

「凡一呈詞到案，如有交涉富民及巨商者，則差役勾串門丁，買此案差票，又或丁書納賄，簽粘原差之名於票尾朦官標判，又或家丁求明本官，指名簽差，此種弊竇，無處無之。」

「又審訊時，有坐堂之費，將結時，有衙門之費，兩造議和者，又有和息呈詞之費。一字到官，百端需索，瘡痍赤子，其何以堪。自今以後，各屬當除以上積弊，凡簽差皆擇謹愿者，分路酌訴，不准丁書粘簽指請，一切規費，酌量核減，視民家有差騷擾；如吾家有差未退，視民家有訟糾纏；如吾家有訟未結，官長設身處地，則民間受福無窮，此在良有司寸心自儆自修。」

第六條　四種四柱冊按月呈報懸榜

第七條　嚴治盜賊以弭隱患

第八條　訟案久懸不結核明註銷

第九條　分別日皁白嚴辦誣告訟棍

「直隸民情，樸厚剛直，好善之風，甲於天下；而健訟逞刁者，亦復不少。」

「奏交之案，十審九虛；刁訟之民，十虛九赦。問官皆自命為和事之人，訟棍皆立身於不敗之地，皁白不分，莫此為甚。自今以往，凡京控省控重案，本部堂率屬議獄之初，即當確究虛實。審實者即治被告以應得之罪，虛誣者即治奸民以誣告之罪。黑白較然，不稍含混，一變向來麻木不仁之習，訟棍之積猾玩法者，除照律科斷外，再加嚴刑，以痛苦之。本部堂懲治他犯，恪遵律例，獨至治盜訟棍，則當格外從嚴，冀以救一時之弊。」

第十條　獎借人才變易風俗

「嚴懲訟棍，邪氣雖除，而正氣不伸，則風俗仍難挽回。風俗之美惡，主持在縣官，轉移則在紳士，欲厚風俗，不得不培養人才。古者鄉大夫賓與賢能，考其六德六行六藝而登進之。後世風教日頹，所謂六德者，不可得而見矣。」

「凡工於文字詩賦，長於經解策論者，是為有學之科，仰各州縣採訪保舉。一縣之中，多者五六人，少者一二人，其全無所舉，及舉而不實者，該牧令皆予記過。教官如確有所見，亦可隨時稟報。舉有德者，本部堂或寄扁額，以旌其宅；或延致來省，賜之酒食，餽之儀物。舉有才者，本部堂或飭屬派充團長，酌給薪水，或調省一見，札令幫辦捕務。舉有學者，本部堂或荐諸學使，量加獎拔，或召之來省肄業，優給膏火，每州每縣皆有數人，為大吏所知，則正氣可以漸伸。」(〈直隸清訟事宜十條〉)

這一曾文正公〈直隸清訟事宜十條〉，舉凡今天所謂的司法改革，行政革新，社會振興皆在其中。曾文正公不只是知其深，也知其淺；不只是知其巨，也知其細。他對拔擢人才，移風轉俗，真是不遺餘力，用其苦心。

「獎借人才變易風俗」，曾文正公用心最苦，用力最勤，因為他深知，「欲厚風俗，不得不培養人才。」轉風移俗，一在朝，一在野，雙管齊下，始能奏效，此即曾文正公所指出的「風俗之美惡，主持在縣官，轉移在紳士。」

曾文正公心目中的人才，有三種：舉有德者，舉有才者，舉有學者。亦即德、才、學三者。曾文正公所用的拔擢、獎勵的方法，幾乎二位蔣總統都用上了，尤其是引見與召見，更為常用。甚至後來較流為形式的好人好事選拔，均源於曾文正公的「獎借人才變易風俗」的措施也。

八、修身齊家篇

「身勤則強，家勤則興，國勤則治，軍勤則勝。」

1 兄弟不和，則家必敗；將帥不和，則軍必敗

曾國藩以治家精神治軍；也以治軍精神治家，而能成為一代之「曾家」，萬代之湘軍。「家和萬事興」，「將相和」，千古不移的道理。

政府在大陸軍事之失利，非武器不如敵，亦非人數不如敵眾，而是將帥失和也。遭致自相殘殺，或各個擊破，無一能倖存，遼西會戰，就是典型，風雲戰將，幾無一倖免，都成了中共戰犯改造所的乖乖牌。

曾國藩最恨邀功、諉過、造假。

在一篇〈縷陳鄂省前任督撫優劣摺〉中，就恨恨奏了一本。

曾文正公指出：「大抵治軍譬如治家，兄弟不和，則家必敗；將帥不和，則軍必敗；一人而怨詈眾兄弟者，必非令子；一人而排拒眾將帥者，必非良臣。」

此一督撫，就是此種劣者之典型也。

主管與副主管之不和，此亦為典型也。

當時督臣為吳文鎔，督撫為崇綸。

最令人傷心的，「是吳文鎔殉難。闔省軍民，人人皆知，而崇綸以不知下落入奏，不惟排擠於生前，更復中傷於死後。」

更大膽者，「正月十九日，崇綸遣守備熊正喜至衡州一帶，催臣赴鄂救援，偽造吳文鎔之咨文，借用

布政司之印信，咨文內但稱黃州賊勢猖獗，並不言堵城已敗，督臣已死，種種詐偽，故作疑似之詞，無非謂吳文鎔未能殉難，誣人大節，始終妒害，誠不知是何肺腸。臣國藩於九月二十一日至黃州，二十二日躬詣諸城，察看當日營盤地勢，並祭吳文鎔之靈，細詢該處居民，言吳總督到營以來，雨泥深數尺，日日巡行各營，激勵士卒。」

曾文正公一方面為忠良呼冤，一方面為朝廷除奸，他斥崇綸為「無恥之尤」。

因為「我皇上優容臣下，僅予革職，崇綸稍有天良，當以一死圖報。乃六月初二日武昌城陷，崇綸隨眾軍逃出，展轉偷生，反稱革職回京，已於前一日先出鄂城，呈請轉奏。身為封疆大吏，無論在官去官，死難是其本分；即不死，亦不妨明言，何必倒填月日，諱其城破逃生之罪，劾人則雖死而猶誣之，處已則苟活而故諱之。」

曾國藩面對忠臣已去，奸臣卻逍遙法外，恨恨奏了一本：「臣自入湖北境內以來，目擊瘡痍，博訪輿論，莫不歸罪於崇綸，以年餘之成敗始末關繫東南大局，不敢不據實縷陳。」

曾文正公言下之意，此人真是罪該萬死，就看「聖斷」了。

皇上批了三個字：「另有旨」。是氣結，是袒護，是嚴處，真是莫測高深。

2 集思廣益，補過而盡忠

曾國藩由「協辦大學士」，成為「大學士」。

同治六年六月初九日，曾文正公為「謝授大學士」上一恩摺：

「臣自回江南，倏逾三月，精力日減，舊疾未痊，文牘憚於詳求，賓僚艱於接見，不特軍國大計，無補絲毫，即論吏事之多疏，已覺斯職不稱。五月初間，本擬具疏陳情，讓賢避任，時以亢旱為憂，民心惶懼；今則群賊東竄，軍事方殷，自當補救乎艱虞，未敢輕言乎思退，赧顏而拜新命，撫躬而省舊愆，惟有勉竭愚忱，強扶衰疾，更集思而廣益，冀補過而盡忠，或以報答高厚鴻慈於萬一。」

這就是政治，這也就是中國的文書政治。

3 今日之有負重任，則無以對吾君

身為國家之大臣，特別是一方面之重臣，重責在身，往往只能盡忠臣之責，而無法善盡人子之孝道。曾國藩此番由兩江調為直隸總督，心情自然不同，乃有返鄉一行，因為其父母之葬地，均由其弟代理，「至今已逾十年，並未一展謁墓之禮。」

同治七年八月初六日，「陳明服中帶兵未能終制」呈片：

「再臣自咸豐七年二月在營丁父憂回籍，八年六月，以浙江軍務緊迫，欽奉諭旨，催促赴援，勉循金革無避之義，復出帶兵，守制尚欠一年，雖墨絰從戎，與接篆居官者有間，而臣丁母憂，亦僅五個月，即遵旨赴省辦團，並未在家終制，兩次冒禮從公，耿耿此心，如嬰重咎。臣在家時，父母葬地未能詳慎，嗣由臣弟等改卜遷葬，至今已逾十年，並未一展謁墓之禮，瞻望松楸，難安夢寐。至臣剿捻無功，本屬疲心之事，而回任以後，又不克勤於其職。從前疆臣有聲於時者，屬員之賢否，公事之源委，無不博諏而默識之，一一了然於心，方足經緯萬端，措置精當。臣舌蹇心悸之證，迄未痊癒，不能多見僚屬，即接見之時，亦因艱於言語，不能暢論公事，不能殷勤訓勵，暗中多所廢弛。論今日之有負重任，則無以對吾君；論前此之有忝子職，則無以對吾親。凡此愧歉兩端，常恐難言之隱，未能自達於聖主之前。今幸交卸在即，赴闕有期。」

可以看出來，文正公不只是求忠孝兩全之人，亦對自己公務要求極嚴之人，乃有「論今日之有負重任，則無以對吾君；論前此之有忝子職，則無以對吾親」之自責。

4　遊子在外，最重惟平安二字

曾文正公一生之功業，以修身齊家為千古典型，也符合中國政治家之道路：修身齊家治國平天下。

曾文正公修身齊家成功了，雖無「治國平天下」之名位，而平太平天國之亂，就是「平天下」之功。

曾文正公不愧為一代完人。

曾文正公之家書，一般人印象深刻，甚至朗朗上口的，是致子弟書，其實，曾文正公之「齊家」，就反映在致祖父母、父母、叔父母之家書中。

早期曾國藩在京城赶考、做官，還是念念四千里外家人家族的：

「伏念祖父平日積德累仁，救難濟急，孫所知者，已難指數，如廖品一之孤，上蓮叔之妻，彭定五之子，福益叔祖之母，及小羅巷樟樹堂各庵，皆代為籌畫，曲加矜恤，凡他人所束手無策，計無復之者，得祖父善為調停，旋乾轉坤，無不立即解危，而況楚善八叔，同胞之親，萬難之時乎。」（道光二十一年四月十七日，稟祖父母家書，〈請救濟族人〉）

「孫等在京，別無生計，大約冬初即須借賬，不能備仰事之資寄回，不勝愧悚。」（道光二十一年六月初七日，稟祖父母，〈告一家病況及同鄉病故事〉）

「孫此刻在京，光景漸窘，然當京官者，大半皆東扯西支，從無充裕之時，亦從無凍餓之時，家中不必繫懷。」（道光二十一年六月二十九日，稟祖父母，〈告在京中窘狀及孫婦等病情〉）

「遊子在外，最重惟平安二字。」（道光二十二年四月二十七日，稟祖父母，〈請漆壽具及告英軍占寧波〉）

5 勤儉守舊，不必出外做官

曾國藩入京趕考為官，非但無得意之狀，總是戰戰兢兢，宦海無常，總要子弟遠離為好；另一方面，總有些近親好友，到京城投奔曾文正公，也會帶來一些困擾。文正公除了忍耐外，也不厭其煩地，「稟告祖父母」，以取得諒解。三方面，不要因為曾文正公在京為官，帶來家鄉一些困擾，增加親里之嫉妒與仇視，因之，常作散財之舉，以為「持盈保泰之道」。

「孫所以汲汲餽贈者，蓋有二故。一則我家氣運太盛，不可不格外小心，以為持盈保泰之道；舊債盡清，則好處太全，恐盈極生虧，留債不清，則好中不足，亦處樂之法也。二則各親戚家皆貧，而年老者，今不略為佽助，則他日不知何如。」（道光二十四年三月初十日，稟祖父母，〈請將銀餽贈戚族〉）

「孫以供事必須十餘年，乃可得一典吏，宦海風波，安危莫卜，卑官小吏，尤多危機。每見佐雜末秩，下場鮮有好者。孫在外已久，閱歷已多，故再三苦言，勸率五居鄉，勤儉守舊，不必出外做官，勸

之既久，率五亦以為然。」（道光二十四年八月十七日，稟祖父母，〈告送率五回家及生女〉）

「荊七自五月出去，至今未敢見孫面，在同鄉陳洪鐘家，光景亦好，若使流落失所，孫亦必宥而收恤之特、渠對人言，情願餓死，不願回南，此實難處置。孫則情願多給銀兩，使他回去，不願他在京再犯出事。」

「嚴太爺在京引見，來拜一次，孫回拜一次，又請酒，渠未出席。此人向有狂妄之名，孫已亥年在家，一切不與之計較，故相安於無事。」（道光二十四年十二月十四日，稟祖父母，〈報告補待讀及皇上求雪〉）

曾文正公之功業，嚴格來講，是得自「太平天國」，在湖南家鄉團練自衛起家，可謂時勢造英雄，以他的樸拙，天份又不高，宦海非他所長，因之，乃有「孫以供事必須十餘年，乃可得一典吏。」可謂自知之明。

曾文正公亦不免為家務所困，乃有荊七者離家躲在同鄉家，避不見面，「情願餓死，不願回南」，文正公為之傷神不已。

無論家事、同鄉事，曾文正公總是委曲求全，尤其不願遠在四千里外之親長懸念。

6 凡兄弟有不是處，必須明言，萬不可蓄疑經心

「男等在京，自知謹慎。」（道光二十一年五月十八日，稟父母，〈謹守保身之訓〉）

「四弟六弟考試，不知如何？得不足喜，失不足憂，總以發憤讀書為主。史宜日日看，不可間斷。」

（道光二十一年八月初三日，稟父母，〈籌畫歸還借款〉）

「九弟體好如常，但不甚讀書，前九月下旬，迫切思歸，男再四勸慰，詢其何故？九弟終不明言，惟不讀書，不肯在上房共飯。男但就弟房二人同食，男婦獨在上房飯，九月一月皆如此。弟待男恭敬如常，待男婦和易如常，男夫婦相待亦如常，不解因其思歸之故。」

「男告弟云：『凡兄弟有不是處，必須明言，萬不可蓄疑於心，如我有不是，弟當明爭婉諷；我若不聽，弟當為信稟告堂上；今欲一人獨歸，浪用途費，錯過光陰，道路艱險；爾又年少無知，祖父母父母聞之，必且食不甘味，寢不安枕，我又安能放心，是萬不可也等語。』」。

「昨接父親手諭中，有示荃男一紙，言境遇難得，光陰不再等語，弟始愧悔讀書，男教弟千萬言，而弟不聽；父教弟數言，而弟遽惶恐改悟，是知非弟之咎，乃男之不能友愛，不克修德之罪也。」（道光二十一年十月十九日，稟父母，〈九弟暫不回家〉）。

「男今年過年，除用去會館房租六十千外，又借銀五十兩。前日冀望外間或有炭資之贈，今冬乃絕無此項。聞今年家中可盡完舊債，是男在外有負累，而家無負累，此最可喜之事。」（道光二十一年十二月廿一日，稟父母，〈在外借債過年〉）

曾文正公的幾位弟弟，風雲際會，助兄打敗了太平天國，或立大功金陵光復，或戰死疆場，可歌可泣也。但不是讀書的料子，難為了大哥。也可見不會讀書，也不見得其他方面不行。只是進入官場，必須先經科舉，不知浪費多少人才。今天「洋科舉」，非博士不足擔大任，影響人才管道更大。不會讀書，不一定不會做事；同樣的道理，會讀書不一定會做事。

實力應該比學歷重要。

7 兄弟和，雖窮氓小戶必興

「夫家和則福自生。若一家之中，兄有言，弟無不從；弟有請，兄無不應，和氣蒸蒸而家不興者，未之有也，反是而不敗者，亦未之有也。」（道光二十三年正月十七日，稟父母，〈促四弟季弟師覺庵，六弟九弟下省讀書〉）

「男接信時，又喜又懼。喜者喜弟志氣勃勃，不可遏也；懼者男再拂弟意，將傷和氣矣。兄弟和，雖窮氓小戶必興；兄弟不和，雖世家宦族必敗。男深知此理，故稟堂上各位大人，俯從男等兄弟之情，實以和睦兄弟為第一。」（道光二十三年二月十九日，稟父母，〈順四弟六弟之意任其來京讀書〉）

真是家家有本難念的經，曾國藩的家庭也不例外。還是和與不和的問題，豈止家庭如此，自有人社會以來，就是「和」的問題。就政治術語而言，就是「團結」問題。

治家治軍隊治國是一樣的。曾文正公治湘軍之所以成功，湘軍能異於當時一般的軍隊，就在於湘軍能和，亦能吃苦，而成為挽救清朝垂危的湘軍。

曾國藩帶湘軍成功，而成為後來「修身、齊家、治國、平天下」的典型例證。

8 兒女聯姻，但求勤儉孝友之家

「常南陔之世兄，聞其宦家習氣太重，孫男孫女尚幼，不必急於聯婚。且男之意見，兒女聯姻，但求勤儉孝友之家，不願與宦家結契聯婚，不使子弟長奢惰之習，不知大人意見何如？望即日將常家女庚退去，託陽九婉言以謝。前男送各戚族家銀兩，不知祖父父親叔父之意云何？男之淺見，不送則家家不送，要送則家家全送，要減則每家減去一半，不減則家家不減；不然，口惠而實不至，親族之間，嫌怨叢生，將來釁生不測，反成仇讎。」

這是曾國藩與世俗不同之處：

他在官場中，但他最怕子弟涉入官場，不幸為官。

世俗所謂門當戶對，或巴結權貴，他深以為懼，乃有「兒女聯姻，但求勤儉孝友之家，不願與宦家結契聯婚。」

傳統的中國農業社會，以人為本，人丁旺盛是興家之道，早婚就早些多子多孫。這一方面，曾文正公非常開通，認為「孫男孫女尚幼，不必急於聯婚。」

勤儉才能傳家久，而以財勢為懼。

9 紀澤姻事，選一耕讀人家之女

「前信言莫管閒事，非恐大人出入衙門，蓋以我邑書吏，欺人肥己，黨邪嫉正，設有公正之鄉紳，取彼所魚肉之善良而扶植之，取彼所朋比之狐鼠而鋤抑之，則於彼大有不便，必且造作謠言，加我以不美之名，進讒於官，代我搆不解之怨，而官亦陰庇彼輩，外雖以好言待我，實則暗笑之而深斥之，甚且當面嘲諷。且此門一開，則求者踵至，必將日不暇給，不如一切謝絕。」（道光二十六年正月初三日，稟

父母，〈報告兩次兼職〉

真是為官之難，為好官者尤難。曾文正公在京城做官，最怕的是二件事：一是家人子弟涉足官場，一是假官而揚威鄉里，讓鄉人側目。甚至被人捧上而出入官衙，管人閒事，惹人是非。

「常家親事，男因其女係妾所生，已知其不諧矣。紀澤兒之姻事，屢次不就，男當年亦十五歲始定婚，則紀澤再緩一、二年，亦無不可，或求大人即在鄉間選一耕讀人家之女，或男在京自定，總以無富貴氣習者為主。」〈道光二十九年四月十六日，稟父母，〈述紀澤姻事〉〉

祖父母為孫兒紀澤終身大事操心，寫信至京城探文正公的口氣。有常家者，文正公因此女係妾所生，而不作考慮。文正公最怕與為官為富之家為親，乃以「耕讀人家之女」，「總以無富貴氣習者為主」，很怕富貴壞了家風。這是文正公了不起的地方。

10 自此寫日課本子起，可保終身有恆矣

「吾竊笑其志之小而所憂之不大也。君子之立志也，有民胞物與之量，有內聖外王之業，而後不忝於父母之所生，不愧為天地之完人。故其為憂也，以不如舜，不如周公為憂也；以德不修，學不講，為憂也。是故頑民梗化則憂之，蠻夷猾夏則憂之；小人在位，賢人否閉，則憂之；匹夫匹婦不被己澤則憂之，所謂悲天命而憫人窮，此君子之所憂也。」

「蓋人不讀書則已，亦既自名曰讀書人，則必須從事於大學。大學之綱領有三：明德、新民、止至善，皆我分內事也。若讀書不能體貼到身上去，謂此三項，與我身毫不相涉，則讀書何用？雖使能文能

詩，博雅自詡，亦只算得識字之牧豬奴耳。」

「然則既自名為讀書人，則大學之綱領，皆己立身切要之事明矣。其修目有八，自我觀之，其致功之處，則僅二者而已。曰：格物。曰：誠意。格物，致知之事也。誠意，力行之事也。物者何，即所謂本末之物也。身心意知家國天下，皆物也。天地萬物，皆物也。日用常行之事，皆物也。格者，即格物而窮其理也。如事親定省，物也，究其所以當定省之理，即格物也。事兄隨行，物也。究其所以當隨行之理，即格物也。吾心，物也。」

「知一句，便行一句，此力行之事也。」

「倭良峰先生則誠意工夫極嚴，每日有日課冊，一日之中，一念之差，一事之失，一言一默，皆筆之於書，書皆楷字。」

「余自十月初一日起，亦照良峰樣，每日一念一事，皆寫之於冊，以便觸目克治，亦寫楷書。馮樹堂與余同日記起，亦有日課冊。樹堂極為虛心，愛我如兄弟，敬我如師，將來必有所成。余向來有無恆之弊，自此寫日課本子起，可保終身有恆矣。」

「吾每作書與諸弟，不覺其言之長，想諸弟或厭煩難看矣。然諸弟苟有長信與我，我實樂之，如獲至寶，人固各有性情也。」

「余自十月初一日起記日課，念念欲改過自新，思從前與小珊有隙，實是一朝之忿，不近人情，即欲登門謝罪。」（道光二十二年十月二十六日，致諸弟，〈勿屈於小試，大學之綱領，應用日課冊〉。）

這一致諸弟長函，論治學做人之道理，講理學，深則很深，「物者何，即所謂本末之物也」；力行道理，淺則很淺矣：「知一句，便行一句。」

十月初一日起，「自此寫日課本子起」，既除「無恆之弊」，從此一簡單而不易之習慣開始，而奠定一生之功業。曾文正公除自我下定決心外，亦有意在諸弟之前宣誓之意，諸弟能起而效之，亦可謂用心良苦。

11 四千里外之兄弟，不啻晤言一室

「子貞現臨隸字，每日臨七八葉，今年已千葉矣。近又考訂《漢書》之譌，每日手不釋卷。蓋子貞之學，長於五事：一曰《儀禮》精，二曰《漢書》熟，三曰《說文》精，四曰各體詩好，五曰字好。此五事者，渠意旨欲有所傳於後世。」

「何世兄亦甚好，沈潛之至，天分不高，將來必有所成。」

「余待下雖不刻薄，而頗有視如逆旅之意，故人不盡忠，以後余當視之如家人手足也。分雖嚴明，而情貴周通，賢弟待人，亦宜知之。」（道光二十二年十一月十七日，致諸弟，〈述近況並對待童僕之態度〉）

「予身體較九弟在京時一樣，總以耳鳴為苦，問之吳竹如云：『只有靜養一法，非藥物所能為力』，而應酬日繁，予又素性浮躁，何能著實靜養，擬搬進內城住，可省一半無謂之往還。」

「予思朱子言：『為學譬如熬肉，先須用猛火煮，然後用漫火溫。』予生平工夫，全未用猛火煮過，雖有見識，乃是從悟境得來。偶用工亦不過優游玩索已耳，如未沸之湯，遽用漫火溫之，將愈煮愈不熟矣。」

「予嘗謂天下萬事萬理，皆出於乾坤二卦。即以作字論之，純以神行，大氣鼓盪，脈絡周通，潛心

內轉，此乾道也。結構精巧，向背有法，修短合度，此坤道也。凡乾以神氣言，凡坤以形質言。」

「吾輩讀書，只有兩事：一者進德之事，講求乎誠正修齊之道，以圖無忝所生；一者修業之事，操習手記誦詞章之術，以圖自衛其身。」

「然吾未見業果精而終不得食者也。農果力耕，雖有饑饉，必有豐年；商果積貨，雖有壅滯，必有通時；士果能精其業，安見其終不得科名哉；即終不得科名，又豈無他途可以求食者哉；然則特患業之不精耳，求業之精，別無他法，曰專而已矣。諺曰：『藝多不養身，謂不專也』。吾掘井多而無泉可飲，不專之咎也。」

「諸弟總須力圖專業。」

「此後寫信來，諸弟各有專守之業，務須寫明，且須詳問極言，長篇累牘，使我讀其手書，即可知其志向識見。凡專一業之人，必有心得，亦必有疑義，諸弟有心得，可以告我共賞之；有疑義，可以告我共析之，且書信既詳，則四千里外之兄弟，不啻晤言一室，樂何如乎？」

「予生平於倫常中，惟兄弟一倫，抱愧尤深，蓋父親以其所知者，盡以教我；而吾不能以吾所知者，盡教諸弟，是不孝之大者也。」（道光二十二年九月十八日，致諸弟，〈述修業以衛身〉）

孔夫子曾論及「吾道一以貫之」：「忠恕而已」。今見曾文正公之治學與治家精神：「天下萬事萬理，皆出於乾坤二卦」，「凡乾以神氣言，凡坤以形質言」。而治家之精神，除了兄友之外，恨不得把自己所學所知，傳給諸弟，而諸弟「有疑義，可以告我共析之」，書信述事論學，越詳細越好，「則四千里外之兄弟，不啻晤言一室」，又有作之師之精神。為家為國，曾文正公有一種發自內心，以為學做人治事三者，傳至家，傳至能影響之人，也是「一以貫之」精神。

12 進德修業兩事靠得住

「吾人則有進德修業兩事靠得住。進德則孝弟仁義是也；修業則詩文作字是也。此二者則由我作主，得尺則我之尺也，得寸則我之寸也。今日進一分德，便算積了一升穀；明日修一分業，又算餘了一分錢。德業並增，則家私日起，至富貴功名，悉由命定，絲毫不能自主。」（道光二十四年八月二十九日，致諸弟，〈論進德修業〉）

曾文正公念念不忘「進德修業」。他很少論及「私」。這裡談到私，乃指「德業並增，則家私日起」，這是要靠自己努力的，至於「富貴功名」，曾文正公一方面看淡了一些，另一方面，更認為是「悉由命定」。

「人苟能自立志，則聖賢豪傑，何事不可為，何必借助於人。」「我欲仁，斯仁至矣。」

「再過數年，則滿三十，不能不趁三十以前，立志猛進也。」

「余受父教而余不能教弟成名，此余所深愧者。他人與余交，多有受余益者，而獨諸弟不能受余之益，此又余所深恨者也。」（道光二十四年九月十九日，致諸弟，〈須立志猛進〉）

這幾位寶貝弟弟，夠讓老哥操心的。大概受其兄盛名之累，而有成為不長進之富家子弟，雖然後來在消滅太平天國的功業上，或幫助老哥立下顯赫之功，或戰死戰場，可能都不是讀書的料子，到了三十歲，還要老哥煩心叮嚀，「不能不趁三十以前，立志猛進也」，真是苦了好強的老哥。

俗語說：易子而教。就曾文正公的經驗來說，也要「易弟而教」。曾文正公恨鐵不成鋼，但「他人與余交，多有受余益者，而獨諸弟不能受余之益，此又余所深恨者也。」

這也真是人生一憾。

13 吾斷不肯買一畝田，積一文錢

「鄉間之穀，貴至三千五百，此亙古未有者，小民何以聊生？吾自入官以來，即思為曾氏置一義田，以贍救孟學公以下貧民，為本境置義田，以贍救念四都貧民。不料世道日苦，予之處境未裕，無論為京官者，自治不暇，即使外放，或為學政，或為督撫，而今年三江兩湖之大水災，幾於鴻嗷半天下，為大官者，更何忍於廉俸之外，多取半文乎？是義田之願，恐終不能償。然予之定計，苟仕宦所入，每年除供奉堂上甘旨外，或稍有贏餘，吾斷不肯買一畝田，積一文錢，必經留為義田之用。」（道光二十九年七月十五日，致諸弟，〈計劃設置義田〉）

曾國藩真是好官，古今難得的好官，真是以不忍人之心，行不忍人之政。「或稍有贏餘，吾斷不肯置一畝田，積一文錢，必經留為義田之用。」真是善哉，善哉。

可憐中國老百姓所受的災害，除了來自政治不良、軍事動亂外，就是水災與旱災了。多水的南方，則是水患；多陸的北方，則是旱患。這就是曾文正公所言，「今年三江兩湖之大水災，幾於鴻嗷半天下」，真是慘哉。這是為什麼，中國民間奉大禹為神明，這也是為什麼曾文正公發表為直隸總督時，以練軍、政事與水利為三大急務，他真是念茲在茲了。

14　兒女婚事以儉樸耕讀之家為理想對象

「紀澤上繩祖武，亦宜速就外傅，慎無虛度光陰。聞賀夫人博通經史，深明禮法，紀澤兒至岳家，須緘默寡言，循循規矩，其應行儀節，宜詳問諳習，無臨時忙亂，為岳母所鄙笑。」

「新婦始至吾家，教以勤儉，紡織以事縫紉，下廚以議酒食，此二者，婦道之最要者也。孝敬以奉長上，溫和以待同輩，此二者，婦道之最要者也。但須教之以漸，渠係富貴子弟，未習勞苦，皆由漸而習，則日變月化，而遷善不知，若改之太驟，則難期有恆，凡此祈諸弟一一告之。」（咸豐六年二月初八日，致諸弟，〈述吉安府失守〉）

曾文正公真是親而細矣，教兒子如何做女婿。因為岳母博通經史，「須緘默寡言」。並教兒媳婦如何適應曾家，因為「渠係富貴子弟，未習勞苦，皆由漸而習。」

「羅家姻事，暫可緩議。近日人家一入宦途，即習於驕奢，吾深以為戒。三女許家，意欲擇一儉樸耕讀之家，不必定富室名門也。」（咸豐六年十一月初九日，致四弟，〈不必常常出門聯姻不必富室名門〉）

戒驕奢崇儉樸，就是曾文正公的精神。他最怕自己做官，而趨於驕奢，也怕自己在外做大官，家中染上驕奢的惡習；兒女婚事，他總是以樸實勤儉之家為理想對象，這也是門當戶對，與一般人千方百計，要攀上名門巨富不同，這是曾文正公戒身恐懼，異於常人之處。

15 在外數年，吃虧受氣，實亦不少

「余前在江西，所以鬱鬱不得意者：第一不能干預民事，有剝民之權，無澤民之位，滿腹誠心，無處施展。第二不能接見官員，凡省中文武官僚，晉接有稽，語言有察。第三不能聯絡紳士，凡紳士與我營穀愜，則或因而獲咎，坐是數者，鬱鬱，無以自伸，然此只坐，不宜駐紥省垣，故生出許多煩惱耳。弟今不駐省城，除接見官員一事，無庸議外，至愛民聯紳二端，皆宜實心求之。」

「余在外數年，吃虧受氣，實亦不少，他無所慚，獨慚對江西紳士，此日內省躬責己之一端耳。」

（咸豐七年十二月二十一日，致九弟，〈慚對江西紳士〉）

一地方首長所面對的，有「民眾」、「官員」、「紳士」，曾文正公在江西為官，有無力感，而有所慚愧江西，特別是紳士，可能疏於往來，甚至保持距離，而對其九弟重臨江西，心有所感，而有「兄所未了之事，弟能為他了之，則余之愧憾可稍減矣」，並有所建議，特別是加強「愛民」與「聯紳」方面。

「余生平之失，在志大而才疏，有實心而乏實力，坐是百無一成。」（咸豐八年正月十一日，致九弟，〈公文不可疏懶〉）

這是曾文正公的謙虛，也是心有餘而力不足，乃有「志大而才疏」，其言可能不虛，因為曾文正公是一位極平凡甚至天資並不很高的人，難免會有「百無一成」之歎。

16 家庭不可說利害話

「沅弟信言：「家庭不可說利害話」，此言精當之至，足抵萬金。余生平在家在外行事，尚不十分悖謬，惟說些利害話，至今愧悔無極。」（咸豐八年十二月十六日，致諸弟，〈述溫弟事變及家庭不可說利害話〉）

「改葬先人之事，將求富求貴之念，消除淨盡，但求免水蟻，以安先靈，免凶煞，以安後嗣而已。若存一絲求富求貴之念，則必為造物鬼神所忌。」（咸豐九年正月十一日，致諸弟，〈述起屋造祠堂及改葬之注意又述寫字之法〉）

「家庭不可說利害話」，這是後來曾文正公在外治兵所悟出的治家心得，對於早期「說些利害話，至今愧悔無極」，因為利害與仁義是相對的，同時，論利害，就會傷和氣。

曾文正公了不起的地方，就是不迷信，在那個時代，實在是深悟儒家的道理，而不為幾千年來民間迷信所惑，同時，在他的腦裡，就沒有求富求貴之念。

時下就有許多孝子孝女，以為先人看日子看風水，以盡孝為藉口，實在在圖自己的名與利，甚至在求「發」，實在是盡孝一大諷刺。真是為曾文正公一語道破，「改葬先人之事，將求富求貴之念，消除淨盡，但求免水蟻，以安先靈、免凶煞，以安後嗣而已。」

17 未有家長晏而子弟能早者也

「我日來鬱悶之懷，雖不能免，然癬疾已癒十分之八九，辦事精神，亦較六年略好。往年心中悔愧之事，與官場不和之事，近亦次第消融而彌縫之。惟七年在家，度量太小，說話太鄙，至今悔之，此外方寸尚泰然也。」（咸豐九年三月初六日，致諸弟，〈邑中須有團練〉）

曾文正公之功夫，就是反省。遠離家門，世事紛擾，政海浮現，念家中昨日種種，不免對「度量太小，說話太鄙，至今悔之。」

這也是人之常情，離家始知家中好。

「接弟信，言早起太晏，誠所不免。去年住營盤，各營皆畏慎早起，自臘月廿七移寓公館，早間稍晏，各營皆隨而漸晏，未有主帥晏而弁能早者也。猶之一家之中，未有家長晏而子弟能早者也。」（咸豐九年六月初三日，致四弟，〈責晏起〉）

一家之長，一軍之長，必須以身作則，才能起示範作用，這是中國家庭家長精神也。一家之興衰，亦看此種家長精神之存廢。曾文正公力倡此種精神。

一家興，一國興，一時代興，也端看這種帶頭精神也。

18 考寶早掃，書蔬魚豬

「余則聽天由命，或皖北，或江南無所不可。死生早已置之度外，但求臨死之際，寸心無可愧憾，斯為大幸。家中之事，望賢弟力為主持，切不可日趨於奢華，子弟不可學大家口吻，動輒笑人之鄙陋，笑人之寒村。日習於驕，縱而不自知，至戒至囑。余本思將『書蔬魚豬早掃考寶』八字作為壽屏，為賢弟夫婦生日賀。」（咸豐十年四月二十四日，致四弟，〈述蘇錫失守信〉）

曾文正公寫這封家書的時候，正是軍事逆轉，金陵大營潰散，退守鎮江，丹陽失守，守將陣亡，無錫、蘇州失守，浙江危急之至。曾文正公心情之沈重，前途之悲觀，可以想像，並準備隨時犧牲之打算，乃有「死生早已置之度外」。

這一「死生早已置之度外」，與蔣中正先生「以國家興亡為己任，置個人死生於度外」之遺言，如出一轍。不只是找出蔣中正先生之思想根源，實在就是師法曾文正公的作為，一言一行一筆一墨，均以曾文正公為師。

「澄弟左右，五月四日接弟緘，『書蔬魚豬早掃考寶』，橫寫八字。下用小字注出，此法最好，余必遵辦，其次序則，改為考寶早掃，書蔬魚豬。」（咸豐十年五月十四日，致四弟，〈述營中諸務叢集〉）

曾文正公兄弟真是手足情深，傳家「寶」由「書蔬魚豬，早掃考寶」改為「考寶早掃，書蔬魚豬。」

19 富貴人家，禮厚而情薄

曾文正公以富貴為戒，或云視富貴如浮雲。文正公則對富貴深以為懼，尤其在外作官，官越作越大，聲譽越隆，他日夜所念者，深恐家中子弟染上富貴之惡習，而為富貴所害，這是文正公可傳至百世之家風。

曾文正公很重視人情，尤其成為巨室之家，惟恐有失，而得罪近親好友。

人情重於禮物。有「舅母」過世，文正公關心者，除兒子往弔外，弟弟是否亦往弔？「舅母去世，紀澤往弔後，弟亦往弔唁否？此等處，兄弟中有親往者為妙，從前星岡公之於彭家，並無厚禮厚物，而意甚慇懃。」

曾文正公處處以星岡公為景從。祖父星岡公的言行，對於他的志業，特別是治家，影響是很大的。

富貴人家之道，真情厚意重要。曾文正公告訴眾老弟：「大抵富貴人家氣習，禮物厚而情意薄，使人多而親到少。吾兄弟若能彼此常常互相規誡，必有裨益。」（咸豐十一年六月十四日，致四弟，〈必須親往弔唁〉）

這是曾文正公的機會教育。他的弟弟們不免犯了富家子弟大而化之的毛病，禮物到了就好了，乃有「互相規誡」之話。這方面，曾文正公很重視人情與親情的。

20 家訓：早起、務農、疏醫、遠巫

又是吃藥。

曾文正公對於吃藥似乎深痛惡絕。

同治元年七月二十五日，致九弟季弟家書中，甚至更明白指出：吾輩仰法家訓，惟早起、務農、疏醫、遠巫四者尤為切要：

「余閱歷已久，覺有病時，斷不可吃藥；無病時，可偶服補劑條理，亦不可多。吳彤雲大病二十日，竟以不藥而愈；鄧寅皆終身多病，未嘗服藥一次；季弟病時好服藥，且好易方；沅弟服補劑，失之太多，故余切戒之，望弟牢記之。弟營起極早，飯後始天明，甚為喜慰。吾輩仰法家訓，惟早起、務農、疏醫、遠巫四者尤為切要。」（同治元年七月二十五日，致九弟季弟，〈不可服藥〉）

這二位老弟，犯了服藥之大忌：「季弟易方」，而「沅弟服補劑，失之太多。」就今天而言，也犯了醫家大忌，還是曾文正公過健康生活。在那個時代，能「疏醫遠巫」，實在了不起。

21 家門太盛，常存日慎一日

同治元年八月初五日，曾文正公五十二歲生日將臨（按嘉慶十六年十月十一日生），時公為兩江總督協辦大學士，力辭節制四省；由於「公忠體國」，深獲皇上倚重，可謂朝廷內外，文武百官，唯公是賴，浴血奮戰保山河，以消滅太平天國為己任。責任不能不重與地位不能不高。

這時的曾文正公，感於「家門太盛，常存日慎一日」，特函九弟不可「宴客稱慶」：「生日在即，萬不可宴客稱慶，此間謀送禮者，余已力辭之。弟在營亦宜婉辭而嚴卻之。家門太盛，常存日慎一日，而恐其不終之念，或可自保，否則顛蹶之速，有非意計以能及者。」（同治元年八月初五日，致九弟，〈述查參金眉生〉）

這是曾文正公本性使然，而其本人歷經官場，亦知隱藏之道，免樹大招風，而為人所忌。這是曾國藩了不起的地方。

22 對父母官，不可力贊其賢，不可力詆其非

曾文正公在外作天字號的大官，唯恐家中人不懂事，或為人利用，在地方行政上喚風使雨，為難地方官，等而下之，把風氣弄壞了。所以曾文正公一再提醒，勿介入地方政治，對地方首長，保持不近不遠之適當距離。

曾文正公真是用盡苦心，要求不易，做起來更不易：

「然為兄者，總宜獎其所長，而兼規其短。若明知其錯，而一概不說，則又非特沅一人之錯，而一家人之錯也。」

「吾家於本縣父母官，不必力贊其賢，不可力詆其非。與之相處，宜在若遠若近，不親不疎之間。渠有慶弔，吾家必到；渠有公事，須紳士助力者，吾家不出頭，亦不躲避。渠於前後任之交代，上司衙門之請託，則吾家絲毫不可與聞。」（同治元年九月初四日，致四弟，〈對本縣父母官之態度〉）

這一封信，令其弟弟們對父母官之態度，看似「油條」，實在是用盡苦心。實在的，曾文正公來自基層民間，亦深諳高層政治，其間之關係涉及三方面：父母官、地方紳士以及曾家弟弟。自家人不能濫用，亦怕他人打曾家招牌在地方上做不該做之事，危害地方，有害百姓，因有曾家後臺，就會放膽做不該做的事，拿不該拿的錢，不要說同流合污，沾一點邊，打打招牌，就會無所顧忌。這筆帳，自然就會記在曾家身上。

23 花未全開月未圓

人求圓，而曾文正公求缺；人求富貴，而曾文正公求平淡。

同治二年，曾文正公與九弟國荃通信中就有些強烈的表達：

「余待希厚雲霆諸君，頗自覺仁讓兼至，豈有待弟反薄之理，惟有時與弟意趣不合。弟之志趣，頗近春夏發舒之氣；余之志事，頗近秋冬收嗇之氣。弟意以發舒而生機乃旺，余意以收嗇而生機乃厚。平日最好昔人『花未全開月未圓』七字以為惜福之道，保泰之法，莫精於此。」

「星岡公昔年待人無論貴賤老小純是一團和氣，獨對子孫諸姪，則嚴肅異常。遇佳時令節，尤為凜凜不可犯。蓋亦具一種收嗇之氣，不使家中歡樂過節，流於放肆也。余於弟營保舉銀錢軍械等事，每每稍示節制亦猶本『花未全開月未圓』之義。至危迫之際，則救焚拯溺，不復稍有所吝矣。」（同治二年正月十八日，致九弟，〈述彼此意趣之不同〉）

這就是曾國藩，這也就是曾國荃。這也是為什麼曾國藩不能上前線領軍殺敵之原因，他還是有些仁愛之心，有些下不了手，此所謂他的老弟「頗近春夏發舒之氣」。

星岡公，又是星岡公，影響曾文正公一生一世至大也。他不只是崇拜星岡公，某些方面，他就是星岡公的化身：外圓內屬也。

24 總恐老輩失之奢，後輩失之驕

勤儉與驕奢，乃是相對的。

一個家庭、一個公司、一個社會，內在精神往往不易看出，但表現在外在的，卻易觀察，同時，亦可透視內部的精神。具體而言，亦即勤儉與驕奢也。

勤儉興、驕奢亡，這幾乎是古今中外存亡興衰的道理。

曾國藩的一家、一個時代，就是勤儉驕奢這四個字代表一切：

「吾不欲多寄銀物至家，總恐老輩失之奢，後輩失之驕，未有錢多而子弟不驕者也。吾兄弟欲為先人留遺澤，為後人惜餘福，除卻勤儉二字，別無做法。弟與沅弟皆能勤而不能儉，余微儉而不甚儉，子姪看大眼，吃大口，後來恐難挽，弟須時時留心。」（同治三年正月十四日，致四弟，〈勤儉首要〉）

曾文正公的話，再白也沒有了：「弟與沅弟皆能勤而不能儉，余微儉而不甚儉。」文正公在家書中，發現並指出，其弟勤不能儉，引為憾也引為憂。當然事事皆希望與「阿兄」看齊。阿兄也很客氣與保留：「余微儉而不甚儉」，這是曾文正公客氣，也是教弟之法，其實曾文正公夠節儉了。過儉，就是吝嗇了。

25 吾兄弟欲全其生，亦當視惱怒如蝮蛇

曾國藩的弟弟國荃（沅甫），積勞成疾，得了肝病，國藩知道懸念不已，並指出，肝病除了注意自

己的火氣不要太大，「視惱怒如蝮蛇」外，別無他法：

「沅弟左右，適聞常州克復，丹陽克復之信，正深欣慰，而弟信中有云：『肝病已深，痛疾已成，逢人輒怒，遇事輒憂等語』，讀之不勝焦慮。今年以來，蘇浙克城甚多，獨金陵遲遲尚無把握，又餉項奇絀，不如意之事機，不入耳之言語，紛紛迭乘，余尚慍鬱成疾，沅弟之勞苦過甚，百倍阿兄，心血久虧，數倍於阿兄乎？」

「余自春來，常恐弟發肝病，而弟信每含糊言之，此四句乃露實情，此病非藥餌所能為力，必須將萬事看空，毋惱毋怒，乃可漸漸減輕，蝮蛇螫手，則壯士斷其手，所以全生也。吾兄弟欲全其生，亦當視惱怒如蝮蛇，去之不可不勇，至囑，至囑。」（同治三年四月十三日，致九弟，〈毋惱毋怒，以養肝病〉）

真是手足情深，只是文正公太客氣了：「沅弟之苦勞過甚，百倍阿兄」，真是心痛老弟。

26 不望代代得富貴，但願代代有秀才

曾國藩到底是讀書人，對於功名之嚮往勝過富貴，並時時以富貴為戒，豈不知無論傳統的中國以及現代的民主世界，功名與富貴往往是不可分的：

「吾不望代代得富貴，但願代代有秀才。秀才者，讀書之種子也，世家之招牌也，禮義之旂幟也。諄囑瑞姪，從此奮勉加功，為人與為學並進，切戒驕奢二字。」

「余舌尖蹇澀不能多說話，諸事不甚耐煩，幸飲食如常耳。沅弟濕毒未減，懸繫之至，藥物斷難收效，總以能養能睡為妙。」（同治四年五月二十五日，致四弟九弟，〈述軍情〉）

秀才，秀才，欽定之讀書上段之人。如今雖廢科舉，但「秀才」仍為大家所耳熟，如「秀才不出門，能知天下事」，就是代表。曾文正公求科舉在京，並不順利，因為他也許是讀書人，天資不是很高，並不善於考試。他對秀才，仍很嚮往，並加以詮釋：「秀才者，讀書之種子也，世家之招牌也，禮義之旂幟也。」由此可見，得秀才並不只是光宗耀祖，而是為人處事之表率也。可見一個中國社會，對於讀書人要求之嚴，對於秀才之殷，亦即權力與義務相等也。

27 曾氏之「八好六惱」家訓

曾文正公官拜兩江總督，戰功更是清朝開國以後第一人。家中諸弟甚至近親，都希望多沾點大富大貴，多一些銀錢來，多一些人升官。可是曾文正公並不作如是想：

「自有兩江總督以來，無待胞弟如此之薄者。然處茲亂世，錢愈多則患愈大，兄家與弟家，總不宜多存現銀現錢，每年足敷一年之用，便是天下之大富，人間之大福矣。家中要得興旺，全靠出賢子弟，若子弟不賢不才，雖多積銀積錢積穀積產積書積衣，總是枉然。」

「子弟之賢否，六分本於天生，四分由於家教。吾家世代，皆有明德明訓，惟星岡公之教，尤應謹守牢記。吾近將星岡公之家規，編成八句云：『書蔬豬魚，考早掃寶；常設常行，八者都好。地命醫理，僧巫祈禱，留客久住，六者俱惱。』蓋星岡公於地命醫僧巫五項人進門便惱，即親友遠客久住亦惱。此八好六惱者，我家世世守之，承為家訓。子孫雖愚，亦必使就範圍也。」（同治五年十二月初六日，致四弟，〈送銀共患難者及述星岡公之家規〉）

曾文正公之家訓，為後世為官從政者視為典範。曾文正公受影響最大，為星岡公；星岡公亦是曾文正公「最敬」。星岡公的思想觀念，實在了不起，乃能培養出這位偉大的「孫子」。其「八好六惱」，即以現代生活觀念評之，也屬先知先覺者。尤其對於「地命醫理，僧巫祈禱」，深痛惡絕，實在了不起。

28 勤儉自持，習勞習苦

「凡人多望子孫為大官，余不願為大官，但願為讀書明理之君子，勤儉自持，習勞習苦，可以處樂，可以處約，此君子也。余服官二十年，不敢稍染官宦氣習，飲食起居，尚守寒素家風，極儉也可，略豐也可，太豐則我不敢也。」

「凡仕宦之家，由儉入奢易，由奢返儉難，爾年尚幼，切不可貪愛奢華，不可慣習懶惰，無論大家小家，士農工商，勤苦儉約，未有不興，驕奢倦怠，未有不敗。爾讀書寫字，不可間斷，早晨要早起。」

「凡富貴功名，皆有命定，半由人力，半由天事，惟學作聖賢，全由自己作主，不與天命相干涉。吾有志學為聖賢，少時欠居敬工夫，至今猶不免偶有戲言戲動，爾宜舉止端莊，言不妄發，則入德之基也。」（咸豐六年九月二十九日，諭紀鴻，〈勤儉自持習勞習苦〉）

這是屬於「家訓」的部份，是曾文正公給他的公子紀鴻的信。曾文正公無論上稟父母，中致諸弟以及下諭諸兒，均有「一以貫之」之精神，以富貴為戒，勤儉為尚。這是曾文正公基本精神，影響所至，非止於「曾家」，而是千年萬代也。為富為官，均使人腐化也。

29 作人之道，「敬恕」而已

「余此次出門，略載日記，即將日記封每次家信中，聞林文忠家書，即係如此辦法。」

「爾在省城，僅至丁左兩家，餘不輕出，足慰遠懷。」

「讀書之法，看讀寫作四者，每日不可缺一。」

「余生平因作字遲鈍，吃虧不少，爾須力求敏捷，每日能作楷書一萬，則幾矣。」

「至於作人之道，聖賢千言萬語，大抵不外『敬恕』二字。」（咸豐八年七月二十一日，諭紀澤，〈讀書寫字作文做人之道〉）

這是文正公寫給他的兒子紀澤的信。紀澤也是曾府爭氣的子孫，雖無乃父之功，但他在近代外交史中，佔有一席，彌補文正公「對外」之不足，而為李鴻章所代。曾氏家書，紀澤在對外交涉中，得以融會貫通，乃為有清一代「曾氏家訓」。紀澤在對外交涉之地位，遠不如李鴻章，但他所彰顯之禮義之邦精神，則超過李鴻章多多矣。外交方面，紀澤是能征慣戰的外交大將，與乃父文正公之「戰功」，父子內外映輝矣。

這封家訓，以「讀書寫字作文做人」四事訓勉，此四事實是文正公一生之修養與志業。「日記」與「家書」，乃是文正公一生之修身齊家二大法寶，同樣重要，同樣是畢生之事。此次文正公出門巡視，乃以日記代替家書。

無論為人與做事，曾文正公的一貫精神，在於儉約，知道紀澤在湖南省城，深居簡出，「僅至丁左兩家，餘不輕出，足慰遠懷。」一串門子，不只是浪費時間，還會弄出許多是非。

30 生平三恥

「余生平有三恥，學問各途，皆略涉其涯涘，獨天文算學，毫無所知，雖恆星五緯，亦不認識，一恥也。每作一事，治一業，輒有始無終，二恥也。少時作字，不能摹一字之體，遂致屢變而無所成，遲鈍而不適於用，近歲在軍，因作字太鈍，廢閣殊多，三恥也。爾若為克家之子，當思雪此三恥。」「今年初次下場，或中或不中，無甚關係，榜後即當看《詩經》注疏，以後窮經讀史二者迭進，國朝大儒，如顧閻江戴段王，數先生之書，不可不熟讀而深思之。」（咸豐八年八月二十日，諭紀澤，〈學詩學字之方法勉其雪己之三恥〉）

紀澤初入考場，曾文正公多所慰勉，以其個人之經驗，讓他心理上先有準備，考不上意料中事，還是要再接再厲讀書，必能有成。並將其「生平三恥」示兒，而來者可畏。三恥，或屬習慣，無恆無定也。「恆」與「志」不可分，曾文正公一生之成，即在於力持其恆，日記就是一例，而能成大功。可見一個人最大的敵人，還是自己，勝己才能勝人。文正公所長在文史，就現代讀書人與知識分子而言，乃自然之事，如錢穆賓四先生就是一例，即以現代博士教育而言，亦在專精，而不在淵博。但中國讀書人，知識既要深又要廣，曾文正公又好強，乃有「獨天文算學，毫無所知；雖恆星五緯，亦不認識，一恥也。」乃勉紀澤「家中言天文之書有十七史中各天文志，及《五禮通考》中所輯《觀象授時》一種，每夜認明恆星二三座，不過數月，可畢識矣。」

中國之固有知識，奧妙無窮，天文地理無所不包，即以《四庫全書》為例，尚有西洋之知識，真是集古今之大成。

一個人窮一生之時與力，通古通今通外，好難也。古人之惜時即在此，要學的東西實在太多。因此，曾文正公勉紀澤「光陰難得一刻千金」。

31 治家四法

「昔吾祖星岡公，最講治家之法：第一要起早。第二打掃潔淨。第三誠修祭祀。第四善待親族鄉里。凡親族鄉里來家，無不恭敬款接，有急必周濟之，有訟必排解之，有喜慶必賀之，有疾必問，有喪必弔；此事之外，於讀書種菜等事，尤為刻刻留心。故余近寫家信，希常提及「書蔬魚豬」四端者，蓋祖父相傳之家法也。」（諭紀澤，〈守家法及看文選〉，咸豐十年閏三月初四日）

「專以一『重』字教爾之短，一『圖』字望爾之成也。」（諭紀澤，〈作文須珠圓玉潤〉）

「又說話太易，舉止太輕……以後須於說話走路時，刻刻留心。……銀錢田產，最易長驕氣逸氣，我家中斷不可積錢，斷不可買田，爾兄弟努力讀書，決不怕沒飯喫。」（咸豐十年十月十六日，諭紀澤紀鴻，〈戒舉止太輕勿積銀買產〉）

「『舉止要重，發言要訒』，爾終身須牢記此二語，無一刻可忽也。」（咸豐十年十一月初四日，諭紀澤紀鴻，〈言語舉止要穩重〉）

這就是曾文正公。他一生中有一貫的為人做事的精神，先從自己與家人做起。他最崇拜「吾祖星岡公」，念念不忘者為「書蔬魚豬」。

曾文正公所重視者為「務實」，「說話太易，舉止太輕」所忌也。

世人所重所積者，曾文正公則所鄙之，「我家中斷不積錢，斷不可買田。」「爾兄弟努力讀書，決不怕沒飯喫」，這就是「詩書繼世長」，當然，文正公所說的「努力讀書」，與世俗之「書中自有顏如玉」絕不相同，而是增進做人做事的道理。

32 總要養得胸次博大活潑

「鄉間早起之家，蔬菜茂盛之家，類多興旺，晏起無蔬之家，多衰弱。」（咸豐十一年四月四日，諭紀澤，〈告軍情囑雇人種蔬〉）

「爾語言太快，舉止太輕，近能力行遲重二字，以改救否？」（咸豐十一年七月二十四日，諭紀澤，〈練習看讀寫作工夫〉）

見病處方，什麼病開什麼方，不能一方通用。曾文正公知其子之病，在「語言太快，舉止太輕」，乃處以「遲重」。

「居家之道，惟崇儉可以長久，處亂世尤以戒奢侈為要義，衣服不宜多製，尤不宜大鑲大緣，過於絢爛，爾教導諸妹，敬聽父訓，自有可久之理。」（咸豐十一年八月二十四日，諭紀澤，〈惟崇儉可以長久〉）

男人有男人的生活，女人有女人的生活，表現「生活」方式也各異，女人多在服飾應著。曾文正公以「崇儉戒奢侈」，為居家之道，並婦女戒之在華服。一言以蔽之：樸實。這是曾文正公一貫精神。

「大抵有一種學問，即有一種分類之法；有一人嗜好，即有一人摘抄之法。」

「《爾雅》一書，如釋天、釋地、釋山、釋水、釋草木、釋鳥獸蟲魚，物之屬也；釋器、釋宮、釋樂，器之屬也；釋親，事之屬也；釋詁、釋訓、釋言，文詞之屬也。《爾雅》之分類，惟屬事者最略，後世之分類，惟屬事者最詳。事之中又判為兩端焉：曰虛事，曰實事。虛事者，如經之三禮，馬之八書，班之十志及三通之區別門類是也；實事者，就史鑑中已往之事蹟，分類纂記，如《事文類聚》，《白孔九帖》，《太平御覽》，及我朝《淵鑑類函》，《子史精華》等書是也。」（咸豐十一年九月初四日，諭紀澤，〈文字之本原及目錄分類之方法〉）

這裡所談的，是讀書的方法。那個時候，並無所謂科學的分類。文正公云：「大抵有一種學問，即有一種分類之法」，並以《爾雅》一書之分類，高明也。

「遭此亂世，雖大富大貴，亦靠不住，惟儉勤二字，可以持久。」（咸豐十一年九月二十四日，諭紀澤，〈批示所作之凡例並囑女于歸勿奢侈〉）

曾文正公所處之時代，不只是亂世，亦在平亂；文正公一貫之精神，還是「儉勤」，「惟儉勤二字，可以持久。」

「總要養得胸次博大活潑。」（咸豐十一年十月二十四日，諭紀澤，〈胸次須博大活潑〉）

「胸次須博大活潑」，做人處事，微小或偉大，就在「胸襟」。「博大活潑」，如同面對清澈活水與巍巍大山，令人追思與嚮往，境界無窮，意境無盡。

33 余思家鄉茶葉甚切，迅速付來為要

「人之氣質由於天生，本難改變，惟讀書則可變化氣質。古人精相法，並言讀書可以變換骨相，欲求變化之法，總須先立堅卓之志，即以余生平言之，三十歲最好喫煙，片刻不離。至道光壬寅十一月二十一日立志戒煙，至今不再喫。四十六歲以前作事無恆，近五年深以為戒。現在大小事均尚有恆，即此二端，可見無事不可變也。爾於厚重二字，須立志變改，古稱金丹換骨，余謂立志即丹也。」（同治元年四月二十四日，諭紀澤紀鴻，〈謂讀書可以變化氣質〉）

這也就是曾文正公一貫之精神：立志。他能成為立一代之功，萬代之德，全在改變了自己，下定決心成為一個「新我」。難得的，他打破讀書可以升官發財的觀念，而指出讀書之二種好處：讀書則可變化氣質，讀書可以變換骨相。

曾文正公特別看重「厚重」二字。

「爾之天分，長於看書，短於作文，此道太短，則於古書之用意行氣必不能看得諦當，目下宜從短處下功夫，專肆力於《文選》。手抄及摹倣二者，皆不可少，待文筆稍有長進，則以後詁經讀史，事事易於著手矣。」

「此間軍事平順，沅、季兩叔，皆直逼金陵城下。茲將沅、季信二件，寄家一閱。惟沅、季兩軍進兵太銳，後路蕪湖等處空虛，頗為可慮。余現籌兵補此瑕隙，不知果無疏失否？余身體平安，惟公事日繁，應復之信，積擱甚多，餘件尚能料理，家中可以放心。此信送澄叔一閱。余思家鄉茶葉甚切，迅速

付來為要。」（同治元年五月十四日，諭紀澤，〈宜用心詞章之學〉）

紀澤是可以教的，也可以成大材的。因此，曾文正公以讀書經驗與方法，傾囊而授。一般讀書人，只知讀讀，只知誦，較少方法，曾文正公是有方法的，乃能在為學方面成就卓群。「手抄及摹倣二者，皆不可少」，「手抄及摹倣」亦是讀書方法。

「沅、季兩叔，皆直逼金陵城下」，心情之快活，可想而知。

「余思家鄉茶葉甚切，迅速付來為要」，如軍令也。湘人而有湘人之心，此亦是文正公之純樸可愛處。

34 耐勞忍氣

「余生平於古人四言，最好韓公之作，如〈祭柳子厚文〉，〈祭張署文〉，〈進學解〉，〈送窮文〉。諸四言，固皆光如皎日，響如春霆。」

「爾行路漸厚重否？紀鴻讀書有恆否？至為廑念。」（同治元年十一月初四日，諭紀澤，〈論四言詩〉）

曾文正公念念不忘的，還是「厚重」，所謂一步一腳印；「讀書有恆」，這是他一貫的精神指標。

「羅堨性情可慮，然此無可如何之事，爾諄囑三妹柔順恭謹，不可有片語違忤。三綱之道，君為臣綱，父為子綱，夫為妻綱，是地維所賴以立，天柱所賴以尊。故傳曰：『君，天也；父，天也；夫，天也。』《儀禮》記曰：『君，至尊也；父，至尊也；夫，至尊也。君雖不仁，臣不可以不忠；父雖不慈，子不可以不孝；夫雖不賢，妻不可以不順。』吾家讀書居官，世守禮儀，爾當誥誡大妹三妹，忍耐順受。」

「目下陳家微窘，袁家羅家並不憂貧，爾諄勸諸妹，以能耐勞忍氣為要。吾服官多年，亦常在耐勞忍氣四字上做工夫也。」（同治二年正月廿四日，諭紀澤，〈勸妹柔順恭謹〉）

以曾家之勢大，嫁出去的女兒，難免會有驕縱之嫌，但文正公則「以夫為天」的古訓：夫，至尊也，「柔順恭謹，不可有片語違忤」，並以其一貫之精神：「耐勞忍氣」相勉。

「爾閱看書籍頗多，然成誦者太少，亦是一短。嗣後宜將《文選》最愜意者熟讀，以能背誦為斷，如〈兩都賦〉、〈西征賦〉、〈蕪城賦〉及〈九辯解嘲〉之類，皆宜熟讀。」（同治二年三月初四日，諭紀澤，〈學文須手鈔熟讀〉）

曾文正公在家書中，所寫所念者，為為人與讀書，他是一位天資平平之人，讀書的方法，亦無取巧之理，而主張「熟讀」與「成誦」。

35 謙敬，勤儉：深以婦女之奢逸為慮

「爾一切以勤謙二字為主。」（同治三年六月二十二日，諭紀澤，〈一切以勤謙為主〉）

同治三年，曾國荃救金陵，洪秀全自殺，太平天國亡。

此時的曾國藩：

——「抵金陵陸營，」

——「沅叔濕毒未愈，而精神甚好，」

——「偽忠王曾親訊一次，擬即在此殺之。」

清朝積危之患，得以解除，立天下首功，歷盡艱苦的曾文正公，當志得意滿才對，但他仍以平常心待之，對其愛兒紀澤，「一切以勤謙」為主。

「爾在外以謙謹二字為主，世家子弟門第鼎盛，萬目所屬，臨行時，教以三戒之首末二條，及力去『傲惰』二弊，當已牢記之矣。場前不可與州縣來往，不可送條子，進身之始，務知自重。」（同治三年七月初九日，諭紀鴻，〈已將洪秀全等正法〉）

這個時候的曾文正公，洪秀全正法，他本人因功封侯，但他對「進身之始」的紀鴻，以自重自處，並以「謙謹」二字為主」。這是曾文正公一貫的精神。

「爾在省以謙敬二字為主，事事請問意臣芝生兩姻叔，斷不可送條子，致騰物議。」

「擇交是第一要事，須擇志趣遠大者。此囑。」（同治三年七月二十四日，諭紀鴻，〈以謙敬二字為主〉）

曾文正公對於剛出道的兒子紀鴻，放心不下，以「謙敬」為重，並怕染上官場惡習，千囑萬囑，「斷不可送條子」。

「爾等奉母在寓，總以勤儉二字自惕，而接物出以謙慎。凡世家有不勤不儉者，驗之於內眷而畢露。余在家深以婦女之奢逸為慮；爾二人立志，撐持門戶，亦宜自端內教始也。」（同治四年五月初九日，〈諭紀澤紀鴻，〈以勤儉二字自惕〉）

作為一家之主的曾文正公，對於外出之子弟，怕沾惡習，諄諄教導；對於在家之子弟，也以「勤儉」教誨，尤對女眷更是放心不下。一家之不勤不儉，往往表現在女眷，曾文正公深信不疑，並以為懼。

36　爾母健飯，大慰，大慰

「爾母健飯，大慰，大慰。」（同治四年九月二十五日，諭紀澤，〈告徐州賊勢〉）

曾文正公伉儷情深，在徐州戰局緊張之際，仍關心他的夫人健康狀況，知道飯量不錯，「大慰，大慰」相應，令人感動。

「張文端公（英）所著《聰訓齋語》，皆教子之言，其中言養身擇友，觀玩山水花竹，純是一片太和生機。」

「古人以懲忿窒慾為養生要訣。懲忿，即吾前信所謂少惱怒也。窒慾，即吾前信所謂知節嗇也。因好名好勝，而用心太過，亦慾之類也。藥雖有利，害亦隨之，不可輕服，切囑。」（同治四年九月卅日，諭紀澤紀鴻，〈蒔花竹玩山水〉）

《聰訓齋語》，是曾文正公很欣賞的一本書，是治家的寶書，也是曾文正公的「治家」源頭書之一，也許是老生常談，但卻是寶典也。這樣「處常」之書，中華五千年，並不很多，能夠留存下來，禁得起時間與空間的考驗，尤其不多。

曾文正公的這段話，懲忿也好，窒慾也好，都是今日之時代病，亦是良方也。至於「藥雖有利，害亦隨之」，乃是曾文正公的一貫醫藥觀，無論就當時的時代背景、曾文正公的士大夫身份，均屬難能可貴。

在這一方面，也許深受「吾祖星岡公」的影響。

「張文端公《聰訓齋語》茲付去二本，爾兄弟細心省覽，不特於德業有益，實於養身有益。」（同治

四年十月初四日，諭紀澤，〈閱聽訓齋語於養身有益〉）

這就是曾文正公的精神：一以貫之。他是不易見異思遷的，還是釘住張文端公的《聰訓齋語》。

「《聰訓齋語》，余以為可卻病延年」。（同治四年十月十七日，諭紀澤紀鴻，〈將去巡閱地勢〉）

又是《聰訓齋語》。

「《聰訓齋語》，俟覓得再寄。」（同治四年十一月初六日，諭紀澤，〈囑臘月來徐省覲〉）

37 莫作代代做官之想，須作代代做士民之想

「讀書乃寒士本業，切不可有官家風味。吾於書籍及文房器具，但求為寒士所能備者，不求珍異也。家中新居富圫，一切須存此意，莫作代代做官之想，須作代代做士民之想，門外但挂『宮太保第』一匾而已。」（同治五年十二月二十三日，諭紀澤，〈書箱式樣〉）

這是讀書人的真精神，不可因為讀了書，就以作官為業，成為世襲，尤其「切不可有官家風味」，更是入木三分。「官家風味」表現在語言、舉止上，官作久了，身段難除，以此自得。

「凡詩文趣味，約有二種：一曰：詼詭之趣，一曰：閒適之趣。詼詭之趣，惟莊柳之文，蘇黃之詩，韓公詩文，皆極詼詭，此外實不多見。閒適之趣，文惟柳子厚遊記近之，詩則韋孟白傅均極閒適。而余所好者，尤在陶之五古，杜之五律，陸之七絕，以為人生具此高淡襟懷，雖南面王不以易其樂也。爾胸懷頗雅淡，試將此三人之詩，研究一番，但不可走入孤僻一路耳。」（同治六年三月二十二日，諭紀澤，〈告鴻兒出痘及述詩文趣味〉）

詩如文如人生如心境。此時之曾文正公歷經憂患，看破政治，看透人生。特舉詩文趣味約有二種：「詼詭」與「閒適」，而他屬意「閒適」。並寄語紀澤：「以為人生具此高淡襟懷，雖南面王不以易其樂也。」

其實，以文正公之功業，豈止「南面王」而已。

「爾稟氣太清，清則易柔，惟志趣高堅，則可變柔為剛；清則易刻，惟襟懷閒遠，則可化刻為厚。余字汝曰劼剛，恐其稍涉柔弱也。教汝讀書，須具大量，看陸詩以導閒適之抱，恐其稍涉刻薄也。爾天性淡於榮利，再從此二字用功，則終身受用不盡矣。」（同治六年三月二十八日，諭紀澤，〈不宜妄生意氣〉）

知子莫如父。紀澤的性格，清的方面，有些像其父，有些補其父之不足，因之，文正公知其長也知其短。紀澤「稟氣太清，清則易柔」，「淡於榮利」，乃導其剛也，以補其弱。

38 興家之道，內外勤儉，兄弟和睦，子弟謙謹

「閱張清恪之子張懿敬公師載所輯《課子隨筆》，皆節鈔古人家訓名言。大約興家之道，不外內外勤儉，兄弟和睦，子弟謙謹等事，敗家則反是。」

「欲禁子弟之驕，先戒吾心之自驕自滿，願終身自勉之。」（戊辰四月）

修身、治家、理政，就如同一個人練功夫一樣，不斷自我充實，其要在吸收、消化與實踐，而能成為金剛。曾文正公此處之興家之道，是他一貫精神與追求的：「不外內外勤儉，兄弟和睦，子弟謙謹等事，敗家則反是。」

的確，從正面看反面，從反面看正面，都是清清楚楚，明明白白的。

「若兒姪輩不能發奮用功，文理不通，則榜樣太壞，將來孫輩斷難成立。此中關鍵，全在紀鴻紀瑞二人，吾家後輩之興衰，視此二人為轉移也。」（戊辰七月）

這是曾文正公有感而發。見達官之子弟，自忘其本領之低，學識之陋，自驕自滿，以致其子弟效其驕而不覺，不寒而慄，特別責成紀鴻紀瑞二人，一方面要他們知所上進，一方面也要作將來孫輩之榜樣，此所謂「此中關鍵，全在紀鴻紀瑞二人」，有所警惕也。

「與紀澤一談，囑其看理學書，俾志氣日趨於剛大，心思日入於沈細。」（戊辰七月）

曾文正公對紀澤有厚望，因材施教，「囑其看理學書」，以持志養性，後來紀澤果成大材，尤其在外交方面，雖無李鴻章赫赫之地位，但不辱使命，則是近代中國外交史少有的一頁。

39 古文之法，全在「氣」字上用功夫

「鴻兒稟稱澄弟臨別，以火狐馬褂送我。蓋眉生述杜小舫之言，謂天下之最暖者，莫如火狐，勝如紫貂玄狐云。余曾兩次述此言與澄弟聽，或弟意疑我畏寒，遂解己所著衣以贈我耶。余本有貂馬褂、猞猁馬褂，而弟歸途少此禦寒之具，寸心十分不安。」（戊辰十月）

大人物之言行，要從小處細處觀察，才會顯出其真貌，也才不失「稚子」之心。曾文正公處高位，但總以平民自身，萬民為念，兄弟之間，保有兄友弟恭之情。此處感人之處，「澄弟以火狐馬褂送我」，因為「天下之最暖者，莫如火狐」。曾文正公至為感動，但感動之餘，念及其老弟，「歸途少此禦寒之具，

寸心十分不安。」

曾文正公「十分不安」，對於讀者而言，則是十分感動也。

「古文之法，全在『氣』字上用功夫。」（辛酉十一月）

實在的，一個人的生死之間，就是一口氣；一個人的生存價值，也在爭一口氣；天地間，就在正氣。

此與蔣中正先生：「養天地之正氣」，真是一脈相承。

「古文中惟書牘一門竟鮮佳者。八家中，韓公差勝，然亦非書簡正宗，此外則竟無可采。諸葛武侯、王右軍兩公書翰，『風神高遠』，最愜吾意，然患太少，且乏大篇，皆小簡耳。」（庚申三月）

曾文正公感歎書牘太少，好的尤少。較合他意者，「韓公差勝」，「諸葛武侯、王右軍兩公書翰」，這是他的評價，「風神高遠」，尤為傳神，而曾文正公留給後代者，以「書牘」最豐，曾文正公當之無愧也。

40　收積銀錢貨物字畫，無益於子孫

「季高言：『凡人須從喫苦中來，收積銀錢貨物，固無益於子孫；即收積書籍字畫，亦未必不為子孫之累』云云，多見道之語。」（庚申四月）

銀錢貨物以及字畫古玩等，並不利於子孫反而有害，因得來太易，不勞之獲，不會珍惜，因之，愛子孫反而害子孫，此亦是富不過三代之理。

「大抵吉地，乃造物所最閟惜，不容以絲毫詐力與於其間，世之因地脈而獲福蔭者，其先必係貧賤之家，無心得之。至富貴成名之後，有心謀地，則難於獲福矣。吾親友中如長塘葛氏，既富後而謀地；

金蘭常氏，既貴後而謀地；邵陽魏默深既成名而後謀地，將兩代改葬揚州，皆未見有福蔭，蓋皆不免以詐力與於其間，造物忌巧，有心謀之，則不應也。」（己未）

這就是曾文正公異於常人之處。不必富貴，更怕以旁門左道方式，牽強附會求富貴，風水就是其中之一。

曾文正公所舉之例，多是成名而後謀地，淺薄之輩，硬把它視為因謀地而成名，倒果為因，以證風水之靈，人之愚莫過於自愚也。

曾文正公或生性如此，或後生教化，乃能獨立特行，異於常人，在知識未開的士大夫社會中實在不易，真屬鳳毛麟角。

41 雖事有天幸，亦賴先人之教

「先考府君諱麟書，號竹亭，平生困苦於學，課徒傳業者，蓋二十有餘年。國藩愚陋，自八歲侍府君於家塾，晨夕講授，指畫耳提，不達則再詔之，已而三覆之，或擕諸途，呼諸枕，重叩其所宿惑者，必通徹乃已。其視他學僮亦然，其後教諸少子亦然。」

「吾曾氏由衡陽至湘鄉，五六百載。曾無人與於科目秀才之列，至是乃若創獲，何其難也。自國初徙湘鄉，累世力農，至我王考星岡府君，乃大以不學為恥，講求禮制，賓接文士，教督我考府君，窮君磨厲，期於有成。」

「咸豐二年，粵賊竄湘，攻圍長沙，府君率鄉人修治團練，戒子弟講陣法，習技擊。未幾，國藩奔母喪回籍，奉命督辦湖南團練。明年，又奉命治舟師，援勦湖北，府君僻在窮鄉，志存軍國，初令季子國葆，募勇討賊，既又令三子國華、四子國荃，募勇北征鄂，東征豫章，矗有成效。而府君遽以咸豐七年二月四日棄養，閱一年而國華殉難於三河，又四年而國葆病歿於金陵，朝廷褒卹，并予美謚。而國藩與國荃，遂克復安慶江寧兩省，雖事有天幸，然亦賴先人之教，盡驅諸子執戈赴敵之所致也。」（〈臺洲墓表〉）

如寫自傳，這是曾國藩的家世。

曾國藩的文治武功，除了深受其祖父星岡公的影響外，其父麟書先生亦非泛泛之輩，在湘鄉那樣地方，教自己的子弟，亦教他人之子弟也，此之所謂「自八歲侍府君於家塾，晨夕講授」，此其一。

曾文正公道光年間為官京師，咸豐二年「奔母喪回籍」，此生亦與湘軍成為生命共同體，事實上，其父先文正公練鄉勇，此之所謂「府君率鄉人修治團練，戒子弟講陣法，習技擊。」其後才有文正公的「奔母喪回籍」，可見其父先辦團練，其後國藩才加入，此其二也。此之文正公所言，「而國藩與國荃，遂克復安慶江寧兩省，雖事有天幸，然亦賴先人之教，盡驅諸子執戈赴敵之所致也。」

真是一門忠烈也。

42 府君積苦力學，發憤教督諸子

「天道五十年一變，國之運數從之，惟家亦然。當其隆時，不勞而坐穫；及其替也，憂危拮据而無少補救，類非人所為者。」（〈彭母曾孺人墓志銘〉）

家國，國家命運同也。興衰交替，五十年一變，此之所謂盛極必衰也。

「吾曾氏家世微薄，自明以來，無以學業發名者，府君積苦力學，應有司之試十有七，始得補縣學生員，不獲大施，則發憤教督諸子。國藩以進士入翰林，七遷而為禮部侍郎，歷官吏部、兵部、刑部、工部侍郎，遭逢兩朝推恩盛典。」

「男五人。國藩配歐陽氏，國潢監生候選縣丞，配汪氏。國華監生，即補同知，出繼叔父驥雲為嗣，配葛氏，妾歐陽氏。國荃優貢生同知職銜，配熊氏。國葆縣學生，配鄧氏。」

「女四人。長適王鵬遠，次適王家儲，壻先卒，次適朱氏，先卒，壻朱麗春，季女殤。」

「孫八人。紀澤二品廕生，配賀氏，紀梁聘魏氏，紀鴻聘郭氏，紀渠聘朱氏，紀瑞聘汪氏，紀官聘歐陽氏，紀湘聘易氏，紀淞聘王氏，孫女九人。」（〈誥封光祿大夫曾府君墓志銘〉）

這是「曾氏家族」的簡要紀錄。

這一家族，並非才智特高之士，文正公的父親，一如其子，「積苦力學，應有司之試十有七，始得補縣學生員，不獲大施，則發憤教督諸子；國藩以進士入翰林，七遷而為禮部侍郎。」作官都不是很順利，更非一帆風順，乃「發憤教督諸子」，天份不高，更無做官之背景。

「曾氏家族」男五人、女四人、孫八人，影響近代中國歷史卻很大。文正公的齊家平亂，就是從這個家族開始，出發而落實的。他的名誦千古的家書，人物就在這三代，再加上其父一代，這就是曾文正公的全部歷史與功績。

「家族事業」在現代工商社會中，是耳熟目知的，但文正公以家族為軸心，且能身先士卒，形成湘軍之事業，今古少有也。文正公五兄弟中，以大哥為表率，除了國華有一妻一妾，均有為有守，而能在非常艱困複雜的環境中，完成非常之事業——消滅太平天國。

43 敬字無眾寡、無小大、無敢慢，最為切當

「國藩生平，坐不敬無恆二事，行年五十，百無一成，深自愧恨，故近於知交門徒及姻戚子弟，必以此二者相告。敬字惟無眾寡、無小大、無敢慢三語，最為切當」。

「至於有恆二字，尤不易言，大抵看書與讀書，須畫然分為兩事。前寄寅皆先生書已詳言之矣。看書宜多宜速，不速則不能看畢，是無恆也；讀書宜精宜熟，能熟而不能完是亦無恆也。」

「家叔性情，最與家祖相似。家祖晚年，適意事多；家叔則不適意之事多，望閣下細心勸慰為感。」（〈覆葛睪山〉）

曾文正公這一封信，覆得很妙。其生平最有心得的敬恆二字，恆字無法描述，只能舉例，以讀書為例，以明之。

曾文正公最崇拜其祖星岡公，對其叔父作為有所不滿，只能苦心相比，透過其家屬關係密切的葛睪山「細心勸慰」。這是曾文正公的苦心，也是他的分寸。

「國藩昔年銳意討賊，思慮頗專，而事機未順，援助過少，拂亂之餘，百務俱廢，接人應事，恆多怠慢，公牘私書，或未酬答。坐是與時乖舛，動多齟齬。此次再赴軍中，銷除事求可功求成之宿見，虛與委蛇，絕去町畦，無不復之緘咨，無不批之稟牘，小物克勤，酬應少周，藉以稍息浮言。」（〈覆易蘭生〉）

曾文正公以一介書生，承擔非常之業；以湘鄉一隅，練湘團，救危局，談何容易？他又居京為官，看不慣宦海之虛情假意，難免會遭致反彈。他的個性是剛毅方正的，任事太直，就難免得罪人，如果疏於為人，則無法人和，處處就會與你為難，也就難免遭遇挫折的。

曾文正公就是如此。因之，「此次再赴軍中，銷除事求可功求成之宿見，虛與委蛇」，「藉以稍息浮言」，減少阻力也。

為人太直，做事太猛，就難免招忌、招謗，我們所熟知的政府來臺開創型人物，尹仲容、葉公超與孫立人等就是如此。論才華貢獻，這三位對臺灣財經、外交、軍事，均是以膽識、魄力見長，而成一時之業，但結果與下場，實在可惜。性格使然。

一個人的性格，往往就是一個人一生的功過得失，一旦由於家庭教育等因素形成，很難改變。如葉公超先生早在一九三三年《清華周刊》中就顯示他的公私分明的精神，「現代社會裡最大罪惡的，就是沒有公私觀念的人。」這也就是曾國藩的性格。

在葉公超眼中，恨透了沒有公私觀念的人，而政治往往是講利害的，而講是非，往往就會招大嫉，遭大害。

44 勤字所以醫惰，慎字所以醫驕

「鄙人嘗以謂四部之書，浩如淵海，而其中自為之書，有原之水，不過數十部耳。經則十三經是已；史則二十四史暨《通鑑》是已；子則五子暨管晏韓非淮南呂覽等十餘種是已；集則漢魏六朝百三家之外，唐宋以來二十餘家而已。此外入子集部之書，皆贗作也，皆勦襲也。入經史部之書，皆類書也。不特《太平御覽》《藝文類聚》等為類書，即三通亦類書也。小學近思錄衍義衍義補，亦類書也。」（〈與何廉昉〉）

很有意思，同時，曾文正公的眼界，是很高的。對於清朝之《四庫全書》，評為：「有原之水，不過數十部耳。」

其實，著作並不全是創作：

第一、整理保存亦是一種傳世之貢獻。孔子就是述而不作的「始祖」。

第二、清朝是外來入侵者，又是外來語。這樣重視中國的典籍文化，實在很不容易。政治斷代作文化續存之舉，實在不易。且滿清本身，很難輸入與納入中華文化體系中，這是清朝之聰明。亦如日本入侵中國，佔領臺灣與東北，除了教日語外，它還能自日本輸入什麼？況且日本與滿洲不同，日本有太多的唐文化與生活，還是可以倒流的。

這一方面，曾文正公的要求，還是大儒的心情與標準，同時，這些事情，他當年作過，自覺沒有什麼「大學問」。

「用兵久則驕惰自生，驕惰則未有不敗者。勤字所以醫惰，慎字所以醫驕。此二字之先，須有一誠字以立之本。立志要將此事知得透辨得穿，精誠所至金石亦開，鬼神亦避。此在己之誠也，人之生也直。與武員相交接，尤貴乎直；文員之心，多曲多歪，多不坦白，往往與武員不相水乳，必盡去歪曲私衷，事事推心置腹，使武人粗人，坦然無疑，此接物之誠也。以誠為本，以勤字慎字為用，庶幾免於大戾，免於大敗，願與閣下共勉之。」（〈與李申夫〉）

曾文正公與李申夫的幾封信，都是簡短有力，是曾文正公精神作為神髓所在。

曾文正公的精神，是勤與慎。他不是很聰明的人，所以成大功立大業，全在「勤」字，也就是一勤天下無難事；能用兵，全在「慎」字。

曾文正公出身京中官場，其後返鄉練勇帶勇打仗，由於性格關係，為官並不得志，可謂看不慣官場之勾心鬥角，爭權奪利。帶兵打仗，也明的暗的吃了不少文人的大虧。他很欣賞武人的直來直往的性格，一根腸子通到底，所以他勸李申夫「與武員交接，尤貴乎直。」

那個時代，帶兵打仗者，武夫較多，讀書不多，亦即「丘八」也。

看看曾文正公麾下的「武人」，維持本色者，以左宗棠、胡林翼、李續賓、鮑超、彭玉麟為代表，都能忠誠不二，為戰場為疆域立下赫赫大功。彭玉麟更是「武夫」代表。在唐浩明的長篇小說中，曾國藩把彭玉麟寫得更是栩栩如生，古今奇人，一如三國中的「關公」的化身——忠義而已。只知效忠，不知名利為何物。

帶官味，來自官場，走入官場，往往成為文人的典型，以李鴻章為代表。

李之起亦即曾之衰，亦即清之不起。如果沒有李鴻章靈活身段，曾國藩的硬骨頭，不會顯得那樣衰老，不堪再當重任。

太平天國解決了，曾國藩在朝廷眼中，變成頑固不靈的老朽，這是一代人物的必然歸宿，很少在掌聲中在高潮中隱退。英國戰時首相邱吉爾是一例子，美國總統甘迺迪是另一例子。甘迺迪如不在任上死於非命，他的歷史評價，就不會那樣榮耀不朽。美國歷任總統，除開國者華盛頓外，林肯、甘迺迪代表美國精神，均死於非命，且在任上。只是甘迺迪之被刺，如今還是不清不白，真是一大諷刺。

曾國藩亦死在任上，但已日薄西山，在李鴻章善舞之下，幾成為清朝的負擔。至於曾國藩之死，傳至宮中，慈禧聞訊，痛惜之餘，說了一句公道話：曾國藩沒有過一天享受。

這是實話，這是真話，這也是良心話，這真是慈禧的「英明」，看準了曾國藩的硬與清，才把清朝在垂危中救了出來。自一八六四年曾國荃拔金陵，洪秀全自殺，太平天國亡，至一九一一辛亥年，民軍起義於武昌，創立中華民國，清朝的生命多延續了四十七年。

45 「勞苦忍辱」四字教人

「前寄一緘，道及求人之法。須有操守而無官氣，多條理而少大言。日來以此廣告各處，求荐才以輔我不逮，尚無應者。兩君物色得人否？求人之道，須如白圭之治生，如鷹隼之擊物，不得不休。又如蚨之有母，雉之有媒，以類相求，以氣相引，庶幾得一而可及其餘。大抵人才約有兩種：一種官氣較多，一種鄉氣較多。官氣多者，好講資格，好問樣子，辦事無驚世駭俗之象，語言無此防彼礙之弊，其失也奄奄無氣。凡遇一事，但憑書辦家人之口說出，憑文書寫出，不能身到、心到、口到、眼到。尤不能苦下身段，去事上體察一番。鄉氣多者好逞才，能好出新樣。行事則知己不知人，語言則顧前不顧後，其失也一事未成，物議先騰。兩者之失，厥咎維均。人非大賢，亦斷難出此兩失之外。吾欲以勞苦忍辱四字教人，故且戒官氣而姑用鄉氣之人，必取遇事體察，身到心到口到眼到者。趙廣漢好用新進少年，劉晏好用士人理財，竊願師之。」（〈覆李黼堂〉）

求才至難。曾文正公開出「須有操守而無官氣，多條理而少大言」的條件，雖然未用現代媒體廣告之法，但「日來以此廣告各處，求荐才以輔我不逮，尚無應者」，可見人才之難。

官氣與鄉氣，曾文正公就缺點作一比較。鄉氣也有不少缺點，但曾文正公屬於鄉氣那一型，他的湘勇，有別於綠兵，亦即是鄉氣之化身也。

選將帶兵是如此，主持事業亦是如此。臺灣的統一事業與信義房屋，召募幹部人才時，寧願來自鄉野的青年，也不要城市有背景的子弟。其道理就在於鄉間人的樸實、純厚，也易於塑造也。

「勞苦忍辱」四字教人。因之，「姑用鄉氣之人」。消極方面，「戒官氣」也；積極方面，「必取遇事體察，身到、心到、口到、眼到者」。

這也就是孔夫子之「一以貫之」，曾文正公選將取才，有其「一以貫之」的精神與毅志，乃能建一時非常之業，立萬世之典範。

46 身勤則強，家勤則興，國勤則治，軍勤則勝

「治軍之道，以勤字為先。身勤則強，佚則病；家勤則興，懶則弱；國勤則治，怠則亂；軍勤則勝，惰則敗，惰者暮氣也。求閣下以身率之，常常提其朝氣為要。」〈致宋滋九〉

「勤」這也是曾文正公基本信仰。而這封〈致宋滋九〉信函有些規勸，但很高明，不出指責嚴厲字眼，乃以「求閣下以身率之，常常提其朝氣為要。」

「治軍以勤字為先，實閱歷而知其不可易，未有平日不早起，而臨敵忽能早起者；未有平日不習勞，而臨敵忽能習勞者；未有平日不能忍飢耐寒，而臨敵忽能忍飢耐寒者，微防挈眷擾民，習氣已深，實難挽回，吾輩當共習勤勞，先之以愧厲，繼之以痛懲。」〈覆宋滋九〉

又是宋滋九，所談的，又是「勤」字。這一次，曾文正公就針對宋本人了：「吾輩當共習勤勞，先之以愧厲，繼之以痛懲。」

「得惠緘。承獎贊借夷助剿一疏，係左季翁捉刀為之，鄙人不辦此也。至於大敗之後，力不能拒；和好之初，情不宜拒，此則鄙見與季公相同。此時以甘言誘我，我乃峻辭拒之；異時以惡言加我，我反哀辭求之，不亦晚乎？」

「國藩久不開卷，近日苦雨無憀，略一繙閱，都無意緒，不足仰報。」〈覆左宮保〉

曾、胡、左三公真有意思。字裡行間，見真情，有真義。

胡林翼稱讚曾文正公的「借夷助剿」策，可惜拍到馬腿上，曾文正公直言不隱：「係左季翁捉刀為之，鄙人不辦此也。」

「借夷助剿」奏摺，不是出自他手，甚至不肖為，但他與左季高仍有共同觀點：「大敗之後，力不能拒；和好之初，情不宜拒。」前者為勢，所謂識時務為俊傑；後者為義，「和好之初，情不宜拒。」

手不釋卷的曾文正公，為軍事所困，有些坐擁愁城，乃有「國藩久不開卷，近日苦雨無憀，略一繙閱，都無意緒」，情緒壞到極點，沒有什麼讀書心得可提出的，乃有「不足仰報」一句。

47 凡人不患有過，但患文過；不貴無過，但貴改過

「各營穩扎穩打，自然立於不敗之地，與悍賊交手，總以能看出他的破綻，為第一義。若在賊者全無破綻，而我昧焉以往，則在我者必有破綻，被賊窺出矣。該道身經數百戰，於此等尚宜留心細察也。」

（〈統領湘勇張道運蘭稟職營與吉中各軍擊賊獲勝由〉）

這一封「擊賊獲勝」的戰帖，有三層意義：

第一，穩扎穩打，先立於不敗之地，進而才有致勝的能力。「穩扎穩打」是曾文正公一貫的務實精神。

第二，攻堅不如攻弱。攻堅要付出相當大的代價，要有相當高的實力，硬碰硬，才能壓倒對方。攻弱則可乘虛而入，這就是「總以能看出他的破綻，為第一義。」

第三，知彼知己。敵如堅強如鋼，就要看看自己，「若在賊者全無破綻，而我昧焉以往，則在我者必有破綻。」

「凡人不患有過，但患文過；不貴無過，但貴改過。此後自當愛惜聲名，愛惜百姓，加意整飭，勿得稍存袒護之見。將領之管兵勇，如父兄之管子弟。父兄嚴者，其子弟整肅，其家必興；溺愛者其子弟驕縱，其家必敗。包攬釐卡之勇丁，既經責革，姑准免究。」（〈湘後營營務處何令應祺副後營劉丞連捷左營李參將實賢稟復查明勇丁有無滋事由〉）

「人非聖賢，誰能無過？」這是儒家之精神，曾文正公一脈相承，而指出：「凡人不患有過，但患文過；不貴無過，但貴改過。」

待兵如子，此謂子弟兵之意義也。

視民如己，「自當愛惜聲名，愛惜百姓。」這是真正的父母官，亦為人民之公僕也。

這裡出現「整肅」，與今日共產政治之人事整肅，大不相同。後者是整肅異己，前者是嚴正子弟，此之所謂「父兄嚴者，其子弟整肅，其家必興。」

48　說話要謹慎，要耐勞苦，心竅要正要直

「該將既知小惠愛民無益，亦當知平日敬神酬愿之無益。凡子之孝父母，必作人有規矩，辦事有條理，親族賴之，親近服之，然後父母愈愛之，此孝之大者也。若作人毫不講究，辦事毫無道理，為親族所唾罵，遠近所鄙棄，則貽父母以羞辱，縱使常奉甘旨，常親定省，亦不得謂之孝矣。敬神者之燒香酬愿，亦猶事親者之甘旨定省，毫無大益。若作人不苟，辦事不錯，百姓賴之，遠近服之，則神必鑒之佑之，勝於燒香酬愿多矣。」（〈霆副左營馮副將標賀秋節稟〉）

這是講孝之真義，不是在燒香念佛，而是表現在行為上：必作人有規矩，辦事有條理，真孝也。孝親與敬神，其意義還是在於行為：「敬神者之燒香酬愿，亦猶事親者之甘旨定省，毫無大益；若作人不苟，辦事不錯，百姓賴之，遠近服之，則神必鑒之佑之，勝於燒香酬愿多矣。」

以曾文正公的時代，以他的地位，能這樣開明進步，實屬不易。這也就是真信與迷信之區分也。

「若能體本部堂陶鎔之苦心：第一說話要謹慎，不可隨口編湊謊話。第二要耐勞苦，莫學文弱浮薄傲惰樣子。第三心竅要上要直，不可歪曲，動好與人鬥機鬥巧。此三者能改變一二，將來尚可造就，若三個月毫無長進，即行革去。」

一言以蔽之，做人誠誠懇懇，做事實實在在，不耍花巧，不弄玄虛，不投機取巧，這也是曾文正公的一貫精神：實事求是。

49 大易之道，莫善於悔

「吉凶悔吝，四者相為循環，吉非有祥瑞之可言，但行事措之咸宜，無有人非鬼責，是即謂之吉，過是則為吝矣。天道忌滿，鬼神害盈，日中則仄，月盈則虧。」

「余官京師，自名所居之室曰求闕齋。恐以滿盈致吝也。人無賢愚，遇凶皆知自悔，悔則可免於災戾。故曰：『震旡咎者，存乎悔』。動心忍性，斯大任之基；側身修行，乃中興之本。自古成大業者，未有不自困心橫慮覺悟知非而來者也。吝則馴致於凶，悔則漸趨於吉。故大易之道，莫善於悔，莫不善於吝。吾家子弟，將欲自修而免於諐，尤有二語焉。曰：『無好快意之事，常存省過之心。』」〈筆記二十七則〉，「悔吝」

曾文正公有資格稱為儒者，尤具孔子精神：不迷信、不信鬼神。因之，「吉凶悔吝，四者相為循環，吉非有祥瑞之可言，但行事措之咸宜，無有人非鬼責，是即謂之吉，過是則為吝矣。」

曾文正公一生之經驗，得自居家居鄉居京也。京師爭權奪利之地也，不能不出頭，也不能強出頭，因之，曾文正公之精神，「余官京師，自名所居之室曰求闕齋。恐以滿盈致吝也」，亦即滿招損，滿招禍也。

孔孟以來，在求完人，在求成大功立大業，在求大變大亂致中興。何以致之？曾文正公親身之淬練：「動心忍性，斯大任之基；側身修行，乃中興之本。」至於「自古成大業者，未有不自困心橫慮覺悟知非而來者也。」亦即自覺自悟，而覺前非，而悟自非。這是中國至高無上的自求修養。

50 陽剛之氣，大有立於世者

「孟子曰：『盡信書，則不如無書。』君子之作事，既徵諸古籍，諏諸人言，而又必慎思而明辨之，庶不致冒昧從事耳。」（〈筆記十二篇〉，「史書」）

曾文正公不太相信後人所寫的書，因之他在致親人友人部屬所開書目中，總是提醒及建議多讀原始原流之書，少讀後人所撰之書，不值讀不值信也。此之所謂：「盡信書，則不如無書」也。不能盡信書，還是要透過「事理」之判斷，這也合乎現代人治學精神。

「古籍」不能照用，也正如藥方不能照抓，必須「徵諸古籍，諏諸人言，而又必慎思而明辨之。」這是真正的求真求用的精神，否則就會犯了食古不化的大忌。

「漢初功臣惟樊噲氣質較粗，不能與諸賢並論，淮陰侯所羞與為伍者也。然吾觀其人，有不可及者二：沛公初入咸陽，見秦宮室帷帳狗馬重寶婦女千數，意欲留居之，噲諫止奢麗之物，乃秦所以亡，願急還霸上，無留宮中，一也。高祖即病臥禁中，詔戶者無得入群臣，噲獨排闥直入諫之，以昔何其勇，今何其憊，且引趙高之事以為鑒，二也。此二事者，乃不媿大人格君心者之所為。蓋人稟陽剛之氣最厚者，其達於事理，必有不可掩之偉論；其見於儀度，必有不可犯之英風。噲之鴻門披帷，拔劍割彘，與夫霸上還軍之請；病中排闥之諫，皆陽剛之氣之所為也；未有無陽剛之氣，而能大有立於世者，有志之君子，養之無害可耳。」（〈筆記十二篇〉，「陽剛」）

這就是一介書生，而能成天下事業之精神與氣魄也。

曾文正公在陰陽之間、文武之間選擇，他較欣賞與信任的是陽面與武人：表裡如一也。他所培養與欣賞的名將，如：胡林翼、左宗棠、李續賓、彭玉麟，多屬此類性質。李鴻章則較文又較陰，雖有才氣，但並未為當時的曾文正公所倚重。

今人唐浩明筆下的長篇歷史小說《曾國藩》，多有樊噲性格人物出現。如「康福」並無其人，但在唐浩明筆下栩栩如生，忠義質樸典型也。

樊噲自無法與曾文正公相比，但曾文正公的精神與性格，就是忠直化身也，乃能勇往直前，克敵致公，有別於清廷百官唯唯諾諾也。

51 大也，勤也，謙也

「天下惟誠不可掩，漢文帝之謙讓，其出於至誠者乎？自其初至代邸，西鄉讓三，南鄉讓再，已歉然不敢當帝位之尊，厥後不肯建立太子，增祀不肯祈福，與趙佗書曰：側室之子，曰：棄外奉藩，曰：不得不立，臨終遺詔，戒重服，戒久臨，戒厚葬，蓋終始自覺不稱天子之位，不欲享至尊之奉。至於馮唐眾辱，而卒使盡言；吳王不朝，而賜以几杖；匄群臣言朕過失，匡朕不逮，其謙讓皆發於中心惻怛之誠。蓋其德為三代後僅見之賢王，而其心則自愧不稱帝王之職而已矣。夫使居高位者而常存愧不稱職之心，則其過必鮮。況大君而存此心乎？吾嘗謂為大臣者，宜法古帝王者三事：舜禹之不與也，大也；文王之不遑也，勤也；漢文之不稱也，謙也。師此三者，而出於至誠，其免於戾。」（〈筆記十二篇〉，「漢文帝」）

三代以下，人心不古。而在曾文正公眼中、心中，漢文帝為例外也，乃有「蓋其德為三代後僅見之賢王」之感歎。

中國對日抗戰以來，有不少精神力量，支持血肉之軀，有云：「法古今完人」。人生修養中，有智仁勇三達德。

曾文正公之古之完人有三，其精神有三，此為曾文正公念茲在茲者：「吾嘗謂為大臣者，宜法古帝王者三事：舜禹之不與也，大也；文王之不遑也，勤也；漢文之不稱也，謙也。」

大也，勤也，謙也，為三慎三戒也。

「師此三者，而出於至誠，其免於戾。」

「至誠」，發自內心，自然而長久也。這是曾文正公一以貫之的精神。「免於戾」，可免除災難也，輕者丟官，重者惹來殺身之禍。為大臣者，至極之地，亦為至危之境，以誠惶誠恐之心，「免於戾」也。

52 君子師其剛而去其傲

「周亞夫剛正之氣，已開後世言氣節者之風。觀其細柳勞軍，天子改容，已凜然不可犯。厥後將兵，不救梁王之急，不肯侯王信，不肯王匈奴，六人皆秉剛氣而持正論，無所瞻顧，無所屈撓。後世西漢若蕭望之朱雲，東漢若楊震孔融之徒，其風節略與相近，不得因其死於非命而薄之也。惟其神鋒太雋，瞻矚太尊，亦頗與諸葛恪相近，是乃取禍之道，君子師其剛而去其傲可耳。」（〈筆記十二篇〉，「周亞夫」）

周亞夫、蕭望之、朱雲、楊震、孔融，在曾文正公眼中，都是了不起的剛正典型，「持正論，無所瞻顧，無所屈撓」，但由於「神鋒太雋，瞻矚太尊」，「是乃取禍之道」。因之，曾文正公有感而發，提出告誡：「君子師其剛而去其傲可耳。」

這是經驗之談，因為曾文正公就是剛正典型，但還能守住最後界限，有大功，而無大禍。

就我們所熟知的「臺灣經驗」，亦是如此。

在軍事訓練與外交開拓有赫赫之功的孫立人將軍與葉公超先生，皆因剛正到了最後關頭仍不肯不能轉彎，縱有蓋世之才，而到了無法忍受，乃至時過境遷，不能再忍受，乃成大禍，無法伸大志，為自己才氣所害。

葉公超學者從政，而非軍人與官僚出身，蔣中正先生有所禮有所讓有所忍，最後還是在忍無可忍之下，由於聯合國代表權問題，觸怒當局，實在可惜。葉公超的性格，早就與蔣先生格格不入的。一位外交官曾記述目睹葉公超部長與蔣先生的頂撞與衝突：

「雪艇先生於民國四十年代初期任總統府秘書長，我國外交部的公事常奉命去向他請示。那時緬甸為了我國從大陸撤退到滇、緬邊區的李彌、余程萬部與緬軍發生衝突，向聯合國提出控訴，我駐聯合國代表蔣廷黻先生正在為維護我代表權苦鬥，此事發生至感因應困難，迭以急電向外交部請示。外交部權衡利害審慎研議，最後決定建議政府將該部撤退來臺，列述各項考慮及理由簽請總統核示，其簽呈頗長，司中擬稿後經胡次長（慶育）與葉公超部長仔細核改，命我清稿繕正並送蓋印信後親送雪艇先生轉呈總統。」

「半晌，忽訇然一聲，室內大開，總統盛氣急走出房而去。雪艇先生喚我入室，只見紙散一地，他叫我幫忙同撿，公超先生則端坐椅不動。待將這份我頗費工夫清稿繕正校正弄好的簽呈一張張撿起疊齊之後，雪艇先生雙手捧交公超先生，連說好了好了，可以辦了。公超先生不接，以堅決的神態說：『我要等總統回來當面講清楚。』」

「公超先生說：『此事無人願如此辦，但目前國家處境萬難無多長策，我是文人，士可殺不可辱，請准我辭另派外交部長。』總統愕然道：『正是因為處境萬難大家心情不好，同志都知道我性急，請千萬勿動意氣。』並對雪艇先生說：『你要幫忙勸勸他。』公超先生默然良久，最後開口說，那麼請給批示。總統說：『好，我照批。』返桌取筆逕在簽呈上寫下『照辦』二字並簽名。雪艇先生接過，手撫公超先生之背挽之出室。我隨後跟出，總統忽將我喚住，原來還有一頁掉在桌下，趕緊拾起離去。」

「我目擊這頗為戲劇化的一幕，深為公超先生的骨氣感動，至今回想起來，仍為之動容肅然起敬。」

「兩天之後，我因他務再去雪艇先生處。言事既畢，他提起前日此幕對我說：『你同你的部長和胡次長一樣，都很有中國士大夫的傳統氣質，但是你還年輕，來日方長，要記住只可有傲骨，不可有傲氣，智慧固然重要，忍耐也同樣重要，其實忍耐也就是智慧。』」（請見：程時敦：〈王雪艇先生與我〉，臺北，《傳記文學》，第六十六卷第一期）

這就是一個人成敗得失的關鍵。

「正是因為處境萬難大家心情不好，同志都知道我性急，請千萬勿動意氣。」總統幾乎央求葉部長，言下之意，我可以動氣，你不能動氣。這真是一念之間。

「要記住只可有傲骨，不可有傲氣，智慧固然重要，忍耐也同樣重要，其實忍耐也就是智慧。」王雪艇的智慧真心之言。真是，退一步想海闊天空。

在傲骨的葉部長眼中，不可一世的總統，外交或某些方面，也許是一名門外漢，王雪艇也許是典型的官場官僚，忠言都聽不進去，但如能聽曾文正公之言：「君子師其剛而去其傲」，就不會以蓋世之才，而孤寂以終，這是葉公超的重大損失，也是國家的重大損失。

53 有富必能潤屋，有德必能潤身

「孟子言：『治亂興衰之際，皆由人事主之，初不關乎天命。故曰：『以齊王由反乎也。』曰：『可使制梃以撻秦楚之堅甲利兵』，皆以人謀而操必勝之權。所謂禍福無不自己求之也。董子亦曰：『治亂興廢，在於己；非天降命，不可得反。』與孟子言相合。孔子曰：『天生德於予，桓魋其如予何，天之未喪斯文，匡人其如予何？』亦似深信在己者之有權。然鳳鳥不至，河不出圖，有吾已矣夫之歎，又似以天命歸諸不可知之數，故答子服景伯曰：『道之將行命也，道之將廢命也。』語南宮适曰：『君子若人，尚德若人。』其隱然以天命為難測，聖賢之言微旨不同，在學者默會之焉耳。」〈筆記十二篇〉，「言命」

「言命」就是很玄的，中外都是如此。

「聽天由命」，是一種宿命的講法，非但不科學，亦不是哲學的。

這一段曾文正公引經據典「言命」，還是很玄的：「天命歸諸不可知之數。」有天地萬象，就是充滿不可解的神秘，似知道，並不是真知道，正如當代大哲學家英國羅素所言：「有些事情，我們自以為已經知道了，其實是並不知道。」「有些事情看起來多麼像是知識，其實並不是真正的知識。」(羅素：《電視對話錄》，言曦譯，臺灣中華書局印行，中華民國六十三年，第二頁)

這一連串的不確定，孔孟所言，還是可大可久可信，而不會流於迷信，這也是孔孟之實際，有別於宗教之神秘。

「苟有富必能潤屋，苟有德必能潤身，不必如孔子之溫良恭儉，孟子之睟面盎背，而後為符驗也。凡盛德之君子，必有非常之儀範，是真龍必有雲，是真虎必有風。不必如程門之游楊尹謝，朱門之黃蔡陳李，而後為響應也。凡修業之大人，必有景從之徒黨，斯二者，其幾甚微，其效甚著，非實有諸己，烏可倖至哉。」（〈筆記十二篇〉，「功效」）

「苟有富必能潤屋，苟有德必能潤身」，曾文正公認為這是很實際的功效。一個人有了錢之後，必購置華屋，就現代社會而言，這好像靈驗的，沒有錢亦可以分期付款達成；「德必能潤身」，不是為一般人所能接受，這是社會的衰微，甚至人類的危機，只追求物質的享受，而忽略精神生活。

「真龍必有雲，真虎必有風」。龍雲虎風，這是動物界之至極地位，這是古代傳說中的長體動物能飛，也許真有龍，經過年代，人類社會進化後，而無法生存，也許只是一個象徵，如同「天子」一樣。其實，那有「天子」？只不過老子打下來的江山，統治權傳下去而已。龍在西方的希臘羅馬，東方的中國與日本，地位與意義是不相同的。希臘羅馬把龍視為蛇的一種，代表邪惡的力量。日本的龍則可以隨意變大變小，甚至可以隱形。中國人是相信龍的，不管有無存在，視為至高無上獨一的地位，如皇帝，即是人間龍之化身：龍身、龍袍是也。「龍虎」，天子也。虎的威風，現代社會很難見到，但「虎風」可以感受到，甚至狐假虎威也，小人之行徑。

54　衣服飲食，事事儉約，聲色洋煙，一一禁絕

「一曰治署內以端本　宅門以內曰上房、曰官親、曰幕友、曰家丁。頭門以內曰書辦、曰差役，此六項者，皆署內之人也。為官者，欲治此六項人，須先自治其身，凡銀錢一分一毫、一出一入，無不可對人言之處，則身邊之人，不敢妄取。而上房、官親、幕友、家丁四者皆治矣。

二曰明刑法以清訟　管子荀子文中子之書，皆以嚴刑為是，以赦宥為非。子彥治鄭、諸葛治秦，皆用嚴刑。以致乂安。為州縣者，茍盡心於民事，是非不得不剖辨讞結不得不迅速，既求迅結，不得不刑惡人，以伸善人之氣，非虐人，除莠所以愛苗也，懲惡所以安良也。若一案到署，不訊不結，不分是非，不用刑法，名為寬和，實糊塗耳、懶惰耳，縱姦惡以害善良耳。

三曰重農事以厚生　軍興以來，士與工商，生計或未盡絕，惟農夫則無一人不苦，無一處不苦。農夫受苦太久，則必荒田不耕，軍無糧，則必擾民；民無糧，則必從賊；賊無糧，則必變流賊，而大亂無了日矣。故今日之州縣，以重農為第一要務。

四曰崇儉樸以養廉　近日州縣廉俸，入款皆無著落，而出款仍未盡裁，是以艱窘異常。計惟有節用之一法，尚可公私兩全。節用之道，莫先於人少、官親少，則無需索酬應之繁，幕友家丁少，則減薪工雜支之費，官廚少一雙之箸，民間寬一分之力。此外衣服飲食，事事儉約，聲色洋煙，一一禁絕，不獻上司，不肥家產，用之於己者有節，則取之於民者有制矣。」（勸誡州縣上而道府下而佐雜以此類推）

政風太糜，百孔千瘡，不知如何下手，曾文正公乃開出四道治方。一曰治署內以端本，二曰明刑法以清訟，三曰重農事以厚生，四曰崇儉樸以養廉，都是切中時弊，開源節流並重，尤其發揮了曾文正公一貫的嚴廉簡以及以身作則的精神，冀以扭轉風氣，對於混沌的政風，有正本清源之力。如「明刑法以清訟」之「不訊不結，不分是非，不用刑法，名為寬和，實糊塗耳」，真是一針見血，大快人心，也就是今日政治司法之寫照。

中國之根本在農，農夫最可憐，中國改朝換代之亂，亦即農。廣大農夫，遇災遇難，哀鴻遍野，無隔宿之糧，如有天災，則成為賊，成為流賊，「大亂無了日矣」。此時，「惟農夫則無一人不苦，無一處不苦」，慘矣。農夫無法生活，士農工商以及軍糧，均受影響，社會動盪不安，天下大亂矣。

為政之道，其要在以身作則，尤其克勤克儉，諸葛孔明以下，以曾文正公為典型：「衣服飲食，事事儉約，聲色洋煙，一一禁絕，不獻上司，不肥家產，用之於己者有節，則取之於民者有制矣。」真是仁政之典型。中華民國政府遷臺，曾遭嚴重水患，陳辭修（誠）主政，採取嚴厲社會節約措施，一時燈紅酒綠絕跡，以茶室代替酒家，建立樸實社會勤儉政風，得以度過難關，克難生產，建立臺灣政治經濟社會之基礎。這都可以歸之於曾國藩作風。

九、中西思潮篇

「中華之難，中華當之。」

1 中華之難，中華當之

借外國兵力除本國之患，迭有所建議，或借英法，等而下之，「英國若徵印度之兵」。民族心至強的曾國藩，不以臨時之舉措而妥協，期期以為不可。

為了英人欲調印度兵助勦，曾國藩於同治元年六月二十二日議覆一奏摺。首先引五月十七日上諭：「疊經曾國藩等先後覆奏，僉稱有害無利。前因上海喫緊，英、法兩國幫同戰守，是以姑示羈縻，未經阻止，該兩國與髮逆仇隙已深，若徵調大兵，分路進攻，翦除髮逆，固屬大快人心；惟若盡如嘉定青浦之勢，則利不償害，且恐守以西兵，運掉不能由我，為患曷可深言。」復奉五月二十五日寄諭：「近聞洋人因官軍進攻金陵，擬撥輪船前來助勦，好勝爭功，是其故態。若必待西兵會勦，將來攻克金陵後，必啟其輕視之心。該大臣等務當激勵各軍，乘此破竹之勢，進逼金陵，迅圖克復，毋令洋人以助勦為名，轉致另生枝節。」

曾國藩對於借洋力之來龍去脈，作以下之表達：「伏查咸豐十年十月，蒙先帝垂詢俄、法兩國助勦之事，臣覆奏以為當許其來助而緩其師期。本年三月，蒙諭旨垂詢英、法兩國助勦之事，臣覆以為同防上海則可，借攻內地則不可。洋人若先攻蘇常，臣處無會戰之師；若克復城池，臣處亦無派守之卒，定議於先，或不致責怨於後等情，奏明各在案。茲復欽奉諭旨，以印度兵來，秋間大舉，飭令會商妥議。」

要找「印度之兵」，可謂等而下之。朝廷問曾國藩，畢竟曾國藩是打硬仗，說實話的人。

曾國藩除據實以答外，並分別徵詢左宗棠、李鴻章的意見。當然，此時，左、李已成氣候矣。

左宗棠復函云：「青浦、嘉定二處，髮逆麇至，夷兵遽遁，夷人之畏長毛，亦與我同，委而去之，真情畢露，斷無起印度之兵，助勦此賊之事。島人借助勦為圖利之計，借起兵為解嘲之詞耳。兵頭縱有此意，國主未必允許，印度縱有兵來，其數未必能多。」

李鴻章覆函云：「官軍自二十一日虹橋大捷之後，洋兵待我兵敬禮有加，提督何伯來營會晤，詞意和順。然窺其中若有不足者，青浦、嘉定之退，不免羞恚。自云須八月後，調大英兵來，恢復青、嘉，該提督始能回國，並無調印度兵來之說。」

曾國藩是有中國文化根基的，繼之，他作如下之剖析：「中國之寇盜，其初本中國之赤子；中國之精兵，自足平中國之小醜。姑無論本年春夏，連克二十餘城，長江上下，肅清三千餘里，髮逆無能久之理，吳越有可復之機；即使事機未順，賊燄未衰，而中華之難，中華當之。在皇上有自強之道，不因艱虞而求助於海邦；在臣等有當盡之職，豈輕借兵而貽譏於後世，此所謂申大義以謝之也。」

「英國若徵印度之兵，為報仇之役，多調則勝之不武，少調則不勝為笑，徒使印度軍士，支領英國之餉銀，蹂躪中國之土地，上不利於國主，下不利於英商，不如早議息兵，俾松滬免無窮之擾。」

最後，奏摺之結語：「平日則言必忠信，行必篤敬；臨陣則勝必相讓，敗必相救。但有謙退之義，更無防範之方。吾方以全力與粵匪相持，不宜再樹大敵，另生枝節。庶幾有容、有忍，宏濟艱難，愚慮所及，不審有當萬一否。」

曾國藩不會人云亦云，更不為一時之利害，而有失國本，此皆儒者之修養，所彰顯中國讀書人之骨氣也。

2 在中華見慣而不驚，在英法亦漸失其所恃

火藥雖為中國所發明，各式各樣的炮竹，可以驚天震地，但洋槍洋砲是外人所製造的，可以打破「距離」，不見蹤影，而能達到射殺之目的。

戰場者，為殺人之場所也。你不殺敵，敵殺你，因之，在戰場上殺人乃是勇者之行為。藉槍砲達到殺人目的，這是洋人的殺人玩藝，因之為洋槍洋砲。

清朝內亂將盡，不得不防外患，而以洋人之長，補中國所短，而擊洋人所長，阻外患之道也。朝廷要買洋礮洋船，皇上要先問問曾國藩的意見，一方面聽聽曾文正公的「高見」，另一方面，也需要他的配合。

有關洋船洋礮之上諭：

「前因恭親王奕訢等奏「法夷鎗礮，現肯售賣，並肯派匠役教習製造」，當諭令曾國藩薛煥酌量辦理」。

那個時候，就有軍售問題。

「內患既除，則外國不敢輕視中國，實於大局有益，該督撫等務當悉心妥議，期於必行，不得畏難苟安。」

曾國藩陳述二點短程與長程的意見：

「臣查髮逆盤踞金陵，蔓延蘇浙皖鄂江西等省，所占傍江各城，為我所必爭者有三：曰金陵，曰安

慶，曰蕪湖。不傍江各城，為我所必爭者有三：曰蘇州，曰廬州，曰寧國。」

曾國藩所以特別舉出傍江與不傍江，亦即指明二者之攻堅，皆需洋船，非「舢板長龍」之類所能為也。

「至恭親王奕訢等奏請購買外洋船礮，則為今日救時之第一要務。凡恃己之所有，詩人以所無者，世之常情也；忽於所習見，震於所罕見者，亦世之常情也。輪船之速，洋礮之遠，在英法則誇其所獨有，在中華則震於所罕見，若能陸續購買，據為己物，在中華則見慣而不驚，在英法亦漸失其所恃。康熙雍正年間，雲南銅斤未曾解京之時，皆給照商人，採辦海外之洋銅，以資京局之鼓鑄，行之數十年，並無流弊。況今日和議既成，中外貿易有無交通，購買外洋器物，尤屬名正言順。購成之後，訪募覃思之士，智巧之匠，始而演習，繼而試造，不過一二年，火輪船必為中外官民通行之物，可以勦髮逆，可以勤遠略，諭旨期於必行，不得畏難苟安，仰見聖主沈幾獨斷，開物成務，曷勝欽服。」

這是曾國藩之高明與遠見，實在就是現代國家與社會，接受西方科技文明洗禮，所經歷之路程也：購買→模仿→自製→創新也。

尤其是「在中華則見慣而不驚，在英法亦漸失其所恃」，更屬真知灼見。

要緊的，曾國藩在結束本奏摺前有以下之自立自強之語：「智者盡心，勇者盡力，無不能製之器，無不能演之技。」

亦即智者製造、勇者演練，天下無不可為之事，則內憂外患盡除也。曾國藩之思想，開明與進步，亦即在此。

3 借洋兵助守上海則可，代復中國疆土則不可

應否借洋兵洋槍除內患，有紳民請之，究如何？上面似乎拿不準，還是問問曾國藩。

曾文正公為此，曾於同治元年正月二十二日反覆陳明，何者可用，何者不可用。

為此，皇上與曾國藩曾來往函諭多次。

奉諭：「洋人之在滬者，恐不足恃，其與我和好，究竟惟利是圖。一有事機喫緊之時，往往坐觀成敗；若欲少藉其力，必至要結多方，有情理所斷不能從之處。昨因薛煥有據、蘇省紳民呈稟：請借洋人勦賊之奏，當經從權諭令該撫熟計，以期無拂輿情。諒該大臣早能洞悉，洋人既不足恃，仍須該大臣酌派名將勁兵前往，方萬全無患。」

如此，曾國藩覆命：「寧波上海皆係通商碼頭，洋人與我同其利害，自當共爭而共守之。蘇常金陵本非通商子口，借兵助勦，不勝為笑，勝則後患不測。目前權宜之計，祇宜借守滬城，切勿遽務遠略。謂金陵蘇常可以倖襲，非徒無益而又有害，既已借兵守滬，則當坦然以至誠相與，虛心相待，不可稍涉猜疑。」

其後皇上又稱：「洋兵調齊以後，勢難中止，不僅助守上海，並將助勦蘇州。」

這真是請神容易送神難。

曾文正公還是堅持己見：「借洋兵以助守上海，共保華洋人之財則可，借洋兵以助勦蘇州，代復中國之疆土則不可。如洋人因調船已齊，兵費太鉅，勢難中止，情願自勦蘇州等處，我中國當以情理阻之，

婉言謝之。若該洋人不聽禁阻，亦須先與訂定中國用兵，自有次第。目前無會剿蘇州之師，即克復後亦難遽撥助守之師，事成則中國不必感其德，不成則中國亦不分其咎。英、法二國，素重信義，一一先與說明，或不因見德於我而反致生怨。」

曾文正公可謂有為有守矣。有借重，亦有婉謝，亦即助守上海則可，深入中國疆土則不可。這是曾文正公的遠見。

4　懲辦「洋將白齊文常勝軍」

就曾文正公的個性以及民族性而言，他對於洋將洋兵，在心理上是排斥的，在能力上也是存疑的，不認為非靠洋將洋兵不可，這是他爭氣與信心所在。就那個時代而言，曾文正公的固執，誠屬不易。

果然，所謂常勝軍的洋將白齊文出了毛病，未得其利先受其害。曾文正公是既不崇洋也不怕洋的人，於同治元年十一月二十七日於分條奏陳軍事簡報中，也奏上一條：

「查洋將白齊文常勝軍，於九月中旬定議，來援金陵，屢次愆期。厥後奏明十月十九日起程，吳煦先帶輪船兩隻，赴鎮江齊隊，乃白齊文索餉遷延，迄未入江。十一月十四日，在松江閉城滋鬧，十五日帶洋槍隊數十人，至上海毒毆楊方，刃傷其戚屬，搶奪洋銀四萬餘兩而去。如此跋扈橫行，毫無紀律，不特中國不能資其力以勦賊，亦為外國所公惡，應由李鴻章奏明，知會駐京公使，嚴行懲辦。」

曾文正公這一奏摺，相當的嚴厲，積心已久的湖南騾子脾氣發了，除了責洋將白齊文不守信，洋兵無紀外，並要「李鴻章奏明」、「嚴行懲辦」。言詞與態度非常不客氣，等於「責難」皇上，也責怪其愛將李鴻章。曾文正公之可敬與可愛也就在此。

5 所謂「輿論沸騰」云云

現今民主政治所流行與重視的名詞與機能，在曾文正公的奏摺中，常常都能見到，如「輿論」就是一例，此可見帝制的政體與社會，並不完全是專制。

同治元年十一月二十七日曾國藩為「查明金安清汪曜奎參款擬結」摺奏中，有這樣一句話：「維時輿論沸騰，即據所聞覆奏，聲明有無侵吞，非弔查簿據，不能確知。」所謂「輿論沸騰」，當時傳播媒體尚未發達，並無匯集輿論之代表，就是報紙恐亦難有輿論功能，所謂「輿論沸騰」，大概就是很多人都是這樣說吧。

曾文正公大公無私精神，表現在訴狀密告傳聞上，他一定本毋枉毋縱的精神去查個明白，不隱瞞亦不會袒護。

當然，這個案子還是做些「清繳」的處理與降級的處分。

6 始以洋人教華人，繼以華人教華人

自從接觸到水師，涉及海上作戰之後，就有所謂洋人、華人問題，南人、北人問題以及陸與海的問題。曾文正公對這些問題，都用過心思，動過腦筋，而能用其所長，避其所短，這不是曾文正公的聰明

處，而是他的勤敏處。

無論斷事治學，字裡行間一舉一動，曾文正公都是一個實實在在的「笨人」，絕無任何花俏之處，其成功在此，其影響後世亦在此。

同治元年十二月十二日，有關「預籌選派員弁管帶輪船」上一奏摺。

首先，上諭是這樣說的：「至酌留外國水手人等，多則經費太鉅，少則教導不敷，應如何處理之處，並著屆時與稅務司等，熟商妥辦，其赫德單內有水手用山東人，礮手用湖南人，水師兵用八旗人之語，自係為膽氣壯實，及火器嫻熟起見，惟因地制宜，仍在官文曾國藩詳悉籌辦，務收實用，其應如何選派之處，即著迅速具奏。」

「因地制宜」之原則，由「曾國藩詳悉籌辦」，這關係到南人、北人，各省先天性格與後生養成之種種因素。曾國藩作以下之意見陳述：

「惟擬用山東、湖南、八旗人等，雖係因材器使，究嫌參雜不齊，臣國藩去秋覆陳一疏，有云：『輪船駛至安慶漢口時，每船酌留外洋三、四人，令其司機司火，其餘即酌用楚勇，所有學習駕駛，司放礮位等事，應請即由蔡國祥於所部弁勇中，豫為派定，誘掖獎勵，以去其畏心，安任責成，以程其實效。』始以洋人教華人，繼以華人教華人，既不患教導之不敷，又不患心志之不齊，且於長江各項水師，皆出自一家，仍可聯為一氣。」

「抑臣等更有請者，兩湖水勇，能泛江而不能出海，性之所習，遷地弗良，但可駛至上海，不能遽放重洋。本年二月間，經臣國藩據實陳明，旋奉寄諭，現籌購買船礮，本擬用於江面，而非施之海洋。仰荷聖謨閎遠，俯順物情，宣示軍中，咸知感激。倘蔡國祥經管之後，由楚勇而參用浙勇，參用閩粵之人，由上海而漸至寧波，漸至山東天津，亦未必終不可出洋巡哨，觀政海邦，惟目下一二年內，則須堅守前約，不令放洋，俾臣等不失信於將士，庶幾恩誼交孚，號令易行。」

曾文正公對於政略軍事是有堅強理念的，就以海事水兵來說，他就充分運用沿海識海之特性，而有「參用閩粵之人，由上海而漸至寧波，漸至山東天津」，此與現代我國海軍之發展軌跡與重點，可謂相吻合。

7 英人獻降之策，未敢憑信

中國人自信喪失或動搖之後，代之而起的，是遠來和尚能念經，洋人樣樣好。無論政治、經濟、教育或社會，都是受這三種因素所主宰。君不見所謂「博士」，就是洋博士的代名詞，商場所謂「名牌」，就是法國、意大利在強勢廣告下之產品也。飽讀聖賢書，民族自尊心極強的曾國藩，就開始深受其困擾，內心之苦痛，不言可喻，所幸者，曾文正公的性格，雖至為固執，但還是明理之人。

金陵被太平天國佔領十載之久，湘軍圍困多年無功，突然皇上得自英國洋客洋妙方，可召降而屈敵人之兵，其實，這不是什麼西洋方子，而是中國兵聖——孫子之策也，不折不扣之「土產」，只是出自洋人之計，認為是奇策。

曾國藩於同治元年十二月初一日，接奉諭旨：「以英國公使信函副領事官，可至金陵城內，曉諭逆賊投誠，飭令酌辦一節。」此中意義，語焉未詳，是這位副領事官自告奮勇，代為洽降作說客，或只是獻策而已。聖上也許當成一件大事，曾國藩只是在諸事條陳中，帶上一條而已。十二月二十七日，在曾國藩併案覆陳五條中，有這樣一條：

「查金陵一城，袤延百里之遙，盤踞十年之久，我軍分屯雨花臺僅扼城南，其東西北三面，並未合圍，詎能制賊死命。」

「而金陵城外各營壘，布置嚴密，並不少懈。」

「各路賊勢，尚未窮蹙，遽冀其獻城乞降，酌理準情，未敢憑信。至自拔未歸，不得妄加殺戮，臣亦嘗納降數次，未敢輕於屠殺。此次欽奉諭旨，尤當嚴禁軍士私取財物，申明約束，以導向化之路。」

曾國藩這一條陳，說明二點：金陵之圍，一是招降還未成熟，對敵人尚未造成非降不可之壓力；一是善待俘虜，造成誘因，以廣招徠，而能紛紛來降。

事實上，曾國藩分析得很明白，就守與圍之陣勢，無論對於守將或士兵，尚未造成招降之「氣候」，也就是曾國藩所陳明的：「各路賊勢，尚未窮蹙。」

8 容閎，涉歷重洋，比美出使絕域

容閎，這位中國史上第一位留美學生，且創造光榮的留學紀錄，亦曾出現在曾文正公的奏摺中，亦可見文正公的遠見，識人與多方面培養的人才。

同治五年十二月廿一日，曾文正公為「出洋委員容閎請獎」奏摺中指出：

「再花翎運同銜容閎，熟習泰西各國語言文字，往來花旂最久，頗有膽識，臣於同治二年，撥給銀兩，飭令前往西洋採辦鐵廠機器，四年十月回營，所購機器一百數十種，均交上海製造局收存備用。查該員不避險阻，涉歷重洋，為時逾兩年之久，計程越四萬里而遙，實與古人出使絕域，其難相等，應予獎勵，以昭激勸。」

這就是容閎：熟習泰西文字語言，往西洋採辦鐵廠機器，為時逾兩年之久，比美古人出使絕域。

9　米船放洋，應責成巡護

「米」。民以食為天也。

米之重要，自不待言。而產米與運米，更為古今糧政之重心也。

同治七年三月初五日，曾國藩以「江北冬漕併歸海運詳議章程」奏摺。

在這一奏摺中，又可見曾文正公的精細，分漕糧海運擬訂章程十條。計開：

一、米色應挑選乾潔也。江北淮揚一帶，出產粳米無多。從前兩屆河運，均係紅白兼收，粳秈並買。……不准稍有潮雜，以重倉儲。

一、分定米數應畫一兌收也。

一、江北米數無多，應從簡辦理也。

一、江北漕米應雇沙船裝運也。

一、耗餘等米應備帶本色也。

一、水腳應照章核給也。

一、津通經費應核實開支也。

一、米船放洋應責成巡護也。

一、米船交清應責成經紀也。

一、餘米應循案抵補也。

這一漕糧海運十條，現代中央政府之財政與經濟之機能，均在其中。並有貿易商代理行的理念與作為，不能不敬佩曾文正公之具有現代之運輸精神。

10 親查天津殺洋人，焚教堂事件

同治九年（一八七〇年）天津發生焚教堂，殺法人事件，事態至為嚴重，恰值在曾文正公直隸總督任內，天津歸其管轄。

曾文正公奉命親任調查處理，並有調查報告作緊急之奏呈。

曾國藩奉上諭：「曾國藩眩暈之症，現已十愈其八，日內如可支持，即著前赴天津，會同崇厚，悉心商辦。」

六月初六日，文正公自省啟行，六月初七日，報赴天津起程日期摺，即查出一些事實與肇事原因與兇手。

一、「其傷斃人口，據天津縣知縣稟報，已獲屍具，妥為棺斂者，法國十三人，俄商三人，其餘尚未查確。」

二、「其焚燬房屋，據天津縣知縣稟報，法國教堂一處，公館一處，仁慈堂一處，洋行一處，又誤燬英國講書堂四處，美國講書堂二處。」

三、處理方式：「擬先將俄國誤傷之人，及英美誤毀之講堂，速為料理，應賠償者，先與賠償，不與法國一併議結，以免歧混。此議能否辦到，現尚未敢預期。」

四、肇事原因：「至教堂牽涉迷拐之案，訊供雖稍有端倪，尚未能確指證據。」

五、平亂緝兇：「天津倡首滋事之眾，彈壓雖漸就安戢，然而未敢查拏正凶，二者查辦之要，莫大於此，而棘手之處，亦在於此。」

曾文正公對這一高度危難，涉及外人、民族、民眾死傷兇手之疑案，可說抓住了辦案重點。臨危而不亂，臨亂而不危，抓住問題的核心，也抓住危難點，避免內外之爆破，稍一不慎，外有外患，內有內亂，都會不可收拾。

11 彼以仁慈為名，反受殘酷之謗

同治九年六月初七日，曾國藩報赴天津調查洋人被殺、教堂被毀奏摺，初八日就奉到上批示：「此案啟衅之由，因迷拐幼孩而起，總之有無確據為最要關鍵，必須切實根究，則曲直既明，方可再籌辦法。至洋人傷斃多人，情節較重，若不將倡首滋事之犯懲辦，此事亦勢難了結。著曾國藩、崇厚悉心會商，體察事機，妥籌辦理，以期早日完案，免滋後患。曾國藩擬將誤傷俄國人命及誤毀英美兩國講堂先行設法議結，不予法國牽混，所見甚是。」

從這一批示中，可見當時的皇太后、皇上，還是很明斷的。就以現在的「後見之明」，亦是高明的。

同治九年六月二十三日，曾國藩查明津案大概情形上一奏摺，視為詳報也好，續報也好，把一個錯綜複雜的國際疑案，事實調查得清清楚楚，分析亦明明白白。曾國藩不只是具有現代化的處事精神，其觀念亦是現代化的，尤其在迷信民俗與仇洋民族的心理中，能夠冷靜追查事實，不隱藏事實，實在難能：

「臣等伏查此案起衅之由，因奸民迷拐人口，牽涉教堂，並有挖眼剖心，作為藥材等語，遂致積疑生憤，激成大變，必須確查虛實，乃能分別是非曲直，昭示公道。」

「臣國藩抵津以後，逐細研訊，教民迷拐人口一節，王五雖經供認授藥與武蘭珍，然尚時供時翻，又其籍在天津，與武蘭珍原供在寧津者不符，亦無教堂主使之確據。至仁慈堂查出男女一百五十餘名口，逐一訊供，均稱習教已久，其家送至堂中豢養，並無被拐情事。至挖眼剖心，則全係謠傳，毫無實據。」

「臣國藩初入津郡，百姓攔輿遞稟，數百餘人，親加推問：挖眼剖心，有何實據？無一能指實者，詢之天津城內外者，亦無遺失一幼孩之家，控告有案者。惟此等謠傳，不特天津有之，即昔年之湖南江西，近年之揚州天長，及本省之大名廣平，皆有檄文揭帖，或稱教堂拐騙丁口，或稱教堂挖眼剖心，或稱教堂誘污婦女，厥後各處案雖議結，總未將檄文揭帖之處實剖辨明白。此次詳查挖眼剖心一條，竟無確據，外間紛紛言有眼盈罈，亦無其事。蓋殺孩壞尸，採生配藥，野番兇惡之族，尚不肯為，英法各國，乃著名大邦，豈肯為此殘忍之行，以理決之，必無是事。天主教本係勸人為善，聖祖仁皇帝時久經允行，倘戕害民生，若是之慘，豈能容於康熙之世？即仁慈堂之設，其初意亦與育嬰堂養濟院略同，專以收卹窮民為主，每年所負銀兩甚鉅。彼以仁慈為名，而反受殘酷之謗，宜洋人之憤忿不平也。至津民之所以積疑生憤者，則亦有故。蓋見外國之堂，終年扃閉，過於秘密，莫能窺測底裡，教堂仁慈堂，皆有地窖，係從他處募工修造者，臣等親履被燒堂址，細加查勘，其為地窨不過隔去潮濕，庋置煤炭，非有他用，而津民未盡目覩，但聞地窨深邃，各幼孩幽閉其中，又不經本地匠人之手，其致疑一也。」

「仁慈堂收留無依子女，雖乞丐窮民，及疾病將死者，亦皆收入，彼教又有施洗之說。施洗者其人已死，而教主以水沃其額，而封其目，謂可升天堂也。百姓見其收及將死之人，聞其親洗新尸之眼，已堪詫異，又由他處車船致送來京者，動輒數十百人，皆但見其人，而不見其出，不明何故。」

「今既查明根源，惟有仰懇皇上，明降諭旨，通飭各省，俾知從前檄文揭帖，所稱教民挖眼剖心戕害生民之說，多屬虛誣，布告天下，咸使聞知。一以雪洋人之冤，一以解士民之惑，並請將津人致疑之端，宣示一二。天津風氣剛勁，人多好義，其僅止隨聲附和者，尚不失為義憤所激，自當一切置之不問，其行兇首要各犯，及乘機搶奪之徒，自當捕拏嚴懲，以儆將來。在中國戕官斃命，尚當按名擬抵，況傷害外國多命，幾開邊畔，刁風尤不可長。」

「近日江南亦有教堂迷拐之謠，亦即如此辦理。其後豐大業等之死，教堂公館之焚，變起倉猝，非復人力所能禁止。惟地方釀成如此巨案，究係官府不能化導於平時，不能預防於先事，現已將道府縣三員均行撤任，聽候查辦。」

曾文正公這一奏摺，可謂擲地有聲，也是瞭解天津案之重要文獻，而本案只是一個縮影，對於外人之疑惑，無知者之謠言惑眾，盡在其中。難得者，曾文正公以中國儒者身份，能不偏不倚，把當時的奇形怪狀，一一道出，實在是大智大勇也。尤其對於外人之尊重，宗教之認識，真是察微採源，其勇氣其魄力其認知之精神，如今讀之，令人嘆為觀止，也真是大仁也。曾文正公真是非凡之人，尤其談及「彼以仁慈為名，而反受殘酷之謗，宜洋人之憤忿不平也。」真是言人所不敢言也，真是集大智大仁大勇於一身也。

12　彼若立意決裂，雖百請百從，仍難保其無事

曾國藩處理「天津教案」，真是精彩絕倫，其探求與堅守事實之精神，何能容於當時的民情與政風？上下壓力下，曾國藩還是為真理不低頭的。

謠言滿天飛，也就難免黑摺滿朝了。

這個時候，曾國藩的處境，就和他獨抗太平天國的危局一樣，還是要堅持下去。

又是奉上諭：

「有人奏風聞津郡百姓，焚燬教堂之日，由教堂內起有人眼人心等物呈交崇厚收執，該大臣於奏報時並未提及，且聞現已消滅等語，所奏是否實有其事，著曾國藩確切查明，據實奏聞。」

曾國藩不理會謠言，實情實報。九月二十八日覆陳津事各情摺：

「臣於二十三日，業將大概情形，會同崇厚恭摺具陳在案。洋人挖眼取心之說，全係謠傳，毫無確據。故彼族引以為恥，忿忿不平，焚燬教堂之日，眾目昭彰，若有人眼人心等物，豈崇厚一人所可消滅，且當時由教堂取出，必有取出之人，呈交崇厚收執，亦必有呈交之人，此等異事，紳民豈有不知。臣抵津後，查訊挖眼取心，有無確據，紳民俱無辭以對。內有一人言眼珠由陳大帥自帶進京；大帥者，俗間稱陳國瑞之名也，其為訛傳，已不待辨。」

「臣上年在京曾與臣文祥論及，傳教不宜兼設育嬰堂，文祥力言其勢不可禁遏，禁有育嬰堂且不能，

況能禁傳教乎？」

「臣已為昭雪挖眼剖心等事之誣，以平洋人之心；其焚燬教堂公館，業已委員興建。」

「昨經臣處動用公牘，再為詢商，惟法使羅淑亞，必欲將天津府縣及陳國瑞三人擬抵。經臣照復該使，府縣並非有心與洋人為難，陳國瑞不在事中，仍復曲徇所請，將該府縣奏交刑部治罪，昨據該使照會，仍執前說，必令該三員抵償。」

「臣查府縣實無大過，送交刑部，已屬情輕法重，該使必欲擬抵，實難再允所求，由臣處給予照後，另錄送軍機處備查。彼若不搆衅，則我所斷不能允者，當可徐徐自轉；彼若立意決裂，雖百請百從，仍難保其無事。諭旨垂詢近日民情，雖經臣疊次曉諭，而其疾視洋人仍難遽予解化。良民安分畏事，必欲自衛身家；莠民幸災樂禍，輒欲因亂搶奪，浮動之意，至今未定。故有邀集眾紳往見羅使者，亦有撕毀教堂告示者，現有銘軍二千人在此彈壓，當可無虞，但臣舉措，多不愜輿情，堪內疚耳。」

這就是曾文正公，在當時的政治與社會環境，所受到的壓力可以想像，乃有「但臣舉措，多不愜輿情」的感歎。但基於良知與責任，雖千萬人吾往矣，這就是知識分子的骨氣。

13 一代功臣受困天津灘

由「天津教案」來看，清朝廷面臨洋人之壓力。同治九年七月三十日曾國藩奉上諭：「羅淑亞所遞洋文，即著曾國藩等按照所指各節，逐一詳訊，取具切實親供，其事所必無者，固應明白剖晰；其情所或有者，亦不可諱飾避就，庶有以折服洋人之心，不致再滋口實。」

曾國藩分別於同治九年八月十四日及八月二十三日，有關訊取天津府縣親供上了二本奏摺。陳明審理精神、原則、困難與緝兇情形：

「臣等查府縣改解津郡，朝廷權衡至當，具有深心。疊奉諭旨，僅取革員等親供，以為辯難之資，而總理衙門來書，於府縣擬抵一節，亦皆堅持定力，不肯曲從，正論持之自上，已足張國勢而懾敵情，臣等曷勝欽佩。張光藻、劉傑抵津後，即據呈遞親供，臣等彼此面商，誠恐供詞內仍有不實不盡之處，上孤聖主矜全之恩，下授洋人吹求之柄。」

「臣等自承辦此案，久經督飭文武，設法購拿，悉心研鞫。自七月下旬，設局發審，嚴立限期，晝夜追求，直至中秋節前，僅得應正法者七八人，應治罪者二十餘人。臣以辦理日久，人犯無多，深負委任，更恐洋人不肯輸服，轉致枝節橫生，日來激厲各員，不得稍有寬縱，務令多緝正兇，以示持平，而全大局。惟此案事起倉卒，本無預先糾集之正兇，而洋人多已傷亡，又無當堂質對之苦主，各屍初入水火，旋就掩埋，並未驗傷填格，絕無形迹可為物色兇手之資，用是漏網之犯，難於掩捕，已獲之犯，不肯認供。天津無賴之徒，有稱為混星子者，向以能熬刑自詡。此次輒以為出於義憤，雖酷刑而不畏，而鄰右亦不敢出而質證，恐為輿論所議彈，又慮仇家之報復。欲求罪當情真，定案萬難迅速，欲以無辜充數，則問心既有所不忍，而亦不足服洋人之心，棘手甚多，愈辦愈窘，反覆籌思，若拘守常例，實屬窒礙難行，有不能不變通辦理者。」

曾國藩辦此案，正是佈下天羅地網，緝拿兇手，而勿枉勿縱辦案精神，「以示持平」，以當時的政治與社會環境，實屬不易。而當時的天津碼頭，一如上海，黑社會橫行，找出真兇手，幕後操縱者更難，所謂「天津無賴之徒」，亦即地痞流氓，黑社會之老大也。

真是，這個案子不辦難，辦亦難。真兇手藏在後面，假兇手混混之輩，能熬刑自誣不招，還有社會痛恨洋人之心理也，明的暗的結成一氣。

要弄個水落石出，難。以赫赫戰功而保住搖搖欲墜的大清江山的曾文正公，竟受困天津灘。

14 西人之事，中國皆知，然後徐圖自強

曾國藩謀遠略的精神與規劃，不要說以當時的環境，就是現在來說，也是了不起的。他很注重人才，實在是「中興以人才為本」最好的根源。

曾國藩交卸直隸總督，面對兩江總督的任務，新任舊地，真是百般無奈，但曾文正公還想做些事情，特別是發展海事。

他想到陳蘭彬這個人，是主持江南海事最佳人選，擬帶往赴任。因此，在同治九年九月十六日，上朝廷一片，請調陳蘭彬江南差遣：

「再四品銜刑部主事陳蘭彬，經臣於上年正月奏調來直襄辦一切，深資臂助。該員實心孤詣，智勇深沈，歷練既久，斂抑才氣，而精悍堅卓，不避險艱，實有任重致遠之志。」

「海上操兵之法，其要全在船主得人。目下中國輪船，於駕駛出洋，尚未練習，欲求已成之材，可為船主者，自屬不易多遘。將來召募之始，必先擇閩粵沿海之人，不憚風濤者，使之學習掌柁看火測量沙線等事，以期漸就嫻熟。該員生長粵東，留心兵事，若令延攬將材，於輪船操練事宜，必有裨益。」

「江蘇撫臣丁日昌，屢與臣言，宜博選聰穎子弟，赴泰西各國書院，及軍政船政等院，分門學習，優給資斧，寬假歲時，為三年蓄艾之計，行之既久，或有異材出乎其間，精通其法，仿效其意，使西人擅長之事，中國皆能究知，然後可以徐圖自強。且謂攜帶子弟前赴外國者，如該員陳蘭彬及江蘇同知容閎輩，皆可勝任等語。臣精力日衰，自度難策後效，然於防海製器等事，亦思稍立基緒，異日有名將帥出，俾之得所憑藉，庶不難漸次拓充。陳蘭彬素有遠志，每與議及此事，輒復雄心激發，樂與有成。該員係奉旨交臣差遣之委，此次仍擬帶至江南，於目前操練輪船，將來肄業西洋各事，必能實力講求，悉心規劃。」

曾國藩這一中國海軍規劃之道，實在就是近代中國，面對西洋堅甲利礮自強之路。難得的，是曾國藩「精力日衰，自度難策後效」，仍作日後佈局工作。對於後代有長遠影響，值得一提的：

——水兵海軍來自閩粵：也就是「將來招募之始，必先擇閩粵沿海之人」。此一見解，與後來海軍之發展相吻合。

——學夷以制夷，為自強之道：這是近代中國自強之道路，所謂中學為體，西學為用。「使西人擅長之事，中國皆能究知。」這是中國自強之治標不二法門。

——派人留洋，學洋務事：尤其提到「陳蘭彬、容閎皆可勝任等語」。這也是曾國藩的眼光，容閎對於近代留美學生的地位與貢獻，無人能出其右。容閎為我國第一位留美學生，曾參與近代中國自強之維新運動，戊戌政變後，流亡海外。這就是曾文正公對於人才觀察之敏銳。

曾文正公籌劃一事或一事業興革之前，先找適當之人選，這是因事擇人，也足以證明為什麼曾文正公所規劃的事業有成的道理。

15 選取志趣遠大，品質樸實幼童出洋研習

曾國藩對於人才之吸取與培養，真是古今難得之遠見者。先期自然著重軍政之才，後期各方面人才，均在其注意之列。尤其受西洋強國精兵之刺激，認為中國自強之道，必於派人出洋學習洋人所長不可。

中美留學之道路，也是曾國藩開拓的。

曾國藩有鍥而不捨的精神與毅力，派人出國研習就是一例。

同治十年七月初三日，為選子弟出洋學藝上一奏摺，真是洋洋大觀，並附呈〈挑選幼童前赴泰西肄業酌議章程〉，共十二條，開我國小留學生出國之先河。

難得的，曾國藩對於當時之需要、歐西之長處以及歐西留學環境，均有所瞭解：

「凡西人游學他國，得有長技者，歸即延入書院，分科傳授，精益求精，其於軍政船政，直視為身心性命之學，今中國欲仿傚其意，而精通其法，當此風氣既開，似宜亟選聰穎子弟，攜往外國肄業，實力講求，以仰副我皇上徐圖自強之至意。查美國新立和約第七條，內載嗣後中國人欲入美國大小官學學習各等文藝，須照相待最優國人民一體優待。又美國可以在中國只准外國人居住地方，設立學堂；中國人亦可在美國一體照辦等語。」

「西人學求實濟，無論為士為工為兵，無不入塾讀書，共明其理。習見其器，躬親其事，各致其心思巧力，遞相師授，期於月異而歲不同，中國欲取其長，一旦擄圖畫購其器，不惟力有不逮，且此奧窔中苟非徧覽久習，則本原無由洞徹，而曲折無以自明。古人謂學齊語言者須引而置之莊嶽之間，又曰百

聞不如一見，比物此志也。」

「惟是試辦之難有二：一曰選材，一曰籌費。蓋聰穎子弟，不可多得，必其志趣遠大，品質樸實，不牽於家累，不役於紛紜者，方能遠游異國，安心學習，則選材難。國家帑項，歲有常額，增此派人出洋肄習之款，更須措辦，則籌費又難。」

「爰飭陳蘭彬、容閎等，悉心酌議，加以復核，擬派員在滬設局，訪選沿海各省聰穎幼童，每年以三十名為率，四年計一百二十名，分年搭船赴洋，在外國肄習十五年後，按年分起挨次回華。計回華之日，各幼童不過三十歲上下，年力方強，正可以及時報效。聞前閩粵寧波子弟，亦時有赴洋學習者，但止圖識粗淺洋文洋話，以便與洋人交易。為衣食計，此則入選之初，慎之又慎，至帶赴外國，悉歸委員管束，分門別類，務求學術精到，又有繙譯教習，隨時課以中國文義，俾識立身大節，可冀成有用之材，雖未必皆為偉器，而人材既眾，當有瑰異者出乎其中。」

曾國藩這一為幼童出國留洋，學習洋務事，以一位中國讀書人而言，是有板有眼的，思慮非常週到，很合乎現代的教育與政治精神：

——選材很難，因此曾文正公建議選擇沿海閩粵寧波各省幼童，因為沿海與國外往來較熟也，不會在心理上排斥。

——選擇之標準，為「必其志趣遠大，品質樸實，不牽於家累，不役於紛紜者」。入選之初，慎之又慎，才有資格安心的學，無論個人與家庭，才不會為雜念所困。

——繙譯教習，除「隨時課以中國文義」外，「俾識立身大節，可冀成有用之材」，將來學成之後，蔚為國用也。

——辦事，不外人難財難，訪選子弟出國留洋也不例外。但曾文正公認為這件中國自強大事應該做值得做，必須破除萬難，選拔人才，「肄習之款，更須措辦」。這就是曾文正公的眼光與決心，也許異於常人。

常人如何？遇事先想到難處，有難沒有難，以「難」作為不辦的藉口；一是遇難而卻步。這個樣子，世界上沒有一件事情可以辦得成的，正如孫中山先生所言，連折枝之易，也難。

16 研討幼童赴美公費留學章程

曾國藩對所擬定〈挑選幼童前赴泰西肄業酌議章程〉，全文如下：

一、商知美國公使，照會大伯爾士頓，將中國派員每年選送幼童三十名，至彼中書院肄業緣由，與之言明，其束修膏火一切，均中國自備。並請俟學識明通，量材拔入軍政船政兩院肄習，至赴院規條，悉照美國向章辦理。

一、上海設局經理，挑選幼童，派送出洋等事，擬派大小委員三員，由通商箚飭大臣在於上海寧波福建廣東等處挑選聰慧幼童，年十三、四歲至二十歲為止。曾經讀中國書數年，其親屬情愿送往西國肄業者，即會同地方官取其親屬情甘結，並開明年貌籍貫存案，攜至上海公局考試，如資性聰穎，並稍通中國文理者，即在公局暫住，聽候齊集出洋，否則撤退，以節糜費。

一、選送幼童，每年以三十名為率，四年計一百二十名，駐洋肄習十五年後，每年回華三十名，由駐洋委員臚列各人所長，聽候派用，分別奏賞頂戴官階差事，此係官生，不准在外洋入籍逗留，及私自先回，遽謀別業。

一、赴洋幼童，學習一年，如氣性頑劣，或不服水土，將來難望成就，應由駐洋委員隨時撤回；如訪有金山地方，華人年在十五歲內外，西學已有幾分工夫者，應由駐洋委員隨時募補，以收得人之效，臨時斟酌辦理。

一、赴洋學習幼童入學之初，所讀何書，所肄何業，應由駐洋委員刊冊登註，四月考驗一次，年終註明等第，詳載細冊，賫送上海道轉報。

一、駐洋派正副委員二員，每員每月薪水銀四百五十兩；繙譯一員，每月薪水銀二百五十兩；教習二員，每員每月薪水銀一百六十兩。

一、每年駐洋公費銀共約六百兩，以備醫藥信資文冊紙筆各項雜用。

一、正副委員繙譯教習來回川費，每員銀七百五十兩。

一、幼童來回川費及衣物等件，每名銀七百九十兩。

一、幼童駐洋束脩膏火屋租衣服食用等項，每名每年計銀四百兩。

一、每年駐洋委員將一年使費開單知照上海道轉報，倘正款有餘，仍涓滴歸公；若正款實有不足之處，由委員隨時知照上海道稟請補給。

一、每年駐洋薪水膏火等費，約計庫平銀六萬兩，以二十年計之，約需庫平銀一百二十萬兩。

這可以說是二十年國外教育長期發展計劃，初期（四年）為一百二十名，培養之人才為軍政船政，留學國為美國，公費生。特別強調的，「此係官生，不准在外洋入籍逗留，及私自先回。」這一規定，可說有先見之明，入美國籍不可，半途輟學私自先回不可。但如「氣性頑劣」，「將來難望成就，應由駐洋委員隨時撤回。」

令人敬佩的，曾文正公未留過洋，甚至未出過國，但思慮週到而符合實際，就以今日觀之，亦有可愛可取之處。無論照顧小留學生的生活，指導課業，也無論學成返國，均有妥善安排。有一套專人專款照顧他們，如正副委員、繙譯等；如「聽候派用，分別奏賞頂戴官階差事。」而對小留學生的輔導、追蹤，亦明確也，不能不佩服曾文正公的辦事精神。

17 英法美通商條款，大局已壞，時事日非

「余家後輩子弟，全未見過艱苦模樣。眼孔大、口氣大，呼奴喝婢，習慣自然，驕傲之氣，入於膏肓而不自覺，吾深以為慮。前函以傲字箴規兩弟，兩弟猶能自省惕。若以傲字誥誡子姪，則全然不然，蓋自出世來，祇做過大，並未做過小，故一切茫然，不似兩弟做過小，吃過苦也。」（咸豐十年十月初四日，致九弟季弟，〈謝給紀澤途費〉）

此處曾文正公描述大家子弟神氣活現模樣，傳神傳真之至。眼孔大、口氣大，這一「兩大」，真是奇妙。「眼孔大」，瞪著二個眼珠指使人也，「口氣大」，專講大話。

曾文正公真是有感而發。因為他家乃平凡之家，自他輩發起來，乃有「余家後輩子弟」。他與諸弟，均是吃過苦中苦之人，也就是「不似兩弟做過小，吃過苦也」。

「回首生年五十餘歲，除學問未成，尚有遺憾外，餘差可免於大戾。賢弟教訓後輩子弟，總當以勤苦為體，謙遜為用，以藥驕佚之積習，餘無他囑。」（咸豐十年十月二十日，致九弟季弟，〈告軍事失利〉）

此時之曾文正公軍事告急，先利後敗，曾氏所念者，為家中之風氣，能痛改積習，則他無憾矣。

「余近年在外，問心無愧，死生禍福，不甚介意，惟接到英法美各國通商條款，大局已壞，令人心灰。前付回三本，與弟一閱。時事日非，吾家子姪輩，總以謙勤二字為主，戒傲惰，保家之道也。」（咸豐十年十二月初四日，致四弟，〈述戰事並教子姪以謙勤〉）

這個時候的清廷，真是「內憂外患」。曾文正公的心情，真是以清廷興亡為己任，而無個人的打算，念念不忘者，還是家風；念茲在茲者，還是致謙勤，戒傲惰，「保家之道也」。

曾文正公真是有遠見有遠謀者。「惟接到英法美各國通商條款，大局已壞，令人心灰」，而「時事日非」，這些都可見諸近代史。當時滿朝文武，誰能見其嚴重？誰能見其影響？這一方面，曾文正公可謂洞燭機先。

就近代二大外禍：列強瓜分中國以及鴉片毒害，殘我民族，滅我國家，曾文正公皆為先知也。就當時的政治環境，以國家民族立場而言，益見曾文正公之苦心，為後來中興變法圖強，直至孫中山先生之救國，源於外患與內腐也。

18 且造且困且思且通

「聞上海局中洋匠，向來專造輪船，本有成書可據，第有各種輪式，為該匠所未曾經造者，即不能依圖立說，是必得圖而後能製造，亦必且造且困且思且通，而後能繪圖也。至外國書不難於購求，而難於翻譯，必能熟精洋文，而又深諳算造，且別具會心者，方能闡明祕要，未易言耳。」（〈上海機器局委

員徐壽等稟條陳輪船製器四條〉）

上海機器局委員徐壽等為製造輪船事，上呈文正公，不得要領，挨了曾文正公一頓官腔：「緣製造輪船，係由總署與外國公使議定，為借法自強之事。」

自造輪船何其大？涉及「鐵」，行船與管機，要有藍圖，據圖以造。圖從何而來？從洋書而來，洋書必須翻譯，這都是向西方取經必經也必須考慮之事，中國自強之道如此，日本明治維新也是如此。

曾文正公不只是一個實行家也是發明家，因之提出「且造且困且思且通」。

堅甲利礟，可造亦可買，曾文正公並不認為是如何了不起的大事，他倒主張「軍事固須利器，然究以選擇將材為先務」。證之後來北洋艦隊之慘敗種種，曾文正公有先見之明。因為自從作為天國的中國大門，被洋人的洋槍大礟打開後，中國人懼洋之餘，就迷信「堅甲利礟」，曾文正公看到深一層的道理：精神戰力。中日甲午之戰，北洋艦隊之威力不能不大，兵力不能不多，當時，我國海軍噸位世界排名第八（八萬三千噸），日本排名第十（六萬一千噸）。（請見左秀靈：〈中日甲午戰爭一百週年紀念〉，《中央日報》八十三年九月十七日，第四頁），足可以逸待勞，迎戰倭寇，但何以被打得落花流水，國力大傷，就在於人的臨場指揮以及遙控之策略失當也。當時的李鴻章竟對北洋艦隊下令：「不許出戰，不得輕離威海衛一步，如有違令，雖勝亦罪！」（同上註）益證曾文正公之遠見。他以小小的湘鄉起兵，面對強大的太平天國，殘破的大清帝國，所靠所依者，全靠人，全靠將才。左宗棠、彭玉麟、胡林翼等，都是非常之才，而能成非常之事。

19 天津教案「照會洋人」

「為照復事，同治九年六月二十四日，本閣部堂接得貴大臣照會。內稱：『現在未能極力彈壓，立拏兇犯正法等因。』查五月二十三日之案，滋事兇犯，現已嚴飭新任道府趕緊查拏，斷無任令兇徒，久稽顯戮之理。只緣是日津民聚眾過多，不能指實何人為首，何人為從。近日訪得數名，已令其先行拏案，嚴刑拷訊，務令供出夥黨，按名緝獲，處以極刑，以申中國之法，以紓貴國官商之恨。大約數日之內，必可弋獲多名，斷不致再事遲延，貴大臣儘可放心。至照會內稱：『天津府縣及提督陳國瑞，議以抵命』等語，查陳國瑞以客官路過天津，本屬事外之人，前准照會云云：『該提督現在都門』，本閣部堂昨已咨請總理衙門，就近傳訊。」

「若如照會所稱：『必將該府縣議以抵命』，查審讞極刑，必須有可誅之心，或有顯著之惡。該府縣並非下手殺人之人，又無絲毫主使確據，本部堂未能指實其罪之所在，難以照辦。」

「至天津縣劉令，雖無保護確據，而亦無害傷教堂之心。貴大臣如查有府縣罪狀，即請一一開示，以便轉交刑部定議。中國遇有大獄，皆由部臣作主，疆臣不能擅專，為此再請商貴大臣，請煩細核見示，須至照會者。」〈照復洋人〉

這是「天津教案」曾國藩查案安撫地方的另一艱辛面，辦洋務。可以看得出來的，曾國藩不只是開中國洋務之先河，而且有板有眼，亦彰顯他一貫的有為有守的精神，李鴻章只是緊追「老帥」之後。時不我待，李鴻章的外交身段，自較「老帥」靈活，但在另外一方面，就缺乏中國文化的根基了。

「天津教案」之後，洋人恨透了天津官民，復仇之心，往來於照會文書中，只有一個：「抵命」。

「天津教案」錯綜複雜，洋人緝兇之心萬丈，曾文正公面對洋人壓力，朝廷懼外之心以及天津野火再生，其心情其處境，可以想像，真是心力為之交瘁，曾文正公還是有原則有擔當的。這是他處理「天津教案」的原則：

一、理與事實。

二、主與從。

三、地方與中央權責分際。

不避責、不護短、不推諉，俱見其中。紛亂之中，亦見正義。

值得一提的，北洋時代以來政府若干組織以及外交辭令，在此時均已形成，前如「總理衙門」，後如「照會」。

十、財經管理篇

「務求有益於商人，而又不甚礙於庫穀。」

1 務求有益於商人，而又不甚礙於庫穀

「士農工商」，士為首，而商殿後。學而優則仕的士大夫與商人，維持一種頗為微妙的關係。表面上，士大夫是看不起商人的，骨子裡，卻有更為依存的關係。

不過，務實的曾文正公，對於商人較有正確的瞭解，對於商業的機能，亦有所認識。

「蘆綱」為朝廷所心煩，三番二次要求曾文正公整頓與整肅。

同治八年十一月十九日曾國藩在奏摺中，卻為「蘆綱憊累請減成本」而請命，實在是少有之官：

「奏為查明蘆綱憊累日甚，亟宜減輕成本，以蘇商困，而保頹綱，恭摺上呈仰祈聖鑒事、竊照戶部議覆給事中陳鴻翊條奏長蘆鹽務摺內：謂蘆綱憊累，在於引案虛懸，交款日絀，浮費過重，商力難紓，洵為洞悉原委之論。」

「各商之難處不同，而累狀則無少異，莫不由於交款太多，成本太重，銷路太滯。前據通綱商人聯名稟訴疾苦，嗣於雙口途次，又據京引商人，聯名投訴，臣委員至天津明查暗訪，又接晤運司恆慶，均稱商情疲憊，若不趕緊調劑，勢必家家受累，處處參懸。臣囑該司通盤籌計，務求有益於商人而又不甚礙於庫款，斟酌裁減，以期變通盡利。」

「務求有益於商人而又不甚礙於庫款」。不要說在那個時代，就在今天的商務時代，也會落個「圖利商人」之罪名。此可見曾文正公之開明與處事之冷靜。有利於商人，始能有利於朝廷。

至於「甦商困」，也就是今天的時髦名詞「紓困」的具體措施如下：

一、木板科則中二款可暫停也。
一、續增墨筆科中二款可減，五款可裁也。
一、京引商人，宜加補救也。
一、河南加價宜請停免也。
一、山東館陶厘捐宜請停止也。

其中「河南加價宜請停免」一項，其理論最令人叫絕：「減價尚不能敵私，一經加價，則別省私鹽，更易侵灌充斥。商賈惟利是趨，居民擇賤而食，三者皆賤，蘆鹽獨貴，孰肯舍彼而取此，滯銷愈甚，攤數愈多。近年豫引各商，除逃匿參懸外，餘均岌岌自危，有朝不保暮之勢。」

曾文正公的救商與朝廷的壓商，可說背道而馳。前者是有雞才有蛋，後者則是殺雞取卵，不得不令人讚佩曾文正公的精神，實在是具有現代觀念與開明作法，在那樣閉塞政治環境中，實在難得，難能。

2　民生之困，州縣之困

讀書人出身的曾國藩，很難得的，除了武功之外，亦懂民生，亦諳民政，可謂勤政愛民。

同治元年七月初二日，曾國藩上奏一「片」，懇豁免江西歷案攤捐款項。

此一所謂「歷案攤捐款項」，亦即過去所累積虧損赤字，加以補助也。曾文正公說得好：「攤捐云者，從前虧空之款，無處彌補，則令州縣勻攤，以捐補之。目下需用之款，無處籌給，則令州縣勻攤，以捐給之者也。」

對於當前民生之困，州縣之困，曾國藩力陳積弊：「竊以為民生之困，由錢漕浮勒之未革也；州縣之困，由攤捐款項之太多也。欲振民窮，須力除錢漕之弊；欲飭吏治，須盡豁攤捐之款。」

3 不敢偷安片刻，不敢浪費一錢

曾國藩之成功，得來真是不易，勇猛剛毅無私之外，修養與忍耐功夫也是一流的。這一方面，字裡行間，常常表現在「謝恩」、「請罪」奏呈中。

待人誅，不如自誅才能免誅；你把功勞推給部屬，上面就會把功勞賜給你。這是極為巧妙的將帥、高位者之修養，貪功諉過，也是人之大敵，只有克己到極致，才會「有忘我」的功夫。

公文有公文的規矩，新聞寫作有新聞寫作的基本模式。奏摺，至少曾國藩的奏摺，有一定的組合、排列：先說要旨，再詳述一番，最後通常要自勉自勵自惕一番，以不忘皇恩。這是一例：

話說咸豐五年九月間，曾國藩因兵事進行不順，甚至有挫折，乃上奏「自請處分」。

十一月二十一日因接奉免議諭而覆奏。首引內閣奉上諭：「曾國藩奏師久無功，自請嚴議等語，兵部侍郎曾國藩督帶水師，屢著戰功，自到九江，雖未能迅即克復，而鄱湖賊匪已就肅清，所有自請嚴議之處，著加恩寬免。」

套句現代術語，真是名符其實的「慰勉有加」。

其源於攻守無力：「竊臣自入內湖，整輯水師，意在攻破湖口，力扼長江中段，使上下游之賊，不得相通，區區微志，久在聖明洞鑒之中。……機不遽順，謀不克成，累月曠時，師老餉匱，中夜以思，慚憤交併，因調度無方，應獲嚴譴，乃蒙天恩曲宥，寬免嚴議處分。」

覆奏最後一段，得「聖上」一支強心針，則是奮發圖強：「臣惟有殫竭愚誠，激揚士氣，不敢浪費一錢，俾銳氣之常新，冀逆氛之速靖。」

帝王與軍臣之一來一往，一往一來，一個是聖上放心，一個是將士用命，是充分溝通後而建立的共識。

4 非大減賣價則不能敵鄰私，非先輕成本則不能跌賣價

「鹽」是民生七大需要之一，鹽是重要財稅來源，鹽政也是重要施政，攸關國計民生，甚至社會治安。

清代也為鹽政傷腦筋。

同治元年及二年，曾國藩先後接奉二次諭旨，要把淮鹽改為官運。

經過仔細研究後，曾文正公於二年四月十二日覆陳「暫難改辦官運」。

元年十二月初十日上諭：「本日據中允錢寶廉片奏，請官運淮鹽，以裕軍餉等語。淮南鹾務，廢弛已久，現在運販楚北者，劣員奸商居多，曾國藩雖設卡抽釐，而所得未多。前據戶部奏請，飭該大臣酌提成本，由官督運，則利權操之自上，而於皖浙軍餉，必能稍資接濟。茲據該中允所奏，與戶部前奏，是否可行，著曾國藩一併悉心議奏。」

同治二年正月二十八日，按淮戶部來咨：「淮南鹽務，應先議辦官運一案，經該部詳晰具奏，請飭

臣遴選公正大員，實心經理，奉旨依議。」

曾國藩礙難遵辦，有以下幾點重要理由：

「乃以淮鹽久不到岸，所銷盡是川鹽粵鹽。蓋川粵之成本較輕，賣價可減；淮鹽之成本最重，賣價獨昂。故淮鹽之疲滯，斷不敵川粵各鹽之旺銷，則商既不前，既官運亦恐無起色。」

「伏查各軍餉絀，是臣之隱憂；兩淮鹽務，是臣之專政，假使官運淮鹽，果有大利可圖，臣豈不思竭力籌辦，謀本分自然之利，濟本營非常之貧。無如楚西兩岸，被粵私川私侵佔太久，斷非一蹴所能挽回，此時必欲爭回引地，非大減賣價則不能敵鄰私，非先輕成本則不能跌賣價。」

淮鹽有這樣多的問題，基本上，還是市場機能，價格問題，不能阻廉價之川粵私鹽流入，淮鹽則只有「大減賣價與減成本」，從這一點看來，曾文正公還是財經專家也。

的確，有病不能亂醫，尤怕找錯了醫生，身體疾病是如此，政治社會病症也是如此。

5 雖有不合例之供支，從無不核實之款目

一個人只要有斷事能力與斷事之精神與原則，不具有專長，亦能處理「專門」之事。曾國藩就是很多方面的專家，除了軍事之外，對於其他方面，亦有斷事之能力與貢獻，影響所及，不只是當代，亦開展現代的先河，並撒下種子。

曾國藩也算是財經專家，因為處事向以公明廉能為精神，所以財經之處理，不只是不外行，亦符合現代專業之精神。

同治六年三月初八日，在「報銷款目分四案開單」摺奏中，寫的是「軍需報銷」，非常翔實，特別提到「軍營放款」之原則：

「臣查向來軍營放款，緩急多少，糧臺委員，得以主持其事。臣營則十餘年來，無論支發何款，無不親自裁度，雖有不合例之供支，從無不核實之款目。」

這一處理，可謂乾淨俐落。一個機關之主持人，無論政府或公民營，乾淨俐落之考驗，就在人與錢。曾文正公用人之績效以及對後代之影響，可謂史不絕書，用錢的作風與精神亦絕不含糊，是謂剛毅典型。

6 道路愈遠，征戰愈苦，費用愈繁

為協助解決「陝餉」起紛爭，曾國藩受責難。於是於同治七年四月十四日，為「直隸陝甘協餉分別籌辦」上一奏摺：

「茲奉飭籌官文軍餉，何敢稍有歧視，惟江蘇自用兵以後，連年出款極鉅，已成強弩之末。臣曾國藩、臣李鴻章先後統帥北征，餉源皆取給於江蘇。去年李鴻章剿平東捻任賴一股，所有軍火賞卹，轉運各款，尤為繁重。蓋緣道路愈遠，征戰愈苦，則費用愈繁；兼之提督劉松山一軍，向由江蘇供支，自到直隸後，運費日增；漕臣張之萬清淮一軍，現調至黃河以北，亦由江蘇協濟。」

這有一段插曲：「是以臣國藩六年三月二十日奏撥陝餉，即在月協甘餉三萬之內，酌抽一萬解陝，解滿三月，即行停止。目下江蘇支絀如此，即有額協定款，亦應奏明停解，況陝西本無定案，自應俟直隸肅清，淮軍漸撤，乃可另議協秦之法，所有直隸陝甘協餉，分別籌辦情形，謹合詞恭摺覆陳。」

古今中外，幾乎都是同樣幾件事，紛爭以及解決紛爭亦同。這一奏摺，就是分攤軍費，以及戰爭補給問題：「道路愈遠，征戰愈苦，則費用愈繁」，此一道理，亦即是第二次大戰期間，當年德國希特勒征蘇之敗由也。歷史之可信，經驗之可貴，亦即在此。可惜，雄才大略者，往往迷信自己天縱英明，而忽略歷史之經驗，而有不幸之事實一再重演也。

十一、醫藥健康篇

「不信醫藥、不信僧巫、不信地師。」

1 養身要言

曾文正公以「仁」「禮」「信」「義」「智」為中心，擬定了〈養身要言〉：

「一陽初動處，萬物始生時，不藏怒焉，不宿怨焉。」（以上「仁所以養肝也」）

「內而整齊思慮，外而敬慎威儀，泰而不驕，威而不猛。」（以上「禮所以養心也」）

「飲食有節，起居有常，作事有恆，容止有定。」（以上「信所以養脾也」）

「擴然而大公，物來而順應，裁之吾心而安，揆之天理而順。」（以上「義所以養肺也」）

「心欲其定，氣欲其定，神欲其定，體欲其定。」（以上「智所以養腎也」）

這就是曾文正公的〈養身要言〉，養身就在養心。而文正公所重視的精神修養，在於恆與定。尤其「智以養腎」方面，都在「定」上：「心欲其定，氣欲其定，神欲其定，體欲其定。」

傷神亦即是傷肝；養神即是養肝。「不藏怒」與「不宿怨」二者是衝突，亦不容易做到。因為「不藏怒」必然會發作出來，而結怨，乃至結仇；「不宿怨」是一種自我修養與精神治療，亦即有怨有根之處，不要積存在心理，最好能做到無怨。無怨不一定無仇，但可心安矣，就不會傷神，而成內傷，更不會因怨在心而傷人。

2 肝家血虧，又中風寒，在營調養

中國的讀書人，不管是「小先生」或是大儒者，大部份都通一些醫術、藥理與藥材的，因為這是「知識」的一部份，用以自療，療親朋好友，曾文正公自不例外。遇有嚴重時，再設法延醫求診。

文正公生病了。自療未見效果，求醫診斷，有些「狀況」，而執掌兵符，志向克服金陵，乃向皇上請假一個月，「在營調養」，可見軍情緊急，也可見病情也非同小可，或屬時下輕中風之類病症。

同治三年三月二十五日，曾文正公提出「請假調理摺」：

「竊臣向患嘔吐之症，每發則減食斷葷，旋就痊。」

「減食斷葷」，這幾乎是中西醫治療胃腸的簡易方法，因為胃腸之不適，多出自飲食失調。

「二十四日，忽然眩暈，左手左腳疼痛異常，搐搦數次，起坐不便，延醫診斷。據云：『肝家血虧，又中風寒，非調理得宜，恐成偏廢之症。』

「而年未六十，或不致竟成痼疾，惟有仰懇皇上天恩，俯准賞假一月，在營調養，一俟病痊，即當奏明銷假。」

3 患病已深，補陰補陽，紛紛聚訟

不是鬧情緒，不是耍個性，曾文正公的身體與健康，是不行了。同治九年四月二十一日，特上奏摺，「賞假一月，俾得專心調理」：

「迨本年二月二十九日，偶以一手自捫左目，竟不復辨知人物，始知右目已屬無光，倩人察視，黑珠變色，瞳子亦漸昏大，因醫家補陰補陽，紛紛聚訟，亦未敢輕於服藥。雖明知垂暮之年，目光更無復明之理，本不敢以病軀尸此高位，惟念蒞任逾年，未立寸效，又值亢旱為災，麥收失望，通省官民，皇皇憂灼之際，未敢遽爾具疏請假。本月十五日，設壇祈雨，校閱練軍，歸署後治事稍多，十六日復得眩暈之病，清晨不能坐起，昏暈欲絕，但覺房屋床帳，翻覆旋轉，心神不能自主，頭若墜水，足若上舉，是日禱雨，竟未赴壇拈香。急投調補之藥，並無大效，是後久臥不動，乃能稍平，扶床強起，則眩暈如故。醫云心氣虧損，血不養肝，以致陽越，病在本源。起居不慎，便恐中風，法宜閑臥靜養，以意消息，非僅藥品所能見功。而署內公事，則一日不理，則愈積愈多，斷無可以臥治之術。」

「是日禱雨，竟未赴壇拈香」，以現代新聞眼來觀察，實在就是一個大新聞的伏筆，新聞標題又是：

曾國藩病了，曾總督抱病祈雨。

就要看記者怎樣寫新聞，編輯如何下標題了，更要看報紙的背景。

就今天民主亂象來看，禱雨而「竟未赴壇拈香」，未得雨之過失，可能全落在他「不誠」身上，真是滔天大禍。

4 節勞，節欲，節飲食

「浙江之事，聞於正月底交戰，仍爾不勝，去歲所失寧波府城，定海鎮海二縣城，尚未收復，英夷滋擾以來，皆漢奸助之為虐，此輩食毛踐土，喪盡天良，不知何日罪惡貫盈，始得聚而殲滅。」

「男等在京謹慎，望父母親大人放心。」（道光二十二年二月二十四日，稟父母，〈九弟習字長進〉）

「俗語云：『不怕進得遲，只要中得快』，從前邵丹畦前輩，四十三歲入學，五十二歲作學政」。

「前父親教男養鬚之法，男僅留上唇鬚，不能用水浸透，色黃者多，黑者少，下唇擬待三十六歲始留。」（道光二十二年六月初十日，稟父母，〈兩弟恚業不精〉）

「正月所辦壽具，不知已漆否？萬不可用黃二漆匠，此人男深惡之，他亦不肯盡心也。」（道光二十二年八月十二日，〈九弟路上安否？〉）。

「鄭小珊處，小隙已解，男從前於過失每自忽略，自十月以來，念念改過，雖小必懲。」

「手諭示以節勞，節欲，節飲食。謹當時時省記。」（道光二十二年十月二十六日，稟父母，〈痛改過失〉）

「同鄉黃茀卿兄弟到京後，收到茶葉一簍，重二十斤，儘可供二年之食；惟託人東西太大，不免累贅，心實不安，而渠殊不介意也，在京一切自知謹慎。」（道光二十二年十二月二十日，稟父母，〈年漆壽材一次〉）

這幾封「稟父母」的家書中，可以看出曾文正公的細膩，連「養鬚之法」之類的小事，也要詳作報告。

數度提到「在京謹慎」，「在京一切自知謹慎」，形成曾文正公一生的性格。

從「萬不可用黃二漆匠，此人男深惡之」，亦可知曾文正公的嫉惡如仇的性格。這一性格，在後來曾文正公的治軍主政，用人選才以及面對人事的糾紛，均充分發揮。

至於「英夷滋擾以來，皆漢奸助之為虐」，豈止「英夷滋擾以來」如此，外患入侵，先能按圖索驥，蹂躪善良百姓，其後能百無禁忌地實施異族統治，幾全假漢奸之引領與假漢奸之手，殘害同胞，日本統治中國就是一典型，真是「罪惡貫盈」。

「漢奸」似為中國之特產，外國少有此類媚外，假外人之令號，殘害自己的同胞。這是中國人的悲哀，中國民族短弱之處。亦即孫中山先生所言：不團結、不合作。國學大師錢穆先生亦深痛惡絕。

5 今之病，皆藥誤之也

「鄧鐵松病勢日危，恐不復能回南，屢勸之勿服藥，渠皆不聽，今之病，皆藥誤也。」（道光二十五年七月初一日，稟父母，〈諸弟願意來否？〉）

鄧鐵松來自曾文正公家鄉之鄉長也。因病服藥，而為藥所誤，病危客死京城。

藥能治病，但藥亦能害人，自古皆然，今日尤烈。尤其屬於補藥之慢性藥，吃多了，久而久之，就慢性中毒。

藥不但不能治百病，且往往有多少正作用，就有多少副作用。藥力越大，反效果亦越大；效力越強，反效力亦越強，這是物理也是藥理。

今天醫藥發達與醫藥保險週到的時代，吃藥、打針、開刀，都要慎重，尤其不要因為「免費拿藥」而害了自己。

我每見人們每天要吃一大堆藥，如吃花生米一樣，為之心急不已。

歐美對於藥物管制很緊，日本則是藥品氾濫，是製藥、吃藥與賣藥的民族。地小人多生活緊張，胃腸藥更為普遍。飯菜可以不吃，酒要喝，胃腸藥要吃。

6 男頭上瘡癬，本無大毒，卻想錯了地方

「男頭上瘡癬，至今未愈，近日每天洗兩次，夜洗藥水，早洗開水，本無大毒，或可因勤洗而好。聞四弟言，家中連年生熱毒者八人，並男共九人，恐祖墳有不潔淨處，望時時打掃，但不可妄為動土，致驚幽靈。」（道光二十五年十一月二十日，稟父母，（擬為六弟納監））

曾國藩頭上生瘡癬，這是屬於皮膚病的一種，早晚所處理洗滌用藥除毒方式，均是正確的除病方式。至於不解的，曾國藩頭上的瘡癬，想到「祖墳有不潔淨處，望時時打掃」，真是不可思議。

7 精神愈用則愈出，陽氣愈提則愈盛

「凡人做一事，便須全副精神，注在此一事，首尾不懈，不可見異思遷，做這樣，想那樣，坐這山，望那山，人而無恆，終身一無所成」。

「我生平坐犯無恆的弊病，實在受害不小。當翰林時，應留心詩字，則好涉獵他書，以紛其志；讀性理書事，則雜以詩文各集，以歧其趨。在六部時，又不甚實力講求公事。在外帶兵，又不能竭力專治軍事，或讀書寫字，以亂其志意，坐是垂老而無百一成，即水軍一事，亦掘井九仞而不及泉，弟當以為鑒戒。」

「現在帶勇，埋頭盡力，以求帶勇之法，早夜孳孳，日所思，夜所夢，舍帶勇以外，則一概不管，

不可又想讀書，又想中舉，又想作州縣，紛紛擾擾，千頭萬緒，將來又蹈我之覆轍，百無一成，悔之晚矣。」

「身體雖弱，卻不宜過於愛惜，精神愈用則愈出，陽氣愈提則愈盛。每日作事愈多，則夜間臨睡愈快活，若存一愛惜精神的意思，將前將卻，奄奄無氣，決難成事。凡此皆因弟興會索然之言而切戒之者也。弟宜以李迪庵為法，不慌不忙，盈科後進，到八九個月後，必有一番回甘滋味出來。」

「余生平坐無恆流弊極大，今老矣，不能不教誡吾弟吾子。」（咸豐七年十二月十四日，致九弟，〈述無恆的弊病及帶勇之法〉）

「紛紛擾擾」就是生活，也就是人生，非只是曾文正公如此。

曾文正公恨自己無恆，一下想做這個，一下又想做那個，終無所成而強調心無二志。當然，後來的成就，成為「立德立言立功」的典型，除了時勢之外，他的修養與穩拼亦有關係。

8 慎飲、節嗜慾、不在多服藥

「具悉弟病日就痊癒，至慰至幸。惟弟服藥過多，又堅囑澤兒請醫調治，余頗不以為然。吾祖星岡公在時，不信醫藥，不信僧巫，不信地師。此三者，弟必能一一記懷，今我輩兄弟亦宜略法此意，以紹家風。今年做道場二次，禱祀之事，聞已常有，是不信僧巫一節，已失家風矣。買地至數千金之多，是不信地師一節，又與家風相背。至醫藥則合家大小老幼，幾於無人不藥，無藥不貴。迨至補藥喫出毛病，則服涼藥攻伐之。陽藥喫出毛病，則服陰藥清潤之。輾轉差誤，非大病大弱不止。弟今年春間，多服補劑，夏末多服涼劑，冬間又多服清潤之劑。余意欲勸弟少停藥物，專用飯食調養，澤兒雖體弱，而保養之法，亦在慎飲，節嗜慾，斷不在多服藥也。」

「地師、僧巫二者，弟向來不甚深信。近日亦不免為習俗所移，以後尚祈卓識堅定，略存祖父家風為要。天下信地信僧之人，曾見有家不敗者乎。」（咸豐十年十二月廿四日，致四弟，〈不信醫藥僧巫和地師〉）

曾文正公搬出其祖父星岡公三不信：不信醫藥、不信僧巫、不信地師，來教訓家中弟弟們的深迷不悟。

當時的曾家，或許是富貴代表，人人吃藥，時時吃藥，有病吃藥，無病吃補藥，陽補吃補藥，陽補吃出毛病，再以陰補以救之。真是可憐的東亞病夫家庭。

吃藥成風，仍彌漫今天的臺灣。

臺灣四十年，先吃日本藥；觀光及大陸探親開放後，所到之處，拼命地採購藥，只要補藥就買，越稀奇越貴越好，成為醫藥採購團。其吃藥成習，買藥成風，如同當年的曾家。

值得一提的，星岡公的「不信醫藥」，是人的健康，不能靠長期吃藥來保也，應不是否定醫藥的價值。事實上，現代的良醫，也是對症下藥，能少吃就少吃。藥者毒草也。

9　養身五法

我們中國人素有「東亞病夫」之稱。事實上，文明與體質往往成反比，越文明體質越弱，中國是如此，羅馬也是如此。因之，中國歷朝之患，多來自邊疆，宋亡之於蒙古，明亡之於滿清。一個國家是如此，一個社會是如此；一個家庭是如此，一個人也是如此。

同治五年，曾文正公五十六歲。自感體弱多病，垂垂老矣。想到眾兄弟，為他出生入死，想到他們養生之道：

「余老境日逼，勉強支持一年半載，實不能久當大任矣。因思吾兄弟體氣皆不甚健，後輩子姪尤多虛弱，宜於平日講求養身之法，不可於臨時亂投藥劑。」

「養身之法，約有五事：一曰眠食有恆。二曰懲忿。三曰節慾。四曰每夜臨睡洗腳。五曰每日兩飯後各行三千步。懲忿即余篇中所謂養生以少惱怒本也。眠食有恆及洗腳二事，星岡公行之四十年，余亦學所行七年矣。飯後三千步，近日試行自矢，永不間斷。弟從前勞苦太久，年近五十，願將此五事立志行之。並勸沅弟與諸子姪行之。」

「余與沅弟同時封爵開府，門庭可謂極盛，然非可常恃之道。記得己亥正月，星岡公訓竹亭公曰：『寬一雖點翰林，我家仍靠作田為業，不可靠他吃飯。』此語最有道理，今亦當守此二語為命脈。望吾弟專在作田上用工輔之以『書蔬魚豬，早掃考寶』八字，任憑家中如何貴盛，切莫全改道光初年之規模。凡家道所以可久者，不恃一時之官爵，而恃長遠之家規；不恃一二人之驟發而恃大眾之維持。我若有福罷官，回家當與弟竭力維持，老親舊眷，貧賤族黨，不可怠慢，待貧者亦與富者一般。當盛時預作衰時之想，自有深固之基矣。」（同治五年六月初五日，致四弟，〈述養身五事〉）

曾文正公的精神，就是回歸自然，不但不以權勢為榮，時時以權為懼。至於「養身五事」，不只是一家法，而為後世法。如蔣中正先生以及百歲人瑞張群，都有一生飯後散步之習慣。「臨睡洗腳」，近年來臺灣有吳神父腳底按摩，健康步道之舖設，腳底學問大，腳底血脈通全身也。

值得一提的，人皆拼命求官、保官，甚至升官，人間世，就是一幅升官發財圖；而曾文正公則視官為畏途，乃有「我若有福罷官，回家當與弟竭力維持。」

對於曾文正公，官位與官場不勝負荷，乃有「有福罷官」之念。

10 飯後數千步，養生第一秘訣

「爾體甚弱，咳吐鹹痰，吾尤以為慮。然總不宜服藥，藥能活人，亦能害人。良醫則活人者十之七，害人者十之三；庸醫則害人者十之七，活人者十之三。余在鄉在外，凡目所見者，皆庸醫也。余深恐其害人，故近三年來，決計不服醫生所開之方藥，亦不令爾服鄉醫所開之方藥，見理極明，故言之極切，爾其敬聽而遵行之。」

「每日飯後走數千步，是養生家第一秘訣；爾每餐食畢，可至唐家舖一行，或至澄叔家一行，歸來大約可三千餘步，三個月後，必有大效矣。……爾走路近略重否，說話略鈍否，千萬留心此諭。」（咸豐十年十二月二十四日，諭紀澤，〈飯後散步為養生秘訣〉）

這也就是曾文正公。他疑一般人所信者，他信一般人所疑者。至今，所謂科學昌明時代，仍以吃藥，吃好藥，吃補藥，為人之「通病」。

曾文正公把醫生分為良醫與庸醫二種，良醫救人，庸醫害人，至今更明。

「飯後走數千步，是養生家第一秘訣」，蔣中正先生最為信奉，一生實踐也最為徹底，因之，散步幾成為他生活一部份，甚至重要的一部份。

今天的健康生活，往往就是散步與走路。散步與走路，較往昔尤為重要，由於交通工具的發達，走路機會與時間更少。無論自用轎車或公共汽車，都要交通工具代步上下班。因之，作為白宮主人的一位美國總統，一次答覆做美國總統好處時，他說：可以走路上班。

可知，在現代生活中，走路的珍貴。

11 近日走路，身體略覺厚重否？說話覺遲鈍否？

「爾從事小學《說文》，行之不倦，極慰，極慰。小學凡三大宗：言字者，以《說文》為宗，古書惟大小徐二本。至本朝而段氏特開生面，而錢坫王筠桂馥之作，亦可參觀；言訓詁者，以《爾雅》為宗。古書惟郭注邢疏，至本朝而邵二雲之《爾雅正義》，王懷祖之《廣雅疏證》，郝芝皐之《爾雅義疏》，皆稱不朽之作；言音韻者，以唐韻為宗，古書推《廣韻》《集韻》。至本朝而顧氏音學五書，乃為不刊之典。而江（慎修）戴（東原）段（茂堂）王（懷祖）孔（巽軒）江（晉三）諸作，亦可參觀。」

「余近日心緒極亂，心血極虧，其慌忙無措之象，有似咸豐八年春在家之時，而憂灼過之，甚思爾兄弟來此一見，不知爾何日可來營省視。仰觀天時，默察人事，此賊竟無能平之理，但求全局不遽決裂，余能速死，而不為萬世所痛罵，則幸矣。」（同治元年十月十四日，諭紀澤，〈鑽研小學古義〉）

這一封「家書」，前者告紀澤潛研學問之道，並以「小學」為例。此時，雖然「金陵日就平穩，不久當可解圍」，但曾文正公體力精神極差，壞到極點，甚至至為悲觀，乃有「仰觀天時，默察人事，此賊竟無能平之理，但求全局不遽決裂，余能速死，而不為萬世所痛罵，則幸矣。」這就是一位知識分子的精神，所念者為歷史評價。這一歷史關頭，也正如民國三十八年國共之和戰之局，蔣中正先生當體會更深：個人死生事小，國家存亡事大。

親情似海，文正公心情壞到極點，「甚思爾兄弟來此一見」。

「余兩月以來，十分憂灼，牙疼殊甚，心緒之惡，甚於八年春在家，十年春在祁門之狀，爾明年新正來此，父子一敘，或可少紓憂鬱。」

「爾近日走路，身體略覺厚重否？說話覺遲鈍否？」（同治元年十月二十四日，諭紀澤紀鴻，（心緒惡劣盼父子一敘））

這一封信，如同十月十四日，文正公心情十分惡劣，所盼者為「父子一敘」，享受一點天倫之溫暖。

12 寡言養氣，寡視養神，寡欲養精

「三寡者，寡言養氣，寡視養神，寡欲養精。」（己未十月）

曾文正公舉三經、三史、三子、三集、三實、三忌、三薄、三知、三樂，又提出「三寡」。寡為多之相對。世上之種種，以多寡而論，一如銀行之存款，水庫儲水，並不是無限的而是有一定量。用一滴少一滴，用一點少一點，人之壽命，也是如此；人之器官，也是如此。用得太急用得太多，就會減少，甚至透支，就更不妙了。曾文正公之三寡：少說話，就有足養氣；少看東西、少用眼睛，就會保養神態；慾念低些，保住精力。

「聖人有所言，有所不言。積善餘慶，其所言者也；萬事由命不由人，其所不言者也。」「吾人當以不言者為體，以所言者為用；以不言者存諸心，以所言者勉諸身；以莊子之道自怡，以荀子之道自克，其庶為聞道之君子乎？」（己未十一月）

說該說的話，不說不該說的話，說了沒用，也就不必說了。

聖人之道，在「有所言，有所不言」。這是一般人做不到，不能做到的。一般人，常犯二種病，話多了，所謂禍從口出，說不該說的話。

恰到好處，好難。

曾文正公體察孔子之言德，並以莊子自怡，荀子自克，少說為妙，不說最好：「以不言者為體，以所言者為用；以不言者存諸心，以所言者勉諸身。」

不說比說好，不說比說重要。

13 不信醫藥、不信僧巫、不信地仙

「古人『修身』『治人』之道，不外乎『勤』『大』『謙』。」「能勤且謙，則大字在其中矣。千古之聖賢豪傑，即奸雄，欲有立於世者，不外一勤字；千古有道自得之士，不外一謙字，吾將守此二字以終身，儻所謂『朝聞道，夕死可矣』者乎。」（庚申十二月）

一個人何以會成大事，會立大業，曾文正公以三字定之：「勤」「大」「謙」，而三者關係：「能勤且謙，則大字在其中矣。」

「朝聞道，夕死可矣」，就是一位中國有為有守讀書人的精神。

「勤謙二字，受用無窮。勤，所以戒惰也；謙，所以戒傲也。有此二者，何惡不去，何善不臻，當多寫幾分，徧示諸弟及子姪。」（庚申十二月）

「勤謙二字，受用無窮」，這就是曾文正公一生修身試煉之結晶，作為傳家之寶。

「吾祖父星岡公在時，不信醫藥、不信僧巫、不信地仙，頗能謹遵祖訓父訓，而不能不信藥，自八年秋起，常服鹿茸丸，是亦不能繼志之一端也。以後當漸漸戒止，並函誡諸弟，戒信僧巫地仙等事，以紹家風。」（庚申十二月）

曾文正公一生的功業，留給世人後代的，是從家庭開始的。而影響他最大的，就是「吾祖父星岡公」，某些方面，星岡公就是曾文正公的化身。星岡公平生三不信：不信醫藥、不信僧巫、不信地仙。證之今天，仍是極具現代化的「三不」，當然，「不信醫藥」，乃是未經科學驗證之「土藥」，江湖之醫術。官場有官場的生活與習氣，曾文正公雖力擋之，但還是經不起環境的誘惑，「常服鹿茸丸」，鹿茸是藥材，更是補藥，增壽延壽也。證之今天的民風與政風，星岡公可謂「神仙」。

「立身之道，有禹墨之『勤』『儉』，兼老莊之『靜』『虛』，庶於『修己』『治人』之術，兩得之矣」。（辛酉十月）

中國先秦諸子各有所長，也各有所短，無論匡一時代之風，一人一生一事之功，就要看要增強什麼彌補什麼。修平則靠儒，治亂則靠法，曾文正公以墨子之「勤」「儉」，老莊之「靜」「虛」，可用以「修己」與「治人」。

諸子各有所長，亦各有所偏，且均較極端，有多少長就有多少短，惟有儒家則是溫和的，長期的，一個人用，一家用，一個團體用，一個社會用，一時用，一生用，都受用不盡，適合每個人的補心。

14 日靜坐一次，等一溉於湯也

「余老年始略解書法而無一定規矩態度，仍歸於一無所成。今定以間架師歐陽率更，而輔之以李北海丰神，師虞永興而輔之以黃山谷用墨之鬆秀，師徐季海所書之朱巨川告身，而輔之以趙子昂天冠山諸種，庶乎其為成體之書。」（辛酉四月）

中國書法實在奧妙無窮，曾文正公到了「老年始略解書法而無一定規矩態度，仍歸於一無所成。」這不是曾文正公的謙遜，實在其藝術境地，而無止境。中國書法異於其他西洋文字之書寫，不僅是工具，而是藝術也。

「用狼毫筆寫寸以外字，足以發攄心中邁往之氣，為之神怡。」（辛酉）

書法之功能無窮，有助於運氣也。

「日內作書，常有長進，蓋以每日不間斷之故。」（辛酉十一月）

這都是得自於有恆也。

「精神委頓之至，年未五十，而早衰如此。蓋以稟賦不厚，而又百憂摧撼，歷年鬱抑，不無悶損，此後，每日須靜坐一次，庶幾等一溉於湯世也。」（己未五月）

曾文正公還未到五十，就有未老先衰之感。心情也，憂慮也，真是「不無悶損」。於是下定決心，「每日須靜坐一次」，其效能有如「一溉於湯世也」，真是神奇，大概有運氣養神之功。蔣中正先生亦得力於此，不知從什麼時候開始，也不知道是否學習自曾文正公。一天的繁忙，尤其是腦力，需要閉目養神，作為去雜念滌身心，日本一些事業家，也有這個修養與習慣。

「夜洗澡，近製一木盆，盛水極多，洗澡後至為暢適。東坡詩所謂『淤槽漆斛江河傾，本來無垢洗更輕』，頗領略得一二。」（乙未四月）

古人的生活很可憐，除帝王之外，幾無生活享受可言。曾文正公以添一木盆洗澡，視為極大享受。

木盆洗澡，確有道理，保溫高也。可惜現代化生活，除了極少數鄉野，或為小孩洗澡，還能用木盆洗澡外，已絕跡了。

其實，有些東西，還是自然為好。

15 養生八字：懲忿、窒慾、少食、多動

「石芸齋言：『養目之法，早起洗面後，以水泡目。目屬肝，以水養之，以凝熱之氣，祛散寒翳，久必有效』云云。而《後漢書．方術傳》云：『愛嗇精神，不極視大言』，二語亦養目之法。」（庚申四月）

眼睛，明珠也。養眼護明方法很多，此處曾文正公所舉石芸齋言：「養目之法，早起洗面後，以水泡目」，應屬信而有徵。事實上，水是萬潔之源，可以清潔很多東西。已故臺灣南部眼科醫生吳基福先生常謂：洗眼睛賺點辛苦錢。此處洗眼睛是否為清水而洗不得而知，但眼藥水，還是離不開水的。日本的「大學目藥」到「V老篤」眼藥，均屬水養也。

基福先生為臺灣南部頗有醫德之眼科醫生。不幸後來，淌了辦報的渾水，接辦《臺灣時報》，得絕症而逝，很可惜。

「放翁每以美睡為樂，蓋必心無愧怍，而後睡夢皆恬，故古人每以此自課也。」（辛酉正月）

「美睡」好吸引人也，不只是美人如此，睡覺是人生一大享受。其實，人的睡姿，就是絕頂美人也是如此，並不好看，甚至惡形惡狀，羅馬哲學家瑪克斯·奧瑞利阿斯的《沈思錄》中就指出：人的吃相與睡相，難堪無比。吃相、睡相、死相，都是難堪無比。此處曾文正公羨慕之「美睡」，乃是無憂無慮，自然而眠，享受睡眠之美也，並非姿態之美。

「務觀言：『養生之道，以目光為驗』，又言：『忿慾二字，聖賢亦有之，特能少忍須臾便不傷生』，可謂名言至論。」（辛酉正月）

的確，眼睛是無法掩蔽的。一個人心裡所想，心中所念，眼睛可以透露出來，就是俗稱之為「眼神」。人之年齡，尤其女人，眼睛是蓋不住的。看相論相者，亦從眼睛測端倪。

「養生家之法，莫大於『懲忿、窒慾、少食、多動』八字。」（辛酉正月）

實在的，修身養性健身，均在這八個字，真理名言也。

「梁茝林中丞《歸田瑣記》言：『養生之道，不特食宜少，眠亦宜少。』可謂名言。」（辛酉正月）

一言以蔽之，戒貪也。

16 日入上燈之前，小睡片刻，夜則精神百倍

「養生之道，當於眠食二字，悉心體驗。食即平日飯菜，但食之甘美，即勝於珍藥也；眠亦不在多眠，但實得神凝夢甜，即片刻亦足攝生矣。」（辛酉十一月）

豈止「養生之道」而已。人之一生，除了精神生活，就是食眠而已。食為人所講求，其實睡眠亦很重要。睡眠不在多，而在甜美。睡眠要甜美，亦非易事，一要身體好，二要無精神負擔，都不容易。食為人生之大事，亦為人生之美事，一般人求溫飽，就很不容易，上層者，就窮其講究之能事，實在的，曾文正公所指的，「食之甘美，即勝於珍藥也。」粗茶淡飯，最適身體，亦最益健康也。大富大貴者，總以山珍奇類異於常人之飲食，為長壽之大補，實在荒謬至極。

「養生之道，莫大於眠食。眠不必甘寢鼾睡而後為佳，但能淡然無欲，曠然無累，閉目存神，雖不成寐，亦尚足以養生；余多年不獲美睡，當於此加之意而已。」（壬戌正月）

真是，人生求名求利，反而為名為利所累，連最基本的眠食，都無法好好享得。以睡眠然，大富大貴者不如老農也，因為精神負擔太重，身體透支太多，無法成眠，美夢更成為夢想，此之曾文正公所謂：「但能淡然無欲，曠然無累，閉目存神，雖不成寐，亦尚足以養生」，人人可得，曾文正公欲求之不可得，人生真是何所在？真是「心強體健，如得天下。」（伊斯蘭語）

「余少時讀書見先君子於日入之後上燈之前，小睡片刻，夜則精神百倍，余近日亦思法之。日入後於竹床小睡，燈後治事，果覺清爽。余於起居飲食，按時按刻，各有常度。一一皆法吾祖吾父之所為，庶冀不墜家風。」（癸亥四月）

小睡片刻，勝過活神仙。休息為走更遠的路，這是講人生也。一日之時間運用，亦是如此。小睡片刻，有助精神之提振，就如汽車之加油，產生精神之能量，「精神百倍」。一日如此，夜前工作亦如此，否則就會精神不濟。文正公得此法，妙效無窮。現代人或為公事所累，或為學業負擔，晚飯之後，小睡片刻，消除一天的疲勞，得到「中繼」之加油，又是一天開始，神力無限，自然，如能洗個熱水澡，打打坐，養養神，去除一日之煩擾，則更佳。一個人一天二十四小時，按正常作息最好，亦可根據自己需要，略作調整亦好。

現代人以文正公為師，而文正公卻以「吾祖吾父之所為，庶冀不墜家風」，實在不易，尤其祖父星岡公影響文正公最大最深最遠。

17 息必歸海，視必垂簾，食必淡節，眠必虛恬

「近來因眼蒙，常有昏瞶氣象，計非靜坐，別無治法。作一聯以自警云：『一心履薄臨深，畏天之鑒，畏神之格；兩眼沐日浴月，由靜而明，由敬而強』。」（庚午三月）

作聯以自惕，這是曾文正公常常為之。因眼疾深以為苦，乃作聯以自警。其中，「沐日浴月」，實在是大自然所共享也，而取之不盡，用之不竭，為什麼人類都不知道利用日月之源？這是任何人，隨時隨地都可以取用的。

「日內因眼病日篤，老而無成，焦灼殊甚。究其所以鬱鬱不暢者，總由名心未死之故，當痛懲之，以養餘年。」（庚午二月）

以曾文正公之修養，尚無法擺脫名心，況且凡夫俗子。曾文正公異於常人者，有自知之明，而「總由名心未死之故，當痛懲之，以養餘年。」真是老之戒得，如貪得無厭，則無藥可救矣。

「閱《范文正集．尺牘年譜》中有云：『千古聖賢，不能免生死，不能管後事。一身無從中來，卻歸無中去。誰是親疏，誰能主宰，既無奈何，即放心逍遙，任委來往，如此斷了。既心氣漸順，五臟亦和，藥方有效，食方有味也。只如安樂人忽有憂事，便喫食不下，何況久病，更憂生死，更憂身後，乃在大怖中，飲食安可得下，請寬心將息』云云。乃勸其中舍三哥之書，余近日多憂多慮，正宜讀此一段。」（庚午三月）

的確，人生本是如此，但能有幾人想得通，想得開？人如何來？如何去？這真是造物者公平處，也真是「人生而平等」。

「千古聖賢，不能免生死，不能管後事」，為什麼人貪生怕死？為什麼人為子孫用盡苦思？

「楊芋庵寄信，言治目方。每早黎明未起時，以兩手掌之根擦極熱，加以舌尖之津，閉目擦八十一下，久則有效。日內試為之，而初睡時擦一次，黎明又擦一次，不知果有益否？」（辛未二月）

這樣的秘方偏方，至今醫學昌明時代，仍在流傳盛行，借問曾文正公之言：「不知果有益否？」

「養生之道，視息眠食四字最為要緊。息必歸海，視必垂簾，食必淡節，眠必虛恬。歸海，謂藏息於丹田氣海；垂簾，謂半視不全開，不苦用也；虛謂心虛而無營，腹虛而不滯也。謹此四字，雖無醫藥丹訣，而足以卻病矣。」（辛未八月）

「息必歸海，視必垂簾，食必淡節，眠必虛恬」，很有意思，自然有中醫醫理之根據，其中「食必淡節」，也符合西醫胃腸科的。「視必垂簾」，尤有韻味，吾國帝王之「垂簾」二字，妙用無盡也。

十二、決斷決行篇

「時勢雖極艱難，謀畫必須斷決。」

1 時勢雖極艱難，謀畫必須斷決

曾國藩所處的內外情勢，均難二全，甚至難一全。講敏感，真是敏感萬分；講危機，也真是千鈞一髮，無論民變或洋攻，一發而不可收拾矣。

曾國藩有關「天津案」之奏摺，皇太后、皇上又如何進一步指示？

六月二十五日軍機大臣奉上諭：「曾國藩、崇厚奏查明天津滋事大概情形一摺，另片奏請將天津府縣革職治罪等語，已均照所請，明降諭旨宣示矣。曾國藩此次陳奏各節，因為消弭衅端委曲求全起見，惟洋人詭譎性成，得步進步，若事事遂其所求，將來何所底止，是欲弭衅而仍不免啟衅也。該督等現給該使照會，於緝兇修堂等事，已力為應允，想該使自不致再生異詞。此後洋人仍有要挾恫喝之語，曾國藩務當力持正論，據理駁斥，庶可折敵燄而張國維，至備豫不虞，尤為目前至急之務。」「總之，和局固宜保全，民心尤不可失。曾國藩總當體察人情向背，全局通籌，使民心允服，始能中外相安。沿江沿海各督撫，本日已有寄諭，令其嚴行戒備。」

當時朝廷的決策，實在不含糊，可說有二把刷子。

而處此微妙危機四伏中亦有玄機：

對付洋人：「至備豫不虞，尤為目前至急之務」，亦即必要時不惜一戰，要有萬全的準備。

對內：和局固宜保全，民心尤不可失。

無論對外之準備，對內之主張，都很高明。

同治九年六月二十八日，曾國藩特覆陳津案各情片：

「臣查此次天津之案，事端宏大，未能輕易消弭，中國目前之力，斷難遽啟兵端，惟有委曲求全之一法」。

「諭旨所示，洋人詭譎性成，得步進步，若事事遂其所求，將來何所底止，是欲弭衅而仍不免啟衅，確中事理，洞悉敵情，臣等且佩且悚。目下操縱之權，主之自彼，誠非有求必應，所能潛弭禍機；此後彼所要求，苟在我稍可曲徇，仍當量予轉圜；苟在我萬難允從，亦必據理駁斥。惟洋人遇事專論強弱，不論是非，兵力愈多，挾制愈甚；若中國無備，則勢燄張；若其有備，和議或稍易定。」

「此時陝回屢受大創，若令李鴻章入陝之師，移緩就急，迅赴畿疆，辦理自為得力。英美兩國水師提督，現已均在大沽，其請示國主，旬日內當有覆信。」

「臣於洋務，素未研求，昨二十一日眩暈之病，又復舉發，連日心氣耗散，精神不能支持，目光蒙昧。二十三日，崇厚來臣面商一切，親見臣昏暈嘔吐，左右扶入臥內，不能強起陪客，該大臣已有由京另派重臣來津之奏。」

「臣自咸豐三年帶兵，早矢效命疆埸之志。今茲事雖急，病雖深，而此志堅實，毫無顧畏，平日頗知持正理，而畏清議，亦不肯因外國有所要挾，盡變常度。朝廷接崇厚之奏，是否已派重臣前來，應否再派李鴻章東來，伏候聖裁。」

「抑臣更有請者，時勢雖極艱難，謀畫必須斷決。伏見道光庚子以後，辦理夷務，失在朝和夕戰，無一定之至計，遂至外患漸深，不可收拾。皇上登極以來，外國強盛如故，惟賴守定和議，絕無改更，用能中外相安，十年無事，此已事之成效。津郡此案，因愚民一旦憤激，致成大變，初非臣僚有意挑衅，倘即從此動兵，則今年即能倖勝，明年彼必復來，天津即可支持，沿海劫難盡備。朝廷昭示大信，不開兵端，此實天下生民之福，雖李鴻章兵力稍強，然以外國之窮年累世，專講戰事者，尚屬不逮。以後仍當堅持一心，曲全鄰好，惟萬不得已而設備，乃取以善全和局，兵端決不可自我而開，以為保民之道，時時設備，以為立國之本，二者不可偏廢。臣此次以無備之故，辦理過柔，寸心抱疚。」

這是一篇很重要的政略與戰略思想佈局，影響也是很大的。至少，民國二十年九一八事變後至民國二十六年七七事變的中日情勢，國內政局，如同歷史之重演。以蔣中正先生鑽研曾文正公思想作為之深，這一情勢，這一應對之局，對於蔣先生應是有啟發有影響的。

這一報告中，有幾點值得注意的：

一、曾文正公體力之衰與武力之弱，面對「津郡此案」，力不從心。

二、非萬不得已，他是不主張與外人開「兵端」的；如非打不可，應作充分之準備。

三、由於軍事與外交壓力，李鴻章非出山不可，乃有「另派重臣來津之奏。」雖有崇厚之奏，但「是否已派重臣前來，應否再派李鴻章東來，伏候聖裁。」可見曾文正公對於李鴻章來津處理本案，還是有保留的。

不過，內外形勢逼人，曾國藩的體衰，專長不在此，外人聲勢逼人，朝廷舉棋不定，李鴻章還是接手處理本案，從此李鴻章成為清朝外交之「王牌」，影響至深且鉅。

幸與不幸，近代外交，必須自李鴻章作為開始。

2 事端艱鉅，畏縮推託，永無自強之一日

曾國藩受命為直隸總督，亦即再一次負起挽救大清帝國垂危之責任，朝廷以及他本人，不免會想起當年為曾國藩重用之戰將。

同治九年六月十四日，就奉到寄諭：「令彭玉麟迅速赴江南，並垂詢劉銘傳能否來直，楊岳斌起用，能否得力。」

七月十九日曾文正公在覆陳彭玉麟等出處江海異形片中，除對三人之行止意願回報外，對於江海水師之體認，實在高明。那個時候的曾文正公就有很明確的海軍觀念，以一個傳統儒者來說，實在不易。

有關劉銘傳部份：「查捻逆肅清以後，劉銘傳即堅請開缺。臣七年北上時，遇劉銘傳於清江，再三慰留，該提督面稱畿輔如有警急，仍當投袂而起，昨臣檄調張秋銘軍，即經致函勸駕，催令迅速赴軍。……劉銘傳在同時諸將之中，實為魁傑之材，此次催令來直，可否稍示優異之處，伏候聖裁。」

有關彭玉麟部份：「彭玉麟前治水師，積勞過久，謝病還家，近來每與臣書，屢言病狀增劇，諭旨飭赴江南，未審能否即出。」

有關楊岳斌部份：「楊岳斌上年不憚千餘里之遙，訪鮑超於夔州；李鴻章過夔州，聞有此事，即欲荐令復出治軍海上，與臣往返函商；其後楊岳斌復鮑超書，以親老身病為辭，遂議中止。今奉諭旨，臣已致書楊岳斌、彭玉麟二臣，詢其能否再出，俟有覆信，續行奏陳。」

有關治海上之水師與江南面之水師：「臣竊謂治海上之水師，與江面之水師，截然不同，江則輕舠

小艇，已為利器；海則非有堅重輪船，配用巨礮，斷不足自立，以與敵爭衡；江則兩湖三江之人，皆可招募，海則風潮掀簸，非閩廣寧波沿海之人，往往嘔吐發軟，不能便習重洋；江則支湖小港，一望可知；海則浩無津涯，非練習多年，不足以定方向而測淺深。其餘均須艱難創造，另起爐錘。長江得力之將帥，用之海上，殊恐遷地弗良。」

曾文正公指出中國自強之決心與道路：

「然因事端艱鉅，畏縮不為，俟諸後人；則後人又將託辭以俟後人，且永無自強之一日。茲當閩滬兩廠船成之時，即當於兩處選立統將，慎選船主，出洋操練，無論有警無警，窮年累歲，練習不懈，或者，求艾三年，終有可以即戎之時。」

中國人之推拖拉舊習，已成為民族之惡習，曾文正公一針見血指陳其非：「然因事端艱鉅，畏縮不為，俟諸後人；則後人又將託辭以俟後人，且永無自強之一日。」

曾國藩實在是近代中國自強之先驅者，其後乃有康有為、梁啟超、孫中山、晏陽初等諸先生。而其自強之動機，源自歐西之刺激；自強之道路，則是思想作為與決心。

非自強不足以救中國，則一也。

3 凡清議所責望，眾情所瞻矚，心所素願自勉者

曾國藩入京晉見「陛見，跪聆聖訓後」，即出京赴任兩江總督。

同治九年十一月初六日，曾國藩上奏摺，報旅程以及接印事宜：

「於十月十五日出京，二十八日至山東濟寧州，由水路南下，閏十月二十日，行抵江寧省城；二十二日，准署督臣魁玉飭派署江寧府知府蒯德模，署中軍副將周良才，齎送兩江總督關防，鹽政印信，欽差大臣關防，及王命旗牌文卷等件，一併移交前來。」

以上是交接簡單的經過。

曾文正公重遊舊地，內心不免有所感，因為平定太平天國之亂後，心衰力弱，欲振乏力；捻匪之亂，插不上手，成為繼起李鴻章時代。文正公出任直隸總督，仍想有一番作為，但遇上天津滋事案，雖秉公力圖求全，但終非其所長，只有交給以圓通見長的李鴻章，而此時曾國藩的心情，是「惟有廣集眾思，力圖補過」：

「伏思兩江地大物博，政務殷繁，臣前此承乏數年，於一切察吏安民，防江籌海諸大政，頗思實心整理，均有志而未逮。茲以衰病之軀，渥被新綸，重臨舊地，凡清議所責望，眾情所瞻矚，暨臣心所素願自勉者；自揣精力更遜於前，能否隨事補救，當無把握，五中循省，悚惕滋深；惟有廣集眾思，力圖補過，勉策桑榆之效，冀收尺寸之長。」

到了這個時候，曾國藩的心情可以想像，可以說心情之衰老，勝過身體之衰退，再擔大任，再承大事難矣。惟近在奏摺中，幾乎每次都提到體衰多病，尤以眼疾為甚，皇上看到這些奏摺，難免會興起：煩不煩人？

4 軍事最貴神速，最忌遲鈍

曾國藩接任兩江總督後，自然以政事軍事為重。軍事即在「查閱營伍」，親自點閱後，真是亂七八糟，不忍其睹。

同治十年十一月初，曾文正公上一奏摺，報告大閱事竣。

首先，指出「此次通行校閱，約有四宗：

曰原設之綠營，即經制額兵也。

曰新改之水師，即臣七年冬月所奏經部議准者也。

曰挑練之新兵，即各營挑出另練，馬新貽、丁日昌所奏准者也。

曰留防之勇營，昔年未撤之勇，陸續酌留者也。」

此項校閱廢之久矣：「江蘇通省水陸各營大閱之典，自道光三十年以後，迄未舉行；東南用兵，十有餘年，綠營幾同虛設，軍務肅清，稍稍補募，缺額尚多，而挑練改設，日有增損。」

有關軍餉武器等，曾文正公作以下之建議與評斷：

「目前直隸練軍，及江蘇新兵各營，皆已加餉；然加餉而不裁兵，則度支立匱，斷不足以持久，此舊制之宜改。向例各營軍械俱用鳥鎗門藥，風則吹散，雨則沾濕，實不利於戰陣。近年各處兵勇，俱用洋鎗銅帽，精而且捷，風氣一開，人人以鳥鎗門藥為太苦，在上者雖有大力，不能強遏人情。軍事最貴神速，而最忌遲鈍；準情度勢，恐不能不全用洋鎗，而各項器械，亦有當用洋製者。」

「臣前改水師，已自覺其鹵莽；今閱綠營，豈敢復有變更。惟尚就缺額最多之營，飭令招足一半，認真操練，稍復舊觀，亦未敢必其遂堪折衝禦侮也。」

曾文正公之軍隊現代化，無論就裝備武器之更新，人員缺額之補充，精神戰力之強化，頗具前瞻與務實，而曾文正公實事求是之精神，難能可貴。以中國儒者之背景，而對現代化觀念如此之深刻，現代化武器如此之體認，真是難能。

這一軍隊之重整，一如中華民國軍隊於民國三十八年大陸失敗撤退至臺，重整重編，從將校到士兵，從武器到衣襪，從火線到廚房，建立現代化國軍，乃能有防守臺灣之力量，進而成為現代化之國家，曾文正公之「大閱」經驗，處處有伏筆，處處見真章。以蔣中正先生潛研曾文正公之深，效法之勤，來臺後整軍方面，在決心與徹底方面俱有影響。

5 外間謠言，某人第一，某人未取，俱不足憑

曾文正公在京城做官，致其祖父母家書中，自然關懷四千里外家中大大小小之事，而自己身邊之瑣事，也不厭其煩，向其祖父母「稟報」。

京城有人在做官，家中近親遠戚，就難免到京投靠，但到京又反悔念家。曾文正公夾在上下之間最難，留住留不下，放回去又怕受長輩責難。其九弟之事就是一例：

「九弟仍思南歸，其意甚堅，不可挽回。與孫商量，即不復勸阻。」

「年少無知，大抵厭常而喜新，未到京則想京，已到京則想家，在所不免。」

「孫與陳岱雲等在園同寓，初十日卯刻進場，酉正出場，題目另紙敬錄，詩賦亦另謄出。通共翰詹一百二十七人，告病不入場者三人，病愈仍須補考，在殿上搜出夾帶，比交刑部治罪者一人，其餘皆整齊完場。十一日，皇上親閱卷，二月十二日，欽派閱卷大臣七人。閱畢，擬定名次，進呈皇上欽定：一

等五名，二等五十五名，三等五十六名，四等七名，孫蒙皇上天恩，拔取二等第一名。」（道光二十三年三月廿六日，稟祖父母，（告升翰林院侍講））

「五月初六日考差，孫妥當完卷，雖無毛病，亦無好處。首題『使諸大夫國人皆有所矜式』經題『天下有道，則行有枝葉』，詩題『賦得角黍，得經字。』共二百四十一人進場，初八日派閱卷大臣十二人，每人分卷二十本，傳聞取七本，不取者十三本，彌封未拆，故閱卷者亦不知所取何人，所黜何人，取與不取，一概進呈，恭候欽定。外間謠言，某人第一，某人未取，俱不足憑，總待放差後，方可略測端倪，亦有真第一而不得，有真未取而得差者，靜以聽之而已。」（道光二十三年六月初六日，稟祖父母，（報告考差））

中國士林官場是很重視考試的，因為一試便決定仕途的命運。有關考試的傳聞種種，大大小小考試就不曾間斷，就我們行之多年的大學聯考，絕無僅有，可說此一盛名得來不易，就不會如曾文正公家書所言：「外間謠言，某人第一，某人未取，俱不足憑」之家書。

此項考試，如同今天的高考，其閱卷之慎重，如「彌封未拆」，亦如今天。這樣的嚴密重視，說成考生重視考試，重視考試的結果，不如說朝廷者重視考試來得恰當。

考試是國家朝廷一件大事，這是我國政治的特色，因而，民國成立後，吸取中外政治制度之精華，考試為中央政府五院之一。因為中國之考試，為皇帝掌理之大事，諸如欽定大臣閱卷，親定錄取者，甚至召見錄取者。

八股取士成為政治之濫觴，但為國取才之精神與方法，仍是可取的。

6 原則理論應用要看環境

兵貴精而不在多，自然，這是有道理的。

但這一道理，還要看狀況看環境，不是一條理論通到底的。

曾文正公接其弟來信論兵，謂貴精不在多。文正公接信至為緊張，一方面稱許其見解，一方面又提醒防線，還是要有足夠兵力的：

「弟論兵貴精不貴多一段，實有至理，然弟處守外濠內濠，約計七十餘里。萬餘人尚嫌其少，如賊猛撲外內兩濠，地段太長，余深以為慮。比之左公樂平野戰，迥乎不同，弟切不可存此心，謂人已太多，力已有餘也；若存此心，必致誤事。計外內并守，僅數一班站防，並不能兩班輪替，若賊來輪換猛撲，而守者晝夜不換，豈不可危。弟從此著想，並須將外濠加挖，至囑，至囑。」（咸豐十一年五月初九日，致九弟季弟。〈須將外濠加挖〉）

曾文正公這一提醒是多方面的：第一、防線較長，自然需要兵力較多；第二、多道防守，以防敵人突破。第三、是防禦兵事，「外濠加挖」，這是防守唯一的法寶，也是湘軍的厲害處。

當年國軍在大陸作戰，到處都有碉堡，但不堅固，反而成為敵人攻擊之目標。金門歷經彈雨式的砲戰，而能安全無恙，除了靠強烈遠程砲火還擊，予以壓抑外，主要是工事成功，且看不見的，轉而地下去，不易為敵砲兵所測所見，地下道往來，支援亦方便。

這可能就是吸收大陸失敗之教訓，溫故而知新，學習到曾文正公的堅固精神。蔣中正先生前線視察，所注意者主要為三事：武器、工事與士氣，再加上補給的通道。金門之堅固，真是銅城鐵壁也，固若金湯。

7 任俠而不矜，諳事而不計利害

「吾湘鄉當乾隆時，人才殷盛。鄧筆山為雲南布政使，羅九峰為禮部侍郎，而謝薌泉先生為御史。三人者，皆起家翰林。而御史君名震天下，是時和珅柄國，聲張勢厲，家奴乘高車，橫行都市無所憚，御史君巡城遇焉，捽之出而鞭之，火其車於衢，世所稱燒車御史者也。」（〈送謝吉人之官江左序〉）

好一個「燒車御史者也」。讀史者皆知和珅仗勢為惡，少知此一謝薌泉御史也。湘鄉真不俗，曾文正公之守正不阿，見義勇為，固得自家傳，特別是祖父星岡公，而這一鄉賢之大快人心，為人之所不敢為，亦當影響曾文正公內心很大，形成熊熊之火，發為道德之勇氣也，真是可歌可泣可傳。今之監察委員尤當讀之，行之。

「前有唯，後有諾，於是予聖，自雄之習，囂然起矣。而左右之人，又多其術以餂我，內之傲者日勝，外之欺者日眾，茲其所以姍也。」

「故古人之學，莫大乎求賢以自輔；小智之夫，矜己而貶物，以為眾人卑卑，無足益我，夫不反求諸己，而一切掩他人之長而蔑視之。」

「今震澤宰左君青峙，吾湘鄉之賢者也，任俠而不矜，諳事而不計利害。」（〈送謝吉人之官江左序〉）

真是，「十室之邑，必有忠信」，以一個小小的湘鄉，出了多少非常之才。

一國之清濁，全在思想與作為也，不易亦易也，就看如何想，如何做。「任俠而不矜，諳事而不計利害」，真是發人深省。為人主持公道而不張揚亦不做作，真俠也；「諳事而不計利害」，則不會瞻前顧後，患得患失，而為所該為也。

8 孔子必用墨子，墨子必用孔子，不相用，不足為孔墨

「天地之數，以奇而生，以偶而成。一則生兩，兩則還歸於一。一奇一偶，互為其用，是以無息焉。物無獨，必有對，太極生兩儀，倍之為四象，重之為八卦。此一生兩之說也。」〈送周荇農南歸序〉的確，天地之道理，看似複雜，千變萬化，但還是歸之於簡單。「奇偶」就是基本亦是最高的道理，數學亦奇偶之變化也。

人之力，不如其他動物之力，如象如牛如馬即是。此處之「倍之為四象」，可謂一例。如九牛二虎，如萬馬奔騰，都是例證。人在體能表現方面，是很退化的。

「自漢以來，為文者莫善於司馬遷之文，其積句也皆奇，而義必相輔，氣不孤伸，彼有偶焉者存焉。其他善者，班固則毗於用偶，韓愈則毗於用奇。蔡邕范蔚宗以下，如潘陸沈任等比者，皆師班氏者也，茅坤所稱八家，皆師韓氏者也。」

「文起八代之衰，非直其才之足以相勝，物窮則變，理固然也。豪傑之士，所見類不甚遠。韓氏有言，孔子必用墨子，墨子必用孔子，不相用，不足為孔墨。由是言之，彼其於班氏相師而不相非明矣。」〈送周荇農南歸序〉

春秋戰國之後，秦在武功，漢在文史，而司馬遷開文史之長河，以義理見長，以文氣取勝，曾文正公是很推崇的。而文正公云：「韓氏有言，孔子必用墨子，墨子必用孔子，不相用，不足為孔墨。」這是很費解的，但相斥亦可相互為用的，產生互補的功能。

9 處大事，決大疑，熟思是非

「士大夫處大事，決大疑，但當熟思是非，不必泥於往事之成敗，以遷就一時之利害也。」

「國藩在軍時，有一時與人定議，厥後敗挫，或少歸咎於人，不能無稍露於辭色者，亦以見理未明之故耳。」

「大抵事敗而歸咎於謀主者，庸人之恆情也。」（〈筆記二十七則〉，「成敗無定」）

處事難，斷事尤難。曾文正公以他親身之經驗，體認出「成敗無定」，而「士大夫處大事，決大疑，但當熟思是非，不必泥於往事之成敗，以遷就一時之利害也。」亦即是非成敗利害也，這就是人生，人生乃大大小小之積成也。曾文正公特別提出「士大夫處大事，決大疑。」這是因為士大夫往往柔決寡斷，引經據典，而失機失斷也。以今日而言，原則原理固然重要，但解決問題更為重要。

「人性本善，自為氣稟所拘，物欲所蔽，則本性日失。故須學焉而後復之，失之甚者，須勉強而後復之，喪之哀也。」

「凡有血氣，必有爭心，人之好勝，誰不如我。施諸己而不願，亦勿施於人，此強恕之事也。一日強恕，日日強恕；一事強恕，事事強恕。久之則漸近自然，以之修身，則順而安；以之涉世，則諧而祥。」

〈筆記二十七則〉,「勉強」)

這是中國為人的基本道理:人之初,性本善。只是受環境所染所惑所污,「物欲所蔽,則本性日失。」於是克復物慾,回復人性,必須作很大的克制,亦即「一日強恕,日日強恕;一事強恕,事事強恕。久之則漸近自然,以之修身,則順而安;以之涉世,則諧而祥」的道理。

「天下之事,有其功必有其效;功未至而求效之遽臻,則妄矣。未施敬於民,而欲民之敬;我未施信於民,而欲民之信我,鹵莽而耕,滅裂而耘,而欲收丰穰十倍之利,此必不得之數也。在易恆之初六曰:『浚恆貞凶,无攸利。』胡瑗釋之曰:『天下之事,必皆有漸,在乎積日累久,而後能成其功。是故為學既久,則道業可成,聖賢可到;為治既久,則教化可行,堯舜可至。若是之類,莫不由積日累久而後至,固非驟而及也。』」(〈筆記二十七則〉,「功效」)

天下之事,由至微至至巨,成敗得失盛衰,有一定之道理也:

其一、有其功必有其效。

其二、必皆有漸,日積月累,「而後能成其功。」

曾文正公之此一「功效」,固在「天下之事」,更在為政之事:未施敬於民,而欲民之敬;未施信於民,而欲民之信我,實為民主政治之真諦也。

功效,功效,功效久矣,不知其基本道理在於:「天下之事,有其功必有其效。」亦即收穫與耕耘不可分也。

10 圖遠大，略細微；用其長，避其短

曾文正公出自鄉下，務實之外，也很精細，但在用人方面，卻重遠大，而略細微；用其長，而避其短。

這都符合現代企管之精神。

曾文正公上書聖上：「凡為臣子者，亦皆宜留心人材，亦皆宜講求地利，亦皆宜籌畫國計，圖其遠大，即不妨略其細微。漢之陳平，高祖不問以決獄；唐之杜房，太宗惟責以求賢。識使我皇上豁達遠觀，罔苛細節，則為大臣者，不敢以小廉曲謹自恃，不敢以尋行數墨自取竭蹶，必且穆然深思，求所以宏濟於艱難者，臣所謂防瑣碎之風，其道如此。」

曾文正公作這一指陳，實在是有感而發，因為當時的政治以及社會，專注「細工」，專在對人喜歡處下功夫，而失去實，失去樸。因之，他指出：「自道光中葉以來，朝士風氣，專尚浮華，小楷則工益求工，試律則巧益求巧。翰詹最優之途，莫如兩書房行走。而保薦之時，但求工於小楷者；閣部最優之途，莫如軍機處行走。而保送之時，但取工於小楷者，衡文取士大典也。而考差者亦但論小楷，試律而不復計文識之淺厚。故臣常謂欲人才振興，必使士大夫考古來之成敗，對國朝之掌故，而力杜小楷試律工巧之風，乃可以崇實而黜浮。」

「崇實而黜浮」就是曾文正公之精神，也是湘軍精神，乃能打硬仗也，打死仗也。

這一政治風氣，還是受到八股取才的影響，頹風所及，表面之作功，取代了骨子裡的真功夫。政治

與社會之風氣就不可收拾，至於「語言圓好，而不深究其真學真識」，就不在話下了。

11 舍小而圖大，舍其枝葉而圖其本根

世人皆知，凡事無全利全害之事，如何「兩利相形，當取其重；兩害相形，當取其輕」，這是當今都知道權衡利害輕重的基本原理。蔣經國先生當行政院長的時候，重要文稿或講話，常常喜歡用這句話。曾文正公當然深知此理，咸豐八年十二月初八日，奉上諭：「著曾國藩通籌全局。」文正公回了一摺：「臣才識短淺，何足以規畫全局，就近處數省而論，則安徽軍務最為喫重，江西次之，福建又次之。」

面敵我之勢，文正公用了一句話：「則兩利相形，當取其重；兩害相形，當取其輕。又不得不舍小而圖大，舍其枝葉而圖其本根。」

實在，文正公是運籌帷幄的，他差一點沒有說出來，那些兵部懂得什麼？知道什麼？

在這一奏摺結尾中，文正公回憶一下戰果：「溯自咸豐六年洪楊內亂，河北肅清，武漢再克，臣方慶幸以為大難計日可平，不謂遷延歲月，粵匪未清，捻匪復滋。餉項有日竭不支之勢，將士有久疲思退之心，若非奮發精神，變換局面，將有類乎古人所謂惰氣歸氣者，不得不改弦更張，亟思所以振之。」

曾文正公分析三省軍事大勢，藉以答「通籌全局」之題，牢騷是有的，振作是真的，繞了這樣一個大圈子，目的只有一個：希望皇上給他一支三千匹的騎兵也，而且指定是內蒙（察哈爾）的，由他親自訓練。計劃都商量好了：

「臣與湖北督臣撫臣緘商，擬由官文等奏調察哈爾馬三千匹，請旨飭上駟院押解來南，穎毫一帶，有善騎之勇可募，名曰馬勇，應即添練新馬隊二千餘騎，與都興阿之舊隊相輔而行，於九江湖口等處，擇平原曠野馳騁而操練之。惟以南人而騎北馬，以勇丁而學弓箭，非倉卒所能奏效。臣願竭數月之力，朝夕講求，從容訓練，期於成熟而止。」

「練成之後，以二千匹交江北隸都興阿舒保麾下，以五百匹交江南隸臣麾下，以壯步軍之氣，而寒賊黨之膽。餘剩馬匹，遊牧於黃州，鞍轡等具，設局於九江，以備隨時添補更換之用。仰仗皇上威福，茲事若成，皖豫等省軍務，可期大有起色。此添置馬隊，臣願自任教練之微意也。」

陸軍、水師、騎兵三者，曾文正公最擅長者，應屬陸軍，其次是水兵，最不行的，恐是騎勇，但此處曾文正公要親作教練，以取得皇上支持與信任。

12 應辦不辦，任其延宕；應殺不殺，任其橫行

咸豐三年，曾文正公年四十三歲。在長沙督辦術團，準備保鄉殺敵。二月十二日為「嚴辦土匪以靖地方」奏摺。

奏摺中很不客氣地指陳政治之弊端，而釀成兵連禍結之大害：「積數十年應辦不辦之案，而任其延宕；積數十年應殺不殺之人，而任其橫行，遂以釀成今日之巨寇。今鄉里無賴之民囂然而不靖，彼見夫往年命案盜案之首犯，常逍遙於法外，又見夫近年粵匪土匪之肆行，皆猖獗而莫制，遂以為法律不足憑，官嚴不足畏也。平居造作謠言，煽惑人心，白日搶劫，毫無忌憚，若非嚴刑峻法，痛加誅戮，必無以折

其不逞之志，而銷其逆亂之萌。臣之愚見，欲純用重典，以鋤強暴，但願良民有安生之日，即臣身得殘忍嚴酷之名，亦不敢辭。但願通省無不破之案，即剿辦有棘手萬難之處，亦不敢辭。」

當時匪類很多，有教匪、盜匪、會匪。曾文正公則視同一律，所用之方法也一樣：「以一方之善良，治一方之匪類，可期無巢不破，無犯不擒」。

這是千古讀書人之典型，誰說「百無一用是書生」，尤其是「即臣身得殘忍嚴酷之名，亦不敢辭。」真是大義凜然。

這一情形，與我們今天的政治、司法與一般社會，實在是有過之而無不及。冰凍三尺，非一日之寒也。明哲保身多，唯唯諾諾多，就是缺乏曾文正公之「公勇」精神。

13 不問客土，只問是非，只問良莠

有湖團者，山東曹屬之客，墾種蘇齊交界之湖地，聚族日眾，立而為團也。

有客必有土，「客」「土」之對立，必有衝突，甚至激烈之衝突。客強則反客為主，客弱則為土所驅。

為了客土之爭，鬧得很大，也鬧到皇上那裡，皇上自然也很關心，還是問問曾國藩吧。

同治五年二月初八日，曾國藩將「查辦湖田酌籌善後事宜」上了奏摺，以作為結案。

心存公正之心的曾文正公，還是有科學的斷案精神，不分客土，只問是非：

「臣乃剖別是非，平情論斷，不分土民客民，但分孰良孰莠，其有契串各據產業，為團所佔，急求清還者，是土民之良者也；無契串產業，但知斂錢搆訟，激眾怒以興禍端者，是土民之莠者也。其平日

安分耕種，如唐團之拒賊殉節，受害極慘者，是客民之良者也；其平日之淩辱者，如王團之勾賊，刁團之容賊，是客民之莠者也。」

真是能公則明也。

14 不因艱難而自畫，不因浮言而中更

主帥治軍打仗，還是在性格。曾國藩之成功，即在於他的「一以貫之」的儒者性格。他是一位平常人，但他的始終如一的精神，而成非常之業，是一般人所缺少所不及的。

同治五年七月廿八日，為「捻股西竄仍辦河防」上一摺，內稱：

「然臣必始終堅持此議，不因艱難而自畫，不因浮言而中更，以求有裨時局。自古辦流寇，本無善策，惟有防之使不得流，猶是得寸則寸之道，現在除防兵外，尚有鮑超、劉秉璋、楊鼎勳、劉松山、張詩日等五支游兵，俟防河辦成，則令防河者與游擊者彼防此戰，更番互換，庶足以保常新之氣。」

「不因艱難而自畫，不因浮言而中更。」這也是曾文正公的精神。至於「自古辦流寇，本無善策」，惟有圍堵也。

15 畿輔空虛，必須認真練兵，吏治尤須整頓

曾國藩受命為直隸總督，非屬酬庸，而有大責重任在身。

其要不外武功文治。

同治八年正月十七日，曾國藩「略陳直隸應辦事宜」奏摺中，就指出：「上年十二月召對之次，荷蒙皇太后兩次訓示，以畿輔空虛，必須認真練兵；吏治尤須整頓等諭。臣恭聆之下，悚佩難名，近復詳加察訪，練兵飭吏二端，誠為直隸最大之政，其次則河治亦屬要圖。謹此三者，略陳梗概：

「直隸近歲以來，北有馬賊，南有教匪，東南與齊省接壤，則梟匪出沒之區，而降捻游勇，亦多散處其間，伏莽堪虞，一旦竊發，旬日嘯聚，動以千計，非有數千勁兵，星速勦捕，即恐釀成大變，此內患也。其無形之外患，陝回現尚猖獗，宣化固宜嚴為置防，洋務雖曰安恬，天津亦宜暗為設備。綜計數者，必須練兵三萬有奇，乃足以敷調遣。目下劉銘傳一軍萬餘人，駐紮張秋，該軍精勁冠時，應請勅下李鴻章即以銘軍作拱衛京畿之師。

「直隸之吏治，臣入境以後，略詢民間疾苦，大約積獄太多，羈累無辜。聞有州縣到任年餘，未曾坐堂一次，訊結一案者。又因連年用兵，差徭甚重，大戶則勒派車馬供支柴草，小戶則攤派錢文虜充長夫，劣紳勾通書役，因緣訛索，車輛有出而無歸，貧戶十空而九逃。今雖軍事大定，尚復派修城之費，索前欠之費，誅求無已。大吏過於寬厚，罔恤民艱，加以政出多門，相忍為國。劣員於此處敗露，方懼嚴參，而彼處鑽營，反得優保。總督之事權不一，屬僚之徑竇愈多，玩上則撥弄是非，虐民則毫無忌憚，風氣之壞，為各省所未聞。臣到任後，不得不大加參劾，擬以清理積訟，停止雜派為先務，嚴立法禁，違者重懲。臣自問素非苛刻者流，近在江南，亦係失之於寬，今忽變為嚴厲，劣員或求書函以圖成全，或騰謗議以冀寬弛，皆屬意中之事。臣隨時體察，攻伐之劑，去病即止，苟使數月期年，風氣稍轉，亦無漸就和平，復我常度。而下車伊始，則非剛猛不能除此官邪，是亦宜預為陳明也。」

曾文正公可謂洞燭機先，其後之政局，戰亂不斷，民情激盪，甚至演變成天津焚教堂、殺洋人事件。這個時期，正是中國近代史常常提到的一個名詞：「內憂外患」，英法聯軍攻入北京（一八六〇年，咸豐八年），陝西、雲南、甘肅，均有所謂「回亂」。元氣大傷。

凡聰明過人者，每患視事太易

曾文正公的一生，善於觀人、用人與評人，但也有看走眼的時候，史念祖就是一例。有史念祖者，是曾國藩軍中舊識，曾文正公任他為「臬司」。但鑒於「史念祖由軍營出身，人尚明白，惟未經履地方事務，是否能勝臬司之任，著曾國藩留心察看，據實具奏，以重地方。」三番二次，要曾國藩「留心察看，能否通曉刑名，足以表率寅僚。」臬司為刑名總滙。

這一人事問題，來往多次。史念祖「年歲甚輕」，而「朝廷用人，初無成見，史念祖如不勝任，該督必不稍存遷就也。」

史念祖的問題，一是缺乏司法背景與經驗；一是年歲甚輕，出身軍旅。這都不是致命傷，問題是出自他恃才傲物，把事情看成太簡單了。

這種情形與今日用人狀況有些相似，同時，清廷還是很重視司法的。當然，也很尊重曾國藩的職權與保舉。處理這件事，更顧及曾國藩的面子。

同治八年十一月十九日，曾國藩為史念祖案特覆奏：

「臣奏明飭令該臬司綜理局務，原欲其常赴局中，督同首府暨各局員，講求刑律，朝夕參稽，迄今已逾半年，張樹聲聞尚或赴局，史念祖並未到局一次；外省規制，司道自為一班，而府廳州縣自為一班，等威亦自有辨，史念祖不能破除常例，不欲與守令等官同局辦事，既未至讞局一行，又別無案牘可閱，則其刑名之難遽通曉，已可概見。臣久欲據此覆奏惟屢與史念祖接見，見其心地明白，器局開展，論事亦尚有識，似又足勝臬司之任。」

這下子曾國藩看走了眼。他作如下評斷：

「凡聰明過人者，每患視事太易，必須加以磨練，使心漸細而氣漸斂，乃足以玉成其材。直隸刑名較繁，與四川廣東相等，史念祖資望尚淺，若調刑名稍簡之省，磨厲數年，斂才勸學，尚可陶成令器，而直隸積案，由張樹聲一手辦畢，尤為妥善。如他省猝無相當可調之缺，或仍令史念祖陳臬直隸，則任事之後，臣當隨時察核，一有不稱，即行密陳，不敢以此次覆奉在前，稍涉回覆，所有遵旨察看臬司緣由，恭摺覆奏。」

聰明反被聰明誤，史念祖誤了自己，也有損曾國藩的金字招牌。曾文正公還是習用較敦厚的老實人。

17　賑事繁重，對百姓易於見怨，對上司易於見過

中國歷史中，很崇尚大禹治水公爾忘私的精神，事實上，水患與旱災，是中國二大無法克服的天然災害。

中國老百姓是很可憐的，賑災往往會成為「德政」。

一九九一年，中國大陸長江流域發生歷史最大的水患，全世界中國人，特別是香港、臺灣地區，發揮了同胞人道的精神。在這個歷史發展關鍵時刻，甚具意義。水災誠不幸也，如有此次水災而產生消除政治對立的因緣，亦是天降全體中國人之幸事。

同治八年十二月廿四日，曾國藩為賑卹畿南災歉奏摺。

這是因為「本年雨澤稀少，災歉已成，聞有報災未遂，人懷亂萌之說。」

天災與人禍，往往是雙生兄弟。

皇太后、皇上知道了，自然就要問問曾國藩到底是怎麼回事？

當然，曾文正公據實以報：

「而民間之所爭甚巨，故州縣之不樂辦災，非盡恐免徵之後，辦公無資，咸由賑事繁重，對百姓則易於見怨，難於見德；對上司則易於見過，難於見功耳。」

「今年災廣，告貸無門，名曰極貧，即在此次重編門牌上，詳細揭出，編定戶口，偏行榜示，某戶某口，加恩酌借口糧兩月，大口每日給制錢若干，小口每日減半，由本村公正紳耆，出具保狀，俟秋收成後酌量清還；不曰賑而曰貸，則鄰近災輕之區，無可比較，不致生覬覦之心。二月中旬開辦，辦竣後，大張告示，宣布皇仁，按村曉諭，概行蠲免，毋須清還，俾窮黎得沾實惠，名為貸而實則賑也。」

「此次雖未必盡合成法，然意在先救極貧，是謂之借貸也可，即謂之賑卹也亦可，但使稽察精細，心術公平，縱有觖望爭競，當亦不足深慮。」

救災之原則與精神，中外古今，都是一樣的，不外急與公矣。曾文正公似乎掌握這二種標準。

十三、人生哲理篇

「治心以廣大為藥，治身以不藥二字為藥。」

1 人待人，無價之寶也

「吾平生頗講求惜福二字之義。送來補藥不斷，且蔬菜亦較奢，自愧享用太過，然亦體氣太弱，不得不爾。胡潤帥李希庵常服遼參，則其享受更有過於余者。家中後輩子弟，體弱學射，最足保養；起早尤千金妙方，長壽金丹也。」（咸豐十年三月二十四日，致四弟九弟，〈論進補藥及必須起早〉）

「進補」這是中國富貴的特產品。「遼參」亦即所謂人參，就是補身的珍品。

曾文正公的想法與作法，幾乎與常人完全不同。他的養生健身之道，是多運動，「體弱學射，最足保養」，「起早尤千金妙方，長壽金丹也。」這都合乎現代的健康精神。如中國人人能如此，早就脫離「東亞病夫」，更不會陷於鴉片的麻醉中，身體與精神俱毀。

「服補藥雖多，但當常常靜坐，不可日日外出；一則保養身體，一則教訓子姪，至囑，至囑」。（咸豐十年三月十四日，致四弟九弟，〈尋地必求愜意〉）

「靜坐」又是中國功夫。近年來「靜坐」在臺灣至為流行，成為健身養性的運動。曾文正公指出，「服補藥雖多，但當常常靜坐」。蔣中正先生有靜坐的習慣，閉目養神，寧靜致遠，均在其中。這一習慣的養成，也可能受到曾文正公所影響。

「余與沅弟論治家之道，一切以星岡公為法，大約有八字訣。其四字即上年所稱書蔬魚豬是也，又四字則曰早掃考寶。早者，起早也；掃者，掃屋也；考者，祖先祭祀，敬奉顯考王考曾祖考，言考而妣可該也；寶者，親族鄰里，時時周旋，賀喜弔喪，問疾濟急。」

「星岡公常曰：『人待人，無價之寶也。』星岡公生平於此數端，最為認真，故余戲述為八字訣曰：『書蔬魚豬，早掃考寶也』。」（咸豐十年三月二十九日）

2 勤、儉、謙

一個偉人的教育，往往不在形式與正式，而在生活的言談中。

作為老帥又是老哥的曾文正公，太平天國之亂平定，南京光復，均是其弟國荃居首功，因而安慶至金陵沿江六百里，乘江巡視，沿岸所至，心中興奮之餘，文正公將功歸之於弟，不免嘉勉稱許一番，但在自謙讚弟中，也有所惕勵：

「余在金陵二十日，起行至安慶，內外大小平安，門第太甚，全教兒女輩，惟以勤儉謙三字為主。自安慶以至金陵，沿江六百里，大小城隘，皆沅弟之所收取，余之幸得大名，皆沅弟之所贈送也，皆高曾祖父之所留遺也。」

「余欲上不愧先人，下不愧子弟，惟以力教家中勤儉為主。余於儉字做到六、七分，勤字則尚無五分工夫；弟與沅弟於勤字做到六、七分，儉字則尚欠工夫。以後勉其所長，各戒其所短，弟每用一分錢，均須三思。」（同治三年八月初四日，致四弟，（教家中以勤儉為主））

曾文正公這一封「教訓」其弟的信，極為高明，也是極高明的統御術。先把文正公的赫赫之功，歸之於其弟：「余之幸得大名，皆沅弟之所贈送也。」其實，此信主要目的，在教其弟「儉」，但先檢討自己的缺點，再指出二位弟弟待改正之處：「余於儉字做到六、七分，勤字則尚無五分工夫；弟與沅弟於勤字做到六、七分，儉字則尚欠工夫。」亦即老哥要在「勤」字下功夫，老弟要在「儉」字加油。高明也。

3　勤、敬、和

「兵凶戰危之地，無人不趨而避之，平日至交如馮樹堂、郭雲仙等，尚不肯來，則其他更何論焉。現除李次青外，諸事皆兄一人經理，無人肯相助者，想諸弟亦深知之也」。（咸豐四年七月廿七日，致諸弟，〈述賊人數更多〉）

此時之曾文正公，據他自述「現在局勢猶是有為之秋」，尚未成氣候也。因之，找人難，找人打仗更難，因為「兵凶戰危之地，無人不趨而避之」。找人幫忙亦難，前者是險，後者是苦也。

這是人性。

人總是避難就易，也總是喜歡錦上添花的。若能避易就難，雪裡送炭，就是人上人。

此時曾文正公之難，非一人之難，實在就是人性也。

一個人無論做什麼事，總是求人難，真是求人不如求己。

「余居母喪，並未在家守制，清夜自思，跼蹐不安，若仗皇上天威，江面漸次肅清，即當奏明回籍，事父祭母，稍盡人子之心。諸弟及兒姪輩，務宜體我寸心，於父親飲食起居，十分檢點，無稍疏忽。於母親祭品禮儀，必潔必誠；於叔父處敬愛兼至，無稍隔閡；兄弟姒娣，總不可有半點不和之氣。凡一家之中，勤、敬二字，能守得幾分，未有不興；若全無一分，無有不敗；和字能守得幾分，未有不興，不和未有不敗者。諸弟試在鄉間，將此三字於族戚人家，歷歷驗之，必以吾言為不謬也。」（咸豐四年八月十一日，致諸弟，〈宜注重勤敬和更宜注意清潔戒怠惰〉）

曾文正公的六月十八日「致諸弟」信中，提及勤、敬二字，並囑諸弟「至切，至切」。此處又提到「和」字，並提醒：「和字能守得幾分，未有不興；不和未有不敗者」。

「和為貴」，「家和萬事興」，這都是中國最基本也是至高無上的道理，無論一家、一事業、一國，能夠做到似乎很容易，但卻難做到，是人之大難也。

湘軍之能勝，把搖搖欲墜之大清帝國挽救，把太平天國打得落花流水，就在一個「和」字。和不一定能成事，但不和一定能敗事。證之對日抗戰之成功，戰後勦共之失敗，就是明證。

4 清、慎、勤，十二語，吾當守之終身

「日內與張廉卿屢談，渠學問又已大進；而余志學三十年，至今毫無進步，耄已老矣。」（辛酉十一月）

曾文正公與朋友相談間，不羨慕他人財富，而羨慕他人「學問」，因之，「與張廉卿屢談，渠學問又已大進」，就有愧色，並嘆「耄已老矣」。

「三日因作摺，將公事拋荒未斷，古人有兼人之材，余不特不能兼人，即一日兼治數事，尚有未逮，甚矣，余之鈍也。」（辛酉十一月）

曾文正公不是很聰明的人，可以說是愚笨，難免「拙」，但很專注，所以同一時間，只能作一件事，一個人只能做一個人之事。因之，專心為皇上寫奏摺，就不能批公事，一心不能數用，難免心急，其實，為皇上上奏，是何等的大事。

「洪琴西來，與之言風俗移人，凡才人皆隨風氣為轉移，雖賢者不能自拔於風尚之外，因言：「余老無能有所樹立，但不欲開壞風氣，導天下以惡習耳。」（辛酉十二月）

曾文正公很重視風氣的。風氣與環境不可分。文正公深信，轉風移俗，全在一、二人而已，的確，古人是如此，現代人更是如此。全球服裝之環境，即受三、五服裝設計師所主宰。無能為善改變環境，亦不能為惡助長環境，這也就是今日的政治、社會之風氣，真是一面鏡子。

「近來事有不如意者，方寸鬱塞殊甚，亦足見器量之不閎，養氣之不深也。」（壬戌七月）

「器量」，還是器量，「養氣」，又是養氣，曾文正公總是自責。

「寸心鬱鬱不自得，因思日內以金陵寧國危險之狀，憂灼過度；又以江西諸事掣肘，悶損不堪，皆由平日養氣上欠工夫，故不能不動心。欲求養氣，不外「自反而縮，行慊於心」兩句。欲求行慊於心，不外「清」「慎」「勤」三字，因將此三字各綴數句，為之疏解。清字曰：無貪無競，省事清心，一介不苟，鬼伏神欽。慎字曰：戰戰兢兢，死而後已，行有不得，反求諸己。勤字曰：手眼俱到，心力交瘁，困知勉行，夜以繼日。此十二語者，吾當守之終身，遇大憂患，大拂逆之時，庶幾免於尤悔耳。」（壬戌九月）

人有大難大疑之時，就會產生「困知」，曾文正公亦是如此。金陵之圍，對他的功業，是大考驗；對清朝延續，是大關口。心力交困之際，乃有「清」「慎」「勤」三字，作為精神自療劑，亦各自延伸為十二語。

5　盡人力聽天事

雖然在某些方面「人定勝天」，但那是指心理以及努力而言，天事往往不可知不可測的，人力則可自我掌握。

曾文正公以「安慶之守」，說明「人力與天事」之道理以及關係，對其弟作機會教育：

「凡辦大事，半由人力，半由天事。如此次安慶之守，濠深而牆堅，穩靜而不懈，此人力也。其是否不致以蟻潰堤，以一蠅玷圭，則天事也。各路以赴援，以多鮑為正援集賢之師，成胡為後路纏護之兵，以朱韋為助守牆濠之軍，此人事也。其臨陣果否得手，能否不為狗賊所算，能否不為狗賊逃遁，此天事也。吾輩但當盡人力之所能為，至天事則聽之彼蒼而無所容心。」（咸豐十一年四月初三日，致九弟，〈論人力與天事〉。）

所以是「機會教育」，因為曾文正公認為其弟「人力頗能盡職，而每稱擒殺狗賊云云，則好代天作主張矣。」

6　善聚不如善散，善始不如善終

金陵克復了。有功之湘軍子弟兵如何？

裁軍回籍，以減輕朝廷之負擔。

為裁撤湘勇事，同治三年七月二十日，曾國藩上奏：「臣初到金陵，擬令將士休息一月，即派勦廣德等處，乃諸將盛暑鏖兵，病者甚多，紛紛稟請撤勇回籍。臣以皖浙未靖，本不欲遽撤多營，惟念近歲以來，但見增勇，不見裁撤，無論食何省之餉，所吸者皆斯民之膏脂，所損者皆國家之元氣。」

「大局粗定，裁一勇即節一勇之糜費，亦即銷無窮之後患。諸將之願遣散歸籍，蓋未始非臣之幸，未始非大局之幸。因與臣弟曾國荃商定，將金陵全軍五萬人，裁撤一半，酌留二萬數千人，分守金陵蕪湖金柱關各要隘；其餘作為游擊之師，進剿廣德等處。而曾國荃克城之後，困憊殊甚，徹夜不寐，有似怔忡，據稱心血過虧，萬難再當大任。恐致僨事，意欲奏請回籍，一面調理病軀，一面親率遣散之勇，部勒南歸，求所為善聚不如善散，善始不如善終之道。」

不管出自何種心情與心態，此時曾國藩不挾兵以自重，不據勝以為雄，而遣老弟國荃抱病率子弟兵還鄉，這是難得之聰明與智慧。

為將者，何會嫌兵太多之理？

7 勇於大義，淡於浮榮

戰場猛進，官場猛退，也許就是曾氏兄弟，以及他所欣賞裁培的良將們的心願。

曾國荃推三推四，不願晉京見皇上；另一「戰將」彭玉麟，百辭不就高官，實在是另一條好漢也。

在這一方面，曾、彭等他們真是志同道合。

有關彭玉麟堅辭漕運總督，同治四年三月二十五日，曾國藩特為此事，上一奏摺有所表白：

「再正在封摺間，接奉三月十七日寄諭：令催彭玉麟速赴漕督署任。查彭玉麟自咸豐三年，初入臣營，堅與臣約，不願服官。嗣後屢經奏保，無不力辭；每除一官，即具稟固請開缺。臣以其本在營中，無須赴任，未經為之奏達，彭玉麟深以為歉。咸豐三年，擢任安徽巡撫，三次疏辭，臣亦代為陳情一次，仰邀聖慈允准。此次欽奉恩旨，署理漕運總督，該侍郎聞命悚惶，專摺瀝陳，接奉批旨，仍飭迅赴署任。頃來金陵具述積疾之深，再申開缺之請。臣相處日久，深知其勇於大義，淡於浮榮，不願仕宦係出至誠，未便強為阻止。且該侍郎久領水師，本於陸師不甚諳習，而失血舊病，亦不宜更膺重任。」

真是人各有志。而為了名利，晉京趕考，或東奔西托，彭玉麟能看破浮名，不為官位所誘所動，也是官場之奇數，這就難怪為「元帥」文正公所賞識。

8 堅忍盡忠為法，以畏難取巧為戒

曾國藩與李鴻章之微妙關係，有了結果：二度諭旨，命曾國藩將軍權交給李鴻章。

同治五年十一月初一日奉上諭：「曾國藩著回兩江總督本任，暫緩來京陛見。江蘇巡撫一等肅毅伯李鴻章著授為欽差大臣專辦勦匪事宜。欽此。」

軍機大臣字寄同治五年十一月初八日奉上諭：「著曾國藩即遵前旨，將軍務交李鴻章接辦，該督即回兩江總督本任，辦理餉需軍火，源源籌解，俾李鴻章得離江境，統兵進勦，則籌餉與剿匪之功，均為國家所倚重，正不必以開缺赴營，始足為朝廷宣力也。」

部屬與長官鬧情緒，一而再，尚能忍受，再而三，就惹得長官不勝其煩，一時吃虧的，自然還是部屬，最後吃虧的，還是長官，如果因為部屬鬧情緒而處理失當。

曾文正公的脾氣與抱怨，雙重壓力下，朝廷受不了，而作了這項決定，軍權終為李鴻章取得；你不說籌餉重要麼？你就專負籌餉之責任。

朝廷還留了一手，兩江總督一職仍保留。但皇朝老大之不快，則在於「暫緩來京陛見」。言下之意，朕不想見你。

朝廷這一突如其來的舉措，一般人是受不了的，不是消極發牢騷，就是心生兩心。但曾國藩到底是文正公，可謂識大體，明大義。

同治五年十一月十七日曾國藩覆陳摺：

「朝廷體恤下情，不責臣以治軍，但責臣以籌餉，不令離營勉圖後效，但令回署調理病軀，聖恩高厚，感悚交并。惟兩江總督公牘之煩，數倍於軍營，而疆吏統轄文武，尤以接見僚屬為要義，臣精力日衰，用心久則汗出，說話多則舌蹇，不能多見賓客，不能多閱文牘，業經屢次陳奏。數月以來，標病雖除，而此二患者迄未痊可，若非將舌端蹇澀之症，醫治痊愈，實難勝江督之任。且臣屢陳病牘，求開各缺，若為將帥則辭之，為封疆則就之，則是去危而就安，避難而就易，臣平日教訓部曲，每以堅忍盡忠為法，以畏難取巧為戒。今因病離營，安居金陵衙署，迹涉取巧，與平日教人之言，自相矛盾，不特畏清議之交譏，亦恐為部曲所竊笑。臣內度病體，外度大義，減輕事權則可，竟回本任則不可。故前二次奏稱，但擬開缺，不擬離營。蓋自抱病以來，反覆籌思，必出於此，然後心安而理得也。」

曾文正公畢竟不是口是而心非，而是身教即言教之人，也非拿蹻之人，說什麼就是什麼，有擺脫一切而後安。

曾文正公最後所要表達的，是〈出師表〉的心情，真是「死而後已」，可見先聖先賢之言行，處於危難之際，影響之大：「維湘淮之軍心，聯將帥之情誼，凡臣才力所可勉，精神所能到，必當竭殫愚忱，力圖補救，斷不因兵符已解，稍涉疏懈，致乖古人盡瘁之義。」

曾國藩這一明志，真是做得漂亮，皇上可安一百個心。

9 無故而怨天，則天必不許；無故而尤人，則人必不服

「蓋植弟今年一病，百事荒廢，場中又患目疾，自難見長，溫弟天分，本甲於諸弟，惟牢騷太多，性情太懶，前在京華，不好看書，又不作文，余即心甚憂之。近聞還家後，亦復牢騷如常，或數月不搦管為文，吾家之無人繼起，諸弟猶可稍寬其責，溫弟則實自棄，不得盡諉其咎於命運。吾嘗見朋友中牢騷太甚者，其後必多抑塞，如吳槮臺、凌荻舟之流，指不勝屈。蓋無故而怨天，則天必不許；無故而尤人，則人必不服。」

「邑中勸捐，彌補虧空之事，余前已有信言之，萬不可勉強勒派。我縣之虧，虧於官者半，虧於書吏者半，而民則無辜也。向來書吏之中飽，上則喫官，下則喫民，名為包徵包解，其實當徵之時，則以百姓為魚肉而吞噬之；當解之時，則以官為雉媒而播弄之。官索錢糧於書吏之手，猶索食於虎狼之口，再四求之，而終不肯吐，所以積成巨虧，並非實欠在民，亦官之侵蝕入己也。」（咸豐元年九月初五日，致諸弟，〈勸除牢騷及論邑中勸捐事〉）

曾文正公真是抱悲天憫人之心，而人在官場，心在百姓。百姓是可憐的，是無辜的，而為官者，則吃盡百姓，乃有「以百姓為魚肉而吞噬之。」

文正公之赤子之心，真令人有仰天長嘆之感。可憐百姓無辜無罪，而罪在靠民吃飯的「官者」。有關「勸捐」之事，文正公很怕諸弟在邑中橫行霸道，拿雞毛當令箭，乃有「萬不可勉強勒派，我縣之虧，虧於官者半，虧於書吏者半，而民則無辜也。」言下之意，誰要我們縣中不事生產者，為官者為書吏者這樣多？怎能怪可憐的老百姓？

10 見一善者，則痛譽之；見一不善者，則渾藏而不露一字

「用紳士不比用官，彼本無任事之職，又有避嫌之念，誰肯挺身出力以急公者，貴在獎之以好言，優之以廩給；見一善者，則痛譽之；見一不善者，則渾藏而不露一字。久久不善者勸，而善者亦潛移而默轉矣。吾弟初出辦事，而遂揚紳士之短，且以周梧岡之閱歷精神為可佩，是大失用紳士之道也。戒之，慎之。」（咸豐七年正月廿六日）

「寧可數月不開一仗，不可開仗而毫無安排算計」。（咸豐七年十月十五日，致九弟，〈戒浪戰〉）

「紳士」與「用官」，二者之身份與地位，顯然不同。就力量而言，「官」是有用的，紳士是無形的，而前者有責任亦有約束力，而後者無責任亦無約束力。

因之，與紳士之交往，必須動之以情，不能動之以力。紳士往往怕事，遇事乃避嫌，如何肯挺身而出，而地方主持公道，伸張正義，就是一地方官之手腕與職責了。

出。這個「紳士」的力量，可以載舟，亦可覆舟，就看你如何運用了。

自古紳士最能纏，因為有真紳士，也有假紳士，有真紳士耍身段，明哲保身，假紳士神氣活現也。要看你怎樣用？曾文正公教了他老弟一招：「貴在獎之以好言，優之以廩給。」該帶帽子就帶帽子，該給他一點好處，就要給好處。同時，要拼命隨時獎勵善者，對不善者則不動聲色。

無論面子與裡子，吝嗇不得。

有關「戒戰」一招，可視為要打仗就要打有把握的仗，就科學時代來講，就要打計劃仗，不可打濫仗。輸贏固大，影響士氣更大。

11 一旦為官，不寄銀錢回家

「我不越濠，則我常為主，所謂致人而致於人者也。穩守穩打，彼自意興索然，峙衡好越濠擊賊，吾常不以為然。凡此等悉心推求，皆有一定之理也。迪菴善戰，其得訣在「不輕進不輕退」六字，弟以類求之可也。」（咸豐八年四月十七日，致九弟，〈述憑濠對擊之法及捐銀作祭費〉）

曾文正公的「穩守穩打」精神，與迪菴之作戰的「不輕進不輕退」的六字訣，實在是同理。其要皆在進退操之在我的主動，曾文正公以此精神與心得，傳給漸在戰場得意的九弟。

「余在外未付銀寄家，實因初出之時，默立此誓。又於發州縣信中，以「不要錢，不怕死」六字。明不欲自欺之志，而令老父在家，受盡窘迫，百計經營，至今以為深痛。」（咸豐八年五月初五日，致九弟，〈勸捐銀修祠堂〉）

曾文正公在外為官帶兵，未寄銀錢回家奉養，見其弟將銀錢寄回，引為憾事。這是因為當初離家時，就立下宏願，一旦為官，不寄銀錢，以在銀錢方面，落個乾淨，亦即「不要錢，不怕死」，亦即岳武穆之言：「文官不要錢，武官不怕死」。曾文正公確確做到這點，而能打了勝仗，平定太平天國之亂，所以發誓不寄錢回家，乃免有後顧之憂，而在錢財方面不乾淨。

可能曾文正公自感做得太不盡人情，後來難免有悔意，尤其「令老父在家，受盡窘迫，百計經營，至今以為深痛。」

實在的，往往忠、孝並不能兩全。

12 禍福由天，善惡由人

「然禍福由天主之，善惡由人主之。由天主者，無可如何？只得聽之。人主者，盡得一分算一分，撐得一日算一日。吾兄弟斷不可不洗心滌慮，以求力挽家運。」

「第一貴兄弟和睦。去年兄弟不和，以致今冬三河之變，嗣後兄弟當以去年為戒。凡吾有過失，澄沅洪三弟各進箴規之言，余必力為懲改。三弟有過，亦當互相箴規而懲改之。」

「第二貴體孝道。推祖父母之愛，以愛叔父；推父母之愛，以愛溫弟之妻妾兒女及芝蕙二家。又父母墳域，必須改葬，請沅弟作主，澄弟不必固執。」

「第三要實行勤儉二字。內間妯娌，不可多講鋪張；後輩諸兒，須走路，不可坐轎騎馬；諸女莫太嬾，宜學燒茶煮飯，書蔬魚豬。一家之生氣，少睡多做；一人之生氣，勤者，生動之氣；儉者，收斂之

氣，有此二字，家運斷無不興之理。」（咸豐八年十一月二十三日，致九弟，〈宜兄弟和睦貴行孝道又實行勤儉二字〉）

「禍福由天」，「善惡由人」，曾文正公這一精神，是符合中國儒家思想以及世界性宗教的生死命運觀。「人有旦夕禍福」，就是中國儒家以及伊斯蘭教的精神。伊斯蘭的《古蘭經》，從不對未來作預測，只能求明天平安，因為未來的禍福是由真主定之，人不可測，亦不可知；人只能多種善因，得善果，這是佛家的精神，也就是「善的循環」。

一人之興，一家之興，一社會之興，均在勤儉與和氣而已。

13 天地間惟謙謹是載福之道

「弟於世事，閱歷漸深，而信中不免有一種驕氣。天地間惟謙謹是載福之道，驕則滿，滿則傾矣。凡動口動筆，厭人之俗，嫌人之鄙，議人之短，發人之覆，皆驕也。無論所指未必果當，即使一一切當，已為天道所不許。吾家子弟，滿腔驕傲之氣，開口便道人短長，笑人鄙陋，均非好氣象。賢弟欲戒子弟之驕，先須將自己好議人短，好發人覆之習氣，痛改一番，然後令後輩事事警改。欲去驕字，總以不輕非笑人為第一義；欲出惰字，總以不晏起為第一義。弟若能謹守星岡公之八字、三不信，又謹記愚兄之去驕去惰，則家中子弟，日趨於恭謹而不自覺矣。」（咸豐十一年正月初四日，致四弟，〈教去驕惰〉）

曾家之傳家寶典，即是其祖父星岡公之八字：「考寶早掃，書蔬魚豬」及三不信：「不信醫藥、不信僧巫、不信地師。」再加上曾文正公之「去驕去惰」，成為曾府完整之「傳家寶典」。

政治使人腐化，官宦使人墮落。曾家到了文正公的時代，真是紫氣萬千，極易養成驕奢之氣，因之，曾文正公引以為戒：「去驕去惰，則家中子弟，日趨恭謹而不自覺矣。」

一個家庭之形成，乃存在於不易覺察之氣氛與環境中，而成為風氣。此之曾文正公所謂「日趨於恭謹而不自覺矣。」

此時之曾文正公宦海浮沉，閱歷豐富，最忌言詞與動作之刻薄，得罪人而不自知。因之，「先須將自己好議人短，好發人覆之習氣，痛改一番。」

「弟言家中子弟，無不謙者，此卻未然。凡畏人不敢妄議論者，謙謹也；凡好譏評人短者，驕傲者也。諺云：『富家子弟多驕，貴家子弟多傲』。非必錦衣玉食，動手打人，而後謂之驕傲也。但使志得意滿，毫無畏忌，開口議人短長，即是極驕極傲耳。」（咸豐十一年二月初四日，致四弟，〈戒不輕非笑人〉）

有關曾老哥諄諄善導，戒驕戒傲，老弟以等閒視之，好像並沒有什麼。曾文正公再申其義，並以「謙謹」勉之，切忌「志得意滿，毫無畏忌，開口議人短長，即是極驕極傲耳。」

14 八字訣，三不信及「八本」

「凡軍行太速，氣太銳，其中必有不整不齊之處，惟有一靜字可以勝之。不出隊不喊吶，槍礮不能命中者，不許亂放一聲，穩住一二日，則大局已定，然後函告春霆，渡江援救，并可約多軍三面夾攻，吾之不肯令鮑軍預先北渡者，一則南岸處處危急，賴鮑軍以少定人心，二則霆軍長處甚多，而短處正坐少一靜字。」

「吾兄弟無功無能，但統領萬眾，主持劫運，生死之早遲，冥冥者早已安排妥貼，斷非人謀計較所能及。只要兩弟靜守數日，則數省之安危，胥賴之矣，至囑至要。」（咸豐十一年二月廿二日，致九弟季弟，〈宜以靜字勝賊〉）

曾文正公兩位弟弟，領軍前線，處於高度危難中。急切盼望老哥又是長官的文正公派兵馳援解圍，老哥以「靜」字勉之，勿計個人生死利害，靜守數日，不但圍可解，「數省之安危，胥賴之矣。」也就是稍安勿躁，急躁有害無益。

「然余自咸豐三年冬以來，久已以身許國，願死疆場，不願死牖下，本其素志。近年在軍辦事，盡心竭力，毫無愧怍，死即瞑目，毫無悔憾」。

「家中兄弟子姪，惟當記祖父之八個字，曰：『考寶早掃，書蔬魚豬。』又謹記祖父之三不信曰：『不信地師、不信醫藥、不信僧巫』。余日記冊中，又有八本之說。曰：『讀書以訓詁為本，作詩文以聲調為本，事親以得歡心為本，養身以戒惱怒為本，立身以不妄語為本，居家以不晏起為本，作官以不要錢為本，行軍以不擾民為本。』此八本者，皆余閱歷而確有把握之論，弟以當教諸子姪謹記之。無論世之治亂，家之貧富，但能守星岡公之八字，與余之八本，總不失為上等人家。余每次寫家信，必諄諄囑付，蓋因軍事危急，故預告一切也。」

「余身體平安，營中雖欠餉四月，而軍心不甚渙散，或尚能支持，亦未可知。家中不必懸念。」（咸豐十一年二月二十四日，致四弟，〈教子弟以三不信及八本〉）

曾文正公「以身許國」，軍中困而危，「欠餉四月」，但身在軍中，卻心在家中，諄諄囑付，希曾府成積善人家也。

曾家處世為國修身治家，祖父星岡公八字訣、三不信以及他自己的「八本」，成為完整之體系。

15 清、慎、勤與廉、謙、勞

曾文正公的修身治事精神，就是：清、慎、勤。清：清心，慎：慎獨，勤：勤勞也。以此自勵，也以此勉其老弟們。

一個人無論面對財勢福祿，隨時固應警惕，到了極峰更應戒身恐懼，因為盈滿則虛。

此時的曾國藩，滿門忠義，更為皇上所器重，兵權皆握在曾家兄弟之手。作為大哥的曾國藩，同治元年五月十五日，致沅弟、季弟，除清、慎、勤外，並以廉、謙、勞字相互勉勵。

這個時候的曾家，好不風光：

「余家目下鼎盛之際，余忝竊將相，沅所統近二萬人，季所統四、五千人，近世似此者，曾有幾家？沅弟半年以來，七拜君恩，近世似弟者曾有幾人？日中則昃，月盈則虧。」

曾家之盛，在外人看來好不威風，但深諳中國文化的曾文正公，卻以「日中則昃，月盈則虧」自惕。自概之道，何處下手？「吾與諸弟當設法先自概之，自概之道云何？亦不外清慎勤三字而已。吾近將清字改為廉字，慎字改為謙字，勤字改為勞字，尤為明淺。」

這個時候的大哥，以廉、謙、勞三字，開始責善了：

「沅弟昔年於銀錢取與之際，不甚斟酌，朋輩之譏議菲薄，其根實在此。去冬之買犁頭嘴栗子山，余亦大不謂然。以後宜不妄取分毫，不寄銀回家，不多贈親族，此廉字工夫也。謙之存諸中者不可知，其著於外者，約有四端：曰面色，曰言語，曰書函，曰僕從屬員。」

「而弟等每次來信，索取帳棚子藥等件，常多譏諷之詞，不平之語，在兄處書函如此，則與別處書函更可知已。沅弟之僕從隨員，頗有氣燄，面色言語，與人酬接時，吾未及見。而申夫曾述及往年對渠之詞氣，至今餘憾。以後宜於此四端，痛加克治，此謙字工夫也。每日臨睡之時，默數本日勞心者幾件，勞力者幾件，則知宣勤五事之處無多，更竭誠以圖之，此勞字工夫也。余以名位太隆，常恐祖宗留貽之福，人享盡，故將勞謙廉三字，時時自惕，亦願兩賢弟之用以自惕，且即以自概耳。」（同治元年五月十五日，致九弟季弟，〈注意清慎勤〉）

曾文正公以教育其弟之苦心，即可知真是苦其心志，真是處於極得意之地，而能唯謹唯慎唯恭，只有對中國文化體認至深之人，才能有如此深厚之修養。尤其以「面色、言語、書函、僕從屬員」四事，觀察一個人的行為，真是到家，做其部屬不易，做其兄弟更為不易。

這一「家訓」最為不易，也最難能處。

一個偉人異於常人幾希？

曾文正公提供了古今中外難得之榜樣。

16 趨事赴公，則當強矯；爭名逐利，則當謙退

曾國藩為人處事的道理，都從中國源流處下功夫，找答案，剛柔進退就是如此。

中國之道理，源自春秋；西洋之道理，源自希臘，整個的宇宙，亦有其源流處，亦有其不變的道理，

相互相斥相吸的道理。萬物的生生不息，忽明忽暗，其道理就在此。

曾國藩在同治元年致其九弟季弟信中，就談到天下之道理：

「沅弟季弟左位：沅於人概天概之說，不甚措意，而言及勢利之天下，強淩弱之天下，此豈自今日始哉，蓋從古已然矣。從古帝王將相，無人不由自強自立做出，即為聖賢者，亦各有自立自強之道，故能獨立不懼，確乎不拔。余往年在京，好與大名大位者為仇，亦未始無挺然特立，不畏強禦之意。」

「近來得天地之道，剛柔互用，不用偏廢。太柔則靡，太剛則折，剛非暴虐之謂也，強矯而已；柔非卑弱之謂也，謙退而已。趨事赴公，則當強矯；爭名逐利，則當謙退。開創家業，則當強矯；守成安樂，則當謙退。出與人物應接，則當強矯；入與妻孥享受，則當謙退。若一面建功立業，外享大名，一面求田問舍，內圖厚實，二者皆有盈滿之象，全無謙退之意，則斷不能久。余所深信，而弟宜默默體驗者也。」（同治元年五月二十八日，致九弟季弟，〈剛柔互用〉）

這一道理，實在是至深至要，不只是「剛柔互用」而已。該用剛則用剛，該用柔則用柔。斷事則用剛，處人則用柔；事業競爭用剛，家庭相處，則用柔。遇義務則爭進，遇權力則退讓，如此，人無往而不利，家庭安寧，天下太平。在外不怕有女強人之名，在家則為溫柔賢妻良母，這也就是角色也。

人生之道理，事業之哲理，實在並不需要太深的講座，太高的學位，均在日常生活中之體會與體認，更明白而言，常識而已。

17 治心以廣大二字為藥，治身以不藥二字為藥

「中國人為東亞病夫」，體弱是其原因，喜吃藥亦是其中之一。經對日抗戰勝利，中國並非弱者，脫離殖民地之國，亦洗刷「東亞病夫」之名，但中國人視藥如寶，則有增無減。

臺灣四十年，先以日本藥為聖品，近年來大陸探親開放，則以大陸藥品為珍品。

無藥不吃，無藥不買，尤以補藥為最。

曾文正公倒是例外。

不怕生病，病怕吃多藥，更怕吃錯藥：

「吾在外日久，閱事日多，每勸人以不服藥為上策，吳彤雲近病極重，水米不進，已十四日矣。十六夜四更，已將往事料理，手函託我，余一概應允，而始終勸其不服藥。自初十日起，至今不服藥十一天，昨日竟大有轉機，瘧疾減去十之四，呃逆各症，減去十之七八，大約保無他變。」

「希庵五月之杪，病勢極重。余緘告之云：『治心以廣大二字為藥，治身以不藥二字為藥。』」

「故余所慮不在於病，而在於服藥，茲諄諄以不服藥為戒，望季曲從之，沅力勸之。」（同治元年七月二十日，致九弟季弟，〈不服藥之利〉）

曾文正公異於常人幾希？這就是極大相異之處。國人因為貪小，看病拿藥視為習慣，尤其不化錢為焉。某日臺北市公保門診三五人又作日日聚，引朋呼友一番，忽然發現今天少了某人，問：某人今天怎沒來看病？

其中一人自然答稱，大概病了吧？

聽起來，這雖然是一則笑話，實在，就是公保處的常態。公家醫療所，一人看病，全家拿藥，亦是司空見慣。吃藥粒如同吃花生米一樣，連藥也「貪」，豈能不傷人！

曾文正公的「治心以廣大二字為藥，治身以不藥二字為藥」，實在是長壽健康之良方。

18 盛時常作衰時想，上場當念下場時

「莫買田園，莫管公事」，這是曾文正公在家書中常常提醒他的弟弟們。理由很簡單：生怕以勢欺人，仗勢壓官府。

同治元年八月初四日，曾文正公在「致四弟」信中，又提到這件事：

「河水及井水皆不可食，其有力者，同舟載水於數百里之外，穢氣襲人，十病八九。誠宇宙之大劫，軍行之奇苦也。」

「莫買田園，莫管公事，吾囑者二語而已。」「盛時常作衰時想，上場當念下場時」。（同治元年八月初四日，致四弟，〈告軍中病疫〉）富貴人家，不可不牢記此二語也。

軍中病疫，十病八九，真是慘事，還不止一次。其原因衛生環境與打仗均有關係。

水會傳染病疫，因之文正公特別提醒家人，千萬不能喝「河水」及「井水」。可憐的鄉人，不從這二處取水，還有什麼地方？難道有山水或洞水？

富貴人家財與勢，為人羨，亦為人妒，因之，曾文正公以此為戒。不能仗勢，也不能貪財。實在的，以現代的術語來講，就是儘量低姿態，作平凡人，過平常人的生活。

曾家的家風，實在了不起。

19 以方寸為嚴師

曾文正公很注意待人接物之週到，但過於繁瑣或流於形式，則非他所願也。一個人之言行舉止行為，主要的，還是對自己負責、對自己良知負責：「吾輩所最宜畏懼敬慎者：第一則以方寸為嚴師。其次則左右近習之人，如巡捕戈什幕府文案及部下營哨官之屬。又其次乃畏清議。」（同治二年四月十六日，致九弟，（不必再行辭謝））所謂「以方寸為嚴師」，就是自己也，擴而大之，則是自己公私附近之人，最後「乃畏清議。」問心無愧，何足清議？心安理得，又何懼他人的想法與批評。這就是曾文正公有所畏，有所不畏之理。

20 非氣不舉，非剛不濟，全在明強

承擔大事者，畏首畏尾是不行的。

曾文正公在致其九弟函中指出：凡事非氣不舉，非剛不濟，而以明強為本。這一封信也是為其弟解答迷津的，很有價值。全文如下：

「沅弟左右：來信亂世功名之際，頗為難處十字，實獲我心。本日余有一片，亦請將欽篆督篆，二者分出一席，另簡大員。吾兄弟常存兢兢業業之心，將來遇有機緣，即便抽身引退，庶幾善始善終，免

蹈大戾乎？」

「至於擔當大事，全在明強二字。中庸學問思辨行五者，其要歸於思必明、柔必強。弟向來倔強之氣，卻不可因位高而頓改，凡事非氣不舉，非剛不濟，既修身齊家，亦須以明強為本。本巢縣既克，和含必可得手，以後進攻二浦，望弟主持。余相隔太遠，不遙制也。（同治二年四月二十七日，致九弟，〈當大事宜明強〉）

很顯然的，他的老弟職高責重，難免有牢騷，處理事情方面，也會有矛盾。曾文正公在這封信中，最重要的指出三點：

一、在位者常存兢兢業業之心，即使將來抽身引退，能得善始善終，免蹈大戾。

二、擔當大事，全在明強。凡事非氣不舉，非剛不濟。遲疑就會壞大事，徒失機宜。

三、相隔太遠，不遙制也。精神與原則指陳出來，至於如何做法，自作衡斷。

在上位者善始善終，難矣。善始難，善終更難。

21 儉以養廉，直而能忍

曾國藩的一生，可謂「不變的道理」勝過「變的道理」，也可以說堅持「不變的道理」的結果。

曾國藩守成一生的道理是：「儉」與「勤」，尤其持家與治家，更以「儉」為寶、為惕：

「圍山嘴橋，稍嫌用錢太多；南塘竟希公祠宇亦儘可不起。沅弟有功於國，有功於家，千好萬好，但規模太大，手筆太廓，將來難乎為繼。」

「余往年撰聯，贈弟有『儉以養廉，直而能忍』二語，弟之直人人知之，其能忍則為阿兄所獨知；弟之廉，人人料之，其不儉，則阿兄所不及料也。以後望弟於儉字加一番工夫，用一番苦心，不特家常用度宜儉，即修造公費，周濟人情，亦有一儉字意思，總之愛惜物力，不失寒士之家風而已，吾弟以為然否？」（同治二年十一月十四日，致四弟，〈注意儉字〉）

此時之曾府，真是家大名大，不一定業大，場面也就大了，就難免有些開銷。曾文正公一本初衷，勸其弟手筆不要太大，還是「儉」為尚。「阿兄」、「阿兄」躍然紙上，兄弟手足情深，只是盼其弟，「儉」字加一番工夫，用一番苦心。」可見曾文正公之治家，一絲一毫都放鬆不得。

22 知世路之艱險，而心愈抑畏

同治元年四、五月間，曾文正公驚聞其九弟患有肝病，一連三封信，都念及並望善自養自醫，勿輕易發怒：

「然心肝兩家之病，究以自養自醫為主，非藥物所能為力。今日偶過裱畫店，見弟所寫對聯，光彩煥發，精力似甚完足，若能認真調養，不過焦灼，必可漸漸復元。」（同治三年五月初十日，致九弟，〈心肝之病以自養自醫為主〉）

「凡鬱怒最易傷人，余有錯處，弟儘可一一直說。人之忌我者，惟願弟做錯事，惟願弟之不恭；人之忌弟者，惟願兄做錯事，惟願兄之不及弟。看破此等物情，則知世路之艱險，而心愈抑畏，氣反和平矣。」（同治三年五月二十三日，致九弟，〈鬱怒最易傷人〉）

很顯然的，有好事者，忌曾家之勢大，而搬弄是非，以離間其兄弟之間感情，乃有曾文正公「人之忌我者」，與「人之忌弟者」，加以解開心中之結。

23 自修處求強則可，勝人處求強則不可

儒家以至明理的讀書人，皆在自省自強處下功夫。人生以至人間，實實虛虛，得得失失，並非絕對的，而是相對的；並非一時的，而是長遠的。一時之得，也許是長遠之失；今日之勝，也許就是明日之敗。看得見的，是在明處；看不見的，是在暗處：

「弟謂命運作主，余所深信。謂自強者，每勝一籌，則余不甚深信。凡國之強，必須多得賢臣；凡家之強，必須多出賢子弟，此亦關乎天命，不盡是由於人謀。至一身之強，則不外乎北宮黝孟施舍曾子三種。孟子之集義而慊，即曾子之自反而縮也，惟曾孟與孔子告仲由之強，略為可久可常。此外鬬智鬬力之強，則有因而大興，亦有因強而大敗。古來如李斯、曹操、董卓、楊素，其智力皆橫絕一世，而其禍敗亦迴異尋常；近世如陸何蕭陳皆予知自雄，而俱不保其終。故吾輩在自修處求強則可，在勝人處求強則不可。」（同治五年九月十二日，致九弟，〈宜在自修處求強〉）

這就是曾文正公的精神：不在強出頭，更不在強勝人。勝者未必真勝，強者未必真強。強出頭，甚至不計一切，總是悲劇收場。

24 立者發奮自強，達者辦事圓通

人的弱點，在「胡想亂猜」。疑心症，乃是人的通病，我們中國人為然，尤其喜歡搬弄是非，見不得別人比自己好，小話與謠言，如同傳染病菌，容易散佈，曾文正公最恨此點。

「鄂督五福堂有回祿之災，幸人口無恙，受驚已不小矣，其屋係板壁紙糊，本易招火。凡遇此等事，只可說打雜人役失火，固不可疑會匪之毒謀，尤不可怪仇家之奸細。若大驚小怪，胡想亂猜，生出多少枝葉，仇家轉得傳播以為快。惟有處處泰然，行所無事，申甫所謂「好漢打脫牙和血吞」，星岡公所謂「有福之人善退財」，真處逆境者之良法也。」

「弟求兄隨時訓示申儆，兄自問近年得力，惟有一悔字訣。兄昔年自負本領甚大，可屈可伸，可行可藏，又每見得人家不是。自從丁巳戊午大悔大悟之後，乃知自己全無本領，凡事都見得人家有幾分是處，故自戊午至今九載，與四十歲以前不相同，大約以能立能達為體，以不怨不尤為用。立者，發奮自強，站得住也；達者，辦事圓融，行得通也。」

「吾九年以來，痛戒無恆之弊。看書寫字，從未間斷；選將練兵，亦常留心，此皆自強能立工夫；奏疏公牘，再三斟酌，無一過當之語，自誇之辭，此皆圓融能達工夫。至於怨天本有所不敢，尤人則尚不能免，亦皆隨時強制而克去之。」

「弟若欲自儆惕，似可學阿兄，丁戊二年之悔，然後痛下鍼砭，必有大進。立達二字，吾於己未年，曾寫之手卷中，弟亦刻刻思自立自強，但於能達處尚欠體驗，於不怨尤處，尚難強制，吾信中言皆隨時指點，勸弟強制也。趙廣漢本漢之賢臣，因星變而劾魏相，後乃身當其災，可為殷鑒，默存一悔字，無事不可挽回也。」（同治六年正月初六日，致九弟，〈一悔字訣〉）

這是曾文正公的自悔與悔其弟也。一個人一生政海風雲，人家所看到的，也許是榮華富貴，但自己內心卻是寂寞空虛。

「好漢打脫牙和血吞」，處逆境是如此，處順境時也是如此，這就是曾文正公「忍」的精神，影響至為深遠。

猶憶民國四十七年八月二十三日金門砲戰，砲彈如雨打過來的時候，金門三位副司令官、參謀長，死的死，傷的傷，當時，就在咫尺的國防部長俞大維，也受了傷，險些陣亡，俞大維卻從容鎮定，當時，美軍首席顧問就好奇地問，「俞部長，你這麼鎮定，是否由於高深的哲學修養？」

俞大維說：「我母親是曾國藩的嫡孫女，我是外曾孫。外曾祖父是一位『打斷牙，和血吞』、『大丈夫把命交天』的人物；我就是在這樣的環境很自然的受了影響。」是母教，也是家教。

俞大維，這位學貫中西的忠義之士，頂著民族與自己的生命，在這國脈民命千鈞一髮之際，把「打斷牙，和血吞」用活了。

25 悔字如春，萬物蘊蓄初發

又是一個悔字：

「接李少帥信，知春霆因弟覆奏之片，言省三係與任逆接仗，霆軍係與賴逆交鋒，大為不平。自奏傷疾舉發，請開缺調理，又以書告少帥，謂弟自占地步。弟當此百端拂逆之時，又添此至交齟齬之事，想心緒益覺難堪。然事已如此，亦只有逆來順受之法，仍不外悔字訣，硬字訣而已。」

「朱子嘗言：『悔字如春，萬物蘊蓄初發；吉字如夏，萬物茂盛已極；吝字如秋，萬物如落；凶字如冬，萬物初凋。』又嘗以元字配春，亨字配夏，利字配秋，貞字配冬，兄意貞字即硬字訣也。弟當此艱危之際，若能以硬字法冬藏之德，以悔字啟春生之機，庶幾可挽回一二乎。」（同治六年三月初二日，致九弟，〈必須逆來順受〉）

這就是異於常人的曾文正公的人生修養：處逆境時則求順。一個人在順境時容易，英氣煥發，能頂得住逆境，才是英雄好漢。

「悔字如春，萬物蘊蓄初發」，這一意境與心境，不是常人所能體會的。因為悔字，就能化凶為吉，否極泰來，此正如「凶字如冬，萬物初凋」。

到了晚年，曾文正公的一事一生，都在一個「悔」，這是極高的儒者修養。

26　上之人必揆諸道，下之人必守乎法

「汝讀四書，無甚心得，由不能『虛心涵泳，切己體察』，朱子教人讀書之法，此二語為精當。」

「近歲在外辦事，乃知上之人必揆諸道，下之人必守乎法；若人人以道揆自許，從心而不從法，則下凌上矣。」

「涵泳」二字，最不易識，余嘗以意測之。曰涵者，如春雨之潤花，如清渠之溉稻；雨之潤花，過

小則蘸透，過大則離披，適中涵濡而滋液；清渠之溉稻，過小則枯槁，過多則傷澇，適中則涵養而勃興。泳者，如魚之游水，如人之濯足。」

「善讀書者，須視書如水，而視此心如花如稻如魚，如濯足，則『涵泳』二字，庶可得之於意言之表。爾讀書易於解說文義，卻不甚能深入，可就朱子『涵泳』『體察』二語，悉心求之。」（咸豐八年八月初三日，諭紀澤：〈讀書宜虛心涵泳切己體察〉）

讀書何用？有所謂變化氣質，在明理也。曾文正公特別引述朱子教人讀書之法：「虛心涵泳，切己體察」，此八字不易解，有哲理亦有文理。曾文正公特別欣賞「涵泳」：「涵者：如春雨之潤花，如清渠之溉稻；泳者：如魚之游水，如人之濯足。」這樣的意境是很高的，基本上，讀書之妙用，還在清滌心靈。為官讀書之用，在「知上之人必揆諸道，下之人必守乎法。」這就是守住「分寸」。今天政治也好，社會也好，其亂即源於此。

27 君子之道，莫大乎與人為善

「爾治經之時，無論看注疏，看朱傳，總宜虛心求之。其愜意者，則以硃筆識出；其懷疑者，則以另冊寫一小條，或多為辯論，或僅著數字，將來疑者漸晰，又記於此條之下，久久漸成卷帙，則自然日進。」

「君子之道，莫大乎與人為善，況兄弟乎？臨三昆八係親表兄弟，爾須與之互相勸勉，爾有所知者，常常與之講論，則彼此並進矣。」（咸豐八年十月二十五日，諭紀澤，〈治經學賦習字之法〉）

曾文正公教紀澤治學與做人之道。治學，勤記筆記，好古敏學持疑，都合乎現代治學之精神與道理，尤其「其懷疑者，則以另冊寫一小條」，更屬難能。因為一般學者，崇古未恐不及，怎敢懷疑。其實，能超過前人，無論發明發現發見，多起自懷疑，乃能超乎前人，或前人未見未明者。所謂「箚記」者，不只是照記不誤，還有心得，所感所疑，乃能有所得。

「和」為曾文正公之基本精神，用以治家治軍，此處文正公以君子之道教示紀澤，與人為善，大家庭大家族中，更要相互勸善。大家族之複雜，一如王朝皇族，往往勾心鬥角有之，好言勸善則少之，所謂家和萬事興，其道理其關鍵亦即在此。

28 人生惟有「常」是第一美德

「今年春夏，爾在家中，比余在營更忙，然古今文人學人，莫不有家常瑣事之勞，其身莫不有世態冷暖之攖其心，爾現當家門鼎盛之時，炎涼之狀，不接於目；衣食之謀，不縈於懷，雖奔走煩勞，猶遠勝於寒士困苦之境也。」（同治元年三月十四日，諭紀澤〈慰其煩勞及述軍情〉）

「爾累月奔馳酬應，猶能不失常課，當可日進無已，人生惟有「常」是第一美德。余早年於作字一道，亦嘗苦思力索，終無所成。近日朝朝摹寫，久不間斷，遂覺月異而歲不同，可見年無分老少，事無分難易，但行之有『恆』，自如種樹養畜，日見其大而不覺耳。」

「爾之短處，在言語欠純訥，舉止欠端重，看書不能深入，而作文不能崢嶸；若能從此三事上，下一番苦工，進之以猛，持之以恆，不過一二年，自爾精進而不自覺，言語遲鈍，舉止端重，則德進矣。

作文有崢嶸雄快之氣，則業進矣。」（同治元年四月初四日，諭紀澤，〈勗以有恆及告軍事勝利〉）

所謂「老生常談」，就是曾文正公一生進德修業的功夫。他不講大話，不講虛言，一切都從為人處事最根本處著手，下功夫。知子莫如父，他深知紀澤之缺失，亦有厚望，乃能諄諄而教，期之於三事：言語純訥，舉止端莊，作文有崢嶸雄快，以補紀澤之不足，則能德業俱進矣。

29 有福不可享盡，有勢不可使盡

「吾家累世以來，孝弟勤儉，輔臣公以上，吾不及見，竟希公星岡公皆未明即起，竟日無片刻暇逸。」

「星岡公當孫入翰林之後，猶親自種菜收糞；吾父竹亭公之勤儉，則爾等所及見也。今家中境地，雖漸寬裕，姪與諸昆弟切不可忘卻先世之艱難，有福不可享盡，有勢不可使盡。」

「勤字工夫，第一貴早起，第二貴有恆；儉字工夫，第一莫華麗衣服，第二莫多用僕婢雇工。凡將相無種，聖賢豪傑亦無種，只要人肯立志，都可做得到的。姪等處最順之境，當最富之年，明年又從最賢之師；但須立定志向，何事不可成，何人不可作，願吾姪早勉之也。」（同治二年十二月十四日，寫紀瑞姪，〈勿忘先世之勤儉〉）

曾文正公之勤儉，以曾家而言，並非自他始，而是代代相傳的，他深受影響，尤其祖父星岡公，幾成為他的崇拜偶像，當文正公「入翰林之後，猶親自種菜收糞」，最令他心儀。文正公在外做官，做大官，最怕家中仗勢倚勢，也最怕家中生活腐化，而在族人中，也最招自家人忌，這紀瑞姪只是一例。文正公並不以自己為例，免有自耀自誇之嫌，而以「將相無種，聖賢豪傑亦無種」，寄語紀瑞姪，「立定志向，何事不可成，何人不可作。」

凡事靠自己，「不可專恃蔭生為基」，言下之意，不要靠你伯父提拔，弄個一官半職。

對於自己姪兒，不能像對自己兒子一樣，不免婉轉開導一番。

30 有氣則有勢，有識則有度，有情則有韻，有趣則有味

「寓中絕不酬應。」

「吾近夜飯不用葷菜，以肉湯炖蔬一二種，令極爛如糜，味美無比，必可以資培養（菜不必貴，適口則足以養人），試炖爾母食之。（星岡公好於日入時，手摘鮮蔬，以供夜餐。吾當時侍食，實覺津津有味，今則加以肉湯，而味尚不逮於昔時）。後輩則夜飯不葷，專食蔬而不用肉湯，亦養生之宜，崇儉之道也。顏黃門（推之）《顏氏家訓》作於亂離之世，張文端英《聰訓齋語》，作於承平之世，所以教家者極精。爾兄弟各覓一冊，常常閱習，則日進矣。」（同治四年五月十九日，諭紀澤，〈夜飯不用葷菜〉）

曾文正公養生之道，頗合現代健康長壽精神：少吃肉多食蔬菜。三餐中，早餐重要，晚餐則少。「菜不必貴，適口則足以養人」，與山珍海味，恰恰相反。珍品即補品，實在是極大的錯誤。

「宵夜」之習，尤為健康大害。「吃宵夜」原為城市夜生活之習慣，如演戲者，如新聞編輯者等，晚間之作息，與一般人不同，常人夜間休息，而這類人，非但不能休息，反而更用心用力，同時，工作開始前，又未能好好用餐，自然工作完畢後，需要進補一番。

《顏氏家訓》，《聰訓齋語》，一作於亂世，一作於承平之世，均有省身省世之價值。

「前所示有氣則有勢，有識則有度，有情則有韻，有趣則有味，古人絕好文字大約於四者之中。」（同治四年六月初一日，諭紀澤紀鴻，〈領略古人文字意趣〉）

氣勢，識度，情韻，趣味，不論從那個角度看人生，均在其中。從今天社會之人面，政治面，尤為清澈。無氣當有氣，自然無氣；無識當有識，自然無度；無情當有情，自然無韻；無趣當有趣，自然無味。人生之百態，均在此中。

31 總須氣勢展得開，筆仗使得強

「余託陳小浦買龍井來，爾可先交銀十六兩，亦候下次兵來時付去。」

「氣勢，識度，情韻，趣味四者，偶思邵子四象之說，可以分配，茲錄於別紙，爾試究之。」（同治四年六月十九日，諭紀澤紀鴻，〈告水災〉）

文正公之細心與不佔他人便宜，由此可見，就是區區「買龍井來」，所需之銀，亦要家人先墊上，「下次兵來時付去」，真是乾淨俐落。

「氣勢，識度，情韻，趣味」，四者實在很奇妙，值得細品。

「又問有一專長，是否須兼三者，乃為合作，此則斷斷不能。韓無陰柔之美，歐無陽剛之美，況於他人而能兼之，凡言兼眾長者，皆其一無所長者也。」

「然少年文字，總貴氣象崢嶸，東坡所謂蓬蓬勃勃，如釜上氣。古文如賈誼〈治安策〉，賈山〈至言〉；太史公〈報任安書〉，韓退之〈原道〉，柳子厚〈封建論〉，蘇東坡〈上神宗書〉。時文如黃陶庵、呂晚村、袁簡齋、曹寅谷。墨卷如《墨選觀止》，鄉墨精銳中所選兩排三疊之文，皆有最盛之氣勢，爾當兼在氣勢上用功，無徒在揣摩上用功。」

「總須將氣勢展得開，筆仗使得強。」

「惟氣勢之屬太陽者，最難能而可貴。」（同治四年七月初三日，論紀澤紀鴻，〈作文氣勢須與揣摩並重〉。）

曾文正公現代化觀念是很強的。一個人一生中，有一專就很了不起，樣樣通，就不是真通了，「凡言兼眾長者，皆其一無所長者也。」真是一語道破現在的「博士」制度。「博士」所「博」，乃是學有專精也。文正公對其二子，貪多貪大，就不客氣地指出其心其病，只要有一長，就很了不起了。

在這封信，文正公又延伸了「氣勢，識度，情韻，趣味」。

為文為人，治事治國，有一脈相承，也有其根本。「總須氣勢展得開」，就是文正公用兵的精神，乃能山河為之震盪。抗日時期之「氣壯山河」，最令人神往。當然「氣壯山河」來自岳武穆，但應與此處氣勢展得開有關。

32 須活活潑潑地，養得一段生機

「近年在軍中閱書，稍覺有恆，然已晚矣。故望爾等於少壯時，即從有恆二字，應下工夫，然須有情韻趣味，養得生機盎然，乃可歷久不衰，若拘苦疲困，則不能真有恆也。」（同治四年七月十三日，論紀澤，〈服炒米醫脾虧勉閱書有恆〉）

又是「有恆」，文正公念茲在茲也。有恆之重要，有恆之不易，亦在此。

「然須有情韻趣味，養得生機盎然」，這就是文正公的生活修養與境界。

「吾於凡事皆守『盡其在我，聽其在天』二語，即養生之道亦然。體強者如富人，因戒奢而益富；體弱者如貧人，因節嗇者而自全。節嗇非獨食色之性也，即讀書用心，亦宜儉約，不使太過。」

「余八本篇中，言養生以少惱怒為本，又嘗教爾胸中不宜太苦，須活活潑潑地，養得一段生機，亦去惱怒之道也。既戒惱怒，又知節嗇，養生之道，已盡其在我者矣。」

「此外，壽之長短，病之有無，一概聽其在天，不必多生妄想，去計較他。他凡多服藥餌，求禱神祇，皆妄想也。吾於醫藥禱祀等事，皆記星岡公之遺訓，而稍加推闡，教爾後輩，爾可常常與家內外言之。」（同治四年九月初一日，諭紀澤，〈知節嗇戒惱怒〉。）

人有病症在身時，就難免會想東想西，甚至會有恐懼感：來日無多。曾紀澤也是人，也有人之通病。文正公接紀澤來信，知其患病，並有「神倦頭眩」，乃規勸他不必想得太多，人生有命，「聽其在天」。曾文正公深受其祖父星岡公影響，不太相信藥草與求神之類，乃有「凡多服藥餌，求禱神祇，皆妄想也。」文正公實在是大智之人。

「養生以少惱怒為本」，百病因惱怒而生。

文正公的言行，源自星岡公的精神，星岡公影響文正公至深且遠也。星岡公治家成功，而有文正公，文正公將星岡公精神推至「治國」也。

不要胡思亂想，就是曾文正公要告訴他的愛子的。

又是《聰訓齋語》。曾文正公一方面寄《聰訓齋語》，一方面關心是否閱讀，一方面又找續本。這一封信，就是指出：「《聽訓齋語》俟覓得再寄。」

33 養活一團春意思，撐起兩根窮骨頭

人是人，總是有情緒問題。凡夫俗子精神負擔較輕，心情起伏較緩，負國之重責者，就不一樣了。蔣中正先生在世時，在臺灣這些年來，以光復大陸為己任，心情始終平復不下來，就在公開場合，電視攝影機前，亦見其歎氣聲，成了習慣，作深呼吸狀，精神負擔太重了。曾文正公也是如此。

「李申甫自黃州歸來，稍論時事，余謂當豎起骨頭，竭力撐持，三更不眠」。

「今夜醒後，心境不甚恬適，於愛憎恩怨未能悉化，不如昨夜之清白坦蕩遠甚。」

輾轉不能睡，睡而又醒，都是苦事。

曾文正公「三更不眠」，起來作聯：

「養活一團春意思，撐起兩根窮骨頭。」

「不怨不尤，但反身爭箇一壁靜；勿忘勿助，看平地長得高丈高。」

「天下無易境，天下無難境；終身有樂處，終身有憂處。」

「取人為善，與人為善；樂以終身，憂以終身。」

「天下斷無易處之境遇，人間那有空閒的光陰。」（己未十月）

作聯固在自警自箴，亦在自慰，尤其遭遇困苦不如意之時。孫中山先生嘗謂：「人生不如意十之八九」，也是革命連連失敗，出自低潮之時，自勉而勉人也。

「養活一團春意思，撐起兩根窮骨頭」，尤具人生哲理。再苦再窮再困，人前人後，還是需挺起來，才能頂起來，這是「養活一團春意思，撐起兩根窮骨頭」，言外之意，也要自己開心些，再苦再窮，心情也要放開些。

34 凡事皆有極困極難之事，打得通的，便是好漢

「余昔學顏柳帖，臨摹動輒數百紙，猶且一無所似。余四十以前，在京所作之字，骨力間架，皆無可觀，余自媿而自惡之。四十八歲以後，習李北海嶽麓寺碑，略有進境。然業歷八年之久，臨摹已過千紙，今爾用功未滿一月，遂欲遽躋神妙耶？」

「余於凡事皆用困知勉行工夫，爾不可求名太驟，求效太捷也。以後每日習柳字百個，單日以生紙臨之，雙日以油紙摹之。臨帖宜徐，摹帖宜疾，專學其開張處。數月以後，手愈拙，字愈醜，意興愈低，所謂困也。困時切莫間斷，熬過此門，便可少進，再進再困，再熬再奮，自有亨通精進之日。不特習字，凡事皆有極困極難之事，打得通的，便是好漢。」（同治五年正月十二日，諭紀鴻，〈學字須用困知勉行工夫〉）

人生，處處都是人生。習字，寫字，都是人生。

此處很妙的，曾文正公以自己的八年摹帖經驗，千張紙之紀錄，而紀鴻「用功未滿一月，遂欲遽躋神妙耶」？真是「神妙」。言外之意，天下那有這樣簡單之事。

「凡事皆有極困極難之事，打得通的，便是好漢。」這也是人生，是曾文正公的化身，是曾文正公

的奮鬥結晶。「打得通的，便是好漢」。別人打不通，你打得通，你自然就是好漢，就是英雄。這可能是成功的第一意義。

「凡作字，總要寫得秀，學顏柳學其秀而能雄，學趙董恐秀而失之弱耳。爾非下等資質，特從前無善講善誘之師，近來又頗有好高好速之弊。若求長進，須勿忘而兼之勿助，乃不致走入荊棘耳。」（同治五年二月十八日，諭紀澤，〈作字之法〉）

中國文化是無所不在的，中國文化就是人生也就是生活。中國書法就是人的性格與修養，要學一家之字，就要學其精神與神韻，而不只是外貌。曾文正公諭紀澤，習字要沈得住氣，化下功夫，且忌「好高好速」。

35　勤、儉、剛、明、忠、恕、謙、渾

「莊生云：『聞在宥天下，不聞治天下也。』東坡取此二語，以為養生之法。爾熟於小學，試取『在宥』二字之訓詁，體味一番，則知莊、蘇皆有順其自然之意，養生亦然，治天下亦然。若服藥而日更數方，無故而終年峻補，病輕而妄攻施伐，強求發汗，則如商君治秦，荊公治宋，全失自然之妙。」（同治五年二月二十五日，諭紀澤紀鴻，〈養生之法順其自然〉）

從養生到治天下，曾文正公告訴紀澤，還是求順求自然。這是莊子的思想，與法家甚至儒家並不符合的。曾文正公的精神，以現代眼光來看，還是很科學的。實在的，現在的「人工生活」，距離自然越來越遠，難免就會有天災人禍。曾文正公特舉出，「若服藥而日更數方」，「強求發汗」，皆至理也。現代人

看病，喜歡名醫、貴藥，甚至中西藥同用。「發汗」出自裡面，汗出病才能出。因之，自然出汗，才是「真汗」。

「余近年默省之『勤、儉、剛、明、忠、恕、謙、渾』八德，曾為澤兒言之，宜轉告與鴻兒。就中能體會一二字，便有日進之象。澤兒天質聰穎，但嫌過於玲瓏剔透，宜從『渾』字上用些工夫；鴻兒則從『勤』字上用些工夫，用工不可拘苦，須探討些趣味出來。」（同治五年三月十四日，諭紀澤紀鴻，〈體會八德中之渾字與勤字〉）

「勤、儉、剛、明、忠、恕、謙、渾」就是曾文正公的精神、性格與信念。紀澤、紀鴻各有優點亦各有缺點。當然，曾文正公很希望在他的子弟中，發現或養成他的性格。很顯然的，他是很討厭「玲瓏剔透」型的，而嚮往渾厚型的，希望紀澤在「渾」字上用些功夫。的確，無論政治、社會或商場，均可從「八面玲瓏」或「渾厚自持」找到一個人的精神，一個時代的力量，一個社會的重心。曾文正公所謂「風俗之厚薄」，基本的分水嶺，亦在此。

「天下事無所為而成者極少，有所貪有所利而成者，居其半，有所激有所逼而成者，居其半」。（同治五年六月十六日，諭紀澤紀鴻，〈宜從古文上用功〉）

這「三成」的重點，還是落實在「天下事無所為而成者極少」，言外之意，必須有所為，才能有所成。所謂「為者常至」，就現代企管而言，就是目標與實踐。

36 酒飯宜鬆，禮貌宜恭，不管閒事，不幫官司

「十七日覆奏不能回，江督本任一摺刻木質關防留營自效一片，茲抄寄家中一閱。若果能開去各缺，不過留營一年，或可請假省墓。但平日雖有讒謗之言，亦不令譽頌之人，未必果准悉開各缺耳。」（同治五年十一月十八日，諭紀澤，〈奏請開缺〉）

實在的，以曾文正公這樣至明之人，對於官場名位還是有所依戀的，有所期盼的：「平日雖有讒謗之言，亦不令譽頌之人，未必果准悉開各缺耳。」

「本日摺差回營，十三日有滿御史參劾，奉有明發諭旨，茲鈔回一閱。余擬再具數疏婉辭，必期盡開各缺而後已，將來或再奉入覲之旨，亦未可知。」

「李中夫之母，嘗有二語云：『有錢有酒款遠親，火燒盜搶喊四鄰。』戒高明之家，不可敬遠親而慢近鄰也。我家初移富托，不可輕慢近鄰。酒飯宜鬆，禮貌宜恭，或另請一人款待賓客亦可。除不管閒事，不幫官司外，有可行方便之處，亦無吝也。」

一個人的心事與心底事，只有他自己或至親的人知道。紀澤是曾文正公大力培養之子弟，他的治家政事以及心底話，授傳予他。

曾文正公內心充滿矛盾的。一方面「盡開各缺而後已」，一方面對「將來或再奉入覲之旨，亦未可知」。失望之餘，有所期待。

人，在這個時刻，是矛盾的。

「入覲」，「奉召」，是古今官場權位之徵兆也。君不見，「奉召」之人，來去匆匆；奉召之後，或神采風揚，緊跟著就是報紙頭號標題，沈不住氣的，烹熟的鴨子飛了。

人生之得意或失意，無過於此。曾文正公深知權勢三昧。

曾文正公放心不下者：一怕家人仗勢欺人，一怕養壞了家風，一怕對遠親近鄰有所疏失，一怕管閒事，介入官司。用現代流行語，就是「關說」也。

「關說」本是好事，但以權、以錢「關說」，打通關節，使被關說者，做不應做之事。曾文正公深以「管閒事，幫官司」為懼，使地方有司為難，仗勢欺人，也壞了曾家的名聲。

這裡的「幫官司」的「幫」字很有意思。

37 忮不去，滿懷皆是荊棘；求不去，滿腔日即卑污

「余即日前赴天津，查辦毆斃洋人，焚毀教堂一案。外國性情凶悍，津民習氣浮囂，俱難和叶，將來搆怨興兵，恐致激成大變。余此行反覆籌思，殊無良策。余自咸豐三年募勇以來，即自誓效命疆場，今老年病軀，危難之際，斷不肯吝於一死，以自負其初心。恐懈逅及難，而爾等諸事無所稟承，茲略示一二，以備不虞」：

「余若長逝，靈柩自以由運河搬回江南歸湘為便。中間雖有臨清至張秋一節，須改陸路，較之全行陸路者差易。去年由海船送來之書籍木器等過於繁重，斷不可全行帶回，須細心分別去留，可送者分送，可毀者焚毀，其必不可棄者，乃行帶歸，毋貪瑣物而化途費，其在保定自製之木器，全行分送。沿途謝絕一切，概不收禮，但水路略求兵勇護送而已。」

「余歷年奏摺，令嫡吏擇要鈔錄，今已鈔一半，多自須全行擇鈔，鈔畢後，存之家中，留於子孫觀覽，不可發刻送人，以其中存者絕少也。」

「余所作古文，黎蒓齋鈔錄頗多，頃渠已照鈔一分，寄余處存稿。此外黎所未鈔之文，寥寥無幾，尤不可發送別人，不特篇帙太多，且少壯不克努力，志亢而才不足以副之，刻出適以彰其陋耳。如有知舊勸刻余集者，婉言謝之可也。」

「余生平略涉儒先之書，見聖賢教人修身，千言萬語，而要以不忮不求為重。忮者，嫉賢害能，妒功爭寵，所謂『怠者不能修，忌者畏人修』之類也。求者，貪利貪名，懷土懷惠，所謂『未得患得，既得患失』之類也。忮不常見，每發露於名業相侔，勢位相埒之人；求不常見，每發露於貨財相接，仕進相妨之際。將欲造福，先去忮心，所謂『人能充無欲害人之心，而仁不可勝用也。』將欲立品，先去求心，所謂『人能無穿窬之心，而義不可勝用也』。忮不去，滿懷皆是荊棘；求不去，滿腔日即卑污。余於此二者，常加克治，恨尚未能掃淨盡，爾等欲心地乾淨，宜於二者，痛下工夫，並願子孫世世戒之。」

「歷覽有國有家之興，皆由克勤克儉所致。其衰也，則反是。余生平亦頗以勤字自勵，而實不能勤，故讀書無手鈔之冊，居官無可存之牘，生平亦好以儉字教人，自問實不能儉。」（諭紀澤紀鴻，〈示備不虞附二詩四課〉）

同治七年，文正公五十八歲。七月二十七日，奉到上諭，曾國藩著調補直隸總督，兩江總督著馬新貽調補。

同治九年，文正公六十歲，已垂垂老矣。真是心有餘而力不足，身體狀況極壞，一月之病假，曾數度續假，眼睛尤差，「右目已失明」，這個時候發生天津教案。公於五月二十五日，奉上諭，以帶病之身，查辦事件。

這封啟程前之書函，如同遺書，對於身後之事，交代清清楚楚，「忠靈」所過之處，「沿途謝絕一切、概不收禮」，真是清廉感人。

對外交涉，公是陌生的，以公之身體及方正精神，面對「外國性情凶悍，津民習氣浮囂」，真是心力為之交瘁。對於事實之瞭解以及辦案之精神，就以現代眼光來看，還是很了不起的。只是天時地利人和均缺前提下，再加上有個李鴻章以靈巧見長，相形之下，曾文正公自是見拙。曾文正公可謂心力為之交瘁，多次「另簡賢能」之請，均「著毋庸議」，打了回票，仍荐俟津案擬結，即著前赴兩江總督之任，那是同治九年十月二十二日，真是盡瘁報國。

公念念在家國，置個人死生於度外，並無堂堂之遺志，一心所念者，仍是做人處事之道理：忮不去，求不去，「未得患得，既得患失」，人生真是充滿無奈，自處之道，還是看淡了名和利。

38 慎獨則心安，主敬則自強，求仁則人悅，習勞則神欽

「日課四條：

一曰：慎獨則心安。自修之道，莫難於養心，心既知有善，知有善惡，而不能實用其力，以為善去惡，則謂之自欺。方寸之自欺與否，蓋他人所不及知，而己獨知之。故《大學》之〈誠意〉章，兩言慎獨，果能好善如好好色，惡惡如惡惡臭，力去人欲以存天理。則《大學》之所謂自慊，《中庸》之所謂「戒慎恐懼」，皆能切實行之。即曾子所謂「自反而縮」，孟子所謂「仰不愧，俯不怍」，所謂「養心莫善於寡欲」，皆不外乎是。故能慎獨，則內省不疚，可以對天地，質鬼神，斷無行有不慊於心則餒之時，人無一內愧之事，則天君泰然，此心常快足寬平，是人生第一自強之道，第一尋樂之方，守身之先務也。」

「二曰：主敬則自強。敬之一字，孔門持以教人，春秋士大夫亦常言之，至程朱則千言萬語，不離此旨。內而專靜純一，外而整齊嚴肅，敬之工夫也。出門如見大賓，使民如承大祭，敬之氣象也。修己以安百姓，篤恭而天下平，敬之效驗也。程子謂上下一於恭敬，則天地自位，萬物自育，氣無不和，四靈畢集，聰明睿智，皆由此出。以此事天饗帝，蓋謂敬則無美不備也。吾謂敬字切近之效，就在能固人肌膚之會，筋骸之束，莊敬日強。安肆日偷，皆自然之徵應，雖有衰年病軀，一遇壇廟祭獻之時，戰陣危急之際，亦不覺神為之悚，氣為之振，斯足知敬能使人身強矣。若人無寡眾，事無大小，一一恭敬，不敢怠慢，則身體之強健又何疑乎？」

「三曰：求仁則人悅。凡人之生，皆得天地之理以成性，得天地之氣以成形。我與民物，其大本乃同出一源，若但知私己，而不知仁民愛物，是於大本一源之道，已悖而失之矣。至於尊官厚祿，高居人上，則有拯民溺救民飢之責。讀書學古，粗知大義，即有覺後知覺後覺之責，若但知自了，而不知教養庶彙，是於天之所以厚我者，辜負甚大矣。孔門教人，莫大於求仁，而其最切者，莫要於『欲立立人，欲達達人』數語。立者，自立不懼，如富人百物有餘，不假外求；達者，四達不悖，如貴人登高一呼，群山四應。人孰不欲己立己達，若能推以立人達人，則與物同春矣。後世論求仁者，莫精於張子之〈西銘〉，彼其視民胞物與，宏濟群倫，皆事天者性分當然之事，必如此，乃可謂之人。不如此，則曰悖德，曰賊，誠如其說，則雖盡立天下之人，盡達天下之人，而會無善勞之足言，人有不悅而歸之者乎。」

「四曰：習勞則神欽。凡人之情，莫不好逸而惡勞，無論貴賤智愚老少，皆貪於逸而憚於勞，古今之所同也。人一日著之衣，所進之食，能一日所行之事，所用之力相稱，則旁人韙之，鬼神許之，以為彼自食其力也。若農夫織婦，終歲勤動，以成數石之粟，數尺之布。而富貴之家，終歲逸樂，不管一業，而食必珍羞，衣必錦繡，酣拳高眠，一呼百諾，此天下最不平之事，鬼神所不許也，其能久乎？古之聖君賢相，若湯之昧旦丕顯，文王日昃不遑，周公夜以繼日，坐以待旦，蓋無時不以勤勞自勵，〈無逸〉一篇，推之於勤則壽考，逸則大亡，歷歷不爽。為一身計，則必操習技藝，磨練筋骨，困知勉行，操心危慮，而後可以增智慧而長才識。為天下計，則必己飢己溺，一夫不獲，引為余辜。大禹之周乘四載，過門不入；墨子之摩頂放踵，以利天下，皆極儉以奉身，而極勤以救民。故荀子好稱大禹墨翟之行，以其勤勞也。軍興以來，每見人有一材一技，而耐艱苦者，無不見用於人，見稱於時；其絕無材技，不慣作勞者，皆唾棄於時，饑凍就斃，故勤則壽，逸則夭。勤則有材而見用，逸則無能而見棄；勤則博濟斯民，而神祇欽仰；逸則無補於人，而神鬼不歆，是以君子欲為人神所憑依，莫大於習勞也。」

這就是曾文正公「日課四條」。期其子姪「每夜以此四條相課，每月終，以此四條相稽。」曾文正公可謂用心良苦，也表達了他的一貫精神：己立立人，己達達人；成於勤勞，敗於逸樂。就歷史文化源流言，自孔子以降，有其「一以貫之」精神。人才難求，曾文正公人才之條件，在這裡也可以看得出來：「軍興以來，每見人有一材一技，而耐艱苦者，無不見用於人，見稱於時。」

也可以說，人才是不會埋沒的。

這一文正公四條，不知曾氏子姪如何？但我們相信蔣中正先生是日夜以對的，他的重要施政、建國救時的理念，字裡行間，也可以看出。特別明顯的，就是中華民國政府於一九七一年被迫退出聯合國，蔣中正先生在文告中，以「莊敬自強，處變不驚」勉國人；這八個字，不只是度過「退出聯合國」的危難，在其後的難關中，特別是中美斷交，也就成為精神自衛力量。「莊敬自強，處變不驚」這八個字，可能與「主敬則自強」有關：

「莊敬自強，處變不驚」（蔣中正先生）

「莊敬日強，斯足知敬能使人身強矣。」（曾文正公之「主敬則身強」）

39 不為聖賢，便為禽獸；莫問收穫，但問耕耘

辛丑正月啟始，曾文正公以另一種方式寫日記，實在是讀書「隨手鈔記」。事實上，就是這樣開始：

「夜深，思將古來政事人物分類，隨手鈔記，實為有益，尚未有條緒」。（辛丑正月）此項「日記」，經整理後可謂「分類」日記：問學、省克、治道、軍謀、倫理、文藝、覽賞、頤養、品藻、游覽。

「學問之事，以『日知月無亡』為吃緊語；文章之事，以『讀書多，積理富』為要。」（辛丑二月）

「讀書之志，須以困勉之功，志大人之學。」（辛丑三月）

「精神要常令有餘，於事則氣充，而心不散漫。」（壬寅正月）

「人處德我者，不足觀心術，處相怨者而能平情，必君子也。」（壬寅正月）

「樹堂來，與言養心養體之法。渠言：『舍靜坐，更無下手處，能靜坐，而天下能事畢矣』。又言：『心與氣總拆不開，心微浮則氣浮矣，氣散則心亦散矣』。」（壬寅十一月）

「人之所以欺人者，必心中別著一物，心中別有私見，不敢告人，而後造偽言以欺人，若心中了不著私物，又何必欺人哉。其所以自欺者，亦以心中別著私物也。所知在好德，而所私在好色，不能去好色之私，即不能不欺其好德之知矣。是故誠者，不欺者也；不欺者，心無私著也；無私著者，至虛者也。

是故天下之至誠，天下之至虛者也。當讀書則讀書，心無著於見客也；當見客，則見客，心無著於讀書也。」（壬寅十一月）

「凡作文詩，有情極真摯，不得不一傾吐之時，然必須平日積理既富，不假思索，左右逢原，其所言之理，足以達其胸中至真至正之情。」（壬寅十一月）

「知己之過失，即自為承認之地，改去毫無吝惜之心，此最難事。豪傑之所以為豪傑，聖賢之所以為聖賢，便是此等處，磊落過人，能透過此一關，寸心便異常安樂，省得多少膠葛，省得多少遮掩裝飾醜態。」（辛亥七月）

座右為聯語以自箴云：「不為聖賢，便為禽獸；莫問收穫，但問耕耘。」（辛亥七月）

這一「日記」，非普通之「日記」，而是讀書、訪友之所思所感所得之日感錄。可謂字字見真章，處處見真情，真是「困勉之功。」

40 陽剛之惡，和以宜之；陰柔之惡，敬以持之

「是夜思人之見信於朋友，見信於君父，見信於外人，皆絲毫不可勉強，猶四時之運，漸推漸移，而成歲功，自是不可欲速，不可助長。」（辛亥十一月）

這一「見信」，是很有意思的。見信朋友、君父、外人，在順其自然，「不可欲速，不可助長」，見信固是如此，信人亦是如此，總要經過時間的考驗。

「治心之道，先去其毒。陽惡曰忿，陰惡曰慾。治身之道，必防其患。剛惡曰暴，柔惡曰慢。治口

之道，二者交惕。曰慎言語，曰節飯食。凡此數端，其藥維何？禮以居敬，樂以導和。陽剛之惡，和以宜之；陰柔之惡，敬以持之；飲食之過，敬以檢之；言語之過，和以斂之。」（壬子正月）

真是禍從口出。曾文正公對於防口之禍，還是在於：慎言語，節飲食。

「余生平雖頗好看書，總不免好名好勝之見，參預其間。是以無孟子深遠，自得一章之味；無杜元凱優柔，饜飫一段之趣，故到老而無一書可恃，無一事有成。今雖暮齒衰邁，當從『敬靜純淡』四字上痛加工夫，從不能如孟子元凱之所云，但養得胸中一種恬靜書味，亦稍足自適矣。」（壬子）

自省的必要與功夫，年紀到了，閱經歷豐富，必有所感、必有所發、必有所悟、也必有所悔。曾文正公是人，也有人的缺點。「總不免好名好勝之見」，以古人為師，到了「暮齒衰邁」，乃有「敬靜純淡」四字自持。

實在的，老戒之在得在貪。人貴自知，而有自知之明。

會詩詞的人，喜歡作些聯語自娛，並屬於較高層次的文字應酬。曾文正公也「偶作聯語，以自箴」，「禽裡還人，靜由敬出；死中求活，淡極樂生。」

人處在極處，還我一個人；人在極危處，求得一個活口，都是人生關口，就在看得開，看得淡。

41 胸襟廣大，宜從「平」「淡」二字用功

「邵子所謂觀物，莊子所謂觀化，程子所謂觀天地生物氣原，須要放大胸懷，游心物外，乃能絕去一切繳繞鬱悒煩悶，不寧之習。」（戊午十一月）

一個人一時一生，放不開的還是「自我」，放不下的還是「自我」。

多看看萬物，多想想人生，何其大，又何其小。天地萬物，是大是小，全看如何想。想得開的，就可以擁抱天地；想不開的，就會為自我的小私困住。

「讀書之道，朝聞道而夕死，殊不易易。聞道者，必真知而篤信之。吾輩自已不能自信，心中已無把握，焉能聞道？」（己未二月）

朝聞道夕死可矣。這是知識分子理想之追求與奉獻，也是對為政者之祈求，實在有宗教信仰之精神。但問題是：道，是何道？這個「道」，是否為大道，是否為匡世救人之道？真知篤信之外，是否肯為這個道而獻身，而實踐，並非消極的「獻身」？

為政治理想而時有「殉身」之念，今之學者如臺大教授朱炎，亦常發出此憤。

「心中已無把握，焉能聞道？」心中無道，或心中猶疑不定，聞道又如何？

「胸襟廣大，宜從『平』『淡』二字用功。凡人我之際，須看得平；功名之際，須看得淡，庶幾胸懷日闊」。（己未二月）

歷經大風大浪，大功大名的曾國藩，可以說把人生看得很平很淡，乃能自得。這方面，他有近老莊，順乎自然。

「功名之際，看得很淡」，尤為透澈。功名如浮雲，轉眼就過。有人看不透，想不開，把點滴功名，如天高，當「年功俸」，要吃一輩子，甚至下輩子；與人一點「人際關係」，就要一輩子想到他，供奉他，感恩回報他，私心自用。

「傍夕，與子序登樓，論老年用功，不可有驕氣、暮氣」。（己未三月）

「不可有驕氣、暮氣」，豈止「老年用功」如此。人老了不服老，而有驕氣，就難免令人有逞能之反感；「暮氣」，就會了無生氣，連帶環境都會受到影響。

不驕，也許容易，不暮就難了，不驕不暮更難。

42 類萃之中，不出不拔

「『念不知命，不知禮，不知言』三者，《論語》以殿全篇之末，良有深意。若知斯三者，而益之以孟子『取人為善，與人為善』之義，則庶幾可為完人矣。」（己未三月）

這「三不知」曾文正公云：「《論語》以殿全篇之末」。這篇原文是這樣的：「不知命，無以為君子也；不知禮，無以立也；不知言，無以知人也。」

這三不知，各有所指，亦有積極的意義。

今日研究《論語》之學者之解釋：

「不懂得天命，沒有辦法來做君子；不懂得禮節，沒有辦法來立足；不懂得人家說話的用意，沒有辦法來認識人。」（吳宏一教授：《白話論語》）

其實，這「不知命，不知禮，不知言」，真正的意思，是必須知命、知禮、知言。

知自己的命，才能安命，才能安份守己。

知禮，才能守禮，才不會逾份。

知言，才知道一個人真正的意義，也才能察其言觀其色，才不會為人所蒙蔽。

「聞子序談養氣章末四節，言孔子之所以異於伯夷伊尹者，不在高處，而在平處；不在隆處，而在汙處。汙者，下也；平者，庸也。夷尹之聖，以其隆高而異於眾人也。宰我之論堯舜，以勳業而隆，孔子以並無勳業而汙。子貢之論百王以禮樂而隆，孔子以並無禮樂而汙，有若之論他聖人以出類拔萃而隆，孔子以即在類萃之中，不出不拔，而自處於汙，以汙下而同於眾人，此其所以異於夷尹也，此其所以為生民所未有也。」（己未三月）

孔子真是平凡中的偉大，他能提出「有教無類」就很了不起，實在是民主的教育家，也是千古平民教育的開拓者。

孔子之偉大，在平處不在高處，在下處不在隆處，都是他成為「萬代宗師」的精神。往大眾需要看，往平庸處下功夫。

「孔子以即在類萃之中，不出不拔，而自處於汙，以汙下而同於眾人」，這就是宗教家、教育家之精神，而能不朽。其後對人民對人類有貢獻者，如晏陽初者，就是一例；不突出自己，而能得突出地位，這是自然的地位。不讓人崇拜，更不會「製造」崇拜地位，而能得到崇敬，這是出自真心，也是自然的地位，乃能萬世不朽，否則會人在，地位在，人不在，地位就消失了。

43 天道惡巧，天道惡盈，天道惡貳

「為人之道有四知，天道有三惡。三惡之目，曰：天道惡巧，天道惡盈，天道惡貳。貳者，多猜疑也，不忠誠也，無恆心也。四知之目，即《論語》末章：知命、知禮、知言，而吾更加以知仁。仁者，

恕也。己欲立而立人，己欲達而達人，仁者，恕者也。己欲立而立人，己欲達而達人，恕道也。立者足以自立也，達者，四達不悖，遠近信人，人心歸之。詩云：『自西至東，自南至北，無思不服』，禮云：『推而放諸四海而準』，達之謂也。我欲足以自立，則不可使人無以自立；我欲四達不悖，則不可使人一步不行，此立人達人之義也。孔子所云：「己所不欲，勿施於人。」孟子所云：「取人為善，與人為善」，皆恕也，仁也。知此則識大量大，不知此則識小量小，故吾於三知之外，更加知仁，願與沅弟共勉之。沅弟亦深領此言，謂欲培植家運，須從此七者致力也。」（己未五月）

中國人之道理，孔孟之道而已。曾文正公與其弟談道，其要在識與量。政治人物，要能忍要能容，其根本即在識與量，所謂「識大量大」。

有人道與天道，現實政治在人道，宗教在天道，事實上，人道即天道，天道即人道也。天道惡巧，天道惡盈，天道惡貳，皆是人性與真理也。證之眼前政治與中國歷史朝代興衰人物忠奸，皆不出此「三惡」，為人做事，也是如此。

「惡巧」，即是做人規規矩矩、做事實實在在。對於臺灣經濟建設，主其事者，多為工程師出身，其道理即源於此。

歷代得寵太監為惡，即在「巧」也。

「惡盈」，勢滿錢滿，即會生傲與招忌，非福也。

「惡貳」，那更是人生之大忌。中國人之道理，即在忠。中國之人物定型，即在忠。如關公、岳飛，即忠之典型。無論家庭、公司、政府機構，有二心，即會出大軌，出大錯。所謂離心離德，即在此。離心先離德也。

歷代大奸，即在「貳」字。

人道即天道，此所謂：天地良心，為恒久不變的道理，即源於此。

44 涼薄之德有三最易觸犯

「凡人涼薄之德，約有三端，最易觸犯：聞有惡德敗行，談之娓娓不倦；妒功忌名，幸災樂禍，此涼德之一端也。人受命於天也，如臣受命於君，子受命於父，而或不能受命，居卑思尊，日夜自謀，置其身於高明之地，譬諸金躍冶而以鏌鋣干將自命，此涼德之二端也。胸包清濁，口不臧否者，聖哲之用心也，強分黑白，過事激揚者，文士輕薄之習，優伶風切之態也，而吾輩不察而效之，動輒區別善惡，品第高下，使優者未必加勸，而劣者無以自處，此涼德之三端也。余今老矣，此三者，尚加戒之。」（己未九月）

曾文正公真是有感而發。己未年，應是一八五九年，正是曾文正公苦於用兵之時，距離一八六四年「曾國荃拔金陵，洪秀全自殺，太平天國亡」，雖不足五年，但心力難免交瘁，而有「余今老矣，此三者，尚加戒之。」曾文正公是有性格的人，可謂黑就是黑，白就是白，「不為聖賢，便為禽獸」，但這樣不行，人生也許就是大千世界，形形色色，各種人等均有，堅持己見，可以，但不能讓天下人都和你一樣，乃「使優者未必加勸，而劣者幾無以自處」。至於講到幸災樂禍，那更是人之短處，此亦是任何宗教誘誘善導之處，可見是人的普遍弱點，乃有「好的新聞不是新聞」，社會之弱，亦即是人心之弱也。

人貴在自知自明，居尊思卑，是很了不起的，但不能「居卑思尊，日夜自謀，置其身於高明之地」，政變謀反，即源於此，而臺灣政治，解嚴與強人過後之政治社會，過去怕一人，如今誰都不怕誰，惟我獨尊，亦即「日夜自謀」也，此即政爭之現象也。曾文正公真是現代之聖人，有感而發。「君子有三樂，讀書聲出金石，飄飄意遠，一樂也；宏獎人材，誘人日進，二樂也；勤勞而後憩息，三樂也。」（己未九月）

讀書聲出金石，宏獎人材，勤勞而後憩息，君子三樂也。尤其是「勤勞而後憩息」更具意義，因為一般所謂讀書人、所謂君子，讀書、考試、作官，不事生產、不勞動，但勤勞之後，活動筋骨，休息才有意義，作夢才是甜美的。

45 上智下愚不移者，凡事皆然

上智與下愚，是屬於極少數，此是統計分配。而受環境之影響，後生之教育，影響人的成長，而成為與眾不同之人。曾文正公以「性相近，習相遠」為原理，並以圍棋為例：「孔子所謂性相近，習相遠，上智下愚不移者，凡事皆然。即以圍棋論，生而為國手者，上智也；屨學而不知局道，不辨死活者，下愚也。此外皆相近之姿，視乎教者何如。教者高，則習之而高矣；教者低，則習之而低矣。」（己未十月）

中國人之教育，分為二層次，一為高層，一為一般層次。高層教育自《論語》開始，一般教育，自《三字經》啟蒙。《三字經》就是做人的基本道理：人之初，性本善。環境對於一個人的成長太重要了，包括家庭、學校和社會，真是近朱者赤。人一生來，是清純的，人是一樣的，由於環境不同，而有不同的結果。

上智與下愚之外，皆是「相近之姿」。教與學就決定高低，也就是結果。何以同樣一個教師，卻教出不同的學生，除了智愚之外，就是學的效果而有不同的結果。

環境甚至是天生自然之學習場，語言與音樂就是一例。再難的語言，兒童都會說「母語」；再難的樂器，自小就演練，也會有成。日本音樂家鈴木鎮一即本此原理，而推廣兒童樂器，成為世界性的鈴木教學法。

46 不求富，不求官，不求報，不求傳

「日來心緒總覺不自在，殆孔子所謂不仁者，不可以久處約也。軍中乃爭權絜勢之場，又實非處約者所能濟事，求其貞白不移，淡泊自守，而又足以驅使群力者，頗難其道爾。」（己未十月）

曾文正公二十年都在軍中，局面越來越大，自然人事的糾結，也就越來越多。他乃有感而發，「軍中乃爭權絜勢之場」，豈止軍中而已，有人的地方，就有是非；有權與錢的地方，是非更大。

曾文正公很難，「貞白不移，淡泊自守」，不能獨善其身，因為不使力，就無法「驅使群力」。

「天下事一一責報，則必有大失所望之時，佛氏因果之說，不可盡信，亦有因而無果者。憶蘇子瞻詩云：『治生不求富，讀書不求官，譬如飲不醉，陶然有餘歡』。吾更為添數句云：『治生不求富，讀書不求官，修德不求報，為人不求傳，譬如飲不醉，陶然有餘歡，中含不盡意，欲辨已忘言』。」（己未十二月）

這些都是「意境」，曾文正公之脫俗不凡之處，就是身居要居，身為讀書人，「不求富、不求官、不求報、不求傳」。「不求也」，實在就是曾文正公的修行以及他一生的化身，實在，是另一種宗教精神的德行。

「飲不醉」，恰到好處，享受酒、飲酒的樂趣，而不受其害也。這是人生的至樂。

中國人異於其他民族者，酒與煙不分也。有好的一面，也有壞的一面。好的一面，有酒有煙，大家共享共樂也；壞的一面，壞事一起做也。

中國人較其他民族大方，從「酒煙」的抽飲習慣就可以看得出來，就憑這點「媒介」就可以廣遊四海，這是值得研究的「文化」。

萬事萬物，都有其極，也有其限。「如飲不醉，陶然有餘歡」，酒就不成為「酒」了，這樣的人，修養到了仙境。

某些方面而言，酒品即人品，牌性即人性，不無道理。

47 天下之理，易簡乃可行

「與作梅暢論易圖及風水之說，又論天下之理，惟易簡乃可行，極為契合」。（庚申正月）

這裡是很有意思的，是易圖與風水。易圖雖然玄，還是有些哲理，風水之不足恃不足信，全是迷信，或符合人之欲念，高明之風水先生，往往根據易圖推斷，江湖之風水者，往往也上推易圖：道具也。

「天下之理，惟易簡乃可行」，千言萬語，此語最為正確。

「此身無論處何境遇，而『敬』『恕』『勤』字無片刻可弛，苟能守此數字，則無入不自得，又何必斤斤計較得君與不得君，氣誼孤與不孤哉？」（庚申正月）

這就是逍遙自得，得靜逢源。人太在乎他人之反應與評價，而不能做一個「真我」，就是不自在，就是痛苦。曾文正公看透人生，也看遍政治百態，乃領悟出「敬」「恕」「勤」三字，敬與恕也是宗教之修養。

人所以想不開，不快樂，沒有辦法做一個真正的我，就在太計較自我得失，往往不是為自己而活，而是為他人而活，為名利而活。此處曾文正公有云：「又何必斤斤計較得君與不得君，氣誼孤與不孤？」

「凡事皆有至淺至深之道，不可須臾離者，因欲名其堂曰：『八本堂』。其目曰：『讀書以訓詁為本，詩文以聲調為本，事親以得歡心為本，養生以少惱怒為本，立身以不妄語為本，居家以不晏起為本，居官以不要錢為本，行軍以不擾民為本。』古人格言儘多，要之每事有第一義，必不可不竭力為之者，得之如探驪得珠，失之如舍根本而圖枝葉，古人格言雖多，亦在乎吾人之慎擇而已矣。」（庚申四月）

「八本堂」為事有所本也。這「八本」非常廣，如何用，就「在乎吾人之慎擇而已矣」。這就是曾文正公所謂「古人格言儘多，要之每事有第一義」。並不是食古不化，也不是視為金科玉律，都奉為神明，這是曾文正公開明處。

很有意思的，這裡的「八本」，與後來蔣中正先生所制訂的「青年守則」之十二「為本」，有無靈感之啟發，值得研究，如果有所關聯，那真是蔣中正先生處處以曾國藩為師，事事以曾文正公「為本」了。

48 天下事未有不從艱苦中得來

「諸生呈繳工課，余教以『誠』『勤』『廉』『明』四字，而勤字之要，但在『好問』、『好察』云云兩事，反復開導。」（庚申五月）

誠、勤、廉、明四字，曾文正公特別提出「勤字之要」，但在「好問」、「好察」。何以會如此？因為也就是為學之道也。

「九弟諫余數事，余亦教九弟『靜虛涵泳，蕭然物外』。」（庚申五月）

老哥曾文正公常常以書函教訓老弟們，老弟們在「敬謹」接受之餘，不免也要「回敬」老哥幾條，此所謂「諫余數事」，可惜此數事略而不提，曾文正公又以「靜虛涵泳，蕭然物外」相勉。

「余身旁須有一胸襟恬淡者，時時伺吾之短，以相箴規，庶不使『矜心』生於不自覺。」（庚申七月）

人在極處，不一定是帝王，就是一個機關一個機構負責人也是如此，最怕坐井觀天，不知道自己，看不見自己的短處，聽不到真心話，萬歲、偉大、英明，不絕於耳，就會自絕。唐太宗並無什麼了不起的地方，但他在中國帝王群中，最了不起的地方，就是身邊有一個專講他不喜歡聽的話的魏徵。

曾文正公以先聖先賢為師，盼身邊有一位淡泊名利，不求官、不求利，更不求上者喜歡之「胸襟恬淡者」，「時時伺吾之短，以相箴規」，以避免腐化，而不自知，西方人所謂：「權力使人腐化」亦在此。

日本若干企業家，亦有「帝王修養」，常常奉侍一德行高超學問好，宗教人生修養很深的長者，遇惑則請益，遇難則請救，遇疑則請解，遇怒則請恕。

「夏弢甫言：『朱子之學，得之艱苦，所以為百世師』，二語深有感於余心。天下事未有不從艱苦中得來，而可久可大者也。」（庚申八月）

近代學術思想，影響深與遠者，一為朱子、一為王陽明。

曾文正公與蔣中正先生均源於此。此乃「朱子之學，得之艱苦，所以為百世師」，曾文正公深表同意「朱子為百世師」，因為「得之艱苦」，並以朱子治學為例，「天下事未有不從艱苦中得來。」苦修苦學苦思，才能得真功夫。

49　不說大話，不務虛名，不行驚空之事，不談過高之理

「憶八年所定『敬』、『恕』、『誠』、『靜』、『勤』、『潤』六字，課心課身之法，實為至要至該。吾近於靜字欠工夫耳。」（庚申九月）

八年之苦、辣、酸、甜，曾文正公得出課心課身之結晶：「敬」、「恕」、「誠」、「靜」、「勤」、「潤」六字，並自檢討：「靜字欠工夫耳」。

「傲為凶德，凡當大任者，皆以此字致於顛覆。用兵者最戒驕氣、惰氣。作人之道，亦惟驕惰二字，誤事最甚。」（庚申九月）

文人出身的曾文正公，二十年都在用兵，而且達成軍事之效果——平亂。這短短的幾十字，就是用兵致勝感言。中國大陸軍事之敗，就敗在驕字，真是：用兵者最戒驕氣。

「與作梅暢談當今之世，富貴無所圖，功名亦斷難就，惟有自正其心，以維風俗，或可補救於萬一。

所謂正心者，曰：「厚」，「實」。厚者，恕也，仁也，「己欲立而立人，己欲達而達人」，「己所不欲，勿施於人」。存心之原，可以少正天下澆薄之風；實者，不說大話，不務虛名，不行駕空之事，不談過高之理，如此可以少正天下浮偽之習，因引顧亭林所稱：「匹夫之賤與有責焉」者，以勉之。」（庚申九月）

曾文正公很重視風俗，有政風、社風，甚至軍風，這是看不見的，但影響是很大的。清朝是如此，今天也是如此。他以「厚」、「實」二字，以維風俗，挽救人心。

很有趣的，顧亭林與曾國藩所面對的是二個時代，甚至是敵對的，顧以反清復明自認，而曾成為清之中興儒將，惟救社會之心，則是一致的。

「東坡『守駿莫如跛』五字。凡技皆當知之，若一味駿快奔放，必有顛躓之時；一向貪美名，必有大污辱之事。余以『求闕』名齋，即求自有缺陷不滿之處，亦『守駿莫如跛』之意也。」（庚申九月）

「若一味駿快奔放，必有顛躓之時；一向貪美名，必有大污辱之事」，這一境界是很高的，滿招損也。曾文正公以「求闕」自持，自慰。

「送人銀錢，隨人用情之厚薄，一言之輕重，父不能代子謀，兄不能代弟謀，譬如飲水冷暖，自知而已。」（庚申十一月）

人情之輕重分寸拿捏，不能以銀錢多寡，所能衡量的，再親之人，也不能取代的；飲水冷暖，自知而已。社會就是人情世故，越往上層社會，只有金錢與權勢，越沒有人情。曾文正公政軍滾滾數十年，真是冷暖自知，有感而發，不失赤子之心。

50 遇憂患橫逆之來，當少忍以待其定

「與九弟言『與人為善，取人為善』之道，如大河水盛，足以浸灌小河；小河水盛，亦足以浸灌大河。無論為上為下，為師為弟，為長為幼，彼此以善相浸灌，則日見其益，而不自知矣，九弟深以為然。」（辛酉八月）

為人的道理，做人的道理，與自然界的山川河流，有相似之道理。相容相取，日積月累，無論對於一個人，彼此之間，甚至人的社會，形成無形的力量與地位，這就是「彼此以善相浸灌，則日見其益，而不自知矣」，這就是為學與為善之道。文正公與其九弟相論，九弟「深以為然」。

「孟子光明俊偉之氣，惟莊子與韓退之得其彷彿，近世如王陽明亦殊磊落，但文辭不如三子者之跌宕耳。」（辛酉九月）

中國之學問，皆源自孔孟。春秋以降，各家多以孔孟為師，雖然亦步亦趨，但難勝孔孟。莊子、韓愈、王陽明學孟子，頂多只是七、八耳。

「修己治人之道，止『勤於邦，儉於家，言忠信，行篤敬』四語，終身用之有不能盡，不在多，亦不在深。」（辛酉十一月）

學《論語》用《論語》，並非全部，「半部《論語》」亦夠多矣。精於《論語》者，往往三、二語就一生一世受用不盡矣。曾文正公似獨愛「言忠信，行篤敬」，其子紀澤使英，文正公也以此相勉，以壯其行，這可能與曾文正公的個人思想信仰有關。

「靜中細思古今億萬年，無有窮期。人生其間，數十寒暑，僅須臾耳。大地數萬里，不可紀極，人在其中，寢處游息，晝僅一室耳，夜僅一榻耳。古人書籍，近人著述，浩如煙海，人生目光之所能及者，不過九牛一毛耳。事變萬端，美名百途，人生才力之所能及者，不過太倉之一粒耳。知天之長，而吾所歷者短，則遇憂患橫逆之來，當少忍以待其定。知地之大，而吾所居者小，則遇榮利爭奪之境，當退讓以守其雌；知書籍之多，而吾所見者寡，則不敢以一得自喜，而當思擇善而約守之；知事變之多，而吾所辦者少，則不敢以功名自矜，而當思舉賢而共圖之，夫如是則自私自滿之見，可漸漸蠲除矣。」（壬戌二月）

天地萬物，就時間言，億萬年；就空間言，無限長。一個人的生命，一個人的功業，又算什麼？再偉大的人，都是過客；再長壽的人，都是一剎那，有什麼好爭的，又有什麼能留下來的。人之一生，能知所進退，看清得失，就會隨遇而安。

這是曾文正公看透了人生，也讀通了歷史。

人之患，還在自私自滿。

51 人有善則取以益我，我有善則與以益人

「古聖人之道，莫大乎與人為善，以言誨人，是以善教人也；以德薰人，是以善養人也，皆與人為善之事也；然徒與人，則我之善有限，故又貴取諸人為善。人有善則取以益我，我有善則與以益人，連環相生，故善端無窮，彼此挹注，故善源不竭，君相之道，莫大乎此，師儒之道，亦莫大乎此。仲尼之

學，無常師，即取人為善也。無行不興，即與人為善也；為之不厭，即取人為善也。誨人不倦，即與人為善也。念忝竊高位，劇寇方張，大難莫平，惟有就吾之所見，多教數人，因取人之所長，還攻吾短，或者鼓盪斯世之善機，因以挽回天地之生機乎？」（癸亥二月）

「人有善則取以益我，我有善則與以益人」，此即日人吉田秀雄所言：「善的循環」也，善真是取之不盡，用之不竭也。

「仲尼之學，無常師，即取人為善也」，此即三人行，必有我師也。

「處人處事之所以不當者，以其知之不明也。若巨細周知，表裡洞澈，則處之自有方術矣。吾之所以不能周知者，不好問，不善問耳」。（癸亥二月）

人之智慧還是有限的，人之知識也是有限的，以生之有涯，面對知之無涯，自然不可能「巨細周知」。學問之道，即在學與問，一般人員知學而不知問，就難免「吾之所以不能周知者，不好問，不善問耳。」

「修己治人之道，果能常守『勤』、『儉』、『謹』、『信』四字，而又能取人為善，與人為善，以禮自治，以禮治人，自然寡尤寡悔，鬼伏神欽，特恐信道不篤，間或客氣用事耳。」（癸亥八月）

修己易，可獨善其身，治人難，此所以曾文正公「勤」、「儉」、「謹」、「信」外，還要加上「取人為善，與人為善；以禮自治，以禮治人」互動關係，才有可能求得一個圓滿。

「閱聖祖《庭訓格言》，嗣後擬將此書，及張文端公之《聰訓齋語》，每日細閱數則，以養此心和平篤實之雅矣。」（乙丑五月）

《庭訓格言》以及《聰訓齋語》，是曾文正公用以養心篤實也。常常念及，常常道及，並作為傳家之寶也。

「看劉文清公清《愛堂帖》，留得其自然之趣，方悟文人技藝。佳境有二：曰雄奇，曰淡遠，作文然，作詩然，作字亦然。若能含雄奇於淡遠之功，尤為可貴。」（辛酉六月）

萬事萬物皆有二極之理，如陰陽正負甚至男女，其要在調和，融合也。曾文正公所謂作文、作詩與作字之「雄奇」、「淡遠」就是如此。一般而言，即以作畫而言，山水往往有「雄奇」之勝，而花卉則有「淡遠」之美。

52　名心大切，俗見太重

「古來聖哲，胸懷極廣，而可達天德者，約有四端：如篤恭修己，而生睿智，程子之說也。至誠感神，而致前知，子思之訓也。安貧樂道，而潤身睟面，孔顏曾孔之旨也。觀物閒吟，而意適神恬，陶白蘇陸之趣也。自恨少壯不知努力，老年常多悔懼，於古人心境，不能領取一二，反復尋思，歎喟無已」。（辛未二月）

「近年焦慮過多，無一日遊於坦蕩之天，總由於名心大切，俗見太重二端。名心切，故於學問無成，德行未立，不勝其媿餒。俗見重，故於家人之疾病，子孫及兄弟子孫之有無賢否強弱，不勝其縈擾，用是憂慚跼蹐如繭自縛。今欲去此二病，須在『淡』字上著意，不特富貴功名及身家之順逆，子孫之旺否，悉由天定，即學問德行之成立與否，一大半關乎天事，一概淡而忘之，庶此心稍得自在。」（辛未三月）

人總是人，總有許多想不開，放不開之處，曾文正公亦不例外。其焦慮，而無法享受坦蕩之天，由於「名心大切，俗見太重」，而以「淡」卻此二病。

「近來每苦心緒鬱悶，毫無生機，因思尋樂約有三端：勤勞而後憩息，一樂也；至淡以消忮心，二樂也；讀書聲出金石，三樂也。一樂三樂，是咸豐八年所曾有志行之，載於日記者。二樂則近日搜求病根，迄未拔去者，必須於未死之前，拔除淨盡，乃稍安耳」。(辛未四月)

曾文正公苦中求樂，才有自得之樂。其個人苦於修行，希能成一完人，其心情難免孤寂，乃有「必須於未死之前，拔除淨盡，乃稍安耳」。

「前曾以四語自儆。曰：慎獨則心安，主敬則身強，求仁則人悅，習勞則神欽。近日又添四語。曰：內訟以去惡。曰：日新以常天。曰：宏獎以育才。曰：貞勝以蒙難。與前此四語互相表裡，而下手功夫，各有切要之方，不知垂老尚能實踐一二否。」(辛未十二月)

前「四語」，以及後四語，都是從自省實踐，「互相表裡」，都是儒家之實踐功夫，實在的，某些方面就是宗教生活，如：「內訟以去惡。」就是一例。

53 凡喜譽惡毀之心，即鄙夫患得患失之心

「憶自辛卯年改號滌生。滌者，取滌其舊染之污也；生者，取明袁了凡之言：「從前種種譬如昨日死，以後種種譬如今日生」也。改號至今九年，而不學如故，豈不可歎。余今年已三十，資稟頑鈍，精神虧損，此後豈復能有所成，但求勤儉有恆，無縱逸欲，以喪先人之氣，困知勉行，期有寸得，以無失詞臣體面，日日自苦，不致佚而生淫。」

曾文正公，號滌生，這是大家都知道的。取此號，有重新做人，洗面革心之意。改號之年為二十一歲。

「從前種種譬如昨日死，以後種種譬如今日生」，這是蔣中正先生，一九四九年中國大陸失敗，來到臺灣，本革命事業從頭做起精神，在訓詞中常常提到的，藉以宣示痛改前非。是否源於此，以蔣中正先生學習曾文正公之精神，不中亦不遠矣。

「陳岱雲言余第一要戒『慢』字。謂我無處不著怠慢之氣，真切中膏肓也。又言予於朋友，每相恃過深，不知量而後入，隨處不留分寸，卒者小者齟齬，大者凶隙，不可不慎。又言我處事不患不精明，患太刻薄，須步步留心。此三言者，皆藥石也。直哉岱雲，克敦友誼。」（壬寅正月）

這真是攻錯也。曾文正公得此諍友，「此三言者，皆藥石也」，難怪曾文正公「直哉岱雲，克敦友誼」。

一個人自己的弱點，不一定知道，更難有「自知之明」，一般人也不會指點你，只有父母師長及良友，始能直言不諱。

從這「三言」，曾文正公是很「性格」的，是得罪人的性格。後來自省克己功夫，發揮極致，頂天之業外，修身齊家成為天下法。

「凡喜譽惡毀之心，即鄙夫患得患失之心也，於此關打不破，則一切學問才智，適足以欺世盜名。」（壬寅正月）

的確，這就是「人」，只是「患得患失之心」，豈止「鄙夫」？

54 凡辦公事，須視如己事

「凡辦公事，須視如己事，將來為國為民，亦宜處處視如一家一身之圖，方能親切。予今日愧無此見，致用費稍浮，又辦事有要譽的意思。此兩者，皆他日大病根，當時時猛省。」（癸卯正月）

把公家事當成自己的事來辦，把公家錢當成自己的錢來珍惜，這是極高的服務公職的境界。能夠如此，必能成為人上人，而有極大成就。這也是愛人如愛己的道理。

「蕙西面責予數事。一曰：『慢』，謂交友不能久而敬也。二曰：『自是』，謂看詩人多執己見也。三曰：『偽』，謂對人能作幾副面孔也。直哉，吾友，吾日蹈大惡而不知矣。」（癸卯二月）

人往往缺乏自知之明，不知道自己的缺點，不知道自己的短處，良友如鏡。蕙西就當面指出文正公三大缺點：「慢」、「自是」、「偽」。曾文正公非但不以為忤，且讚曰：「直哉，吾友」。

「飯後無所事事，心如懸而不降者，知其不能定且靜矣，久矣。」（甲辰五月）

「定」與「靜」，這是文正公常常追求的修養，就如同一位哲學家一樣。

「捐忿之心，蓄於方寸，自咎局量太小，不足任天下之大事。」（戊午十一月）

天下之大事，成於心中方寸之地。能成大事者，心胸與氣量都要大。

「此心褊激清介，殊非載福之道，當力移寬大溫潤一路。」（己未十二月）

這真是寬大為懷，才能消除褊激之心。

「恭讀硃批余之師心自用。余昔己亥年進京，臨別求祖父教訓，祖父以一傲字戒我；今上又以師心

戒我，當刻圖書一方，記此三端。」（庚申八月）

祖父星岡公為曾文正公最崇拜者，同時，知孫莫如星岡公。所以星岡公送一「傲」字，戒之，勉之；而上又以「師心」戒之，亦即不要「好為人師」，實在就是「傲」。文正公需要虛心也。

「見羅瞿江三縣令，因語言不合理，余怒斥之甚厲，頗失『為人上者，泰而不驕，威而不猛』之義。」（庚申九月）

曾文正公接見三縣長，所言「不合理」，很令文正公光火，湖南騾子脾氣發了，事後又後悔，罵得太兇，這樣子的人，口直但心還是很善的很慈的。

「余德薄能鮮，忝竊高位，又竊虛名，已干造物之忌，恐家中老少習於驕奢佚三字，實深悚懼。」（庚申九月）

曾文正公在外作大官，最怕壞了家風，而感染了「驕奢佚」之習，並引以為憂。

55 盛世創業以襟懷豁達為第一義，末世扶危以心力勞苦為第一義

「人才以陶冶而成，不可眼孔甚高，動謂無人可用。」（己未九月）

這就是古今中外的「人才問題」。人才不能在眼中所見的小範圍中去見人才，去找人才，也不能把人才視為超凡之才。事實上，隨處可見的，就要留心找，用心找，且不要在自己圈圈中找人才，就會找到人才。

曾文正公這句話，實在道盡人才的問題所在。所謂人才以「陶冶」而成，就是人才需要培養與訓練

的，人才不是天生的。「不可眼孔甚高，動謂無人可用」，真是一語道破官僚自視過高的嘴臉，把人才標準吊得高高的，然後放話：無人可用。言外之意，除了他自己而外，天下無人才。那太把自己看成太偉大了。

「居高位之道，約有三端：一曰不與。謂若於己毫無交涉也。二曰不終。古人所謂日慎一日，而恐其不終，蓋居高履危，而能善其終者，鮮矣。三曰不勝。古人所謂懍乎若朽索之馭六馬，慄慄危懼，若將隕於深淵，蓋惟恐其不勝任也。」（庚申六月）

所謂高處不勝寒，居高必危。曾文正公以其親身之體驗，「居高位之道，約有三端：一曰不與。二曰不終。三曰不勝。」時時警惕也。

「盛世創業垂統之英雄，以襟懷豁達為第一義；末世扶危救難之英雄，以心力勞苦為第一義。」（庚申六月）

平時與亂時不同，濟世與救世不同。曾國藩可謂匡時救世之英雄，這都是經驗談。盛世創業，以「襟懷豁達為第一義」；扶危救難，以「心力勞苦為第一義」。

56 天下事知得十分，不如行得七分

「天下事知得十分，不如行得七分，非閱歷何由大明哉。」（己巳十月）

「知得十分，不如行得七分」，這也是知與行的問題。知與行，不在知難行的問題，而在真知力行的問題，而在行比知更重要，更實際。實在的，中國若干方面之不進步，特別是科技方面，就行不如知也。

發明家，固是先知先覺，基本上，還是力行（實驗）的結果。

「余昔年鈔古文，分氣勢、識度、情韻、趣味為四屬。」（戊辰四月）

這一分類，與現代的論文、散文、小說，就機能而言，乃是相符合。如「氣勢」，「識度」，就是論文要表現的，「情韻」乃是散文的精神。

「是日思侍既選十八家矣，古文當選百篇，鈔置案頭，以為揣摩。因自為之記曰：「為政十四門，為學十五書，鈔文一百首，鈔詩十八家。」」（壬子正月）

曾文正公異於一般的作官、作大官者，乃不斷潛心學術，而加以歸納、整理，且有己見，是謂心得雖不能成為一家之言，但較一家之影響還大，因為有力行的機會與崗位也。

「杜詩韓文所以百世不朽者，彼自有知言養氣工夫；惟其知言，故常有一二見道語，談及時事，亦甚識當世要務；惟其養氣，故無纖薄之響。」（癸卯二月）

曾文正公的話，驗證了。的確，杜甫的詩、韓愈的文，源遠流長，百世而不朽。凡不朽者，必經時間的考驗也。

「談及時事」，這也是很有意思的。「時事」是現代都能熟知的名詞，每天所發生的有關國家天下的大事，都是「時事」。當今評論人物，若有韓愈之文、杜甫之詩的修養，則必能理智與感情兼顧，可信性高，可讀性高。

57 初有決定不移之志，中有勇猛精進之心，末有堅貞永固之力

「平則致和，激則召爭，辭氣之輕重，積久則移易世風，黨仇訟爭而不知所止。」（〈孫芝房侍講芻論序〉）

不只是做人之道理在此，政治的平和與激爭亦在此，這也就是現今政治的現象：「黨仇訟爭而不知所止。」

「咸豐十年，余選經史百家之文，都為一集；又擇其尤者，四十八首，錄為簡本，以貽余弟沅甫；沅甫重寫一冊，請余勘定。」（〈經史百家簡編序〉）

這就是詩書世家之精神。曾文正公與其弟與其子，從不講名利，而論做人做事的道理，念書治學之方，這真是詩書繼世長。

「而息天下之爭，內之莫大於仁，外之莫急於禮。」（〈王船山遺書序〉）

個人之事，天下之事，起於仁、源於仁而歸於仁。

「今上皇帝嗣位，大統中興，雖去康熙益遠矣；而將帥之乘運會，立勳名者，多出一時章句之儒，則亦未始非聖祖餘澤，陶冶旒無窮也；如次青者，蓋亦句章之儒，從事戎行。咸豐甲寅乙卯之際，與國藩患難相依，備嘗艱險。厥後自領一隊，轉戰數年，軍每失利，輒以公義糾劾罷職。論者或咎國藩執法過當，亦頗咎次青在軍，偏好文學，奪治兵之日力，有如莊生所譏，挾策而亡羊者。久之，中外大臣，數薦次青緩急可倚，國藩亦草疏密陳，李元度下筆千言，兼人之才」。

「聖祖有言曰：『學貴初有決定不移之志，中有勇猛精進之心，末有堅貞永固之力。』次青提兵四省，屢蹶仍振，所謂貞固者非邪，發憤箸書，鴻編立就，亦云勇猛矣，願益以貞固之道持之。」（〈國朝先正事略序〉）

曾國藩為他自己有些辯解，不平則鳴也。也為次青荐，認為人才分三個層次，次青屬「中有勇猛精進之心」，推崇備至。曾國藩認為自己是平庸之才，往往愛才勝過自己，而能人才輩出也。

58 詞愈簡而道愈進

「自陸象山氏以本心為訓，而明之餘姚王氏，乃頗遙承其緒。其說主於良知，謂吾心自有天，則不當支離而求諸事物，夫天則誠是也。目巧所至，不繼之以規矩準繩，遂可據乎？且以舜、周公、孔子、顏孟之知如彼，而猶好問好察，夜以繼日，好古敏求，博文而集義之勤如此，況以中人之質，而重物欲之累，而謂念念不過乎？」

此之謂聖賢異於常人，不斷作自我充實也。

「夫所謂事者非物乎？是者非理乎？實事求是，非即朱子所稱即物窮理者乎？名目自高，詆毀日月，亦變而蔽者也。」

「大率居敬而不偏於靜，格物而不病於瑣，力行而不迫於隘。三者交修，采擇名言，略依此例，其或守王氏之故轍，與變王氏而鄰於前三者之蔽，則皆釐而剔之，豈好辯哉。去古日遠，百家各以其意自鳴，是丹非素，無術相勝，雖其尤近理者，亦不能饜人人之心而無異辭，道不同，不相為謀，則亦已矣。」

（〈書學案小識後〉）

這真是理學。為大家所熟識的：實事求是。所謂「事者非物，是者非理」，很玄妙的。

「王者之門曰路，門寢曰路，寢車曰路車，馬曰路馬，其用路字，俱有正大之意。」（〈復李觀察鴻

裔書〉）

「其用路字，俱有正大之意」，此亦可能是今天「馬路」之由也。沒有馬而有路，亦是「馬路」，因為路有「正大之意」，條條大路也是此意。

「鄙人器能窳薄，謬蒙崇獎，非所敢承。前以久點高位，頗思避位讓賢，保全晚節，赴闕以後，欲布斯懷而未能得其方，亦遂不復陳情，又盛引古義，力言不可遽萌退志。今已承乏此間，進止殊不自由，第恐精力日頹，無補艱危，祇速謗耳。」

「詞愈簡而道愈進。」（〈復陳太守寶箴書〉）

人在江湖，身不由己。同樣的，人在朝野，往往也身不由己，只有做下去，不管願不願意，或身陷名利中不能自拔，或為親信心腹既得利益，不能放，也不甘心放。像曾文正公這樣看破宦海：「頗思避位讓賢，保全晚節」，實不容易。

再小的事情，再大的事情，道理都很簡單。但做文章者，要把文章寫得很複雜，最好眾人都不懂，只有自己懂，學問更大；也把事情或問題寫得很複雜，顯出自己解題的本領。其實，正如曾文正公所指出的：詞愈簡而道愈進。

天下一般事之論斷，只是常識與合理而已。

59 立天之道，立地之道，立人之道

「蓋天下之道，非兩不立。是以立天之道，曰：陰與陽；立地之道，曰：柔與剛；立人之道，曰：

仁與義。乾坤毀則無以見易，仁義不明，則亦無所謂道者。傳曰：天地溫厚之氣，始於東北而盛於東南，此天地之盛德氣也，此天地之仁氣也。天地嚴凝之氣，始於西南而盛於西北，此天地之尊嚴氣也，此天地之義氣也。斯二氣者，自其後而言之，因仁以育物，則慶賞之事起；因義以正物，則刑罰之事起。中則治，偏則亂，自其初而言之，太和絪縕，流行而不息，人也，物也。聖人也，常人也，始所得者鈞耳。人得其全，物得其偏。聖人者，既得其全，而其氣質，又最清且厚；而其習又無毫髮累，於是曲踐乎所謂仁義者，夫是之謂盡性也。推而放之，凡民而準；推而放之，庶物而準。夫是之謂盡人性，盡物性也。」

「吾之身，與萬物之生，其理本同一源，乃若其分，則紛然而殊矣。」

「過乎仁，其流為墨；過乎義，其流為楊。生於心，害於政，其極皆可以亂天下。」

「天下之物，莫不有理，惟於理有未窮，故其知有不盡，此言吾心之知有限，萬物之分無窮。」

「國藩既從數君子後，與聞未論，而淺鄙之資，兼嗜華藻，篤好司馬遷、班固、杜甫、韓愈、王安石之文章，日夜以誦之，不厭也。故凡僕之所志，其大者蓋欲行仁義於天下，使凡物各得其分；其小者，則欲寡過於身，行道於妻子，立不悖之言，以垂教於宗族鄉黨。其有所成與，以此畢吾生焉；其無所成與，以此畢吾生焉，辱知最厚。」（答劉孟容書）

前函是〈致劉孟容書〉，後一函是〈答劉孟容書〉，這是感於孟容先生「二年三辱書」，一不報答，雖槁木之無情，亦不恝置若此。」曾文正公之心志，對於天地萬物之想法與看法，盡在其中。可以說，曾文正公有中心思想的。對於人文思想、物理，都有天地通之觀察，與融會貫通，乃能通百家之後，而能獨成一家。

天下之道，再大再微，均有其道，一人之修，君國之治，均在其道中。有所謂立天之道、立地之道、立人之道，各有對立，也各有互補，而能成為天地人。

「天下之物，莫不有理」，豈止有理，且有情。

的確，萬物宇宙太大了，也太奧妙了，人所知者太少了，此即曾文正公所言：「吾心之知有限，萬物之分無窮。」前者為心理，後者為物理。

曾文正公之治學心路歷程，在這裡也表達無遺：文史，情理並重也。乃有「篤好司馬遷、班固、杜甫、韓愈、王安石之文章，日夜以誦之，不厭也。」

60 事功之成否，人力居其三，天命居其七

「國藩竊維道與文之輕重紛紜，無有定說久矣。朱子讀唐志，謂歐陽公但知政事與禮樂，不可不合而為一，而不知道德與文章，尤不可分而為二。」

「國藩之愚，以為事功之成否，人力居其三，天命居其七，苟為無命，雖大聖畢生皇皇而無濟於世。文章之成否？學問居其三，天質居其七，秉質之清濁厚薄，亦命也。前世好文之士，不可億計，成者百一，傳者千一，彼各有命焉。」〈復劉孟容書〉

劉孟容，曾文正公論道之真心人也。

政事、禮樂；道德與文章，前二者與後二者，均不可分也。禮樂與政事分，則成為「行禮如儀」之儀式，文章足可濟世也，否則或淪為高調，或無病呻吟，有害無益也。

事功與學問，並非絕對的，亦非強求的，亦非主觀的條件，而是客觀的環境。此所謂盡人事，聽天

命也。

無論事功與學問，均見曾文正公的謙卑，尤其論及「前世好文之士，不可億計，成者百一，傳者千一，彼各有命焉。」不只是用在「學問」方面，各行各業，亦均可作如是觀。

此時，曾文正公面對家門、個人身體狀況以及所屬民眾之苦，乃有「公私孑孑，都無好懷，南望故鄉，恨不得屏棄百事，從閣下一豁襟抱也」：「寒門已嫁四女，三家未生子。郭氏女生子而早寡，感愴無涯。內人失明之後，諸病叢集，醫藥相尋。冢婦亦多病，次兒於元日得舉一子，差為忻慰。賤軀粗適，惟目光日蒙於花鏡之上，又加一花，看字尚如隔煙霧。直隸終年亢旱，去秋未種菽麥，今歲夏收失望，疆吏對此，如坐鍼氈，公私孑孑，都無好懷，南望故鄉，恨不得屏棄百事，從閣下一豁襟抱也。」

曾文正公為眼疾所苦，那個時候，眼鏡還未嘉惠，大概賴放大鏡之類看東西，一層加一層，苦不堪言，還會有白內障之類病症。

曾文正公的心情，壞極。自從他入主直隸後，好像沒有一事順心，也沒有一事順利過，只能說，曾國藩時代隨著太平天國的消滅，也就隨著結束了。古今之英雄豪傑，境遇也多如此。如：第二次大戰後的邱吉爾，我國對日抗戰勝利後的蔣中正先生，臺灣時代的俞大維，金馬前線無戰事後，就無用武之地，均是如此。

英雄離開時代與環境，就不是英雄。英雄是無情的。

61 患難所以開聖，憂勞所以興國

「元明以來，始有所謂壽序者。夫人之生，飢食而渴飲，積日而成年。苟不已，必且增至六十七十；又不已，則至大耋期頤，彼特累日較多耳，非有絕特不可幾之理也。胡序之云：而為此體者，又率稱功頌德，累牘不休，無書而名曰序，無故而諛人以言，是皆文體之詭，不可不辨也。」（〈易問齋之母壽詩序〉）

這是所謂交際應酬文字，亦是官文書之一種。曾文正公指出：「元明以來，始有所謂壽序者」，這是很有趣的，因為元是外民族。

曾文正公有西方之宗教精神，對生命之延續看得很淡，很自然：「飢食而渴飲，積日而成年」，都是吃五穀雜糧長大的，如此而已，活了六、七十歲，又何需「稱功頌德，累牘不休」？這是曾文正公可愛處。但人在官場，身不由己。有易柳恭人七十誕辰，其後人做了官，徵求士大夫之詩，至數十篇，為其母壽，不只是求曾文正公之文，「而屬余為序其簡端」，真難為了曾文正公，但他還是不能免俗，寫了一篇。（〈易問齋之母壽詩序〉）

「患難所以開聖，憂勞所以興國，古之通義也。」（〈陳岱雲太守為母生日讌集賓僚詩序〉）

又是一篇生日應酬詩序。

「自明代以來，年齒至五十以上，則人多為詩以祝之，諛媚殆於亡等；又有所謂壽序者，余昔書《歸有光文集》，已痛詆其陋，其他則又不足譏。」（〈唐鏡海先生七十生日同人寄懷詩序〉）

這篇序，還是要講一遍，「自明代以來」，曾文正公一百個一千個一萬個不願意，還是要寫這個「壽序」。他不是官場中人，很討厭繁文縟節。

「古無生日之禮，《顏氏家訓》稱江南風俗，是日有供頓聲樂，蓋此禮始於齊梁之閒，後世自貴逮

賤，無不崇飾開筵稱壽，習以為典。」（〈王翰城刺史五十大壽序〉）

曾文正公始終認為，「壽」沒有什麼好作的，乃有「古無生日之禮」。「壽序，非古也。明歸太僕數鄙之，而數為之，以為崑山之俗」。（〈王蔭之之母壽序〉）

還是不願意寫壽序，「壽序，非古也。」

62 以子之才，行子之志，天下之至裕也

「居今之日，而悖俗從古，不藉祿與名而悅其親者，雖賢者有所不能；賢者之異於眾人，獨能於祿與名之外，別敦古人之至行，以自力於門以內而已。（〈王靜菴同年之母七十壽序〉）

這就是古今，凡夫與聖賢之相異也：「獨能於祿與名之外，別敦古人之至行，以自力於門以內而已」。

「以子之才，行子之志，天下之至裕也。」（〈江岷樵之父母壽序〉）

江岷樵何人也？曾文正公稱：「道光二十有九年春正月，吾友江君岷樵，以縣令之官浙江，將行，告別於常所交知，其色若歉焉內疚，或問之曰：得百里而長之。」

這就是江岷樵，得百里之長，很不好意思。曾文正公倒嘉其才德，乃「以子之才，行子之志，天下之至裕也。」何其壯也。

江岷樵與曾文正公之氣味是相投的，文正公乃以「凡居官而言養親者，覽吾斯文，亦將有所興起焉。」可見岷樵先生之才學器宇之不凡。

「天之生賢人也，大氐以剛直葆其本真，其回枉柔靡者，常滑其自然之性，而無以全其純固之天，

即幸而苟延，精理已銷，恆幹僅存，君子謂之免焉而已。國藩嘗采輯國朝諸儒言行本末，若孫夏峰、顧亭林、黃梨洲、王而農、梅勿菴之徒，皆碩德貞隱，年登耄耋，而皆秉剛直之性，寸衷之所執，萬夫非之而不可動，三光晦，五岳震，而不可奪，故常全其至健之質，躋之大壽而神不衰，不似世俗孱懦豎子，依違濡忍，偷為一切，不可久長者也。」（〈陳仲鸞同年之父母七十壽序〉）

曾文正公心中之聖賢才能之士，剛直之士，而能享大年。文中所指出的，如顧亭林、黃梨洲都是一代大儒，豪邁才學見九洲。此如同美國一代英明總統甘迺迪，舉美國歷史賢明代議士，以剛毅著稱，著有《當仁不讓》一書，作為楷模，也作為榜樣。

不用說，本壽序之請者：陳仲鸞，亦為非凡之輩，屬「激烈不阿」型，乃能受曾文正公之敬重，「雖受性獨厚，亦其稟之廷闈。」

63 舉世不見是而無悶，自以為晦，天下之至光明也

「凡民有血氣之性，則常翹然而思有以上人，惡卑而就高，惡貧而覬富，惡寂寂而思赫赫之名，此世人之恆情。而凡民之中，有君子人者，常終身幽默，闇然深退，彼豈生與人異性誠，見乎其大，而知眾人所爭者之不足深較也。蓋《論語》載齊景公有馬千駟，曾不得與首陽餓莩，絜論短長矣，余嘗即其說推之。自奏漢以來，迄於今日，達官貴人，何可勝數。當其高據勢要，雍容進止，自以為材智加人萬萬，及夫身沒觀之，彼與當日之廝役賊卒，污行賈豎，營營而生，草草而死者，無以異也。而其間又有功業文學，獵取浮名者，自以為材智加人萬萬，及夫身沒觀之，彼與當日之廝役賊卒，污行賈豎，營營

而生，草草而死者，亦無以異也。然則今日之處高位而獲浮名者，自謂辭晦而居顯，光氣足以自振矣。曾不知其與眼前之廝役賤卒污行，賈豎之營營者，行將同歸於澌盡，而豪毛無以少異，豈不哀哉。吾友劉君孟容，湛默而嚴恭，好道而寡欲，自其壯歲，則已泊然而外富貴矣，既而察物觀變，又能外乎名譽，於是名其所居曰：養晦堂，而以書抵國藩為之記。」（〈養晦堂記〉）

「君子之道，自得於中，而外無所求，飢凍不足於事畜而無怨，舉世不見是而無悶，自以為晦，天下之至光明也；若夫奔命於煊赫之途，一旦勢盡意索，求如尋常窮約之人而不可得，烏覩所謂高明者哉。」（〈養晦堂記〉）

劉孟容，養晦堂主人也。此人之修養，可謂爐火純青，能「舉世不見是而無悶，自以為晦」，真是聖人之心，難怪曾文正公修書與之論學、為人，可謂推心置腹也。

曾文正公這篇〈養晦堂記〉，真是把人性刻繪得原形畢露。

人有常人之性，人有超人之德。

貪得，常人也；貪德，超人也。

而在曾文正公筆下，所謂達官顯要，真是原形畢露，口中言仁義，喊口號，訓萬民，其實，一旦離開「寶座」，脫下「金衣」，不如凡夫走卒之真誠，其貪生怕死，貪財貪名，原形畢露。今天的官場現形記，多之又多。中國大陸軍事大敗，多如過江之鯽之降客降將，神氣活現的名將，變成百般貪生的蝦兵。

凡在位者，自以為神仙天將，不可一世者，都應讀〈養晦堂記〉，知道自己那點本領，非但不比天大，更不會與一般人強；今天也許有指天揮地的境域，明天坐擁愁城，只能看看「菜單」發呆，批批「如擬」而已，百無一用。

人有多大本領？全在一念之間。真是：

「舉世不見是而無悶，自以為晦，天下之至光明也；若夫奔命於煊赫之途，一旦勢盡意索，求如尋常窮約之人而不可得。」

64 君子之道，莫大乎以忠誠為天下倡

「君子之道，莫大乎以忠誠為天下倡。世之亂也，上下縱於亡等之欲，姦偽相吞，變詐相角，自圖其安而予人以至危，畏難避害，曾不肯捐絲粟之力以拯天下；得忠誠者，起而矯之，克己而愛人，去偽而崇拙，躬履諸艱而不責人以同患。」

「吾鄉數君子，所以鼓舞群倫，歷九州而戡大亂，非拙且誠者之效與，亦豈始事時所及料哉。」

（〈湘鄉昭忠祠記〉）

曾文正公之精神，即是「湘勇」，亦是「湘人」之精神：「去偽而崇拙」。曾文正公的精神，就是中國傳統儒者的精神，也是現代傳教士的精神。

「同治四年，今相國合肥李公鴻章，改建江寧府學，作孔子廟於冶城山，正殿門廡，規制巍備。六年，國藩重至金陵。明年，荷澤馬公新貽，繼督兩江，賡續成之，鑿泮池，建崇聖祠，尊經閣及學官之廨宇。」

「先王之制禮也，人人納於軌範之中，自其弱齒，已立制防，灑埽沃盥有常儀，羹食肴胾有定位，緌纓紳佩有恆度。既長則教之冠禮，以責成人之道；教之昏禮，以明厚別之義；教之喪祭，以篤終而報

本，其出而應世，則有士相見以講讓，朝覲以勸忠。其在職，則有三物以興賢，入政以防淫，其深遠者，則教之樂舞，以養和順之氣，備文武之容；教之《大學》，以達於本末終始之序，治國平天下之術；教之《中庸》，以盡性而達天，故其材之成，則足以輔世長民，其次亦循循繩矩。三代之士，無或敢遁於寄衰者，人無不出於學，學無不衷於禮也。」（〈江寧府學記〉）

這是同治四年之事。同治三年六月，湘軍克復金陵，太平天國亡。曾文正公往視，其戰後情況，只是一個「死」字，只是一個「慘」字。統帥大軍者，其弟「九帥」國荃雖倖存，但已無人形，已無人面，悽慘無比，戰爭不能再打了，沿江而下，曾文正公有感而發，應以民眾和樂讀書聲，代替戰鼓衝殺聲。

這是改建「江寧府學」，曾文正公的愉快心志。對於李相國鴻章的敬重，對於馬新貽的尊重，豈是野史所傳所寫的淫賊馬新貽？

大殺大劫之後，應以文治復民心，一國開朝是如此，一國大亂復平之後也是如此。

現代一場戰爭應可避免，一場浩劫不應發生，中國早登富強之境，中國人就不會受那樣多苦難，更不會死那樣多的人。

一是抗戰勝利後，應息兵迎太平。蔣中正先生有責，毛澤東有責。

一是中共佔據大陸後，應以人民為尚，痛愛百姓，不應為了個人的權位，而鬧出「文化大革命」的「十年浩劫」，把中國人的根，澈底地破壞無遺。

「十年浩劫」，毛澤東未學習他的鄉長曾國藩的不忍人之心，兵亂已息，政權在手，不學老子，亦應學孔子，作萬民清靜無為之治。此正如錢穆在《國史大綱》中所指出劉邦逐秦建漢的任務：「平民政府有其必須完成之兩大任務，首要完成統一，其次為完成文治。」（錢穆：《國史大綱》（上），第九四頁）毛澤東二者均未作，如今留下「文革浩劫」及統一問題，悔之晚矣。而學了湘人死對頭——太平天國的胡來亂砍，上上下下都整得人死我活。在下者，人頭落地；在上者整肅結果，人頭無影無蹤。誰想有「當家」之念，就一筆勾銷，劉少奇、林彪、陳毅，就這樣消失了。周恩來「隱」術高明，得以身免，並衛護了鄧小平，乃有今天的「個體戶」的局面。

65 若必待富而後謀，則天下終無可成之事

「士民與江西客商爭祀，搆訟數十年，君以黷祭宿獄，終無已時，令舁神像至縣庭，取筆判八字曰：「爾像不滅，訟端不絕。」立飭吏卒，捽而毀之，兩造相顧愕眙而散，蓋君之明而能斷。」

「道光二年丁家艱，歸。自是山居二十載，養母教子，收族振貧，祭田義渡，凡諸善舉，皇然如有失而急圖之，陶然與販夫農夫相狎，自忘其為宰官之身，人亦忘之，亦愈敬之。」（〈戶部員外郎彭君墓表〉）

這一彭君，官場一怪傑。「操筆定讞，且判且詰，決遣如神」。為了一神像，訟數十年不息，「爾像不滅，訟端不絕」，彭君乃當庭「捽而毀之」，兩造相顧愕眙而散，真是「君之明而能斷。」

這一員外郎怪而有性格，正是曾文正公欣賞者。退隱山居二十年，「陶然與販夫農夫相狎，自忘其為宰官之身，人亦忘之，亦愈敬之。」

「人亦忘之，亦愈敬之」，最為傳神。

「若必待富而後謀，則天下終無可成之事。」

「府君生吾父兄弟三人，仲父上臺早卒，季父驥雲無子，以吾弟國華為嗣，孫五人。軍興以來，惟國潢治團練於鄉，四人者皆託身兵間。國華、貞幹沒於軍，國藩與國荃，遂以微功列封疆而膺高爵，而高年及見吾祖者，咸謂吾兄弟威重智略，不逮府君遠甚也，其風采亦可想已。」〈大界墓表〉

「府君諱玉屏，號星岡，聲如洪鐘，見者憚懾，而溫良博愛，物無不盡之情。其卒也，遠近感唏，或涕泣不能自休。」〈大界墓表〉

這是曾文正公近三代的縮影。

影響曾文正公最大的，是祖父「星岡公」，有很生動的素描，真是「仰之彌高」，為文正公崇敬之典範也：「溫良博愛，物無不盡之情。」

曾文正公之三代，幾渾為一體，均是鄉勇史中之重要人物：「國潢治團練於鄉，國華、貞幹沒於軍，國藩與國荃，遂以微功列封疆而膺高爵。」

「若必待富而後謀，則天下終無可成之事。」亦即人人可及時，量力而為也。用心用力引水，始有「水到渠成」之日。

66　終人讓人道，會不失寸步；終身祝人善，會不損尺布

「萬事如浮雲，滄海日千變，獨有骨肉離，重逢真可羨。」〈送王孝風之雲南即題其尊人松菊圖〉

「西山一夜雨，秋風入庭除，清晨展書坐，脩然樂有餘，天宇一何廓，蕩蕩真吾廬。」〈失題〉

「君今抱古調，傾情為我彈，虛名播九野，內美常不完，相期蓄令德，各護淩風翰。」〈訓嶭曉颿〉

「拓茲疆宇廣，大道闢榛蕪，中路生罔兩，孱夫阻半途，老大迷歸往，要當志千里，未宜局尋丈，古人已茫茫，來者非吾黨，竝世求人難，勉旃各慨慷。」〈題彭旭詩集後即送其南歸二首〉

詩詞固是墨客酒後的消遣文字，但對於家國社會有責任者，還是以詩述其感，述其懷，此之所謂：

「平生秉微抱，志與詩騷親。」

「志與詩」不可分也，以詩伸其壯志也。此時曾文正公的心情，是「古人已茫茫，來者非吾黨，竝世求人難」，有時勢不與我之感歎。

「多病無安食，多悔少佳眠，無德居高明。」〈贈李眉生〉

生老病死，富貴榮華，這就是人生。人生必須在安中求得，也就是「心安理得」，才能求正得。人的一生，無論富貴貧賤，離不開吃睡，這是人人所需要的，能吃得好睡得好，是人生一大快事，也是人生一大樂事。好吃、好睡，談何容易？要在知足，知足才能常樂，才能安眠。

「善莫大於恕，德莫凶於妒；妒者妾婦行，瑣瑣奚比數。己拙忌人能，己塞忌人遇；己若無事功，忌人得成務；己若無黨援，忌人得多助；勢位苟相敵，畏偪又相惡；己無好聞望，忌人文名著；己無賢子孫，忌人後嗣裕；不惜他人污，聞災或悅豫；問渠何以然，不自知其故；爾室神來格，高明鬼所顧；天道常好還，嫉人還自誤；幽明叢詬忌，乖氣相迴互；重者裁汝躬，輕亦減汝祚；我今告後生，悚然大覺悟；終身讓人道，會不失寸步；終身祝人善，會不損尺布；消除嫉妒心，普天零甘露；家家獲吉祥，我亦無恐怖。」

「知足天地寬，貪得宇宙隘；豈無過人姿，多欲為患害；在約每思豐，居困常求泰；富求千乘車，貴求萬釘帶；未得求速償，既得求勿壞；芬馨比椒蘭，磐固方泰岱；求榮不知饜，志亢神愈忲；歲燠有時寒，日明有時晦；時來多善緣，運去生災怪；諸福不可期，百殃紛來會；片言動招尤，舉足便有礙；戚戚抱殷憂，精爽日凋瘵；矯首望八荒，乾坤一何大；安榮無遽欣，患難無遽憝；君看十人中，八九無倚賴；人窮多過我，我窮猶可耐；而況處夷塗，奚事生嗟愾；於世少所求，俯仰有餘快；俟命堪終古，曾不願乎外。」（〈忮求詩二首諭紀澤紀鴻〉）

「不忮不求」是曾國藩的精神。流風所及，也影響臺北政壇，所謂不求、不忮、不拒之三不也。何謂不忮、不求？「於世少所求，俯仰有餘快」。

或說，曾文正公的不忮、不求，太消極了。其實，有許多事是求不得的。今天得來，未必是明天之福；今天之失，也許是明天之得。所謂「塞翁失馬」是也。

曾文正公這一忮求詩，傳給其子紀澤、紀鴻，可謂獨得其箴。人生之千變萬化，熙熙攘攘，你爭我奪，均在這一忮求詩中，可謂傳家濟世之寶也。

67 晨書小楷眼欲花，午睡醒來日已斜，從容讀書還煮茶

「長羨江頭白髮翁，扁舟如瓦飄西東。船頭得魚船尾煮，樨子咍笑老婦聾。王稅早輸百無事，從古不遇打頭風。君家正臨洞庭水，一飽弄舟樂何底？舍此他求真左矣。」

「我生乾坤一贅人，逐眾轉徙如飛蚊。袞袞臺省無相識，紛紛時事了不聞。門外車馬何隱轔，獨立階下看浮雲。君今歸哉渺千里，我方塵土無窮已。」（〈題毛西垣詩集後即送之歸巴陵五首〉）

曾文正公之詩，有如今天的「白話詩」，只是較白話詩深一點，意境高而已。

這二行詩對照之下，就是文正公的心境與意境：人羨富貴，我慕平凡。

曾文正公寫平凡人的漁夫生活，有如仙境。就今天的工業「冰箱」生活言，「船頭得魚船尾煮」，帝王無法享受也。

「君家正臨洞庭水，一飽弄舟樂何底？舍此他求真左矣。」這一「左」字，極好。可見中國的價值觀，「左」字就是不智不值。

相對之下，曾文正公卻有顧影自憐之嘆，不勝負擔，有些佛教中的萬物皆空之感：「我方塵土無窮已。」

中國政治有一番意境，就是政治歸政治，平民歸平民。這也就是：「王稅早輸百無事，從古不遇打頭風。」納糧完稅，就是百姓至高無上的責任，捨此之外，誰也不能約束他。因之，所謂「改朝換代」干他何事？這是做老百姓的瀟洒。

「不願舉國揚芬芳，但願同心通悃款。晨書小楷眼欲花，午睡醒來日已斜，從容讀書還煮茶。」

（〈題畫蘭三首應田敬堂同年〉）

這可以說是曾文正公嚮往的生活：寫字、午睡、讀書、喝茶。寫得很逍遙自得，只是眼力不行，欲書乏力。「一覺醒來日已斜」，睡得很熟。這是一般作官，尤其是做大官的人，無法享受的生活與境界。他們的生活，多消磨在應酬與飲食男女之中。

68 昨日微雨送殘秋，落葉東西隨水流

「千礮齊震雷破山，萬馬不嘶月如水。先生兀坐了不驚，秉燭從容讀書史。大儒意趣未可量，小醜巃豪安足齒。」（〈題唐鏡海先生二圖〉，「十月戎行圖」）這真是儒者的畫像，心靜不動如山。「秉燭從容讀書史，大儒意趣未可量」，這是成聖成仙的修養，世事紛亂名利，均不放在心上，也不放在眼裡。

「手撮黃塵障河決，自有幻想非人知。城南海棠已爛放，牡丹如霧行離披。如此青春忍不賞，直待白髮寧可追。」（〈題唐鏡海先生二圖〉，「五原學舍圖」）「手撮黃塵障河決，自有幻想非人知」，有不為人知也不能為人知之事埋在心中；美景當前，今日不賞，尚待何時？「直待白髮寧可追」，悔之晚矣。

「王師四出枯朽摧，築城如鐵黃土篴。公然一戰收全勝，笑言啞啞何歡咍。文章有時奏奇績，不信五鬼能作災。」（〈苻農既和余詩而三子者皆見錄於有司乃復次韻〉）

「王師」，正朝之師也，平亂之師也！「王師北定中原日」，最為代表，也最為正宗。「王師四出枯朽摧」，又是一個「王師」，孫中山先生之驅逐韃虜，也是王者之師。

「文章有時奏奇績，不信五鬼能作災」。劍與筆，均為利器也。「文章有時奏奇績」，就是筆的神奇之功。中國之歷史，無論在朝或民間，離不開神鬼正邪，神為正之象徵，鬼為邪之代表。

「五鬼」集鬼類之大成也，如今仍引用之，如經濟學家費景漢所指之五鬼搬運法，意指不肖者以不

正常之方法，竊取公有之財物據為己有也。

「昨日微雨送殘秋，落葉東西隨水流。世間萬事皆前定，行止遲速匪自由。謀道謀食兩無補，祇有足跡遍九州。一杯勸君且歡喜，丈夫由來輕萬里。」（〈送淩十一歸長沙五首〉）

這就是觸景生情。

春來冬去，秋去冬來，萬象是如此，人的際遇何不是如此：「世間萬事皆前定，行止遲速匪自由」。「謀道謀食兩無補，祇有足跡遍九州」。謀食力苦，謀道心苦。謀食為己，頂多為一家人；謀道為無數人，甚至天下人，更苦也。

「一杯勸君且歡喜，丈夫由來輕萬里」，這是酒的意境，也是酒者的品味。時下狂飲亂飲者，濫矣。

69 軍容十萬轉風雷，書生卻進安民策

「我思竟何屬，四海一劉蓉。具眼規皇古，低頭拜老農。乾坤皆在壁，霜雪必蟠胸。他日余能訪，千山捉臥龍。」（〈懷劉蓉〉）

劉蓉，道德文章為曾文正公所敬佩之鄉賢。曾文正公與劉蓉，可謂一步一趨，緊密相隨，此之所謂「我年廿四登鄉貢，始與劉蓉相追陪。」

無論武功文治，劉蓉不能與曾文正公相提並論。但劉蓉在曾文正公的心目中，是值得與之論道之人。道德文章人品，高人一等，這就是「四海一劉蓉」，上能「規皇古」，下能「拜老農」，真是「乾坤皆在壁」，人間一神仙。

「妙高峰上攜誰步，愛晚亭邊醉幾回。」（〈溫甫讀書城南寄示二首〉）

這一「妙高峰上」與蔣中正先生的家鄉「妙高臺」不知有無關聯？妙高臺之命名，是否來自「妙高峰」？

「愛晚亭邊醉幾回」，這是詩人墨客飲酒的人物景象。

「軍容十萬轉風雷，書生卻進安民策。」（〈送唐鏡海先生九首〉）

「軍容十萬轉風雷，書生卻進安民策」，一個書生，面對天下紛亂，面對百姓蒼生，真是有為者當如是。

「九載艱難下百城，漫天箕口復縱橫。今朝一酌黃花酒，始與阿蓮慶更生。陸雲入洛正華年，訪道尋師志頗堅。慚愧庭階春意薄，無風吹汝上青天。幾年橐筆逐辛酸，科第尼人寸寸難。一劍須臾龍變化，誰能終古老泥蟠。廬陵城下總雄師，主將赤心萬馬知。佳節中秋平劇寇，書生初試大功時。」（〈沅甫弟四十一初度〉）

甲子八月二十日沅甫老弟四十一歲生日，老哥甚為得意，「為小詩十三首壽之」。

至危之清朝天下，曾國藩保下來的，而曾國藩的功業，卻是曾家兄弟帶領湘鄉子弟兵，拼殺而平定江山。

沅甫弟四十一初度之前——八月十五日，在吉安統兵二萬，克復府城。老哥得意快活極了，連寫詩十三首壽之。寫出沅甫命運之出神入化：「幾年橐筆逐辛酸，科第尼人寸寸難，一劍須臾龍變化」，讀書不成料，運氣、耐性與天份俱差，久久不能及第，乃在千軍中立功名，此之所謂：「無風吹汝上青天」也。

70 敬則小心翼翼，恕則凡事留餘地以處人

「足下數年以來，水陸數百戰，開府作鎮，國家酬獎之典，亦可謂至優極渥，指日榮晉提軍，勳位並隆，務宜敬以持躬，恕以待人。敬則小心翼翼，事無巨細，皆不敢忽；恕則凡事留餘地以處人。功不獨居，過不推諉。常常記此二字，則長履大任，福祚無量矣。」（〈與鮑春霆〉）

曾文正公迫於太平天國之危難，基於保鄉救朝之大任，帶領湘人組成湘軍，出生入死，或戰守家門，或決勝千里，帶兵者非但不是「軍官」出身，亦無一點軍事基礎，全憑關係與時勢，募集家鄉子弟百人、千人、萬人成為湘勇，可說各有性格，各有打算，全憑曾文正公之苦口婆心，或為兄長或為鄉長，邊教邊戰也。鮑超就是其中之一。

鮑超以善戰著名，就難免個性強、脾氣大。鮑超字春霆，湘軍霆字營統領。

這封信曾文正公教導鮑超要沉得住氣，不要發牢騷，更不要強出頭，國家待你不薄，「指日榮晉提軍，勳位並隆。」

「敬則小心翼翼，恕則凡事留餘地以處人。」

「功不獨居，過不推諉」。曾文正公要鮑超「常常記此二字」，此亦是曾文正公之精神，亦為湘軍之精神。

「足下俊邁之骨，深遠之識，方今四方多虞，計必不能久處囊中。竊以先哲經世之書，莫善於司馬文正公《資治通鑑》，其論古皆折衷至當，開拓心胸。」（〈與羅少村〉）

曾文正公帶這些心大如天的將領，希以作之兄作之師之精神與毅力，以書信予以規勸溝通，以激其志，以壯其氣。這封信就是代表。

一個人有本領，不怕不被重用，不愁沒有用武之地，不會被埋沒，終究會脫穎而出。

曾文正公勸人多讀書，多讀有助胸襟與修養之書。

曾文正公很欣賞「以古鑑今」的《資治通鑑》，「其論古皆折衷至當，開拓心胸。」

因之，曾文正公甚盼「閣下若能熟讀此書，而參稽三通兩衍義諸書，將來出而任事，自有所持循，而不致失隊。」

「失隊」意義深長。

「僅觀作古文者，例有傲骨，惟歐陽公較平和，此外皆剛介倔強，與世齟齬。足下傲骨嶙峋，所以為文之質，恰與古人相合；惟病在貪多，動致冗長，可取國朝二十四家古文讀之。」（〈與彭雪琴〉）

曾文正公治人如治病，不同人不同病，而用不同藥方。這一剛介倔強的彭雪琴，則需讀歐陽修之文，以取其平和。

湘軍中，彭玉麟雪琴，是一獨立特行的人物，尤對早期海軍有貢獻，曾擔任湘軍水師統領。

彭雪琴是一熱血漢子，不求人、不為官、不做官，連朝廷對他都沒有辦法，亦如《三國演義》中關雲長，彭玉麟是一典型人物：忠義勇而已。

71　凡治事，公則權勢，私則情誼

「蜀中之行，思之至熟。凡治事，公則權勢，私則情誼，二者必須居一於此。前見蜀帥覆陳一疏，未有云必不專俟曾某來此致誤事機，而鄂中自潤帥外，皆不以西行為然。」（與左季高）

這一短函中，曾國藩、左宗棠（季高）以及胡林翼（潤芝）均在其中。曾氏在進行一次說服工作：蜀中之行，不可行。就在那個時候，就以曾與左、胡的關係而言，還是要進行一番溝通。

「蜀中之行，思之至熟」。這事，他胸有成竹。並謂：凡治事，公則權勢，私則情誼，二者必須居一於此，亦即必須公斷也，不能訴諸「私誼」，這是曾文正公的冷靜之處。

「益知天下事，當於大處著眼，小處下手。陸氏但稱先立乎其大者，若不輔以朱子銖積寸累工夫，則下梢全無把握。故國藩治軍，屏去一切高深神奇之說，專就粗淺纖悉處致力，雖坐是不克大有功效，然為鈍拙計，則猶守約之方也。所最難者，近日調兵撥餉，察吏選將，皆以應酬人情之道行之。不問事勢之緩急，諭旨之寬嚴，苟無人情，百求罔應，即舉劾賞罰，無人情，則雖大賢莫焉；有人情，則雖巨憝亦釋。故賊燄雖已漸衰，而人心殊未厭亂，每獨居深念，憾不得與閣下促膝蜜語。」（致吳竹如）

這就是曾文正公的務實：「大處著眼，小處下手」，「屏去一切高深神奇之說，專就粗淺纖悉處致力」；這就是曾文正公的苦痛處：「不問事勢之緩急」，但問有無人情。

就這樣，把咱們中國害慘了。曾文正公在苦痛中掙扎，而能打出一片天下，真是無語問蒼天，只希望「與閣下促膝蜜語」，因為太苦了。

中國人的人情世故，不知誤了多少大事，害了多少人。

「凡臨敵觀氣色，有二可慮：驕氣則有浮淫之色；惰氣則有晻滯之色，望體察而補救之。何鏡海若能克勤小物四字上用功，應日有長進，望閣下虛己以待之，方不膈膜。」

此所謂「知己知彼，百戰百勝。」驕與惰，為人之大忌，自亦用兵之大忌。驕與惰，均是發自內的行為，但可行之於外，此所謂：「察言觀色」。

曾文正公常常與何鏡海通信的。此處亦有感而發，以「克勤小物」誡勉何兄。「小物」自可捉摸，實在就是細微末節也。此兄可能大而化之，不知道自己，乃請李中夫規勸，亦可謂有厚望焉。

72 天下絕大事業，多從不忍二字做出

「天下滔滔，皆沉迷於利字當中。惟賴文武大員，有長人之責者，矢清潔於屋漏，幽獨之地，少取一分，則蘇一分之民困，亦即挽一分之天心，此則本部堂所願與該守輩兢兢自勵者也。」（湘前營營務處梅守錦源稟奉札查復湘前各營勇夫在青陽騷百姓及朱鎮品隆上年招降古隆賢并無受賄各情由）

「利」人之大欲，也是人之大害也。真是「天下滔滔，皆沉迷於利字當中。」中外古今皆然。一個人看開了名利，也就看開了一切，才能真正做一個人。

如何挽救「唯利」之人心？曾文正公的藥方：「賴文武大員，有長人之責者，矢清潔於屋漏，幽獨之地，少取一分，則蘇一分之民困，亦即挽一分之天心。」

可憐復可恨者，最怕在位者，貪得更厲害，爭名奪利，唯恐不及，這是人性的弱點，也是百姓的不幸。曾文正公有不忍人之心。

「前聞該令治軍，時時以愛民為念，本部堂嘗以國器目之。稟中所稱極意拊綏，非僅兵威，所能了事。尤見慈祥愷惻，溢於言表。為名將、為良吏，亦惟持此心以加勉。天下絕大事業，多從不忍二字做

出；天下無窮進境，多從不自足三字做出，願共勛焉。」（〈管帶義從營黃令元齡稟奉檄馳抵天柱縣辦理勦撫黔苗事宜由〉）

何以為名將？何以為良吏？「時時以愛民為念。」這是曾文正公的苦心，也是他一生中心意旨所在。

「天下絕大事業，多從不忍二字做出；天下無窮進境，多從不自足三字做出。」這二個「做出」，實在就是一個人一生做人做事無窮的道理所在。

「不忍」就是仁者之心，這是以儒家為中心的中國文化的根本。

「不自足」就是儒家的教育哲學，「不自足」乃能自謙向學。所謂學然後知不足，所謂活到老，學到老，皆由於「不自足」也。「不自足」非不知足也。「不自足」是自謙，「不知足」是自貪。

73 慎無以喜怒加人，能擇善者而從之

宋文帝以弟江夏王義恭都督荊湘等八州諸軍事。為書誡之曰：「天下艱難，國家事重，雖曰守成，實亦未易，隆替安危，在吾曹耳，豈可不感尋王業，大懼負荷，汝性褊急，志之所滯，其欲必行，意所不存，從物回改，此最弊事，宜念裁抑。衛青遇士大夫以禮，與小人有恩。西門安于，矯性，齊美關公張飛，任偏同弊，行已舉事，深宜鑒此。若事異今日，嗣子幼業，司徒當周公之事，汝不可不盡祇順之理。爾時天下安危，決汝一人耳。汝一月自用錢，不可過三十萬，若能省此，益美。西楚府舍，略作諳究，計當不須改作。求新異，凡訊獄，多決當時，難可逆慮，此實為難。至訊日虛懷博盡，慎無以喜怒加人，能擇善者而從之。美歸自己，不可專意自決，以矜獨斷之明也。名器深宜慎惜，不可妄以假人。

昵近爵賜，尤應裁量。吾於左右，雖為少恩，如聞外論，不以為非也。以貴凌物，物不服；以威加人，人不厭，此易達事耳。」

「數君者，皆雄才大略，有經營四海之志，而其教誡子弟，則約旨卑思，斂抑已甚。伏波將軍馬援亦曠代英傑，而其誡兄子書曰：『吾欲汝曹聞人過失，如聞父母之名，耳可得聞，口不可得言也。好議論人長短，妄是非政法，此吾所大惡也，寧死不願子孫有此行也。』」（〈筆記二十七則〉，「英雄誡子弟」）

真是以天下為己任，也真是天下艱難，國家事重。治國如治家，均從小處細處做起。宋文帝以儉教其弟，「天下安危，決汝一人耳。汝一月自用錢，不可過三十萬，若能省此，益美。」這一「益美」，真是美矣。馬援教其兄子，一如曾文正公的家教，一教聞過則喜，一教不聽小人之閒言：「吾欲汝曹聞人過失，如聞父母之名。耳可得聞，口不可得言也。好議論人長短，妄是非政法，此吾所大惡也，寧死不願子孫有此行也。」可見議論人長短，為惡誤事之大也。

74 不自恃者，雖危而得安；自恃者，雖安而易危

「自好之士，多講氣節，講之不精，則流於傲而不自覺。風節，守於己者也，傲，則加於人者也。」

「君子之道，莫善於能下人，莫不善於矜。以齊桓公之盛業，葵邱之會，微有振矜，而叛者九國。以關公之忠勇，一念之矜，則身敗於徐晃，地喪於呂蒙；以大禹之聖，而伯益贊之，以『滿招損，謙受益』；以鄭伯之弱，而楚莊王曰：『其君能下人，必能信用其民矣。』不自恃者，雖危而得安；自恃者，雖安而易危。」（〈筆記二十七則〉，「氣節——傲」）

這一節是談修養。修養有極高有極基本，二者皆一也。氣節，傲，虛也。

氣節是自我修養也是自我要求，非表現於外，否則就是傲，氣節只能做，不能講。如「講氣節，則流於傲而不自覺」。「風節」，所謂「高風亮節」，「守於己者也，傲，則加於人者也。」

「不自恃者，雖危而得安；自恃者，雖安而易危」，今人葉公超、孫立人，一文一武，對臺灣危難時期，開拓外交，鞏固軍事，最具貢獻者，極高而至極危，不自覺，不自知，全出自「自恃者，雖安而易危」，不能轉危為安，全在自恃者與至高者之一念之間。

葉公超是中華民國政府一九四九年大陸軍事失敗撤退到臺北，不只是把外交部搬到臺灣，外交方面不只是未受影響，且以他個人的才華與幹勁，為中華民國外交闖出一片天。他志大才大，個性使他成為不可一世的葉公超，個性也使他成為有志無法伸。

葉公超在結束悲劇一生前，自己作了一個評斷，歸之於「不能凡事聽話，不能順從客觀環境以及無法改變的急躁性格。」（符兆祥：《葉公超傳》，臺北：懋聯文化基金）

葉公超的外交悲劇，發生在一九六一年聯合國大會有關外蒙入會，執行決策：「不顧一切，否決到底。」葉氏擔任駐美大使在言語上傷及蔣中正先生的尊嚴，也傷透了蔣先生的心，致成了他在外交路途上的不歸路。

相反的，另外一位也是學人從政，也是清華出身的蔣廷黻，時任聯合國全權代表，也有他的性格，但他對國家元首以及附近的人，保有一份尊敬，也得善終。

孫立人的若干背景與葉公超相似。他是一九四九年大陸軍事失敗，為蔣中正先生，以美式教育方式，百練成鋼，把破亂不堪的軍隊，從頭從基礎練成，而成為今日的國軍。孫立人也是清華出身，接受西方現代教育，中國對日戰爭在滇緬戰區，以援救英軍而馳名中外。

孫將軍由於個性太強，無法見容於蔣中正先生，而不敢再用，以自己顯赫戰功，結束了一生的軍旅生涯。真是無獨有偶，「哈佛」出身的俞大維，也是以性格著稱，國防部長任內，金門砲戰、台海戰爭期間，立下不朽之戰功，雖有我行我素，獨來獨往的性格，但他倡行「中道」，對蔣中正先生尊敬，乃能享有戰後餘暉，百年而逝。

造化真會捉弄人，可惜，可惜。

75 克勤小物成大業

「古之成大業者，多自克勤小物而來。百尺之數，基於平地；千丈之帛，一尺一寸之所積也；萬石之鍾，一銖一兩之所累也。文王之聖，而自朝至於日中昃，不遑暇食，周公仰而思之，夜以繼日，幸而得之。坐以待旦，仲山甫夙夜匪懈，其勤若此，則無小無大，何事之敢慢哉。諸葛忠武為相，自杖罪以上，皆親自臨決。杜慧度為政，纖密一如治家。陶侃綜理密微，雖竹頭木屑，皆儲為有用之物。朱子謂為學須銖積寸累，為政者亦未有不由銖積寸累而克底於成者也。秦始皇衡石量書，魏明帝自案行尚書事，隋文帝衛士傳餐，皆為後世所譏，以為天子不當親理細事。余謂天子或可不親細事，若為大臣者，則斷不可不親。陳平之問錢穀，不知；問刑獄，不知，未可以為人臣之法也。凡程功立事，必以目所共見者為效。」〈筆記二十七則〉，「克勤小物」）

這一節的宗旨，一開始就很明白點出來：「古之成大業者，多自克勤小物而來。」

亦即克勤克儉，不捨細節也。克勤克儉為立大業之根本也。古人是如此，今人也是如此。凡從艱苦環境成長成功的事業家，無不得自克勤克儉，且事業成功後也以此為習慣。如臺灣事業家王永慶、孫法民等皆是如此。

事無大小，「何事之敢慢哉」。今人周恩來從種種傳記看來，他之在中共打江山而成天下，一人之下，其基本性格還在不捨細流，亦即印證曾文正公之語：「天子或可不親細事，若為大臣者，則斷不可不親。」周恩來之一生，無論奉侍毛澤東或接待尼克森，均有細微末節處，見其功力。這不要說「大人物」，一般人也是不注意的。

細微末節就是大事，亦即事無巨細。二次大戰後，從原子到核子，均是肉眼無法見到之細小，但威力何其巨也。

積微小而成巨大。亦即朱子謂「為學須銖積寸累」。

中國國民黨所創造之中華民國，國歌中之「夙夜匪懈」，在這裡出現，應不是出自該處也，但精神是吻合的。

無論何等身份之人，也無論做什麼事情，不能大而化之。

76 凡人之心跡，愈久愈明

「軍中浪費最忌官員太多，夫價太多。今立定限制，無論官多官少，官大官少，凡帶千人者，每月支銀不准過五千八百兩。凡統萬人者，每月支銀不准過五萬八千兩。凡帶百人者，用長夫不准過三十六

名。凡帶千人者，用長夫不准過三百六十名。」(〈薪水口糧之制〉)

曾文正公所帶領的湘勇，因非正式軍隊，無法享有國家體制，自出征以來，曾國藩的部隊，始終存有財務問題，曾文正公也深引為苦。

軍中最怕官多兵少，衝鋒陷陣者少而副官備員多，就會形成主力不足，負擔過重，自無戰力可言。因之，曾文正公為斷其弊，想出一個限制薪餉與傭兵辦法，這一作法，是很符合現代企業經營理念的。

「凡人之心跡，愈久愈明。果是匪黨，雖父兄不能曲護；果非匪黨，雖仇人不能栽誣。」(〈查拏徵義堂餘匪示〉)

這是曾文正公的良心。根據事實，不冤枉好人，也不放過壞人。

「匪黨」，這是今天很熟悉的名詞。見之於現代政治文告號召中，也許這是一個根源。

「為嚴催早完國課事，照得粵匪稱亂以來，糜費國帑四千餘萬，皇上省宮中之服用，發內府之帑項，不惜一罄所藏，冀為生民除害。即王公大臣，文武官員，無一人不裁減廉俸，無一人不捐助軍餉，而獨於百姓，格外體恤，田不加賦，戶不抽丁，不特不加賦而已也。水旱偏炎之縣，又有蠲緩之條；賊匪經過之區，復有寬免之典，不特不抽丁已也。被脅之良民，免其罪而資遣之；被兵之難民，憫其窮而撫卹之。凡在百姓，想亦共聞之，而共知之矣。自古以來，治日常少，亂日常多，或十餘年而一遇兵戈，或數十年而一逢劫數，獨至我朝二百餘年，同享昇平之福。」

「如有游民痞棍，倡為莠言，謂世界已亂，不必完糧者，一經拿獲，即行正法，非本部堂之過嚴也。造此言者，即從賊之亂民也。」(〈催完錢糧告示〉)

天下之老百姓，有三件事：完稅、納糧、當兵是也。而王孫公卿官吏則靠此享樂吃喝也。

曾文正公的此項「催完錢糧告示」，目的只有一個：「為嚴催早完國課事」，不受謠言所惑。

曾文正公的「告示」：「自古以來，治日常少，亂日常多。」因為此時之清朝，已有人心惶惶之勢，謠言滿天，曾文正公心知肚明，乃有嚴厲以對：「謂世界已亂，不必完糧者，一經拿獲，即行正法。」

77 身到、心到、眼到、手到、口到

「身到者，如作吏則親驗命盜案，親查鄉里；治軍則親巡營壘，親冒矢石是也。心到者，凡事苦心剖晰，大條理，小條理，始條理，終條理，先要擘得開，後要括得攏是也。眼到者，著意看人，認真看公牘是也。手到者，於人之短長，事之關鍵，隨筆寫記，以備遺忘是也。口到者，於使人之事，警眾之辭，既有公文，又不憚再三，苦口叮嚀是也。」

「讀古書以訓詁為本、作詩文以聲調為本、事親以得歡心為本、養生以少惱怒為本、立身以不妄語為本、治家以不晏起為本、居官以不要錢為本、行軍以不擾民為本。」（〈格言四幅書贈李芋仙〉，時咸豐十一年在東流大營）

曾國藩的精神，來自二方面，一是知識分子的理學，就是實踐；一是家庭的淵源，就是農家的勤儉。

曾文正公的「身到、心到、眼到、手到、口到」就是實踐與克勤的功夫。在這方面的修養，影響後代很深很遠很大。蔣中正先生力行不輟，實踐篤行，盡瘁於此。

曾文正公的「身到、心到、眼到、手到、口到」，可大可小，可近可遠，他為這「五到」，分別作了解釋。其中，特別值得一提的，就是「心到者：凡事苦心剖晰，大條理、小條理、始條理、終條理」，其

要就在「條理」，曾文正公是很重視「條理」的，而非一般書蟲，只知博聞強記，念成一堆，背成一團。曾文正公是懂得讀書方法，治學方法的，乃能治學有大成治事有大功，並非偶然，都從細微末節做起，是實踐的極致。「手到者，於人之短長，事之關鍵，隨筆寫記，以備遺忘是也。」曾文正公此舉，不只是「手到」，實在用心也。乃能在用人上成大功，用心觀察，用力分析也。這是曾國藩的功夫，非常人所能及。蔣中正先生的「召見」，就具有「眼到者」之功。

「八本」也是曾文正公一生修身、為學、治事的心得結晶也。是在庚申六月記於日記中，「用以自警」。不只是有心得，且無往而不利，尤其是「軍事無利」，乃於家書中「錄此以誡子弟」，後陸續見於友朋僚屬信函中，是謂曾文正公的基本修養。

78 不入是非之場，不入勢利之場

「清」　記曰：「清明在躬」。吾人身心之間，須有一種清氣，使子弟飲其和，鄉黨薰其德，庶幾積善可以致祥。飲酒太多則氣必昏濁，說話太多則神必躁擾。弟於此二弊皆不能免，欲葆清氣，首貴飲酒有節，次貴說話不苟。

儉　凡多欲者不能儉，好動者不能儉。多欲如好衣，好聲色，好書畫古玩之類，皆可浪費破家，弟向無癖嗜之好，而頗有好動之弊。

明　三達德之首曰智。智即明也。古來豪傑動稱英雄，英即明也。明有二端，人見其近，吾見其遠，曰高明。人見其粗，吾見其細，曰精明。

高明由於天分，精明由於學問。吾兄弟忝居大家，天分均不甚高明，專賴學問以求精明。好問若買顯微之鏡，好學若舂上熟之米，總須心中極明，而後口中可斷。能明而斷，謂之英斷；不明而斷，謂之武斷。武斷自己之事，為害猶淺，武斷他人之事，招怨實深，惟謙退而不肯輕斷，最足養福。

慎　慎者，有所畏憚之謂也。居心不循天理，則畏天怒；作事不順人情，則畏人言。少賤則畏父師，畏官長，老年則畏後生之竊議，高位則畏僚屬之指摘。凡人方寸有所畏憚，則過必不大，鬼神必從而厚之。

恕　聖門好言仁，仁即恕也。

吾輩有聲勢之家，一言可以榮人，一言可以辱人。榮人則得名得利得光耀，人尚未必感我，何也？謂我之勢，幫人不難也。辱人則受刑受罰受苦惱，人必恨我入骨。何也？謂我倚勢欺人太甚也。吾兄弟須從恕字，痛下功夫。隨在設身以處地，我要步步站得穩，須知他人也要站得穩，所謂立也。我要處處行得通，須知他人也要行得通，所謂達也。今日我處順境，預想他日也有處逆境之時；今日我以盛氣凌人，預想他日人亦以盛氣凌我之身，盛凌我之子孫。常以恕字自惕，常留餘地處人，則荊棘少矣。

靜　靜則生明，動則多咎，自然之理也。家長好動，子弟必紛紛擾擾，朝生一策，暮設一計，雖嚴禁而不能止。欲求一家之安靜，先求一身之清靜。靜有二道，一曰不入是非之場，二曰不入勢利之場。鄉里之詞訟曲直，於我何干？我若強為剖斷，始則賠酒飯，後則惹怨恨。官場之得失升沈，於我何涉？我若稍為干預，小則招物議，大則挂彈章，不若一概不管，可以斂後輩之躁氣，即可保此身之清福。」

（〈書贈仲弟六則〉）

曾文正公的六則，就是：清、儉、明、慎、恕、靜，是也。句句都是箴言，都是真言，驗之今日社會，再準再恰當也沒有。是是非非，恩恩怨怨，即源於此也。曾文正公最忌也最怕家中子弟，以他為後臺，在地方上仗勢欺人，惹事生非，好問訴訟，紛紛擾擾，看似熱鬧，其實，都是招怨招忌也。

曾文正公對高明，精明，英斷，武斷，均有簡要之定義，實在高明。

對於動之節制，曾文正公有所匡正：「今日思作某事，明日思訪某客，所費日增而不覺，此後講求儉約，首戒好動，不輕出門，不輕舉事。」「其次則僕從宜少，所謂食之者寡也，其次則送情宜減，所謂用之者舒也。」

官場之靜有二：一曰不入是非之場，二曰不入勢利之場。實在是自清而清官場之道。

79 明理而後可言好義

「自咸豐三、四年間，本部堂即聞天津民皆好義，各秉剛氣，心竊喜之。夫好義者，救人之危難，急人之不平，即古所謂任俠之徒是也；秉剛氣者，一往直前，不顧其他，水火可赴，白刃可蹈之類是也。斯固屬難得之質，有用之才，然不善造就，則或好義而不明理，或有剛氣而無遠慮，皆足以僨事而致亂。」

「聞廿三日焚毀教堂之際，土棍邀匪，混雜其中，紛紛搶奪物，分攜以歸，以義憤始而以攘利終，不特為洋人所議，即本地正紳，亦羞與為之為伍矣。本部堂奉命前來，一以宣布聖主懷柔外國，息事安民之意；一以勸諭津郡士民必明理而後可言好義，必有遠慮而後可行其剛氣，保全前此之美質，挽回後日之令名。此後應如何仰體聖意，和戢遠人，應如何約束同儕，力戒喧鬨，如何而懲既往之咎，如何而靖未平之氣，仰讀書知理君子，悉心籌議，分條稟覆。特諭。」（〈諭天津士民示〉）

這是同治九年五月二十三日天津發生殺害傳教士洋人暴亂事件，曾國藩以直隸總督身份蒞臨天津，善後此一危難事件之告示。就以現代輿論觀點，無論佈局與用詞仍是極為高明的文獻。要查明真相、要安撫民心也要廣徵民意。在洋人殺人償命與民心沸騰雙重壓力下，曾文正公其身體其心情之負擔與壓力可以想像矣。他既要面對現實又有中國知識分子的尊嚴，其苦痛可想而知，有不如歸去之嘆。

曾文正公在這一堂堂告示中，闡明此行任務在於：「一以宣布聖主懷柔外國，息事安民之意；一以勸諭津郡士民必明理而後可言好義，必有遠慮而後可行其剛氣。」這是原則與精神，而真正目的在「如何仰體聖意，和戢遠人，應如何約束同儕，力戒喧鬨，如何而懲既往之咎，如何而靖未平之氣」，這些「如何」，是曾文正公此行之任務：把元凶揪出來，辦應得之罪，給洋人有個交代，同時，恢復平靜，暴亂不能再擴大，亦即以大局為重，而訴諸「讀書知理君子」，亦即求公意公論公斷也。這是曾文正公極高明之處。

曾文正公此篇「諭示」高明，尚不止於此。一開頭，就送了一頂大帽子：「自咸豐三、四年間，本部堂即聞天津民皆好義，各秉剛氣。」但話鋒轉為本事件之癥結：「然不善造就，則或好義而不明理，或有剛氣而無遠慮，皆足以僨事而致亂。」此即導致天津五月二十三日事件也。不明真象，不問事實，憑道聽塗說，甚至謠言惑眾，「教堂有迷拐幼孩，挖眼剖心」，而忿怒洋人，亂燒亂殺而成大禍。

曾文正公一貫的作風，是不打官腔，不說官話，情理並重，有技巧，有方法，更有理念，與現代的輿論觀念是很符合的。以他這篇諭示文告而言，就是極佳的現代報紙一篇「社論」。

處理天津教案事件，曾文正公以最高行政長官，持尚方寶劍，來到天津，一方面面對劫後天津的憤怒之火，一方面又面臨洋人的壓力，真難為了這位「秀才」、功業顯赫的重臣。

他的修養、他的「坐標」，還是一個中國知識分子的自尊與皇朝的尊嚴，曾文正公是面對洋務對洋交涉第一人。他在上海，就有是否借重洋兵洋將「剿匪」的經驗。這一方面，他基於中國讀書人的良知，不會為達目的不擇手段。蔣中正先生甚至毛澤東都有類似經驗，深受其苦，也深受其害。蔣先生的苦痛是與美國打交道的經驗；毛澤東則受恩於俄共又受禍於「帝俄」。蔣先生自史迪威事件至中美白皮書，苦痛辛酸盡在其中；毛澤東出自山洞，經韓戰一百四十萬條中國人生命，看清「帝俄」面貌，而能擺脫蘇俄，甘冒被攻被毀的危險，終成共產國際社會蘇俄之外另一世界。

中國人與外國人的交往經驗，就曾、蔣、毛三位而言，掙扎困惑的，恐怕就是民族主義。

80 千言萬語，而要以不忮不求為重

「余即日前赴天津，查辦毆斃洋人，焚毀教堂一案。外國性情凶悍，津民習氣浮囂，但難和叶。將來搆怨興兵，恐致激成大變。余此行反覆籌思，殊無良策。余自咸豐三年，募勇以來，即自誓效命疆場。今老年病軀，危難之際，斷不肯吝於一死，以自負其初心，恐邂逅及難，而爾等諸事無所稟承。茲略示一二，以備不虞。余若長逝，靈柩自以由運河搬回江南，歸湘為便，中間雖有臨清至張秋一節，須改陸路，較之全行陸路者差易。去年由海船送來之書箱木器等，過於繁重，斷不可全行帶回，須細心分別去留，可送者分送，可毀者焚毀，其必不可棄者，乃行帶歸，毋貪瑣物，而花途費。其在保定自製之木器，全行分送。沿途謝絕一切，概不收禮，但水路略求兵勇護送而已。」

「如有知舊勸刻余集者，婉言謝之可也。切囑！切囑！余生平略涉儒先之書，見聖賢教人修身，千

言萬語，而要以不忮不求為重。忮者，嫉賢害能，妒功爭寵，所謂怠者不能修，忌者畏人修之類也。求者，貪利貪名，懷土懷惠，所謂未得患得，既得患失之類也。忮不常見，每發露於各業相侔，勢位相埒之人。求不常見，每發露於貨財相接，仕進相妨之際，將欲造福，先去忮心，所謂人能充無欲害人之心，而仁不可勝用也。將欲立品，先去求心。所謂人能充無穿窬之心，而義不可勝用也。忮不去，滿懷皆是荊棘；求不去，滿腔日即卑污。余於此二者，常加克治，恨尚未能掃除淨盡，爾等欲心境乾淨，宜於此二者，痛下功夫，并願子孫世世戒之。」

「歷覽有國有家之興，皆由克勤克儉所致；其衰也，則反是。余生平亦敬以勤字自勵，而實不能勤，故讀書無手鈔之冊，居官無可存之牘。生平亦好以儉字教人，而自問實不能儉。今署中內外服役之人，廚房日用之數，亦云奢矣。其故由於前在軍營規模宏闊，相沿未改，近因多病，醫藥之資，漫無限制。由儉入奢，易於下水；由奢反儉，難於登天。在兩江交卸時，尚存養廉二萬金，在余初意，不料有此。然似此放手用去，轉瞬即已立盡。爾輩以後居家，須學陸梭山之法，每月用銀若干兩，限一成數，另封秤出，本月用畢，只准盈餘，不准虧欠。衙門奢侈之習，不能不徹底痛改。余初帶兵之時，立志不取軍營之錢，以自肥其私，今日差幸不負始願。然亦不願子孫過於貧困，低顏求人，惟在爾輩力崇儉德，善待其後而已。」

「孝友為家庭之祥瑞，凡所稱因果報應，他事或不盡驗，獨孝友則立獲吉慶，反之則立獲殃禍，無不驗者。吾早歲久宦京師，於孝養之道多疏，後來展轉兵間，多獲諸弟之助，而吾毫無裨益於諸弟。余兄弟姊妹，各家均有田宅之安，大抵皆九弟扶助之力。我身歿之後，爾輩事兩叔如父，事叔母如母，視堂兄弟如手足。凡事皆從省嗇，獨待諸叔之家，則處處從厚。待堂兄弟以德業相勸，過失相規，期於彼此有成，為第一要義。其次，則親之欲其貴，愛之欲其富，常常以吉祥善事，代諸昆弟默為禱祝，自當神人共欽。溫甫、秀洪兩弟之死，余內省覺有慚德。澄侯、沅甫兩弟漸老，余此生不審能否相見，爾輩若能孝友二字切實講求，亦足為我彌縫缺憾耳。」（〈將赴天津示二子〉）

同治九年，公六十歲。天津發生「毆斃洋人，焚毀教堂」一案，曾文正公在直隸總督任內。是年四月二十五日奉上諭：曾國藩等前赴天津，查辦事件。

以勇於負責的曾文正公躊躇不前，一因案情太複雜，民情不可擋，洋人不可理，更重要的，身體精神大不如前，有日薄西山之嘆。事實上，他曾分別於四月二十一日請病假一月調理，五月二十二日，奏病尚未痊，續假一月。

皇上還是很看重甚至迷信曾國藩的，認為天津此行，非曾國藩莫辦。因此，一方面「賞假一月，惟此案關繫緊要，曾國藩精神如可支持，著前赴天津，與崇厚會商辦理。」

關於天津教案，曾在五月二十九日，公覆陳一摺，奏稱：「武藝珍是否果為王三所使？王三是否果為教堂所養？挖眼剖心之說，是否憑空謠傳，抑係確有證據，此兩者為案中最要之關鍵。」這是關鍵之「一奏」。

六月初一日，皇上據此奏批示：「曾國藩奏所稱案中最要關鍵等語，可謂切中事理，要言不煩，日內如可支持，即著前赴天津，會同崇厚悉心商辦。」

這是皇上苦心用心之高明處，曾文正公到了最後關頭，無法也不能再推辭。乃於六月初四日，公將啟行，留書遺教種種，把「後事」交代一清二楚，並述為官任事為人之基本精神，並望後人記取「不忮不求」，作為安身立命之所賴所依也。曾文正公的生命以及政治生命到了盡頭，仍以置死生於度外，初六由保定啟程赴天津。這是另一戰場，較曾國藩所經歷的戰爭還要艱難百倍千倍。

乃以必死之決心，去解除所面臨之大難。後事交代清楚，一生行誼，未能週全，且有憾事。此之所謂「千言萬語，而要以不忮不求為重」。

附忮求詩二首，尤具意義。可以說看破人間世種種，以能「終世少所求，俯仰有餘快」，期望子弟平安平順平凡度一生，才是至福。

身後之事，他交代清清楚楚。「如有知舊勸刻余集者，婉言謝之可也。切囑，切囑。」

「克勤克儉」是曾文正公一生的功夫，自問仍未修好，官場環境排場，「自問實不能儉」，「惟在爾輩力崇儉德，善待其後而已。」

「余初帶兵之時，立志不取軍營之錢，以自肥其私，今日差幸不負始願」，真是——犧牲奉獻，以身作則典型也。

曾文正公以一介書生，而能「展轉兵間，多獲諸弟之助」。的確，曾文正公以文弱書生，受命於危難之間，延續清朝近半世紀（一八六四年曾國荃拔金陵，一九一一年國民革命軍攻陷武昌），全賴曾國藩「器識過人，盡瘁報國」，清朝支持，所謂滿朝文武，非止於公一人，且唯公一人，人才輩出，所謂曾、左、胡、李以及曾家兄弟和湘人子弟。此時，公難免發出感嘆：「溫甫、季洪兩弟之死，余內省覺有慚德，澄侯、沅甫兩弟漸老。」

此時之曾文正公衰疲不堪，承擔艱危重任，面對天津教案，難免老淚縱橫。

曾文正公未殉職於天津教案，而逝於二年後的兩江總督任上。形勢逼人，天津善後，直隸總督，均移轉至善於身段的李鴻章身上。

成耶，敗耶；是耶，非耶，李鴻章就成為近代中國外交第一人。

曾國藩時代的結束，李鴻章時代的來臨。大清的命運，真是內外交困。少了曾國藩，這是天命，但少了曾國藩的精神，真是「自道光中葉以還，天地干戈，廟堂咨儆，二十有餘年，人才進退，寇亂之始末」，全在公一人耳。大清帝國就失去棟樑。

土崩瓦解，乃是自然的事。只是大清之結束，曾國藩的精神又復現，影響中國命運的蔣中正先生，師法曾國藩，用以治亂、用以治家。

曾國藩真是主宰近代中國命運第一人。

十四、典章制度篇

「而目下籌辦善後，需銀甚急，為款甚鉅，臣統軍太多，即擬裁撤三四萬人，以節縻費。」

1 軍營保舉記名道府創始者

人事總有困擾。人性之弱點，往往表現在人事之是是非非，恩恩怨怨。是非公道，自在人心。但決斷，也就是決定「人」的命運之人，並不全在「人心」，而在掌權者之手，特別是專制封閉社會。

曾國藩是很重視與珍惜人才的。

有臬司史念祖者，被人奏到聖上，話講得很難聽，二度奉上諭：

「史念祖心地既尚明白，若隨同曾國藩遇事講求，久加歷練，於公事大有裨益，俟接印任事後，仍著曾國藩隨時察看。」

「史念祖著即開缺，以原官留於直隸，交曾國藩差委，如能諳練公務，即由該督隨時奏聞。」

二度「上諭」，時間有先後。第一次，是應曾國藩的面子，看看再說；第二次，不能再忍，大概黑函密告不斷上來，上面不再敷衍曾國藩，曾國藩也頂不住了，「開缺」觀看再議。

在第二次「上諭」中，用了「如能諳練公務」，真把史念祖看扁了。

曾國藩還是有話要說。

同治九年八月二十九日，曾國藩為史念祖開缺差委上一奏摺，對於史念祖的學能及背景有所澄清：

「臣查史念祖器局開展，論事有識，加以磨厲，本可鍊成有用之才，徒以資望尚淺，驟畀重任，未饜眾心，諭旨飭令開缺，裁抑甚微，玉成實大。數月以來，察看該員，返躬循省，立志奮興，尚能仰體朝廷裁成之至意。至鍾佩賢奏稱，眾謂該員識字太少，文理未通，則傳聞之辭，殊屬失實。史念祖衣冠舊族，其祖史致儼前為刑部尚書，甚負時望；其伯父丙榮，以進士服官安徽，歷著循績；其胞兄大立，亦以進士分部。該員幼承家訓，文理清順，臣嘗覽其所為詩稿，才思頗為開拓，其公牘亦簡明周備，筆足達其所見，不致如鍾佩賢所奏云云也。惟史念祖開缺之後，仍令以原官差委，查外省候補人員，向例至道府而止，若藩臬大僚，留省差委，實近世所罕見。」

「抑臣更有請者，軍營保舉記名道府，實因微臣創始。臣於咸豐四年，請保羅澤南、李續賓、彭玉麟三員，始照京察記名章程開用此例。緣三臣才能卓越，又建非常之功，是以破格請獎，記名後不過數月，均蒙文宗皇帝簡放實缺，厥後各處倣照此例，武而提鎮，文而藩臬，均保記名請簡，軍興愈久，員數愈多，非臣初意所及料。濫竽冒進之弊，誠所不免，而邁眾之才，異常之勞，亦未嘗不出於其中。現在陝甘雲貴兵事未已，沿海沿江，時局亦多隱患，仍屬需才孔亟之時，部議新章，保藩臬者，一律先補道員，在各員不致遽爾觖望，但求聖慈存記，每年簡放實缺數人，俾知軍功記名一途，尚有得缺之一日，群彥爭奮於功名之會，而軍營愈以見鼓舞之神。部章之除授有定，所以慎重名器；聖主之特簡無定，所以驅策群才，二者互相為用，於振厲人材之道，更為詳備。」

史念祖被黑函打擊，真是灰頭土臉，形容為老粗一個。這一個人，被視為曾國藩的人，上面處理就很小心，但一而再，再而三的黑函，還是要動史念祖。曾文正公頗見不平，乃把史念祖的背景，出自讀書人家，並非「識字太少」，且將往昔在軍中所行的保舉拔擢人才，一一道出，因而能有如羅澤南、李續賓、彭玉麟之非常之才脫穎而出。而文正公對於人才之競爭，也很懂得運用之藝術，此所謂「群彥爭奮於功名之會，而軍營愈以見鼓舞之神」，真是高明，高明。

這一制度、這一作法，對於後代都有影響的，特別是在亂世不承平的時代，不能靠按部就班行事。蔣中正先生無論在對日抗戰及治臺期間，均有一些非常之人事措施，而收文治武功之效，因為治亂世，就需要非常之才也。

2 研議江蘇水師章程二十一條

曾文正公在某些方面，對於清代制度之開創，真是前無古人的。海軍海事之建立，就是一例。

曾文正公了不起的地方，就是看準了一件事，認為值得做的，鍥而不捨，非到成功，絕不中止，海軍之建立，也是一例。

同治十年十二月二十二日，為續議江蘇水師上奏摺，因為在同治七年十一月初四日，在江蘇水師章程曾上一奏摺，可惜未及辦理，就調往直隸總督，此番南來，重掌兩江，想起未竟之事，再接再厲。不過將「就原稿二十五條，刪減了三條，歸併一條，定為二十一條」。

曾國藩之續議江蘇水師章程二十一條如下：

第一條　外海六營輪流巡哨

第二條　內洋五營劃分汎界

第三條　裏河五營劃分汎界

第四條　淞南淞北太湖左右四營酌添船隻

第五條　水營所遺陸汎分別移併留防

第六條　京口三營陸汛礮堤分別管轄
第七條　酌擬改隸營分並留設守備
第八條　緊要陸汛酌定多留陸兵
第九條　核定將弁處分
第十條　各營現定船數
第十一條　酌定外委缺數
第十二條　酌定裁缺外委薪糧
第十三條　營官建署地方
第十四條　各營座船數目
第十五條　官兵數目
第十六條　核定書吏名數
第十七條　雨蓬旗幟等費
第十八條　官兵糧額
第十九條　各營船隻酌用槍礮數目
第二十條　各船火藥洋火子彈等項數目
第廿一條　核計餉項

曾文正公真有創見也。難得的，事無巨細，明明白白，清清楚楚。按章按條即可建立制度。

3 克復老巢，全無貨財，裁軍三、四萬人

金陵收復了。

湘軍圍攻二載未下，皇上日夜焦慮難安，曾三番二次命曾國藩前往一探究竟，但文正公不為所動，不作督戰之舉，一來難以離開大本營，一來有自知之明，恐影響攻將之意志力與信心。

曾國藩於同治三年六月二十三日接獲克金陵詳情，即乘坐輪船，於二十五日駛抵金陵，七月初七日奏摺「賊酋分別處治粗籌善後事宜」：

「於二十五日駛抵金陵，周歷各營，接見諸將，均有憔悴可憐之色。蓋自五月三十日攻破地堡城後，連攻十五晝夜，未嘗少休。」

「晝則日炙，宵則露宿，又出入地洞之中，面目黎黑，雖與臣最熟之將，初見幾不相識，其論功居首之李臣典，因冒暑受傷，督工過急，克城後一病不起，諸將士亦傷病山積，死亡相屬。臣弟曾國荃，前病業已痊愈，近因隨眾露處過久，又復徧發溼毒。臣帶兵多年，克城數十，罕見如此次之勞苦者。臣宣道皇仁，多方撫慰，既獎其可憫可敬之功，復勛以忘勞忘死之義。」

據供：「洪秀全生前，經年不見臣僚，四月二十七日因官軍攻急，服毒身死，秘不發喪，而城內群賊，城外官兵，喧傳已徧，十餘日始行宣布。」

「臣竊以聖朝天威，滅此小醜，除僭號之洪秀全外，其餘皆可不必獻俘。陳玉成、石達開即有成例可援，且自來元惡解京，必須誘以甘言，許以不死；李秀成自知萬無可逭，在途或不食而死，或竄奪而

逃，翻恐逃顯戮而貽巨患，與臣弟國荃熟商，意見相同，輒於七月初六日將李秀成凌遲處死。」

「歷年以來，中外紛傳洪逆之富，金銀如海，百貨充盈，臣亦曾與曾國荃論及城破之日，查封賊庫，所得財物，多則進奉戶部，少則留充軍餉，酌濟難民。乃十六日克復以後，搜殺三日，不遑他顧，偽宮賊館一炬成灰。逮二十日查詢，則並無所謂賊庫者，訊問李秀成，據稱昔年雖有聖庫之名，實係洪秀全之私藏，並非偽都之公帑。」

「臣弟國荃，以為賊館必有窖藏，賊身必有囊金，勒令各營按名繳出，以抵欠餉。臣則謂勇丁所得賊贓，多寡不齊，按名勒繳，弱者刑求而不得，強者抗令而遁逃。所抵之餉無幾，徒損政權而失士心，因曉諭軍中，凡剝取賊身囊金者，概置不問；凡發掘賊館窖金者，報官充公，違者治罪。所以憫其貧而獎其功，差為得體。然克復老巢，而全無貨物，實出微臣意計之外，亦為從來罕聞之事。而目下籌辦善後，需銀甚急，為款甚鉅，臣統軍太多，即擬裁撤三、四萬人，以節糜費。應撤者欠餉無著，應留者口糧無措，江寧生靈，荼毒甚於他省，欲撫卹此八屬災民，經費亦無所出。」

這一連連，都出文正公意料之外，仍背負欠餉、軍費之重負，乃「統軍太多，即擬裁撤三、四萬人，以節糜費」，可謂當機立斷，由此可見，文正公不是一位有野心之將領，且視軍人為一負擔，而非擁兵以自重。

這一大規模裁軍，曾文正公心中自有苦衷，但就中國歷史而言，雖不是正式制度，但此一措施，影響還是很深遠的。

4 功高震主，為裁軍與「追殺淨盡」起波浪

金陵收復之前，皇上有時就要忍受曾國藩一些個性；金陵收復之後，曾國藩就要忍受皇上一些官腔。真是此一時，彼一時也。

皇上先忍，曾國藩後忍，都是忍之道，也是政通人和之理。這也是天時人和之彌補。

有關裁撤湘勇以及洪福瑱下落事，皇上官腔打下來。

為此二事，同治三年七月二十九日曾國藩覆片。

先說裁撤湘勇皇上的指示：「裁撤兵勇，雖為節餉起見，然驟撤三、四萬人，恐此輩久在戎行，不能省事，必至隨處嘯聚為亂。從前川楚善後，積至數年，方始肅清，可為殷鑒。不若先汰老弱，而以精壯各軍，分赴江楚，俟江楚一律肅清，再議裁撤歸農，或挑補各營兵額，不致復生枝節，方為盡善。」

至於洪福瑱之事，皇上有如下之諭旨：「昨據曾國藩奏，洪福瑱積薪自焚，茫無實據，似已逃出偽宮。李秀成供：『曾經挾之出城，後始分散』。其為逃出已無疑義，湖熟防軍所報斬殺淨盡之說，全不可靠，著曾國藩查明，此外究有逸出若干，並將防範不力之員弁，從事參辦」。

有關裁軍一事，只能說皇上慮事週到；至於洪福瑱之事，官腔可就大了；尤其是「斬殺淨盡之說，全不可靠；並將防範不力之員弁，從事參辦。」

真是驗證了「功高震主」那句話，就是鐵打的心，曾國藩也會灰心透了。

這二件事曾國藩的答覆：「臣以欠餉太鉅，後患無窮，久思大加裁撤，以節縻費。嗣與臣弟曾國荃

酌商，防戍之兵與游擊之師，不宜太少，定將金陵全軍五萬人，裁汰一半，於七月二十日續奏在案，湘勇召募之初，選擇鄉里農民，有業者多，無根者少，但使欠餉有著，尚可安靜回籍，不致別生枝節。」

顯然，曾國藩這一算盤，與皇上所打的，是不符合的。

洪福瑱下落如何以及所謂「追殺淨盡」之說，曾國藩作如下之說明：「臣初聞金陵克復，亦深慮極大之城，必多竄逸之賊，湖熟追殺淨盡之說，臣亦不敢深信。迨臣至江寧，小住經旬，距克城已閱二十日，而附近如溧水句容丹陽高淳東壩建丰各防之將，各縣之官，並未稟報有賊匪竄過之事，臣弟所派各路跟查之弁，亦自東壩溧陽等處歸來，報稱沿途百姓，未見有賊蹤經過之事，臣於是釋然大慰，以為洪福瑱必死於亂軍無疑矣。旋於七月十一日，按寧國守將劉松山及委員陳斌稟稱：「洪福瑱帶二、三千人，逃至廣德。」旋又見左宗棠寄弟函稱：「偽幼主率賊二、三千人，逃入廣德，迎至湖州。」皆云：係逃出難民所供。十三日接浙江糧道楊昌濬稟，亦云：「洪福瑱帶二、三千人，竄至廣德。」十四日寄臣一函，則云：「金陵餘逆漏出數百亦數千之說。」

真是眾說紛紜。其實，所謂「追殺淨盡」，不過是一個形容詞而已，何勞皇上如此認真？但是如今認真推敲起來，就變成曾國藩好大喜功，甚至有「欺君」之嫌，就非同小可了。

當然，這個時候的曾國藩，無欲則剛，有話還是要說，有理還是要表的：

「其洪福瑱果否尚存，臣現派蓄髮降卒四處訪查，不欲僅以難民之言為憑，尚未訪有端倪。至防範不力之員弁，是夕賊從缺口衝出，我軍巷戰終日，並未派有專員防守缺口，無可指之汛地，礙難查參。且杭州省城克復時，偽康王汪海洋，偽聽王陳炳文兩股，十萬之眾，全數逸出，尚未糾參；此次逸出數百人，亦應暫緩參辦；賊情詭譎，或洪福瑱實已身死，而黃文金偽稱尚存，亦古來敗賊常有之事。應俟查明洪福瑱實在下落，續行具奏。」

曾國藩真的動肝火了。倒不一定衝向皇太后、皇上來，而是高臥在宮中府中，那些亂攪舌亂搖筆桿的臣子。仗是湘軍打的，命是湘軍賣的，非但不論功行賞，而且還要大搞其「欺君」之罪，是可忍抑或不可忍，難怪曾國藩火了，他固不是欺君之臣，亦非唯唯諾諾之人。

5 功成國荃開缺回籍調理

攻下金陵主將曾國荃，急流勇退。作為主帥的「老哥」曾國藩，即命國荃率湘子弟兵，開缺解甲歸田。曾國藩此舉做得乾淨漂亮，不戀棧官場名位，不為勝利所迷惑，中外所罕見。當然，所持的理由，是「心血過虧，回籍調理」。

曾國荃開缺，率兵歸隱，這回皇上急了，有旨來了：萬萬不可。

曾國荃咨稱：同治三年七月二十七日奉上諭：「據奏曾國荃於克城之後，心血過虧，困憊殊甚，欲請回籍調理，部勒散勇南歸，求所為善始善終之道等語。該撫所見，雖合於出處之道，而於藎臣謀國之誼，尚未斟酌盡善，況遣散勇丁，祇須派妥靠之員，沿途照料。而現在江寧安慶等城，均須督兵鎮守，該撫正宜駐紮江寧，安心調理，一俟就痊，即可幫同曾國藩分任其勞，即著曾國藩傳旨存問，無庸遽請開缺回籍。」

國荃開缺回籍，所持之原由，有些勉強，但上面的規勉駁回之理由，卻大而正，細而膩，想以感情把他們二位兄弟拴在一起，亦用心良苦，可見府中還是有人才的，而皇上的容量，亦是可觀的。

為此，同治三年八月二十七日，曾國藩為「曾國荃請開缺調理」再上一奏摺：「伏念國荃受恩深重，每於藎臣謀國之誼，亦嘗刻自惕勵，以期仰答鴻慈於萬一，祇以讀書太少，未能斟酌盡善，恭繹聖訓，益覺無地自容。現奉恩諭，准在江寧安心調理，復諭以就痊後分任其勞，國荃正當恪遵諭旨，趕緊醫治就痊。」

「惟一月以來，延醫診視，日進湯藥，病勢有增無減，緣怔沖舊患，起於心血先虧，而成於憂勞過甚。從前數月一發，尚可支持，近則一月數發，日增狼狽。」

「醫者云：『症由內傷，必須靜養數月，醫藥方能見功。』國荃自揣年力壯盛，及早醫治得法，尚可復元，若此勉力支撐，精神不能周到，措置必至乖方。思維再四，惟有籲懇天恩，賞准開缺，回籍調理，冀得早日痊愈。國荃以書生從戎，忝膺疆寄，疊沐殊恩，曾未入覲天顏，跪聆聖訓，倘得病勢稍愈，自當銷假入都，泥首宮門，藉伸數年犬馬戀主之忱。」

「伏查臣弟曾國荃春夏之交，飲食日減，睡不成寐，臣曾陳奏一次，然以一人而統九十里之圍師，與群酋悍賊相持，自無安枕熟睡之理，亦係將帥應嘗之苦，臣尚不甚介意。迨克城以後，臣至金陵，見其遍體溼瘡，仍復徹夜不眠，心竊慮之。近十數日，不得家書，詢之來皖差弁，知其肝火上炎，病勢日增，竟不能握管作字。」

為官難，辭官亦難。

國藩、國荃真是兄弟情深。

國荃回鄉心定，亦怕皇上召見，更使進退不得，難上加難。因此，國藩奏上二筆，一是：「以書生從戎，忝膺疆寄，……曾未入覲天顏。」一是：「倘得病勢稍愈，自當銷假入都，泥首宮門，藉伸數年犬馬戀主之忱。」

這二處自在表現國藩之忠，亦在顯示其思慮之密，以免被戴上有天恩而不知謝之罪。

6 為湘軍建昭忠祠

為國捐軀，為慰亂世忠魂，中外皆有「忠烈」之表彰，以慰死者，而勵來者。由於政治制度、文化背景與宗教信仰不同，而有不同之措施，但基本目標，則是一致的。有的則是正式國家制度，有的則是非正式的。

我國有忠烈祠之制度。

忠烈祠之起源，應是現代之措施，而曾國藩時代有昭忠祠，以蔣中正先生教忠教義之精神，和崇敬文正公的言行，今之國民革命忠烈祠制度之建立與名稱之源始，或與文正公之昭忠祠有關聯。忠烈祠之興建，起自「七七」抗戰軍興，中國人無論在敵前或敵後，發揮了成仁取義之精神，挽救了國家的危亡與民族的續存；而於民國三十五年四月，定九月三日為抗戰勝利紀念日，為軍人節，並致祭陣亡將士。臺北之國民革命忠烈祠（簡稱「忠烈祠」）於民國五十八年三月二十五日落成，分為文武烈士祠。文烈士牌位區分為開國、討袁、護法、抗日、戡亂諸烈士；武烈士其排列之順序為東征、北伐、勦匪、討逆、抗日及戡亂復國烈士。

湘軍與太平天國之死戰，傷亡之多與慘，史所罕見，因為打死戰而能贏得戰場，挽救清國之垂亡。死者榮，生者慰，就是昭忠祠的立意所在。

為了昭忠祠在江寧省城之興建，於同治三年十月二十二日特上奏摺：

「竊臣准前任浙江撫臣曾國荃咨稱：「同治元年五月間，進攻江寧，駐軍城下以來，凡我從征將士，屢次攻奪要隘，捍禦劇寇，計先後陣亡傷亡近九千人，積勞病故萬五千人，皆係沒於王事，今大功粗定，自應擇地建祠，立奉祀，以妥忠魂」。」

「每年春秋二祭，派地方官主祭。」

「臣查楚軍水師殉難人員，曾在湖口建立昭忠祠。」

這一昭忠祠之奏摺，是為湘軍而上的，至於水師「另在湖口建立」，怕他們責曾國藩厚此薄彼，何以獨厚湘軍，而有所交代，以免又有人告狀。

至於「派地方官主祭」，可見其制度化與普遍化。

「每年春秋二祭」，均同我國現行之公祭陣亡將士制度。

7　直隸練軍建立營制

以湘軍起家的曾國藩，受命在皇朝大門口練軍。這是其後一連串的直隸練兵的一個開始，不過，比較現代化的，在制度上，採營制；但在精神上，還是源於湘軍，方能吃得苦中苦。

同治九年四月十六日，曾國藩為試辦練軍酌定營制，上一奏摺，事實上，就是他的練兵計劃：「酌定營制，次第舉行。」

直隸練軍步隊營制，約有下面一些要點：

一營之制：營官一人，哨官四人，哨長五人，什長四十人，正兵三百六十人，營官親兵五十人，哨官護兵四十人。以上共五百人，伙夫、長夫在外。

這是一營的編制。

以營為中心的相關措施與配備下：

營官自帶中哨之制
前後左右四哨之制
長夫之制
薪水口糧之制
帳棚之制
底餉練餉合領之制
挑募之制
出征加餉之制
統領之制
馬隊營制

其中值得一提的：

「薪水口糧之制」中，有「每營每月酌發柴草銀一百四十兩，由營官分派，以免騷擾百姓。」這和現代軍中補給的制度與精神，是很符合的。「以免騷擾百姓」，這個痛愛百姓的觀念是很了不起的，且納入制度中。事實上，兵荒馬亂中的軍人，打到那裡，吃到那裡，住到那裡，拿到那裡，甚至抓到那裡。要住要吃要人當兵，不搶就是不錯的，往往民見兵色變。

對於一營之周邊人員之配屬，新案中也與原案有所修正採取彈性：

「原定每營書手、醫生、獸醫、鐵匠、木匠、裁縫皆有定數，今皆聽營官酌用，或即在親兵之用，或另行雇募，其餉不另增。」所謂「書手」，就是文書也。

十五、統御權術篇

「凡大臣密保人員，終身不宜提及一字。」

1 知道了

白話文大師胡適先生，一次友人與其論及白話不如文言精簡，有時，白話文還不易表達清楚。胡適剛好有一學校複雜的友人聘他為校長，他堅辭不就，就寫了一封婉謝函：「幹不了，謝謝。」五個字簡單明瞭，清清楚楚，誰說白話文不清楚。這位反對白話文的朋友，啞口無言，就此打住。

金口玉言的皇帝，惜墨如金的帝王，如何批奏摺呢，尤其是親批御批，當然也不會長篇大論，愈簡短愈好，到底用文言或是白話？

這裡有幾個「知道了」的例子。

硃批「知道了，悉心辦理，以資防勦。欽此。」（「敬陳團練查匪大概規模摺」，咸豐二年十二月二十二日）

硃批「知道了，辦理土匪，必須從嚴，務期根株淨盡。欽此。」（「附陳辦團稍有頭緒即乞守制片」，咸豐二年十二月二十二日）

硃批「知道了。欽此。」（「拏匪正法並現在幫辦防堵摺」，咸豐三年六月十二日）

硃批「該部知道。欽此。」（「請捐輸歸入籌餉新例片」，咸豐三年十一月二十六日）

硃批「知道了。成敗利鈍，固不可逆睹，然汝之心，可質天日，非特朕知，甘受畏葸之罪，殊屬非是。欽此。」

此後不少曾國藩的奏摺，短短：「知道了」三個字，不只是證明聖上惜墨如金，且大有「你辦事，我放心」的意思。

這只是幾個例證。有清一代，文風很盛，更重視中國典籍之整理保存。而皇帝還是很順手用「白話」批奏陳。

2 知道了。兵部知道。

皇上如何批公文？用文言或是用白話？

文言簡而難，白話易而繁。

白話文大師胡適，有一次與友人就辯論此一問題，友人質問他，白話文嚕哩嚕嗦，文言的一句話，白話文要用幾十句才能講清楚，如因拍電報，更非文言辦不通。

剛好，胡適，就拿出他致一友人電報婉謝這間複雜的學校要他擔任校長事，說明白話文幾個字，就清清楚楚，反之，文言還要大做起文章。

「幹不了，謝謝。」五個字，一切意思都包括在內，其實只有四個字。

你看看，又清楚，又有禮數。

皇上批公文也是如此。

有一次，為了一個軍中人事案，曾文正公奏呈皇上，「知道了。兵部知道。」硃批。

皇上這幾個字很簡單：我知道，國防部也知道，你就辦吧。

倒不是「你辦事，我放心」，而是小事一樁。

事情是這樣的：

「湖北漢陽營中軍守備，儘先游擊喻吉三，前往廣西撫臣勞崇光奏調赴粵管帶水師，該游擊於咸豐四五等年，曾在臣營當師哨官，本年六月，臣至長沙，該游擊前來謁見，據稱廣西水師，早已招募成軍，由道員蔣益澧派員管帶，業著成效，可無須該員前往等語。臣以此次援浙，尚擬派設水師以保錢塘江之險，該員係水師出身，兼係臣之舊部，可期得力，遂與湖南撫臣商酌，札調該游擊隨營聽候差遣。」

實在的，「游擊」是何等官職，幹什麼的，喻吉三，是何等人，皇上全搞不清楚，也不需要搞清楚，這就是現代企業管理授權之道。從奏摺中只能知道，此事屬海軍訓練，喻吉三是曾文正公的老部下也。

從這件事，也可以得到一個啟示：不要說君臣，就是一般機關之主僚，是否有必要，事事都要核准，都要請示，此例甚明。

3 君臣大動肝火

曾國藩以一介書生，而平天下之大亂，所憑者，不是武力，而是忠膽赤心。這樣的「漢子」，是有脾氣與個性的，就要看皇帝有無忍受之功。如果曾國藩是非常之將，則皇帝必是非常之君，否則不能用不受用，則不能成天下之大事。

皇帝對於曾國藩是信任有加的，真是水乳交融，肝膽相照，少有紅過臉。有一次，皇上有點火了，甚至懷疑曾國藩光說不練。這是為了馳援安徽事。

先看皇上之急電：「現在安省待援甚急，若必偏執己見，則太覺遲緩，朕知汝尚能激發天良，故特命汝赴援，以濟燃眉。今觀汝奏，直以數省軍務一身克當，試問汝之才力能乎否乎？平時漫自矜詡，以為無出己右者，及至臨時，果能盡符其言甚好，若稍涉張皇，豈不貽笑於天下，著設法趕緊赴援，能早一步，即得一步之益，汝能自擔重任，迴非畏葸者比，言既出諸汝口，必能盡如所言，辦與朕看。」

「辦與朕看」，好嚴厲之口氣。言下之意，抗命或辦不成，拿頭來見。

再看曾國藩之覆命：曾文正公不是省油之燈，乃「將現辦之情形，與微臣之愚見，恐我皇上尚有未盡知者，不得不逐條陳明。」

寫了堂堂五條。最後還說了幾句「理直氣壯」的話，以表明心境：「臣自維才智淺薄，惟有愚誠不敢避死而已。至於成敗利鈍，一無可恃，皇上若遽責臣以成敗，則臣惶悚無地，與其將來毫無功績，受大言欺君之罪，不如此時據實陳明，受畏葸不前之罪。臣不嫻武事，既不能在籍終制貽譏於士林，又復以大言僨事，貽笑於天下，臣亦何顏自立於天之間乎？」

最後，再看皇上的覆勉：硃批「知道了。成敗利鈍，固不可逆睹，然汝之心，可質天日，非特朕知，甘受畏葸之罪，殊屬非是。」

這個皇上還是可愛的，先前之電，或出於誤會，或心急如焚，或宮中小人在旁煽火，惹惱皇帝動了肝火，這回又作了大轉彎，就是沒有說出陪罪而已，尤其是「然汝之心，可質天日，非特朕知……。」

4 汝知、朕知、天下知

曾國藩具有讀書人的性格與鄉下人的脾氣，說實在的，並不好駕馭，常常也會藉機發點小脾氣。

皇帝對他卻恩寵有加，真是黃袍加身，錦上不斷添花。

咸豐四年八月四日，接奉上諭：「塔齊布、曾國藩奏水陸二軍，岳州之捷，大獲勝仗一摺，辦理甚合機宜，曾國藩著賞給三口頂戴。欽此。」

皇上也好，一般官署也好，首長所擁有的不外二張王牌：名與利。以此獎勵，以此激勵，用到好處，士為知己者赴湯蹈火，在所不辭。

曾國藩接此意外之喜，似並不領情，就在八月十九日上奏：謝了。並說了一些心中積壓許久的委屈，趁機發發牢騷：

「祇以東南數省，大局糜爛，凡為臣子，至此無論有職無職，有才無才，皆當畢力竭誠，以圖補救於萬一。遂自忘其愚陋，日夜焦思，冀收尺寸之效。然守制未終，臣之方寸，常負疚於神明，雖治軍數月，墨經素冠，尚如禮廬之舊，而奪情視事，此心終難自安。月前岳州之捷，皆臣塔齊布、羅澤南、楊載福等數人之功，微臣毫無勞績，荷溫綸之寵錫，祇慚悚之交懵。刻下崇陽業經克復，陸軍由蒲咸北趨，即日兩道夾攻，疾搗武漢。仰仗皇上天威，嗣後湖南一軍，或得克復城池，再立功績，無論何項褒榮，何項議敘，微臣概不敢受，伏求聖上俯鑒愚忱，使居優之人，與在任者顯示區別，不得一例常榮，是即聖朝教孝之意，而皇上似以成全微臣者更大也。倘藉皇上訓誨，辦理日有起色，江面漸次廓靖，即當據實奏明回籍，補行心喪，以達人子之至情，而明微臣之初志，庶出而討賊，入而守禮，公私兩盡，名義無虧，感戴高厚生成之德。」

這一奏摺顯示曾文正公的性格：功成不居。守制在身，有何功可言？並請假回籍守孝。

這時候，真是聖上「英明」，像親人哄爭氣而又受委屈子弟一樣。

皇上這樣硃批：「知道了。殊不必如此固執，汝能國爾忘家，鞠躬盡瘁，正可慰汝亡親之志。盡孝之道，莫大於是，酬庸褒績，國家政令似在，斷不能因汝請，稍有參差。汝之隱衷，朕知之，天下無不知也。欽此。」

曾國藩接此「聖旨」，再大的委屈，也要心念口誦：聖上英明，聖上英明。所謂統御，尤其面對非常之才，面對危難，往往需要二把刷子。據說，蔣中正先生在抗戰時，以委員長之尊，對於那些有性格的將領，如張自忠，就有此能耐，而使這些將領能有效死之忠。

這樣的覆摺，如果交秘書機要之類來起草，要不就是冷冰冰的官樣文章；更糟的，心懷醋意的「左右」，潑一盆冷水，這一戰將，從此就完了，或心灰意冷，或心存二意，或打入冷宮。

將才難求，明主更難。

曾國藩一生之可敬可愛處，把自己的弟弟們推至至險之境，真是效命戰場，但論功行賞，總不提自己人；至於皇上有所獎賞他，總是把功勞推給他人，自己卻有千個萬個不足之處，敬謝不領，一而再，再而三。越這樣，皇上對他也越是恩寵有加。克復武昌、漢陽，賞給二品頂戴。署理湖北巡撫，外加恩賞戴花翎。他乃三度力辭：「竊臣辦理戎務，過多功少，屢次陳奏在案。武漢克服，有提臣塔齊布之忠奮；有李孟群、羅澤南之謀略；有楊載福、蕭捷三等之勇鷙，故能將士用命，迅克堅城，微臣實無勞績。至於縱火多順風之時，西岸得荊岳之助，二十三勦洪山之賊，二十四燒裡河之船，事機之順，處處湊泊，則由我皇上憂勤所積。默挽天心，非臣籌謀所能力，尤無勞勩可言。」

皇上連接固執而能征慣戰儒將之奏摺，也許口中直唸嚕嗦，心中卻大喜：「覽。朕料汝必辭，又念及整師東下，署撫空有名，故已降旨令汝毋庸署湖北巡撫，賞信兵部侍郎銜。汝此奏雖不盡屬固執，然官銜竟不書署撫，好名之過尚小，違旨之罪甚大，著嚴行申飭。」

5 臣一人權位太重，恐開斯世爭權競勢之風

咸豐過後，同治新元，但曾文正公仍受信賴如昔，真是非常之才也。

曾文正公曾在咸豐十一年十二月廿七日，接奉上諭希其接任「江浙等四省軍務」，但曾文正公有自知自制之明，力辭不就。

這是議政王軍機大臣字寄，咸豐十一年十二月十四日奉上諭：「曾國藩奏接奉節制江浙等四省軍務諭旨，瀝忱懇辭一摺，覽奏均悉。前因江浙等省，軍情喫緊，特諭曾國藩統轄節制，以期事權歸一，可以通籌全局。茲據該大臣瀝陳各情，謂遙制浙軍，不若以左宗棠專辦浙事，請收回成命，各等語。謙卑遜順，具見悃忱，真摯有古大臣之風，深堪嘉尚，惟左宗棠業已降旨，令其督辦浙江軍務，並准其自行奏事。江浙軍情，本屬相關一氣，凡該大臣思慮所到，諒無不協力同心，相資為理，節制一事，該大臣其毋再固辭。」

曾國藩不忘左宗棠。同時，准左自行奏事，也是出自曾國藩之請求，亦即可自行上奏，不必經曾國藩轉奏，以爭取時效。此即是曾國藩所以為曾國藩：大容也。這也是授權與分層負責之道。

至於節制四省，曾國藩仍期期以為不可，力辭也：「至於節制四省之名，仍懇聖恩收回成命，臣非因浙事既已決裂，預存諉過之意，倘左宗棠辦理毫無成效，臣當分任其咎。所以不願節省四省，再二瀆陳者，實因大亂未平，用兵至十餘省之多。諸道出師，將帥聯翩，臣一人權位太重，恐開斯世爭權競勢

之風，兼防他日外重內輕之漸，機括甚微，關係甚大。」

曾文正公用心至大至明至遠：授權左宗棠也。懼己權位太重，「兼防他日外重內輕之漸」。

不得不令我們再說一句：曾國藩就是曾國藩，世上還有人嫌權高名大錢多之理？

這是曾國藩之所懼，亦是隱藏自己之理，免樹大招風，位極必危也。

6　曾國藩六十大壽，皇上壽禮一覽

曾國藩生於嘉慶十六年十月十一日，同治九年，公六十歲矣。

就在他交卸直隸總督後六日——九月十二日，距離六十大壽，尚有一個月，曾文正公「承軍機大臣咨文到恩賞臣六十生辰」。這六十生辰壽禮禮單如下：

一、御書勳高柱石匾額一方，

一、御書福壽字各一方，

一、梵銅壽佛一尊，

一、紫檀嵌玉如意一柄，

一、蟒袍面一件，

一、小卷吉綢十件。

自然，曾國藩要謝恩。同治九月十六日，呈上一奏摺「謝恩賜壽」，還是要自責一番，並以「勉竭愚忱，堅持晚節」自勉。

這個時候的曾國藩，真是歲月不居，交卸直隸總督重擔，依他的身體、心情和政治環境，都應告老還鄉，他不願也無心力回任兩江總督，但不能不接，尤其朝廷這樣一來——六十壽禮送到，真是盛情難卻。這是朝廷極高的統御術。

當然，太后也好，皇上也好，那會想到這樣多，這樣細，左右的人，還是很重要的。

清廷到了這個時候，雖然內憂外患，政權有些支持不住，但朝中還是有人細心辦事的。

六十大壽，來得恰到好處。曾文正公在心力交瘁，就算就任兩江總督，難補時艱，但曾國藩這個重臣，對於政治安定，還是能發揮一定的心理力量的。

7 皇上賞賜：小刀一柄、火鐮一把

帝王有絕對至高無上的權威與權力，但作為帝王，仍然講求「統御」的。

統御是一種藝術，也是一技巧。

帝王一舉一動，運用得好，都會產生統御的妙處。

皇上御前召見、賜賞，都是慰勉有加的獎勉。

曾國藩打勝仗了，捷報傳來，皇上知道了，就是一種獎勵，龍心大悅，更是一種無上的獎勵。賜賞，更是視為至寶。

咸豐四年底，曾國藩以水陸齊發，潯郡江面大捷。皇上經部火速（兵部火票遞）捷報傳來，皇上除傳令嘉獎外，並賞賜禮物多種。禮單如下：「黃馬褂，去孤腿黃馬褂一件。白玉四喜扳指一箇。白玉巴圖魯翎管一枝。玉靶小刀一柄。火鐮一把。」

不管禮部也好，皇上也好，非常用心與細心的，這些琳瑯滿目的「禮單」均交「曾國藩祇領」。皇上來的御禮，非同小可，依例「恭設香案，望闕叩頭」，謝恩一番。依曾國藩的性格，還要慚愧、自罪一番。

8 國藩調度有方，國荃百戰之功

大捷傳來，曾國藩曾奏呈獎勵有功將領，他本人隻字未提及其弟雖有功也例外，皇上是英明的，國藩、國荃兄弟，功不可沒，亦有重獎。

咸豐九年七月初二日內閣奉上諭：「曾國藩奏官軍攻克景德鎮及浮梁縣城一摺，現在江西全省一律肅清，勦辦甚為得手，曾國藩調度有方，著交部從優議敘，在事出力之道銜選知府曾國荃，著免選知府，以道員用。」

曾氏兄弟真是光彩極了。

這個時候，天降大恩，依例接旨的儀式是：

「當即恭設香案，望闕叩頭。」

之後，並罪己奮勉，更為盡忠：

「伏念臣知識短淺，韜略未嫻，昔年暫帶水師，曾乏寸功之足錄，去歲重來江右，尤無成效之可言；臣弟國荃疊承恩惠，未報涓埃，迺蒙闓澤並頒，鴻施下逮，同拜九天之詔，寵賁絲綸，愧無百戰之功，勳齊璘玠。」

「臣惟有督同臣弟，勉效駑驅，深求豹略，恒臥薪嘗膽，冀捍患而禦災，庶以仰答高厚生成於萬一。」

這一謝恩摺，有二點需要說明的：

曾國藩所稱「昔年暫帶水師，曾乏寸功之足錄」，並非謙虛，可能是實情，因為陸軍、海軍及騎兵，後二者似非文正公所長，雖自告奮勇親自訓練騎勇。

國荃是一戰將，打起仗來，比他哥哥行，選將與戰將二者並非等號，國藩的職責所長者為「選將」；國荃為一戰將，確有「百戰之功」。

很奇怪的，國藩有自省自知之明，他自己帶兵打仗，非不能說屢戰屢敗，但無大功，自從改為選將角色，則得心應手，這就是自知之智慧。別人可以不知道你，你自己不能不知道自己，這也就是「自知之明」。

9 江浙等軍務，惟曾國藩是賴

曾國藩所創造之中興形勢，真是名將如雲，如左宗棠、胡林翼等等。

如今，李鴻章也要「出山」了。

同治元年十二月二十六日寄諭：「該大臣（指曾）前奏李鴻章水、陸各軍，著迅速調撥布置，起程抵鎮後，即飛速馳奏，遲則此著又恐落後。該大臣身任統帥，事非越俎，亦無旁貸，不必稍避嫌怨，總期於事有濟。江浙等處軍務，朕惟曾國藩是賴。」

這正是充分授權。「身任統帥」不必事事請示，更「不必避嫌怨」，實在是名符其實的「全權」。

關於李鴻章的「水軍」，皇上有這樣一段催促：「現在賊勢趨重鎮江，而金陵蘇常各匪，復圖竄擾江北，李鴻章所統水陸各軍六、七千人，如能早行趕到，不獨鎮城可資保衛，亦可壯江北聲勢。著曾國藩催令該員迅即起程，無稍遲緩。」

曾國藩身負重任，領了上方寶劍，也得「表態」一番：「臣才識素拙，仰蒙聖主信任之專，斷不敢稍避嫌怨，亦不敢坐失機宜。惟江浙賊勢浩大，盡占富庶之要區，廣收官軍之降卒，財力五倍，人力十倍，若非慎以圖之，不特蘇浙難克，即皖南、江西且有江土日蹙之處，過求速效，以致僨事。」

曾文正公所表現的精神，真是不亢不卑也。也正是儒者的風骨。

10　每十日奏報一次

曾國藩曾在同治元年二月初二日，向皇上承諾「每十日奏報一次」軍情。二月二十二日，文正公信守承諾，有關「旬日軍情」，分九點陳報。其中上面「殷殷以上海、鎮江、廬州、潁州、浙江、寧國等處為慮，飭分路進兵。」曾文正公的二月二十二日軍情簡報如左：

「一、曾國荃募齊新勇，分立營頭，帶赴湖南省城。

一、李鴻章新募淮勇，暨調撥湘勇，均已募練成軍。

一、多隆阿一軍，進攻盧郡。自正月二十五日至二月初，四十日之內，攻破東門外賊壘一座，西門得勝門傍城賊壘四座，焚燬賊卡四處，奪獲礮船貨船七隻，軍械馬匹甚夥，共計斃賊三千有奇，收降卒千餘人。

一、撫臣李續宜於二月初九日，行抵安慶。與臣籌商一切，即將進攻六安。

一、左宗棠一軍，自正月二十日在馬金街獲一大捷，肅清開化後，初擬赴援衢州江山，繼因該兩處稍鬆，決意進攻遂安。

一、恭奉諭旨垂詢蔣益澧赴浙較遠，是否必應守候，抑或別有勁旅可籌。目下兵勇不敷分布，實無別項勁旅，可以調派赴浙。

一、浙江湖州陷入重圍，久無信息。

一、徽州解圍後，績溪等處之賊，分踞歙縣東南四五十里外，時時窺伺郡城。

一、上海於正月二十三、二月初四等日，有高橋蕭塘等處之捷，該城尚可保全，鎮江為江南必爭之地。」

11 請訓，免了；迴避，不必！

曾國荃又升官了。

同治元年二月初三日，內閣奉上諭：「江蘇布政使著曾國荃補授，即赴新任，毋庸來京請訓。該員係兩江總督曾國藩之弟，例應迴避，惟該省軍務緊要，需員辦理，無庸迴避，以資得力。欽此。」

這一任命，有二特殊之處，這也是曾國藩之殊榮：「即赴新任，毋庸來京請訓」，此是一例外也；「該員係兩江總督曾國藩之弟，例應迴避，惟該省軍務緊要，需員辦理，無庸迴避」，這又是一例外。

理應「請訓」，免了，理應「迴避」，也免了，這不是曾文正公的特權，而是殊榮也。

曾文正公見老弟升官，他的謝「恩摺」是這樣的：

「伏念臣弟曾國荃隨征六載，未立寸功，疊蒙高厚之恩，尚乏涓埃之報，仍復渥荷恩綸，晉職藩司，有表率群僚之責。吳下為東南財賦之邦，臣弟愚蒙，懼弗勝任。現在皖北各屬，髮捻苗黨，三患並熾，臣弟所統新舊各勇，除分守六處外，尚有萬餘人為進剿之師，自應飭令攻取巢縣含山和州西梁山等處，冀與袁甲三都興阿各軍，粘連一片，庶金陵有規復之期，大局有轉旋之勢。其江蘇藩司一缺，擬商之撫臣薛煥，仍飭吳煦署理，臣弟國荃暫不接印菘事，俾地方與軍務各有責成，而免曠誤。」

老弟升官，老哥處理得漂亮。國藩掌大權，而兵符則在國荃手中，受此激勵與保證，曾家兄弟志在攻下金陵也。

12 他人但作事外之議論，而臣則當細思事中之曲折

應否借助洋人洋兵勦匪？曾國藩與皇上有幾個回合的往返辯論。

同治元年三月二十四日，曾國藩為「籌議借洋兵勦賊摺」是有所顧忌的。最後在結論中作這樣的轉圜：

「惟地形有遠近，兵勢有次第，仍請飭下總理衙門照會英法公使，目前若進攻金陵蘇常，臣處尚無會勦之師，庶幾定議於前，不致貽譏於後。」

這應屬曾國藩的高招，一來現在還未考慮到「進攻金陵蘇常」，二來無可配合之兵。至建議作外交之

「照會」，尤見曾國藩之高明。

為什麼朝廷會在這個時候，興起搬洋兵借洋力之念頭？這是因為洋人已與太平天國鬧翻了。事情是這樣的：

「近復據英、法兩國駐京公使聲稱，賊匪與洋人搆衅，此時在滬洋人，情願幫助官軍勦賊，並派師船駛往長江，協同防勦等語。洋人性情堅執，若因我兵單薄，借助於後，勢必多方要挾，今該洋人與逆匪仇隙已成，情願助勦，在我亦不必重拂其意，自應姑允所請，作為牢籠之計。至該兩國師船駛入長江，以後作何舉動，即著曾國藩都興阿查探情形，分別隨時馳奏。如該洋人實係與逆匪尋仇，並無他意，則事機難得，該大臣等務當飭令沿江上下游師船，與該洋人聯絡聲勢，冀收速效。」

老實說，曾國藩是老大不痛快的，但皇上如此客氣，他只好忍下來分析給皇上聽：

「竊臣才識庸愚，謬膺重寄，受命二載，不能早籌一旅，達於蘇境。致蘇省紳士，迫於火熱水深，為此不擇之呼籲，皆臣治軍無狀之咎。誠使商借洋兵，即能救民之難，蓋臣之愆，豈非至願。然臣前此奏稱助守上海則可，助勦蘇常則不可者，蓋亦有權。回紇助唐，收復兩京，當時亦賴郭李諸軍，挾與征戰。縱主兵未必優於客兵，要自有為之主者，與之俱進俱退，借作偕行。以今日之賊勢，度臣處之兵力，若洋人遽爾進攻金陵蘇常，臣處實無會勦之師。」

「但有西兵，而無主兵，則三吳父老，方迓王師，而慰雲霓之望，或覩洋人，而生疑懼之情。至臣職分所在，責有專歸，譬之人家子弟，應試科場，稍能成文，而倩人潤色，猶可言也。若既不能文，又不入場，徒倩鎗手頂替，則無論中試與否，而譏議騰於遠近，羞辱貽於父兄矣。臣所處之位，與報名應試者無異，專借西兵，與倩人頂替者無異。故他人但作事外之議論，而臣則當細思事中之曲折，既以借助外國為深愧，尤以無兵會勦為大恥。諭旨以洋人與逆匪仇隙已成，情願助勦，在我亦不必重拂其意，臣處搜獲偽文，亦知金陵洪逆詞意不遜，與洋人搆衅甚深。在洋人有必洩之忿，在中國為難得之機，自當因勢利導，彼此互商，嘉其助順，聽其進兵，我中國初不干求，亦不禁阻，或乘洋人大舉之際，我兵亦諸道並進，俾該逆應接不暇，八方迷亂，殆亦天亡粵逆之會也。」

曾文正公這一頓牢騷夠大的；這一場議論夠強的。他就是差一點沒有罵出「胡鬧」。

他的壓力，他的不滿，有以下幾方面：

一、「受命二載，不能早籌一旅，達於蘇境。致蘇省紳士，迫於火熱水深，為此不擇之呼籲，皆臣治軍無狀之咎。」亦即今日所謂「民意」亂起鬨也。對此，曾文正公實在無法忍耐。

二、洋兵洋力「助守上海則可，助剿蘇常則不可者」，此為曾文正公有為有守也，亦是原則之堅守，不能出此「底線」，這是他的可愛與可敬處。否則引狼入室，不可收拾也。

三、洋兵可助戰，不可作主戰；可作配合，但不可代替。仗還是靠自己人來打，這是讀書人的風骨。否則豈不是赴考場「倩人頂替」，勝之不武，亦不光榮。

四、「他人但作事外之議論，而臣則當細思事中之曲折」。這就是主其事者負責之心情與堅持之精神，豈容自外之人，七嘴八舌或人云亦云。主見與定見，為身負重任者，不可缺少之性格。

證之現代所經歷之中外大事，曾文正公之言均不幸而言中。如第二次大戰末期，美國為早日結束戰爭，以減少美國及盟軍之損失，而邀蘇俄參戰，成為埋下戰後動亂之火種；中國大陸之淪陷以及越南之淪亡，皆亡在過於依賴美國之手。因為處處依賴美國，而事事看美國之臉色行事，最後之希望，還是「美援」，民心士氣瓦解，造成中國大陸之沈淪悲劇；越南靠美國代為打仗，而終至不可收拾，而以「和平」

作為美國抽身之煙幕。

中華民國政府來臺灣後，可謂接受「血的經驗」，美國軍援經援均歡迎並予以配合，但代替與主宰則不可，而在萬分困難中，勉強維持獨立自主之政府。這也是大陸失敗經驗所得到的代價。

古人之經驗，就是一面鏡子。曾國藩之精神，就代表中國讀書人之精神。

13 力本不勝重任，增至數十倍之重

以曾國藩為主體的消滅太平天國的戰爭，進行過久，醫療衛生又差，軍隊非死傷於戰場，而成千上萬死於病瘟，曾國藩心力交瘁，難免罪己責己。因之，午夜夢迴，無限痛苦在心頭，乃於同治元年閏八月十二日上書朝廷，述軍中死傷慘狀，「中夜默思，惟求德器遠勝於臣者，主持東南大局。」

首先，曾國藩談及軍中死傷之慘狀：「近日秋氣已深，而疫病未息，寧國所屬境內最勝，金陵次之，徽州衢州次之。水師及上海蕪湖各軍，亦皆癘疫繁興，死亡相繼。鮑超一軍，據初二日開單稟報，除已痊外，現病者六千六百七十人，其已死者數千，尚未查得確數。寧國府城內外，尸骸狼藉，無人收埋。病者無人侍藥，甚至一棚之內，無人炊爨，其軍中著名猛將，如黃慶伍、華瀚等，先後物故，鮑超亦染病甚重。合營將領，因其關係至大，一面稟明臣處，一面用舟送鮑超至蕪湖養病，張運蘭一軍駐紮太平旌德等處，病者尤多，即求一繕稟之書識，送信之夫役，亦難其人。」

遇此天災而生人禍，曾國藩痛心與灰心到了極點，難免失去自信心，對於自己的能力，也有些懷疑，而力不從心：

「諸事且萃於微臣一人之身，疾疫之災既如彼，責任之重又如此。臣自度薄德，不足以挽厄運，菲才不足以支危局。譬諸擔夫，力能負百斤者，增至百二十斤，則汗流而蹇，增至百五十斤，則僵踣矣。臣力本不勝重任，今且增至十倍之重，僵路不足惜，倘遂貽誤大局，敢不祇懼。合無籲懇皇太后皇上天恩，簡派在京親信大臣，馳赴大江以南，與臣會辦諸務，分重大之責任，挽艱難之氣數。臣具有天良，斷不敢稍存推諉，致誤戎機。今年軍事甫順，而疾疫流行，休咎之徵，莫可推測。」

14 誤采外間浮偽之名，不察微臣竭蹶之狀

人爭權人爭名人爭利，惟恐天下之權，不全集一個人身上；天下之名，不在一個人身上；天下之利全為己所擁有。這是人之大欲，亦是人之大病。

曾國藩之性格剛好相反，他不要名，但名全集在他身上，聖主所信賴，惟曾國藩一人耳。他曾身兼五要職，皇上還要拼命往上加，曾文正公受不了，於同治元年十月二十七日，為近日軍情，奏上片，仍請簡派大臣會辦軍務：

「臣奏請簡派大臣來南會辦，仰蒙優詔慰問，未荷俞允。頃接嚴樹森來咨，有皖北各軍統歸臣處調度之奏，誠恐聖主誤采外間浮偽之名，不察微臣竭蹶之狀，直待貽誤事機再行陳奏則已晚矣。查三年以前，江南欽差大臣一人，兩江總督一人，督辦徽防一人，督辦寧防一人，管轄李世忠、苗沛霖兩軍之欽差大臣一人。臣今一身所處，兼此五人之戰，而又新添安慶池州等沿江十餘城，即使才力十倍於臣者，已有顛蹶之患，況如臣之愚陋乎。合無籲懇皇上天恩，簡派大臣，與臣會辦諸務，縱不能復前此五人之

舊，但能添一人二人，俾臣責任稍分，案牘稍簡，更得專精竭慮，圖報涓埃。」

人之至明，乃在自知之明。曾國藩自然感受盛名之累，認為無所不能，重責重擔均加在他身上。他以此自懼，也以此提醒皇上：「誤采外間浮偽之名，不察微臣竭蹶之狀。」

這是曾國藩誠樸性格，所產生之政治智慧，怎不令人肅然起敬！

15　受恩愈重，報稱愈難

同治二年三月十八日內閣奉上諭：「浙巡撫著曾國荃補授。」並稱：「浙省係左宗棠兼轄，既兼署巡撫，尤責無旁貸，曾國荃著仍統前敵之軍，駐紮雨花臺，一意相機進取，以圖金陵，毋庸以浙事為念。」

皇上真是用心良苦，難怪曾國藩發出感歎之聲：「皇上破格錄用，委曲培成之至意，惟是受恩愈重，報稱愈難。」

出自自謙之誠的曾文正公覆命：「臣與臣弟兩次函商，欲固辭則頗涉矯情，思立異於當世，欲受事則不自量力，懼貽譏於方來，再四躊躇，誠恐治軍無效，頃覆尋至，不如少安愚拙之分，徐圖尺寸之功，惟有籲懇天恩，收回成命。」

曾文正公「以勤補拙」，視恩為一種負擔，乃有「受恩愈重，報稱愈難」之心情。

16　曾國藩一家存歿均受榮寵

皇太后及皇上，對於曾國藩處理其弟國荃功成抱病歸里的事，還算滿意，兼顧了皇上的尊嚴與人情，因而有了「回應」。

同治三年七月二十六日，內閣奉上諭：「前任湖南候選同知曾國華著加恩賞一雲騎尉世職。前即用知府曾貞幹，著加恩賞給伊子直隸州知州，照例補用。」

真是存歿同感榮光，同受恩賜，先弟國華受恩；而另一效死疆場的貞幹，也以其子受惠。

曾國藩可謂忠孝雙全。為人臣，盡天下之大忠，消滅太平天國；為人兄，盡人間之至愛，諸兄弟為鄉里之榜樣，成湘軍之楷模。處危境，身先士卒；處勝境，身先退隱。

曾氏一門忠烈，教忠教孝，可為天下法。

曾國藩回憶前塵，有感而發。

同治三年十月初五日，為謝「賞雲騎尉及直隸州知州」恩賜奏一摺：

「伏念臣弟國華等，夙抱愚忠，未嫻遠略，或從戎於皖北，報國捐軀；或勦賊於江南，以死勤事，疊荷兩朝賜卹，同蒙高天厚地之施。」

「在聖主眷懷忠節，今古獨隆，在臣家渥戴恩榮，存沒均感。臣等惟有督教臣姪，讀書敦品，砥行礪名，共勉經文緯武之資，並矢移孝作忠之志。」

而「督教臣姪，讀書敦品，砥行礪名」，尤顯曾氏一貫之家風也，令人肅然起敬。

17 如臣碌碌，何功可言

洪楊作亂十五年，金陵被佔十二年。

同治三年五月三十日，「圍攻二載有奇」的金陵，被曾國荃所主導的湘軍攻破，解除了清朝傾亡之危難。

曾國藩於二月二十三日具奏克復金陵詳情，六月二十五日國藩搭船駛抵金陵勞軍視察。

六月二十五日，曾國藩上奏報告金陵克復，而稱頌皇太后、皇上「守之者」，而「蔚成中興之業」。

皇上很快有了回應，把平天下大亂之功，歸之於曾國藩，而論功行賞。

同治三年六月二十九日內閣奉上諭：「欽差大臣協辦大學士兩江總督曾國藩，自咸豐四年在湖南省首倡團練，創立舟師，與塔齊布、羅澤南等屢建殊功，保全湖南郡縣，克復武漢等城，肅清江西全境。東征以來，由宿松克潛山太湖，進駐祁門，疊復徽州郡縣，遂拔安慶省城，以為根本，分檄水陸將士，規復下游州郡。茲幸大功告蕆，逆首誅鋤，實由該大臣籌策無遺，謀勇兼備，知人善任，調度得宜。曾國藩著加恩賞加太子太保銜，錫侯封一等爵，世襲罔替，並賞戴雙眼花翎。」

同治三年七月十六日，曾國藩覆摺：「謝錫封侯爵恩」，當然，除了感恩外，首要自謙一番：

「念臣忝膺疆寄，於今五年，德薄材庸，無裨時局，逮屯兵於建業，愧師久而無功。」

「歷年漸久，人事變遷，前此死事之臣，既埋忠而長逝，即今前驅之將，尚苦戰而未休，而臣謬被隆施，先蒙褒賞，撫今追昔，愧悚尤深。臣惟有履冰知懼，蹈垤自箴，虞疐後而跋前，常慎終而如始。」

「如臣碌碌，何功可言」，以自謙之性格，成至艱之業，承至難之責。

這就是此時之曾國藩，也是以前及以後的曾國藩，甚至成為永遠的曾國藩。曾國藩之不朽，也就在此。

名將勇士，俱成忠魂，長埋地下，何功可言？悲天憫人惟恐不及，何功可言？也許就是此時的曾國藩的心情。

18 國荃功成歸里，皇上賞給人參六兩

真是無欲則剛，無私是勇氣最大動力。

曾國荃真的開缺回籍調理身心。皇上念其功，特賞賜「人參六兩」。

老哥曾國藩，特於同治三年十月初五日，為此特上奏摺「謝賞曾國荃人參」。

九月初四日內閣奉上諭：「曾國荃著准其開缺回籍調理，並著賞人參六兩，交該撫祗領，用資保衛。」

曾國藩接諭，作兩點表達：

「伏念臣弟國荃，以書生從戎，洊膺疆寄，屬以陳師白下，逋寇稽誅，謬遺大而投艱，幾智窮而能索，逮夫大功粗就，懋賞榮膺，異數析於信圭，溫詔榮於華袞，方竭陳而圖報。」

「臣惟有互相規勸，益矢忠誠，諄囑臣弟回籍上緊醫治，一俟病痊，即令奏請銷假，入都陛見，跪求聖訓，所有微臣感激下忱。」

曾國藩謙卑之餘，對於其弟之功，亦不掩蓋，而有「大功粗就」，亦即金陵之克，摧毀太平天國之老巢，「國破人亡」。國藩也生怕皇太后、皇上見怪不諒在心，乃有「一俟病痊，即令奏請銷假，入都陛見，跪求聖訓。」

為人兄為人臣的曾文正公，可說無微不至，而禮數尤其週到。

19 國荃能否來京陛見，全在他自己

皇上還是放心與安不下心的，是解甲歸鄉養病的曾國荃，一而再有所叮嚀。同治四年三月十五日曾國藩再奉三月二十六日寄諭：「傳知曾國荃如病已就痊，即行來京陛見。」可見「聖上」之誠。

作為人臣與人兄的曾國藩，真是上下為難。只有「遵將諭旨恭錄傳知，究竟病體近復何如，能否入都陛見，已飭令自行具摺，寄至臣處，代為呈遞矣。」此處之「能否」，實在就是願否，老哥不能亦不願勉強。

言下之意，老弟國荃要不要赴京晉見皇上，要看國荃自己了。作為老哥的，也勉強不得。皇上與國荃之間，他願做信差。

曾文正公可謂硬矣。在這個節骨眼上，國荃不求聞達於諸侯，老哥也樂得一硬。

同治四年三月十五日，曾國藩「錄寄諭傳知曾國荃」呈上片中，還有以下的「病情」近況：「查臣弟自上年開缺回籍後，趕緊醫治，病勢已大減。旋接來信，溼瘡稍發，夜不成寐之症，迄未痊愈。臣囑以此症宜捐棄萬事，凝神靜坐，不宜雜進藥劑，遽求速效。」

所謂「夜不成寐之症」，即今緊張之工商企業政治人士之「失眠症」。國荃之嚴重失眠，當種根於圍攻金陵，長期精神緊張，心理負擔過重所致。

往往易地休養，或放下重擔之後，慢慢就會不藥而癒。此所以文正公勉其弟「凝神靜坐，不宜雜進

藥劑」，良藥也。

長期疲勞，精神負擔過重者，最易受傷者，一在失眠所引起的胃腸肝臟，一是眼疾。古往今來，不少英雄豪傑，在各種不同的戰場上，多為此二種病症所苦。

20 紀澤著加恩以員外行走

曾國藩之子紀澤，外交方面曾展露才華，做過駐英大使，是晚清一位有為有守之外交使節。

文正公正在休養中，「按閱邸鈔」：四月二十五日（同治九年），考試廕生，二十八日，紀澤由吏部帶領引見。奉旨：

「本日引見之正二品廕生曾紀澤，著加恩以員外行走。」

曾文正公有榮焉。但以紀澤之地位，尚不足謝恩。文正公於同治九年五月初八日，上一奏摺，謝恩。因為恩同身受也。

文正公這一奏摺，除了自述「早承知遇」之外，道及紀澤應試之經過，本人之病體以及督子以報「鴻慈於萬一」：

「臣子紀澤，荷先朝之延賞，已年例之久符，臣以其學殖無成，官常未習，恐濫竽之弗稱，遂應試之稍遲，茲乃郎位驟登，遷階躐晉，邀隆施之逾格，非夢想所敢期。」

「臣之目疾，固難速痊，眩暈之病，亦未全愈，以病軀而覯茲凶歲，既補救之無方，以弱息而荷此殊榮，尤悚澌而靡已。臣惟有督教臣子，慎守官箴，恆朝乾而夕惕，如履薄而臨深，庶以仰荷答鴻慈於萬一。」

21 髮捻未平，叛勇復起，自歎智小謀大

曾國藩真是苦命人。金陵克復，太平天國老巢搗毀，元兇殺的殺，逃的逃，以為從此天下真正的歸於太平。豈料外患內憂接二連三而來，有髮捻、叛勇，甚至還有「內變」。久戰之帥，不免有心力交瘁之歎。

皇上諭旨不斷，垂詢有之，打氣有之。曾國藩於同治四年五月初一日，因為疊奉諭旨，不得不作一覆陳摺：

「竊近月以來，豫捻東竄，南偪清淮，北踰兗沂，欲近黃河南岸，而鮑超所部霆軍之赴甘者，行次湖北金口，又以索餉潰變。」

這是內憂勝外患之情勢。鮑超何人也，文正公下之特級戰將，也出了「狀況」，能不令文正公為之心急、為之心焚。

因之，文正公不免感歎：「臣智小謀大，精力日頹，髮捻未平，而叛勇復起，兵力已弱，而事變紛乘，夙夜憂灼，不知所籌有當萬一否。」

這個時候曾文正公的心情，真是「不如歸去」，也許會有我不如老農的心境，老弟國荃解甲歸籍，更增加其寂寞。

22 寸心驚怖，心膽愈小，憂心如焚，求去心切

官場上的熱門人物，往往求進如焚，甚至不擇手段，而曾文正公的精神與心情，與常人剛剛相反，卻是求退如焚，能不使人感歎與感念！

同治四年五月初九日，以「憂心如焚」之心情，請另簡知兵大員督辦北路軍務片，並曾五度提出辭職，其意甚堅，其氣甚衰。

先說他的「病情」與「心情」：

「再臣精力頹憊，不能再任艱鉅，業經五次具奏在案。近則衰態更增，說話至二十句，舌尖輒木強蹇澀，不能再說，以接見客人為苦。前聞霆營金口潰變之信，憂心如焚，徹底不寐，近聞賢王鄆城殉節之信，彌加焦灼。寸心無故驚怖，更事愈久，心膽愈小，公事應了之件，積壓甚多。所部兵勇，除霆營及已撤者外，餘存尚近三萬，均屬強弩之末，不堪驅策。」

這都是屬於心臟、神經衰弱，甚至中風現象。

再說文正公的心願：

「本日奏疏中所稱專力十三府州，臣自問能言之而不能行之，惟有仰懇天恩，另簡知兵大員，督辦北路軍務，稍寬臣之責任。臣願以閑散人員，在營效力，不敢置身事外，忘盡瘁之大義，亦不敢久綰兵符，自知將致僨事而不預為一言。」

這一段話，就是進退之道，尤其臨到自己名利關鍵時刻。文正公的「自問能言之而不能行之」，「願

以閑散人員，在營效力，不敢置身事外，忘盡瘁之大義，亦不敢久綰兵符」，真不知讓今天的戀棧官人，有何感想？

曾文正公一向重視風氣。所謂風氣，最重要的就是政治風氣、社會風氣與教育風氣。尤能以身作則，避利就義，捨私為公，而能以一介書生，發揮無盡力，挽清朝之既倒。

讀史，尤其歷史人物成敗，令人拍案，令人稱絕，就在此也。

23 三省督師重任，以蒲柳之姿，難再承艱鉅

皇上要曾國藩「專力十三府州」，其統轄範圍由南國至北國，權不能謂不大，地不能謂不廣，一般人必得意忘形，一人之下，千萬人之上，天下唯我獨尊。而文正公卻以健康為由，「憂心如焚」，「能言之而不能行之」，心中所念者，如何急流勇退，如何盡瘁大義，「不敢久綰兵符」。

臣要擺脫一切，以平民報國，而皇上卻把一切權位加在他身上，看似不可思議，其實，道理易而明，惟有無個人私欲，才能成大公。蔣經國先生在取得用人權後，政府任能用才，也是如此。

同治四年五月初四日，曾國藩奉上諭：「欽差大臣協辦大學士兩江總督一等毅勇侯曾國藩，現赴山東一帶，督師剿賊，所有直隸山東河南三省旗綠各營，及地方文武員弁，均著歸曾國藩節制調遣，如該地方文武有不遵調度者，即由該大臣指名嚴參。欽此。」

文武名位榮銜，均加在曾國藩身上。如今直隸山東河南駐軍，地方文武官員，亦歸曾國藩節制，凡事全權處理，全權處分，真正的尚方寶劍在握。

可謂天下大權幾可在握矣。

曾國藩還是一萬個「不」，來回應皇上一萬個支持。文正公之硬，古今中外，確實罕見。

同治四年五月十三日，曾國藩以六百里馳奏，「伏乞皇太后、皇上聖鑒訓示」，並「請收回成命」。

除陳述籌辦情形外，並作以下嚴正表達：

「惟節制直、東、河南三省，則微臣不敢拜此寵命。臣以菲材，忝司兵柄，江南矗立寸功，皆諸將艱難百戰而成，臣並未躬冒矢石，頻叨懋賞，抱殘已久，今則精力衰頹，公事廢弛，心神則無故驚怖，多言則舌端蹇澀，自問蒲柳之姿，萬難再膺艱鉅。即久駐徐州，專辦十三府州捻匪，亦自度能言之而不能行之。前疏請另簡督辦大臣，而以閒散人員，效力其間，尚未奉到批旨，更何敢肩荷非常，節制三省。惟有籲懇天恩，收回成命，俾臣稍安愚拙之分，不為直責所歸，感載鴻慈，曷其有極。」

「至直、東、河南三省軍事，凡臣思慮所能及，自當知無不言，言無不盡。直隸獨處河北，除此次宜集各路之兵，急援畿輔外，嗣後應責成該省總督，另籌防兵，不可調南岸之師，往來渡黃，疲於奔命。河南、山東兩省，除豫之歸陳，齊之兗沂曹濟，另由大臣督辦外，其餘各屬，應責成該省總督，另籌防兵，不可使剿捻之師，追逐千里，永無歸宿。」

「臣難勝鉅任，即才力十倍於臣者，籌辦此賊，似亦不必有節制三省之名」。

曾國藩說不管不就，還是提了一大堆應對之略。有關直、東、河南三省問題及其關係，簡而明，至於「似亦不必有節制三省之名」，似亦為問題癥結所在也。

因為文正公以務實為精神，不尚浮名空大。

默察此一時代之圍剿綏靖組織，特別是中國太大，有二省以上者，有區域者，亦有特殊地域者，必須作一統合或特殊之政治或軍事之規劃或二者作一結合。清朝是如此，蔣中正先生或心儀曾文正公之精神與功業，某些權宜性的制度或特別措施，均隱見有仿效之處。如對日抗戰勝利之北平、東北行轅組織，後來之東北、華北、華中等地之「勦匪總司令部」之組織。只是再好的設計，再精密的組織，沒有曾國藩犧牲自己的決心，難成大事。只是以文正公自謙：「江南矗立寸功，皆諸將艱難百戰而成」，言下之意，個人有何功勛可言。其自謙與自卑之精神，千古難求一人，真感動天地矣。

24 不居極大之名，再請收回節制三省成命

曾國藩具摺，力辭節制直隸、山東、河南三省之命，未被接受，天下之安危，皇上認定他了。

同治四年五月十一日，曾國藩上奏再請收回節制三省成命，力陳利害，尤不願「居極大之名」：「將來臣之兵力，祇能顧及河南之歸陳，山東之兗沂曹濟，其餘各府，萬難兼顧。直隸則遠在黃河北岸，臣力恐不能逮，徒冒虛名，全無實際，寸心惴惴，深抱不安。從前親王僧格林沁節制直、東、豫三省，每當追賊之際，晝食矗糲，衣宿單棚，勳勞卓著。臣自愧十分不及一、二，縱令臣習勞耐苦，效法該親王之所為，然以封疆大吏較之勳戚賢王，禮數固當大減，名分豈可齊衡，惟有籲懇天恩，明降諭旨，收回節制三省成命，俾臣不居極大之名，稍安愚拙之分。至於勦捻事宜，凡思慮所能到，才力所能及者，自當殫竭血誠，與三省督撫和衷商辦，冀以速殲逆氛，仰紓宸慮」。

這是曾文正公自知之明。以他讀書靠血性而帶兵的漢人，豈能與親王僧格林沁相比？他帶兵之前，居京很久，深知皇朝之厲害，以「封疆大吏較之勳戚賢王，禮數固當大減，名分豈可齊衡」。

豈容一個漢將統帥皇冑？曾文正公深知那些皇族人心中所想的，口中竊竊所念者，不如自己先講出來：你曾國藩是何許人，竟敢取僧格林沁位子而代之！

25 軍事之進退緩急，統帥主之，朝廷之上，不宜遙制

曾國藩統帥大軍在外面打仗，時時會傳來諭旨，指明要這個升官，暗示要那個特別拔擢，偏偏遇上曾文正公不吃這一套，也不理那一套。個性再強，脾氣再硬，也不好責備「皇上」，乃指出二點：

「軍事之進退緩急，統帥主之，朝廷之上，不宜遙制。」

「閫外之臣，不宜干預。」

一個國家治與亂，一個公司興與衰，均在其中。

前者是現代企業所強調的，是分層負責，是授權；此所以是一九九一年以美國為首的聯軍，波灣戰爭大勝之道也。

後者最怕主管附近有三、二小人，一天到晚獻讒言，出餿主意，目的不外人事錢財，抓權弄權，而形成的特權，就在這小框框進行。國危矣，公司垮矣。因之，觀察一國之君作為，往往就看看附近周邊的人如何動作。

有關升遷之事，曾國藩不客氣地都打了回票，並作如下之說明：

「諭旨垂詢，以李宗羲暫署漕運總督，丁日昌署理江蘇巡撫。查李宗羲由安徽知府，甫於去年保奏，以道員留江補用，本年奏署運司，疊擢安徽臬司江寧藩司，一歲三遷，已為非常之遭際。該員廉正有餘，

才略稍短，權領封圻，未見嫌其過驟；丁日昌以江西知縣因案革職，三年之內，開復原官，洊保府道，擢任兩淮運司，雖稱熟習夷務，而資格太淺，物望未孚，洋人變詐多端，非勛名素著之大臣，不足以戢其詭謀，而懾其驕氣，該員實難勝此重任。」

「數年以來，皇上求才若渴，於疆臣保薦人員，往往破格超遷，外間因其不次之擢，疑為非常之才，責備之下，加以吹求，於是臺諫彈劾生風，並歸咎於原保之員，若使保升者循資漸進，少為迴翔，久經磨練，則該員不至於見妒於同僚，而言路亦不致仇視乎疆吏，實於中外和衷之道，大有裨益。」

「抑臣尤有請者，歷觀前史明訓，軍事之進退緩急，戰守屯駐，統帥主之，朝廷之上，不宜遙制，廟堂之黜陟將帥，賞罰百僚，天子與左右大臣主之，閫外之臣，不宜干預。朝廷而遙制兵事，其患猶淺；閫外而干預內政，其害實深，從右統兵重臣，遙執國命，未有能善後者。」

曾文正公不只是不接受升遷之諭，還趁機搬出一番大道理，好好教育一番，尤其對於宮中府中那些小人，更是毫不保留，「修理一番」，使皇上有所悟，不要再聽小人之言了。

曾文正公之正、直、剛，均在其中。

26 曾國藩，著加恩在紫禁城內騎馬

曾國藩以一介書生，平亂討逆，扭轉清朝皇室二大戰亂，均有巨功，如今回朝，氣勢自然不凡，所享受之尊貴不凡，感受亦不凡。

如今寫起來也許好笑，但確實是莫大的榮寵，那就是「著加恩在紫禁城內騎馬」，且有正式諭令。

同治七年十二月十四日內閣奉上諭：「大學士直隸總督一等毅勇侯曾國藩，著加恩在紫禁城內騎馬。欽此。」

為此，同治七年十二月十五日，曾國藩特上恩摺：「謝賞朝馬！」

「伏念臣忝厠戎行，久離京輦，材非驃騎，愧乏汗馬之勞，夢繞觚稜，如樹飛龍之仗，茲以量移畿輔，展覲天顏。聖主之殊施，拜康侯之寵錫。憶昔備員三館，供職六曹，禮嚴乎過闕必趨，銘凜乎循牆而走，三十年舊事，重待漏於掖垣，十駕凡材，竟鳴珂於中禁，撫躬循省，慚悚無涯。臣惟有勉著先鞭，勤思後效。」

皇宮內騎馬，好不威風，其感受想當年以文弱書生，「循牆而走」，真是此一時，彼一時也，回朝之風光，真有一人之下，萬人之上的氣勢。

27 一軍之權，全付統領，大帥不為遙制

曾國藩未就直隸總督之前，皇上就有諭旨：「曾國藩久諳戎事，應如何因時變通之處，著於到任後，詳慎妥籌，悉心經理，務期化弱為強，一洗從前積弊，以衛畿疆。」

清廷之門戶，又要靠曾國藩了。

同治八年五月二十一日，曾國藩覆議直隸練軍事宜奏摺，提出幾個要項：

「一曰文法宜簡。勇丁帕首短衣，樸誠耐苦，但講實際，不事虛文。……而前此所定練軍規條，至一百五十餘條之多，雖士大夫不能驟通而全記，文法太繁，官氣太重。」

「一曰事權宜專。一營之權，全付營官，統領不為遙制；一軍之權，全付統領，大帥不為遙制。」

「一曰情意宜洽。勇營之制，營官由統領挑選，哨弁由營官挑選，什長由哨弁挑選，勇丁由什長挑選。譬之木焉，統領如根，由根而生幹生枝生葉，皆一氣所貫通。」

「今當講求變通之方，自須先杜頂替之弊。」

這是曾文正公所提出的練兵三法。其精神與制度，是很符合現代化的管理精神。更是「新速實簡」的具體措施，也符合現代企管經營之精神：授權責任。

28 權之所在，即為弊之所叢

曾國藩奉命裁撤總商四人，「以杜把持，而資整頓。」

可見「整頓」，非自今日始，那個時候，就有「整頓」的觀念與作法。

問題是如何整頓？

還是從人選機能與制度上著手。

裁撤以達到整頓的目的，並不是辦法。

因為「整頓」是手段，不是目的。

曾文正公深知此點，並諳人性。

旨令是這樣的：「令將長蘆總商四人，查照山東成案，酌量裁撤，按年輪替，並將各總商拖欠課款，詳查催完奏奉諭旨依議。」

曾文正公不是等因奉此，唯命是從之人，此案聖旨雖「咨行到省，當經前督臣劉長佑轉飭遵辦。」但曾文正公還是把事實與問題，弄清楚、查明的，再提出對策：

「長蘆通綱總散各商，應交課款，均由司派員催令自行交納，斷不敢以散商完足分數，為總商撥抵牽算，其歷年奏銷冊報未完銀兩，委係累參各商欠交之款，且綱總商人黃昭融等，屢據具稟求退，皆因近來綱務繁劇，接辦之人，未克批准，並非該總商等常冀取巧，日久把持。惟綱總為一綱之領袖，非公正練達，熟悉綱情，難期服眾，若將現充綱總之四商，概行裁撤更換，不特一時難得其人，即使舉有新商，恐於向辦舊章，及一切款項，未能深悉，奏限在邇，催課正當吃緊，未便遽易生手，致有舛錯貽誤。」

「而權之所在，即為弊之所叢，誠如部議把持挪改等弊，事所不免。今止裁留二名，改為按年輪換，勢孤情怯，諸弊可期廓清。」

「總商」之性質，類似今天的商會；「綱總」類似常務理事之類。

曾文正公將「綱總」四人中，去掉二位，當然是操守能力差者，並建議「按年輪換」，以兼顧運作之純熟與新生力之注入，類似今天美國國會之中期選舉。實在是具有創意之構想。

至於「權之所在，即為弊之所叢」，此與西方所謂「權力使人腐化」，可謂不謀而合。

曾文正公雖然以嚴正著稱，但對人性還是有所瞭解，且有所認同，很符合「人性管理」的精神與原則。

為政，除制度外，就是在得人。

29 盡心民事，從優議敘，聞命之餘，惟有力持晚節

曾國藩調為直隸總督，以「三事」自勵，奈因為天災連連，難與人願，但朝廷還是念念在心，對於曾國藩「老成宿望，表率群僚，調任畿疆，盡心民事，著交部從優議敘。」

為此，曾國藩於同治九年二月二十一日，特上奏摺，謝京察優敘，感愧之餘，「力持晚節」：

「伏念臣猥以菲材，謬膺重寄，自量移畿輔以來，值甫經兵燹之後，亦思培養元氣，與民休息。乃去歲天時亢旱，年穀不登，自冬徂春，雨雪過於稀少，麥收已失望，嗷嗷千里，流民塞途，加以四方多虞，而練軍尚無規模，北河雖塞，而隄防尚無把握，回思陛辭之際，具疏所言三事，至今毫無寸效，撫已內慚，憂惶無地，乃蒙聖慈甄敘，上考濫登。聞命之餘，更深感悚，臣惟有力持晚節。」

真的，皇太后統御確有一套，讓這位京畿老帥，盡忠盡力，死而後已。

至於「臣惟有力持晚節」，在那個時候，那個複雜政治環境中，或有所指，效忠之餘，讓皇太后放心。否則豈有晚節不保之理？

如果真的這樣，中國現代歷史，就要改寫了。

30 直視諭旨如弁髦，尚復成何事體

天津毀損洋教堂案善後之處理方式之一，是將天津府知府張光藻及天津縣知縣劉傑革職，並聽候查

辦，但這三位地方首長卻裝病他往，朝廷據報後大怒，並責怪曾國藩。

朝廷接奉密報，內稱：「已革天津府知府張光藻因患病出省，在順德府調治；已革天津縣知縣劉傑，亦在密雲縣治病，已派員分赴守催。」

朝廷閱後不勝詫異，「張光藻、劉傑以奉旨治罪人員，即使患病屬實，亦應在天津聽候查辦，乃該革員一赴順德，一赴密雲，捏病遠避，直視諭旨如弁髦，尚復成何事體。試思該革員等不呈遞親供，辨別是非，總理各國事務衙門王大臣等，與洋人終日辨詰，何能以空言相抵，朝廷之令該革員等赴津者，實曲示保全之意，乃皆不能體會，倘然置身事外，若使洋人聞之，豈不益滋口實，此事關係重大，不可再涉遷延。著錢鼎銘（按係直隸按察使）懍遵前旨，星夜派員前往，將該革員等迅解天津，不准藉詞託病，仍著將起解日期，趕緊覆奏。曾國藩於張光藻等革職後，率行給假他去，實屬不知緩急，並著派員勒限催提，俟解到日。會同毛昶熙取具該革員等確切親供，以憑核辦。若再託詞遠避，國法具在，豈能寬宥，將此由五百里諭知曾國藩，並傳諭錢鼎銘知之。」

以曾國藩之地位，這一官腔非同小可，尤其指責「曾國藩於張光藻等革職後，率行給假他去，實屬不知緩急」，等於教訓曾國藩的糊塗，不知聖上的苦心，當然，這後面還有洋人在作祟，朝廷面子不能不保，當然，更怕惹出大禍來。

曾國藩並非唯唯諾諾之輩，只有據實以報了。

同治九年七月三十日，曾文正公為天津府縣到案日期上一奏摺，說明原委：

「臣國藩查該府縣自六月十六日撤任以後，即行請假離津。臣初見該員等本無大過，不欲於撤任之後，更予重咎，故各允其所請，其時尚未奏參也。迨羅淑亞到津照會臣處，欲將府縣擬抵，臣與崇厚酌定革職交部，皆在府縣離津數日之後，不惟該員等不及聞知，即微臣初意，亦不及此，實非奏參後仍復縱令潛逃。其後奉到七月十一日改解津郡之旨，仰體設法保全之意，即經飛檄催提，而該員等一往順德特就醫藥，一往密雲安置眷累，相距較遠。臣檄臬司委員分提，飛騎兼程，而道途迴遠，水潦阻滯，未能迅速到案。其張光藻以十八日由順德啟程，劉傑以二十二日由密雲起程，業由錢鼎銘專摺馳報。二十五日，劉傑解到天津，二十七日張光藻亦已解到。臣等擬即會同丁日昌當堂審訊，取具該員等切實親供，奏明辦理。旋接總理衙門來信，稱法國繙譯官德偉理亞遞洋文照會，大意言府縣及陳國瑞主使證據，現飭同文館速行繙譯。該府縣親供，應俟所寄洋文寄津，按照彼所指各節，逐一詳細質訊，敘入供摺，方免歧舛，應即遵照辦理。」

實在，這一「意外」，出自雙方認知之差距。

皇上的措詞，均相當嚴厲的：

「直視諭旨如弁髦，尚復成何事體。」

「若再託詞遠避，國法具在，豈能寬宥。」

此時，不管誤會也好，認知差距也好，朝廷與曾國藩的關係，到了最後的邊緣。除非有意外的發展，幾難以維繫了。

31 因病不能居官，居官而不能勤政

曾國藩自兩江總督調為直隸總督，為時一年六個月。上任之始，以「吏治軍政河工」三事自期，惜

環境變了，身體日衰，又發生「天津教案」，令其心勞日絀，神傷不已。

在這個時候，握有軍事，懂得外交，更重要的，政治手法靈活的李鴻章，就取而代之了，此後就是李鴻章以外交為主的時代。無政治作為無軍事力量，那有外交可言？李鴻章不過以領土為籌碼，苟延朝廷時日而已。曾國藩回任兩江總督，李鴻章入主直隸。

同治九年八月初三日內閣奉上諭：

「曾國藩著調補兩江總督，未到任以前，著魁玉暫行兼署，直隸總督著李鴻章調補。欽此。」

此時，曾文正公的心情，除了來得太突然之外，應該是如釋重負。他在同治九年八月初七日，上一謝恩並辭兩江督任奏摺：

「伏念臣猥以菲材，久膺重寄，媿涓埃之無補，實隕越之時虞，昔歲勦捻無功，回任江南，至今抱慚無地。上年量移畿輔，於奏明之吏治、軍政、河工三者，毫無績效，惶悚尤深，乃蒙新命之優加，更許舊官之重莅。在聖主曲加體恤，不以無用而棄樗櫟之材，在微臣感荷恩知，亦思竭誠而圖桑榆之報。惟自本年二月以來，衰疾日甚，前在假期之內，奉旨馳赴天津，實因津事重大，不敢因病推諉，而目疾已深，將來必須開缺調理，曾於摺內預為聲明。到津以後，眩暈時發，又感受暑邪，有嘔吐泄瀉等證，近日標病雖已痊除，目疾實難醫治，右目久經無光，左目亦日加昏眵。疆臣之職，必以披覽文牘為要，臣目病甚重，往來文件，難以細閱，幕僚擬稿，難以核改；江南庶政殷繁，若以病軀承乏，將來貽誤必多。臣自去春履任直隸，今已一年六個月，自問曠官溺職，負疚甚深，倘以病目重履江南，則曠官溺職，必有更甚於今日者。臣受累朝高厚之恩，皇太后、皇上委任尤隆，優容尤至，即捐糜頂踵，不足云報，豈復愛惜身命，自便私圖。然因病而不能居官，與居官而不能勤政，其辜恩究有輕重之分，再四籌思，惟有避任讓賢，乞回成命。合無籲懇聖恩，另簡賢能，畀以兩江重任，目下津案尚未就緒，李鴻章到津接篆以後，臣仍當再留津郡，會同辦理，以期仰慰聖廑。一俟津事奏結，再行請開大學士之缺，專心調理，倘能仰託聖主福庇，目光復明，仍當泥首宮門，求賞差使，再圖酬報鴻慈於萬一。」

由於外國勢力侵入，外務交涉頻繁，李鴻章的靈活，代替了曾國藩的樸實，不只是直隸總督易人而已，而是朝廷作風與作法急速改變。只有手段而無目標與重心，這個朝廷自然就不會穩了。

曾文正公體衰任重，無補於時艱，而有自知之明，乃發出「因病而不能居官，與居官而不能勤政」之感歎，不因私而害公也。求去心切，回任兩江總督，朝廷安排退路，重於借重，求去心切的曾文正公，何能會計較這些？這是曾文正公異於常人者。

32 凡大臣密保人員，終身不宜提及一字

主管，尤其高層附近左右之人，能成事，亦能壞事。壞事，皆因多事也。

作為主管附近的人，最忌的，就是把有關主管尤其自己經手之事「流」出來。

主管之事，尤以人與錢為最重。

皇上附近之人，真是名符其實的機要。所經手之一點一滴，流出去，都是大事。就現代新聞術語來說，都是大新聞或者「價格」連城的花邊秘聞。

曾文正公深諳此道。一次對其弟弟說：「凡大臣密保人員，終身不宜提及一字，否則近於挾長，近於市恩。」

「摺稿皆軒爽條暢，儘可去得。余平日好讀東坡上神宗皇帝書，亦取軒爽也。弟可常常取閱，多閱數十遍，自然益我神智。」

「凡大臣密保人員，終身不宜提及一字，否則近於挾長，近於市恩。此後余與湘中函牘，不敢多索餉項，以避挾長市恩之嫌，弟不宜求之過厚，以避盡歡竭忠之嫌。」（同治二年七月二十三日，致九弟，〈戰事宜自具奏〉）

的確，「如某人是我保的」，「某人有今天，還不是我提拔的」，這都是淺薄者之通病，官場之大忌。曾文正公或被動或主動，經常向朝廷保人，如過於招搖，不但遭忌，而且也會壞事，甚至一旦曝光，此後人事管道，也許就斷了。

一切賞識，一切人才，都是上面的，就大臣而言，都是皇上的。

33 皇上召見其弟，一句「不寐屢醒之症」打發

無論名將或重臣，總會有閒言閒語，尤其是盛名之累。國荃之戰功夠大的，總會存有閒言，皇上不為閒言所惑，乃召見一番，而把召見諭旨送至老哥曾文正公處轉致，那更是高明的統御高招。難，就難為了阿兄：

「上年十二月，輻齋先生力言京師士大夫於沅弟毫無閒言，余即知不久必有諭旨徵召，特不料有如是之速。余擬於日內覆奏一次，言弟所患夜不成寐之病，尚未痊愈，趕緊調理。一俟稍痊，即行進京，一面函商臣弟國荃，今將病狀詳細陳明云云。沅弟奉旨後，望作一摺，寄至金陵，附余發摺之便覆奏。」

（同治六年三月初四日，致四弟九弟，〈諭旨飭沅陛見〉）

曾文正公真是心靜如水，視大名如浮雲，皇上轉摺召見其弟，老哥非但不以為大喜，竟以「夜不成眠」症婉謝。國荃因積勞，尤其攻打金陵，心力為之交瘁，有「不寐屢醒之症」，也由於「用心太過，肝家亦暗暗受傷」，但晉見皇上一般人視為大喜，夢寐以求，抬也要抬去，況且還是可以動的。但老哥作主卻把它應付過去，「若此再後有諭旨來催，亦須稍能成寐，乃可應詔急出。」

這就要看看皇上的誠意與耐心了。

34 文帝好老而臣尚少，武帝好少而臣已老

「人心各有自然之文，約有二端：曰理，曰情。二者，人人之所固有，就吾所知之理而筆諸書而傳諸世。稱吾愛惡悲愉之情，而綴辭以達之。」

「以理勝者，多闡幽造極之語，而其弊或激宕失中；以情勝者，多悱惻感人之言，而其弊常豐縟而寡實。自東漢至隋，文人秀士，大抵義不孤行，辭多儷語，即議大政，考大禮，亦每綴以排比之句，間以婀娜之聲，歷唐代而不改。」（〈湖南文徵序〉）

文人之為文，或以理勝或以情勝。理在說，情在抒，理情並茂，則說服人，感動人具在也。韓愈以降，顧炎武、曾國藩等，屬理，文以載道也。

「故盛世之臣公，其詩歌不及衰世之孤臣逐客；而廟堂卿相，例不能與窮巷憔悴專一之士，角文藝之短長。」

「其於六朝唐宋諸家，若合眾金以融一冶，而鑄為重器，觀者但知器之良，而忘其所采，為誰氏之金也。」（《雲椝山人詩序》）

真是窮而後工。

「夏葛而冬裘，適時則貴，失時則損。昔馮唐終身不遇，而曰：文帝好老而臣尚少，武帝好少而臣已老，豈曰非材，如不遇時何？」

「趨時之道，豈一端哉？天下之事，其始蓋有一二巧者，標新領異，以駴群聽。其次則能者慕效之，又其次則拙者剽竊之，慕而效之，是謂風氣；剽而竊之，是謂流弊。不數十年，而昔之新且異者，將厭棄矣。則又有巧者移易之，又數十年，而亦厭棄矣。人情賤同而思異，物窮則變，自古然也。故善趨時者，貴先時，不貴後時。」

真是，天下能變所變的道理不多，也許只是一個道理在變來變去。時下所謂「流行」，就是如此：「一二巧者，標新領異耳」。你和一般人不一樣，且能引起他人好奇、模仿之興趣，就是「一二巧者」。所謂服裝設計大師、艷星等等，均屬此類：穿一般人不敢穿之衣服，講一般人不敢講的話，寫一般人不敢寫的文字，做出一般人不敢做的事，如此而已。

附錄 有關曾國藩書目

上官美博輯

書名	作者	出版地點	出版書局	出版年月	內容要旨
曾國藩傳	蕭一山撰	臺北	中華文化出版事業委員會	四十二年	(現代國民知識叢刊第一輯)
曾胡治兵語錄	蔡鍔編	臺北	文化書局	四十八年	
曾胡治兵語錄	蔡鍔編	永和	文海書局	五十五年	
曾胡治兵語錄	蔡鍔編	臺北	正章書局	六十七年	
曾胡治兵語錄	李浴日選輯 蔣總統增補	臺北			(中國兵學大系第十三冊)
增補曾胡治兵	蔣總統校訂	臺北	武學書局	四十五年	
增補曾胡治兵	蔣總統審訂 賈怒春註釋	臺北	黎明文化公司	七十五年	
曾國藩文學理論述評	莊雅州撰	臺北	莊雅州印	六十一年	
曾國藩文學理論述評	莊雅州撰	臺北	師大國文研究所	六十二年	

書名	作者	出版地點	出版書局	出版年月	內容要旨
曾國藩治學方法	胡哲敷 撰	臺北	中華書局	五十年	
曾國藩名言錄		臺南	綜合出版社	五十六年	
曾國藩生平	蕭學良 撰	臺北	雲躍出版社	五十六年	
曾國藩家書（四冊）		臺北	黎明文化公司	七十五年	
曾國藩評傳	何貽焜 撰	臺北	正中書局		（正中文庫第二輯第卅七冊）
曾胡手札	沈雲龍主編	永和	文海書局	五十五年	（近代中國史料叢刊）
曾國藩	李少陵 編	高雄	大業書局	四十四年	
曾國藩家書名言錄		臺南	綜合出版社	五十八年	附曾國藩傳記、年表
曾國藩家訓家書日記選輯		嘉義	協同出版社	六十三年	
曾國藩平亂要旨	陳啟天 編	臺北	商務印書館	五十六年	
曾·左·胡	李少陵 編	高雄	大業書局	四十六年	

書名	作者	出版地點	出版書局	出版年月	內容要旨
曾・左・李	傅宗懋 撰	臺北	全知少年文庫董事會	五十三年	
曾胡治兵語錄		臺北	臺灣拔提書局	四十五年	
曾胡左兵法：曾國藩、胡林翼、左宗棠兵學綱要	王之平 著	永和	武陵出版社	七十三年	
曾胡書牘選集	國防部總政治部選輯		總政治部印	不詳	
曾胡談薈	徐凌霄 撰	永和	文海出版社	六十八年	（近代中國史料叢刊續輯第六十四輯）
曾氏家書選		臺北	王氏圖書館	五十二年	
曾文正公年譜	沈雲龍 編	永和	文海出版社	五十五年	
曾文正公年譜十二卷	黎庶昌 編	臺北	廣文書局	六十年	
曾文正公家訓家書日記		臺南	大東書局	五十三年	

書名	作者	出版地點	出版書局	出版年月	內容要旨
曾文正公家書		臺北	新陸書局	四十五年	
曾文正公家書七冊		臺北	北星書局	四十六年	
曾文正公家書		臺北	文化書局	四十八年	
曾文正公家書		臺北	世界書局	六十三年	
曾文正公家書七卷（一冊）		臺北	黎明文化事業公司	七十二年	
曾文正公詩文集		臺北	商務印書館	六十年	
曾文正公詩文集	王雲五 編	臺北	商務印書館		
曾文正公詩集三卷　文集三卷					（萬有文庫第一二集，第一五八冊）
曾文正公批牘六冊		臺北	華文書局	五十八年	

書名	作者	出版地點	出版書局	出版年月	內容要旨
曾文正公日記上下冊		臺北	考古出版社	六十八年	
曾文正公幕府賓僚 十冊	清 薛福成 撰	臺北	新興書局	六十五年	（筆記小說大觀十二篇）
曾文正公雜著四卷一冊		臺北	廣文書局	五十八年	
曾文正公七種		臺北	啟明書局	四十八年	第一冊家訓 第二冊家書 第三冊手札 第四冊日記 第五冊治兵 第六冊大事
曾文正公全集卅六卷	沈雲龍 編	永和	文海出版社	六十三年	（一）曾國藩傳（二）～（五）奏稿（六）家書（七）家訓（八）文集（九）詩集（十）雜著
曾文正公全集十冊		臺北	世界書局	四十一年	
曾文正公全集三冊		臺北	啟明書局	四十二年	（一）日記（二）家訓（三）治兵語錄

書名	作者	出版地點	出版書局	出版年月	內容要旨
曾文正公全集		臺北	東方書店	五十三年	(一)曾國藩傳(二)家書(三)家訓(四)書牘(五)日記(六)文集(七)詩集(八)奏稿(九)批牘(十)雜著
曾文正公全集一冊		臺北	大中國出版社	五十五年	
曾文正公全集一冊		臺南	王家出版社	五十九年	
△曾國藩 共九冊	唐浩明	臺北	漢湘文化	八十二年四月	《曾國藩》是首次以小說體裁完成。共分九冊。分：曾國藩血祭（三冊）、曾國藩野焚（三冊）、曾國藩黑雨（三冊）。

△係著者補充編入

滄海叢刊書目（一）

國學類

中國學術思想史論叢（一）～（八）	錢 穆 著
現代中國學術論衡	錢 穆 著
兩漢經學今古文平議	錢 穆 著
宋代理學三書隨箚	錢 穆 著
論戴震與章學誠 ——清代中期學術思想史研究	余英時 著
論語體認	姚式川 著
論語新注	陳冠學 著
西漢經學源流	王葆玹 著
文字聲韻論叢	陳新雄 著
入聲字箋論	陳慧劍 著
楚辭綜論	徐志嘯 著

哲學類

國父道德言論類輯	陳立夫 著
文化哲學講錄（一）～（六）	鄔昆如 著
哲學・理性與信仰	金春峯 著
哲學與思想	王曉波 著
內心悅樂之源泉	吳經熊 著
知識・理性與生命	孫寶琛 著
語言哲學	劉福增 著
哲學演講錄	吳 怡 著
日本近代哲學思想史	江日新 譯
比較哲學與文化（一）、（二）	吳 森 著
從西方哲學到禪佛教 ——哲學與宗教一集	傅偉勳 著
批判的繼承與創造的發展 ——哲學與宗教二集	傅偉勳 著
「文化中國」與中國文化 ——哲學與宗教三集	傅偉勳 著

從創造的詮釋學到大乘佛學 傅偉勳 著
——哲學與宗教四集
佛教思想的現代探索 傅偉勳 著
——哲學與宗教五集
中國哲學與懷德海 東海大學哲學研究所主編
人生十論 錢穆 著
湖上閒思錄 錢穆 著
晚學盲言（上）、（下） 錢穆 著
愛的哲學 蘇昌美 著
邁向未來的哲學思考 項退結 著
逍遙的莊子 吳怡 著
莊子新注（內篇） 陳冠學 著
莊子的生命哲學 葉海煙 著
墨家的哲學方法 鍾友聯 著
韓非子析論 謝雲飛 著
韓非子的哲學 王邦雄 著
法家哲學 姚蒸民 著
中國法家哲學 王讚源 著
二程學管見 張永儁 著
王陽明 張君勱著、江日新 譯
——中國十六世紀的唯心主義哲學家
王船山人性史哲學之研究 林安梧 著
西洋百位哲學家 鄔昆如 著
西洋哲學十二講 鄔昆如 著
希臘哲學趣談 鄔昆如 著
中世哲學趣談 鄔昆如 著
近代哲學趣談 鄔昆如 著
現代哲學趣談 鄔昆如 著
思辯錄 勞思光 著
——思光近作集
中國十九世紀思想史（上）、（下） 韋政通 著
存有・意識與實踐 林安梧 著
——熊十力體用哲學之詮釋與重建
先秦諸子論叢 唐端正 著
先秦諸子論叢（續編） 唐端正 著
周易與儒道墨 張立文 著

孔學漫談　余家菊 著
中國近代新學的展開　張立文 著
哲學與思想——胡秋原選集第二卷　胡秋原 著
從哲學的觀點看　關子尹 著
中國死亡智慧　鄭曉江 著
後設倫理學之基本問題　黃慧英 著
道德之關懷　黃慧英 著
異時空裡的知識追逐——科學史與科學哲學論文集　傅大為 著

宗教類

天人之際　李杏邨 著
佛學研究　周中一 著
佛學思想新論　楊惠南 著
現代佛學原理　鄭金德 著
絕對與圓融——佛教思想論集　霍韜晦 著
佛學研究指南　關世謙 譯
當代學人談佛教　楊惠南 編著
從傳統到現代——佛教倫理與現代社會　傅偉勳 主編
簡明佛學概論　于凌波 著
修多羅頌歌　陳慧劍 譯註
禪　話　周中一 著
佛家哲理通析　陳沛然 著
唯識三論今詮　于凌波 著

應用科學類

壽而康講座　胡佩鏘 著

社會科學類

中國古代游藝史——樂舞百戲與社會生活之研究　李建民 著
憲法論叢　鄭彥棻 著
憲法論集　林紀東 著

國家論　薩孟武 譯
中國歷代政治得失　錢 穆 著
先秦政治思想史　梁啟超原著、賈馥茗標點
當代中國與民主　周陽山 著
我見我思　洪文湘 著
釣魚政治學　鄭赤琰 著
政治與文化　吳俊才 著
中華國協與俠客清流　陶百川 著
世界局勢與中國文化　錢 穆 著
海峽兩岸社會之比較　蔡文輝 著
印度文化十八篇　糜文開 著
美國社會與美國華僑　蔡文輝 著
日本社會的結構　福武直原著、王世雄 譯
文化與教育　錢 穆 著
開放社會的教育　葉學志 著
大眾傳播的挑戰　石永貴 著
傳播研究補白　彭家發 著
「時代」的經驗　汪 琪、彭家發 著
新聞與我　楚崧秋 著
書法心理學　高尚仁 著
書法與認知　高尚仁、管慶慧 著
清代科舉　劉兆璸 著
排外與中國政治　廖光生 著
中國文化路向問題的新檢討　勞思光 著
立足臺灣，關懷大陸　韋政通 著
開放的多元社會　楊國樞 著
現代與多元
——跨學科的思考　周英雄主編
臺灣人口與社會發展　李文朗 著
財經文存　王作榮 著
財經時論　楊道淮 著
經營力的時代　青龍豐作著、白龍芽 譯
宗教與社會　宋光宇 著

史地類

古史地理論叢　錢 穆 著

歷史與文化論叢	錢　　穆　著
中國史學發微	錢　　穆　著
中國歷史研究法	錢　　穆　著
中國歷史精神	錢　　穆　著
中華郵政史	張　　翊　著
憂患與史學	杜 維 運　著
與西方史家論中國史學	杜 維 運　著
清代史學與史家	杜 維 運　著
中西古代史學比較	杜 維 運　著
歷史與人物	吳 相 湘　著
歷史人物與文化危機	余 英 時　著
共產國際與中國革命	郭 恒 鈺　著
共產世界的變遷 ——四個共黨政權的比較	吳 玉 山　著
俄共中國革命祕檔（一九二〇～一九二五）	郭 恒 鈺　著
俄共中國革命祕檔（一九二六）	郭 恒 鈺　著
聯共、共產國際與中國（1920～1925）　第一卷	李 玉 貞　譯
抗日戰史論集	劉 鳳 翰　著
盧溝橋事變	李 雲 漢　著
歷史講演集	張 玉 法　著
老臺灣	陳 冠 學　著
臺灣史與臺灣人	王 曉 波　著
清史論集	陳 捷 先　著
黃　帝	錢　　穆　著
孔子傳	錢　　穆　著
宋儒風範	董 金 裕　著
弘一大師新譜	林 子 青　著
精忠岳飛傳	李　　安　著
鄭彥棻傳	馮 成 榮　著
張公難先之生平	李 飛 鵬　著
唐玄奘三藏傳史彙編	釋 光 中　編
一顆永不隕落的巨星	釋 光 中　著
新亞遺鐸	錢　　穆　著
困勉強狷八十年	陶 百 川　著
困強回憶又十年	陶 百 川　著
我的創造・倡建與服務	陳 立 夫　著

我生之旅　方　治　著
逝者如斯　李孝定　著

語文類

文學與音律　謝雲飛　著
中國文字學　潘重規　著
中國聲韻學　潘重規、陳紹棠　著
魏晉南北朝韻部之演變　周祖謨　著
詩經研讀指導　裴普賢　著
莊子及其文學　黃錦鋐　著
管子述評　湯孝純　著
離騷九歌九章淺釋　繆天華　著
北朝民歌　譚潤生　著
陶淵明評論　李辰冬　著
鍾嶸詩歌美學　羅立乾　著
杜甫作品繫年　李辰冬　著
唐宋詩詞選——詩選之部　巴壺天　編
唐宋詩詞選——詞選之部　巴壺天　編
清真詞研究　王支洪　著
苕華詞與人間詞話述評　王宗樂　著
優游詞曲天地　王熙元　著
月華清　王樸月　著
梅花引　樸月　著
元曲六大家　應裕康、王忠林　著
四說論叢　羅盤　著
紅樓夢的文學價值　羅德湛　著
紅樓夢與中華文化　周汝昌　著
紅樓夢研究　王關仕　著
紅樓血淚史　潘重規　著
微觀紅樓夢　王關仕　著
中國文學論叢　錢穆　著
牛李黨爭與唐代文學　傅錫壬　著
迦陵談詩二集　葉嘉瑩　著
西洋兒童文學史　葉詠琍　著

一九八四　George Orwell原著、劉紹銘 譯
文學原理　趙滋蕃 著
文學新論　李辰冬 著
文學圖繪　周慶華 著
分析文學　陳啟佑 著
學林尋幽——見南山居論學集　黃慶萱 著
中西文學關係研究　王潤華 著
魯迅小說新論　王潤華 著
比較文學的墾拓在臺灣　古添洪、陳慧樺編著
從比較神話到文學　古添洪、陳慧樺主編
現代文學評論　亞菁 著
現代散文新風貌　楊昌年 著
現代散文欣賞　鄭明娳 著
葫蘆·再見　鄭明娳 著
實用文纂　姜超嶽 著
增訂江皋集　吳俊升 著
孟武自選文集　薩孟武 著
藍天白雲集　梁容若 著
野草詞　韋瀚章 著
野草詞總集　韋瀚章 著
李韶歌詞集　李韶 著
石頭的研究　戴天 著
寫作是藝術　張秀亞 著
讀書與生活　琦君 著
文開隨筆　糜文開 著
文開隨筆續編　糜文開 著
印度文學歷代名著選（上）、（下）　糜文開編譯
城市筆記　也斯 著
留不住的航渡　葉維廉 著
三十年詩　葉維廉 著
歐羅巴的蘆笛　葉維廉 著
移向成熟的年齡——1987～1992詩　葉維廉 著
一個中國的海　葉維廉 著
尋索：藝術與人生　葉維廉 著

從現象到表現 葉維廉 著
——葉維廉早期文集
解讀現代·後現代 葉維廉 著
——文化空間與生活空間的思索
紅葉的追尋 葉維廉 著
山外有山 李英豪 著
知識之劍 陳鼎環 著
還鄉夢的幻滅 賴景瑚 著
大地之歌 大地詩社 編
往日旋律 幼柏 著
鼓瑟集 幼柏 著
耕心散文集 耕心 著
女兵自傳 謝冰瑩 著
詩與禪 孫昌武 著
禪境與詩情 李杏邨 著
文學與史地 任遵時 著
抗戰日記 謝冰瑩 著
給青年朋友的信(上)、(下) 謝冰瑩 著
冰瑩書柬 謝冰瑩 著
我在日本 謝冰瑩 著
大漢心聲 張起鈞 著
人生小語(一)~(七) 何秀煌 著
人生小語(一)(彩色版) 何秀煌 著
記憶裡有一個小窗 何秀煌 著
回首叫雲飛起 羊令野 著
康莊有待 向陽 著
湍流偶拾 繆天華 著
文學之旅 蕭傳文 著
文學邊緣 周玉山 著
文學徘徊 周玉山 著
無聲的臺灣 周玉山 著
種子落地 葉海煙 著
向未來交卷 葉海煙 著
不拿耳朵當眼睛 王讚源 著
古厝懷思 張文貫 著
材與不材之間 王邦雄 著

劫餘低吟　法天 著
忘機隨筆
——卷一・卷二・卷三・卷四　王覺源 著
過　客　莊因 著
詩情畫意
——明代題畫詩的詩畫對應內涵　鄭文惠 著
文學與政治之間
——魯迅・新月・文學史　王宏志 著
洛夫與中國現代詩　費勇 著
老舍小說新論　王潤華 著
交織的邊緣
——政治和性別　康正果 著
還原民間
——文學的省思　陳思和 著

美術類

音樂人生　黃友棣 著
樂圃長春　黃友棣 著
樂苑春回　黃友棣 著
樂風泱泱　黃友棣 著
樂境花開　黃友棣 著
樂浦珠還　黃友棣 著
音樂伴我遊　趙琴 著
談音論樂　林聲翕 著
戲劇編寫法　方寸 著
與當代藝術家的對話　葉維廉 著
藝術的興味　吳道文 著
根源之美　莊申編著
扇子與中國文化　莊申 著
從白紙到白銀（上）、（下）　莊申 著
畫壇師友錄　黃苗子 著
水彩技巧與創作　劉其偉 著
繪畫隨筆　陳景容 著
素描的技法　陳景容 著
建築鋼屋架結構設計　王萬雄 著
建築基本畫　陳榮美、楊麗黛 著

中國的建築藝術	張 紹 載 著
室內環境設計	李 琬 琬 著
雕塑技法	何 恆 雄 著
生命的倒影	侯 淑 姿 著
文物之美 ——與專業攝影技術	林 傑 人 著
清代玉器之美	宋 小 君 著

～涵泳浩瀚書海　激起智慧波濤～